Erwartungsbildung und Preisfindung auf Finanzmärkten

Dynamische Wirtschaftstheorie
Dynamic Economic Theory

Edited by/Herausgegeben von Carl Chiarella, Peter Flaschel, Reiner Franke, Michael Krüger, Ingrid Kubin, Thomas Lux, Willi Semmler, Peter Skott

Vol./Bd. 25

PETER LANG
Frankfurt am Main · Berlin · Bern · Bruxelles · New York · Oxford · Wien

Eric Ringhut

Erwartungsbildung und Preisfindung auf Finanzmärkten

Adaptive Fuzzyregel-basierte Erwartungen auf einem künstlichen Devisenmarkt

PETER LANG
Europäischer Verlag der Wissenschaften

Bibliografische Information Der Deutschen Bibliothek
Die Deutsche Bibliothek verzeichnet diese Publikation in der Deutschen Nationalbibliografie; detaillierte bibliografische Daten sind im Internet über <http://dnb.ddb.de> abrufbar.

Zugl.: Münster (Westfalen), Univ., Diss., 2002

D 6
ISSN 0930-2174
ISBN 3-631-51214-7

www.peterlang.de

PREFACE TO THE SERIES

The editors of 'Dynamische Wirtschaftstheorie' wish to encourage and support contributions to dynamic economic analysis. The series is open to contributions in both macro- and micro-economics, including work on business cycles, economic growth, the stability of market systems, and the dynamic interaction between heterogeneous agents. The application of new methods in the theoretical or applied analysis of economic dynamics is particularly welcome.

Manuscripts should be no less than 100 and no more than 400 pages in length. The preferred language is English, but submissions in German, French, Spanish and Italian will be considered too. Conditions for the publication of dissertations can be obtained from the editors. Please send all submissions (2 copies) to the coordinating editor:

Professor Peter Flaschel
Bielefeld University
Faculty of Economics
Postfach 100 131
D-33501 Bielefeld
Germany
email: pflaschel@wiwi.uni-bielefeld.de
Phone: 0049 - (0)521-106 5114 / 6926
Fax: 0049 - (0)521-106 6416

Vorwort

Die vorliegende Arbeit enstand aus der Beobachtung und Einsicht, dass Erwartungen die treibende Kraft hinter Preisänderungen auf Finanzmärkten sein müssen. Finanzmärkte sind zukunftsgerichtete Märkte, da auf ihnen typischerweise heute eine Investition vorgenommen wird (Kauf einer Unternehmensanleihe), die zukünftige und damit zwangsweise unsichere Einzahlungen (Zinsen) nach sich zieht. Um die Vorteilhaftigkeit einer solchen Investition beurteilen zu können, müssen Wirtschaftssubjekte Erwartungen über diese unsichere Zukunft bilden. Die Devisenmärkte sind gemessen am Handelsvolumen die weltweit größten Finanzmärkte und sind seit jeher Untersuchungsobjekt der Volkswirtschaftslehre. Die Modellierung dieser Märkte ist jedoch bis heute als unzureichend zu beurteilen, da keines der existierenden Modelle die zahlreichen Phänomene und Eigenschaften von Wechselkurszeitreihen umfassend erklären kann. Viele offene Fragen bestehen bis heute.

Mit zunehmender Rechenleistung und Speicherkapazität moderner Computer sowie wachsender methodischer Kompetenz von Ökonomen im Umgang mit diesem technischen Hilfsmittel, gelang es dem PC immer mehr selbst in den Mittelpunkt des methodischen Handwerkszeug eines Ökonomen zu rücken. Selbstverständlich sind es weiterhin die wirtschaftswissenschaftlichen Fragestellungen die interessieren, jedoch erlaubt der PC nicht nur die schnellere, effizientere Verarbeitung von Daten, Lösen von Modellen und Aufarbeitung der Ergebnisse in Form von Graphiken, Tabellen und Statistiken, sondern eröffnet dem Ökonomen ebenso ganz neue Wege der Modellierung und damit der wissenschaftlichen Untersuchung. In dieser Arbeit wird eine neue Methodik genutzt, um sowohl die Erwartungsbildung von Devisenmarktteilnehmern als auch die Devisenmärkte selbst mit Hilfe des PC zu modellieren. Die bislang dominierenden Formen der Erwartungsbildung – autoregressive und rationale Erwartungen – werden dabei von ihrer theoretischen Seite eingehend erläutert, ihre Unzulänglichkeiten aufgezeigt und die vorliegenden Erkenntnisse aus empirischen Studien zusammengefasst. Auf dieser Basis wird ein Katalog von Forderungen entwickelt, den eine adäquate Erwartungsbildungshypothese erfüllen muss. Eine solche neuartige Form wurde hier mit Hilfe von Methoden aus der Künstlichen Intelligenz entwickelt und technisch in der Software GENEFER realisiert. Diese Software wird ausführlich dargestellt, ihre Bedienung erläutert und steht der Forschungsgemeinschaft für wissenschaftliche Anwendungen unter www.genefer.de zur Verfügung. Um diese Art der Erwartungsmodellierung in eine angemessene ökonomische Modellumgebung einbetten zu können, wurde zudem ein künstlicher Devisenmarkt programmiert, auf dem heterogene Software-Agenten miteinander Devisen tauschen und Marktpreise in Form von Wechselkursen gebildet werden. In zahlreichen Simulationsstudien werden die Ergebnisse unterschiedlicher Modellszenarien vorgestellt und dokumentiert.

Die hier vorgestellte Arbeit ist das Ergebnis einer vierjährigen Forschungsarbeit im Rahmen einer Dissertation am Institut für Industriewirtschaftliche Forschung der Westfälischen Wilhelms-Universität Münster. Diese Arbeit ist wie wohl nahezu alle anderen Dissertationen ebenfalls einen nicht-linearen Weg gegangen. Anfangs stand lediglich die Idee, die Modellierung von Erwartungen auf Finanzmärkten näher zu untersuchen und kritisch zu hinterfragen. Eine rein ökonomische Ausgangsfrage! Im weiteren sollte jedoch aufgrund der Unzulänglichkeiten eine neuartige Erwartungsbildungshypothese entwickelt werden, die aufgrund der abgeleiteten Forderungen an eine solche zwingend auf den Einsatz eines PC und der Kenntnis einer Programmiersprache angewiesen war. Zudem musste zumindest in Teilen der Forschungszweig der Künstlichen Intelligenz wie auch die Kognitionspsychologie eingehender erschlossen werden. Die Arbeit wurde in dieser Zeit ebenso durch immer wieder neue Ideen, die auf internationalen Fachkonferenzen aufkamen, geprägt. Das Zusammenführen all dieser Teilgebiete endete jedoch letztlich wieder in der rein ökonomischen Frage nach dem Einfluss von (heterogenen) Erwartungen auf die Bildung von Preisen auf Finanzmärkten. Für die Möglichkeit diesem Vorhaben nachgehen zu dürfen sowie die immer vorhandene Unterstützung und interessierte und kritische Begleitung dieser Dissertation gilt der besondere Dank meinem Doktorvater, Herrn Prof. Dr. Gustav Dieckheuer. Ebenso bin ich meinem Zweitgutachter, Herrn Prof. Dr. Ulrich Müller-Funk, aufgrund seiner wertvollen und kritischen Anmerkungen und Anregungen zu besonderem Dank verpflichtet. Nicht zu vergessen sind jedoch die zahllosen motivierenden und erhellenden Diskussionen mit meinem Kollegen, Herrn Dr. Stefan Kooths, der meine Arbeit jederzeit hilfsbereit und engagiert begleitet hat und ohne den dieses Ergebnis so nicht möglich gewesen wäre. Ebenso möchte ich meinem Korrekturleser und Institutskollegen, Matthias Göcke, herzlich für seine hilfreichen und nützlichen Anmerkungen danken.

Meinen Eltern und meiner Schwester gilt mein besonderer Dank für ihre familiäre Unterstützung und ihre Motivation, die zum Glück manchmal – wie wohl jeder Promovend im Nachhinein bestätigen kann – mit dem dringend notwendigen Druck unterlegt war. Dafür, dass sie immer Verständnis für manche geistige und in der Endphase oft auch physische Abwesenheit hatten, danke ich ebenso all meinen Freunden. Ich hätte mir nicht vorstellen können, diese Arbeit ohne all diese Unterstützung, Toleranz und Hilfe von vielen Seiten so fertig stellen zu können.

Herrn Prof. Dr. Thomas Lux, Prof. Dr. Reiner Franke und Prof. Dr. Peter Flaschel danke ich als Herausgeber dieser Schriftenreihe für die Möglichkeit meine Arbeit im Peter Lang Verlag veröffentlichen zu dürfen.

Münster, im April 2003 Eric Ringhut

Inhaltsverzeichnis

Abkürzungsverzeichnis

Abk.	Abkürzung
ACE	Agent Based Computational Economics
AI	Artificial Intelligence
Anm. d. A.	Anmerkung des Autors
ARCH	Auto Regressive Conditional Heteroskedasticity
ARIMA	Autoregressive Integrated Moving Average
Aufl.	Auflage
BAKred	Bundesaufsichtsamt für das Kreditwesen (www.bakred.de)
BIP	Bruttoinlandsprodukt
BIZ	Bank für Internationalen Zahlungsausgleich (www.wto.org)
bzgl.	bezüglich
C	Chartist
CS	Classifier System
DAX	Deutscher Aktienindex
diesbzgl.	diesbezüglich
erw.	erwartet
EWWU	Europäische Wirtschafts- und Währungsunion
IWF	Internationale Währungsfonds (www.imf.org)
F	Fundamentalist
FB	Fuzzifizierungs-Basis
FIE	Fuzzy Inferenzergebnis
Fn.	Fußnote
FR	Fuzzyregel
FRB	Fuzzyregel-Basis
FXC	Foreign Exchange Committee (www.ny.frb.org/fxc)
ggü.	gegenüber
GA	Genetischer Algorithmus
GDP	Gross Domestic Product
JCIF	Japan Center for International Finance (www.jcif.or.jp)
Jg.	Jahrgang
KI	Künstliche Intelligenz
KKPT	Kaufkraftparitätentheorem
KNN	Künstliches Neuronales Netz
LIBOR	London Interbank Offered Rate
MA	Moving Average
MMS	Money Market Services
NASDAQ	National Association of Securities Dealers Automated Quotation (www.nasdaq.com)
NYSE	New York Stock Exchange (www.nyse.com)
Q	Quartal
RZG	Relativer Zugehörigkeitsgrad
SUS	Stochastic Universal Sampling
tats.	tatsächlich
TDS	Trainingsdatensatz
UBS	Union Bank of Switzerland (www.ubs.com)
url	unique resource locator
Vol.	Volume
XETRA	Exchange Electronic Trading
ZD	Zinsdifferenz
ZEW	Zentrum für Europäische Wirtschaftsforschung
ZGF	Zugehörigkeitsfunktion
ZPT	Zinsparitätentheorem

Währungssymbole

DM	Deutsche Mark	US$	US-Dollar
FIM	Finnische Mark	¥	Japanischer Yen
GBP	Britisches Pfund Sterling		

Symbolverzeichnis

Die verwendeten Symbole werden aus Gründen der Übersichtlichkeit nach ihrem Kontext geordnet. Die im Teil A aufgeführten Symbole werden im Kapitel 2 verwendet, während die im Teil B aus dem Kapitel 3 stammen. Falls innerhalb eines Kapitels Mehrfachverwendungen vorkommen, werden alle Erläuterungen aufgeführt.

Teil A: Im ökonomischen Kontext verwendete Symbole (Kapitel 2)

a,b,c	allgemeine Parameter, die nur an spezifischen Stellen verwendet und erläutert werden
B	inländische Wertpapiere (Bonds)
B^*	ausländische Wertpapiere (Bonds)
d	Devisennachfrage einer Handelsregel
e	nomineller Wechselkurs in Preisnotierung
e^{erw}	erwarteter Wechselkurs
e^{real}	realer Wechselkurs
e^T	Terminkurs
$\bar{e}$	Gleichgewichtswechselkurs/Trendwert
E	Erwartungsoperator
f	allgemeines Funktionssymbol
fd	Swapsatz in Dezimalschreibweise (Forward Discount)
G	Gewinn des Monopolisten (Kapitel 3)
i	inländischer Nominalzins
i^*	ausländischer Nominalzins
iA	Index für ein Wirtschaftssubjekt
I	Nettodevisenposition (inventory)
k	eingesetzter Anteil des verfügbaren Währungsbestands bei x%iger erwarteter Kursänderung
K	Kosten des Monopolisten (Kapitel 3)
LB	Leistungsbilanzsaldo
n	Indexendwert, kombinierbar mit jedem anderen Index x zu nx (=Anzahl von x)
M	inländisches, nominelles Geldangebot
of	order flow
p	Preisniveau des Monopolgutes (Kapitel 3)
P	Inlandspreisniveau
P^*	Auslandspreisniveau
RS	Relative Stärke
RSI	Relative Stärke Index
s	Signal der MA-Regel [0,1]
t	Periodenindex
T	zukünftiger Zeitpunkt
v	Vektor von Fundamentalgrößen
x	Monopolmenge (Kapitel 3)
Y	inländisches Realeinkommen
Y^*	ausländisches Realeinkommen
z	Quotient aus (1+i) und $(1+i^*)$
Z	Menge mikrostruktureller Größen

α	Wahrscheinlichkeit
β	Testparameter
ϕ	Adaptionsfaktor bei adaptiven Erwartungen
γ	Strukturparameter KKPT
μ	Mittelwert
ν	Zufallszahl
π	inländische Inflationsrate
π^*	ausländische Inflationsrate
θ	Anpassungsgeschwindigkeit bei regressiver Erwartungsbildung
σ	Standardabweichung
σ^2	Varianz
τ	Lag-Index bei der Periodenindizierung
Ω	Menge der vorhandenen Informationen
Ω^e	Informationsmenge, die in Erwartungsbildung eingeht

Im Multiple-Agent Modell (Abschnitt 2.6) verwendete Symbole

AMPC	Absolut Maximum Price Change
dM	Bestand an inländischer Währung eines Agenten
dMS	in Inlandswährung umgerechneter Betrag der Devisennachfrage eines Agenten
DP	inländisches Preisniveau (domestic price index)
fM	Bestand an ausländischer Währung eines Agenten
FP	ausländisches Preisniveau (foreign prive Index)
FX-Adapt	Preisanpassungsparameter des Auktionators
FXD	Gesamtmarktdevisennachfrage
FXS	Gesamtmarktdevisenangebot
fxs	Devisenangebot eines Agenten
fxd	Devisennachfrage eines Agenten
net-fxs	Nettodevisenangebot eine Agenten
Net-FXS	Nettogesamtmarktdevisenangebot
PriceCorr	Preisänderungskorrekturparameter
TV	Transaktionsvolumen eines Agenten
TC	Transaktionskosten
UMPC	User Maximum Price Change
W	Vermögen eines Agenten

Teil B: Im KI-Kontext verwendete Symbole (Kapitel 3)

A	Zugehörigkeitsgrad zu einer klassischen Menge/Ereignis
A^c	Komplement von A
A,B	Zugehörigkeitsgrad zu einer Fuzzy-Menge (A = antecedents [Inputs]; B consequents [Output])
APG	Applikationsgrad
b	Ausprägung von B
B	allgemeine Variable B
B^s	skalierte Output-Fuzzy-Menge
c	Zeichen bei der genetischen Kodierung
C	Individuum in einer Population im GA
CoG	Center of Gravity (Flächenschwerpunkt)
CoM	Center of Maximum
CV	Covering Value
C_FRS	Candidate Fuzzy-Rule Set
con	Verknüpfungsoperator „con" = connected; k con j erzeugt die Indexmenge aller Neuronen k, die mit dem Neuron j verbunden sind
d	Datensatz (in, out)
e	Fehler
E	sicheres Ereignis
E_{min}, E_{max}	Skalierungsparameter bei rangbasiertem SUS
netin	Nettoinput eines Neurons
FA	Fuzzy-Ereignis
FA^c	Komplement von FA
FC	Fuzzy Curve
FS	Fuzzy Surface
f	Index einer Fuzzy-Menge (mit Index pi Fitnesswert des Individuums pi)
fc	Zentrum einer Fuzzy-Menge
f*l*	Abszissenwert bei einer Entfernung von w*l* links vom Zentrum einer Fuzzy-Menge
fr	Abszissenwert bei einer Entfernung von wr links vom Zentrum einer Fuzzy-Menge
fw	konstante Termweite beim FC/FS-Algorithmus
$\bar{f}$	durchschnittliche Fitness in einer Population
F	Fitnessfunktion
g	Neuronengewicht
g_n	Straffunktion
G_ξ	Funktion zur Berechnung des High Average Covering Degree over Positive Observations
G_FRS	Generated Fuzzy-Rule Set
in	Eingangssignal eines Neurons/Vektor aller Ausprägungen der Inputgrößen
i, j	kontextspezifische Indizes
inff	Influenzfaktor
k	Anteil negativer Beispiele an der Anzahl positiver
L	Länge einer binär kodierten Variablen
LF	Lernfrequenz
LV	linguistische Variable
LZR	Lernzeitraum
MAE	Mittlerer absoluter Fehler (Mean absolute error)
MSE	Mittlerer quadratischer Fehler (Mean squared error)
M(*T*)	Vorschrift zur Verbindung von Fuzzy-Mengen mit den linguistischen Label aus *T(X)*
M_{max}	Regelanzahl einer vollständigen Fuzzyregel-Basis
n	Indexendwert, kombinierbar mit jedem anderen Index x zu nx (=Anzahl von x)
nEpoch	Epochenanzahl
nLZR	Anzahl der Perioden im LZR
np	Trainingsperiodenumfang
N	Neuron
out	Output eines Neurons/scharfe Ausprägung der Outputgröße aus d
$\widehat{out}$	Netzoutput
p	Index des Trainingsdatensatzes
pi	Individuenindex in der Population eines GA
$prob_{Crossover}$	Crossover-Wahrscheinlichkeit
$prob_{Mutate}$	Mutations-Wahrscheinlichkeit
P	Wahrscheinlichkeitsoperator
q	Iterationsindex beim Fuzzy Cluster-Algorithmus
FR	Kompatibilitätsgrad einer Fuzzyregel mit einem Datensatz d
RP	Relative Position einer Fuzzy-Menge
RZG	relativer Zugehörigkeitsgrad
s	Index eines Neuronengewichts
SG	Signifikanzgrad
SIV	Simulationsintervall
SSE	Summe der quadrierten Fehler (Sum squared error)
supp	support einer Fuzzy-Menge
tar	Zielwert bei der Neuronengewichtsanpassung
tS	aktuelle Simulationsperiode
T(X)	Menge der linguistischen Label für LV
TSCD	Training Set Completeness Degree
x	scharfe Ausprägung einer Größe
$\bar{x}$	x skaliert
X	Wertebereich einer LV
X	Name der LV
ZG	Zugehörigkeitsgrad
α	Eliminierungsprozentsatz im FC/FS-Algorithmus

β	Lernrate beim Fuzzy Cluster-Algorithmus	ρ	Mindestzugehörigkeitswert bei gaussförmigen Fuzzy-Mengen
ε	Mindest-Covering-Value	σ	support-Grenze einer FB
γ	relative Schwankungsgrenze	ϖ	Mindestzugehörigkeitsgrad
η	Lernrate im KNN	ω	Überlappungsgrenze
φ	Teilfunktion der Hebb-Regel	ξ	Mindestkompatibilitätsgrad
κ	Abkühlungssatz beim FC/FS-Algorithmus	ψ_{TDS}	Funktion zur Berechnung des High Frequency Value
λ	Randabschmelzungsgeschwindigkeit	ψ	Teilfunktion der Hebb-Regel
μ	Zugehörigkeitsgrad	$\varnothing$	leere Menge

Abbildungsverzeichnis

Tabellenverzeichnis

"So I will give you a fortright statement about the dollar: I don't know.... The fact that nobody knows is crucial for the current dilemmas of international monetary policy."

Paul Krugman (1989), S. 60.

"Not only do macroeconomic models have no predictive value for floating exchange rates, they cannot even explain the difference in exchange rate volatility between fixed and flexible regimes. "

Jeanne und Andrew Rose (1999), S. 2

"We are driven to the conclusion that the most critical determinants of exchange rate volatility are not macroeconomic."

Robert P. Flood und Andrew K. Rose (1995), S. 2

"If determinants are not macro fundamentals like interest rates, money supplies, and trade balances, then what are they?"

Martin D. D. Evans und Richard K. Lyons (1999)

„Im Grunde wird ... die Frage, wie Erwartungen gebildet und in spekulative Transaktionen umgesetzt werden zur Schlüsselfrage für das Verständnis der Wechselkursbildung,... "

Lukas Menkhoff (1995), S. 28.

"Macroeconomics must be combined with capital market theory to produce a fairly close approximation to the real world setting of foreign exchange markets and thus explain complex exchange rate movements. However, capital market theory places major emphasis on expectations, which are unobservable and may be difficult to approximate empirically."

Richard M. Levich (1985), S. 982.

"So far as any of them could tell, it was about twenty years too early to be tackling anything nearly as complex as economics – "It almost set the boundary condition for difficulty," says Cowan. "It involved human behavior."

Gespräch zwischen den Gründungsmitgliedern des Santa Fe Instituts am 9. März 1986, aus: M. Mitchell Waldrop (1992), S. 91

The question of how foreign exchange rates are determined collapses to how expectations are formed.

John T. Harvey 2001

1. Einleitung

1.1. Motivation

„Almost every aspect of human behavior is conditioned by expectations." Diese Aussage stammt aus einer Rede von William Poole, dem Präsidenten der Federal Reserve Bank von St. Louis in den USA, die er im November 2000 im Rahmen der *Henry Thornton Lectures* der City University Business School in London hielt. Sein Augenmerk lag damals auf der Bedeutung von Erwartungen für die Geldpolitik einer Zentralbank und deren Möglichkeiten, Erwartungen selbst direkt zu beeinflussen. Damit ging er auf einen Bereich ein, in dem die Rolle von Erwartungen im ökonomischen Kontext diskutiert wird und in dem ihre Relevanz offenkundig zu sein scheint. Tatsächlich ist das Spektrum, in dem Erwartungen von Wirtschaftssubjekten sowohl faktisch als auch im ökonomischen Theorienbau eine Rolle spielen, sehr viel weitreichender. Das brachte William Poole auch zum Ausdruck, indem er nahezu jeden Aspekt menschlichen Verhaltens *(almost every aspect of human behavior)* als erwartungsbeeinflusst sieht. Besonders offensichtlich ist dieser Einfluss auf den Finanzmärkten. Finanzmärkte sind sogenannte *forward looking markets*, das heißt die Handelsobjekte auf diesen Märkten sind beim Erwerb heute mit einer Auszahlung verbunden, der eine oder mehrere unsichere Einzahlungen in der Zukunft gegenüberstehen. Auf den Aktienmärkten kaufen Investoren beispielsweise Unternehmensanteile, weil sie steigende Kurse erwarten, auf den internationalen Kapitalmärkten emittieren Unternehmen Anleihen, weil sie an eine höhere Rendite aus der Investition der erhaltenen Gelder glauben, und auf den Wertpapiermärkten für derivative Finanzinstrumente mögen *Hedging*-Überlegungen bei erwarteten oder für möglich gehaltenen Kursverlusten vorherrschen. All diesen Transaktionen ist gemeinsam, dass sie zu leistende oder zu empfangene Zahlungen umfassen, die in der Zukunft liegen und daher unsicher sind. Aus diesem Grund ist ein Investor gezwungen, Erwartungen über die Zukunft zu bilden, die damit sein Handeln heute beeinflussen.

Die Devisenmärkte stellen unter den Finanzmärkten die weitaus größten Märkte dar und stehen im Mittelpunkt dieser Arbeit. Die Konzentration auf die Devisenmärkte wird nicht als Einschränkung des Titels der Arbeit verstanden, da sich die geschilderten Phänomene auf nahezu allen anderen Finanzmärkten wiederfinden lassen und daher die Erkenntnisse und insbesondere die Art der Modellierung von Devisenmärkten und dem Verhalten seiner Marktteilnehmer auf andere Finanzmärkte übertragbar sind. Auf den weltweiten Devisenmärkten werden an einem Tag im Durchschnitt Devisen im Wert von ungefähr 1,2 Billionen US$ gehandelt und fortlaufend Wechselkurse als Austauschraten zweier Währungen gebildet. Die Bedeutung der Devisenmärkte und der Wechselkurse ist im fortschreitenden Globalisierungsprozess enorm. Über die Austauschraten zweier Währungen wird nicht nur die Preisrelation zwischen einzelnen Gütern, sondern zwischen den gesamten handelbaren Warenkörben der miteinander

Handel treibenden Länder beeinflusst. Wechselkurse nehmen daher direkten Einfluss auf die Wettbewerbsfähigkeit und darüber auf die Wohlfahrt ganzer Länder. Neben der Bedeutung für den internationalen Güterhandel ist jedoch die Rolle der Devisenmärkte im internationalen Kapitalverkehr zu betonen. Der internationale Kapitalverkehr hat sich längst gelöst von einer Rolle als finanzwirtschaftliches Pendant zum grenzüberschreitenden Güterverkehr und eine Größendimension erreicht, die die des Güterhandels um ein Vielfaches übersteigt. In diesem Zusammenhang wird immer wieder auf eine vielzitierte Zahl verwiesen, die nur 5 % des Transaktionsvolumens auf den Devisenmärkten auf Leistungstransaktionen zurückführt, während die verbleibenden 95 % Kapitaltransaktionen darstellen und damit auf anderen Motiven basieren. Unter diesen Motiven sind überwiegend Erwartungen der Wirtschaftssubjekte zu finden. Die Finanzmärkte sind heutzutage vornehmlich als globale Finanzmärkte zu verstehen, so dass unmittelbar deutlich wird, dass die oben genannten Beispiele für erwartungsgetriebene Finanzmarkttransaktionen auch hier greifen. Devisen werden ge- und verkauft, um in ausländische Aktien, Anleihen oder sonstige Vermögenstitel zu investieren, über deren Preise in der Zukunft die Investoren Erwartungen bilden. Devisen werden jedoch ebenso erworben und abgegeben, weil es Wechselkursänderungserwartungen gibt, die zu Devisenspekulation führen. Das enorme Transaktionsvolumen lässt sich dabei nur dadurch erklären, dass die Marktteilnehmer *unterschiedliche* oder in der ökonomischen Sprache *heterogene* Erwartungen bilden. Nur wenn A glaubt, dass die von ihm gehaltene Währung abwertet und ein anderer vom Gegenteil ausgeht, wird es zu einem Währungstausch zwischen ihnen kommen.[1] Das Zusammenspiel zahlreicher heterogener Marktteilnehmer führt in der Realität der Devisenmärkte zu Ergebnissen, die seit dem Zusammenbruch des Festkurssystems von Bretton Woods besondere Beachtung erfahren. Die Zeitreihen von Wechselkursen weisen Eigenschaften und Verläufe auf, die bis heute nur ansatzweise erklärt werden können.

Die Theorie der Wechselkursbestimmung erfährt seit dieser Zeit eine lebhafte Entwicklung. Sie ging zunächst von rein fundamentalökonomisch basierten Makroansätzen aus, die zuerst reine Gütermarktmodelle darstellten und insbesondere in den 70er Jahren zu Finanzmarktansätzen weiterentwickelt wurden.[2] Dabei wurde sukzessive die Rolle der Erwartungen immer stärker betont. Die Vermögenspreistheorie und die Theorie rationaler spekulativer Blasen stellen die herausragenden Stationen am Ende dieser Entwicklung dar. Trotz zahlreicher Modellansätze mit durchaus unterschiedlichen Einflüssen der erklärenden Größen auf den Wechselkurs kam es jedoch zu einer allgemeinen (Theorien)Unzufriedenheit durch die enttäuschenden empirischen Testergebnisse der Modelle.[3] Eine systematische Wende in der Modellierung begann mir der Entwicklung von Chartisten-Fundamentalisten-Ansätzen, die als erste die Annahme homogener Marktteilnehmer aufgaben, und explizit zwei unterschiedliche Marktakteure modellierten. Obwohl sie interessante Einsichten und neue Erklärungen für empirische

---

[1] Es sei denn A und B haben andere Transaktionsmotive.

[2] Bei der Erklärung von Wechselkursentwicklungen wird auch heute noch immer die Suche nach fundamentalökonomischen Faktoren in den Vordergrund gestellt. Dies wird besonders an der Entwicklung des Außenwertes des Euro deutlich. Siehe hierzu u. a. CORSETTI (2000), GRÖMLING (2000), OHR/STARBATTY/BOFINGER (2001) sowie VON CARLOWITZ (2001).

[3] Siehe hierzu insb. die vielzitierte Arbeit von Meese und Rogoff aus dem Jahr 1983.

Phänomene bieten, konnten jedoch auch sie keinen umfassenden Theorierahmen liefern, in dem die Wechselkursbewegungen währungs- und periodenunabhängig erklärt werden konnten. In der jüngsten Zeit ist eine neue Denk- und Forschungsrichtung zu beobachten, die versucht, das Devisenmarktgeschehen auf Basis von computergestützten Simulationen ganzer künstlicher Devisenmärkte und ihrer Mikrostrukturen abzubilden. In solchen künstlichen Märkten interagieren eine Vielzahl heterogener Agenten miteinander und formen durch ihre individuellen Entscheidungen die Marktergebnisse in Bezug auf die Wechselkurse und Transaktionsvolumina. Diese Entwicklung stellt zwar aktuell den dominanten Zweig in der Modellierung von Wechselkursen dar, ist aber noch zu jung, als dass bereits ein umfassendes, neues Theoriengerüst zu erkennen wäre.

Bei den neueren Modellansätzen stehen insbesondere die Erwartungsbildungsprozesse der Modellagenten im Vordergrund. In der Ökonomik besteht ein lange Tradition, Erwartungsbildungsprozesse als Ausprägung in einem Spektrum abzubilden, das in seinen Dimensionen durch die unterstellte Lernfähigkeit und den Wissensstand der Modellagenten beschrieben ist. Dabei stehen sich die zwei entgegengesetzten Ausprägungen autoregressiver und rationaler Erwartungen gegenüber. Während erstere sowohl eine geringe Lernfähigkeit wie auch einen geringen Wissensstand unterstellen, nehmen rationale Erwartungen genau das andere Extrem an. In autoregressiven Verfahren gehen ausschließlich vergangene Wechselkurse als erklärende Größen in die Erwartungsbildung ein und werden über einen funktionalen Zusammenhang verarbeitet, der sich in den einfachen Varianten im Zeitablauf nicht ändert. Damit wird unterstellt, dass die Wirtschaftssubjekte nicht aus ihren Fehlern und Erfahrungen lernen. Rationale Erwartungen zeichnen sich auf der anderen Seite dadurch aus, dass alle relevanten Informationen korrekt verarbeitet werden, so dass keine systematischen Erwartungsfehler auftreten. Die Wirkungen neuer Informationen werden sofort richtig erkannt und umgehend in ökonomische Handlungen umgesetzt, die dazu führen, dass die Marktergebnisse die erwarteten Effekte bestätigen. In deterministischen Modellen bedeuten rationale Erwartungen *perfect foresight* – also die jederzeitige exakte Übereinstimmung erwarteter und tatsächlicher Größen, während in stochastischen Ansätzen zwar Erwartungsfehler auftreten können, aber nicht systematisch.

Die Enttäuschung über den empirischen Aussagegehalt von Wechselkursmodellen hat dazu geführt, dass verstärkt Untersuchungen über das tatsächliche Verhalten von Marktteilnehmern – in der Regel Devisenhändler – durchgeführt wurden. Ziel solcher Untersuchungen ist es herauszufinden, welche Determinanten von welchen Marktteilnehmern wie und wann verwendet und verarbeitet werden. Die Erkenntnisse aus diesen Studien zeigen, dass sich die traditionellen theoretischen Vorstellungen nicht in der Praxis widerspiegeln. Es erscheint vielmehr, dass Devisenmarktteilnehmer sich einem komplexen, unsicheren ökonomischen Umfeld ausgesetzt sehen, in dem sie sich nur beschränkt rational bewegen können. Da bislang keine umfassende Theorie der Devisenmärkte existiert, verwundert es auch nicht, dass kein einheitliches Modell von den Marktakteuren verwendet wird. Bestimmte Größen üben in verschiedenen Zeiten und in verschiedenen Marktkonstellationen unterschiedlichen Einfluss auf die Erwartungen aus, fundamentale wie nicht-fundamentale Faktoren finden Berücksichtigung, psychologische Effekte spielen eine Rolle und die Meinungen der Marktteilnehmer über die Funktionsweise dieser Märkte gehen stark auseinander.

Diese empirischen Beobachtungen, die lange Zeit im Widerspruch zur akademischen Sicht auf die Märkte und die Marktakteure standen,[4] wurden begleitend durch theoretische Überlegungen untermauert. Herbert Simon prägte bereits in den 50er Jahren den Begriff der „beschränkten Rationalität" *(bounded rationality)*. Der Mensch unterliegt zahlreichen personellen und außerpersonellen Restriktionen, die verhindern, dass er vollkommen rationale Erwartungen bilden kann. Zu der ersten Klasse gehören alle Informationswahrnehmungs- und -verarbeitungsdefizite des Menschen, während die außerpersonellen Beschränkungen, beispielsweise in mangelndem Zugang zu privaten Informationen und Informationskosten zu sehen sind. Ein weiteres überzeugendes theoretisches Argument gegen die vorherrschende rationale Erwartungshypothese ist in *forward looking markets* die gegenseitige Abhängigkeit der Erwartungen voneinander. Wenn der Wechselkurs das Ergebnis aller aggregierten individuellen Erwartungen ist, dann sind diese gegenseitig voneinander abhängig, da ein Wirtschaftssubjekt in Betracht ziehen muss, was alle anderen über den Kurs erwarten. Da sich jedoch alle so verhalten, ist es nicht möglich, auf deduktive Weise Erwartungen zu formulieren, wie es in Modellen mit rationaler Erwartungsbildung unterstellt wird. Man ist vielmehr gezwungen, auf induktive Weise, also durch Beobachtungen, zu versuchen, die Zusammenhänge zu lernen und zu verstehen.[5]

Diese theoretischen und empirischen Erkenntnisse führten zusammen mit der schwachen Erklärungskraft traditioneller Wechselkurstheorien zu der Entwicklung der oben genannten agentenbasierten Modelle ganzer Devisenmärkte sowie zu Modellierungsmöglichkeiten beschränkt rationaler Erwartungen. Die Künstliche Intelligenz stellt die bedeutendste Forschungsrichtung auf diesem Gebiet dar, da sie versucht, die menschliche Wissenserlangung und -verarbeitung im Computer abzubilden und damit operabel zu machen. Sie bedient sich dabei vielfältiger Algorithmen und Technologien, unter denen genetische Algorithmen, Künstliche Neuronale Netze, *Fuzzy Set Theory* und Expertensysteme bereits breiten Eingang in die Wirtschaftswissenschaften gefunden haben.

An diese geschilderte Entwicklung schließt sich die vorliegende Arbeit an, indem erstens eine neuartige Erwartungshypothese entwickelt wird, die auf den empirischen Erkenntnissen zur Erwartungsbildung auf den Devisenmärkten basiert, und zweitens ein computergestütztes Modell eines künstlichen Devisenmarktes mit heterogenen Marktteilnehmern gebaut wird. Die Erwartungshypothese wird als *adaptiv Fuzzyregel-basiert* bezeichnet und bringt zum Ausdruck, dass Wirtschaftssubjekte komplexe, unsichere Entscheidungsräume durch unscharfe Regeln in Form von Wenn-Dann-Aussagen erfassen, die sie durch neue Erfahrungen und Fehler aus der Vergangenheit immer wieder anpassen. Je komplexer und unsicherer dabei ein Entscheidungsraum ist, desto

---

[4] Um nur ein Zitat an dieser Stelle nennen, sei auf George Soros verwiesen, der in Bezug auf die Theorie effizienter Märkte mit rationalen Markteilnehmern sagt: *„This (efficient market theory) interpretation of the way financial marktes operate is severely distorted. ...It may seem strange that a patently false theory should gain such widespread acceptance."* SOROS (1994).

[5] Vgl. ARTHUR ET AL. (1996), S. 2.

stärker liegt regelgebundenes Verhalten vor – eine Situation, von der angenommen wird, dass sie auf den Devisenmärkten vorherrscht. Die technische Umsetzung von adaptiven Fuzzyregel-basierten Erwartungen wird durch die Software GENEFER *(**Ge**netic **N**eural **F**uzzy **E**xplor**er**)* realisiert, die eine umfangreiche Eigenentwicklung in Form einer selbstständigen Software-Applikation darstellt.[6] Über diese Software können die Erwartungsbildungs- und Lernprozesse eines beschränkt rationalen Modellagenten in einer Simulation abgebildet und vollständig analysiert werden. Die ökonomische Simulationsumgebung, die einen künstlichen Devisenmarkt simuliert, ist zum einen entwickelt worden, um eine angemessene Modellumgebung zu schaffen, in der die Formulierung beschränkt rationaler Erwartungen wegen der möglichen komplexen Beziehungen erklärender Größen zum Wechselkurs sinnvoll ist, und zum anderen, um einen weiteren Schritt in eine vielversprechende Richtung der Modellierung von Wechselkursen zu gehen.

1.2. Aufbau der Arbeit

Entlang der dargelegten Argumentationslinie werden zunächst in Kapitel 2 dieser Arbeit die ökonomischen Grundlagen gelegt. Dabei wird zuerst ein kurzer Überblick über die Devisenmärkte, ihre Größe und Struktur sowie stilisierte Fakten von Wechselkurszeitreihen gegeben (Abschnitt 2.2). Der anschließende Abschnitt 2.3 setzt sich eingehend mit den klassischen theoretischen Ansätzen zur Modellierung von Erwartungen sowie mit empirischen Studien zur Erwartungsbildung von Devisenmarktteilnehmern auseinander. Aus dieser Gegenüberstellung wird ein Vergleich gezogen und die Konsequenzen für die Wechselkursmodellierung aufgezeigt (Abschnitt 2.4). Einen Überblick über die Entwicklung der Theorien zur Wechselkursbestimmung zu geben ist Ziel des nachfolgenden Abschnitts 2.5. Dabei steht die kurze Darstellung der Grundidee der wichtigsten Stationen im Vordergrund und nicht ihre detaillierte Erörterung. Die Ausführungen verdeutlichen, warum es wann zu neuen Denkansätzen kam und welche Erkenntnisse gewonnen wurden, die eine neue Theorie nutzen kann. Im abschließenden Abschnitt 2.6 wird dann ein eigenes *Multiple-Agent-Modell* entwickelt und kritisch betrachtet, das die ökonomische Simulationsumgebung für die adaptive Fuzzyregel-basierte Erwartungshypothese darstellt. Die ausführliche Erklärung dieser Erwartungshypothese ist Gegenstand des dritten Kapitels. In 3 wird die Idee dieser Art der Modellierung von beschränkt rationalem Verhalten erläutert und zu den alternativen Verfahren der autoregressiven und rationalen Erwartungsbildung abgegrenzt. Im anschließenden Abschnitt 3.2 werden kurz die in Frage kommenden Technologien zur Umsetzung beschrieben und eine begründete Auswahl getroffen. Diese Auswahl besteht in Künstlichen Neuronalen Netzen, Genetischen Algorithmen und der Fuzzy Set Theory, die in den Abschnitten 3.3 bis 3.5 detaillierter erläutert werden, bevor in Abschnitt 3.6 die Software GENEFER als umfassendes Entwurfs-, Management- und Analyseinstrument von adaptiven Fuzzyregel-basierten Erwartungen vorgestellt wird. Dabei werden die einzelnen Schritte im Entwurf einer Fuzzyregel-Basis in der logi-

[6] Die Software wurde gemeinsam mit Herrn Dr. Kooths vom Institut für industriewirtschaftliche Forschung 1999 konzipiert und seitdem schrittweise weiterenwickelt. Einzelne Module von GENEFER wurden dabei von Herrn Dr. Kooths programmiert.

schen Reihenfolge von GENEFER erklärt (Abschnitte 3.6.2 bis 3.6.5) und ausführlich auf die Lernfähigkeit in einer evolvierenden Umwelt eingegangen (Abschnitt 3.6.6). Den Darlegungen schließen sich im Abschnitt 3.6.7 kritische Anmerkungen und Erweiterungspotentiale an.

Das vierte Kapitel umfasst eine Sammlung ausgewählter Simulationsstudien. Nach einer kurzen Einführung in die Software FX-Agent, die die Simulationsumgebung des Modells aus Abschnitt 2.6 bildet, wird in den ersten beiden Studien (Abschnitt 4.3 und 4.4) ein Eindruck über die Funktionsweise des simulierten Marktes unter konventioneller Erwartungsbildung vermittelt. Die dritte Studie 4.5 geht auf die Ergebnisse bei heterogenen Marktteilnehmern ein, die durch die Gegenüberstellung von Chartisten und Fundamentalisten gebildet werden und daher einen Vergleich zu den analytischen Ansätzen auf diesem Gebiet erlauben. Die abschließenden Studien beschäftigen sich mit der Zusammenführung von FX-Agent und GENEFER, indem einer der modellierten Agenten adaptive Fuzzyregel-basierte Erwartungen bildet. Dabei steht die Analyse der Ergebnisse ohne Lernen in 4.6 im Vordergrund, während in 4.7 detailliert auf die Lernfähigkeiten und die Lerngegenstände eingegangen wird. In Abschnitt 4.8 werden abschließend vorangegangene Einzelbetrachtungen in einer umfassenden Studie mit 20 heterogenen Agenten über 2500 Perioden kombiniert und in 4.9 die Erkenntnisse zusammengefasst. Das Kapitel fünf schließt die Arbeit mit einer Zusammenfassung und einem Ausblick auf die weitere Forschung im Bereich der Wechselkurstheorie.

Es sei abschließend erwähnt, dass die Literatur auf den bearbeiteten Gebieten, insbesondere im Bereich der Künstlichen Intelligenz-Methoden, englischsprachig dominiert ist. Aus diesem Grund werden an einzelnen Stellen die englischsprachigen Begriffe, die im Besonderen den Fachjargon geprägt haben und sprachenunabhängig verwendet werden, aufgeführt.

No variable is as ubiquitous in international financial theory and yet as elusive empirically as investors' expectations regarding exchange rates.

Jeffrey A. Frankel und Kenneth A. Froot, 1987

2. Devisenmärkte, Erwartungsbildung und Wechselkurs modelle

2.1. Überblick

Dieses Kapitel verdeutlicht die Motivation der vorliegenden Arbeit und erläutert die notwendigen ökonomischen Grundlagen. Die Preisfindung auf Finanzmärkten wird am Beispiel der Wechselkursbildung auf den Devisenmärkten beschrieben, die seit dem Zusammenbruch des Festkurssystems von Bretton Woods immer wieder besonderes Interesse von Seiten der Wissenschaft und Politik erfahren hat. Die Vorgehensweise orientiert sich dabei an drei grundlegenden Fragestellungen: Wie sieht die Realität auf den Devisenmärkten aus, welche Bedeutung haben Wechselkurserwartungen für die Preisfindung und welchen Erklärungsbeitrag leisten die Theorien zur Wechselkursbildung? Die Beantwortung der ersten Frage führt in die Problemstellung ein und zielt darauf ab, einen Eindruck über die Funktionsweise, die Größe und Struktur der Devisenmärkte zu erhalten. Zudem werden stilisierte Fakten von Wechselkurszeitreihen aufgeführt, um eine Basis für die spätere Bewertung der Wechselkurstheorien aus empirischer Sicht zu schaffen. Da die Devisenmärkte wie alle anderen Finanzmärkte auch zu den sog. *forward looking markets* gehören und daher die Erwartungen maßgeblich die Entscheidungen und Verhaltensweisen der Marktteilnehmer beeinflussen, wird durch die Beantwortung der zweiten Frage der Fokus auf die Erwartungsbildung gelegt. Es werden sowohl die klassischen, theoretischen Erwartungshypothesen behandelt wie auch die empirischen Erkenntnisse in Bezug auf die Devisenmärkte hierzu. Somit ist ein direkter Vergleich zwischen Theorie und Praxis möglich, aus dem Konsequenzen für die Modellierung gezogen werden können. Die dritte Frage beschäftigt sich anschließend mit der Entwicklung der Wechselkurstheorie, indem es die wesentliche Meilensteine im theoretischen Modellbau knapp erläutert und aus empirischer Sicht bewertet. Mit Hilfe dieser Standortbestimmung und den bis dahin gewonnenen Erkenntnisse wird auf der einen Seite die Notwendigkeit einer Weiterentwicklung im wechselkurstheoretischen Modellbau deutlich gemacht und gleichzeitig grob die Richtung angezeigt, die in jüngster Zeit immer intensiver verfolgt wird. Am Ende dieses Kapitels wird daher ein eigener Schritt in diese vielversprechende Richtung getan und ein *Multiple-Agent* Modell eines künstlichen Devisenmarktes mit heterogenen Agenten entwickelt. Auf der anderen Seite zeigt jedoch der Vergleich zwischen theoretischen Erwartungshypothesen und tatsächlicher Erwartungsbildung, dass auch hier eine Kluft besteht, die zu einer Überdenkung der Modellansätze führt. Eine alternative modelltheoretische Formulierung in Form von fuzzyregel-basierten Erwartungen wird im anschließenden Kapitel 3 detailliert behandelt.

2.2. Die Devisenmärkte

2.2.1. Quantitative Beschreibung

Der Devisenmarkt ist ein globaler, dezentraler, kontinuierlicher, 24-Stunden, *multiple-dealer* Markt ohne physische Präsenz. Weltweit kommunizieren Marktteilnehmer im direkten Kontakt über Telefon, Computer-Netzwerke und Telefaxe miteinander oder indirekt über Broker und elektronische Brokersysteme und handeln damit Devisen fast ausschließlich *over-the-counter* (OTC-Markt).[7] Es existiert somit keine physische Devisenbörse wie es bspw. an den Aktienmärkten üblich ist, wo die Auftragseingänge *(orders)* gesammelt werden und eine zentrale Preisfindung stattfindet. Wechselkurse werden kontinuierlich gebildet und nicht wie in einem sog. Call-Markt nur zu bestimmten Zeitpunkten ausgerufen. Diese Merkmale zeigen bereits, dass die Devisenmärkte einen niedrigen Transparenzgrad aufweisen und daher im Vergleich zu anderen geregelten Märkten weniger Forschungsmaterial bereitstellen.

Die Bank für Internationalen Zahlungsausgleich (BIZ) in Basel stellt in dreijährigen Abständen regelmäßig Umfrageergebnisse unter Devisenmarktteilnehmern in einzelnen Ländern zusammen und ermöglicht damit einen Einblick in die Größe, die Struktur und Entwicklung der Devisenmärkte. In ihrem jüngsten Bericht, der sich auf den April 2001 bezieht, beziffert die BIZ den durchschnittlichen täglichen weltweiten Devisenumsatz auf 1,2 Billionen US$.[8] Dieses Volumen übersteigt damit das auf jedem anderen Finanzmarkt.[9] Auf dem Kassamarkt belief sich das Handelsvolumen auf ca. 400 Mrd. US$, während der bedeutendere Teil mit 800 Mrd. US$ Terminmarkttransaktionen darstellte.[10] Eine Transaktion wird dem Kassamarkt zugeschrieben, wenn der Tausch zweier Währungen innerhalb von zwei Handelstagen zu einem zum Kontraktzeitpunkt festgelegten Kurs erfolgt.[11] Die einbezogenen Transaktionen am Terminmarkt umfassen den Handel mit *Outright Forwards* und *Foreign Exchange (Forex) Swaps*, wobei letztere mit 83% den größten Anteil ausmachen. Bei einem *Outright Forward*-Konrakt vereinbaren die Kontraktpartner den Austausch zweier Währungen zu einem zukünftigen Zeitpunkt (mehr als 2 Handelstage) und zu einem zum Kontraktzeitpunkt festgelegten Kurs. Im Gegensatz dazu wird bei einem *Forex Swap* zum Kontraktzeitpunkt zusätzlich der Rücktausch zu einem späteren Zeitpunkt und einem fest-

---

[7] *Over-the-Counter* ("am Schalter") bedeutet, dass der Handelsgegenstand nicht über eine organisierte Börse ausgetauscht wird. Der Begriff steht im weitesten Sinne für außerbörsliche Transaktionen von Wertpapieren.

[8] Die große Mehrheit der an dieser Umfrage teilnehmenden Zentralbanken und monetären Institutionen schätzte zudem den Umsatz im Monat April als normal und damit repräsentativ ein. Vgl. BIZ (2001), S. 1.

[9] An der Aktienbörse in New York (NYSE) wurden bspw. im Jahr 2000 täglich durchschnittlich etwa 1 Mrd. US$ umgesetzt, an der Computerbörse NASDAQ im selben Jahr ca. 81 Mrd. US$.

[10] Der Anteil der Kassamarkttransaktionen am durchschnittlichen täglichen weltweiten Devisenumsatz von ca. 33% unterzeichnet deren Bedeutung für Nicht-US$ Währungspaare, der dort auf 70% und mehr geschätzt wird. Vgl. BIZ (1999), S. 13.

[11] Wechselkurse können in Preis- und Mengennotierung festgelegt werden. Dieser Arbeit liegt durchgängig die Preisnotierung zugrunde, so dass der Wechselkurs den Preis einer beliebigen Währungseinheit ausgedrückt in einer anderen Währung darstellt (bspw.der Preis des US$ ausgedrückt in Euro).

gelegten Kurs vereinbart. Die BIZ schließt dabei sowohl *Spot/Forward* und *Forward/Forward Swaps* ein wie auch *Tomorrow/ Next Day*-Transaktionen. Die Laufzeit bei Terminkontrakten fällt überwiegend in den kurzfristigen Bereich. So hatten im April 2001 (1998) *Outright Forward*-Kontrakte zu 39% (51%) eine Laufzeit von bis zu sieben Tagen, 58% (45%) von acht Tagen bis zu einem Jahr und lediglich 3% (4%) eine über ein Jahr. Bei *Forex Swaps* war die Dominanz der kurzen Frist noch deutlicher ausgeprägt mit 69% (72%) bis zu sieben Tagen, 30% (26%) bis zu einem Jahr und 1% (1%) über einem Jahr Laufzeit.[12] Das gesamte tägliche Transaktionsvolumen im April 2001 fiel im Vergleich zum letzten Berichtszeitpunkt im April 1998 um 19%. Dieser Rückgang nach kontinuierlichem Wachstum seit der ersten Erhebung 1989 wird durch die Einführung des Euro, den zunehmenden Anteil des Devisenhandels über elektronische Brokersysteme sowie die Konsolidierungstendenz im Bankensektor begründet.[13] Die hohe Wachstumsrate von 45% im Zeitraum von 1992 bis 1995 im Vergleich zu 26% im nachfolgenden Berichtszeitraum muss vor dem Hintergrund der starken Dollaraufwertung seit 1995 gesehen werden. So bewirkt eine Aufwertung des US$, dass bspw. bei einem Kurs von 1 DM/US$ ein Währungstausch von 1 Mill. DM in Britisches Pfund mit 1 Mill. US$ bewertet wird, während bei einem Kurs von 2 DM/US$ (also einer Dollaraufwertung) die gleiche Transaktion einen Wert von 500.000 US$ darstellt. Korrigiert man die Devisenumsätze um diesen Dollarkurseinfluss bei Nicht-Dollar-Transaktionen, indem man einheitlich den US$-Kurs von April 1998 zugrundelegt, dann reduziert sich das Wachstum im Zeitraum von 1992 bis 1995 auf 29% und steigt im Berichtszeitraum von 1995 bis 1998 auf 46%.[14] Abbildung 2.1 veranschaulicht diese Entwicklung des täglichen weltweiten Transaktionsvolumens bewertet zu Marktkursen.

Abbildung 2.1: Durchschnittlicher täglicher Devisenumsatz weltweit in Mrd. US$*

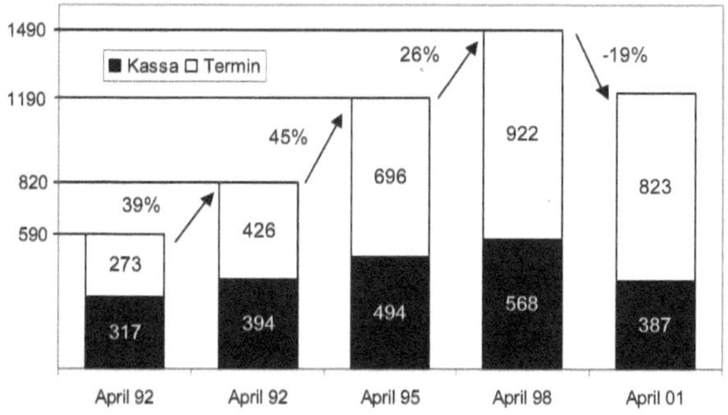

* korrigiert um Inlands- und grenzüberschreitende Doppelzählungen.

Quelle: BIZ (2001).

[12] Vgl. BIZ (2001), S. 5, Tabelle 2.

[13] Elektronische Brokersysteme erhöhen die Markttransparenz und reduzieren dadurch das Transaktionsvolumen.

[14] Dabei muss beachtet werden, dass der intra-europäische Devisenhandel im Zeitraum von 1995 bis 1998 durch die bevorstehende Euro-Einführung zurückgegangen ist. Vgl. BIZ (1999), S. 8 f.

Das enorme Volumen und Wachstum der Devisenmärkte und insbesondere der Terminmärkte seit Beginn der 90er Jahre wird auf der einen Seite auf die zunehmende weltweite Portfoliodiversifikation, ansteigende Direktinvestitionen sowie einen rapiden Aufbau von *leveraged positions* zurückgeführt.[15] Die Begründung für letztere kann u.a. darin gesehen, dass der *Ferrell Foreign Exchange Index* – ein Maß für die Performance von Währungsmanagern – in den fünf Jahren vor Dezember 1991 mit einer jährlichen Rate von 31,6% gewachsen ist, während ein Vergleichsindex auf Basis des *Standard and Poor's 500 Index* inklusive Dividenden nur mit einer jährlichen Rate von 15,38% wuchs.[16]

Die Zusammensetzung der gehandelten Währungen wird stark dominiert vom US$ mit einem Anteil von 90% an allen weltweiten Devisenmarkttransaktionen. Dieser Anteil ist u.a. deshalb so hoch, weil der US$ vorwiegend als Vehikelwährung für *Cross-Trades* anderer Währungen verwendet wird. Für einige Währungspaare existiert kein Devisenmarkt, so dass die eine Währung erst gegen US$ getauscht werden muss, um anschließend US$ gegen die Zielwährung zu tauschen (*Cross Trade*).[17] Durch diese Praxis wird die Menge an Informationen über die Austauschraten zweier Währungen und damit die Transaktionskosten reduziert.[18] Der Euro wurde im selben Monat mit einem Anteil von 38% am zweitstärksten gehandelt.[19] Dieser Anteil ist zwar höher als der der DM im letzten Berichtszeitraum (30%), jedoch erheblich niedriger als der Anteil aller Euro-Teilnehmerländer 1998 (58%). Die Ursache dafür ist im Wegfall des intra-europäischen Devisenhandels im Vorfeld der Währungsunion zu sehen. Der Japanische Yen belegte zum gleichen Zeitpunkt mit 23% Rang drei, gefolgt vom Britischen Pfund mit 13%.[20] Abbildung 2.2 auf der folgenden Seite stellt die Entwicklung dieser Anteile im Zeitablauf dar.

---

[15] Vgl. BIZ (1999), S. 7 sowie ISARD (1997), S. 16. *Leveraged Positions* sind Terminkontrakte, bei denen nicht der Gesamtwert, sondern nur ein Einschuss (*initial margin*) in Höhe von ca. 2 – 20% aufgebracht werden muss. Dieser Einschuss ist als Kaution im Falle einer Kursentwicklung zuungunsten des Halters zu sehen. Da man somit mit relativ geringen Beträgen an Gewinnen und Verlusten großer Summen beteiligt ist, spricht man von einer Hebelwirkung *(leverage effect)*. Eine 10%ige Wertsteigerung des Kontraktes entspricht bspw. bei einem Einschuss von 10% einem Bruttogewinn von 100%.

[16] Vgl. OSLER (1998), S. 45.

[17] So wurde der US$ im April 2001 bei acht der zehn meistgehandelten Währungspaare verwendet. Vgl. BIZ (2001), S. 7, Tabelle 4.

[18] Beim Handel von n Währungen durch eine Vehikelwährung sind (n–1) Tauschverhältnisse notwendig, während sich diese Zahl bei direktem Handel aller Währungen miteinander auf $n \cdot (n-1)/2$ erhöht.

[19] Die Einführung des Euros 1999 stellt einen erheblichen Strukturbruch dar und erschwert die Analyse der Euro-Währungspaare, da es keine Originärzeitreihen vor 1999 gibt. Vgl. BRESSERT/SCHAFF (2001).

[20] Wie man sieht, addieren sich die Anteile nicht zu 100%. Da bei einer Devisenmarkttransaktion immer zwei Währungen beteiligt sind, ergibt die Summe der Anteile 200%.

Abbildung 2.2: Anteile ausgewählter Währungen am durchschnittlichen täglichen weltweiten Devisenumsatz*

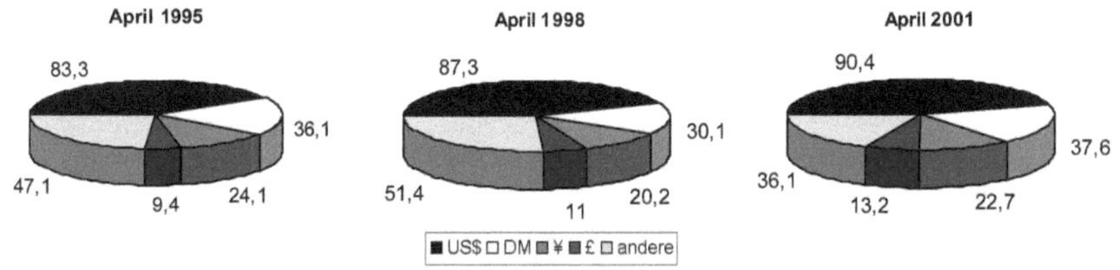

* für April 2001 Euro statt DM.

Quelle: Eigene Darstellung.

Die meistgehandelten Währungspaare am Kassamarkt, wie auch am Terminmarkt, waren im April 2001 US$/Euro mit 30%, US$/Yen mit 20% und US$/GBP mit 11%.[21] Die durchschnittliche Transaktionsgröße in diesen beiden Marktsegmenten betrug in den USA 1998 4 Mill. US$ und blieb damit im Vergleich zu 1992 nahezu unverändert. Im Gegensatz dazu stieg diese Größe bei *Forex Swaps* von 1992 ungefähr 15 Mill. US$ auf 31 Mill. US$ 1998.

In der Literatur ist häufig neben Kassa- und Terminmarkt eine zweite Unterteilung des Transaktionsvolumens zu finden. Diese bezieht sich auf die zugrundeliegenden Motive und führt lediglich ca. 5% des gesamten täglichen Handelsvolumens auf den Devisenmärkten auf internationale Leistungstransaktionen zurück.[22] Aus dieser vielzitierten Zahl darf jedoch nicht der Schluss gezogen werden, dass die restlichen 95% aller Devisentransaktionen ausschließlich spekulativer Natur sind. In der Regel induzieren Transaktionen zwischen einer Bank und einem Kunden eine Vielzahl weiterer Transaktionen, ohne dass diesen ein spekulatives Motiv zugrunde liegt. Wenn eine deutsche Unternehmung bspw. im Rahmen eines Exportgeschäfts den späteren Erlös in finnischen Mark FIM heute per Termin in 3 Monaten an seine Bank verkauft, dann entsteht der Bank durch dieses Währungsgeschäft eine offene Fremdwährungsposition, die ein Währungsrisiko trägt. Will sie dies vermeiden, also ihre Fremdwährungsposition wieder glattstellen, so kann sie die FIM ebenfalls am Terminmarkt weiterverkaufen.[23] Falls sie dabei über eine Vehikelwährung operieren muss, bspw. den US$, erhöht sich das Transaktionsvolumen weiterhin, denn sie verkauft FIM gegen US$ per in 3 Monaten und gleichzeitig US$ per in 3 Monaten gegen DM. Unterstellt, die Bank würde die Termingeschäfte mit einer anderen Bank abschließen und diese möge ebenfalls kein Währungsrisiko eingehen, so wird sich das Transaktionsvolumen solange weiter erhöhen, bis ein Käufer der offenen Währungsposition gefunden ist, der diese halten will. Durch diese Überlegungen wird klar, dass das Transaktionsvolumen um ein Vielfaches über der Originärtransaktion liegen kann, ohne dass dies auf spekulative Motive zu-

[21] Vgl. BIZ (2001), S. 7, Tabelle 4.

[22] Bspw. bei LYONS (2001A), S. 2. oder FRANKEL (1996), S. 11.

[23] Siehe DRESDNER BANK (1994), S. 17. Sie könnte natürlich auch einen Kredit in FIM für 3 Monate aufnehmen und diesen am Kassamarkt gegen DM verkaufen, die sie anschließend für 3 Monate am Geldmarkt anlegt.

rückzuführen ist.[24] Dennoch kann kein Zweifel bestehen, dass Spekulation das dominante Transaktionsmotiv am Devisenmarkt darstellt.[25]

2.2.2. Mikrostruktur der Devisenmärkte

Die Mikrostruktur eines Marktes stellt eine Beschreibung der Marktteilnehmer sowie des Handelsprozesses unter gegebenen Handelsregeln dar. Diese Beschreibung zielt somit auf die Beantwortung des *wer* handelt, *wo* und *wie*? Unter diesem Aspekt spielen insbesondere die Richtung des Informationsflusses und Lernprozesse eine besondere Rolle. Die folgende Beschreibung beinhaltet somit eine institutionelle und informationelle Dimension.

Die Marktteilnehmer an den Devisenmärkten lassen sich in Händler, Broker und Kunden einteilen. Händler sind überwiegend direkt im Bankensektor tätig und stellen häufig sowohl Kauf- (*bid*) als auch Verkaufskurse (*ask*) gegenüber Kunden und anderen Händlern.[26] Sie übernehmen damit eine *Market-Making*-Funktion, dass heißt, sie verpflichten sich, bestimmte Mengen auch auf eigene Rechnung zu kaufen bzw. zu verkaufen. Bei den meistgehandelten Währungspaaren (z. B. Euro/US$ und US$/¥) handelt ein Händler bei einer Bank i.d.R. nur ein Währungspaar.[27] Händler gehen dabei kein eigenes Risiko ein, da sie nicht mit eigenem Vermögen der Bank handeln. Sie halten zudem keine unbegrenzten offenen Währungspositionen, weil sie vorgegebenen Limits ihrer Bank ausgesetzt sind und sie haben typischerweise einen (sehr) kurzen Anlagehorizont.[28] Diejenigen Händler, die auf Rechnung der Bank handeln, handeln i.d.R. mehrmals am Tag und gehen hohe Risiken ein, um Gewinne zu realisieren.[29]

Als Broker werden Intermediäre zwischen zwei Transaktionspartnern bezeichnet. Auf den Devisenmärkten deckt der Handel zwischen Händlern nahezu vollständig alle Transaktionen über Broker ab.[30] Als Intermediäre stehen sie i.d.R. weltweit im Kontakt mit Händlern sowie anderen Brokern und erreichen damit eine große Marktbreite.[31] Sie versuchen, den höchsten Kaufkurs und den günstigsten Verkaufskurs festzustellen, um diese Dienstleistung auf Kommissionsbasis anzubieten. Sie stellen im Gegensatz zu

---

24 Die permanente Weitergabe offener Währungspositionen zur Risikovermeidung wird auch als *hot potato*-Phänomen bezeichnet. Vgl. dazu LYONS (2001A), S. 102 sowie FRANKEL (1996), S. 11 f.

25 Vgl. MENKHOFF (1995), S. 4, HARVEY (2001A), S. 6 sowie FLOOD/TAYLOR (1996), S. 286.

26 Dabei werden lediglich die letzen beiden Ziffern des Devisenkurses genannt. So würde z. B. ein Händler bei einem US$/Euro-Kurs von 0,9138 nur „dreißig-fünfundvierzig" angeben und damit meinen, dass er Euro für 0,9130 kauft und Euro für 0,9145 verkauft. Die Differenz zwischen diesen Kursen wird *Spread* genannt.

27 Vgl. LYONS (2001A), S. 42.

28 Vgl. OSLER (1998), S. 39.

29 Vgl. OLSEN DATA AG (2001).

30 Kunden, wie bspw. international operierende Unternehmen, wird heutzutage über internetbasierte Handelssysteme ebenfalls Zugang zu elektronischen Brokersystemen angeboten. Ihre Transaktionen spielen jedoch im Vergleich zu den *interdealer*-Transaktionen nur eine untergeordnete Rolle.

31 Vgl. DRESDNER BANK (1994), S. 25.

Händlern keine eigenen Preise und gehen keine eigenen Positionen ein.[32] Broker stellen heute überwiegend elektronische Handelssysteme wie z. B. EBS und Reuters 2000-2 dar. Neben der größeren Marktbreite, die durch Broker angesprochen werden kann, ist eine weiteres Motiv für ihre Inanspruchnahme die Anonymität, die bis zum Zeitpunkt der Transaktion erhalten bleibt und dann auch nur gegenüber dem Transaktionspartner aufgehoben wird. Darüber hinaus lassen sich durch Broker Informationen über den Markt-*order flow* erzielen. Im direkten *interdealer*-Handel lässt sich weder das Transaktionsvolumen noch die initiierende Seite einer fremden Transaktion (Kauf- vs. Verkaufwunsch) beobachten, während über elektronische Brokersysteme den angeschlossenen Teilnehmern angezeigt wird, ob eingehende *orders* auf der *bid*- oder *ask*-Seite ausgeführt werden. Durch die anschließende Veränderung der verfügbaren Mengen auf diesen beiden Seiten lässt sich das Transaktionsvolumen in etwa abschätzen.[33]

Kunden nehmen überwiegend die Dienste von Händlern und Brokern in Anspruch und sind daher in dem Maße nicht direkt an den Devisenmärkten tätig. Unter Kunden wird eine Vielzahl an Institutionen verstanden, die sich in Nichtbanken (international operierende Unternehmen, Staat und private Haushalte), Finanzunternehmen (z. B. Kreditinstitute und Versicherungen) und Zentralbanken gliedern lassen. Die Finanzunternehmen stellen die bei weitem größte Gruppe dar. Unter ihnen sind insbesondere Portfoliomanager international diversifizierter Fonds zu nennen.[34] Zentralbanken nehmen insofern eine hervorgehobene Stellung ein, als dass sie nicht nur Devisen im Auftrag ihrer Kunden (z. B. Regierungen) kaufen und verkaufen, sondern dies ebenso zur gezielten Beeinflussung der Devisenkurse tun (Interventionen). Im Gegensatz zu privaten Akteuren steht bei ihnen nicht das Motiv der Gewinnerzielung im Vordergrund, sondern (wirtschafts-)politische und volkswirtschaftliche Aspekte. Die Markteingriffe von Zentralbanken erfolgen ebenfalls bei weitem nicht so häufig wie bei Privaten. Aus diesen Gründen erfahren sie auch besondere Aufmerksamkeit in der Literatur.

Die bedeutendsten Beziehungen zwischen den Marktteilnehmern sind Kunden/Händler, Händler/Händler und Händler/Broker, wobei die beiden letzten auch als *direct interdealer* und *brokered interdealer*-Beziehung bezeichnet werden. Nach Angaben der BIZ wurden im April 2001 (1998) 59% (64%) aller Devisenumsätze als *interdealer*-Transaktionen durchgeführt, von denen ungefähr die Hälfte auf *brokered interdealer*-Geschäfte entfiel.[35] Dieser hohe Anteil wird in keinem anderen dezentralen, *multiple-dealer* Finanzmarkt erreicht. Die verbleibenden 41% (36%) wurden mit anderen Finanzinstitutionen und Nichtbanken abgewickelt. Diese Zahlen sind deshalb bemerkenswert, weil die beiden letztgenannten Gruppen als Originäranbieter bzw. –

---

[32] In diesem Sinne stellen Broker einen gewissen Grad an Zentralisierung in einem ansonsten dezentral organisierten Markt dar. Vgl. LYONS (2001A), S. 43.

[33] Vgl. EBENDA (2001A), S. 45 f. Siehe auch Fn. 182 auf Seite 60.

[34] In ein und derselben Finanzinstitution ist es also möglich, dass ein Händler und sein Kunde arbeiten. Da beide systematisch unterschiedliches Verhalten aufweisen, kann nicht auf die aggregierte Ebene ‚Bank' zurückgegriffen werden. Vgl. die empirischen Ergebnisse hierzu in MENKHOFF (1995), bspw. S. 148 ff.

[35] Lyons und die BIZ weisen darauf hin, dass dieser Anteil in den BIZ Statistiken unterschätzt wird, da Investment Banken unter der Kategorie ‚*other financial institutions*' aufgeführt werden und nicht an der Erhebung teilnehmen. Vgl. LYONS (2001A), S. 53 und BIZ (1999), S. 10.

nachfrager von Devisen angesehen werden können, bspw. für die Emission internationaler Anleihen oder das grenzüberschreitende Warenhandelsgeschäft. Betrachtet man nur den Anteil der Transaktionen mit Nichtbanken im Jahr 2001 (1998) von ca. 13% (17%), so erscheint die weiter oben erwähnte Zahl von 5% Anteil der Leistungstransaktionen untertrieben. Jedoch bedeutet dies immerhin, dass jeder Euro, der von einer Nichtbank in den Devisenmarkt eingeschleust wird, ungefähr 7mal weitergereicht wird, bevor jemand bereit ist, diesen Euro zu halten. Im Jahr 1998 fanden zudem 59% der *interdealer*-Transaktionen grenzüberschreitend statt, während dieser Anteil bei Händler/Kunden-Transaktionen nur 32% beträgt. *Outright Forwards* wurden dagegen 1998 hauptsächlich mit heimischen Kontraktpartnern abgeschlossen (62%) wobei ein großer Anteil (36%) auf Nichtbanken entfiel. Dies lässt darauf schließen, dass *Outright Forwards* häufig als *Hedging*-Instrument im Privatkundenhandel *(retail trading)* verwendet werden.[36]

Die Bedeutung elektronischer Handelssysteme nahm in der jüngsten Zeit erheblich zu. In Großbritannien erreichten sie 2001 unter den bedeutendsten *interdealer*-Transaktionen einen Marktanteil von 66% im Vergleich zu 30% 1998. Auffällig ist deren Bedeutung besonders bei allen Währungspaaren ohne die umsatzstärksten US$/DM, US$/Euro und US$/¥ von denen 95% über ein einziges elektronisches Brokersystem gehandelt werden. In den USA wurden im April 2001 71% aller Kassamarktumsätze über diese Handelssysteme abgewickelt, in Japan bereits 90%.[37]

In den verschiedenen Finanzzentren ist die Bedeutung des Kassamarktes sehr unterschiedlich. Während in kleineren Märkten mit einem Tagesumsatz von bis zu 10 Mrd. US$ der Anteil der Kassamarkttransaktionen am Gesamtumsatz zwischen 25% und 100% liegt, ist dieser Anteil in den großen Handelszentren in einer Spanne von 25% bis 35% von 1995 bis 1998 nahezu unverändert geblieben. Aus geographischer Sicht ist zudem das Handelsvolumen sehr unterschiedlich verteilt. In Großbritannien wurden 2001 (1998) durchschnittlich 504 (637) Mrd. US$ täglich umgesetzt. Mit einem Marktanteil von 31% (32%) stellt Großbritannien damit den größten Devisenhandelsplatz der Welt dar, gefolgt von den USA mit 16% (18%), Japan mit 9% (8%) und Singapur mit 6% (7%). Deutschland liegt mit 5% (5%) an fünfter Stelle. Dabei ist London so dominant, dass selbst der Handel mit US$ und DM bzw. Euro dort größer ist als in den USA und Deutschland. Zudem entfielen 2001 (1998) 77% (83%) aller Umsätze in Großbritannien auf Währungspaare, in denen das Britische Pfund nicht vertreten war. Der größte Teil der Umsätze in den verschiedenen Handelszentren wird durch Institutionen im Auslandsbesitz durchgeführt. In Großbritannien wurden 2001 (1998) bspw. 81% (85%) aller Umsätze von Unternehmen im Auslandsbesitz durchgeführt, wovon 46% (49%) nordamerikanische Institutionen waren.[38]

---

[36] Vgl. BIZ (1999), S. 13 f.

[37] Vgl. FEDERAL RESERVE BANK (2001) sowie BANK OF JAPAN (2001).

[38] Die Dominanz Londons resultiert nicht nur aus der großen Anzahl an international tätigen Institutionen wie z. B. Versicherungen, Banken, Investmentgesellschaften, Frachtgesellschaften usw., sondern auch aus der günstigen geographischen Lage, die es ermöglicht an einem Geschäftstag mit Fernost-Asien und den USA zu handeln, während diese beiden Zentren keine Überschneidung in ihren Öffnungszeiten besitzen. Vgl. BANK OF ENGLAND (2000), S. 1.

Die Handelsintensität ist rund um die Welt innerhalb eines Handelstages ebenfalls sehr unterschiedlich. Betrachtet man einen vollen 24-Stunden Zeitraum, so verteilt sich die Handelsintensität auf die verschiedenen Finanzzentren gemessen an der *Greenwich Mean Time* GMT, ungefähr folgendermaßen:

- Ein Handelstag beginnt bspw. an einem Montag Morgen um 23 Uhr auf den asiatischen Märkten. Wenn Tokio und Sydney durch Singapur und Hong Kong ergänzt werden, nimmt das Handelsvolumen stark zu.
- In der Mittagszeit, wenn es in London 4 Uhr morgens ist, bricht der Handel schlagartig ein und beginnt gegen 5 Uhr wieder langsam anzusteigen.
- Wenn es in Europa Morgen wird, ist ein durchgehender Anstieg der Handelsintensität zu beobachten, da die asiatischen und Nahost-Märkte zunehmend durch London, Frankfurt und die übrigen europäischen Märkte ersetzt werden.
- Am Nachmittag erreicht das Handelsvolumen seinen Höhepunkt, wenn die europäischen Märkte und New York gleichzeitig offen sind. Sobald in Europa die Märkte geschlossen werden, nimmt die Handelsintensität stetig ab, bis alle Handelszentren in den USA den Devisenhandel beenden und in Asien der Handel gegen 23 Uhr GMT wieder aufgenommen wird.[39]

In den großen Finanzzentren setzte sich der Trend zur Marktkonzentration fort. In London stieg der Marktanteil der Top 10 Händler von 44% 1995 und 50% 1998 auf 58% 2001, während dieser sich in den USA von 48% und 52% auf 66% erhöhte. Diese Anteile sind noch größer, wenn man nur die meistgehandelten Währungspaare betrachtet.[40]

Die Motive, die zu einem Devisenangebot bzw. einer Devisennachfrage führen, sind sehr vielfältig und lassen sich nicht eindeutig bestimmten Marktteilnehmern zuschreiben. So stehen jedoch wahrscheinlich bei Nichtbanken Leistungstransaktionen aus dem internationalen Güter- und Dienstleistungsverkehr sowie Kapitaltransaktionen aus internationalen Direktinvestitionen und Kreditbeziehungen im Vordergrund. Kurssicherungsgeschäfte *(Hedging)* dürften ein weiteres herausragendes Motiv darstellen.[41] Bei Finanzinstitutionen wird dagegen das spekulative Motiv eine größere Bedeutung haben. Ein Handelsgeschäft wird dann als spekulativ bezeichnet, wenn es nur auf Grund divergierender Erwartungen der Geschäftspartner über den zukünftigen Preis des gehandelten Gutes zustande kommt. Erwartungen können sich dabei sowohl auf fundamentale Gründe stützen wie auch auf technische Faktoren oder sonstige Einflüsse. Nicht unerwähnt bleiben darf jedoch die Tatsache, dass ein Devisengeschäft auch auf Grund divergierender Erwartungen bzgl. Wertänderungen anderer Vermögenstitel wie bspw. Aktien oder Zinsen im In- und Ausland zustande kommen kann. Der *inter-dealer*-Handel zwischen zwei Händlern unterschiedlicher Finanzinstitutionen wird dagegen vornehmlich durch deren aktuelle Nettowährungspositionen (*inventory*), Trends,

[39] Vgl. OLSEN DATA AG (2001).

[40] Vgl. BANK OF ENGLAND (2001), S. 418.

[41] Bei internationalen Portfolioströmen nehmen festverzinsliche Wertpapiere (Kreditbeziehungen) den größten Anteil ein, während die Bedeutung von Aktien immer weiter zunimmt. Vgl. BERNARD/GALATI (2000), S. 33.

technischen Faktoren und Vermutungen über die Motive derer, die Kauf- bzw. Verkaufsorder (*order flow*) initiieren, beeinflusst.[42] Da der Gesamtmarkt-*order flow* auf Grund der Dezentralität des Devisenmarktes nicht oder nur ungenau über elektronische Brokersysteme beobachtet werden kann, stellt der *order flow* für den Händler eine private Information dar.[43] Zentralbanken intervenieren hingegen am Devisenmarkt, um gezielt Einfluss auf die Wechselkursentwicklung zu nehmen, falls diese nicht ihren Vorstellungen entspricht. Die Vielfalt dieser Motive macht bereits die Vielfalt an unterschiedlichen Einflüssen auf den Wechselkurs deutlich.

Die Preisfindung am Kassamarkt erfolgt dezentral über die *bid-ask* Kurse der Devisenhändler bzw. über die der (elektronischen) Broker. Damit gibt es de facto nicht nur den einen Kassakurs, sondern eine Vielzahl an Kursen zum gleichen Zeitpunkt. Jeder Devisenhändler ist zahlreichen Einflüssen ausgesetzt, die er zu filtern und zu interpretieren versucht, um daraus seine *bid-ask* Kurse abzuleiten. Sein Preissetzungsverhalten wird neben den vielen öffentlich beobachtbaren Größen wie die Bekanntgabe fundamentalökonomischer Daten, politische Ereignisse, Stimmungen und technische Indikatoren zusätzlich durch zwei weitere Kanäle beeinflusst: i) den *inventory-control-channel* und ii) den *information-channel*. Im ersten Fall nimmt ein Devisenhändler Preisanpassungen vor, um seine Nettowährungsposition (*inventory*), die durch den bei ihm eingehenden *order flow* Fluktuationen ausgesetzt ist, zu kontrollieren. Ihm sind i.d.R. sowohl Höchstgrenzen für offene Positionen innerhalb eines Handelstages wie auch über Nacht gesetzt, so dass er über Preisvariationen versucht, diese Grenzen einzuhalten. Im zweiten Fall passt der Devisenhändler seine Preise hinsichtlich der Informationen, die er im *order flow* sieht, an. Er interpretiert diesen *order flow* hinsichtlich seiner zugrundeliegenden Motive und versucht so den Zusammenhang zwischen Wechselkursdeterminanten und Nettodevisennachfrage zu lernen. Private Informationen können auf diesem Weg aus Kauf- und Verkaufsaufträgen extrahiert werden.

Abbildung 2.3: Informations(ein-)fluss am Devisenmarkt

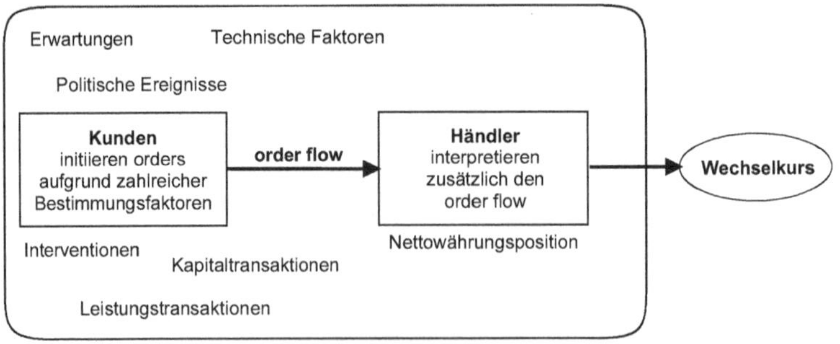

Quelle: Eigene Darstellung in Anlehnung an LYONS (2001A), S. 8.

[42] Zu einer knappen Darstellung eines Handelstages aus Sicht eines Devisenhändlers, die besonders die Vielfalt der Einflüsse auf die Entscheidungsfindung verdeutlicht, siehe YAMAMOTO (2001).

[43] Zu einer empirischen Studie über den Einfluss der Nettowährungsposition und den Informationen aus dem *order flow* auf das Preissetzungsverhalten von Devisenhändlern vgl. LYONS (1995).

Die Preisfindung am Terminmarkt unterscheidet sich grundlegend von der am Kassamarkt. Der Terminkurs hängt nicht direkt davon ab, was die Marktteilnehmer über den zukünftigen Kassakurs erwarten, sondern er wird vorwiegend aus den Zinsdifferenzen berechnet.[44] Daher werden am Terminmarkt auch nicht primär Kurse, sondern Auf- und Abschläge in Dezimalstellen in Form von Swapsätzen fd *(forward discount)* zu den Kassakursen quotiert, denn diese ändern sich nicht so häufig wie die Kassakurse.[45] Folgende Gleichung zeigt die Vorgehensweise mit i als inländischem und i^* als ausländischem Zinssatz in Prozent, Tage als Laufzeit des Terminkontraktes in Kalendertagen und 360 Tage als Basis der Zinsberechnung:[46]

$$(2.1) \qquad fd = \frac{e_t \cdot (i^* - i) \cdot \frac{Tage}{100 \cdot 360}}{1 + i \cdot \frac{Tage}{100 \cdot 360}} \qquad \text{mit: } fd = \begin{cases} \textit{Discount} & \text{falls } fd < 0 \\ \textit{Premium} & \text{falls } fd > 0 \end{cases}$$

Daraus errechnet sich ein Terminkurs von $e_t^T = e_t + fd$.

Das tatsächliche Preissetzungsverhalten an den Devisenmärkten unterscheidet sich damit signifikant von der weitverbreiteten ökonomischen Standardvorstellung eines Walrasianischen Auktionators. Während bei letzterem Handel zu Nicht-Gleichgewichtspreisen ausgeschlossen ist und der Auktionator, nachdem er alle preisbildungsrelevanten Informationen besitzt, einen Gleichgewichtspreis ausruft, zu dem die Transaktionen markträumend durchgeführt werden, handeln Devisenhändler bilateral kontinuierlich Kurse aus und verwenden dabei den *order flow* als Informationsquelle, um auf die Marktsituation schließen zu können. Der *order flow* spielt also eine Rolle bei der Preisbildung, indem er als Informationslieferant die ‚wahren' Ursachen transportiert, die die Devisenhändler zu identifizieren versuchen.

2.2.3. Stilisierte Fakten von Wechselkurszeitreihen

Die Ausführungen der beiden vorherigen Abschnitte geben eine grobe Beschreibung der heutigen Devisenmärkte sowie ihrer Marktteilnehmer und Funktionsweise. Sie vermitteln einen Eindruck über das technische Zusammentreffen von Angebot und Nachfrage sowie die Organisation dieser Märkte. Die Marktergebnisse im Zeitablauf, also die Wechselkurse auf den Kassa- und Terminmärkten, können weitere Einblicke in die Devisenmärkte und ihre Besonderheiten geben. An dieser Stelle werden stilisierte Fakten aus den Zeitreihen der Wechselkurse aufgeführt, um neben der reinen Marktbeschreibung Tatsachen hervorzuheben, die eine Theorie des Wechselkurses wenigstens annähernd erklären sollte. Die Darstellungen erfolgen an Hand des DM/US$-Wechselkurses, was nicht als gravierende Einschränkung verstanden werden darf, da die hier aufgeführten Besonderheiten und Eigenschaften bei nahezu allen Währungspaaren wiederzufinden sind. Die enorme Bedeutung des DM/US$-Wechselkurses, die auch im vorherigen Abschnitt deutlich wurde, und die Bekanntheit dieser Währungsrelation die-

---

[44] Vgl. DRESDNER BANK (1994), S. 45 und 58 ff., sowie 69 ff., und BANK OF ENGLAND (1999), S. 2 f., BILSON (1999), S. 3, sowie MENKHOFF (1995), S. 35.

[45] Vgl. DRESDNER BANK (1994), S. 61.

[46] Diese Berechnung impliziert, dass der Zinsertrag ebenfalls kursgesichert wird.

nen zudem als leicht zugängliche Quelle. Die Zeitreihenbetrachtung dieses speziellen Währungspaares macht darüber hinaus klar, dass es sich um solche Eigenschaften einer Zeitreihe handelt, die sich aus dem nahezu freien Spiel der Märkte seit Anfang der 70er Jahre zwischen zwei der bedeutendsten Industrienationen der Welt ergeben haben.

Die folgenden Ausführungen geben einen Überblick über die meistgenannten stilisierten Fakten und beanspruchen keineswegs vollständig zu sein.[47] Sie werden grob in drei Schwerpunkte eingeteilt, die sich auf das Niveau und die Volatilität von Wechselkursen sowie die Marktinterdependenz zu anderen Finanzmärkten beziehen.

(1) Wechselkursniveau

Nominelle wie auch reale Wechselkurse verhalten sich statistisch gesehen in der kurzen Frist wie ein Zufallsprozess (random-walk).

Ein *random-walk* ist ein stochastischer Prozess, der auf einem *white-noise*-Prozess basiert. Ein *white-noise*-Prozess $\nu = \{\nu_t \; ; \; t \in \mathbb{N}\}$ stellt eine Folge von Zufallsvariablen dar, die identisch und unabhängig verteilt sind und einen Erwartungswert $E[\nu_t] = 0$ und eine konstante Varianz $Var(\nu_t) = \sigma^2 > 0$ aufweisen. Der stochastische Prozess $X = \{X_t = \sum_{i=0}^{t} \nu_t; \; n \in \mathbb{N}\}$,[48] der die Kumulation eines *white-noise*-Prozesses darstellt, wird als *random-walk* bezeichnet. Unter einer kurzen Frist wird ein Zeitraum bis zu einem Quartal verstanden. Mit Hilfe des Standardwerkzeugs zur Überprüfung dieser Eigenschaft, dem Dickey-Fuller bzw. dem Augmented-Dickey-Fuller-Test, wird die Nullhypothese von $\alpha = 1$ der folgenden Testgleichung überprüft:

$$(2.2) \qquad e_t = \alpha \cdot e_{t-1} + \nu_t \qquad \text{mit: } E[\nu_t] = 0, \; cov(\nu_t, \nu_{t-\tau}) = \begin{cases} 0 & \text{falls } \tau \geq 1 \\ \sigma^2 & \text{falls } \tau = 0 \end{cases}$$

Die Größe ν_t stellt wiederum einen *white-noise*-Zufallsprozess mit dem Erwartungswert Null und konstanter Varianz σ^2 dar. Das Ergebnis nahezu aller Tests der oben genannten Nullhypothese für Frequenzen bis zu einem Quartal ist, dass diese nicht abgelehnt werden kann. Die betrachtete Zeitreihe weist daher die Eigenschaft der sogenannten *unit root*-Dynamik ($\alpha = 1$) auf. In der orthodoxen Form der *random-walk*-Hypothese wird eine Normalverteilung der Wechselkursänderungen – also der Zufallsvariablen ν_t – unterstellt, bei einem Erwartungswert von Null, voneinander unabhängigen Kursveränderungen und dem Fehlen von zyklischen Schwankungen und Trends in den Zeitreihen. Diese Form von Zufallsprozess kann durch Martingale und Sub- bzw. Super-Martingale-Prozesse abgeschwächt werden, ohne ihre Kernaussage zu verlieren.[49] $X = \{X_t \; ; \; t \in \mathbb{N}_0\}$ ist ein stochastischer Prozess, der an eine Filtration $\{F_t \; ; \; t \in \mathbb{N}_0\}$ adaptiert ist. F_t stellt die Information bis zum Zeitpunkt t dar und schließt bspw. sämtliche vergangenen Differenzen der Zufallsvariablen X_t über $Y_t = X_t - X_{t-1}$, für alle $t \geq 1$ ein, die im Kontext von Wechselkurszeitreihen die vergangenen absoluten Wechselkursänderungen darstellen. Ebenso können weitere Informationen bspw.

---

[47] So geht bspw. MENKHOFF (1995), S. 9, weiter in die Tiefe, indem er neben den hier aufgeführten Eigenschaften stilisierte Fakten zur Informationsverarbeitung und den Handelsvolumina nennt. Für eine ausführliche Darstellung stilisierter Fakten für Finanzmarktzeitreihen siehe ebenso CONT (2000).

[48] Eine äquivalente Schreibweise wäre $X = \{X_t = X_{t-1} + \nu_t; \; t \in \mathbb{N}\}$, worin die Nähe zur Gleichung (2.2) deutlich wird.

[49] Vgl. bspw. SCHILLER ET AL. (2001), S. 510 f.

über exogene Variablen in F_t enthalten sein, wodurch $\{F_t\}$ als über die Zeit wachsende Informationsmenge verstanden werden muss.[50] Der stochastische Prozess X ist dann ein Martingal bezüglich F_t, wenn die folgenden zwei Bedingungen gelten:

(i) $E[|X_t|] < \infty$

(ii) $E[X_{t+1} \mid F_t] = X_t$.

Die Bedingung (i) sichert die Existenz der Erwartungswerte. In der Bedingung (ii) stellt E[..|..] den Operator für die bedingte Erwartung dar. Dieser Operator ist linear, da für relle Zahlen a_i sowie n+1 Zufallszahlen X_i und Y mit i = 1,…,n gilt:

$$E[\sum_{i=1}^{n} a_i X_i \mid Y] = \sum_{i=1}^{n} a_i \, E[X_i \mid Y] .$$

Dieser Operator liefert die Erwartung für X_i unter der Bedingung Y. Wenn Y = y – also die Zufallsvariable Y die Realisation y annimmt – liefert der Operator den Erwartungs*wert* von X_i unter der Bedingung Y = y.[51] Im Kontext von Wechselkurszeitreihen lässt sich die Bedingung (ii) wie folgt interpretieren: Der stochastische Prozess X ist so definiert, dass er sich aus der Summe aller t-vergangenen Y_t ergibt $X = \{X_t = \sum_{i=0}^{t} Y_{t-i} ; t \in \mathbb{N}\}$. Die Y_t stellen somit die absoluten Wechselkurs*änderungen* dar. Für den Erwartungswert von Y_t gilt $E[Y_t] = 0$. Bei Gültigkeit von (ii) bedeutet das, dass der Erwartungswert des Wechselkurses im Zeitpunkt t+1 unter der Bedingung, dass alle vergangenen Wechselkurse $\{X_0,\dots, X_t\}$ sowie andere Einflussgrößen[52] $\{Z_0, \dots, Z_t\}$ bekannt sind, der aktuelle Kurs ist. Falls statt (ii) gilt $E[X_{t+1} \mid F_t] \geq X_t$ so wird X als Sub-Martingal und bei Gültigkeit von $E[X_{t+1} \mid F_t] \leq X_t$ als Super-Martingal bezeichnet. Ein Martingal trifft im Gegensatz zur orthodoxen *random-walk*-Hypothese keine Verteilungsannahme über die Kursänderungen Y_t und lässt zudem signifikant von Null verschiedene Kovarianzen zwischen aufeinander folgenden Kursänderungen zu. Ein Martingal ist daher nicht so strikt in seinen Annahmen. Obwohl die genannten Prozesse einen linearen Zusammenhang zwischen Wechselkursen zweier aufeinander folgender Perioden darstellen und jüngere Untersuchungen Anzeichen für Nicht-Linearitäten in den Zeitreihen von Wechselkursen festgestellt haben,[53] wird der *random-walk* dennoch als eine zulässige Beschreibung der Zeitreiheneigenschaft von Wechselkursen angesehen.[54]

Der reale Wechselkurs ist stark korreliert mit dem nominellen Wechselkurs.

Er weicht zudem nach einer Störung längere Zeit von seinem Ausgangsniveau ab und bewegt sich nur allmählich wieder auf dieses Ausgangsniveau zurück. Der reale Wechselkurs ergibt sich aus:

---

[50] Technisch gesehen stellt die Filtration $\{F_t\}$ eine aufsteigende Folge von σ-Algebren dar, so dass $F_0 \subset \dots \subset F_t \subset F_{t+1} \subset \dots \subset F$.

[51] Während die bedingte Erwartung eine Zufallsvariable ist, stellt der Erwartungswert ein Skalar dar. Die Linearität dieses Operators wird in späterem Zusammenhang ab Seite 26 benötigt.

[52] Z wird in diesem Sinne als Vektor aller sonstigen Einflussgrößen verstanden, z.B. Fundamentalwerte wie Zinsdifferenzen oder Wachstumsdifferenzen des Sozialproduktes zwischen 2 Ländern.

[53] Vgl. FERNÁNDEZ-RODRÍGUEZ ET AL. (1998) und BILSON (1999). Zu Testverfahren und Testergebnissen für verschiedene Wechselkurszeitreihen siehe insb. STEURER (1997), S. 136 ff.

[54] Vgl. MENKHOFF (1995), S. 44.

$$(2.3) \qquad e_t^{real} = \frac{e_t \cdot P^*}{P}. \qquad \text{realer Wechselkurs}$$

Diese Gleichung lässt sich umstellen zu:

$$(2.4) \qquad e_t = e_t^{real} \cdot \frac{P}{P^*}.$$

Die Gleichung (2.4) verdeutlicht in Verbindung mit der Abbildung 2.4, dass die kurzfristigen Änderungen des nominellen Wechselkurses von entsprechenden Änderungen des realen Wechselkurses begleitet werden und die internationale Preisrelation den Trend des nominellen Wechselkurses beschreibt.

Abbildung 2.4: Realer, nomineller DM/US$-Wechselkurs sowie Preisrelation von 1957 – 2001*

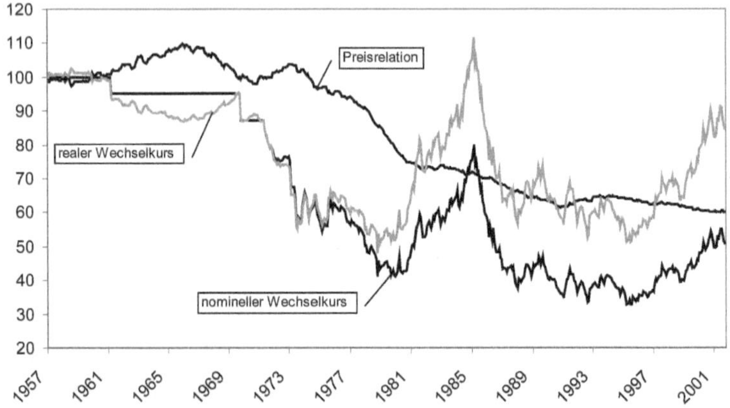

* Ab 1.1.1999 ist der DM/US$-Wechselkurs aus dem Euro/US$-Wechselkurs und dem DM/Euro-Konvertierungskurs berechnet.

Quelle: Datastream, Basis 15.02.1957 (Index = 100), Preisrelation auf Basis der Konsumentenpreisindizes (CPI) D/USA, Monatswerte.

Die Abbildung macht deutlich, dass die USA seit Mitte der 60er Jahre nahezu durchgehend höhere Inflationsraten aufwiesen als Deutschland und dass, zwar begleitet durch enorme Schwankungen, der US$ sukzessive an Wert gegenüber der DM verloren hat.

Die Zeitreihe realer Wechselkurse weist in der langen Frist die statistische Eigenschaft der mean reversion auf.

Mean reversion liegt dann vor, wenn sich der reale Wechselkurs im Zeitablauf immer wieder einem spezifizierten Wert annähert. Dieser Wert ist in den meisten Tests entweder ein Trendwert, der Kaufkraftparitätenkurs oder ein konstanter Wert (bspw. Eins für die Gültigkeit der absoluten Kaufkraftparität). An Hand der Gleichung

$$(2.5) \qquad e_t^{real} = (1-\alpha)\cdot \bar{e}_t^{real} + \alpha \cdot e_{t-1}^{real} + \nu_t$$

kann überprüft werden, ob *mean reversion* vorliegt. Falls der Parameter α den Wert Eins annimmt, geht die Gleichung (2.5) in die *random-walk*-Gleichung (2.2) über, d.h. es liegt keine *mean reversion* vor. Für Werte kleiner als Eins beschreibt α die Anpassungsgeschwindigkeit des realen Wechselkurses an $\overline{e}_t^{real}$ und wird daher als *mean reversion*-Parameter bezeichnet. Wie bereits oben erwähnt, kann die Nullhypothese $\alpha = 1$ für kurze Zeitfrequenzen nicht verworfen werden, jedoch sehr oft für längerfristige Betrachtungen. Daher wird angenommen, dass *mean reversion* in den Zeitreihen realer Wechselkurse existent ist.[55]

Auffällig ist in der Abbildung 2.4 die enorme Aufwertung des US$ Anfang der 80er Jahre und der anschließende rapide Wertverfall ab Mitte dieses Jahrzehnts. Im Zeitraum zwischen Februar 1980 und März 1985 wertete der US$ gegenüber der DM um mehr als 95% auf. Eine solche Wertentwicklung des US$ in diesem Zeitraum lässt sich auch gegenüber anderen Währungen feststellen und ist deshalb bemerkenswert, weil keine fundamentalökonomische Größe eine vergleichbare Entwicklung zeigt, wie die Tabelle 2.1 verdeutlicht:

Tabelle 2.1: Prozentuale Entwicklung ausgewählter fundamentalökonomischer Größen im Vergleich zur DM/US$-Entwicklung zwischen 1980 und 1989

	Q1 1980 – Q1 1985	Q1 1985 – Q4 1989
nomineller Wechselkurs	95,12%	– 46,9%
Konsumentenpreisindex		
D	24,9%	5,9%
USA	36,6%	18,12%
Aktienindex		
D	80,75%	108,45%
USA	61,22%	117,34%
reale Geldmenge M2		
D	6,57%	37%
USA	21,23%	15,56%
reales Bruttoinlandsprodukt		
D	3,21%	14,68%
USA	13,53%	17,83%

Erläuterungen: Die verwendeten Aktienindizes sind der Dow Jones-Index für die USA und der DAX für Deutschland.

Quelle: Datastream.

Die zweite Spalte zeigt bspw., dass alle Größen bis auf den Unterschied im Wachstum des realen Bruttoinlandsproduktes eher für eine Abwertung des US$ gesprochen hätten als für die enorme Aufwertung gegenüber der DM. Falls dieser Wachstumsunterschied jedoch die Erklärung sein sollte, erscheint er auf der anderen Seite in der zweiten Hälfte der 80er Jahre als zu gering, um für die Halbierung des US$-Wertes verantwortlich zu sein. Allein die große Differenz zwischen der Entwicklung der Konsumentenpreisindizes in diesen beiden Ländern ist auffällig und spricht für eine Abwertung des US$.

[55] Vgl. FLOYD (2002), S. 6.

(2) Wechselkursvolatilität

Die Volatilität der Wechselkurse ist sehr hoch, sowohl bei nominellen wie auch bei realen Wechselkursen.

Insbesondere ist die Volatilität realer Wechselkurse in einem System flexibler Wechselkurse um ein Vielfaches höher als im Festkurssystem. Auffällig ist ebenso die im Vergleich zu nahezu allen ökonomischen Fundamentaldaten höhere Volatilität, die daher auch als *excess volatility* bezeichnet wird.[56] Die Abbildung 2.5 auf der Seite 10 zeigt die Volatilität des realen und des nominellen DM/US$-Wechselkurses im Zeitraum von 1960 bis 1999 an Hand der monatlich ausgewiesenen jährlichen prozentualen Änderungen. Diese Wachstumsraten werden in den unteren beiden Diagrammen den Differenzen der auf Quartalsbasis ausgewiesenen deutschen und US-amerikanischen jährlichen Wachstumsraten für das Konsumentenpreisniveau, die reale Geldmenge M2, das Wachstum des realen Bruttoinlandsproduktes sowie der langfristigen Zinsdifferenz und der bilateralen Leistungsbilanz gegenübergestellt. Alle drei Schaubilder weisen eine einheitliche Skala auf der linken Ordinate aus, um die höhere Variabilität der Wechselkurse in einem einheitlichen Bezugsrahmen deutlich werden zu lassen. Sobald die zugrundeliegenden Zeiträume der Wechselkursänderungen erhöht werden, bspw. auf 5 Jahresbasis oder mehr, steigt der Anteil der Änderungen fundamentalökonomischer Größen, der Änderungen des Wechselkurses erklärt, deutlich. Kurzfristige Wechselkursvolatilität scheint folglich auf andere Ursachen als fundamentalökonomische zurückzuführen zu sein, während langfristige Änderungen über mehrere Jahre durchaus mit Entwicklungen makroökonomischer Größen eingehen.[57] Auffällig ist ebenso die unveränderte Volatilität fundamentalökonomischer Größen seit Zusammenbruch des Festkurssystems von Bretton Woods 1973. Die Schwankungen in den dargestellten Zeitreihen scheint unberührt von der deutlich höheren Wechselkursvolatilität.[58] Dies gilt auch für weitere, nicht dargestellte Größen, wie Investitionen, Industrieproduktion oder Konsumentwicklung. Insgesamt zeigt die Erfahrung seit dem Zusammenbruch des Festkurssystems, dass die Volatilität makroökonomischer Größen unbeeinflusst ist von der Wahl des Währungssystems. Im Gegensatz dazu weisen jedoch sowohl nominelle wie auch reale Wechselkurse ein signifikant unterschiedliches Verhalten auf.[59]

---

[56] Der Begriff *excess* bezieht sich hier ausschließlich auf exzessiv i. Vgl. zu der Volatilität fundamentaler Daten. Es besteht jedoch kein Konsens in der Literatur, was ein angemessener Vergleichsmaßstab ist.

[57] Siehe hierzu auch die interessante Studie von JEONG (2000).

[58] Für Erklärungsansätze, insb. das *pricing-to-market* Argument, siehe LEDUC (2001).

[59] Vgl. JEANNE/ROSE (1999), S. 2.

Abbildung 2.5: Volatilität von nominellem und realem DM/US$-Wechselkurs sowie ausgewählter ökonomischer Fundamentaldaten von 1963 – 1999

(prozentuale jährliche Veränderungsraten, bilaterale Leistungsbilanz in Mrd. US$)

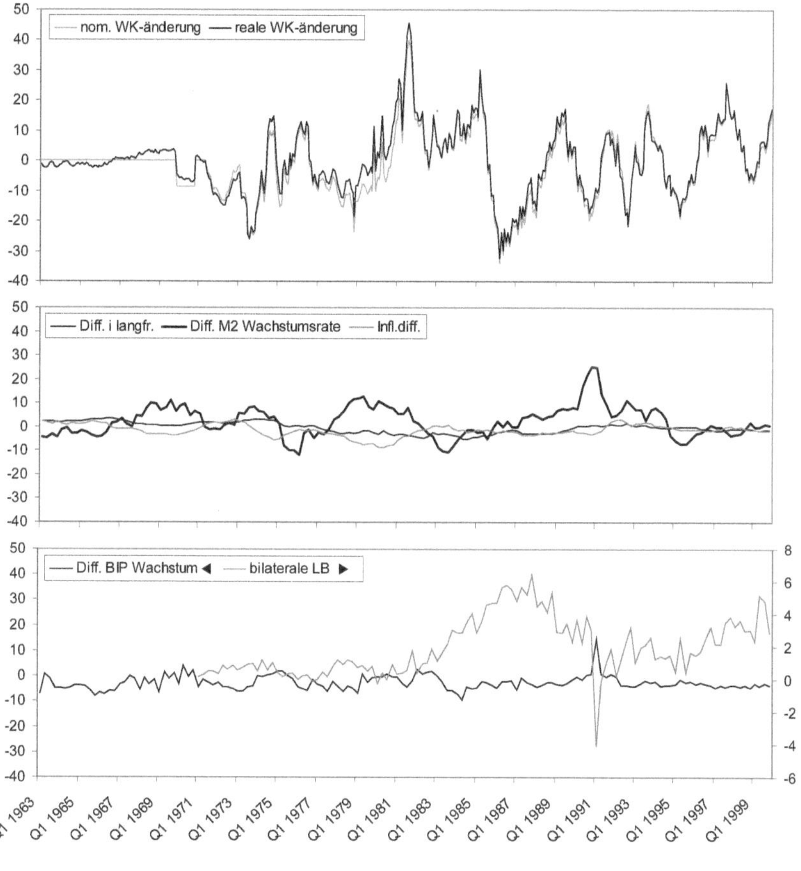

Erläuterungen: nom. (reale) WK-änderung gibt die prozentuale Änderung des nominellen (realen) DM/US$-Wechselkurses im Vergleich zum Vorjahresmonat an. Die Abkürzung Diff. steht für Differenz zwischen den deutschen und US-amerikanischen Werten des langfristigen Zinsniveaus (10-jährige Staatsanleihen), der Wachstumsrate der realen Geldmenge M2, der Inflationsrate auf Basis des Konsumentenpreisindexes sowie der Wachstumsrate des realen Bruttoinlandsproduktes. Die bilaterale Leistungsbilanz zwischen den USA und Deutschland aus Sicht Deutschlands ist gemessen in Mrd. US$.

Quelle: Datastream, verschiedene Datenbanken.

Bemerkenswert ist zudem die zeitabhängige Variabilität der Wechselkurse, die sich in sog. Volatilitätsclustern äußert.[60]

[60] Vgl. LUX/MARCHESI (1998), S. 3 f.

Zeiten von starken Wechselkursänderungen wechseln sich mit Zeiten von geringerer Volatilität ab. Dies wird in der Ökonometrie als ARCH-Effekt bezeichnet (*Auto Regressive Conditional Heteroskedasticity*). Obwohl nahezu keine Autokorrelation in den Änderungsraten (*returns*) von Wechselkursen zu erkennen ist, sind doch alle Volatilitätsmaße (z. B. die Varianz) hoch signifikant autokorreliert. Die Abbildung 2.6 verdeutlicht dies auf graphische Weise für die erste Hälfte der 80er Jahre an Hand der Änderungsraten des DM/US$-Wechselkurses auf Tagesbasis.

Abbildung 2.6: Volatilitätscluster bei täglichen DM/US$-Wachstumsraten, 1979 – 1984

(prozentuale Veränderungsrate auf Tagesbasis)

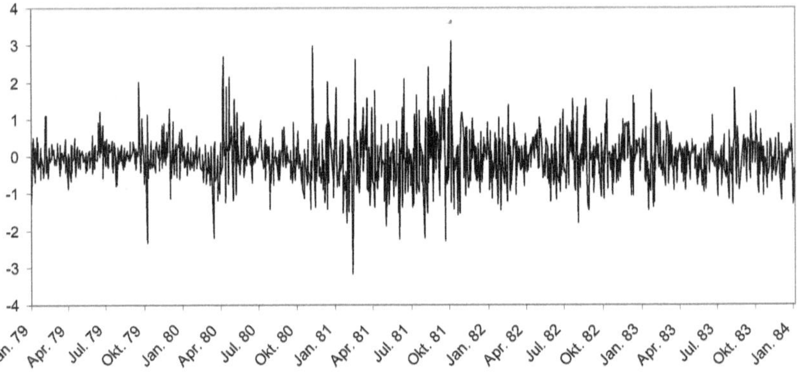

Quelle: Datenquelle: pacific.commerce.ubc.ca/xr/, eigene Berechnungen.

In Bezug auf die Verteilungseigenschaften der Wechselkursänderungen auf sehr kurzfristiger Basis von bis zu einer Woche ist das Phänomen der *fat tails* zu erwähnen. Von *fat tails* spricht man, wenn die Wahrscheinlichkeitsmasse bei den Extremwerten einer Verteilung wie auch um den Mittelwert größer ist, als bei einer Normalverteilung.[61] Diese Eigenschaft ist in nahezu allen Finanzmarktzeitreihen zu finden. Sie hat erhebliche praktische Konsequenzen für die Preisfindung von bestimmten Wertpapieren (z. B. Optionen), die Risikobestimmung von Fremdwährungspositionen wie auch für Investment-Entscheidungen, die sich auf Modelle mit unterstellten Normalverteilungen wie z. B. die Theorie der *portfolio selection* beziehen.[62] Ebenso sind durch diese statistische Eigenschaft lineare autoregressive Modelle nicht in der Lage, Trends in Zeitreihen korrekt zu erkennen. Die ihnen zugrundeliegende Annahme, dass die zukünftige Wechselkursänderung *proportional* zu einer vergangenen Wechselkursänderung – einem Trend – ist, ist statistisch gesehen unwahrscheinlich. Die Folge daraus ist, dass lineare Modelle nur einen verschwindend geringen Anteil der tatsächlichen Wechselkursänderungen aus dem vergangenen Trend erklären können.[63]

---

[61] Die Verteilung wird in diesem Fall als leptokurtisch bezeichnet.

[62] Vgl. DACOROGNA ET AL. (1995) sowie KOEDIJK ET AL. (1990).

[63] Vgl. BILSON (1999), S. 9.

(3) Teilmarktinterdependenz

Die Arbitragebeziehung zwischen den Devisen-Kassamärkten und den Devisen-Terminmärkten kann als erfüllt angesehen werden.

Unter Teilmarktinterdependenz wird die Beziehung der Devisen-Kassamärkte zu anderen Finanzmärkten verstanden. Risikolose Gewinnchancen, die aus einer Differenz zwischen dem Swapsatz und der Zinsdifferenz für identische Laufzeiten, Risikostruktur der Wertpapiere und unter Berücksichtigung von Transaktionskosten resultieren, werden somit durch Arbitragegeschäfte umgehend abgebaut (Gültigkeit der gedeckten Zinsparität, siehe hierzu ausführlicher Abschnitt 2.5.2 ab Seite 10). Die folgende Abbildung 2.7 auf der nächsten Seite zeigt daher einen nahezu identischen Verlauf von Swapsatz und Euromarkt-Zinsdifferenz auf 1-Monatsbasis. Beide Größen sind mit dem natürlichen Logarithmus logarithmiert. Die teilweise beobachtbaren Abweichungen lassen sich überwiegend durch Erfassungsprobleme bei den Primärdaten erklären. Wechselkurse und Zinssätze werden bspw. nicht unbedingt zu identischen Tageszeiten erhoben, so dass dadurch Abweichungen auftreten. Zentralbankinterventionen können ebenso dafür sorgen, dass für kurze Zeit ein Auseinanderfallen von Swapsatz und Zinsdifferenz zu beobachten ist.

Abbildung 2.7: 1-Monats-Swapsatz und Euromarkt-Zinsdifferenz Deutschland – USA, logarithmierte Größen, 1987 – 1999

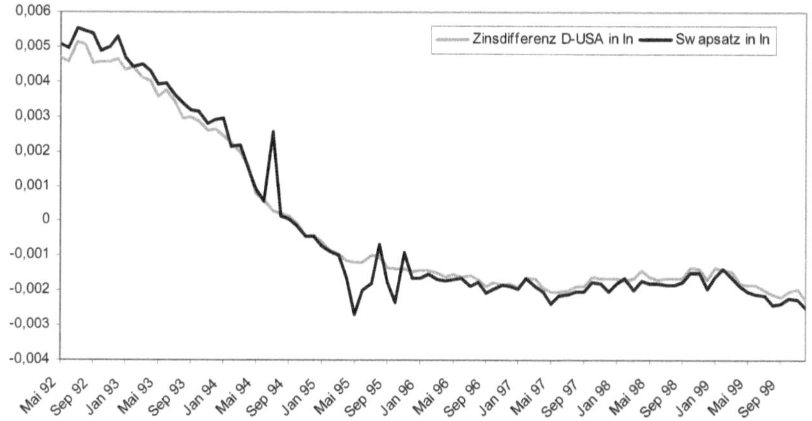

Quelle: Datastream.

Auch die Arbitragebeziehung zu anderen Finanzmärkten, insbesondere denen wo derivative Finanzinstrumente gehandelt werden, gilt als weitgehend erfüllt.[64] Der Terminkurs ist jedoch ein systematisch verzerrter Prediktor für den *zukünftigen* Kassakurs am Ende der Laufzeit des Terminkontraktes, wie die folgende Abbildung zeigt.

[64] Vgl. LEVICH (1989).

Abbildung 2.8: Terminkurs als Prediktor des zukünftigen Kassakurses

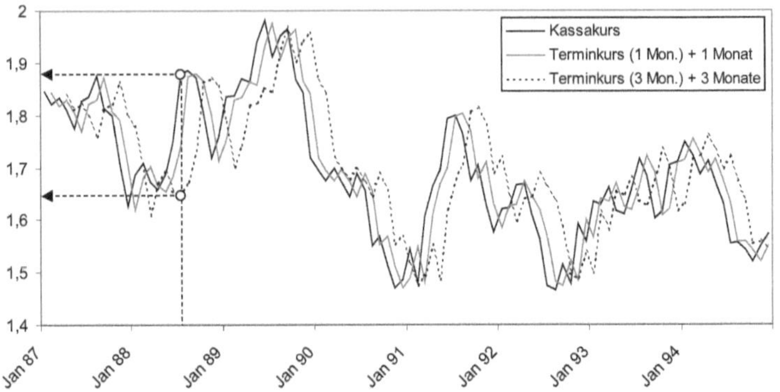

Quelle: Datastream.

Die Zeitreihen der beiden Terminkurse sind dabei jeweils um ihre Laufzeiten nach rechts verschoben. Die Abbildung zeigt daher den zu einem bestimmten Zeitpunkt tatsächlich gültigen Wechselkurs sowie die beiden Kurse, die sich auf Grund der Terminkurse für diesen betrachteten Zeitpunkt hätten ergeben müssen. Durch bloße optische Inspektion ist die schlechte Prognosefähigkeit der Terminkurse zu erkennen. Mitte 1988 hätte sich bspw. auf Basis des 3-Monats-Terminkurses ein Kassakurs von ca. 1,65 DM/US$ ergeben müssen. Tatsächlich lag der Kassakurs zu diesem Zeitpunkt jedoch bei fast 1,90 DM/US$, eine über fünfzehnprozentige Abweichung.[65] Ökonometrische Untersuchungen an Hand der in natürlichen Logarithmen geschriebenen Testgleichung (2.6) weisen zudem nahezu geschlossen negative Werte für den Parameter β_1 auf.

(2.6) $$e_{t+\tau} - e_t = \beta_0 + \beta_1 \cdot (e^T_{t,t+\tau} - e_t) + v_t$$

Dies bedeutet nicht nur, dass der Terminkurs einen systematisch verzerrten Prediktor für den zukünftigen Kassakurs darstellt, sondern dass er zudem im Durchschnitt die falsche Änderungsrichtung anzeigt.

2.3. Theoretische Erwartungsbildungshypothesen und empirische Erkenntnisse zur Erwartungsbildung

2.3.1. Modelltheoretische Erwartungshypothesen

Die Modellierung von Erwartungen spielt in nahezu allen Wechselkursmodellen seit Mitte der 70er Jahre eine herausragende Rolle. Da die Modellierung der Erwartungsbildung einen zentralen Untersuchungsgegenstand dieser Arbeit darstellt, wird im Folgenden ein Überblick über weitverbreitete Verfahren in der Literatur gegeben. Ziel ist

[65] Siehe bspw. den umfassenden Literaturüberblick über modelltheoretische Erklärungsversuche zur *forward discount*-Anomalie unter der Annahme rationaler Erwartungen von ENGEL (1996) und FROOT/THALER (1990). Die Prognosetauglichkeit bestätigt sehen jedoch dagegen z. B. ALEXAKIS/APERGIS (1996).

es, deren Vor- und Nachteile herauszuarbeiten, um Unzulänglichkeiten aufzeigen zu können. Die Auswahl der dargestellten Verfahren orientiert sich an empirischen Studien, die sich eingehend mit der Überprüfung der tatsächlichen Erwartungsbildung an den Devisenmärkten beschäftigen. Durch diese Vorgehensweise ist es möglich, die Theorie direkt der Empirie gegenüberzustellen, um so notwendige Schlussfolgerungen bezüglich eines eventuellen Korrekturbedarfs zu identifizieren. Das Spektrum der verschiedenen Erwartungsbildungshypothesen ist insbesondere in Bezug auf seine konkrete Ausgestaltung sicherlich weitaus größer als die hier aufgeführten Varianten. Speziell die Vielfalt an Lernmechanismen für die Anpassung bestimmter Parameter im Zeitablauf vergrößern den Raum der Modellierungsmöglichkeiten von Erwartungen erheblich. Wie die weiteren Ausführungen jedoch zeigen werden, ist die vollständige Kenntnis aller möglichen Verfahren im Detail gar nicht notwendig, um eine Bewertung vornehmen zu können und die Notwendigkeit zur Weiterentwicklung zu erkennen. Das selektive Vorgehen erscheint daher ausreichend und sinnvoll.

Um die Bedeutung von Erwartungen auf den zukünftigen Wechselkurs bzw. die zukünftige Wechselkursänderung deutlich werden zu lassen,[66] wird im Folgenden eine kurze theoretische Herleitung einer Wechselkursänderung zwischen zwei beliebigen Zeitpunkten a und b vorgestellt.[67] Das zugrundeliegende, zeitdiskrete Modell entspricht dem *asset-market-approach*, das heutzutage das Standardwerkzeug zur Modellierung von Wechselkursen darstellt. Es zeichnet sich in seiner hier verwendeten Form durch einen hohen Grad an Allgemeingültigkeit aus, da der fundamentalökonomische Einfluss nicht spezifiziert ist. Die Einzelheiten des Modells werden ausführlicher im Abschnitt 2.5.2 erläutert, da sie an dieser Stelle nicht von Interesse sind. Der Fokus liegt auf der Bedeutung von Wechselkurserwartungen für die tatsächliche Wechselkursänderung. Der *asset-market-approach* stellt hier lediglich einen formalen Rahmen zur allgemeinen Ableitung dieser Bedeutung dar.

Der Wechselkurs zum Zeitpunkt t möge sich aus

$$(2.7) \qquad e_t = v_t + E_t e_{t+1}$$

ergeben, mit v_t als Vektor realisierter, fundamentalökonomischer Größen zum Zeitpunkt t und einem aus Vereinfachungsgründen unterstellten Diskontierungsfaktor der Wechselkurserwartungen von Eins. Die aus Übersichtsgründen gewählte vereinfachte Schreibweise des bedingten Erwartungsoperators $E_t e_{t+i}$ für alle $i \geq 1$ gibt im weiteren grundsätzlich den Erwartungswert der nachgestellten Variablen für den zukünftigen Zeitpunkt t+i auf Basis der Informationsmenge im Zeitpunkt t Ω_t an. Durch Vorwärtsiteration bis zu einem Zeitpunkt T erhält man:[68]

---

[66] Der Internationale Währungsfonds äußerte sich 1994 bzgl. der Rolle der Erwartungen für die Wechselkurstheorie folgendermaßen: „Kapitalströme übten gegenwärtig den wichtigsten Einfluss auf die Wechselkurse aus.... Daher müsse bei der Beurteilung von Wechselkursentwicklungen die Rolle der Erwartungen bei den Kapitalbewegungen und Wechselkursänderungen eingehender untersucht werden." IWF (1994), S. 122.

[67] Diese Herleitung wurde entnommen aus ISARD (1997), S. 124 ff. Eine verkürzte Version durch Annahme eines unendlichen Erwartungshorizonts ($T = \infty$) findet sich bei WILLMS (1995), S. 131 f.

[68] Der *Bubble*-Term aus der Lösung unter der Annahme rationaler Erwartungen wird aus ökonomischen Gründen weggelassen, da eine unendlich lang anhaltende, exponentiell wachsende Entfernung

$$(2.8) \qquad e_t = \sum_{k=t}^{T-1} E_t v_k + E_t e_T \quad \text{mit } v_t = E_t v_t .$$

Der Gleichung auf der rechten Seite liegt die Überlegung zugrunde, dass ökonomisch relevante Informationen und Größen im Zeitpunkt t auch tatsächlich beobachtbar sind, so dass der bedingte Erwartungswert der Realisation der betrachteten Größe entspricht. Die tatsächliche Wechselkursänderung zwischen zwei beliebigen Zeitpunkte a und b, mit $T > b > a$, ergibt sich demnach aus:

$$(2.9) \qquad e_b - e_a = -\sum_{k=a}^{b-1} E_a v_k + \sum_{k=b}^{T-1}(E_b v_k - E_a v_k) + E_b e_T - E_a e_T$$

Unter Beachtung von $E_b v_b = v_b$ und durch Erweiterung des ersten Summanden um

$$(2.10) \qquad \sum_{k=a}^{b-1} E_a v_k = \sum_{k=a}^{b-1} v_k - \sum_{k=a}^{b-1}(v_k - E_a v_k)$$

ergibt sich der Ausdruck:

$$(2.11) \qquad e_b - e_a = -\sum_{k=a}^{b-1} v_k + \sum_{k=a}^{b}(v_k - E_a v_k) + \sum_{k=b+1}^{T-1}(E_b v_k - E_a v_k) + (E_b e_T - E_a e_T) .$$

Diese Gleichung zeigt vier mögliche Ursachen für eine tatsächliche Wechselkursänderung zwischen zwei Zeitpunkten a und b: eine tatsächliche Änderung fundamentalökonomischer Größen zwischen a und b (erster Summand), Erwartungsfehler aus Sicht des Zeitpunktes a in Bezug auf die fundamentalökonomische Entwicklung zwischen a und b (zweiter Summand), Differenzen in den Erwartungen über die zukünftige Entwicklung der Größen in v bis T–1 zwischen den beiden Zeitpunkten a und b (dritter Summand) und schließlich der Unterschied zwischen den Erwartungen in a und b über den langfristigen Wechselkurs e_T (vierter Summand). Die letzten drei Summanden zeigen den Einfluss von Erwartungsänderungen zwischen zwei Zeitpunkten auf die tatsächliche Wechselkursänderung. Je höher und unabhängiger das Ausmaß dieser Änderungen in Bezug auf die tatsächliche Entwicklung der Fundamentalwerte ist, desto unkorrelierter erscheint der tatsächliche Wechselkurs mit der rein fundamentalökonomischen Entwicklung. Die Erwartungen können daher erheblichen Einfluss auf den tatsächlichen Kursverlauf ausüben. Welche Größen in den Vektor v eingehen, ist dem Modellbauer überlassen. Häufig werden Zinsdifferenzen verwendet und damit die monetäre Seite als fundamentalökonomischer Anker modelliert. Der Fokus der folgenden Ausführungen liegt jedoch auf der konkreten Modellierung der Erwartungsbildung.[69]

---

von einem Fundamentalpfad nicht vorstellbar ist. Die Gleichung stellt daher nur die partikuläre Lösung der Differenzengleichung dar.

[69] Es sei an dieser Stelle darauf hingewiesen, dass sich Gleichung (2.11) weiter aufteilen lässt, falls der Wechselkurs ein Martingal bzgl. der Menge aller Informationen I_t darstellt (siehe hierzu S. 17 ff.). In diesem Fall ist auch der stochastische Prozess $U = \{U_t = E_t e_T \, ; \, t \in \mathbb{N}\}$ ein Martingal bzgl. I_t, so dass

Die meisten der in der ökonomischen Literatur verwendeten Erwartungsbildungshypothesen stellen autoregressive Verfahren dar. Aus diesem Grund werden die Varianten autoregressiver Verfahren zuerst vorgestellt, bevor anschließend auf die regressive Erwartungsbildung und die wohl theoretisch (und mathematisch) eleganteste und bedeutendste Form der Modellierung, die Theorie rationaler Erwartungen eingegangen wird. An die Darstellung aller Konzepte schließen sich kurze, kritische Anmerkungen an. Auf Grund der herausragenden Bedeutung rationaler Erwartungen im ökonomischen Theorienbau erfolgt die kritische Würdigung an dieser Stelle besonders ausführlich. Als Operator zur formalen Darstellung einer Erwartungsgröße wird im Folgenden weiterhin grundsätzlich E_t verwendet, wobei der tiefgestellte Index den Zeitpunkt angibt, zu dem die Erwartungsbildung erfolgt. Der Index der Erwartungsgröße gibt den Zeitpunkt an, für den die Erwartung gebildet wird.

2.3.1.1 Autoregressive Verfahren

Eine autoregressive Erwartungsbildung liegt vor, wenn die Erwartung über den zukünftigen Wechselkurs alleine aus vergangenen Wechselkursen gebildet wird. Drei Ausprägungen sind dabei häufig in ökonomischen Modellen zu finden:[70]

a) statische Erwartungen $E_t e_{t+1} = e_t$

Von statischen Erwartungen spricht man, wenn die erwartete Ausprägung einer Größe zu einem zukünftigen Zeitpunkt, der aktuellen Ausprägung entspricht. Dies bedeutet, dass entweder überhaupt keine Änderung der Größe erwartet wird oder dass eine mögliche Änderung als unvorhersehbar gilt und einen Erwartungswert von Null aufweist. Da in einer solchen Situation keine Systematik in den Änderungen besteht, ist die beste Prognose bzw. Erwartung die aktuelle Ausprägung.

Obwohl eine solche Formulierung auf den ersten Blick sehr unrealistisch erscheint, da keinerlei zusätzliche verfügbare Informationen beachtet werden, gibt es dennoch einen ökonomisch rationalen Grund, statische Erwartungen zu bilden. Die Ausführungen in Abschnitt 2.2.3 weisen auf die *random-walk*-Eigenschaft von kurzfristigen Wechselkursänderungen hin. Wenn ein Wirtschaftssubjekt an diese Eigenschaft glaubt und ihm keine Instrumente zur Verfügung stehen, mit denen er systematisch(!) bessere Prognosen bilden kann, so ist es rational, statische Erwartungen zu formulieren. Aus rein modelltheoretischer Sicht kann mit statischen Erwartungen jedoch nur ein sehr beschränkt rationales Wirtschaftssubjekt ohne jegliche Lernfähigkeit abgebildet werden, denn welches Modell liefert schon Ergebnisse, die ausschließlich auf Zufallsprozessen basieren.[71]

U entsprechend der Doob-Meyer Zerlegung in einen vorhersagbaren Trend A_t – auch Kompensatorprozess genannt – und ein Martingal M_t zerlegt werden kann. Siehe hierzu u.a. KARLIN/TAYLOR (1975).

[70] Zu einer ausführlichen Darstellung autoregressiver Verfahren bei der Modellierung von der Erwartungen siehe LERDO (1983), S. 48 ff.

[71] In Bezug auf den Wechselkurs ist an dieser Stelle auf die Arbeit von MEESE/ROGOFF (1983) zu verweisen. Siehe auch die Ausführung diesbzgl. im Abschnitt 2.5.2.

b) extrapolative Erwartungen $E_te_{t+1} = \sum_{\tau=0}^{n} a_\tau \cdot e_{t-\tau}$ mit: $\sum_{\tau=0}^{n} a_\tau = 1$

Eine zweite Variante autoregressiver Erwartungen sind extrapolative Verfahren. Diese unterstellen, dass die Wirtschaftssubjekte aus den vergangenen Ausprägungen der erwarteten Größe die weitere Entwicklung fortschreiben, ohne dabei zusätzliche Informationen zu berücksichtigen. Der erwartete Wechselkurs in t+1 ergibt sich als gewichtetes Mittel aus n+1 vergangenen Wechselkursen. Häufig wird dabei angenommen, dass die Gewichte a_i mit zunehmender Entfernung von t in die Vergangenheit abnehmen. Begründet wird dies mit der Vorstellung, dass neuere Wechselkursentwicklungen mehr Informationsgehalt besitzen als ältere. Als Sonderfall extrapolativer Erwartungen ergibt sich aus den Parameterwerten $n = 0$ und $a_i = 1$ die statische Erwartungsbildung.

Extrapolative Erwartungen sind besonders bei Modellen interessant, deren Ergebnisse über die Erwartungsgröße Trends aufweisen. Die Rechtfertigung für diese Form der Erwartungsbildung liegt darin, Wirtschaftssubjekte abzubilden, die erkennen, dass es zwar trendmäßige Entwicklungen gibt, die jedoch die gesamte Funktionsweise nicht vollständig verstehen.

c) adaptive Erwartungen $E_te_{t+1} = E_{t-1}e_t + \phi \cdot (e_t - E_{t-1}e_t)$ mit: $0 < \phi \leq 1$

Bei adaptiven Erwartungen wird angenommen, dass der Erwartungswert der Vorperiode $E_{t-1}e_t$ um den Erwartungsfehler der letzten Periode korrigiert wird. Das Ausmaß der Korrektur bestimmt ein Anpassungsfaktor ϕ, der i.d.R. zwischen Null und Eins liegt. Es wird somit angenommen, dass das Wirtschaftssubjekt erkennt, wenn es einen Fehler gemacht hat und diese Information (das Ausmaß des Fehlers) bei der Formulierung der nächsten Erwartung berücksichtigt. Bei der Implementierung in einem ökonomischen Modell oder einer Simulation muss beachtet werden, dass der erste Erwartungswert vorgegeben werden muss, da dieser in der obigen Gleichung unbestimmt ist. Üblicherweise wird als Ausgangspunkt in Modellen eine Gleichgewichtssituation unterstellt, so dass bspw. der erwartete Wechselkurs gleich dem tatsächlichen ist.

Die drei autoregressiven Erwartungsbildungshypothesen stellen einfache, leicht implementierbare Verfahren dar, die eine analytische Modelluntersuchung erlauben. Sie sind jedoch allesamt zu simpel gehalten, um die Vielfalt an Einflüssen in zahlreichen Wechselkursmodellen zu erfassen. Damit wird unterstellt, dass, obwohl ein Modell bspw. eine klare deterministische Struktur aufweist, die Wirtschaftssubjekte nicht in der Lage sind, diese zu durchschauen bzw. im Zeitablauf zu lernen. Auch die Ausführungen des Abschnitts 2.2 haben deutlich gemacht, dass auf die Wirtschaftssubjekte auf den internationalen Devisenmärkten zahlreiche Einflüsse einwirken, die in autoregressiven Verfahren vollkommen unbeachtet bleiben. Lernfähigkeit ist lediglich in der adaptiven Variante als eine simple Form von Lernen beinhaltet, jedoch ist diese zu starr, um auf unterschiedliche Wechselkursentwicklungen adäquat reagieren zu können. Zunehmende Wechselkursänderungen durch einen nicht-linearen Trend würden bspw. zu zunehmenden Erwartungsfehlern führen, während bei einem linearen Trend konstante Fehler auftreten, die im Zeitablauf nicht abgebaut werden.

2.3.1.2 Regressive Erwartungsbildung

Die Zahl der erklärenden Größen wird in der regressiven Erwartungsbildung gegenüber autoregressiven Verfahren erhöht. Bei regressiven Erwartungen hängt die Erwartung über eine Größe von der Abweichung des aktuellen Wechselkurses e_t im Vergleich zu einem langfristigen Gleichgewichtswechselkurs $\overline{e}_t$ ab.

regressive Erwartungen $E_t e_{t+1} = e_t + \theta \cdot (\overline{e}_t - e_t)$ mit: $\theta > 0$

Der Parameter θ drückt die Anpassungsgeschwindigkeit der Wechselkurserwartung an den langfristigen Gleichgewichtskurs aus, die umso größer ist, je höher θ ist. Die Bestimmung des gleichgewichtigen Wechselkurses $\overline{e}_t$ erfolgt in aller Regel entsprechend dem langfristigen Modellgleichgewichtswert und ist daher strukturell bestimmt. Solange $\overline{e}_t$ nicht auf Basis vergangener Wechselkurse berechnet wird – bspw. einen langfristigen gleitenden Durchschnitt darstellt – gehören regressive Erwartungen daher nicht zur Gruppe der autoregressiven Verfahren. Diese Erwartungshypothese unterstellt, dass die Wirtschaftssubjekte die langfristigen Konsequenzen einer Störung berechnen können und daran glauben, dass sich die betrachtete Größe diesem Wert im Zeitablauf annähern wird. In deterministischen Modellen, bei denen $\overline{e}_t$ der langfristigen Modelllösung entspricht, sind sich die Wirtschaftssubjekte, falls sie Erwartungsfehler im Anpassungsprozess begehen, daher nur in Bezug auf die zeitliche Komponente unsicher. Regressive Erwartungen würden sich bspw. für die Modellierung von Wirtschaftssubjekten eignen, die an eine *mean reversion*-Eigenschaft der erwarteten Größe glauben, wie dies bspw. für den realen Wechselkurs in Abschnitt 2.2.3 gezeigt wurde. Die praktische Bestimmung eines langfristigen Gleichgewichtswechselkurses dürfte sich jedoch als schwierig erweisen. Aus modelltheoretischer Sicht sind regressive Erwartungen vor allem deshalb interessant, weil sie alle wechselkursbeeinflussenden Faktoren über $\overline{e}$ im Modell berücksichtigen und so auch Änderungen bei diesen umgehend in die Erwartungsbildung eingehen.

Falls die Wirtschaftssubjekte $\overline{e}_t$ tatsächlich korrekt bestimmen können und die Volkswirtschaft so modelliert ist, dass die Anpassung des aktuellen Kassakurses an seinen langfristigen Gleichgewichtswert Zeit benötigt, kann die Anpassungsgeschwindigkeit θ so berechnet werden, dass die Erwartungen in jeder Periode mit dem tatsächlichen Wechselkurs übereinstimmen. Regressive Erwartungen gehen in diesem Spezialfall in rationale Erwartungen über. Das wohl bekannteste Beispiel aus der Wechselkurstheorie hierfür ist das monetäre Wechselkursmodell mit träger Güterpreisanpassung von Dornbusch.[72]

2.3.1.3 Rationale Erwartungen und beschränkte Rationalität

Unter rationalen Erwartungen[73] wird eine Verhaltensweise verstanden, bei der ein Wirtschaftssubjekt alle entscheidungsrelevanten Informationen bei der Erwartungsbildung korrekt nutzt, indem es die ‚wahre' oder objektive Wahrscheinlichkeitsverteilung

---

[72] Siehe hierzu die Darstellung des Modells in Kapitel 2.5.2 sowie die dort angegebene Originalquelle.

[73] Der Begriff der rationalen Erwartungen geht auf MUTH (1961) zurück. Zur ausführlichen Darstellung des Konzepts der rationalen Erwartungen, sowie zu Kritik und Anwendungen siehe SHEFFRIN (1996).

des betrachteten Systems zugrunde legt.[74] In einem deterministischen Modell führt dies zu *perfect foresight*, da die erwarteten Größen mit den tatsächlichen exakt übereinstimmen. In einem Modell, das stochastischen Störungen ausgesetzt ist, kennen die Wirtschaftssubjekte die wahren Verteilungen der Zufallsgrößen und begehen daher keine systematischen Fehler. Sie können jedoch mit ihren Erwartungen immer wieder durch unsystematische Fehler von der tatsächlichen Ausprägung der Erwartungsgröße abweichen. Diese Definition bezieht sich auf individuelle Rationalität und spezifiziert damit nur einen Teil des Begriffs Rationalität im makroökonomischen Sinne.[75] Der zweite Teil setzt gegenseitige Konsistenz der Wahrnehmung und Interpretation der Umwelt voraus. Alle Marktteilnehmer bilden im Konzept rationaler Erwartungen daher nicht nur individuell rationale Erwartungen, sondern diese sind zudem alle konsistent zueinander *(mutual consistency of perceptions)*. Diese Konsistenz äußert sich darin, dass alle Marktteilnehmer die gleichen Präferenzen, Aversionen, Ausstattungen und Informationen besitzen und daher exakt die gleichen Erwartungen bilden und Entscheidungen treffen.[76] Aus diesem Grund kann auf die Modellierung von mehr als einem Wirtschaftssubjekt verzichtet werden, denn alle Wirtschaftssubjekte sind homogen und können durch einen repräsentativen Agenten abgebildet werden.

Ökonomen rechtfertigen die Annahme von rationalen Erwartungen in ihren Modellen auf dreierlei Weise: erstens durch das *econometrican*-Argument, zweitens durch das *as-if* Argument und drittens durch die mathematische Handhabbarkeit. Das erste Argument ist besonders anschaulich durch Moss formuliert worden:

"Rational and consistent expectations in macroeconometric models are justified on the grounds that it would be wrong to assume that econometric modellers were smarter than the agents who make the decisions that generate the time series data used to specify and estimate the model. If those agents are really as smart as the econometricians, and if the econometrician's model of the economy is correct, then the agents will also have specified the correct model of the economy and it will be the same as that of the econometricians. One consequence of this line of reasoning is that, if all agents know the correct (econometrician's) model of the economy, they therefore have the same model of the economy. By using this model to form their expectations, they must all have the same expectations and there is nothing analytically to distinguish one agent from another."[77]

Entlang dieser Argumentationslinie ist auch oft zu finden, dass rationale Erwartungen die Verhaltensweise der Wirtschaftssubjekte auf die einzig sinnvolle Weise bestimmen, nämlich so, dass sie keine systematischen Fehler begehen. Ohne eine solche Annahme seien die Modellergebnisse in beliebiger Weise von den Annahmen des Modellbauers abhängig.[78]

---

[74] Vgl. u. a. KNOLL (1981), S. 23.

[75] Vgl. SARGENT (1993), S. 2 f.

[76] Vgl. RIECHMANN (2001), S. 3.

[77] MOSS (1997).

[78] Vgl. KRUGMAN (1993), S. 8.

Dem kann entgegengehalten werden, dass den Agenten durch rationale Erwartungen weit mehr Wissen zugesprochen wird als ein Ökonometriker besitzen kann. Agenten, obwohl sie bislang keinerlei Erfahrungen gemacht haben konnten, besitzen bereits die objektive Wahrscheinlichkeitsverteilung des gesamten Systems und können darauf aufbauend modellkonsistente Erwartungen von Beginn an formulieren. Ökonometriker sehen sich in dieser Phase Schätz- und Inferenzproblemen ausgesetzt, die die Agenten bereits – wie auch immer – gelöst haben.

Viele Ökonomen geben zu, dass die Unterstellung von vollkommen rationalen Erwartungen eine starke Simplifizierung der Realität darstellt. Menschen können in vielen ökonomischen Entscheidungssituationen nicht vollkommen rational im Sinne der obigen Definition handeln und sie tun dies erst recht nicht vollkommen identisch. Jedoch sind die Ergebnisse mancher Modelle nahe genug an der Realität, dass argumentiert werden kann, dass Wirtschaftssubjekte sich so benehmen, als ob *(as-if)* sie vollkommen rational wären. Diese Argumentation geht auf Milton Friedman zurück, der eine Theorie ausschließlich an Hand ihres Prognoseerfolgs beurteilen wollte und nicht nach ihren Prämissen und strukturellen Zusammenhängen.[79] Diesem Argument wird hier nicht gefolgt, da es bspw. einem Wechselkurs(prognose)modell auf Basis der Viehzucht in Australien einen Sinn zusprechen würde, falls es statistisch zu guten Prognoseergebnissen führt. In Bezug auf den untersuchten Gegenstand der Erwartungsbildung heißt das, dass nur dann von rationalen Erwartungen gesprochen werden soll, wenn auch das Zustandekommen dieser als rational bezeichnet werden kann.[80]

Die dritte Rechtfertigung besteht darin, dass die Aufgabe von vereinfachenden Annahmen Modelle mathematisch unhandhabbar machen würde. Daher *müssen* Ökonomen Vereinfachungen vornehmen. Dem kann nicht widersprochen werden, da Modelle immer ein vereinfachtes Abbild der Realität darstellen. Entscheidend ist jedoch, an welchen Stellen vereinfacht wird, ohne wesentliche Aspekte auszuschließen, die unabdingbar für das Zustandekommen des Untersuchungsobjektes sind. Falls bspw. Erwartungen eine so wichtige Einflussgröße auf den Wechselkurs sind, ist die Annahme rationaler Erwartungen vielleicht zu restriktiv, wenn sie den tatsächlichen Gegebenheiten auf den Devisenmärkten nicht entspricht.

Die Vorstellung, dass Wirtschaftssubjekte tatsächlich *versuchen,* rationale Erwartungen zu bilden, erscheint überzeugend. Nur wenn ein bestimmtes Erwartungsbildungsverfahren zu Ergebnissen führt, die von den tatsächlichen Größen in der Zukunft bestätigt werden bzw. keine systematische Abweichung zu erkennen ist, wird ein Wirtschaftssubjekt dieses Verfahren beibehalten. Sollte dies nicht oder nur unzureichend zutreffen, wird ein rational handelndes Wirtschaftssubjekt das Verfahren so lange verwerfen bzw. verbessern, bis es seinen Ansprüchen genügt.[81] Von theoretischer wie

---

79 Vgl. GEIGER (1996), S. 15. Dieses Argument wird bspw. in einer Rede von William Poole, dem Präsidenten der Federal Reserve Bank von St. Louis, verwendet. Siehe POOLE (2001), S. 1.

80 Es besteht natürlich eine gewisse Rechfertigung in der Verwendung bspw. der Viehzucht in Australien, falls die Prognosegüte besser wäre als jede andere verfügbare Methode. Tatsächlich gehört diese Größe jedoch sicher nicht zum *betrachteten System* (siehe die Definition zu Beginn dieses Abschnitts), so dass ihre Verwendung als nicht rational im Sinne Muth's bezeichnet wird.

81 Vgl. FROHN (1988), S. 241 ff., sowie MUTH (1961).

auch vor allem von empirischer Seite[82] gibt es jedoch Zweifel, ob diese durchaus plausible Vorstellung das Konzept der rationalen Erwartungen rechtfertigt. Um dies beurteilen zu können, wird es im Folgenden ausführlicher dargestellt und untersucht.

Das Konzept der rationalen Erwartungen unterstellt die Identität der Menge der vorhandenen Informationen Ω und der Informationsmenge, die in die Erwartungsbildung eingeht Ω^e. Die Tatsache, dass es für ein und dasselbe ökonomische Phänomen viele konkurrierende Erklärungsansätze gibt, die sich auf unterschiedliche Informationsmengen beziehen, ist ein Indiz dafür, dass es keine einheitlich akzeptierte Meinung über den zugrundeliegenden Funktionszusammenhang gibt. Erschwerend kommt hinzu, dass Ω Informationen enthält, die qualitativer Natur sind (z. B. Gesetzesänderungen, Stimmungen, Wahlen etc.) und nur unvollkommen quantitativ wiedergegeben werden können. Zudem ist die Übersetzungsmethode vom Qualitativen in das Quantitative nicht vorgegeben, so dass von dieser Seite die verwendeten Informationsmengen auseinanderfallen können. Ein weiterer Kritikpunkt ist, dass die notwendige Informationsbeschaffung mit Kosten verbunden ist und ein rational handelndes Wirtschaftssubjekt diese Kosten mit dem erwarteten Nutzen der zu beschaffenden Informationen vergleicht. Je nach Ergebnis dieses Kalküls ist es unter Umständen sinnvoll, weniger Informationen zu beschaffen und damit zu verwenden als theoretisch zur Verfügung stehen.[83]

Die oben genannte Begründung, warum aus evolutionärer Sicht Wirtschaftssubjekte in der Mehrheit zu rationalen Erwartungen tendieren müssten, deutet bereits an, dass rationale Erwartungen nicht einfach als gegeben unterstellt werden können, sondern, dass die zugrundeliegenden Zusammenhänge erst gelernt werden müssen. In einem evolvierenden ökonomischen Umfeld wird der Konvergenzprozess der Erwartungen durch Innovationen permanent gestört, so dass rationale Erwartungen vielleicht nie erreicht werden. Das Fehlen von Lernprozessen im Konzept der rationalen Erwartungen ist der wesentlichste Kritikpunkt. Nicht das Zahlenmaterial an sich, das insbesondere für Finanzmärkte zahlreich zur Verfügung steht, ist entscheidend, sondern die Interpretation dieses Zahlenmaterials und die Lernprozesse, die sich auf Grund von Datenänderungen ergeben. Die Frage, die sich aufdrängt, ist, woher die Interpretationen dieses Materials kommen. Im Gegensatz zu der Annahme der rationalen Erwartungen von allgemeinem Wissen (*common knowledge*), das sozusagen exogen vorgegeben ist und jedem Wirtschaftssubjekt von Anfang an zur Verfügung steht, lehnen einige Autoren diese Vorstellung ab[84] und argumentieren, dass dieses in gewissen Marktstrukturen erst gar nicht erworben werden kann. In einem interaktiven, komplexen Umfeld und damit einem hohen Maß an Unsicherheit kann ein Wirtschaftssubjekt nicht davon ausgehen, dass alle anderen sich einheitlich, perfekt rational verhalten. Daher ist es gezwungen, subjektive Vorstellungen davon zu entwickeln, wie sich einzelne (z. B. die direkten Handelspartner) bzw. der gesamte Markt verhalten werden. Wenn Wirtschaftssubjekte Erwartungen über die Zukunft bilden, so wie sie sie sich vorstellen, und diese Zukunft

---

82 Siehe hierzu die Ausführungen im Abschnitt 2.3.2.2 ab Seite 49.

83 Zum Einfluss unvollständiger Informationen auf die Modellierung von Wechselkursen siehe ROBERTS (1995).

84 Vgl. insb. ARTHUR ET AL. (1996) und MARENGO/TORDJMAN (1996).

das aggregierte Ergebnis aller dieser individuellen Erwartungen ist, dann liegt ein Eigenbezug von Erwartungen (*self-reference*) vor, der zur deduktiven Unbestimmtheit von Erwartungen führt. Anders ausgedrückt: es ist nicht möglich, das ‚wahre' Modell eines Marktes zu bestimmen, wenn sich dieses aus individuellen heterogenen Erwartungen ergibt, die wiederum gegenseitig voneinander abhängig sind (Ich erwarte, dass Du erwartest, dass ich erwarte... usw.).[85] Dies ist selbst dann nicht möglich, wenn alle Marktteilnehmer unbegrenzte Informationsverarbeitungskapazitäten hätten. Die erforderliche (Kognitions-)Leistung, um die Komplexität aus der massiven Interaktion tatsächlich heterogener Agenten wenigstens annähernd begreifen zu können und die resultierenden Marktkonsequenzen zu jeder Zeit und für jede Art von Störung umgehend zu verstehen, ist so hoch, dass bezweifelt werden muss, ob Menschen bzw. die Devisenmarktteilnehmer diesen Zustand je erreichen können.

Um das Problem, das für jeden Agenten bei der Bestimmung rationaler Erwartungen in einem Markt mit heterogenen Marktteilnehmern, entsteht deutlich werden zu lassen, wird folgendes illustratives Gedankenspiel vorgestellt:[86]

> Jedem Teilnehmer einer Gruppe wird die Aufgabe gestellt, eine Zahl zwischen 0 und 100 zu wählen. Der Gewinner ist derjenige, der am nächsten an 2/3 des Gruppendurchschnitts liegt. Die Teilnehmer dürfen nicht miteinander kommunizieren und die persönlichen Antworten werden von allen gleichzeitig aufgenommen. Was wäre das rationale Erwartungsgleichgewicht?

Die Güte einer persönlichen Antwort hängt offenbar von dem ab, was alle anderen denken. Nur wenn alle die Null wählen wäre ein rationales Erwartungsgleichgewicht gegeben, denn wenn jemand erwartet, dass alle anderen Null wählen, müsste er auch Null wählen. Damit erwarten alle dasselbe Ergebnis, das sich auch tatsächlich einstellen wird und bei dem alle Teilnehmer Gewinner sind. Keine andere Zahl kann dies gewährleisten. Was wäre aber, wenn jemand erwartet, dass andere Teilnehmer nicht Null wählen werden? Dann müsste er zwingend auch Nicht-Null wählen, denn sonst würde er nicht gewinnen können. Und wenn jemand annimmt, dass andere annehmen, dass andere sich für Nicht-Null entscheiden, wird er sich ebenfalls für Nicht-Null entscheiden. Diese Überlegungen führen zu einem Eigenbezug und damit zu einer logischen Unbestimmtheit des Ergebnisses, denn wenn jemand denkt, dass andere x wählen, müsste er y wählen, dann die anderen aber wiederum z, usw. Die Unlösbarkeit dieses Problems hat nichts mit logischen Schwächen oder sonstigen unzureichenden Informationsverarbeitungsfähigkeiten zu tun.

Dieses Beispiel aus der experimentellen Wirtschaftsforschung veranschaulicht auf einfache Weise die Schwierigkeit, die Marktteilnehmer auf dem Devisenmarkt haben, wenn sie versuchen, rationale Erwartungen zu bilden. Die Logik hinter diesem Beispiel lässt sich aber auch direkt an ökonomischen Überlegungen verdeutlichen. Der *asset-market-approach* der Wechselkursbestimmung eignet sich wiederum auf Grund seiner allgemeinen Formulierung sehr gut für die Verdeutlichung des untersuchten

---

[85] Eine illustrative Darstellung dieses Problems gibt ARTHUR (1994) und ARTHUR (1995), S. 407 ff. Ein weiteres anschauliches ökonomisches Beispiel findet sich in ARTHUR (1999), S. 4 ff.

[86] Dieses Beispiel ist entnommen aus ARTHUR (1995), S. 22.

Problems. Die Gleichung (2.12) stellt den Ausgangspunkt der Überlegungen dar und ist eine Wiederholung der Gleichung (2.7).[87]

(2.12) $e_t = v_t + E_t e_{t+1}$

Unterstellt man nun, dass es niA Marktteilnehmer (Index iA = {1,2,...,niA}) mit identischem Gewicht auf dem Devisenmarkt gibt, so wird aus Gleichung (2.12):[88]

(2.13) $$e_t = v_t + \frac{1}{N} \cdot \sum_{iA} (E_t^{iA} e_{t+1})$$

Diese Gleichung enthält wiederum die Erwartungen aller niA Marktteilnehmer über den zukünftigen Wechselkurs in t+1. Unterstellt man, dass die Wirtschaftssubjekte die Struktur von Gleichung (2.12) auch für ihre Erwartungsbildung annehmen, so ergibt sich:

(2.14) $$E_t^j e_{t+1} = E_t^j [v_{t+1} + \frac{1}{N} \cdot \sum_{iA} (E_t^{iA} e_{t+2})]$$

Diese Gleichung zeigt, dass die Erwartung eines Wirtschaftssubjektes j von den Erwartungen aller anderen Marktteilnehmer iA über den Wechselkurs in t+2 abhängig ist. Erweitert man diese Überlegungen um eine weitere Periode so wird aus Gleichung (2.14):

(2.15) $$E_t^j e_{t+1} = E_t^j [v_{t+1} + \frac{1}{N} \cdot \sum_{iA} (E_t^{iA} \{v_{t+2} + \frac{1}{N} \cdot \sum_{iA} (E_t^{iA} e_{t+3})\})]$$

Aus (2.15) geht hervor, dass der Marktteilnehmer j nicht nur die Erwartungen aller anderen, sondern auch die Erwartungen dieser über die Erwartungen aller anderen Marktteilnehmer beachten muss, wenn er auf logische Weise den Wechselkurs in t+1 deduzieren will.[89] Diese Überlegungen verdeutlicht auch die Abbildung 2.9 graphisch.

Abbildung 2.9: Interdependenz von Erwartungen (higher-order beliefs)

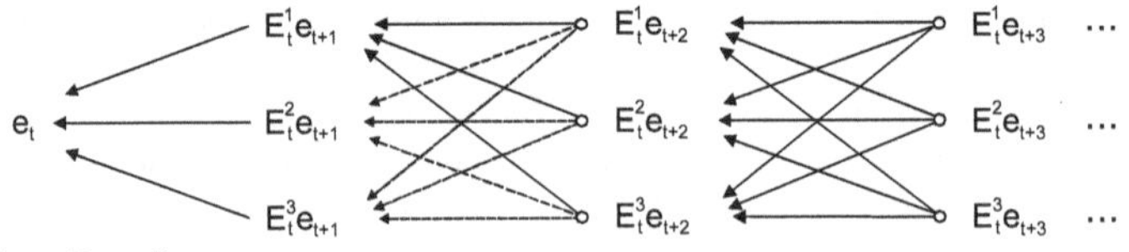

Quelle: Eigene Darstellung.

Die durchgezogenen Pfeile zeigen die Einflüsse auf den erwarteten Wechselkurs des ersten Agenten über den Kurs in t+1 und machen die Problematik bei der deduktiven Bestimmung von Erwartungen deutlich. Da die Erwartungen gegenseitig voneinander abhängig sind, nicht beobachtet werden können und die Unsicherheit über diese mit

---

[87] Aus Vereinfachungsgründen werden wiederum die Koeffizienten vor v_t und $E_t e_{t+1}$ gleich Eins gesetzt.

[88] Um die Formalschreibweise übersichtlich zu halten, ist beim Summenzeichen nur der Laufindex angegeben und so zu verstehen, dass die Summierung über alle iA von 1 bis N erfolgt.

[89] Ganz abgesehen davon, dass die Erwartungen über die zukünftigen Fundamentaldaten ebenfalls eingehen.

jeder weiteren Vorwärtsiteration zunehmen dürfte, kann dieses Verfahren zu keinem sicheren Abschluss kommen. Den Marktteilnehmern bleibt somit nur übrig, auf induktive Weise zu versuchen, das Marktgeschehen zu begreifen. Sie sind also gezwungen, aus ihren Erfahrungen und Beobachtungen Hypothesen zu bilden, diese zu testen und zu verwerfen bzw. anzupassen, wenn sie unbefriedigend erscheinen. Aus solch einem Verhalten resultieren Externalitäten, denn durch die ständige Anpassung verändert sich der Markt und damit die Verhaltensweise der anderen Marktteilnehmer, was ebenfalls zu Innovationen führt.

Die Hürden, die ein Wirtschaftssubjekt überspringen muss, um rationale Erwartungen formulieren zu können, sind in einem heterogenen, erwartungsgetriebenen Markt sehr hoch. Ein rationales Erwartungsgleichgewicht in einem Modell als Status quo zu implementieren bedarf hingegen weit weniger algorithmischer Komplexität als die Prozesse auf dem Weg dort hin.[90] Wenn Menschen diese Kognitions- und Lernleistung nicht erbringen können, ist vielmehr davon auszugehen, dass sie ihre Erwartungsbildungsverfahren immer wieder an die aktuelle Entwicklung anpassen und so über ein adaptives, suboptimales Verfahren verfügen.[91] Durch permanente Innovationen und Lernvorgänge auf der Individualebene kommt es durch die Rückkopplung auf andere Wirtschaftssubjekte zu fortlaufenden Innovationen und Evolution auf der Makroebene, so dass festzustellen ist, dass Ω^e in seiner Zusammensetzung im Zeitablauf nicht konstant sein wird und zudem nur eine Teilmenge von Ω bildet ($\Omega^e \subseteq \Omega$). Perfekte Rationalität kann in einem solchen Umfeld nicht definiert werden.[92]

Die Hypothese der individuellen Rationalität im obigen Sinne ist somit sicherlich unrealistisch anzunehmen – menschliches Verhalten ist oft unvorhersehbar, Informationen werden unterschiedlich wahrgenommen und verschieden interpretiert, Technologien und Institutionen ändern sich ständig und erfordern Lernprozesse, Kosten entstehen durch das Sammeln und Verarbeiten von Informationen sowie durch die Transaktionen selbst.[93] Wie die Ausführungen im Abschnitt 2.5 zeigen werden, gibt es für den Devisenmarkt kein einheitliches Modell auf das sich alle Marktteilnehmer bei ihren Entscheidungen und Erwartungen stützen können. Einige Informationen stellen zudem private Informationen dar, so dass unterschiedliche Wirtschaftssubjekte unterschiedliche Informationsmengen haben.[94] Marktteilnehmer werden daher verschiedene Modelle verwenden und sind dadurch heterogen.

Die theoretischen Bedenken gegen die Theorie der rationalen Erwartungen sowie die mangelnde empirische Evidenz haben zu einem modifizierten Konzept von Rationalität geführt – beschränkte Rationalität *(bounded rationality)*.[95] Damit wird zum Aus-

---

[90] Vgl. FARMER (2000), S. 45 f.

[91] Vgl. FROHN (1988), S. 247.

[92] Vgl. ARTHUR ET AL. (1996), S. 4 ff.

[93] Vgl. FARMER/LO (1999), S. 3.

[94] Vgl. ARTHUR (1999), S. 8 f.

[95] Der Begriff geht zurück auf den Nobelpreisträger SIMON (1957). Zu einer Abgrenzung von rationalem und beschränkt-rationalem Handeln siehe MONZ (1999) sowie SELTEN (1990). Isard weist jedoch darauf hin, dass die weitere Forschung unter den Annahmen rationaler Erwartungen und vollständiger Information notwendig ist, um einen Bezugspunkt für die Einschätzung zu haben, ob ein Wechselkurs

druck gebracht, dass in bestimmten Situationen die mentalen Fähigkeiten von Menschen nicht ausreichen, um die Komplexität, denen sie ausgesetzt sind, vollständig zu begreifen. Der Begriff ‚beschränkt' macht deutlich, dass menschliches Verhalten, auch wenn es nicht rational im Sinne Muth's ist, nicht als irrational bezeichnet werden kann.[96] Die Bezeichnung sollte eher als rational unter den gegebenen personellen und außerpersonellen Beschränkungen gesehen werden. Die personellen Beschränkungen der menschlichen Rationalität werden auch als kognitive Restriktionen *(cognitive restrictions)* bezeichnet. Dieser Begriff umfasst alle menschlichen Defizite in der Wahrnehmung, Interpretation und Verarbeitung von Informationen. Menschen sind oft nicht in der Lage, aus der verfügbaren Informationsmenge die relevanten Faktoren unvoreingenommen zu selektieren. Sie nehmen bspw. Informationen stärker war, wenn sie leichter verfügbar sind und schätzen zudem den Aussagegehalt von den Informationen höher ein, die ihrer Erwartungshaltung *(prior beliefs)* eher entsprechen. Wenn es um die Interpretation von Daten geht, so führt Vergessen dazu, dass früher erworbenes Wissen für diese Aufgabe nicht mehr zur Verfügung steht. Menschen erwerben und speichern ihr Wissen zudem nicht als ein komplexes, allumfassendes Regelwerk, sondern sie versuchen komplexe Probleme, wie bspw. die Fragestellung nach der Funktionsweise der Devisenmärkte, zu reduzieren, und bauen nach der Vorstellung der Kognitionspsychologie sog. mentale Modelle *(mental models)* ihrer Umwelt. Diese beschreiben grob die Vorstellung über die Zusammenhänge der beobachteten Größen, ohne dass dies in mathematischen Gleichungen formuliert werden könnte. Solche Modelle können auch nur in einer Reihe von Daumenregeln bestehen. Heiner berichtet zudem von der Beziehung zwischen der Kompetenz eines Entscheiders und dem Schwierigkeitsgrad der Problemstellung. Je größer die Lücke zwischen diesen beiden ist, desto mehr herrscht regelgebundenes Verhalten vor.[97] Zusätzlich gilt zu beachten, dass das soziale Umfeld Wahrnehmung und Entscheidungen ebenfalls beeinflusst. So werden bspw. identische Informationen aus verschiedenen Quellen durch die Häufigkeit verstärkt wahrgenommen *(information sources effect)* und können somit übermäßig Einfluss auf die Entscheidungsfindung nehmen.[98] Das Stichwort Massenpsychologie ist weitverbreitet im Zusammenhang mit Finanzmärkten, obwohl es auf Grund seiner schwachen formalen Greifbarkeit keine Rolle in der wissenschaftlichen Modellbildung spielt. Die Vorstellung, die Realität ließe sich durch das Zusammenspiel rationaler Marktteilnehmer beschreiben, erscheint nach dieser Diskussion zumindest zweifelhaft. Beschränkt rationales Verhalten, das durch seine Vielschichtigkeit beobachtbare Phänomene an den Finanzmärkten erklären kann, die durch streng rationale Verhaltensannahmen unerklärt bleiben, stellt dagegen einen angemesseneren Ansatz dar.[99]

---

mit den Fundamentaldaten unvereinbar ist oder nicht. Dies kann u.U. politische Eingriffe in den Devisenmarkt rechtfertigen. Vgl. ISARD (1997), S. 183.

96 *„I use the word „nonrational" rather than irrational because the latter sometimes carries connotations that I do not intend. Expectations may depart from full rationality without being "crazy", "silly", "emotional," or stupid."* POOLE (2001), S. 1.

97 Vgl. HEINER (1983).

98 Vgl. OEHLER (1992), S. 103.

99 Siehe hierzu insb. die interessante Diskussion bei MENKHOFF (1995), S. 66 ff., sowie COLINSK (1996).

Die personellen Beschränkungen werden durch außerpersonelle Beschränkungen ergänzt, die ebenfalls eine rationale Erwartungsbildung im obigen Sinne verhindern. Transaktionskosten und das Kalkül zwischen erwartetem Informationsnutzen und Informationskosten stellen eine Barriere da, die vollkommene Rationalität verhindern kann. Private Informationen, zu denen man keinen Zugang hat, verhindern ebenso, dass identische rationale Erwartungen aller Marktteilnehmer gebildet werden. Der nicht beobachtbare *order flow* anderer Devisenhändler auf den Devisenmärkten kann als ein Beispiel für private Informationen angeführt werden.

Das Wahrnehmen und Anerkennen der beschriebenen Restriktionen, die eine vollkommen rationale Verhaltensweise und Erwartungsbildung im Sinne der obigen Definition verhindern können, beantwortet jedoch noch nicht die Frage, wie Menschen in komplexen Situationen Erwartungen bilden. Während in der ökonomischen Forschung zahlreiche Vorschläge zur Modellierung von beschränkter Rationalität gemacht wurden, ist jedoch bis heute eine gewisse Zurückhaltung zu erkennen.[100] Auf den Eingangsseiten von „*The analytics of uncertainty and information*" von Hirshleifer und Riley findet der Leser bspw.:

„*The approach here does not allow for the psychological sensations of vagueness or confusion that people often suffer in facing situations with uncertain (risky) outcomes. ...Our excuse for not picturing vagueness or confusion is that we are trying to model economics, not psychology.* "[101]

Die simultane Anerkennung von menschlichen Verhaltensweisen in unsicheren Situation und deren Nichtbeachtung bei der Modellierung erscheint wenig verständlich. Ohne dass unter Ökonomen eine Konvergenz zu erkennen ist, findet sich unter Kognitionspsychologen durchaus eine Übereinstimmung.[102] Diese besteht darin, dass Menschen in komplexen Situationen auf induktive Weise versuchen, ihr Umfeld zu verstehen.[103] Unter Induktion versteht man in der Logik den Schluss vom Besonderen auf das Allgemeine. Menschen suchen nach Mustern und simplifizieren so Probleme, indem sie diese Muster für mentale Modelle, Hypothesen oder Schemata verwenden.[104] Sie suchen bspw. nach grundlegenden Zusammenhängen zwischen Zinsdifferenzen und Wechselkursänderungen oder nach Trends in Zeitreihen. Mit Hilfe der auf induktive Weise erworbenen mentalen Modelle deduzieren Menschen in Bezug auf ein aktuelles Problem und treffen ihre Entscheidungen. Sie beobachten bspw. eine Änderung der internationalen Zinsdifferenz und schließen aus ihrem mentalen Modell auf eine bestimmte Wechselkursänderung (deduktives Vorgehen). Im Anschluss an diese Entscheidungen erhalten sie ein *feedback* aus ihrem Umfeld (hier: die tatsächliche Wechselkursänderung). Bestätigt dieses *feedback* das mentale Modell, so behalten sie es bei

---

[100] Vgl. hierzu insb. die Arbeiten des Santa Fe Instituts und dort insb. ARTHUR ET AL. (1997).

[101] HIRSHLEIFER/RILEY (1995), S. 7 f.

[102] Für eine kurze Gegenüberstellung der psychologischen und ökonomischen Positionen und Entwicklungen auf dem Gebiet der Entscheidungsfindung und der Frage nach der Rationalität siehe ORTMANN/GIGERENZER (2000).

[103] „*It* [*induction* – Anm. d. A.] *plays an important part in knowledge acquisition or learning.*" GIRAUD-CARRIER/MARTINEZ (1995), S. 147.

[104] Vgl. ARTHUR (1994), S. 407.

und der Glaube daran verstärkt sich. Kommt es jedoch zu einem Widerspruch so modifizieren bzw. verwerfen sie es. Ein solches Vorgehen wird als induktiv bezeichnet.[105] In einem Umfeld, in dem es unmöglich ist, mittels Deduktion perfekt rationale Erwartungen zu bilden, sind die Marktteilnehmer dazu gezwungen, Hypothesen zu bilden und damit die induktive Vorgehensweise zu wählen. In welcher Form sich diese Verhaltensweise modelltechnisch abbilden lässt, so dass sie in ökonomischen Theorien angewendet werden kann, ist Gegenstand des Kapitels 3, so dass an dieser Stelle darauf nicht weiter eingegangen wird.

Der Darstellung dieser theoretischen Ausführungen zu verschiedenen Formen der Erwartungsbildung schließt sich nun die empirische Überprüfung an. Dabei wird nicht nur auf die Untersuchungsergebnisse bzgl. der empirischen Überprüfung der hier aufgeführten Erwartungshypothesen eingegangen, sondern auch weitere relevante Aspekte zur tatsächlichen Erwartungsbildung angesprochen. Die dabei zugrundeliegende Literatur befasst sich entsprechend der vorliegenden Arbeit ausschließlich mit Wechselkurserwartungen.

2.3.2. Empirische Erkenntnisse zur Erwartungsbildung

Die vielzitierte Studie über die Prognosetauglichkeit zahlreicher struktureller Wechselkursmodelle von Meese und Rogoff aus dem Jahr 1983 erschütterte die ökonomische Forschungswelt auf dem Gebiet der Wechselkurstheorie. Prognosen auf Basis eines simplen *random-walk*-Modells lieferten bessere Prognosen als alle anderen Ansätze bis zu einem Zeithorizont von einem Quartal und teilweise bis zu einem Jahr. Aus diesem Ergebnis könnte der Schluss gezogen werden, dass Devisenmarktteilnehmer statische Erwartungen bilden müssten, denn keines der getesteten Modelle für die genannten Prognosehorizonte führte zu systematisch besseren Ergebnissen. In der kurzen Frist mag diese Schlussfolgerung für bestimmte Marktteilnehmer nicht ausgeschlossen sein aber die weltweite Existenz von teilweise hochbezahlten Wechselkursanalysten in den Finanzzentren lässt es unwahrscheinlich erscheinen, dass sich die Marktteilnehmer tatsächlich mit statischen Erwartungen zufrieden geben.[106]

Dort, wo in der ökonometrischen Forschung mit Wechselkurserwartungen gearbeitet werden muss und keine Daten über tatsächliche Wechselkurserwartungen zur Verfügung stehen,[107] begegnet man dem Problem auf zweierlei Weise. Zum einen wird häufig der Terminkurs als eine Ersatzgröße *(proxy)* für den erwarteten Kassakurs, zum anderen der ex-post-Kassakurs verwendet. Da jedoch der erste Weg die Nichtexistenz einer Risikoprämie unterstellt und der zweite rationale Erwartungen impliziert, sind die meisten empirischen Tests ein *joint test* über die Risikoaversion von Marktteilnehmern bzw. ein zugrundegelegtes Wechselkursmodell und einer Hypothese über die Er-

---

[105] Ein vergleichbares Vorgehen findet man bei Schachspielern, die ebenso die aktuelle Spielsituation analysieren, Spielzüge des Gegners in der Vergangenheit ins Gedächtnis rufen und mentale Modelle über die generische Strategie formulieren. Auf Grund dieser Modelle versuchen sie die nächsten Spielzüge zu antizipieren (deduktiv). Sollte das Spiel sich entsprechend entwickeln, behalten sie diese Vorstellung bei, ansonsten verwerfen sie sie. Vgl. ARTHUR (1994), S. 407.

[106] Siehe hierzu bspw. GEIGER (1996), S. 8 f.

[107] Zum Beispiel bei der Überprüfung der ungedeckten Zinsparität.

wartungsbildung.[108] Die Überprüfung der Unverzerrtheit des Terminkurses als Prediktor für den zukünftigen Kassakurs stellt bspw. einen solchen *joint test* dar. Falls die Nullhypothese $e_{t+\tau} - e^T_{t,t+\tau} = 0$, mit $e_{t+\tau}$ als Kassakurs in t+τ und $e^T_{t,t+\tau}$ als Terminkurs in t für den zukünftigen Zeitpunkt t+τ, abgelehnt wird, spricht man vom Terminkurs als einem verzerrten Prediktor für den zukünftigen Kassakurs. Die empirischen Untersuchungen dieser Hypothese kommen überwiegend zu dem Ergebnis, dass die Nullhypothese abgelehnt wird.[109] Dies kann jedoch auf zahlreiche Ursachen zurückzuführen sein wie, dass i) Erwartungen nicht rational gebildet werden, ii) eine Risikoprämie berücksichtigt werden muss,[110] iii) ein Peso-Problem vorliegt, iv) Zentralbankinterventionen dafür verantwortlich sind, v) Lernvorgänge aktiv sind,[111] vi) die Devisenmärkte ineffizient sind oder vii) eine Kombination aus den genannten vorliegt.[112] Der Begriff Peso-Problem wird Milton Friedman zugeschrieben, der in Kommentaren über den Mexikanischen Peso-Markt in den 70er Jahren auf das Phänomen aufmerksam machte, dass trotz eines Festkurssystems zwischen den USA und Mexiko die Zinsen für vergleichbare Anlagen in Mexiko höher waren als in den USA. Diese Situation erschien schwer vorstellbar, da doch ein Investor sich in den USA verschulden und den Betrag in Mexiko anlegen konnte, um so einen scheinbar sicheren Gewinn zu erzielen. Friedman wies darauf hin, dass die Zinsdifferenz daher eine erwartete Abwertung des Peso reflektieren musste, die auch schließlich im August 1976 mit der Aufgabe des Festkurssystems und einer Abwertung des Peso von 46% erfolge.[113] Dies stellte damit einen empirischen Hinweis auf die Art der Erwartungsbildung an Devisenmärkten dar. Da jedoch insgesamt bei Ablehnung der genannten Nullhypothese keiner der genannten Erklärungsgründe isoliert werden kann, ist die Aussagekraft bzgl. der Wechselkurserwartungen mit Vorsicht zu betrachten.

Um das Problem der *joint tests* und der Nichtbeobachtbarkeit von Erwartungen zu umgehen, wurden seit Ende der 80er Jahre vermehrt empirische Erhebungen *(survey studies)* über tatsächliche Wechselkurserwartungen von Marktteilnehmern durchgeführt.[114] Während es viele Diskussionen in der Literatur gibt, in denen das Ergebnis empirischer Untersuchungen auf der einen Seite durch Festhalten an der einen Annahme und auf der anderen Seite durch Festhalten an einer anderen unterschiedlich gedeu-

---

[108] Vgl. TAKAGI (1991), S. 156 f.

[109] Siehe die Ausführungen auf Seite 17 ff., im Abschnitt 2.2.3.

[110] Eine Risikoprämie alleine als ausschließliche Erklärung wird jedoch abgelehnt, da deren notwendige Höhe nur durch unrealistische Risikoaversion zustande kommen würde. Siehe ENGEL (1996).

[111] Siehe hierzu das Modell und seine empirische Überprüfung von GOURINCHAS/TORNELL (1996).

[112] Die Ablehnung der Nullhypothese wird oft als Zeichen für die Ineffizienz des Devisenmarktes interpretiert. ELLIOTT/ITO (1995) zeigen, dass diese Ablehnung jedoch weder notwendig noch hinreichend ist für eine solche Einschätzung. Siehe auch CHRISTODOULAKIS/KALYVITIS (1997) sowie die dort angegeben Literatur.

[113] Vgl. SILL (2000), S. 4.

[114] Eine weitere Möglichkeit, Informationen über Markterwartungen zu bekommen, besteht darin, implizite Volatilitäten über Währungsoptionen zu berechnen. Diese geben Auskunft über die zukünftige erwartete Verteilung von Wechselkursänderungen und werden bspw. von Zentralbanken beobachtet. Vgl. SÖDERLIND/SVENSSON (1997), CAMPA ET AL. (1997), LEAHY/THOMAS (1996), GALATI/MELICK (1999) und EZB (2000), S. 41 ff.

tet wird, können Umfragen Informationen über ansonsten unbeobachtbare Größen – hier Wechselkurserwartungen – geben, über die alternativ Annahmen getroffen werden müssen. Eine berühmte Debatte der soeben erwähnten Art ist die, ob der *forward discount bias* durch Risikoprämien oder durch irrationale Erwartungen erklärt werden kann. Während die Anhänger der ersten Erklärung behaupten, die Devisenmarktteilnehmer bilden vollkommen rationale Erwartungen, so dass die Abweichung zwischen tatsächlicher Wechselkursänderung und derjenigen, die sich auf Grund des Swapsatzes ergeben müsste, auf zeitvariable Risikoprämien zurückzuführen ist, behaupten die Anhänger der zweiten Erklärung, dass Risikoneutralität vorliegt und die Fehler somit eindeutig irrationalen Erwartungen zuzuschreiben sind.[115] Aus diesem Grund werden im Folgenden die Ergebnisse solcher Umfragen analysiert, um Erkenntnisse über die tatsächliche Erwartungsbildung zu erhalten. Dabei ist darauf hinzuweisen, dass bei den Erhebungen darauf geachtet wurde, dass die Befragten überwiegend am Handelsprozess teilnehmen und Positionen eingehen dürfen. Die reine Äußerung von Wechselkurserwartungen gibt ohne diese Berechtigung und Praxis keine Auskunft über die Relevanz für die Wechselkursbildung. Nur wenn Erwartungen auch tatsächlich zu Devisenkäufen oder -verkäufen führen, werden sie auch Einfluss auf die Preisbildung nehmen. In der Finanzmarktpraxis wird dies durch den oft zitierten Satz: „*Put the money where the mouth is!*“ zum Ausdruck gebracht. Tabelle 2.2 zählt einige der bekannten Datensätze über Wechselkurserwartungen auf und beschreibt kurz deren Eigenschaften.

Tabelle 2.2: Datensätze über empirische Wechselkurserwartungen

Datenprovider	Zeitraum	Währungen	Teilnehmer	Prognosehorizonte
Consensus Economics Inc., London	monatlich Sep. 1989 – heute	mehr als 90 Währungen	> 250 Banken, Prognoseagenturen, Multinationale Unternehmungen	3 und 12 Monate
American Express Banking Corporation (Amex), London	jährlich Jan. 1976 – Juli 1985	GBP, DM, Yen, CHF, FF ggü. US$	ca. 250 – 300 Finanzmarktexperten	6 und 12 Monate
Economist Financial Report, London	6-wöchig Juni 1981 – mind. 1991	GBP, DM, Yen, CHF, FF ggü. US$	14 international tätige Banken	3,6 und 12 Monate
Money Market Services (MMS), New York und London	wöchentlich Okt. 1984 – mind. Okt. 1997	GBP, DM, Yen, CHF ggü. US$	ca. 30 professionelle Devisenhändler	1 Woche und 1 Monat
Godwins, London	monatlich Jan. 1981 – mind. 1991	effektiver GBP und GBP/US$	ca. 50 Investment Manager	12 Monate keine numerische Prognose, 3 Kategorien: increase, no change, decrease.
Japan Center for International Finance (JCIF), Tokio	monatlich Mai 1985 – heute	Yen/US$	44 Devisenmarktteilnehmer	1,3, und 6 Monate
Business International	1985 – heute	u. a. Mex. Peso/US$	30 multinationale Unternehmen, Banken	3, 6 und 12 Monate
Currency Forecasters' Digest, White Plains, New York	monatlich Feb. 1988 – Juni 1994	> 25 Währungen ggü. US$	ca. 45, 2/3 multinationale Unternehmen, 1/3 Prognoseagenturen bzw. volkswirtschaftliche Abteilungen von Banken	1, 3, 6 und 12 Monate

[115] Vgl. FROOT/FRANKEL (1989), S. 142.

ZEW, Mannheim	monatlich Dez. 1991 bis heute	US$, Yen, FF, GBP, Lira ggü. DM	Experten von ca. 350 Unternehmen mit 220 Banken, 40 Investmentfonds, 60 Versicherungen und 30 Industrieunternehmen	6 Monate keine numerische Prognose, 3 Kategorien: increase, no change, decrease.

Erläuterungen: Der Zeitpunkt der Beendigung der Erhebung konnte beim Economist, MMS und Godwins nicht festgestellt werden, so dass diese Informationen aus den Studien entnommen wurden, die die aktuellsten Datensätze verwendet haben. Die Zeitpunkte sind durch die Angabe mindestens (Abk. mind.) gekennzeichnet.

Quelle: verschiedene Quellen aus Fußnote 119.

Diese Datensätze stellen eine Sammlung von Wechselkurserwartungen über einen bestimmten Zeitraum von einer bestimmten Anzahl an Marktteilnehmern in unterschiedlichen Handelsplätzen der Welt dar. Neben diesen reinen Umfragen über Wechselkurserwartungen, existiert eine Vielzahl an ausführlichen Befragungen über Interviews und Fragebögen, die einen genaueren Einblick in den gesamten Erwartungsbildungsprozess ermöglichen. Dem Versuch, unbeobachtbare Markterwartungen und deren Zustandekommen mittels empirischer Umfragen unter einzelnen Marktteilnehmern beobachtbar zu machen, stehen Einwände gegenüber, die nicht unerwähnt bleiben dürfen. Zum einen ist nicht gesichert, dass die befragten Marktteilnehmer genügend Anreiz haben, ihre wahren Erwartungen offen zu legen. Damit zusammenhängend kommt es strenggenommen auch nur darauf an, was sie tatsächlich tun und nicht, was sie sagen.[116] Zudem kann es sein, dass die Befragten in ihrer Tätigkeit auf einen anderen Prognosehorizont spezialisiert sind als auf den gefragten. Schwerwiegend ist sicherlich, dass die einmaligen Befragungen zeitpunkt- und personenbezogen sind, und sich teilweise nicht auf spezielle Währungspaare beziehen, sondern allgemeine Einflüsse abfragen. Wie im Weiteren zu zeigen sein wird, ist jedoch ein Wechselkurs isoliert zu betrachten, da identische Einflüsse unterschiedlich auf verschiedene Wechselkurse wirken können. Die Vergleichbarkeit zwischen Ergebnissen unterschiedlicher Studien ist daher eingeschränkt. Diesen Einwänden kann entgegengehalten werden, dass nur der Median oder der Durchschnitt aller individuellen Prognosen veröffentlicht wird und das ebenfalls mit einer Zeitverzögerung. Strategisches Verhalten kann daher weitgehend ausgeschlossen werden. Weiterhin ist davon auszugehen, dass Spezialisten für Währungsprognosen Aussagen über die zukünftige Entwicklung einer Währung für beliebige Prognosehorizonte innerhalb der üblichen Grenzen machen können. Alles andere wäre aus Sicht der Befragten als spezialisierte, bezahlte Angestellte nicht anreizkompatibel.[117] Trotz aller Einwände darf nicht übersehen werden, dass die Erkenntnisse aus Umfragen eine zusätzliche Quelle darstellen, durch die das Verständnis über die Funktionsweise des Devisenmarktes und die Arbeitsweise seiner Teilnehmer erhöht und verbessert werden kann. Zumal erwähnt werden muss, dass, falls die Ergebnisse der Untersuchungen über Umfragen überwiegend im Widerspruch zu den theoretischen Vermutungen stehen sollten, berechtigte Zweifel an der betrachteten Theorie – bspw. der rationalen Erwartungen – aufkommen müssen.[118]

---

[116] „*..., people might not do what they say.*" SHEFFRIN (1996), S. 21.

[117] Vgl. GOODHART (1988).

[118] Siehe hierzu insb. SHEFFRIN (1996), S. 21.

Um die Ergebnisse der dieser Arbeit zugrundeliegenden Studien, systematisch darzustellen, werden sie in fünf Untersuchungsschwerpunkte unterteilt:

(1) Mechanismen der Erwartungsbildung,
(2) Überprüfung der Rationalität von Wechselkurserwartungen,
(3) Heterogenität von Erwartungen,
(4) Identifizierung von Determinanten der Wechselkurserwartungen und Anlagehorizonten,
(5) Politikimplikationen.

Im Folgenden werden die einzelnen Ergebnisse in Bezug auf diese fünf Punkte schrittweise dargestellt und im Anschluss daran ein Zwischenfazit gezogen.[119]

2.3.2.1 Mechanismen der Erwartungsbildung

In den Untersuchungen über die Mechanismen der Erwartungsbildung werden die bereits im Abschnitt 2.3.1 vorgestellten Erwartungsbildungshypothesen empirisch überprüft. Dazu werden sie i.d.R. logarithmiert und in Differenzenform umformuliert, so dass die hier aufgeführten Testgleichungen leicht von den Gleichungen aus Abschnitt 2.3.1 abweichen. Da sich statische Erwartungen als Spezialfall extrapolativer Erwartungen ausdrücken lassen, werden die Testergebnisse für beide Hypothesen zusammen dargestellt. Die Testgleichungen entsprechen der üblichen Formulierung in den Studien aus Fußnote 119 und werden entsprechend übernommen, um die zugehörigen Ergebnisse aufführen zu können.

a) extrapolative Erwartungen $E_t e_{t+\tau} - e_t = a_0 + a_1 \cdot (e_t - e_{t-\tau})$

Eine Wechselkursänderung in einem vergangenen Zeitraum von t bis $t-\tau$ führt bei extrapolativen Erwartungen zu einer weiteren erwarteten Wechselkursänderung für einen Zeitraum gleicher Länge in der Zukunft.[120] Das in den Tests zu bestimmende Vorzeichen und die Höhe des Parameters a_1 bestimmen dabei Richtung und Ausmaß dieser erwarteten Änderung. Zeigt das Ergebnis einen Wert von $a_1 < 0$, so wird erwartet, dass die bisherige Wechselkursbewegung umgekehrt wird. Eine tatsächliche vergangene Abwertung zwischen der Periode $t-\tau$ bis t führt daher zu einer erwarteten Aufwertung in dem zukünftigen Zeitraum von t bis $t+\tau$. Ist $a_1 = 0$, liegen statische Erwartungen vor und es wird mit keiner Wechselkursänderung gerechnet. Im Fall von $a_1 > 0$ wird dagegen eine Fortsetzung der bisherigen Richtung erwartet, die bei $a_1 > 1$ sogar als explosiv bezeichnet werden kann.

---

[119] Die zugrundeliegenden Studien sind BÉNASSY-QUÉRÉ ET AL. (1999), CHEUNG/CHINN (1999, 2000), CHEUNG ET AL. (2000), CHINN/FRANKEL (1999), DOMINGUEZ (1986), FRANKEL/FROOT (1987), HARA/KAMADA (1999), HARVEY (2001B), ITO (1990), LUI/MOLE (1998), MACDONALD (1992), MACDONALD/TORRANCE (1989), MARSH (1999), MENKHOFF (1995, 1998), OSTERBERG (2000), SCHRÖDER/DORNAU (2000), TAKAGI (1991), TAYLOR/ ALLEN (1992), VERSCHOOR/WOLFF (2001).

[120] Dass dabei der Zeitraum vergangener Wechselkursänderungen mit dem Erwartungshorizont übereinstimmt ist üblich aber nicht zwingend. Zu alternativen Spezifikationen siehe bspw. VERSCHOOR/ WOLFF (2001).

Empirische Tests weisen im kurzfristigen Bereich (bis zu einem Monat) positive Werte von a_1 aus, während langfristig (ab drei Monaten) der Parameter a_1 negative Werte annimmt. Kurzfristig erwarten die Marktteilnehmer folglich eine Trendfortsetzung und langfristig eine Trendumkehr. Bénassy-Quéré et al. stellen fest, dass extrapolative Erwartungen mit $a_1 < 0$ für einen drei- und zwölfmonatigen Prognosehorizont von ca. 80% aller Teilnehmer an der Consensus Umfrage gebildet werden.[121] Sie legen ihren Untersuchungen zudem eine ausführlichere Testgleichung zugrunde, die drei Lags anstatt nur einem umfasst und fügen dem zusätzlich einen Zeittrend hinzu. Die Nullhypothese $a_1 = 0$ (statische Erwartungen) wird in nahezu allen Untersuchungen abgelehnt.[122] Trotz der Tatsache, dass Wechselkurse statistisch gesehen einem Zufallsprozess (*random walk*) folgen, erwarten die Marktteilnehmer offensichtlich nicht, dass sich dieser Prozess fortsetzen wird.[123]

b) adaptive Erwartungen $E_t e_{t+\tau} - e_t = a_0 + a_1 \cdot (E_{t-\tau} e_t - e_t)$

Falls adaptive Erwartungen vorliegen, ergibt sich die erwartete Wechselkursänderung für den zukünftigen Zeitraum t bis $t+\tau$ aus dem Erwartungsfehler zwischen t und $t-\tau$, korrigiert um einen Anpassungsparameter a_1. Die Untersuchungen stellen in der kurzen Frist fest, dass $a_1 < 0$ ist.[124] Dies bedeutet, dass eine unerwartete Aufwertung der heimischen Währung (Klammerterm positiv) zu der Erwartung einer weiteren Aufwertung führt und damit die Erwartungselastizität $\varepsilon = (\partial E_t e_{t+\tau} / \partial e_t) \cdot (e_t / E_t e_{t+\tau})$ größer als Eins ist. Das heißt, dass eine unerwartete einprozentige Kassakursänderung zu einer mehr als einprozentigen erwarteten Kassakursänderung führen wird und solche Erwartungen damit als destabilisierend bezeichnet werden können.[125] In der langen Frist bis zu einem Jahr werden für den Parameter a_1 hingegen positive Werte ausgewiesen, was als erwartete Bewegung entgegengesetzt zu dem aktuellen Prognosefehler zu interpretieren ist. Die absoluten Werte von a_1 sind in allen dem Autor bekannten Untersuchungen zur langen Frist kleiner als 1, was als Hinweis für stabilisierende Erwartungen angesehen wird.[126]

c) regressive Erwartungen $E_t e_{t+j} - e_t = a_0 + a_1 \cdot (\overline{e}_t - e_t)$

Bei regressiven Erwartungen hängt die erwartete Wechselkursänderung von der Abweichung des tatsächlichen Wechselkurses e_t im Vergleich zu einem langfristigen Gleichgewichtswechselkurs $\overline{e}_t$ ab. Nach dieser Hypothese erwarten die Marktteilnehmer im Fall von $a_1 > 0$, dass sich der aktuelle Wechselkurs mit der Anpassungsgeschwindigkeit a_1 an seinen langfristigen Gleichgewichtswert anpasst. Bei $a_1 < 0$ wird eine Bewegung, die vom Gleichgewichtskurs wegführt, erwartet.

---

121 Vgl. BENASSY-QUERE ET AL. (1999), S. 16 ff.

122 Ausnahme ist bspw. MACDONALD (1992), der jedoch einen begrenzten Datensatz von Oktober 1989 bis März 1991 sowie individuelle Prognosezeitreihen für seine Regressionen zugrunde legt.

123 Vgl. TAKAGI (1991), S. 171.

124 Vgl. bspw. FRANKEL/FROOT (1987), S. 142. BENASSY-QUERE ET AL. (1999), S. 24 f., stellen auch für Erwartungen bis zu einem Horizont von 12 Monaten negative Werte für a_1 fest.

125 Vgl. GEIGER (1996), S. 12 f.

126 Chinn und Frankel untersuchen zwar noch längere Prognosezeiträume bis 5 Jahren, können jedoch auf Grund des kleinen Datensatzes keine statistisch gesicherten Aussagen machen. Vgl. CHINN/FRANKEL (1999), S. 10 ff.

Das Ergebnis der empirischen Untersuchungen ist stark abhängig von der Wahl des Gleichgewichtswertes. In der Literatur werden gleitende Durchschnittswerte *(moving averages)*, konstante Werte und Kaufkraftparitätenkurse verwendet. Regressionsanalysen bestätigen auch in diesem Fall den bei der Überprüfung extrapolativer Erwartungen bereits festgestellten ‚*expectation twist*'[127] zwischen kurz- und langfristigen Erwartungen. So ist in der kurzen Frist $a_1 < 0$ und die Erwartungen damit destabilisierend. Langfristig wird jedoch $a_1 > 0$ ausgewiesen, also eine Rückkehr zum (spezifizierten) Gleichgewichtswechselkurs erwartet. Bénassy-Quéré et al. verwenden Kaufkraftparitätenkurse und finden eine Bestätigung der Eigenschaft der *mean reversion* in den Erwartungen der Marktteilnehmer. Frankel und Froot bestätigen diese Ergebnisse sowohl für Kaufkraftparitäten- als auch für konstant angenommene Gleichgewichtskurse. Diese können als Hinweis dafür gesehen werden, dass die Marktteilnehmer bestehende Unter- und Überbewertungen von Währungen in ihre Erwartungsbildung einfließen lassen.

In der Literatur sind neben diesen populären Erwartungshypothesen weitere konkrete Ausgestaltungsformen in Testgleichungen überprüft worden. Die Ergebnisse einiger ausgewählter Studien werden im Weiteren kurz vorgestellt.

d) kombinierte (auto)regressive Erwartungen

Einige der in Fußnote 119 aufgeführten Studien haben kompliziertere Testgleichungen überprüft, die sowohl durch Kombination der drei bisherigen Erwartungshypothesen gebildet wurden[128] als auch durch zusätzlich gelaggte Variablen. Im Regelfall weisen solche komplexeren Formulierungen bessere Testergebnisse in Bezug auf das Bestimmtheitsmaß R^2 auf. Frankel und Froot finden die besten Ergebnisse für Gleichungen, die nur noch wenig mit den drei Standardhypothesen gemeinsam haben. Bénassy-Quéré et al. untersuchen ein *mixed-model* aus den drei vorgestellten Verfahren, da sie in ihrer Studie festgestellt haben, dass ein bedeutender Anteil der Befragten weder extrapolative, noch adaptive oder regressive Erwartungen bildet. Es besteht somit die Möglichkeit, dass sie entweder alternative Erwartungsbildungsprozesse oder eine Kombination der bestehenden gleichzeitig verwenden. Die Ergebnisse sind allerdings nicht so überzeugend, da die *adjusted* R^2 für verschiedene Wechselkurse nicht immer die der einfachen Hypothesen übersteigen.

e) fundamentalökonomische, modellbasierte Erwartungen

Die vier genannten Erwartungshypothesen beinhalten vornehmlich vergangene Wechselkurse als erklärende Größe, ohne einen genaueren Einblick in die Auswahl der Determinanten der Wechselkurserwartung sowie die von Marktteilnehmern vermuteten Wirkungszusammenhänge zu geben. Aus zahlreichen Fragebögen ist jedoch bekannt, dass Wechselkurserwartungen auch auf der Basis fundamentalökonomischer Größen gebildet werden.[129] Trotz der schwachen Erklärungskraft struktureller fundamentalökonomischer Wechselkursmodelle (siehe Abschnitt 2.5) und ihrer geringen Prognosegüte

[127] Vgl. HARA/KAMADA (1999), S. 2 sowie TAKAGI (1991), S. 163 f.

[128] Bspw. bei HARA/KAMADA (1999), S. 9.

[129] Vgl. TAYLOR/ALLEN (1992) oder MENKHOFF (1998).

werden dennoch fundamentalökonomische Einflüsse auf den Wechselkurs unter Devisenmarktteilnehmern nicht ignoriert. Insbesondere für längerfristige Prognosen gewinnen sie an Bedeutung. Dabei identifizieren Cheung und Chinn in einer Umfrage, dass die Arbeitslosenquote, die Inflationsrate und Zinssätze eine herausragende Rolle bei der Erwartungsbildung spielen. Schröder und Dornau bestätigen die Bedeutung von Zinssätzen, stellen jedoch fest, dass die erwartete Wachstumsrate des Sozialproduktes die wichtigste Größe darstellt. In ihrer Untersuchung versuchen sie nicht nur herauszufinden, *welche* fundamentalökonomischen Faktoren die Erwartungsbildung beeinflussen, sondern insbesondere *wie* sie es tun. Sie testen dazu drei Ausprägungen monetärer Wechselkursmodelle an Hand des Datensatzes der ZEW. Die getesteten Modelle umfassen den Mundell-Fleming-Ansatz, das monetäre Modell bei flexiblen Preisen sowie das Dornbusch-Modell. Der ZEW Datensatz besteht ausschließlich aus *erwarteten* Größen mit einem Prognosehorizont von 6 Monaten und gibt die Erwartungen als eine der drei möglichen Ausprägungen *decrease*, *no change* und *increase* wieder. Schröder und Dornau testen also die Beziehung, zwischen *erwarteten* Fundamentalgrößen und erwartetem Wechselkurs und überprüfen die Konsistenz zu den drei erwähnten monetären Wechselkursmodellen für den Zeitraum Dezember 1991 bis Dezember 1997. Die Ergebnisse fallen für die untersuchten Währungspaare unterschiedlich aus. Für den Wechselkurs DM/US$ wird ein positiver Zusammenhang zwischen der Wachstumsrate des Sozialproduktes und dem Wechselkurs festgestellt. Erwartete steigende Wachstumsraten in den USA führen daher zu einer erwarteten Aufwertung des US$ ebenso wie steigende kurzfristige und langfristige Zinssätze. Die Koeffizientenwerte der Testgleichung sind kompatibel mit einem Mundell-Fleming-Zusammenhang. Für andere Währungen lassen sich keine eindeutigen Aussagen über ein unterstelltes Modell ableiten, jedoch sind bei anderen Währungen auch andere erwartete Wirkungszusammenhänge festzustellen. So führt bspw. ein erwarteter Zinsanstieg in Frankreich und Italien zu einer erwarteten Abwertung des Französischen Franc und der Italienischen Lira. Diese Ergebnisse dürfen jedoch nicht so interpretiert werden, als ob sich Devisenmarktteilnehmer wirklich auf ein konkretes Modell beziehen, wenn sie ihre Erwartungen bilden. Vielmehr zeigen die Interviews von Menkhoff, dass fundamentalökonomische Größen kontextspezifisch und als singuläre Einflussgrößen beurteilt werden, anstatt im Rahmen eines konsistenten und umfassenden Modells.[130] Die Untersuchungen können daher nur feststellen, ob die Vorzeichen der einzelnen Größen mit den theoretischen Werten aus den Wechselkursmodellen übereinstimmen.

f) Terminkursorientierung

In einigen Untersuchungen wird die Beziehung zwischen Terminkurs und erwartetem Wechselkurs aus den Umfragen für korrespondierende Zeiträume getestet. Froot und Frankel stellen dabei für die zwei Datensätze der AMEX und des Economist über Zeiträume zwischen 1976 und 1985 fest, dass die Erwartungen sehr stark an dem Terminkurs orientiert sind und können daher in der Testgleichung

$$E_t e_{t+\tau} - e_t = a_0 + a_1 \cdot (e^T_{t,t+\tau} - e_t) + v_t$$

---

[130] Vgl. MENKHOFF (1995), S. 93. Siehe insb. die ausführlichere Diskussion im Abschnitt 2.3.2.4 ab Seite 56.

die Nullhypothese von $a_1 = 1$ nicht ablehnen. Interessanterweise weist der Koeffizient β_1 aus der Testgleichung (2.6) für den gleichen Zeitraum das immer wieder beobachtete negative und damit *falsche* Vorzeichen auf und ist damit signifikant von Eins unterschiedlich. Frankel und Chinn bestätigen diese Testergebnisse für 17 Währungen gegenüber dem US$ im Zeitraum Februar 1988 bis Februar 1991.[131]

f) post-keynesianische Erwartungen (Harvey-Gleichung)

Um zu zeigen, dass kurzfristige Erwartungen ökonomisch in einem post-keynesianischen Modellrahmen erklärt werden können, testet Harvey[132] folgende Gleichung an Hand des MMS-Datensatzes für den Zeitraum Januar 1987 bis Juni 1996 und dem Währungspaar DM/US$:

$$E_t e_{t+\tau} = f(\text{Spread}_t^{t+\tau}, \text{Premium}_t^{t+\tau}, \text{Rule}_t^{t+\tau}, \text{Run}_t^{t+\tau})$$

Die Dominanz kurzfristiger Kapitalströme an den Devisenmärkten und die herausragende Stellung der nationalen und internationalen Geldmärkte in post-keynesianischen Ansätzen führt Harvey dazu, die Relevanz der Bestimmungsfaktoren dieser Kapitalströme für die Wechselkurserwartungen zu testen. Die erste Größe $\text{Spread}_t^{t+\tau}$ stellt die Differenz zwischen 1-Monats-Eurogeldmarktzinssätzen für US$ und DM dar und dient als Maßstab für die erwartete Überrendite heimischer Finanzanlagen im Zeitraum t bis $t+\tau$ im Vergleich zu ausländischen (*expected excess return*).[133] Das $\text{Premium}_t^{t+\tau}$ berechnet sich aus der Differenz der Zinsstruktur an den Eurogeldmärkten. Da sich die Zinsstruktur aus der Liquiditätspräferenz, der erwarteten Inflationsrate und dem erwarteten Risiko langfristiger im Vergleich zu kurzfristiger Anlagen ergibt, misst das Premium daher die Differenz zwischen erwarteter Inflationsrate und Risiko in Deutschland im Vergleich zu den USA. Dabei wird unterstellt, dass die Liquiditätspräferenz in beiden Ländern identisch ist. Der vorletzte Faktor $\text{Rule}_t^{t+\tau}$ stellt ein Maße für die Marktpsychologie dar. Da die technische Analyse häufig als Maß für diese Größe angesehen wird (siehe Abschnitt 2.3.2.4) bildet Harvey aus den Kauf- (+1), Verkaufs- (–1) und Halte- (0) Signalen der drei weitverbreiteten technischen Indikatoren *Moving-Average*-Regel, Momentum und *Point & Figure Chart* ein Gesamtsignal $\text{Rule}_t^{t+\tau}$, das zwischen 3 und –3 schwanken kann. Um die unterschiedliche Risikoeinstellung von Investoren abzubilden, die Harvey in Risikoaversion bei Gewinnsituationen und Risikofreude bei Verlustsituationen sieht,[134] wird der letzte Faktor $\text{Run}_t^{t+\tau}$ gebildet, der die quadrierte Summe der Anzahl aufeinanderfolgender Tage mit Aufwertungen der DM darstellt.

Die Gleichung testet Harvey an einer einwöchigen und einer vierwöchigen Zeitfrequenz. Die Ergebnisse seiner Untersuchung zeigen, dass drei von vier Koeffizienten die

---

[131] Vgl. FROOT/FRANKEL (1989) und FRANKEL/CHINN (1993).

[132] Vgl. HARVEY (2001B). Detaillierte Erklärungen der Konstruktion der Inputs sind dort im Anhang zu finden.

[133] Die verbleibenden Größen sind ebenfalls als erwartete Größen für den Zeitraum t bis $t+\tau$ zu verstehen.

[134] Das heißt, dass mit zunehmenden Kurssteigerungen die Neigung Gewinne zu realisieren zunimmt, während bei Verlustsituationen die Positionen eher so lange gehalten werden, bis sich die Verluste abgebaut haben.

erwarteten positiven Vorzeichen besitzen (das Vorzeichen von Premium ist negativ), die Ergebnisse gemessen am R^2 für den längerfristigen Zeitraum etwas schlechter sind und Rule den bedeutendsten Einfluss ausübt. Die Größe Run zeigt unerwartet einen größeren Einfluss auf die Wechselkurserwartungen in der vierwöchigen Frist. Die ersten beiden Faktoren sind nicht signifikant in beiden Gleichungen, was Harvey damit erklärt, dass es darauf ankommt, inwiefern die tatsächlichen Größen von denen abweichen, die die Marktteilnehmer erwartet haben. Letztere sind jedoch nicht messbar.

2.3.2.2 Rationalität von Erwartungen

Ausgehend von der modelltheoretisch klaren Definition des Begriffs der Rationalität von Erwartungen (siehe Abschnitt 2.3.1.3) werden aus empirischer Sicht Erwartungen dann als rational bezeichnet, wenn sie keine systematische Verzerrung im Vergleich zum tatsächlichen zukünftigen Wechselkurs darstellen. Differenzen zwischen erwartetem und tatsächlichem Wechselkurs sind dann nur zufälliger Natur und auf unvorhersehbare Ereignisse zurückzuführen. Die Rationalität von Wechselkurserwartungen wird empirisch an Hand folgender, in Logarithmen geschriebener Testgleichungen und Nullhypothesen überprüft:

(1) $e_{t+\tau} - e_t = b_0 + b_1 \cdot (E_t e_{t+\tau} - e_t) + u_{t+\tau}$ Nullhypothese: $b_0 = 0, b_1 = 1$ (Unverzerrtheit)

(2) $E_t e_{t+\tau} - e_{t+\tau} = c_1 + c_2 \cdot X_t + v_{t+\tau}$ Nullhypothese: $c_1 = c_2 = 0$ (Orthogonalität)

Die erste Testgleichung (1) überprüft an Hand der Nullhypothese, ob der erwartete Wechselkurs ein unverzerrter Prediktor für den zukünftigen Kassakurs ist. Dabei wird implizit unterstellt, dass keine Risikoprämie existiert, die sonst eine systematische Differenz zwischen Erwartungswert und tatsächlichem Wechselkurs erklären könnte. Die Nullhypothese stellt daher einen *joint test* dar, dessen Ablehnung nicht eindeutig auf Nichtrationalität der Erwartungen schließen lässt. An Hand der Nullhypothese der zweiten Testgleichung (2) wird untersucht, ob die erwartete Wechselkursänderung alle verfügbaren und relevanten Informationen beinhaltet.[135] Ist dies der Fall, so kann keinerlei Information, die in der Menge X zum Zeitpunkt t verfügbar ist, genutzt werden, um bessere Prognosen zu erstellen. Die Prognosefehler müssen daher mit jeder verfügbaren Variable aus X_t unkorreliert sein.

Die Untersuchungen der ersten Nullhypothese lehnen diese überwiegend ab, da die aus Umfragen festgestellten Erwartungen *(survey expectations)* systematisch verzerrt sind und die tatsächliche Wechselkursentwicklung häufig über- bzw. unterschätzen.[136] Für einige Zeitreihen werden sogar negative Werte für b_1 ermittelt, die darauf hindeuten, dass nicht nur das Ausmaß der Wechselkursänderung falsch eingeschätzt wird, sondern sogar die Richtung.[137] In ihrer Untersuchung über Umfrageerwartungen von 24 Währungen gegenüber dem US$ im Zeitraum 1988 bis 1994 lehnen Chinn und Frankel die Nullhypothese $b_1 = 1$ für einen 3-monatigen Prognosehorizont klar ab, für 12 Monate dagegen nicht. Ohne die Hochinflationsländer Argentinien, Brasilien und Mexiko

---

[135] Vgl. TAKAGI (1991), S. 168 ff.

[136] Vgl. EBENDA (1991), S. 168 ff., sowie dort die Tabelle 2.3, DOMINGUEZ (1986), FRANKEL/FROOT (1987), S. 150, ITO (1990) und MARSH (1999).

[137] Vgl. bspw. MARSH (1999), S. 5.

liefert die Schätzung sogar negative Werte für b_1 bei einem 3-monatigen Prognosehorizont.[138] Die Testergebnisse sind jedoch von der zugrundeliegenden Testperiode abhängig. Obwohl Frankel und Froot (1987) und Chinn und Frankel (1999) ähnliche Testergebnisse für die zwei vollkommen verschiedenen Perioden 1976 – 1985 mit einer extremen US$-Aufwertung und Abwertung und 1988 – 1994 mit relativer Währungsstabilität des US$, dafür jedoch mit Turbulenzen innerhalb des Europäischen Währungssystems EWS, erzielten, finden Hara und Kamada bspw. Hinweise für eine Zeitabhängigkeit der Rationalität von Wechselkurserwartungen. Sie untersuchen die Beziehung zwischen erwartetem und tatsächlichem ¥/US$-Wechselkurs im Zeitraum Januar 1986 bis Mai 1998 und stellen fest, dass die Erwartungen statistisch gesehen in den späten 80er Jahren durchaus rational waren, während sie dies für die 90er Jahre nicht mehr bestätigen können.[139] Auch Osterberg (2001) findet für den Zeitraum Januar 1989 bis Oktober 1997 Bestätigung für rationale Wechselkurserwartungen, weist jedoch darauf hin, dass die Ergebnisse mit Vorsicht zu interpretieren sind, da erstens Orthogonalität nicht bestätigt werden kann und zweitens unklar ist, in welchem Verhältnis die von ihm verwendete durchschnittliche Erwartung zu marginalen Preisen wie dem Wechselkurs steht. In Märkten, in denen Transaktionskosten gering sind, sind theoretisch wenige rationale Marktteilnehmer in der Lage, die Märkte so über Arbitrage zu beeinflussen, dass der Markt sich entsprechend der rationalen Erwartungshypothese verhält, selbst wenn die durchschnittliche Erwartung verzerrt und (informations)-ineffizient ist. Tabelle 2.3 zeigt die durchschnittlich erwartete Wechselkursänderung in Prozent auf Jahresbasis für verschiedene Datensätze und stellt diese der tatsächlichen prozentualen Wechselkursänderung gegenüber.

Tabelle 2.3: Wechselkurserwartungen und tatsächliche Wechselkursänderung bei unterschiedlichen Erwartungshorizonten

Veränderungsraten in Prozent pro Jahr

Datensatz (Währung) *Zeitraum*	1 Monat		3 Monate		6 Monate		12 Monate	
	erw.	tats.	erw.	tats.	erw.	tats.	erw.	tats.
JCIF, (¥/US$)								
5/1985 – 1/1987	16,80	25,20	5,00	30,32	–0,40	26,16		
2/1987 – 7/1989	11,88	6,60	9,20	2,24	5,20	1,48	–	
5/1990 – 5/1995	–5,03	–11,55	0,91	–10,69	2,57	–8,34		
6/1995 – 5/1998	–0,89	17,27	0,38	15,62	–0,15	13,09		
Business International *2/1988 – 5/1992* (Mex. Peso/US$)	–		36,44	20,89	41,7	19,94	47,27	22,56
MMS	*10/1984 – 2/1986*							
Economist			*6/1981 – 12/1985*					
(GBP/US$)	–11,91	10,13	3,66	–6,43	4,19	–6,79	3,38	–9,47
(DM/US$)	–2,26	23,82	11,84	0,81	12,39	–0,96	10,67	–5,60
(¥/US$)	2,99	27,55	12,66	4,37	12,94	3,52	10,67	–0,08

Erläuterungen: Zu den Abkürzungen siehe Tabelle Tabelle 2.2 auf Seite 10.

Quelle: Hara/Kamada (1999), Tabelle 1, Frankel/Froot (1987), S. 137, Takagi (1991), S. 163.

[138] Vgl. CHINN/FRANKEL (1999), S. 4 f.

[139] Hara und Kamada testeten zusätzlich die Rationalität auf Sektorebene für Banken/Broker, Wertpapier/Handelsfirmen, exportorientierte Unternehmen und Lebensversicherungen/importorientierte Unternehmen. Sie stellten dabei keine signifikanten Unterschiede im intersektoralen Vergleich fest. Vgl. HARA/KAMADA (1999), S. 10.

Die Tabelle zeigt deutlich, dass zum Teil erhebliche Differenzen zwischen Erwartung und Realität bestehen. Dies bezieht sich nicht nur auf das Ausmaß der Änderungen, sondern teilweise auch auf die Richtung. Im direkten Vergleich mit einem *benchmark*-Modell stellt Marsh fest, dass gemessen an dem statistischen Gütemaß *Root Mean Squared Error* RMSE nur zwei von 145 europäischen Teilnehmern an der Consensus Umfrage im Zeitraum Januar 1990 bis Dezember 1994 in der Lage waren, Prognosen auf Basis des *random-walk*-Modells zu schlagen. Dieses Modell gilt seit der ernüchternden Studie von Meese und Rogoff als das *benchmark*-Modell, an dem sich Wechselkursprognosen messen lassen müssen. Der Grund für solche schwachen Ergebnisse könnte z. B. daran liegen, dass: „*when respondents answer the longer term surveys, they give the views that their economic logic tells them are correct. When they get into the trading room, they give greater weight to their instincts, especially if past bets based on their economic logic have been followed by ruinous 'negative reinforcement'*"[140]. Dieses Argument bezieht sich letztlich auf die eingangs des Abschnitts erwähnten Bedenken bezüglich der Offenlegung ‚wahrer' Erwartungen in Umfragen. Der Grund für den fehlenden Zusammenhang kann aber auch einfach darin zu sehen sein, dass bei längerfristigen Prognosen der Zeitraum zwischen Erwartungsbildung und Prognosehorizont so groß sein kann, dass die Entwicklung in der Zwischenzeit die Erwartungen in Bezug auf den gleichen zukünftigen Zeitpunkt permanent verändert hat. Insbesondere in volatilen Märkten können Erwartungen sehr schnelllebig sein und der Erwartungswert von gestern muss nicht mehr viel zu tun haben mit dem von heute.

Die Nichtablehnung der zweiten Nullhypothese bedeutet, dass die Prognosegüte von *survey expectations* nicht verbessert werden kann, indem eine Variable hinzugenommen wird, die zu dem Zeitpunkt der Erwartungsbildung zur Verfügung steht. Die empirischen Untersuchungen[141] lehnen die Nullhypothese $c_1 = c_2 = 0$ und damit Orthogonalität überwiegend ab, woraus geschlossen wird, dass die Erwartungen aus den Umfragen nicht alle verfügbaren Informationen beinhalten und damit die Berücksichtigung weiterer Variablen den Prognosefehler verkleinern kann. Bei Dominguez führt bspw. die Einbeziehung des Swapsatzes *(forward discount)* neben den *survey expectations* zu Prognoseverbesserungen, obwohl bekanntermaßen der Terminkurs ein verzerrter Prediktor für den Kassakurs ist. Ito bezieht gelaggte Wechselkurse ein und lehnt ebenfalls die Nullhypothese in den meisten Fällen ab, ebenso wie MacDonald und Torrance, die Zinsdifferenzen zusätzlich betrachten.

Die systematischen Abweichungen lassen sich theoretisch ebenso wie die Ablehnung der Nullhypothese zum Terminkurs als Prediktor des Kassakurses durch zeitvariable Risikoprämien, das Peso-Problem, Lernvorgänge, Transaktionskosten, Interventionen, irrationales Verhalten, ineffiziente Devisenmärkte oder durch Zufallseinflüsse auf Grund einer ungewöhnlichen Testperiode erklären.[142] Durch das Peso-Problem erscheinen ex-post-Prognosefehler verzerrt und korreliert mit ex-ante-Informationen obwohl

[140] FRANKEL/FROOT (1986), S. 28. Ein empirischer Beleg für diese Aussage findet sich bei MENKHOFF (1995), S. 136 ff.

[141] Für eine zusammenfassende Darstellung vgl. TAKAGI (1991), S. 169 ff.

[142] Vgl. MCCLUSKEY (1993), S. 26 f.

die Marktteilnehmer ihre Erwartungen rational gebildet haben.[143] Statistisch gesehen bedeutet dies, dass die Schocks, die den Erwartungen beim Peso-Problem zugrunde liegen, *fat tails* aufweisen. Ihre Wahrscheinlichkeit ist somit nicht normalverteilt, so dass konventionelle Testmethoden Rationalität ablehnen. Für die Zeit nach 1973 kann jedoch aus ökonomischen Überlegungen das Peso-Problem als Erklärung für die Ablehnung der Nullhypothese ausgeschlossen werden, denn wahrscheinliche größere Schocks wie z. B. Regimewechsel dürften eher die Ausnahme als eine durchgängig beständige Regel sein.[144] Irrationales Verhalten, wenigstens einiger der Marktteilnehmer, kann als Grund nicht ausgeschlossen werden, da die einzelnen genannten Erklärungen nicht isoliert werden können. Das, was vielleicht so oft als irrationales Verhalten bezeichnet wird, stellt vielleicht jedoch nur beschränkt rationales Verhalten dar. Aus der Verhaltensforschung, der experimentellen Wirtschaftsforschung und der Kognitionspsychologie sind eine Vielzahl an personellen und außerpersonellen Beschränkungen bekannt, die eine rationale Erwartungsbildung verhindern.[145] Eine systematische und ausführlichere Diskussion zu diesem Bereich erfolgt im Abschnitt 2.5.4 bei der Darstellung der Theorie der *behavioral finance*.

Als weiteres Indiz gegen eine rationale Erwartungsbildung an den Devisenmärkten wird häufig das enorm hohe Transaktionsvolumen angeführt. Falls die Marktteilnehmer rationale Erwartungen bilden, ist dieses Handelsvolumen nicht erklärbar, da die rationalen Marktteilnehmer außer denen, die aus anderen Motiven handeln, keine Transaktionspartner finden würden. Es wird daraus geschlossen, dass Heterogenität unter den Akteuren an den Devisenmärkten vorherrschen muss. Mit diesem Gedanken setzt sich der nächste Abschnitt auseinander.[146]

2.3.2.3 Heterogenität von Erwartungen

Während es bis heute in der ökonomischen Forschung allgemein üblich ist, in Modellen homogene Erwartungen zu unterstellen und daher mit einem repräsentativen Agenten zu arbeiten, verdeutlichen die Umfragedaten, dass Erwartungen heterogen sind.[147] Die Streuung der erwarteten Wechselkurse um ihren Mittelwert nimmt zudem mit zunehmendem Erwartungshorizont zu.[148] Je weiter die Prognose somit in der Zukunft liegt, desto weiter gehen die Meinungen über die zukünftige Wechselkursentwicklung auseinander. Die Zeitreihen von langfristigen Median- bzw. Durchschnittsprognosen

---

[143] Vgl. AHRENS (1999), S. 8 ff.

[144] Vgl. KRUGMAN (1993), S. 10 f.

[145] Zu einer anschaulichen Gegenüberstellung ökonomischer und psychologischer Standpunkte in Bezug auf Rationalität siehe MCFADDEN (1999).

[146] Die Diskussion der Rationalität ist eng verbunden mit der Frage nach der Effizienz der Devisenmärkte. Um diese Fragestellungen kreisen eine Vielzahl an Arbeiten; hier sei nur auf die Debatte nach GROSSMAN/STIGLITZ (1980) hingewiesen sowie auf das *no-speculation theorem* von KREPS (1977). Siehe auch CLAUSING (2001).

[147] „*There is no consensus among traders on a wide range of important issues relating to fundamental value and the determinants of exchange rate movements.*" CHEUNG ET AL. (2000), S. 2. Die empirisch festgestellte Heterogenität in den Erwartungen wird sogar als Grund für die Widerlegung der Behauptung, dass Marktteilnehmer ihre Erwartungen rational bilden, angesehen. Vgl. ITO (1990).

[148] Vgl. TAKAGI (1991), S. 160.

sind daher unabhängiger von der aktuellen Realisierung des Wechselkurses als diejenigen kurzfristiger Prognosen. Letztere folgen ziemlich genau der aktuellen Entwicklung um den Prognosehorizont versetzt. Bei sog. *trending markets* ist jedoch zu beobachten, dass solange der Trend anhält, das Band um die tatsächliche Wechselkursentwicklung aus maximalem und minimalem Erwartungswert enger wird. Die Erwartungen konvergieren somit entlang eines Trends.[149] Da dem Autor keine Zeitreihen über erwartete Wechselkurse zur Verfügung stehen, wird an dieser Stelle auf die Arbeiten mit entsprechendem Zugang und anschaulicher graphischer Aufbereitung verwiesen.[150]

Bénassy-Quéré et al. untersuchen explizit den Grad der Heterogenität in der Erwartungsbildung der Teilnehmer an der Consensus Umfrage. Sie arbeiten daher mit den individuellen Prognosen und testen auf extrapolative, adaptive, regressive Erwartungen sowie ein gemischtes Modell aus diesen dreien. Sie stellen dabei einen hohen Grad an Heterogenität zwischen den Parametern der Testgleichungen fest.[151] In umfassenden Einzelinterviews mit Marktteilnehmern in Deutschland hat Menkhoff ebenfalls stark heterogene Vorstellungen festgestellt.[152] Für die Heterogenität werden verschiedene Begründungen angeführt. Ito vermutet ‚*wishful thinking*' in dem disaggregierten JCIF-Datensatz. Danach weisen die Erwartungen einer bestimmten Gruppe eine systematische Verzerrung zugunsten einer branchennützlichen Wechselkursänderung auf. So erwarten bspw. Importeure eine stärkere Aufwertung oder schwächere Abwertung ihrer Währung, während Exporteure sich umgekehrt äußern. Dies würde jedoch nur die inter-Gruppen Heterogenität erklären, nicht aber die intra-Gruppen Heterogenität.

Wakita begründet die Heterogenität mit privaten Informationen der einzelnen Marktteilnehmer.[153] Isard weist jedoch darauf hin, dass einzelne Marktteilnehmer ebenfalls dazu neigen, systematisch verzerrte Erwartungen zu bilden, woraus geschlossen werden kann, dass die Verzerrung *(bias)* in der Durchschnittserwartung nicht einfach auf unterschiedliche private Informationen zurückgeführt werden kann.[154] Selbst wenn jedoch keine nennenswerten privaten Informationen auf dem Devisenmarkt vorliegen, ist es dennoch möglich, dass die Marktteilnehmer unterschiedliche Schlüsse aus den zugänglichen Informationen schließen. Arthur äußert sich diesbezüglich, indem er sagt, dass „*there may be many different, perfectly defensible statistical ways based on different assumptions and different error criteria to use them* [die Informationen, Anm. d. A.]...".[155] Das Beispiel auf der folgenden Seite verdeutlicht diese Überlegung:

---

[149] Vgl. TAYLOR/ALLEN (1990), S. 51.

[150] Siehe dazu insb. BENASSY-QUERE ET AL. (1999), S. 13 f., TAKAGI (1991), S. 162 und 165, sowie HARA/KAMADA (1999), Abbildung 2.

[151] Vgl. BENASSY-QUERE ET AL. (1999).

[152] Vgl. MENKHOFF (1995), S. 86 ff.

[153] Vgl. WAKITA (1989) sowie die Ausführungen aus Abschnitt 2.2.2.

[154] Vgl. ISARD (1997), S. 87.

[155] ARTHUR (1995), S. 7.

Beispiel 2.1: Heterogene Erwartungen

Das statistische Bundesamt in Deutschland gibt bekannt, dass das Preisniveau gestiegen ist. Diese Preisniveausteigerung trifft die Akteure auf den Devisenmärkten unerwartet. Auf Grund dieser neuen Informationen passen die beiden Devisenhändler A und B ihre Erwartungen an und äußern sich folgendermaßen in Bezug auf die zukünftige Wechselkursänderung:

Preisniveau gestiegen	Abwertungserwartung	Händler A
	Aufwertungserwartung	Händler B

Der Händler A begründet seine Abwertungserwartung über die gesunkene Wettbewerbsfähigkeit und erwartet daher Rückgänge im Leistungsbilanzsaldo, die wiederum seiner Meinung nach zu einer Abwertung führen. Der Händler B sieht hingegen in dem Preisanstieg ein Signal an die Notenbank, die Zinsen anzuheben, um Inflation zu verhindern. In seinen Augen wird dies zu Kapitalimporten führen, die die inländische Währung aufwerten lassen.

Das Beispiel zeigt die Notwendigkeit, auftretende Ereignisse immer im aktuellen Marktumfeld beurteilen zu müssen. So führt das gleiche Ereignis im einen Fall zu einer Abwertung, während es in einer anderen Situation zu einer Aufwertung kommt. Ein Markteilnehmer kann daher beim Auftreten von *News* nicht sofort auf eine eindeutige Kursentwicklung schließen, sondern wird sich in einen kontinuierlichen Inferenzprozess begeben, indem er Schritt für Schritt den Einfluss dieser *News* auf den Wechselkurs zu begreifen versucht.[156] Wie der Wechselkurs letztendlich auf die Änderung einer Größe reagiert, ist nicht nur von einer einzelnen Erwartung, sondern von der aller Teilnehmer abhängig. Zudem stellt sich für einen Marktteilnehmer das Problem, dass er zum Entscheidungszeitpunkt beurteilen muss, inwiefern der aktuelle Kurs die erwartete Entwicklung bereits widerspiegelt. Schröder und Dornau finden bspw. eine unterschiedliche Interpretation einer Größe auf zwei verschiedenen Devisenmärkten. Sie stellen fest, dass steigende Zinssätze in den USA zu einer Aufwertungserwartung des US$ führen, während steigende Zinssätze in Frankreich und Italien zu einer erwarteten Abwertung ihrer Währungen führen.[157]

Aus empirischer Sicht ist es evident, dass unterschiedliche Marktteilnehmer unterschiedliche Faktoren für relevant halten und ihren Einfluss auf den Wechselkurs unterschiedlich einschätzen. Tatsächlich ist diese Heterogenität eine wesentliche Voraussetzung für den Handel am Devisenmarkt, dessen Volumen stark eingeschränkt wäre, wenn alle Marktteilnehmer dieselben Erwartungen hätten. Der unterschiedliche Anlagehorizont verschiedener Devisenmarktteilnehmer kann eine Erklärung für unterschiedlich relevant gehaltene Faktoren liefern. In einer sehr kurzen Frist wie z. B. innerhalb eines Handelstages stehen andere Faktoren im Vordergrund als in einer langen Frist von z. B. einem Jahr. So wird ein spekulativer Devisenhändler,[158] der im *intraday*-Handel tätig ist, seine Erwartungen stark danach ausrichten, was andere Marktteilnehmer denken sowie sich überwiegend auf die sog. technische Analyse beziehen.

[156] Vgl. ISARD (1997), S. 181.

[157] Vgl. SCHRÖDER/DORNAU (2000), S. 3.

[158] Die Bezeichnung spekulativer ist daher notwendig, weil es auch andere Devisenhändler gibt, die versuchen, Gewinne durch risikolose Arbitrageprozesse zu erzielen.

Letzteres spielt insbesondere dann eine große Rolle, wenn keine (wirtschafts-)politischen Ereignisse (z. B. Zentralbankratssitzung, politische Wahlen[159]) bzw. keine Bekanntgabe wichtiger ökonomischer Indikatoren (z. B. IFO-Geschäftsklimaindex) anstehen. Eine Unternehmung, die über eine Direktinvestition im Ausland nachdenkt, wird dagegen ihre Wechselkurserwartungen eher auf Faktoren wie erwartetes Lohnniveau, politische Situation, Wachstum des Sozialprodukts, Veränderung der Kaufkraft oder des Staatsdefizits etc. basieren.

Die Heterogenität in den Erwartungen kann auf folgenden Ursachen beruhen:

- *intertemporale Heterogenität* bezieht sich darauf, dass die gleichen wechselkursbeeinflussenden Größen im Zeitablauf von unterschiedlicher Bedeutung sind. Bedeutend scheint eine Größe besonders dann zu sein, wenn sie wirtschaftspolitische Reaktionen hervorrufen kann, wie bspw. ein sehr hohes anhaltendes Leistungsbilanzdefizit.[160]
- *heterogene Erwartungshorizonte* stellen eine Erklärung für unterschiedlich relevant gehaltene Größen in Bezug auf den Wechselkurs dar.
- *Determinantenheterogenität* beschreibt die unterschiedlichen Ansichten von Marktteilnehmern bzgl. der wechselkursbeeinflussenden Größen, ohne dass diese aus unterschiedlichen Erwartungs- bzw. Anlagehorizonte resultieren. Häufig genannt wird in diesem Zusammenhang die Einteilung in Fundamentalisten und Chartisten.[161]
- *Modellheterogenität* drückt die Tatsache aus, dass unterschiedliche Marktteilnehmer unterschiedliche Verfahren verwenden, um eingehende Informationen zu verarbeiten. In Bezug auf die ökonometrische Zeitreihenanalyse besteht eine Vielzahl konkurrierender Verfahren ebenso wie es zahlreiche unterschiedliche Prognosetechniken gibt, die auch nicht ausschließlich auf mathematisch-statistischen Verfahren beruhen. Sobald menschliches Ermessen Eingang findet in den Informationsverarbeitungsprozess, ist der Raum weiter offen für unterschiedliche Ergebnisse. Selbst wenn jedoch Marktteilnehmer denselben Modelltyp zugrunde legen, können sie dennoch unterschiedliche Parameterwerte verwenden und so zu heterogenen Ergebnissen kommen.

Eine weitere empirische Erkenntnis, die nicht aus Umfragen herrührt, spricht für die Heterogenität von Wechselkurserwartungen. Ausgehend von der Beobachtung, dass nach eintreffenden *News* der folgende Kurssprung Einfluss auf die Frequenz von Wechselkursänderungen, ihre Volatilität sowie Kurtosis hat, was bei rationalen homogenen Erwartungen ausgeschlossen wäre, überprüft Goodhart in einer Untersuchung über den Informationsverarbeitungsprozess nach dem Eintreffen von *News* zwei Hypothesen: erstens, die Marktteilnehmer sind sich einig über die Richtung der Wechselkursänderung, sind jedoch unsicher über deren genauen Ausmaß, so dass sie sich gra-

[159] Diese spielen insb. dann eine Rolle, wenn aufgrund des Wahlergebnisses mit einer Änderung der Wirtschaftspolitik gerechnet wird. Vgl. DRESDNER BANK (1994), S. 113 sowie ISARD (1997), S. 28 ff.

[160] Vgl. MENKHOFF (1995), S. 41 f., und S. 95 sowie CHEUNG/CHINN (1999), S. 2.

[161] Man kann zwar Chartist sein, weil man im Gegensatz zu einem Fundamentalisten eher kurzfristig orientiert ist, muss es aber nicht. Auch bei identischen Anlagehorizonten kann eine Differenzierung in Chartisten und Fundamentalisten beobachtet werden.

duell an das neue Niveau herantasten, und zweitens, es besteht Uneinigkeit über die Richtung, so dass es zu einem Hin und Her in der Preisfindung kommt. Während die erste Variante eine positive Autokorrelation impliziert, wird die zweite mit einer negativen Autokorrelation überwiegend empirisch bestätigt.[162]

Dass die Existenz heterogener Erwartungen auf Grund des enorm hohen Transaktionsvolumens auf dem Devisenmarkt nicht bezweifelt wird, ist bereits erwähnt worden. Ergänzend hierzu sei darauf aufmerksam gemacht, dass sich die Heterogenität in den Erwartungen nicht unbedingt nur auf Wechselkurse bezieht, sondern bspw. auch unterschiedliche Vorstellungen über die Aktienkursentwicklung eines Unternehmens trotz einheitlicher Wechselkurserwartung ebenso zu einer Wertpapiertransaktionen mit verbundenem Devisenmarktengagement führen kann.[163] Dennoch zeigen die empirischen Ergebnisse, dass auch heterogene Wechselkurserwartungen zu einem hohen Handelsvolumen beitragen.

2.3.2.4 Determinanten der Erwartungsbildung und Anlagehorizont

Während in den vorangegangenen Ausführungen im Abschnitt 2.3.2.3 bereits darauf hingewiesen wurde, dass zwei Personen in zahlreichen Punkten heterogen sein können, so also auch in Bezug auf die von ihnen verwendeten Determinanten des Wechselkurses, wird an dieser Stelle nicht nach Personengruppen unterschieden. Die Aufmerksamkeit richtet sich allgemein darauf, *welche* Determinanten verwendet und *wie* sie verarbeitet werden.

Fundamentalökonomische Faktoren, die alle wirtschaftlichen Kennzahlen (BIP-Wachstum, Inflationsrate, Zinssätze etc.), politische Ereignisse (Wahlen etc.), institutionelle Aspekte (Fortschritt in der Informationstechnologie etc.) sowie soziale Einflüsse (z. B. gesellschaftliche Stabilität[164]) umfassen, spielen für die Erwartungsbildung in der mittleren bis langen Frist eine bedeutende Rolle. Dabei werden in mehreren Studien mehrheitlich und nach Priorität geordnet Zinsdifferenzen, Konjunkturindikatoren, Arbeitslosenquote, Inflation und Handelsbilanz genannt. Auffällig ist dabei die durchweg höhere Relevanz der Arbeitslosenquote vor der Inflationsrate, die allerdings vor dem Hintergrund des ökonomischen Umfelds zum Zeitpunkt der Erhebung gesehen werden muss. Homogene Inflationsentwicklungen erfahren bei gleichzeitig unterschiedlicher konjunktureller Lage bzw. konjunktureller Aussicht weniger Beachtung als Arbeitsmarktkennzahlen.[165]

Aus theoretischer Sicht erscheint es interessant, dass diese Informationen meist fallbezogen (kasuistisch) und in ihrer singulären Wirkung beurteilt werden. Wie bereits erwähnt, ist der Einfluss ein und derselben Größe von der vergangenen Kurshistorie und dem aktuellen Umfeld abhängig. Die Änderung oder auch das Niveau einer Größe wird jedoch nicht im Rahmen eines umfassenden, konsistenten Wechselkursmodells beurteilt, sondern eher in ihrer singulären Wirkung. Wechselkursmodelle dienen als

---

[162] Vgl. GOODHART (1990), S. 6 sowie S. 23 ff.

[163] Siehe hierzu insb. HARVEY (2001A), S. 15.

[164] Vgl. bspw. das Zitat von LEQUARRÉ auf Seite 62.

[165] So z. B. in der Studie von MENKHOFF (1995), S. 164.

Bausteine ökonomisch kausaler Wirkungsketten, die je nach aktueller Marktlage herangezogen werden. Die Begründung dafür mag sicher in der bescheidenen Erklärungskraft fundamentalökonomisch fundierter Modelle liegen und insbesondere in dem Fehlen eines einheitlich akzeptierten Modells. Eine weitere Möglichkeit besteht zudem in einer ‚problemfokussierten' und / oder ‚modefokussierten' Sicht. Marktteilnehmer lassen Größen, die in direktem Zusammenhang mit den fundamentalen Problemen eines Landes stehen oder dieses sogar beschreiben, wie bspw. ein hohes, anhaltendes Leistungsbilanzdefizit, besondere bzw. eventuell ausschließliche Beachtung zukommen. In Bezug auf modeabhängige Faktoren, also Größen die in keinem Zusammenhang zu fundamentalen Problemen stehen müssen aber dennoch scheinbar von der Mehrheit beobachtet werden, geben mehr als 75% aller Befragten in einer Studie von Menkhoff an, dass sie sie ebenso als relevant betrachten.[166]

Ein interessanter Hinweis in Bezug auf die praktische Sicht der fundamentalorientierten Devisenmarktakteure kommt von Farmer. Bei einer fundamentalen Bewertung von Wechselkursen muss man sich auf eine Bewertungsmethode festlegen, um fundamentale *Werte* von Wechselkursen bestimmen zu können. Auf den Devisenmärkten stehen jedoch nicht alle relevanten Informationen zu jedem Zeitpunkt jedem Marktteilnehmer zur Verfügung, so dass die Vorstellung, dass *Preise* – also die Wechselkurse – neue Informationen reflektieren, nicht ausgeschlossen werden kann. Aus diesem Grund sieht Farmer es als sinnvoll an, die umgekehrte Kausalität von Preisen auf Werte nicht unberücksichtigt zu lassen. Daher ist es vorstellbar, dass Fundamentalisten ihre Wertvorstellungen an die Preisentwicklung anpassen.[167]

In den Augen der Devisenmarktteilnehmer spielen jedoch nicht nur fundamentalökonomische Größen eine entscheidende Rolle, sondern auch andere, allgemein als nicht-fundamental bezeichnete Faktoren. Die Erkenntnisse aus den Umfragen unter Devisenmarktakteuren haben enorm dazu beigetragen, dass die Sichtweise auf die Bestimmungsfaktoren von Wechselkursen und Wechselkurserwartungen um diese nicht-fundamentalen Faktoren erweitert wurde. Während lange Zeit das Blickfeld auf fundamentalökonomische Faktoren beschränkt war, gilt es mittlerweile als selbstverständlich, dass nicht-fundamentale Faktoren an den Devisenmärkten Beachtung finden. Die Umfragen von bspw. Taylor und Allen (1992), Lui und Mole (1998) sowie Menkhoff (1995) zeigen, dass unter den nicht-fundamentalen Faktoren der technischen Analyse eine herausragende Bedeutung zukommt. Die technische Analyse versucht Muster in Wechselkurszeitreihen vergangener Zeiträume zu identifizieren, um auf dieser Basis Aussagen über die zukünftige Entwicklung machen zu können. Sie stellt somit ein autoregressives Verfahren dar. Die Musteridentifizierung erfolgt auf Basis unterschiedlicher graphischer Darstellungen und wird daher auch als Charttechnik bezeichnet. Ein zweiter Zweig innerhalb der technischen Analyse beschäftigt sich mit der Entwicklung mechanischer Handelsregeln. Diese Handelsregeln sollen eine objektiv nachvollziehbare Handlungsempfehlung bezüglich Kauf oder Verkauf einer Währung darstellen. Um die Ausführungen an dieser Stelle übersichtlich zu halten, wird der Le-

---

[166] Vgl. MENKHOFF (1995), S. 158 ff.

[167] Vgl. FARMER (2000), S. 26. John D. Farmer ist von 1991 bis 1999 *Chief Scientist* der Firma Prediction Company in Santa Fe, New Mexico, gewesen, die auf Finanzmarktprognosen spezialisiert ist.

ser auf die ausführlichere Darstellung der technischen Analyse im Abschnitt 2.5.3 verwiesen. An dieser Stelle steht die Herausarbeitung der Bedeutung der technischen Analyse im Vordergrund.

Die Umfrage von Taylor und Allen gilt im Allgemeinen als richtungsweisend in Bezug auf diese Erkenntnisse. Ihre Ergebnisse auf Basis von 213 erhaltenen Fragebögen von Devisenmarktteilnehmern im November 1988 in London[168] zeigten, dass 38,5% der befragten Institutionen Ökonomen beschäftigen und 24,9% technische Analysten. Von diesen 38,5% gehen alle Positionen am Markt ein und nehmen dadurch direkt potentiellen Einfluss auf das Marktergebnis. Im Gegensatz dazu waren unter den technischen Analysten nur 45,3% befähigt, Positionen einzugehen. Innerhalb eines Erwartungszeitraums von einem Tag *(intraday)* bis zu einer Woche gaben 90% aller Befragten an, dass sie technische Analysen bei der Erwartungsbildung verwendeten, wovon 60% deren Bedeutung mindestens so hoch einschätzten wie die der fundamentalen Analyse.[169] Nur 8% gaben an, dass sie die fundamentale und technische Analyse für sich gegenseitig ausschließend hielten, während der Rest sie für mehr oder weniger komplementär einschätzten. So wird das Ergebnis der Fundamentalanalyse häufig mit dem der technischen Untersuchung verglichen und letzteres insbesondere für *Timing*-Strategien eingesetzt. Die technische Analyse kann also Anzeichen geben, wann man eine Währung kaufen oder verkaufen sollte. Die Fundamentalanalyse liefert dagegen Ergebnisse, die zur Auswahl der Währungen führt, in die investiert werden soll. Oft genannt wird auch die Beziehung, dass die fundamentale Analyse die Richtung der Wechselkursänderung vorgibt, während die technische Analyse Auskunft über das Ausmaß geben kann.[170] Die technische Analyse scheint in den Augen der Befragten besser geeignet zu sein um Wendepunkte vorherzusagen, während die Fundamentalanalyse eher den Trend prognostizieren kann.[171]

Die Bedeutung der technischen Analyse wird besonders in der kurzen Frist hoch eingeschätzt. In einem Zeitraum von bis zu einem Monat wird sie i.d.R. höher gewichtet als die fundamentale Analyse, während sie ab einem Monat zwar immer noch bedeutenden Einfluss ausübt, aber nicht mehr überwiegt.[172] Das liegt vor allem an dem Mangel an fundamentalen Informationen in der kurzen Frist und an der Notwendigkeit, auch für kurze Zeiträume Vorhersagen machen zu können. Die technische Analyse stellt dabei oft die einzige Informationsquelle dar.[173] Dabei gibt es die Einschätzung,

---

[168] Alle wesentlichen Ergebnisse werden auch für deutsche (MENKHOFF (1998)), Hong Kong-chinesische (LUI/MOLE (1998)) und US-amerikanische (CHEUNG/CHINN (2000)) Marktteilnehmer bestätigt.

[169] Um die relative Bedeutung der technischen Analyse festzustellen, wählten Cheung und Chinn eine andere Formulierung als Taylor und Allen. Sie fragten, welche der genannten Strategien (technische und fundamentale Analyse, Kundenaufträge, *jobbing*, andere) die Handelspraktiken am besten beschreibt. Die technische Analyse stellte in 30% der Fälle die beste Beschreibung dar. Vgl. CHEUNG/CHINN (1999), S. 4 ff.

[170] Vgl. OSLER (2000), S. 53, MENKHOFF (1995), S. 93., sowie TAYLOR/ALLEN (1992), S. 310. Ähnliche Vorgehensweisen findet man auch auf den Aktienmärkten. Vgl. SCHILLER ET AL. (2001), S. 510.

[171] Vgl. LUI/MOLE (1992), S. 538 f.

[172] Vgl. TAYLOR/ALLEN (1992), S. 308, Tabelle 3A sowie LUI/MOLE (1998), S. 540, Tabelle 2.

[173] Vgl. SCHIFF (1998), S. 5.

dass *charts* sogar selbsterfüllend (*self-fulfilling*) sind.[174] *Charts* messen demnach Bewegungen in der Marktpsychologie, die besonders in der kurzen Frist eine herausragende Rolle spielt. Unter den zahlreichen charttechnischen Methoden und Indikatoren sowie Handelsregeln sind bestimmte markante Formationen,[175] gleitende Durchschnitte sowie andere trendfolgende Techniken die meistgenutzten. Ihren Analysen legen technische Analysten in der Regel Wechselkurse auf täglicher Basis und Zeiträume von bis zu 12 Monaten in der Vergangenheit zugrunde.[176]

Neben der direkten Befragung besteht eine weitere, indirekte Methode, die Existenz von Chartisten an den Devisenmärkten nachzuweisen, darin, technische Handelsstrategien auf ihre Profitabilität zu untersuchen.[177] Falls solche Strategien existieren, ist davon auszugehen, dass es jemanden geben wird, der diese auch anwendet. Zu diesem Themengebiet existieren zahlreiche empirische Studien, die überwiegend Bestätigung für die Existenz solcher gewinnbringenden Strategien finden. Da auf die Vielzahl dieser Untersuchungen und ihre Besonderheiten nicht im Einzelnen eingegangen werden kann, wird allgemein auf die Problematik dieser Vorgehensweise hingewiesen. Die folgenden Aspekten müssen beachtet werden, wenn die Profitabilität von technischen Handelsstrategien nachgewiesen werden soll.[178]

Die Profitabilität muss unter Einbeziehung von Zinsdifferenzen, Transaktionskosten und dem Wechselkursrisiko beurteilt werden. Der Nachweis gewinnbringender Strategien auf einem bestehenden Datensatz ohne Berücksichtigung der genannten Faktoren kann nicht als Hinweis für die Existenz technisch orientierter Marktteilnehmer gesehen werden, da die identifizierten Gewinne durch Zinsdifferenzen oder Transaktionskosten womöglich absorbiert werden bzw. eine Kompensation für das eingegangene Wechselkursrisiko darstellen.[179] Empirisch (ex-post) festgestellte Gewinnmöglichkeiten können daher nicht unbedingt als *unexploited profit opportunities* eingestuft werden. Die in Fußnote 178 genannten Untersuchungen unterstellen zudem, dass die künstlich generierten Orders aus den technischen Handelsregeln zu den herrschenden Wechselkursen, Zinsen und angenommenen Transaktionskosten auch wirklich durchgeführt werden konnten, was nicht unbedingt gesichert ist. Bei der Datenselektion ist zudem auf eine sorgfältige Recherche zu achten. Nur wenn die verwendeten Daten zum gleichen

---

[174] Vgl. BANK OF ENGLAND (1989), S. 550 sowie MENKHOFF (1995), S. 169 f.

[175] Siehe hierzu ausführlicher Abschnitt 2.5.3.

[176] Vgl. LUI/MOLE (1998), S. 544.

[177] Eine empirische Bestätigung von profitablen technischen Anlagestrategien, die höhere Erträge als die einer *buy-and-hold* Strategie erzielen, wird zugleich als Indiz für ineffiziente Märkte gesehen. Solche Untersuchungen stellen eine alternative Testmethode zur Überprüfung der Markteffizienz i. Vgl. zu *random-walk*-Tests dar. Vgl. SCHILLER ET AL. (2001), S. 514. Da die Frage nach der Markteffizienz nicht Untersuchungsgegenstand dieser Arbeit ist, wird der Leser auf die entsprechende Literatur, insb. FAMA (1970/1991), verwiesen.

[178] Studien, die die Profitabilität nachweisen sind bspw. LEITHNER/SPAHN (1991), SWEENY (1986), LEVICH/ THOMAS (1993), NEELY ET AL. (1997), DOOLEY/SHAFER (1983), SCHULMEISTER (1987/ 1988), GENÇAY ET AL. (1999), OSLER (2000). Die Profitabilität wird ablehnt in bspw. KHO (1996), LEBARON (1994), CURCIO ET AL. (1997), BLAKE ET AL. (1986). Ein umfangreiches Webarchiv über Arbeiten zur technischen Analyse ist zu finden unter: http://www.santafe.edu/~spyros/tabiblio.htm.

[179] Vgl. RUBINSTEIN (2000).

Zeitpunkt erhoben worden sind und auf etwaige besondere Ereignisse (z. B. Interventionen) Rücksicht genommen wurde, sind Aussagen über die Profitabilität möglich. Die Existenz profitabler Strategien ist zwar in vielen Studien nachgewiesen, die durchschnittliche Höhe der Gewinne ist jedoch oft sehr gering, so dass eine genaue Datenauswahl das Ergebnis der Untersuchung entscheidend beeinflussen kann. Ein weiterer, oft angeführter Hinweis bezieht sich auf die ex-post-Betrachtung der Untersuchungen. Die nachträgliche Existenz profitabler Strategien heißt noch nicht, dass diese ein Investor auch hätte verwenden können. *Data Mining*-Prozeduren werden immer in der Lage sein, auf Basis eines Datensatzes im Nachhinein profitable Handelsregeln zu finden. Entscheidend ist jedoch, ob diese Regeln auch *out-of-sample* zu Gewinnen führen. Wenn untersucht, dann weisen die meisten Studien eine schlechtere Performance der identifizierten Regeln im *out-of-sample* Bereich aus. LeBaron (1994) zeigt darüber hinaus, dass die positiven Ergebnisse mancher Studien auf die Existenz von Zentralbankinterventionen zurückzuführen sind. Nach Bereinigung seines Datensatzes durch Streichung der Perioden, in denen interveniert wurde, lässt sich keine Profitabilität mehr feststellen. Zudem konzentrieren sich die meisten dieser Untersuchungen auf algorithmisch einfach abzubildende technische Handelsregeln, wie z. B. die *Moving-Average*-Regel.[180] Die Praxis kennt jedoch eine Vielzahl weiterer Strategien, die oft nicht formal oder nur schwierig ausgedrückt werden können wie bspw. bestimmte Chartformationen. Zum Abschluss sei darauf hingewiesen, dass die Devisenmarktpraxis die technische Analyse oft in Verbindung mit der Fundamentalanalyse verwendet, so dass die Ergebnisse dieser Untersuchungen unter Einschränkungen gesehen werden müssen.[181]

Eine dritte weitbeachtete Einflussgröße auf die Wechselkurserwartungen ist der *order flow*. Der *order flow* darf nicht mit dem Transaktionsvolumen verwechselt werden, denn er stellt eine vorzeichenbestimmte Volumengröße dar, die über das (+) Zeichen einen Kaufwunsch anzeigt und über das (–) Zeichen einen entsprechenden Verkaufwunsch. Der Händler kann somit erkennen, auf welcher Marktseite die eingehende *order* ausgeführt werden soll. An den Devisenmärkten können Händler zwei Arten von *order flows* beobachten. Zum einen ist ihnen derjenige ihrer Institution bekannt, bei der sie angestellt sind, zum anderen können sie über elektronische Brokersysteme den darüber abgewickelten *order flow* annähernd beobachten.[182] Im zweiten Fall kann auf Grund der größeren Marktbreite ein besseres Gefühl für die Gesamtmarktlage abgeleitet werden.[183] *Order-flow*-Informationen sind daher nur professionellen Marktteilnehmern zugänglich. Die ökonomisch rationale Basis für die Betrachtung dieser Variablen liegt aus Sicht eines Devisenhändlers in einer möglichen asymmetrischen Informationsverteilung der Transaktionspartner. Die wahren Motive, die einer Devisenorder zugrunde liegen, sind nicht beobachtbar. Der *order flow* beinhaltet jedoch diese Informationen, da er der direkte Ausfluss eines Transaktionsmotivs ist. Aus diesem Grund wird

---

180 Siehe Abschnitt 2.5.3.

181 Vgl. NEELY (1997), S. 29 und 32.

182 Annähernd deshalb, weil bspw. im weltweit meistgenutzten elektronischen Devisenhandelssystem Reuters 2000-1 die Devisenmenge nur bis zu einem bestimmten Niveau ausgewiesen wird.

183 Vgl. LUX/MARCHESI (1998), S. 7.

von den Devisenhändlern versucht, den *order flow* zu interpretieren, um die Zusammenhänge zwischen beobachtbaren Informationen und korrespondierenden Devisentransaktionen zu lernen.[184] Die beobachtbaren Informationen können bspw. in *News* über eine wirtschaftlich relevante Kennzahl (Veröffentlichung der Arbeitsmarktstatistik in den USA) bestehen werden, deren Einfluss auf die Wechselkursentwicklung nach Bekanntwerden von einem Devisenhändler gewinnbringend ausgenutzt werden kann, wenn er diesen Zusammenhang bereits gelernt hat. Das Vorzeichen zeigt bspw. an, wie der oder die Initiatoren von Devisenorders die Marktlage und -entwicklung vermutlich beurteilen. Mit dieser Information kann ein Devisenhändler seine eigene Erwartung anpassen und sein Preissetzungsverhalten möglicherweise ändern. Da der *interdealer*-Handel stark geprägt ist von der Weitergabe offener Positionen von Banken zum Risikoausgleich ohne dass daraus Informationen über zukünftige Kursänderungen zu entnehmen sind, wird dem *order flow* mit Kunden mehr Bedeutung beigemessen.[185] So mögen auf Kundenseite bspw. gewünschte Leistungstransaktionen oder Wertpapieremissionen das zugrundeliegende Motiv darstellen. Dabei spielt insbesondere eine Rolle, von wem die Devisenorder kommt. Stehen Finanzinstitute wie Banken, Versicherungen, Pensionskassen etc. hinter einer solchen Order, wird dieser ein höherer Informationsgehalt zugesprochen als im Fall von Nichtbanken.[186] Dies liegt an der Größe der Order, die bei Finanzinstituten im Durchschnitt höher ist als bei Nichtbanken, der größeren Kundenbasis von Finanzinstituten und deren *Research*-Kapazitäten.

Da die Größe *order flow,* außer in der Mikrostrukturtheorie des Devisenmarktes, keine Rolle in der Wechselkurstheorie spielt, wird an dieser Stelle die Abbildung 2.10 auf der folgenden Seite gezeigt, die den Verlauf von logarithmiertem DM/US$- und ¥/US$-Wechselkurs sowie dem kumulierten *order flow* in einem viermonatigen Zeitraum im Jahr 1996 wiedergibt. Der kumulierte *order flow* stellt die einfache Differenz zwischen der Anzahl an Käufer-initiierten und Verkäufer-initiierten Transaktionen dar. Ein positives Vorzeichen zeigt damit einen Nachfrageüberhang an.

Abbildung 2.10: Wechselkursentwicklung und order flow

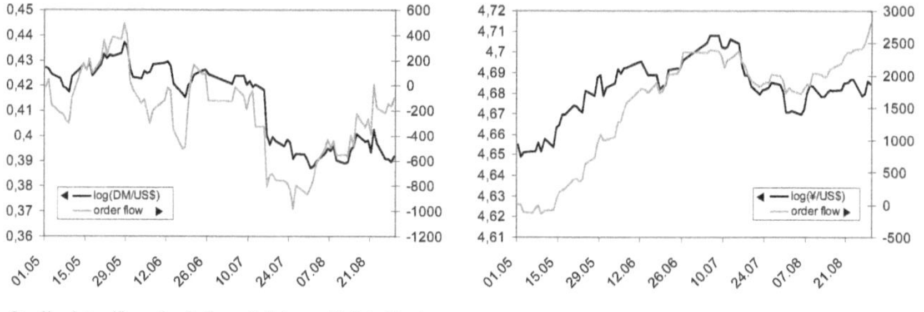

Quelle: http://haas.berkeley.edu/~lyons/fxdata.html.

---

[184] „*Order flow conveys information about fundamentals because it contains the trades of those who analyse fundamentals.*" LYONS (2001A), S. 8.

[185] Vgl. BJØNNES/RIME (2000A), S. 4.

[186] Vgl. LYONS (2001A), Kapitel 9.

Die Abbildung zeigt eine hohe Korrelation der beiden Wechselkurse mit dem dazugehörigen *order flow* und macht dadurch visuell deutlich, warum Devisenhändler diese Größe beachten.

Neben diesen drei großen Gruppen an Einflussfaktoren, Fundamentalanalyse, technische Faktoren und *order flow*, gehen auch nicht preis- oder mengenbezogene Größen in die Erwartungsbildung ein. Das *market sentiment* oder die Marktpsychologie wird oft als Einflussfaktor von Devisenmarktteilnehmern genannt.[187] In diesem Zusammenhang spielen *surveys* eine herausragende Rolle, da sie Aufschluss darüber geben, wie andere Marktteilnehmer die aktuelle Marktlage beurteilen und die weitere Marktentwicklung einschätzen. Weiterhin zu nennen sind Meinungsführer, die auf den Finanzmärkten als *Gurus* bezeichnet werden. Ihre Äußerungen werden von anderen Marktteilnehmern beobachtet, um zu sehen wie jemand, der auf Grund seines Erfolges in der Vergangenheit – und nur dadurch wird man zum *Guru* – die Wechselkursentwicklung sieht.[188] Zudem scheinen in den Augen von Marktteilnehmern einzelne Währungen besondere Merkmale aufzuweisen, die ebenfalls bei der Anlageentscheidung Beachtung finden wie folgendes Zitat von Lequarré von der UBS im Jahr 1993 zeigt:

„Each currency has a known image. The Deutsche mark, for example, is tied very closely to the political stability and the economical success of eastern European countries. That explains why it went down so much when Gorbatchov was kidnapped. The U.S. dollar is very sensitive to political unrest and the Swiss franc plays the role of safe haven. Those reputations, much more than actual economic factors, regulate the evolution of the currencies in time of turmoil.“[189]

Die Befragungen decken neben den von den Akteuren beobachteten wechselkursbeeinflussenden Größen Einsichten in die Anlagehorizonte der Marktteilnehmer auf. Die Studien zeigen, dass eindeutig ein kurzfristiger Anlagehorizont dominiert. Die Dominanz der kurzen Frist wird empirisch untermauert von Menkhoff, der diese auf wenige Monate beziffert. Devisenhändler weisen dabei einen kürzeren Anlagehorizont auf, der für mehr als 98% der Befragten bei 6 Monaten endet, während 86% aller befragten Portfoliomanager bis zu maximal 12 Monate vorausschauen. Zudem konnte kein signifikanter Unterschied zwischen den Anlagehorizonten von Fundamentalisten im Vergleich zu Chartisten festgestellt werden.[190] Warum aber ist die kurze Frist so dominierend? Auf diese Frage gibt es eine Reihe von Antworten. Banken sind i.d.R. nicht bereit, das Risiko offener Positionen für längere Zeit einzugehen. Unter Risikoaversion verbietet es sich bei dem Ausmaß an Unsicherheit auf den Devisenmärkten offene Positionen zu kumulieren, selbst wenn man der festen Überzeugung ist, dass die Preisentwicklung in Zukunft der erwarteten Richtung entspricht. Falls sich die Wechselkursentwicklung entgegen der eigenen Vorstellung entwickelt, ist die Neigung, offene Positionen in der Erwartung der langfristigen Korrektur zu halten, gering, da sich Transaktionskosten in Form von Sollzinsen und Tilgungszahlungen bei kreditfinanzierten

---

[187] Vgl. OSLER (2000), S. 55., HOPPER (1997), S. 18 sowie SHLEIFER/SUMMERS (1990), S. 26.

[188] Vgl. MENKHOFF (1995), S. 142 ff.

[189] LEQAURRÉ (1994), S. 135.

[190] Vgl. MENKHOFF (1998), S. 552 ff., und MENKHOFF (1995), S. 148 ff., oder auch FRANKEL (1996), S. 18.

Wertpapiertransaktionen zu hohen Beträgen kumulieren können, solange sie offen bleiben. Sollten sich die Wechselkurse am Ende der Laufzeit der Kredite nicht in die Richtung entwickelt haben, auf die spekuliert worden ist, so kommen zu den genannten Kosten die wechselkursbedingten Verluste hinzu. Wie der Fall Herstatt 1974 und Barings 1995 gezeigt haben, können diese Verluste zum Konkurs einer ganzen Bank führen. Seit dem Fall Herstatt, die zu der sog. Sofort-Novelle von 1976 geführt hat, gibt es über das Bundesaufsichtsamt für das Kreditwesen in Deutschland gesetzliche Vorschriften, die das Halten hoher offener Währungspositionen verbieten.[191] Offene Positionen sind bei Banken daher in der Praxis immer limitiert.[192] Hinzu kommt, dass der Erfolg von Händlern und Portfoliomanagern oft in kurzen Abständen gemessen wird, so dass sie aus diesen institutionellen Gründen gezwungen sind, sich auf die kurzfristige Entwicklung zu konzentrieren.[193] Mit diesen Gründen liegt damit zugleich eine Erklärung vor, warum die teilweise nachgewiesenen längerfristigen *excess returns* nicht umgehend durch Arbitragegeschäfte eliminiert werden.

Den Abschluss dieses Abschnitts bildet das untenstehende Beispiel über die Handelsgrundsätze *(trading principles)* der Midlandeuro, Inc., einer internetbasierten Devisenhandelsplattform aus den USA (www.midlandeuro.com). Es dient dazu, einen Eindruck über die Denkweise und Mentalität von Devisenhändlern zu vermitteln, und um die bisher dargestellten empirischen Erkenntnisse mit der Praxis eines ausgewählten Unternehmens vergleichen zu können. Die Erkenntnisse beanspruchen daher keinesfalls Allgemeingültigkeit, sind jedoch auf der anderen Seite sicher nicht als so unternehmensspezifisch zu sehen, dass in ihnen keinerlei marktübliche Aussagen und Verhaltensweisen wiederzufinden sind.[194]

Beispiel 2.2: Handelsgrundsätze der Midlandeuro, Inc.

Die Midlandeuro, Inc. ist eine von vielen internetbasierten Handelsplattformen, über die Kunden Währungen gegen Hinterlegung eines bestimmten *margin deposit* handeln können. Eine umfangreiche Liste solcher Unternehmen ist im Internet bspw. unter http://directory.google.com/Top/Business/Investing/Commodities,_Futures/Forex/Brokerages/ zu finden. Die Midlandeuro, Inc. stellte zu Beginn des Jahres 2001 auf ihren Webseiten den Kunden ihre Handelsgrundsätze zur Verfügung, an denen sie sich orientieren können.

Trading Principles der Midlandeuro, Inc.

1. Before entering the market, have a game plan: the entry price, the price to cut losses and the price to take profits.
2. A trader's best price is the price in which he/she can exit a position at that moment.
3. Positions are bought to be sold and sold to be bought. Don't hang on forever.
4. You will never go broke taking profits.
5. Let your profits run, but cut your losses short.
6. Never wait for the extra point. Profits are not made at the top or the bottom, but in the middle.
7. Fundamentals define the market while technical factors are for timing. Use them in conjunction.

---

[191] Vgl. BAKRED (2001), SHLEIFER/SUMMERS (1990), S. 21, und NEELY (1997), S. 35 f.

[192] Vgl. FARMER (2000), S. 20.

[193] Vgl. DE LONG ET AL. (1989), S. 683.

[194] Die Midlandeuro, Inc. hat zum Zeitpunkt der Fertigstellung dieser Arbeit ihre Homepage vorübergehend eingestellt. Die Aussagen werden auf Grund ihres unternehmensunabhängigen Charakters dennoch aufgeführt.

8. Never trade to make-up losses.
9. Deal on rumor; close on fact. This strategy is known as "Buy the rumor, sell the fact."
10. If a large move in the market has caught your eye, chances are that it's largely over.
11. Market factors can only fuel a market for so long. Fresh fuel is needed to keep the fire burning.
12. History repeats itself. If you forget the past you're doomed to be reminded of it.
13. Never buck the trend. "The trend is your friend."
14. Do not second guess the market. You will go broke trying to prove it wrong.
15. Base your decisions on facts and idea, not your emotions.
16. If the profit or loss is yours, the decision must also be yours. It's not the markets fault.
17. A market decision is a trader's decision. Second guessers should either trade or be quiet.
18. Markets are global. Go home flat, with stop/limit orders, or instructions to call. Never ignore your positions.
19. Do not over trade. Proper time and money management is the key to successful trading.
20. Bulls make money. Bears make money. Pigs get slaughtered.

Quelle: www.midlandeuro.com

Die Handelsprinzipien der Midlandeuro Inc. können nur beispielhaft wiedergeben, woran sich professionelle Devisenmarktteilnehmer bei ihren Anlageentscheidungen orientieren. Die Grundsätze bringen jedoch vieles von dem zum Ausdruck, was empirische Studien in Form von Fragebogenauswertungen ebenfalls bestätigen. Dies sind insbesondere die *Kurzfristigkeit* des professionellen Händlergeschäfts (siehe Nr. 2, 3, 6, 18, 19), der Glaube an *technische profitable Anlagestrategien* (siehe Nr. 7, 12, 13) und die enorme *Zukunftsorientierung in den Anlageentscheidungen* (siehe Nr. 9, 10, 15).

2.3.2.5 Politische Konsequenzen

Die Politikrelevanz der dargelegten Erkenntnisse ist umfassend. Aus diesem Grund können die betroffenen Bereiche und Diskussionen, die in die Literatur zu finden sind, nur grob wiedergegeben werden. Eine ausführliche Zusammenfassung der politischen Konsequenzen stellt eine eigene Themenstellung dar, die hier nicht im Vordergrund steht. Im Folgenden wird unter dem Begriff Politik sowohl die Wirtschafts- wie auch die Währungspolitik verstanden.

Die wohl bedeutungsvollste Beziehung der bisherigen Erkenntnisse in Bezug auf die Politik ist die Frage nach der Notwendigkeit zur Stabilisierung der Wechselkurse und nach den geeigneten Maßnahmen. In der exzessiven Volatilität der Wechselkurse wird ein negativer Einfluss auf den internationalen Handel und damit die Wohlfahrt der an diesem Handel beteiligten Länder gesehen.[195] Falls die Konsequenz daraus ist, dass stabilisierungspolitische Maßnahmen ergriffen werden, so müssen sich diese auch an den Bestimmungsgründen der Wechselkurserwartungen orientieren, um erfolgreich zu sein. Dabei wird häufig davon ausgegangen, dass wirtschaftspolitische Stabilisierung auch mit einer Erwartungsstabilisierung einhergeht. Den (wirtschafts- und währungs-) politischen Handlungen, bspw. von Seiten der Zentralbank, wird also ein eigenständiger Einfluss auf die Erwartungsbildung zugesprochen. Dabei gilt, dass nicht unbedingt Fakten geschaffen werden müssen, sondern die Erwartung über eine politische Handlung und deren Wirkungen reicht bereits aus, um Wechselkurserwartungen zu beeinflussen.[196] Unterstellt wird bei dieser Überlegung häufig, dass es eine stabile Be-

---

[195] Dass dies offensichtlich nicht der Fall ist, zeigt LEDUC (2001) an Hand einer Untersuchung vor und nach dem Zusammenbruch des Bretton Woods-Systems.

[196] Vgl. POOLE (2001), S. 2, der auch von „*managing market expectations*" spricht.

ziehung zwischen wirtschaftspolitischen Maßnahmen und der Wechselkursentwicklung gibt und dass diese bei international koordinierten wirtschaftspolitischen Maßnahmen von den beteiligten Regierungen gleich gesehen werden.[197] Da dies jedoch in der Praxis nicht der Fall zu sein scheint und die Meinungen über die Stärke und Richtung der Wirkungszusammenhänge auseinander gehen, besteht durch das mangelnde Verständnis über die Funktionsweise des Devisenmarktes ein enormes Problem bei der internationalen Koordination der Wirtschaftspolitiken.

Die politischen Maßnahmen müssen jedoch als glaubwürdig eingestuft werden, um die gewünschte Wirkung in Bezug auf die Markterwartungen zu entfalten. Die Diskussion um die Bedeutung von Glaubwürdigkeit ist extensiv am Beispiel der Wirksamkeit von Devisenmarktinterventionen geführt worden. Dabei gilt es weitestgehend als Konsens, dass ohne Glaubwürdigkeit Interventionen nicht das beabsichtigte Signal aussenden können und daher wirkungslos sind. Besondere politische Beachtung erfährt jedoch nicht nur die Volatilität an den Devisenmärkten, sondern ebenso das Wechselkursniveau. Wie die Erläuterungen und Abbildungen im Abschnitt 2.2.3 gezeigt haben, weichen Devisenkurse überwiegend und teilweise über lange Zeiträume von ihren sog. Fundamentalkursen wie bspw. der Kaufkraftparität ab. Die Politik verweist häufig auf diese fundamental bestimmten Kurse und attestiert daher regelmäßig eine ‚Fehlbewertung' durch die Devisenmärkte.[198] In der Regel sind bei einer solchen vermeintlich festgestellten Fehlbewertung vermehrt Hinweise aus der Politik zu beobachten, die auf Faktoren für ein politisch erwünschtes Niveau aufmerksam machen. Solche Äußerungen zielen darauf ab, die Erwartungen der Marktteilnehmer zu beeinflussen, um so eine gewünschte Wechselkursänderung hervorzurufen. Falls diese Hinweise ungehört bleiben, wird nicht zuletzt durch Devisenmarktinterventionen versucht, direkten Einfluss auf die Wechselkurse zu nehmen.[199] Die Praxis der oft intervenierenden japanischen Notenbank zeigt dabei interessanterweise, dass sie offensichtlich von der Charttechnik zum Timing ihrer Interventionen Gebrauch macht.

Obwohl die meisten Industrienationen gegenüber Drittländern flexible Wechselkurse vorziehen, zeigt die währungspolitische Entwicklung seit Mitte der 70er Jahre doch immer wieder den Wunsch, Einfluss auf die Wechselkurse nehmen zu wollen. Die Entwicklung des US$ in der ersten Hälfte der 80er Jahre endete damit, dass die großen Industrienationen im Louvre Accord geheime, gemeinsam zu verteidigende Zielzonen festlegten. In der theoretischen Debatte über Währungssysteme kam in etwa zur gleichen Zeit der Vorschlag auf, Zielzonen als Währungssystem einzuführen *(target zones)*.[200] Theoretische Untersuchungen zeigen, dass öffentlich bekannt gegebene Zielzonen, die Höchst- und Niedrigstkurse wie in einem Festkurssystem mit Bandbreite

---

[197] Eine solche gemeinsame Sicht lag bspw. den koordinierten fiskalpolitischen Maßnahmen der USA und Japan in den 80er Jahren zugrunde, die mit einer expansiven Ausprägung in Japan und einer eher restriktiven in den USA darauf zielten, die bilateralen, anhaltenden Leistungsbilanzungleichgewichte zu reduzieren.

[198] Dies wird besonders deutlich an der Entwicklung des Außenwerts des Euro seit seiner Einführung 1999.

[199] Vgl. OSTERBERG (2000).

[200] Siehe hierzu KRUGMAN (1991).

darstellen, ab denen Regierungen mit Devisenmarktinterventionen freiwillig in den Markt eingreifen, die Erwartungen stabilisieren können, wenn sie glaubwürdig sind. Da Zielzonensysteme eine breite Bandbreite (± 10% von einem Mittelkurs) vorsehen, bleiben weitestgehend die Vorteile flexibler Wechselkurse erhalten. Dennoch ist das System nicht mit einem reinen *Float* innerhalb der Zielzonen zu verwechseln, da es über die Existenz glaubwürdiger Zielzonen die Möglichkeiten zukünftiger erwarteter Wechselkurspfade beschränkt und damit bereits innerhalb des Bandes stabilisierend auf die Wechselkursentwicklung wirkt. Die Debatte über dieses Währungssystem hat auch die Diskussion um die faire oder angemessene Bewertung von Wechselkursen aufleben lassen, da der Politik bei Einführung von *target zones* ein Maßstab für einen gerechtfertigten Mittelkurs zur Verfügung stehen muss. Vieldiskutiert ist dabei das auf Williamson zurückgehende Konzept der *fundamental equilibrium exchange rate*.[201]

Die Untersuchungen zur Erwartungsbildung und zum Zusammenspiel heterogener Agenten an den Devisenmärkten können eventuell Aufschluss über die Ursachen von anhaltenden Abweichungen von Fundamentalkursen geben und dadurch zu einem besseren Verständnis über die Devisenmärkte beitragen. Eingriffe in diese Märkte in Form von Regulierungen, Besteuerung[202] oder Interventionen würden somit auf einer solideren Basis stehen. Extreme Ereignisse, wie die vielen Finanz- und Währungskrisen seit Zusammenbruch des Währungssystems von Bretton Woods, haben sicherlich auf der theoretischen Seite zu einer Weiterentwicklung im Bereich der Wechselkurstheorie geführt. Währungskrisen-Modelle *(currency crisis)* haben dazu beigetragen, die Mechanismen, die solche Krisen auslösen und begleiten, besser zu verstehen. Darauf aufbauend wurden Frühindikatorensysteme entwickelt, die der Politik rechtzeitig Handlungsbedarf anzeigen sollen, um so extreme Abwertungen und die damit zusammenhängenden negativen wirtschaftlichen und politischen Nöte vermeiden zu können. Die späten Krisen, insbesondere die der zweiten Hälfte der 90er Jahre, haben aber nicht zuletzt die gesamte internationale Finanzarchitektur in Frage gestellt und zu einer weltweiten Debatte über eine Reform dieses Systems geführt. Nichtsdestotrotz bleibt selbst außerhalb solcher Krisen die Funktionsweise der Devisenmärkte und der Wechselkursbildungsprozess weitgehend unverstanden.[203] Bessere Einsichten über die Wirkungszusammenhänge können daher in Zukunft auch ein einzelnes Land bei seiner Entscheidung über die Wahl eines Währungssystems hilfreich sein. Diese Entscheidung ist immerhin sehr weitgehend, da viele Konsequenzen insbesondere für die Wirtschafts- und Währungspolitik verbunden sind. Erwähnt sei nur die Diskussion um die Autonomie der Geld- und Fiskalpolitik sowie die Notwendigkeit währungspolitischer Interventionen in Festkurssystemen.

Obwohl der Devisenmarkt wie eingangs beschrieben ein dezentral organisierter Markt ist, gibt es in einigen Ländern Institutionen, die zumindest Richtlinien *(guidelines)* in Bezug auf die Aktivitäten auf den Devisenmärkten ausgeben. Diese Richtlinien sind zwar nicht verpflichtend, zeigen aber, dass von Seiten der Politik und auch der Devisenmarktteilnehmer bestimmte Verhaltensweisen erwünscht sind. Das ‚*Foreign Ex-*

---

[201] Vgl. WILLIAMSON (1985, 1994).

[202] Siehe hierzu insb. die wieder auflebende Debatte über die Einführung einer Tobin-Steuer.

[203] Siehe hierzu die Ausführungen im Abschnitt 2.5.

change Committee' (FXC) in den USA,[204] das als unabhängig operierende Einheit bei der Federal Reserve Bank in New York angesiedelt ist, verfolgt bspw. folgende Ziele:

(1) ***to provide** all participants in the wholesale foreign exchange community (individuals and firms, intermediaries and end users) with a common set of best practices that will assist them in conducting their business activities,*

(2) ***to promote** discussions about practices that further market efficiencies and transparencies,*

(3) ***to highlight** pertinent issues meant to facilitate informed decision making, and*

(4) ***to refer** the global community to useful research materials and related initiatives of the Foreign Exchange Committee.*[205]

Die Ziele verdeutlichen den politischen Wunsch, das Geschehen an den Devisenmärkten zu ordnen und zu steuern. Die Richtlinien erleichtern den Handelsprozess, da sie eine klare, verständliche Kommunikation und Umgangsform unter den Marktteilnehmern fördern wollen. Auffällig ist dabei, dass sie explizit empfehlen, nicht auf Grund von Gerüchten *(rumors)* zu handeln,[206] während bei der Midlandeuro im Punkt 9 genau dieses Handeln empfohlen wird.

2.4. Zwischenfazit und Konsequenzen für die Wechselkurstheorie

Die bisherigen Darstellungen im Abschnitt 2.2 und 2.3 haben gezeigt, dass die Devisenmärkte unregulierte und dezentral aufgebaute Märkte sind, die aus diesem Grund einen geringeren Transparenzgrad aufweisen als andere internationale Finanzmärkte. Die Wechselkurse entwickeln sich scheinbar losgelöst von fundamentalökonomischen Makrodaten und weisen erst in der längeren Frist eine tendenzmäßige Beziehung zu diesen Größen auf. Das enorm hohe Handelsvolumen auf diesen Märkten, das das aller anderen Finanzmärkte um ein Vielfaches übersteigt, erscheint größtenteils von den Leistungstransaktionen unabhängig zu sein. Das Übergewicht der reinen Kapitaltransaktionen lenkt damit den Blick auf ihre Bestimmungsgründe. Erwartungen und insbesondere heterogene Erwartungen der Marktteilnehmer scheinen die treibende Kraft in der Wechselkursentwicklung zu sein. Aus diesem Grund beschäftigt sich der Abschnitt 2.3 ausführlich mit der modelltheoretischen Abbildung von Erwartungen auf den Devisenmärkten sowie eingehend mit den Erkenntnissen aus der empirischen Forschung.

Die Untersuchungen stellen zusammengefasst fest, dass

(1) Differenzen zwischen der theoretisch-akademischen Vorstellung und der empirischen Praxis der Erwartungsbildung auf den Devisenmärkten bestehen. Umfragen unter Devisenmarktakteuren können Anhaltspunkte aufzeigen, an denen sich die theoretische Forschung orientieren kann.[207]

---

[204] In Japan, Hong Kong und Australien existieren vergleichbare Institutionen.

[205] Vgl. FXC (1997).

[206] Siehe FXC (2001), S. 16.

[207] Vgl. CHEUNG ET AL. (2000), S. 1.

(2) fundamentale sowie nicht-fundamentale Größen in die Erwartungsbildung eingehen. Fundamentale Einflüsse sind bspw. auf den internationalen Güterverkehr und den fundamental getriebenen Kapitalverkehr (z. B. internationale Anleiheemissionen zur Investitionsfinanzierung) zurückzuführen, während die nicht-fundamentalen vornehmlich durch die technische Analyse Eingang in die Kursbildung finden.[208]

(3) der Prozess der Erwartungsbildung am Devisenmarkt damit komplexer und vielfältigeren Einflüssen ausgesetzt ist, als dass er durch die einfachen, klassischen Erwartungshypothesen abgebildet werden kann.

(4) die Marktteilnehmer heterogen in ihrer Erwartungsbildung sind.

(5) die Theorie der rationalen Erwartungen zu viel an Kognitions- und Informationsverarbeitungsleistung von den Marktteilnehmern in der Praxis verlangt, als diese erbringen können. In *forward looking markets* wie den Devisenmärkten, ist zudem eine deduktive Herleitung rationaler Erwartungen nicht möglich, weil die gegenseitige Abhängigkeit individueller Erwartungen und des Marktergebnisses von diesen Erwartungen zu einer deduktiven Unbestimmtheit der Problemlösung führt.

(6) die Heterogenität und die deduktive Unbestimmtheit rationaler Erwartungen Zweifel an dem Standard-Repräsentativen-Agenten-Ansatz mit rationalen Erwartungen aufkommen lässt.[209] Wenn die Marktteilnehmer heterogen sind und das Verhalten eines einzelnen davon abhängt, was andere getan haben, gerade tun oder was von ihnen erwartet wird, dass sie es tun, ist es nicht möglich diese Komplexität und Nicht-Linearität mittels eines Median-Agenten abzubilden. Die explizite Modellierung von heterogenen Agenten und deren Interaktion kann daher unumgänglich werden, will man ein besseres Verständnis für das Zustandekommen des aggregierten Marktergebnisses erlangen.[210]

(7) die Analyse der Erwartungsbildungsprozesse und des Zusammenspiels heterogener Agenten weitere, neue Einblicke in die Funktionsweise der Devisenmärkte geben kann und daher eine fundiertere Basis für eventuelle politische Einflussnahme geschaffen wird.[211]

Obwohl die behandelten empirischen Studien zur Erwartungsbildung lediglich die simplen (auto)regressiven Erwartungshypothesen auf ihre empirische Relevanz getes-

---

[208] Fundamentale Elemente werden immer(!) im Kurs enthalten sein, denn der internationale Güterverkehr wird bspw. sicher niemals ausschließlich wechselkurserwartungsbedingt sein. Es sind alle Devisenmarktteilnehmer, die Informationen in Preise umsetzen, nicht nur spekulative Händler. Aus diesem Grund kann der Argumentation von GEIGER (1996), S. 139 nicht gefolgt werden, der dort schreibt: „Was jedoch auf der Mikroebene verständlich sein mag (er bezieht sich auf die technische Analyse, Anm. d. A.), birgt auf der Makroebene Gefahren in sich. Denn überlässt man das Terrain allein technisch orientierten Händlern, so werden über kurz oder lang keinerlei aktuelle, fundamentale Faktoren im Wechselkurs enthalten sein."

[209] Vgl. ITO (1990), S. 440 f.

[210] Zu dieser Kritik siehe u. a. ARTHUR (1995) und SHLEIFER/SUMMERS (1990), S. 26 sowie ebenfalls MARENGO/TORDJMAN (1996), S. 416 und GRANOVETTER (1978), S. 1421.

[211] Siehe hierzu insb. HARVEY (2001B) und speziell S. 6.

tet haben, hat sich doch, seitdem Branson, Halttunen und Masson 1977 statische Erwartungen mit der Begründung modelliert haben, dass „*we have very little empirical evidence on alternative, more complicated expectations mechanisms*", viel getan. Neben den in Abschnitt 2.3.1 vorgestellten Verfahren existieren heutzutage eine Vielzahl an weiteren Möglichkeiten, die weitaus mehr Größen einbeziehen, lernfähiger sind und komplexere und wechselnde Zusammenhänge abbilden können. Eine herausragende Rolle spielen dabei die bereits in vielen ökonomischen Modellen implementierten Künstlichen Neuronalen Netze,[212] Genetische Algorithmen und regelbasierten Systeme, unter denen *Classifier Systems* die weitverbreitetste Technik sind. Auf diese Technologien wird weiter unten im Kapitel 3 detailliert eingegangen, da sie in dem hier entwickelten Ansatz ebenfalls eine zentrale Position einnehmen. Vor dem Hintergrund der dargestellten Fakten und empirischen Erkenntnisse wird im nächsten Abschnitt zunächst die Entwicklung der Wechselkurstheorie von ihren Ursprüngen bis heute überblicksartig vorgestellt. Ziel ist es nicht, ausgewählte Theorien im Detail zu erläutern oder einen vollständigen Überblick zu geben, sondern die zugrundeliegende Idee der wichtigsten Stationen so zu vermitteln, dass eine Einschätzung der empirischen Relevanz vor dem Hintergrund der stilisierten Fakten aus Abschnitt 2.2.3 möglich ist. Die Darstellungen werden zeigen, dass die neueren Wege in der Wechselkurstheorie erste Konsequenzen aus den bisher vorgestellten Erkenntnissen gezogen haben. Während die makroökonomischen Standardmodelle der 70er und 80er Jahre ausschließlich auf dem Standard-Repräsentativen-Agenten-Ansatz aufbauen, ist es in der neueren Literatur und ökonomischen Forschung auf diesem Gebiet eher Standard, heterogene Marktteilnehmer zu modellieren.

2.5. Entwicklung der Wechselkurstheorie

2.5.1. Überblick

Die Theorie der Wechselkursbestimmung erfährt seit den frühen 70er Jahren mit dem Zusammenbruch des Festkurssystems von Bretton Woods wieder verstärkt das Interesse von Ökonomen. In dem seit diesem Ereignis zwischen den großen Weltwährungen vorherrschenden Regime flexibler Wechselkurse sind zahlreiche Phänomene zu beobachten, die im Abschnitt 2.2.3 beschrieben wurden und bis heute nicht oder nur teilweise zufriedenstellend erklärt werden können. Ökonomen, Politiker und Finanzmarktteilnehmer haben jeder für sich ein eigenes Interesse an einer Beantwortung der offenen Fragen. Der Ökonom sieht seine Aufgabe darin, Erklärungen für diese Phänomene zu finden, der Politiker möchte wissen, inwiefern Wechselkurse volkswirtschaftliche Größen mit politischer Relevanz beeinflussen und die Finanzmarktteilnehmer suchen entweder nach Gewinnchancen, die sich mit dem Wissen über die Antworten eröffnen, bzw. nach einer Planungsgrundlage für die mittelfristige Finanzplanung, die Beurteilung von Investitionsvorhaben, die Preisfindung und Fakturierung, die Budgetierung oder das Cash Management.[213] Die Praxis des Devisenmarktgeschäfts hat bereits gezeigt, dass sie eigene Vorstellungen über die Funktionsweise der Devisenmärk-

---

[212] EPSTEIN/AXTELL (1997) und BELTRATTI ET AL. (1996) verwenden bspw. Künstliche Neuronale Netze als Erwartungsbildungsgenerator.

[213] Vgl. BRAUNHART (1989), S. 3.

te sowie eigene Techniken zur Erklärung und Prognose von Wechselkursen entwickelt hat. Während die akademische Sicht auf die Devisenmärkte lange Zeit die praktische Verhaltensweise der Devisenmarktteilnehmer ignoriert hat, ist in der jüngeren Forschung eine Konvergenz zu erkennen. Dieser Entwicklungsprozess wird im Folgenden an Hand der wichtigsten Stationen erläutert.

Die Theorien der Wechselkursbestimmung beschreiben die Beziehung zwischen den als wechselkursbestimmend betrachteten Faktoren und dem Wechselkurs, mit dem Ziel die empirisch beobachtbare Kursentwicklung erklären (ex-post) sowie Prognosen über die zukünftige Entwicklung anstellen zu können (ex-ante). Jede Theorie hat dabei zunächst die Frage nach den kursbestimmenden Faktoren zu beantworten. Bei freier Kursbildung, von der im weiteren ausschließlich ausgegangen wird, wird der Wechselkurs durch das Angebot und die Nachfrage am Devisenmarkt bestimmt. Die Analyse der (oder die Suche nach den) Determinanten dieser beiden Marktseiten steht daher zunächst im Vordergrund. Die Zahlungsbilanz eines Landes erfasst den Wert aller Transaktionen zwischen zwei Ländern in einem bestimmten Zeitraum. Sie kategorisiert diese Transaktionen nach Leistungs- und Kapitalverkehrstransaktionen und untergliedert diese weiter in die Handelsbilanz, Dienstleistungsbilanz, Erwerbs- und Vermögenseinkommen sowie laufende Übertragungen auf der Leistungsbilanzseite und Direktinvestitionen, Wertpapieranlagen und Kredite auf der Kapitalbilanzseite.[214] Die Devisenbilanz als dritte Teilbilanz zeigt die Veränderung der Währungsreserven der heimischen Zentralbank. Die wesentlichen Bestimmungsgründe, die hinter diesen einzelnen Transaktionen stehen, sind diejenigen, die eine Theorie zur Wechselkursbestimmung beinhalten muss, will sie den o.g. Zielen gerecht werden.[215] Folgende Abbildung 2.11 verdeutlicht diese Überlegungen.

Abbildung 2.11: Wechselkurs und Zahlungsbilanz

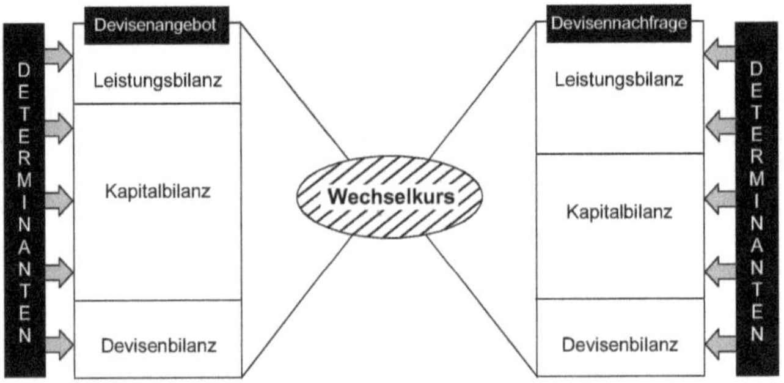

Quelle: Eigene Darstellung.

[214] Von der Vermögensübertragungsbilanz sowie vom Restposten in der Zahlungsbilanz wird aufgrund der geringen wertmäßigen Bedeutung bzw. aus Vereinfachungsgründen abgesehen.

[215] Die Aussage ist nicht, dass Zahlungsbilanzströme die beste Erklärung für Wechselkursänderungen sind. Die erfassten Ströme müssen noch nicht einmal mit Devisennachfrage bzw. -angebot einhergehen. Falls eine deutsche Unternehmung einen Import aus Japan mit Yen, die sie bereits besitzt, finanziert, ist keine Wechselkursänderung aus diesem Geschäft zu erwarten, da keine Überschussnachfrage entsteht.

Die Abbildung zeigt die stilisierte Zahlungsbilanz eines Landes mit einem Leistungsbilanzdefizit, das exakt durch einen positiven Kapitalbilanzsaldo ausgeglichen wird. Der Devisenbilanzsaldo ist ausgeglichen und der Wechselkurs sorgt als freier Marktpreis für den ständigen Ausgleich von Devisenangebot und Nachfrage. Die Liste der Determinanten, die die einzelnen Transaktionen in den Teilbilanzen verursachen, ist lang. Unter ihnen werden in der Literatur wie auch in der Tagespresse und unter den Devisenmarktteilnehmern immer wieder die sog. *fundamentalen* makroökonomischen Größen wie Inflationsraten, Geldmengenwachstum, Wachstum des Sozialprodukts, Zinsdifferenzen, Leistungsbilanzsalden etc. genannt. Unter fundamentalen Einflussfaktoren werden jedoch nicht nur ökonomische Daten verstanden, sondern auch soziale, politische und institutionelle Faktoren.[216] Erstere gehen als Bestandteile in den ökonomischen Modellbau ein, da sie relativ leicht quantitativ erfassbar sind, während letztere zusätzlich bei der praktischen fundamentalökonomischen Wechselkursanalyse Beachtung finden.[217] Zunehmende Bedeutung, insbesondere innerhalb der theoretischen Forschung, gewinnen immer mehr *nicht-fundamentale* Faktoren wie z. B. die technische Analyse, die in der Regel modellseitig in die Erwartungsbildung der Marktteilnehmer eingeht. Das enorme Ausmaß an grenzüberschreitenden Portfolioinvestitionen unterstreicht die Bedeutung der Erwartungen, denn ein Investment ist von Natur aus mit einer Auszahlung heute und einer (oder mehreren) unsicheren Einzahlungen in der Zukunft verbunden. Über diese Einzahlungen müssen zum Entscheidungszeitpunkt Erwartungen gebildet werden, die über die Vorteilhaftigkeit einer Anlage entscheiden.[218]

Die Verwendung der erklärenden Größen entscheidet zugleich über die grobe Einordnung des Modells in kurzfristige, mittelfristige sowie langfristige Ansätze, da die denkbaren Variablen in der Realität unterschiedliche Reaktions- und Anpassungsgeschwindigkeiten aufweisen sowie in unterschiedlichen Frequenzen veröffentlicht oder bekannt werden. Sind die wechselkursbestimmenden Faktoren für ein Modell festgelegt, ist anschließend zu klären, auf welcher Abstraktionsebene sie Einfluss nehmen. Unterschieden wird hierbei in Makro- und Mikroansätze, wobei letztere erst seit Anfang der 90er Jahre in der Wechselkurstheorie eine Rolle spielen. Im ersten Fall bestimmen die erklärenden Größen direkt den Wechselkurs, während sie auf der Mikroebene i.d.R. zunächst die Nachfrage und das Angebot bei einem einzelnen Wirtschaftssubjekt oder einer homogenen Gruppe (z. B. Chartisten oder Fundamentalisten) determinieren.[219] Auffallendes Merkmal bei den Makromodellen ist, dass die Aggregate *Gesamtmarkt*devisennachfrage und *Gesamtmarkt*devisenangebot bzw. das *Gesamtmarkt*nettoangebot nicht modelliert werden. Das heißt, dass die Devisenorders und gehandelten Mengen keinen Einfluss auf den Wechselkurs ausüben. Es wird implizit unterstellt, dass bei Datenänderungen soviel Volumina in Bewegung gesetzt werden, dass die modellierten Kursänderungen tatsächlich entstehen. Im letzten Schritt des Modell-

---

[216] Vgl. BRAUNHART (1989), S. 20.

[217] Siehe nicht zuletzt die vielzitierten Gründe der politischen Entscheidungsschwäche innerhalb der EWWU und die Verkrustungen am europäischen Arbeitsmarkt für die Schwäche des Euro.

[218] Selbst bei einer (relativ) sicheren Einzahlung (Termingelder) sind die Renditen von Opportunitäten und damit die optimale Portfoliostruktur unsicher.

[219] Die Einschränkung in der Regel ist notwendig und wichtig, denn auch in mikroökonomisch basierten Modellen, wie den Fundamentalisten-Chartisten-Ansätzen wird oft die Mengenseite nicht erfasst.

baus wird die Beziehung zwischen den erklärenden Größen und der erklärten Größe modelliert. Auf der Makroebene werden lineare und nicht-lineare Beziehungen unterschieden, die jeweils stochastische Elemente beinhalten können oder rein deterministisch sind. Auf der disaggregierten Mikroebene ergeben sich die Gesamtmarktgrößen Nachfrage und Angebot – falls modelliert – aus der Summe der individuellen Entscheidungen. Der Modellbauer muss daher die Interaktion zwischen den Akteuren und den Preisbildungsprozess explizit modellieren.[220]

Die folgenden Darstellungen von bedeutenden Wechselkurstheorien orientieren sich an der chronologischen Entwicklung und sind knapp gehalten, um den Schwerpunkt auf die zugrundeliegende Idee und Abgrenzung zu konkurrierenden Ansätzen zu vermitteln.[221] Auf die knappe Darstellung einer Theorie folgen grundsätzlich einige theoretische wie auch empirische Kritikpunkte.

2.5.2. Traditionelle fundamentalökonomisch orientierte Theorien

Die Entwicklung der Wechselkurstheorie war von ihrem Ursprung an fundamentalökonomisch auf der Makroebene ausgerichtet. Ursprünglich stand die realwirtschaftliche Sphäre ausschließlich im Mittelpunkt, während später zu reinen Finanzmarktansätzen übergegangen worden ist. Die moderneren Theorien der fundamentalökonomischen Ansätze beinhalten jedoch Bestandteile aus beiden, der real- wie auch der finanzwirtschaftlichen Sphäre.[222]

Der erste Ansatz, der in vielen neueren Theorien immer noch als Baustein eine bedeutende Rolle spielt, ist das auf Cassel zurückgehende Kaufkraftparitätentheorem (KKPT).[223] Das KKPT stellte neben dem Mundell-Fleming Modell[224] einen der wesentlichen Ansätze zur Wechselkursbestimmung bis zum Zusammenbruch des Bretton Woods-Systems Anfang der 70er Jahre dar. Die absolute Form des KKPTs besagt, dass Güterarbitrageprozesse für ein homogenes, international gehandeltes Gut oder einen Warenkorb dafür sorgen, dass sich ein einheitlicher Weltmarktpreis bildet *(law of one price)*. Es existieren somit keine Kaufkraftunterschiede in verschiedenen Ländern, so dass mit einem bestimmten Geldbetrag in jedem Land die gleiche Gütermenge erworben werden kann. In seiner bedeutenderen relativen Form trägt es den Tatsachen

---

[220] Selbstverständlich wird auch eine Preisbildung auf Makroebene explizit modelliert, da ein Wechselkursmodell in der Gleichung $w = f(X)$, mit X als Vektor der erklärenden Größen geschrieben ist. Die Modellierungsvarianten des Preisbildungs*prozesses* sind jedoch vielfältiger. Sie reichen von Gleichgewichtspreisen durch einen Walrasianischen Auktionator bis zu Ungleichgewichtspreisen bei Rationierung einzelner Marktteilnehmer.

[221] Zu ausführlichen Erläuterungen wird auf die zahlreichen Lehrbücher im Bereich *International Economics*, Außenwirtschaftstheorie bzw. Internationale Wirtschaftsbeziehungen verwiesen, sowie auf die Originalquellen, die in den entsprechenden Fußnoten zu finden sind.

[222] Vgl. MENKHOFF (1995), S. 16.

[223] Vgl. CASSEL (1918), S. 413 ff. Obwohl Wirtschaftshistoriker die Ursprünge des KKPT bis in das 16. Jahrhundert zurückverfolgt haben, so war es doch Cassel, der 1918 die erste empirisch testbare Funktion des KKPT formuliert hat. Vgl. BRAUNHART (1989), S. 21 und 60. Eine umfassende Darstellung und empirische Überprüfung der KKPT findet sich u. a. bei ROGOFF (1996).

[224] Das Mundell-Fleming Modell gilt nicht als reines Wechselkursmodell und wird aus diesem Grund hier nicht näher erläutert.

Rechnung, dass nicht alle international handelbaren Güter homogen und damit substituierbar sind, nicht alle in einem verwendeten Preisindex enthaltenen Güter handelbar sind sowie die den Preisindizes in zwei Ländern zugrundeliegenden Warenkörbe unterschiedlich zusammengesetzt sind und Transportkosten, Informationsdefizite sowie sonstige Handelsbeschränkungen den internationalen Güterarbitrageprozess behindern.[225] Die in einer Währung ausgedrückten gesamtwirtschaftlichen Preisniveaus zweier miteinander Handel treibender Länder müssen daher nicht identisch sein. Die relative Form schwächt daher die absolute ab, indem es durch einen Strukturparameter Kaufkraftunterschiede zulässt. Es wird jedoch üblicherweise angenommen, dass dieser Strukturparameter konstant ist, so dass die Änderungsrate des nominellen Wechselkurses $\dot{e}$ ausschließlich auf Differenzen in den Inflationsraten $(\pi - \pi^*)$ der betrachteten Länder zurückgeführt wird:

(2.16) $$e = \frac{P}{\gamma \cdot P^*} \quad \text{bzw.} \quad \dot{e} \approx \pi - \pi^*$$ KKPT (relative Form)

Somit bleiben die Preisniveaus ausgedrückt in einer Währung im Zeitablauf *relativ* zueinander gesehen konstant.

Die relative Form des KKPTs entkräftigt zwar einige der Kritikpunkte an der absoluten Form, weist jedoch immer noch gravierende Unzulänglichkeiten auf. Die Gleichung (2.16) ist zunächst nur eine Identitätsgleichung und wird erst dann zu einer Theorie mit Erklärungsgehalt, wenn eine weitere Annahme hinzugenommen wird. Diese besteht i.d.R. in einer unterstellten Kausalität von Preisniveauänderungen zu Wechselkursanpassungen und ist vermutlich auf das monetäre Wechselkursmodell bei flexiblen Preisen zurückzuführen (siehe hierzu die Darstellung des monetären Modells weiter unten). Diese Kausalität ist jedoch nicht zwingend und strenggenommen gar nicht modelliert. Der umgekehrte Einfluss des Wechselkurses auf das heimische Preisniveau ist ebenfalls mit der Gleichung (2.16) vereinbar. Die jederzeitige Gültigkeit der KKP setzt zudem eine unendlich schnelle Anpassungsgeschwindigkeit der Gütermärkte voraus, was sicherlich in der Realität nicht gegeben ist. Kurzfristig kann es bspw. über den J-Kurveneffekt in der Handelsbilanz zu einer genau umgekehrten Reaktion kommen: Das Auslandspreisniveau steigt und die heimische Handelsbilanz verschlechtert sich, da der Preiseffekt den Mengeneffekt überwiegt. Die Folge daraus ist eine Abwertung der heimischen Währung. Neben der Trägheit auf der Mengenseite des internationalen Güterverkehrs können Preisrigiditäten eine weitere Erklärung für eine temporäre Abweichung des Wechselkurses von seinem Kaufkraftparitätenkurs darstellen. Wenn eine Änderung des nominellen Wechselkurses – bspw. auf Grund volatiler internationaler Portfolioströme – nicht umgehend von einer Änderung der Güterpreise begleitet wird, kommt es zu Bewegungen des realen Wechselkurses. Diese Abweichungen vom Kaufkraftparitätenkurs stellen *transitorische Abweichungen* dar, da sie langfristig verschwinden.

Ein weiterer Einwand gegen das KKPT in seiner relativen Form bezieht sich auf die Quelle der Preisveränderungen. So ist die Proportionalität zwischen Preisen und Wechselkursen nur bei monetären Ursachen gegeben, nicht jedoch bei realen. Sollte sich bspw. die Präferenz des Auslands zugunsten inländischer Exportgüter verändern

---

[225] Vgl. JARCHOW/RÜHMANN (2000), S. 264 ff.

und einen Leistungsbilanzüberschuss hervorrufen, der zu einer Erhöhung des inländischen Preisniveaus und damit der *terms-of-trade* führt, so ist sogar eine Wechselkursänderung in die entgegengesetzte Richtung (eine Aufwertung der heimischen Währung) denkbar. Die Berücksichtigung realer Einflüsse auf die KKP findet u.a. ihren Ausdruck in der um Produktivitätsunterschiede korrigierten KKP. So kann das Preisniveau eines Landes durchaus stärker steigen als das eines anderen, ohne dass es zu Wechselkursanpassungen kommen muss. Ist das Produktivitätswachstum eines Landes im Sektor der handelbaren Güter höher als in einem anderen Land, so können die Löhne in diesem Sektor dort stärker steigen ohne dass sich die Stückkosten erhöhen müssen. Wenn diese Lohnerhöhungen jedoch Auswirkungen auf den Sektor der nicht-handelbaren Güter im selben Land haben und dort ebenso zu Lohnerhöhungen führen, kommt es zu einem allgemeinen Anstieg des Preisniveaus. Während somit die Preise der Exportprodukte unverändert bleiben und damit der Devisennachfrageüberschuss und der nominelle Wechselkurs ebenso, kann es dennoch zu Inflationsunterschieden zwischen zwei Ländern kommen.[226] Produktivitätsunterschiede können daher *systematische Abweichungen* des realen Wechselkurses von KKP-Kursen erklären, die von den oben genannten *transitorischen* zu unterscheiden sind. Aus diesen Überlegungen sollte das KKPT aus theoretischer Sicht als langfristige Arbitragegleichgewichtsbedingung auf vollkommenen internationalen Gütermärkten interpretiert werden.

Die nahezu stabilen realen Wechselkurse zur Zeit des Festkurssystems von Bretton Woods schienen zunächst die Gültigkeit dieser Theorie zu stützen. Mit dem Fall des Festkurssystems im März 1973 und der stark ansteigenden Volatilität sowohl bei nominellen wie auch bei realen Wechselkursen, fiel auch der Glaube an die Aussagekraft des KKPT.[227] Für die kurzfristige Wechselkurserklärung erscheint das KKPT sowohl aus theoretischer wie auch aus empirischer Sicht als ungeeignet. Seine Gültigkeit in der langen Frist muss deswegen nicht notwendigerweise ebenfalls unzutreffend sein.[228] Die empirisch beobachtbar höhere Trägheit der Handelsströme im Vergleich zu Finanzströmen deutet auf eine eher langfristige Sicht auf das KKPT hin. Während ältere ökonometrische Studien die Gültigkeit des KKPT ablehnen, lassen die jüngsten Untersuchungen darauf schließen, dass das KKPT in der langen Frist eine gewisse Erklärungskraft besitzt.[229] Jüngere Untersuchungen versuchen insbesondere *mean reversion* in den Zeitreihen realer Wechselkurse festzustellen.[230] Weist eine Zeitreihe das Merkmal der *mean reversion* auf, so wird dies häufig als Indiz für die Gültigkeit des KKPTs gesehen.[231] Diese Eigenschaft ist für zahlreiche Währungspaare nachgewiesen worden,

---

226 Vgl. DE GRAUWE (1996), S. 98 ff.

227 Siehe hiezu auch die Abbildung 2.4 auf Seite 20.

228 Vgl. ISARD (1997), S. 61 sowie MENKHOFF (1995), S. 20 f.

229 Vgl. insbesondere FLOOD/TAYLOR (1996), S. 277 ff., BECKETTI ET AL. (1995) sowie ROGOFF (1996). Besondere Beachtung erfahren die Produktivitätsunterschiede in BAILEY (2001).

230 Vgl. ABUAF/JORION (1990) und EVANS/LOTHIAN (1993). Eine theoretische Basis in Form einer Kombination des intertemporalen Gleichgewichtsmodells der Leistungsbilanz und des Elastizitätenansatzes, die *mean reversion* als Eigenschaft besitzt, legen DAVIS/MILLER (1996).

231 Güterarbitrage ist zwar eine hinreichende aber keine notwendige Bedingung für *mean reversion*. Statistische Untersuchungen von Campa und Wolf für die G7 Staaten in einem Zeitraum von 1960–1996 können keine Ursache-Wirkung-Beziehung zwischen Handelsströmen und Wechselkursentwick-

so dass dem Theorem nicht vollständige Bedeutungslosigkeit zugeschrieben werden kann. In Hochinflationsländern ist zudem ein signifikanter Zusammenhang zwischen Güterpreisen und nominellen Wechselkursen festzustellen.[232] Trotz der vielen Bedenken ist das KKPT heute immer noch eine beliebte Komponente in vielen Wechselkursmodellen und dient in der Praxis häufig als Referenzmaßstab für Über- und Unterbewertungen von Wechselkursen.

Nahezu alle nachfolgenden Modelle beziehen explizit den internationalen Kapitalverkehr als zweite bedeutende Quelle für Angebot und Nachfrage auf dem Devisenmarkt mit ein. Dieser wird überwiegend in Abhängigkeit der internationalen Zinsdifferenz modelliert. Da dies i.d.R. durch die Annahme der Gültigkeit des Zinsparitätentheorems (ZPT)[233] realisiert wird, wird dieses Theorem zunächst isoliert erläutert. Das ZPT postuliert einen Zusammenhang zwischen Wechselkursänderungen und Veränderungen der internationalen Zinsdifferenz, indem es die internationale Renditeidentität vergleichbarer verzinslicher Finanzanlagen im In- und Ausland unterstellt. Grundlage ist die Überlegung, dass ein Investment in der Währung A zum Zeitpunkt t am Ende des Anlagehorizonts die gleiche Rendite erzielen muss wie ein in Währung A konvertiertes Investment in der Währung B, sofern sich die Anlagen nur in ihrer Währungsnomination und ihrer nominalen Verzinsung unterscheiden. Da Risikoaspekte unberücksichtigt bleiben, wird somit vollständige Wertpapiersubstituierbarkeit vorausgesetzt und die internationale Zinsarbitrage stellt den Renditeausgleich jederzeit her. Bei der gedeckten Variante des ZPT erfolgt der Rücktausch des Anlagebetrags durch den Abschluss eines Termingeschäfts zum Anlagezeitpunkt in t und damit ohne Währungsrisiko, während bei der ungedeckten Variante der Rücktausch am Ende des Anlagezeitraums zu dem dann herrschenden Kassakurs erfolgt. Ein Investor muss daher zum Anlagezeitpunkt eine Erwartung über den Kassakurs in t+1 bilden. Diese Version stellt damit den aktuellen Wechselkurs über die internationale Zinsdifferenz in Beziehung zu der Erwartung und drückt aus, dass ein Investor nur dann in eine abwertungsverdächtige Währung investiert, wenn der Zinsertrag die erwarteten Währungsverluste sowie die Opportunitätskosten der heimischen Anlage mindestens kompensiert.

$$(2.17) \qquad \frac{i - i^*}{1 - i^*} = \frac{e^{erw} - e}{e} \quad \text{bzw.} \quad i \approx i^* + \frac{e^{erw} - e}{e} \qquad \text{ZPT (ungedeckte Form)}$$

Diese Variante ist in zahlreichen makroökonomischen Modellen implementiert und erfordert eine Spezifizierung des Erwartungsbildungsprozesses, da die ungedeckte Zinsparität bei vorliegender Zinsdifferenz beliebig viele Möglichkeiten von aktuellem und erwarteten Wechselkurs zulässt. Ohne die Kenntnis des erwarteten Wechselkurses ist der aktuelle unbestimmt.[234]

---

lungen feststellen. Sie führen die festgestellte *mean reversion* in den untersuchten Zeitreihen insb. auf Währungskrisen (Bretton Woods und EWS) zurück. Wirtschaftspolitische Maßnahmen, die darauf abzielen, den realen Wechselkurs in einem bestimmten Band zu halten, kommen ebenso als Ursache für *mean reversion* in Frage. Vgl. CAMPA/WOLF (1997) sowie die dort genannte Literatur.

232 Vgl. bspw. die Untersuchung für die Türkei von SARNO (2000).

233 Das Zinsparitätentheorem geht zurück auf KEYNES (1923).

234 Vgl. DE GRAUWE (1996), S. 105 ff.

Aus theoretischer Sicht ist gegen das ZPT einzuwenden, dass es keine Kausalität zwischen Zinsänderungen und Wechselkursänderungen ausdrückt. Die Ursache-Wirkung Beziehung ist wie im Fall des KKPT gar nicht modelliert. Wodurch der internationale Renditeausgleich hergestellt wird, ist somit offen. Würde bspw. der Wechselkurs auf Grund einer exogenen Störung steigen (Abwertung der inländischen Währung), ohne dass hierdurch die Wechselkurserwartungen beeinflusst werden, so würde sich das Renditegefälle zugunsten des Inlands verschieben und ausländisches Kapital ins Inland fließen. Dieses erhöhte Kapitalangebot könnte eine Zinssenkung im Inland induzieren, die evtl. durch eine Aufwertung der Inlandswährung begleitet wäre, so lange, bis das internationale Renditegleichgewicht wieder hergestellt ist. Nichtsdestotrotz wäre die Ursache die Wechselkursänderung und die Folge die Zinsanpassung. Aber auch im umgekehrten Falle einer Störung auf Seiten eines Zinssatzes ist die Kausalität nicht eindeutig. Eine Zinssteigerung im Ausland – bspw. durch eine restriktive Geldpolitik – führt zunächst zu einem Renditevorteil im Ausland. Blieben der Inlandszins und die Wechselkurserwartungen davon unberührt, so würde der Kassakurs durch die gestiegenen Nettokapitalexporte ins Ausland steigen (Szenario 1). Es wäre jedoch auch denkbar, dass die Marktteilnehmer die Zinssteigerung als Zeichen aufkommender Inflation oder als Wachstumsbremse ansehen und ihre Erwartungen nach unten revidieren. Der Zinsvorteil würde dann durch eine entsprechende Abwertungserwartung der Auslandswährung kompensiert (Szenario 2). Ebenso wäre denkbar, dass durch den Zinsanstieg im Ausland eine so hohe Abwertungserwartung der Auslandswährung entsteht, dass der Renditeausgleich über einen sinkenden Kassakurs erreicht wird (Szenario 3). Damit käme es zu einer dem ersten Szenario entgegengesetzten Wechselkursentwicklung.[235]

$$(2.18) \qquad i^{*}\uparrow \;\Rightarrow \begin{cases} \bar{e}^{erw},\ e\uparrow & \text{Szenario 1} \\ e^{erw}\downarrow,\ \bar{e} & \text{Szenario 2} \\ e^{erw}\downarrow\downarrow,\ e\downarrow & \text{Szenario 3} \end{cases}$$

Beispielszenarien für Wirkungsketten im ZPT

Selbstverständlich sind noch weitere Szenarien denkbar, die bspw. eine inländische Zinsanpassung zusätzlich zu berücksichtigen hätten. Die dargelegten Beispiele deuten bereits die Vielfalt an Anpassungsprozessen, die den Renditeausgleich herstellen können, an. Kritisch zu hinterfragen ist ebenso, ob die angenomme vollkommene internationale Kapitalmarktintegration (vollkommene Kapitalmobilität) in der Realität gegeben ist. Die Kapitalverkehrsbeschränkungen sind zwar zwischen den Industrieländern weitgehend abgebaut, aber ein Auslandsinvestment wird häufig immer noch mit größerem Risiko verbunden. In- und ausländische Wertpapiere sind daher nicht vollständig substituierbar, so dass eine Risikoprämie eingeführt werden muss.

---

[235] Aus diesen Überlegungen wird auch deutlich, dass der Wechselkurseffekt von Nachfrageänderungen nach Devisen höher sein kann als der bei Wertpapieren oder Aktien in unterschiedlichen Währungen, da bei Devisen nur der Wechselkurs den Ausgleich zwischen Angebot und Nachfrage herstellen kann, während bei Wertpapieren die Kurse/Effektivzinsen der beiden Anlagen noch hinzukommen. Vgl. hierzu BREEDON ET AL. (2001), die die erwarteten Wechselkurseffekte der Eurogeldeinführung in der EWU untersuchen.

Die empirische Bestätigung der gedeckten Zinsparität unter Berücksichtigung von Transaktionskosten verwundert nicht, da ihre Ablehnung die Existenz nahezu risikoloser Gewinne bedeuten würde.[236] Die Gültigkeit der ungedeckten Zinsparität ist umfassend in Tests zur Devisenmarkteffizienz überprüft worden. Diese Tests können strenggenommen die reine Gültigkeit des ungedeckten ZPTs nicht ablehnen, da sie in der Regel Hilfsgrößen für die Wechselkurserwartungen verwenden. Die häufig unterstellte Hypothese besteht dabei in rationalen Erwartungen, in dem der ex-post-Kassakurs als Erwartungswert in die Testgleichung (2.6) eingeht. Da die oben dargestellte Form nur bei risikoneutralem Anlageverhalten denkbar ist, mindestens jedoch ein Wechselkursrisiko besteht, wird ein risikoaverser Anleger für das Halten unsicherer Fremdwährungsbeträge eine Risikoprämie verlangen. Die empirischen Tests sind daher zusätzlich um eine Risikoprämie erweitert worden. Dennoch wird die Gültigkeit der ungedeckten Zinsparität in Verbindung mit rationalen Erwartungen in nahezu allen empirischen Untersuchungen abgelehnt. Darüber hinaus entspricht weder die absolute Höhe noch das Vorzeichen des Zinsdifferenzkoeffizienten β_1 in der Testgleichung (2.6) der theoretischen Ausprägung von Eins.[237] In einem Überblick über 75 empirische Untersuchungen finden Froot und Thaler einen durchschnittlichen Wert für β_1 von –0,88.[238] Zinsvorteile eines Landes gehen daher mit einer Aufwertung der Währung dieses Landes einher. Die Ergebnisse in Bezug auf die Risikoprämie zeigen, dass diese in der Praxis sehr variabel ist und nur mit einer unrealistisch hohen Risikoaversion zustande kommen würden.[239] Obwohl die Existenz einer solchen Risikoprämie nicht bezweifelt wird, ist sie alleine jedoch nicht ausreichend, um die negativen Werte für β_1 erklären zu können.[240]

Die Wende in der Ansicht über die wechselkursrelevanten Faktoren wurde durch die Geldmarktansätze markiert. Der Wechselkurs wird in allen Geldmarktansätzen als ein Wertpapierpreis aufgefasst und bestandstheoretisch erklärt. Der Fokus liegt daher auf dem internationalen Kapitalverkehr. Das *monetäre Modell mit flexiblen Preisen* war die erste Ausprägung dieser neuen Denkrichtung.[241] Es stellt eine Weiterentwicklung des KKPTs dar, indem es Preisniveauänderungen über die nationalen Geldmärkte endogen erklärt und somit eine eindeutige Kausalität zwischen Güterpreisen und Wech-

---

[236] Es besteht sicherlich ein politisches und länderspezifisches Risiko. Diese spielen jedoch bei den bedeutenden Währungspaaren keine entscheidende Rolle. Eine der bedeutendsten Untersuchungen findet sich bei TAYLOR (1987/1989) sowie insb. TAYLOR/FRASER (1991). Siehe auch Abbildung 2.7 auf Seite 25.

[237] Sollte das Land A einen Zinsvorteil von 2% ggü. Land B haben, so sollten rationale Investoren eine Abwertung der Währung des Landes A in Höhe von 2% erwarten, da es sich sonst lohnen würde, in B einen Kredit aufzunehmen und den Kreditbetrag in A anzulegen.

[238] Vgl. FROOT/THALER (1990).

[239] Vgl. bspw. den Literaturüberblick von ENGEL (1996).

[240] In neueren Untersuchungen wird im Gegensatz zu älteren mit langfristigen Zinssätzen gearbeitet und das korrekte Vorzeichen sowie eine größere Nähe des Zinsdifferenzkoeffizienten zu Eins festgestellt. Vgl. CHINN/MEREDITH (2001) sowie die dort angegebene Literatur. Modelltheoretische Erklärungen für das negative Vorzeichen von β_1 und ihre empirische Überprüfung finden sich in MARK/WU (1997).

[241] Vgl. KRUEGER (1990), S. 56, LEVICH (1985), S. 1007 ff.

selkurs herstellt.[242] Es geht von einer kleinen offenen Volkswirtschaft aus und unterstellt die Gültigkeit der absoluten Kaufkraftparität. Für das In- und Ausland wird eine stabile zins- und realeinkommensabhängige Geldnachfrage modelliert und ein Geldmarktgleichgewicht in beiden Ländern angenommen. In diesen gilt ebenso die Quantitätstheorie, so dass sich Geldmengenänderungen in proportionalen Preisniveauanpassungen wiederspiegeln, die dann durch die Kaufkraftparität zu Wechselkursänderungen führen. Eine expansive Geldmengenentwicklung geht daher mit einem Preisniveauanstieg einher und führt zu einer Abwertung der betrachteten Währung. Ein Zinsanstieg reduziert hingegen die reale Geldnachfrage und die überschüssige reale Kassenhaltung wird durch eine erhöhte Güternachfrage abgebaut, die einen Preisniveauanstieg und dadurch wiederum eine Abwertung hervorruft.[243] Im Gegensatz dazu erhöht ein Realeinkommensanstieg die reale Geldnachfrage und sorgt somit für einen Geldnachfrageüberschuss. Über die quantitätstheoretischen Zusammenhänge kommt es zu einem Preisniveaurückgang und somit zu einer Aufwertung. Dies steht im scharfen Gegensatz zu der damals vorherrschenden Meinung, dass ein steigendes Realeinkommen zu Leistungsbilanzdefiziten und darüber zu einer Abwertung der heimischen Währung führt.

Durch die Einführung der ungedeckten Zinsparität in das Modell kann die Zinsdifferenz durch die erwartete Wechselkursänderung ersetzt werden. Unter der damals üblichen Annahme rationaler Erwartungen ist damit die Lösung des gesamten Modells eine Funktion, die den Wechselkurs ausschließlich in Abhängigkeit der aktuellen und erwarteten fundamentalökonomischen Größen Geldmengen-, Realeinkommens- und Zinsdifferenz erklärt. Die Ergebnisse der empirischen Überprüfung der unterstellten Beziehung sind enttäuschend. Da es die permanente Gültigkeit des KKPTs unterstellt, kann es ebenso wenig wie dieses die Bewegungen der nominellen und realen Wechselkurse seit der Freigabe 1973 erklären.[244] Insbesondere widerspricht die hohe Korrelation von nominalen und realen Wechselkursen – zumindest im kurz- bis mittelfristigen Zeitrahmen – bzw. die hohe Volatilität des realen Wechselkurses den Annahmen des Modells.[245]

Eine weitverbreitete Spezialisierung des monetären Modells erfolgte 1976 durch Dornbusch.[246] Sein Modell löst sich von der Vorstellung der sofortigen Gütermarkträumung durch vollkommene Preisflexibilität und verbindet stattdessen kurzfristige und langfristige Elemente der Wechselkursbildung durch die Spezifizierung des Anpassungsprozesses im Zeitablauf nach einer Störung. In der langen Frist wird die Gültigkeit des

---

[242] Vgl. BALTENSPERGER/BÖHM (1982), S. 23 f.

[243] Vgl. BILSON (1978), S. 52. TAYLOR (1995), S. 22 weist darauf hin, dass es logisch nicht korrekt ist Zinssatzänderungen ohne entsprechende Geldmengenänderungen zu betrachten, da die Zinssätze endogene Größen darstellen.

[244] Vgl. ISARD (1997), S. 134 und 137 ff., MACDONALD/TAYLOR (1992), S. 10 ff., sowie FRANKEL/ROSE (1995), S. 1693 ff.

[245] Eine Ausnahme bildet die relativ gute Erklärungskraft des Modells in Zeiten von hoher oder gar Hyperinflation. Frenkel stellt bspw. für die Zeit der Hyperinflation in Deutschland in den 20er Jahren eine sehr gute Erklärungskraft für dieses Modell fest. Vgl. FRENKEL (1976).

[246] Vgl. hierzu den Originalartikel von DORNBUSCH (1976) sowie bspw. die Lehrbuchdarstellungen von DE GRAUWE (1996), S. 110 ff., oder die vereinfachte Version in DIECKHEUER (2001), S. 308 ff.

KKPTs und der Quantitätstheorie unterstellt. In der kurzen Frist ist das Güterpreisniveau jedoch fixiert und weist mittelfristig eine träge Anpassung bei Ungleichgewichten auf dem Gütermarkt auf. Die ungedeckte Zinsparität ist zu jeder Zeit gewährleistet, so dass der Wechselkurs und das Zinsniveau als Sprungvariablen modelliert sind, die sich unmittelbar in Reaktion auf *News* ändern. Da keine Risikoprämie modelliert ist, liegt vollkommene Substituierbarkeit zwischen in- und ausländischen Wertpapieren vor. Das Modell gehört zu der Klasse der Modelle kleiner offener Volkswirtschaften, so dass das ausländische Preisniveau sowie der ausländische Zinssatz als exogen betrachtet werden.[247] Die Marktteilnehmer bilden ihre Wechselkurserwartungen rational auf Basis der regressiven Erwartungshypothese, dass heißt sie kennen die Struktur und Parameterwerte des Modells und können daher die Anpassungsgeschwindigkeit des tatsächlichen an den gleichgewichtigen Wechselkurs so berechnen, dass keine Erwartungsfehler auftreten. Sie besitzen daher in diesem deterministischen Modellrahmen *perfect foresight*. Dadurch lässt sich bei einer Geldmengenänderung ein Überschießen des Wechselkurses über seinen langfristigen Gleichgewichtswert modellieren. Eine expansive geldpolitische Maßnahme verursacht eine Zinssenkung und eine Abwertungserwartung. Da das Preisniveau kurzfristig konstant ist und daher diese Störung noch nicht mitabsorbieren kann, sinkt das Zinsniveau unter seinen langfristigen Gleichgewichtswert und räumt damit den Geldmarkt. Die entstehende Renditedifferenz zugunsten des Auslands löst Nettokapitalexporte aus, die zu einer Abwertung der inländischen Währung führen und den internationalen Renditeausgleich wiederherstellen.[248] Diese faktische Abwertung ist zwingend höher als die langfristige im neuen Gleichgewicht, denn sie muss so hoch ausfallen, dass eine Aufwertungserwartung entsteht, die exakt den Zinsnachteil des Inlandes kompensiert. Eine Aufwertungserwartung kann es jedoch nur oberhalb des langfristigen Gleichgewichtswechselkurses geben, so dass der Wechselkurs dieses Niveau „überschießt". Sobald die nominale wie auch auf Grund der Preisniveauträgheit die reale Abwertung die Leistungsbilanz verbessern und daher einen Güternachfrageüberschuss auslösen, erhöht sich das Preisniveau allmählich. Die dadurch steigende nominelle Geldnachfrage führt zu Zinssteigerungen, die Nettokapitalimporte induzieren und die heimische Währung bis auf ihr langfristiges gleichgewichtiges Niveau aufwerten. Das Dornbusch Modell liefert daher eine theoretische Erklärung für die hohe und exzessive Volatilität am Devisenmarkt sowie die ausgeprägte Korrelation zwischen realen und nominalen Wechselkursen.[249]

Obwohl die Einführung von Preisrigiditäten auf dem Gütermarkt sicherlich mehr Realität in das monetäre Modell bringt, so kann jedoch ebenso wie bei dem ZPT auch hier die angenommene vollkommene Substituierbarkeit in- und ausländischer Wertpapiere kritisiert werden. Die Leistungsbilanz hat in diesem Modell keinen direkten Einfluss auf den Wechselkurs und Währungssubstitution ist nicht zugelassen. Aus Portfolio-

---

[247] Eine Zwei-Länder Variante dieses Modells findet sich z. B. in BHANDARI (1980).

[248] Damit besteht im Gegensatz zum monetären Ansatz bei vollständig flexiblen Preisen ein negativer Zusammenhang zwischen der internationalen Zinsdifferenz und dem Wechselkurs. Eine Verbindung der beiden Ansätze durch eine i.Vgl. zu Dornbusch modifizierte Erwartungsbildung findet sich bei FRANKEL (1979).

[249] Vgl. HEUBES/KNOPPIK (2000) sowie DE GRAUWE (1996), S. 110 ff.

überlegungen wäre es denkbar, dass bei einer erwarteten Abwertung der eigenen Währung nicht nur in ausländische Wertpapiere umgeschichtet wird, sondern auch in ausländisches Geld. Vermögenseffekte bleiben zudem außen vor und besonders gravierend erscheint, dass eine gespaltene Rationalität unterstellt wird. So sind die Wirtschaftssubjekte zwar in der Lage, den Wechselkurs korrekt zu antizipieren, in Bezug auf die Güterpreise oder die Zinssätze gilt dies jedoch nicht.[250] Diese gespaltene Rationalität gilt für nahezu alle Wechselkursmodelle mit rationalen Erwartungen. Dies ist jedoch grundsätzlich nicht zu rechtfertigen, da die Annahme, die Wirtschaftssubjekte kennen die wahre Struktur des Modells logischerweise dazu führt, dass sie auch in Bezug auf alle anderen Größen rationale Erwartungen bilden würden. Diese logische Inkonsistenz äußert sich z. B. im monetären Wechselkursmodell von Dornbusch dadurch, dass die Wirtschaftssubjekte ebenso rationale Inflationserwartungen bilden müssten. Täten sie dieses, so würden sie bei einer expansiven Geldpolitik und der antizipierten Inflation nicht nur Kapital ins Ausland transferieren, sondern ebenso in Güter und Realkapital (z. B. Immobilien) umschichten. Falls die daraus resultierende Zinssteigerung die Zinssenkung der geldpolitischen Maßnahme kompensiert bzw. sogar überkompensieren sollte, ist es denkbar, dass es zu keinem Überschießen des Wechselkurses kommt und damit das fundamentale Ergebnis des Modells ausbleibt.[251]

Die empirischen Überprüfungen des Dornbusch-Modells bescheinigen, wie für die vorangegangenen Modelle auch, eine schwache Erklärungskraft für empirische Wechselkursverläufe. Driskill findet zwar für den Wechselkurs Schweizer Franken zu US$ im Zeitraum 1973 bis 1977 durchaus Unterstützung[252] aber auf der anderen Seite stellt Demery auf dem gleichen Datensatz mit einer anderen Schätzmethode ein „Unterschießen" des Wechselkurses fest. Backus lehnt das Modell für den Kanadischen zum US$-Wechselkurs im Zeitraum 1971 bis 1980 klar ab. Obwohl Papell das *Overshooting*-Phänomen für Deutschland an Hand von Vierteljahresdaten im Zeitraum 1973 bis 1984 nachweisen kann, so stellt er für Japan im gleichen Zeitraum ein Unterschießen fest. Dies sieht er dennoch als konsistent mit dem Dornbusch-Modell an, da Unterschießen bei variablem Realeinkommen auftreten kann. Für die USA und Großbritannien kann er jedoch keine eindeutige Bestätigung des Modells finden. Zudem ist die in dem Modell implizit beinhaltete proportionale Beziehung von Änderungen des realen Wechselkurses und der internationalen Realzinsdifferenz in der Empirie nicht nachzuweisen.[253]

---

[250] LÜDIGER (1989) hat daher das Modell um Zinserwartungen erweitert.

[251] Vgl. KNOLL (1981), S. 21 und S. 94.

[252] Driskill findet einen Wert für die Elastizität der nominellen Wechselkursänderung in Bezug auf einen unvorhergesehenen monetären Schock, der größer als Eins ist.

[253] Siehe hierzu die knappe Zusammenfassung von MACDONALD (1995), S. 29 sowie die dort angegeben Literatur. Empirische Tests des Dornbusch Modells sind zu finden in DRISKILL (1981), BACKUS (1984), DEMERY (1984), PAPELL (1988) und FRANKEL (1979). Vgl. DE GRAUWE (1996), S. 132 ff., zu einer Untersuchung über die empirische Relevanz des Dornbusch Modells während der US$-Aufwertung Anfang der 80er Jahre.

Im *Portfolio-Balance-Modell* [254] als dritte Ausprägung der Geldmarktansätze zur Wechselkursbestimmung wird die Annahme der vollständigen Wertpapiersubstituierbarkeit aufgegeben und damit akzeptiert, dass unterschiedliche Kreditrisiken, politische Risiken, Kapitalverkehrskontrollen oder Transaktionskosten bei risikoaversen Marktteilnehmern einen vollständigen Renditeausgleich verhindern können. Der Unterschied in den Zinssätzen zweier Länder spiegelt somit im Gegensatz zur ungedeckten Zinsparität nicht nur das erwartete Wechselkursänderungsrisiko wider, sondern stellt ebenso eine Prämie für die Übernahme der oben genannten Risiken dar.[255] Die ungedeckte Zinsparität gilt daher in diesem Modell nicht. Die unvollständige Wertpapiersubstituierbarkeit öffnet den Weg für eine internationale Portfoliodiversifikation, über die die Risiken gestreut werden können. Der Wechselkurs wird aus Anpassungen in der Portfoliostruktur des privaten Sektors und damit aus dem Angebot und der Nachfrage nach allen in- und ausländischen Vermögenstiteln – nicht nur nach Geld wie in den beiden vorherigen Ansätzen – erklärt.[256] Das (Finanz-)Vermögen des privaten Sektors besteht dabei aus den drei Vermögenstiteln inländisches Geld M, inländische Wertpapiere B, die als inländische Staatspapiere aufgefasst werden können und ausländische Wertpapiere B^*, die über den Wechselkurs in Inlandswährung umgerechnet werden. Das Modell stellt somit einen Bestands-Stromgrößen-Ansatz dar und modelliert explizit die Märkte für inländische und ausländische zinstragende Titel, statt über die Zinsparität einen Renditeausgleich vorauszusetzen. Ebenso unterscheidet es sich von den beiden vorherigen Modelle dadurch, dass es nicht die Gültigkeit des KKPTs – weder in der kurzen noch in der langen Frist – unterstellt. Das langfristige Gleichgewicht wird stattdessen durch eine ausgeglichene Leistungsbilanz definiert. Da in einem Regime freier Wechselkurse ein Überschuss in der Leistungsbilanz exakt durch ein Defizit in der Kapitalverkehrsbilanz ausgeglichen wird und dies einer zusätzlichen Verschuldung des Auslands im Inland gleichkommt, gibt der Leistungsbilanzüberschuss in Auslandswährung die Akkumulationsrate von B^* wieder ($\Delta B^* = LB/e$). In der kurzen Frist wird der Leistungsbilanzsaldo als gegeben unterstellt und passt sich in der mittleren Frist träge an Wechselkursänderungen an. Damit ist kurzfristig die Nettoauslandsposition eines Landes ebenso festgelegt. Nachfrageänderungen nach B^* können somit in der kurzen Frist nur über Wechselkursanpassungen ausgeglichen werden. Das Preisniveau ist fixiert, sowohl in der kurzen als auch in der langen Frist.

In einer einfachen Variante des Portfoliomodells werden die inländische Geldmenge und die inländischen Wertpapiere ausschließlich von Inländern gehalten, so dass das einzige finanzielle Bindeglied zwischen In- und Ausland das ausländische Wertpapierangebot ist.[257] Die Nachfrage nach diesen Vermögenstiteln ist abhängig von den Renditen der in- und ausländischen Wertpapiere sowie vom Vermögen. Es wird jedoch

---

[254] Die wegweisenden Arbeiten zu diesem Modell gehen zurück auf BRANSON (1977), S. 69 ff., sowie KOURI (1976), S. 280 ff. Siehe auch BRANSON/HENDERSON (1985).

[255] Vgl. ISARD (1997), S. 111.

[256] Im Modell mit flexiblen Preisen hat der internationale Kapitalverkehr keinen eigenständigen Einfluss auf die Wechselkursbestimmung und im Dornbusch-Modell ist dieser nur temporär wirksam.

[257] Vgl. hierzu wie auch zu einer Klassifizierung alternativer Portfoliomodelle GEIGER (1996), S. 49 ff. Falls Inländer auch ausländisches Geld M^* halten können, spricht man von Währungssubstitutionsmodellen.

eine optimale Portfoliostruktur unterstellt, so dass die relative Nachfrage nach den drei Vermögenstiteln bei Vermögensänderungen unberührt bleibt (die Portfolioanteile sind in Bezug auf das Vermögen homogen vom Grade Eins). Die Rendite ausländischer Wertpapiere ergibt sich aus der Summe ihrer nominellen Verzinsung und der erwarteten Abwertungsrate. Da häufig statische Erwartungen unterstellt werden, ist die erwartete Abwertungsrate gleich Null.[258] Der Auslandszinssatz i^* ist eine exogene Größe, da von einer kleinen Volkswirtschaft ausgegangen wird. Störungen, wie z. B. eine kreditfinanzierte Staatsausgabenerhöhung (Erhöhung des Angebotes an B), lösen Anpassungsprozesse in der Portfoliostruktur über Zins- und Wechselkursänderungen aus.

Eine Erhöhung von M über eine expansive Offenmarktpolitik verursacht bspw. eine Zinssenkung, um dem privaten Sektor einen Anreiz zu geben, Wertpapiere an die Zentralbank zu verkaufen und die zusätzliche Geldmenge aufzunehmen. Da der private Sektor nun in seinem Portfolio einen erhöhten Anteil unverzinstes Geld und relativ geringer verzinste inländische Wertpapiere hält, wird er versuchen, zugunsten der relativ höher verzinsten ausländischen Wertpapiere umzuschichten. Da in der kurzen Frist jedoch das ausländische Wertpapierangebot fixiert ist, können die inländischen privaten Wirtschaftssubjekte insgesamt ihre ausländische Wertpapierhaltung nicht erhöhen, so dass die inländische Währung sprunghaft abwertet und so den Kauf ausländischer Wertpapiere so teuer macht, dass sich die Umschichtung nicht mehr lohnt. Die kurzfristige Wirkung der Geldmengenerhöhung ist folglich eine Zinssenkung und eine Abwertung. Die bestehende Differenz zwischen in- und ausländischem Zins ist bei den hier unterstellten statischen Erwartungen als Risikoprämie zu interpretieren. Diese Prämie ist im Modell abhängig von dem relativen Angebot an B im Vergleich zu B^*. Da die Geldmengenerhöhung das den Bestand an B in Händen des privaten Sektors verringert hat, besteht ein relativ höheres Risiko bei ausländischen Wertpapieren, das exakt der Zinsdifferenz entspricht.

In der mittleren Frist führt die Abwertung der inländischen Währung bei Gültigkeit der Marshall-Lerner Bedingung und damit einer „normalen“ Reaktion zu einer Verbesserung der Handels- und dadurch der Leistungsbilanz. Dieser Effekt hat Rückwirkungen auf die Finanzmärkte, denn durch die Leistungsbilanzverbesserung erwerben die inländischen Wirtschaftssubjekte zusätzliche ausländische Wertpapiere B^*, die sie nur bereit sind aufzunehmen, wenn sie durch einen zusätzlichen Ertrag in Form einer Risikoprämie entschädigt werden. Diese Risikoprämie drückt sich in einer Aufwertung der inländischen Währung aus, die einer Preissenkung für B^* gleichkommt.[259] Das Angebot an ausländischen Wertpapieren wird somit in der mittleren Frist zu einer endogenen Größe, da die güterwirtschaftliche Stromgröße Leistungsbilanz die finanzwirtschaftliche Bestandsgröße B^* beeinflusst.

---

[258] GEIGER (1996), S. 68 ff., diskutiert den Einfluss alternativer Erwartungsbildungshypothesen auf die Stabilität und die Modellergebnisse ausführlich. Da in diesem Modell drei endogene Variablen, inländischer Zins, Wechselkurs und erwarteter Wechselkurs enthalten sind, jedoch nur zwei der drei Gleichgewichtsbedingungen für die Märkte M, B und B^* unabhängig voneinander sind, muss eine zusätzliche Bedingung zur Gleichgewichtsbestimmung eingeführt werden, die gewöhnlich in einer Hypothese über den erwarteten Wechselkurs besteht. Vgl. ISARD (1997), S. 117.

[259] Vgl. DE GRAUWE (1996), S. 117 ff.

Um ein langfristiges Gleichgewicht zu erreichen, muss die Leistungsbilanz wieder ausgeglichen sein, so dass keine weitere Änderung von B^* mehr erfolgt. Da in der mittleren Frist der private Sektor zusätzliche ausländische Wertpapiere erwirbt, steigen seine ausländischen Zinseinkommen, die sich in der Dienstleistungsbilanz niederschlagen. Aus diesem Grund muss der Wechselkurs unter sein Ausgangsniveau fallen, damit der Handelsbilanzsaldo negativ wird und die Leistungsbilanz exakt durch die positive Dienstleistungsbilanz ausgeglichen wird. Der Wechselkurs überschießt also auch hier sein langfristiges Gleichgewicht, jedoch ohne träge Preisanpassung, sondern durch eine träge Anpassung der Leistungsbilanz.[260]

Aus theoretischer Sicht wiegt insbesondere die Nichtberücksichtung von Preiseffekten schwer. Die Handelsbilanz ist dadurch letztlich ausschließlich vom nominellen Wechselkurs abhängig. Ebenso kritisiert wird die enge Abgrenzung des Vermögens, in dem das Sachkapital außen vorbleibt. Sollte Sachkapital eine unterschiedliche Rendite aufweisen als die Ertragsrate von Wertpapieren, so wäre gerade das Portfoliomodell der geeignete Ansatz, dies abzubilden.[261] Ebenso ist die Annahme eines kurzfristig fixierten ausländischen Wertpapierangebotes unrealistisch. Eine erwünschte Umschichtung des privaten Portfolios kann sich dadurch nicht im Kapitalverkehr ausdrücken, sondern nur in dem Wunsch nach Kapitalverkehr.[262] Das private Portfolio wird folglich nicht umgeschichtet, sondern durch eine Wechselkursänderung nur umbewertet.[263]

Im Vergleich zu den bisher vorgestellten Modellen wurde das Portfoliomodell nicht so umfassend getestet. Dies liegt überwiegend an der schwierigen Datenbeschaffung insbesondere bei der Messung des Bestands an ausländischen Wertpapieren in den Händen des inländischen privaten Sektors. Oft ist nur die Vermögensposition gegenüber dem gesamten Ausland bekannt, nicht aber gegenüber einem einzelnen Land. Letztere wird aber für empirische Tests in Bezug auf bilaterale Kurse zwingend benötigt. Ältere Tests begegneten diesen Problemen, indem sie die Nettoauslandsposition gegenüber einem Land durch die kumulierten bilateralen Leistungsbilanzsalden annäherten und vereinfachten zudem die Testgleichungen durch Nichtberücksichtigung der ausländischen Geldmenge und des theoretisch unbestimmten Einflusses inländischer Wertpapiere auf den Wechselkurs. Das erste Vorgehen stellt jedoch nur eine sehr grobe Vorgehensweise dar, denn die Kumulation von Leistungsbilanzsalden berücksichtigt keinerlei Wertänderungen durch Kurs- bzw. Zinsvariationen und unterstellt, dass sämtliche ausländischen Wertpapiere in ausländischer Währung nominiert sind und der inländische private Sektor sämtliche inländischen Wertpapiere hält. Aber nicht alle inländischen Wertpapiere werden, wie in dem Modell angenommen, in inländischer Währung emittiert. Sollte der deutsche Staat oder eine deutsche Unternehmung eine US$-Anleihe herausgeben, so steigt zwar das inländische Wertpapierangebot, aber in

---

[260] Vgl. ROSE/SAUERNHEIMER (1999), S. 223 ff.

[261] Vgl. FILC (1987), S. 57 ff.

[262] Es gilt zu beachten, dass kein internationaler Kapitalverkehr möglich ist, denn die ausländischen Wertpapiere in Besitz der Inländer sind vorgegeben. Somit ist die Aussage nicht gleichzusetzen mit keinem Nettokapitalverkehr, denn die Inländer haben gar keine Möglichkeit inländische Wertpapiere gegen ausländische zu tauschen.

[263] SIEBERT (2000), S. 304 und LEVICH (1985), S. 1014.

US$ und nicht in Euro. Obwohl jüngere Untersuchungen genauer bei der Datenbeschaffung und -behandlung vorgehen, bleiben die Ergebnisse enttäuschend.[264] Wie bei allen existierenden Wechselkursmodellen ist das Portfoliomodell in der Lage, in bestimmten Zeitabschnitten und bei bestimmten Währungen gute Testergebnisse, dass heißt signifikante und korrekte Vorzeichen der Parameter in den Testgleichungen, zu liefern. An anderen Stellen verliert es jedoch seinen Aussagegehalt.[265] Eine Implikation des Modells ist die Existenz einer Risikoprämie die von dem relativen Angebot an B im Vergleich zu B^* abhängig ist. Aus diesem Grund ist versucht worden, eine stabile oder systematische Beziehung zwischen einer Risikoprämie und diesem relativen Wertpapierangebot zu finden. Die Ergebnisse sind ebenfalls überwiegend enttäuschend.[266]

Die bislang dargestellten Wechselkursmodelle gehören alle zu der Klasse der reinen fundamentalökonomischen Makro-Ansätze. Sie modellieren daher eine systematische Beziehung zwischen makroökonomischen Größen und dem Wechselkurs. Die modellierten Wirkungsrichtungen fasst die Tabelle 2.4 über die Vorzeichen der partiellen Ableitungen zusammen. Die erklärenden Größen sind als Differenzen zwischen dem In- und Ausland in logarithmierten Größen zu verstehen.

Tabelle 2.4: Vorzeichen der partiellen Ableitungen erklärender Größen in Bezug auf den Wechselkurs, geordnet nach theoretischen Modellen

Theorie	$m-m^*$	$y-y^*$	$i-i^*$	$\pi-\pi^*$	$b-b^*$
KKPT				+	
ZPT (+ rationale Erw.)			+		
monetäres Modell	+	–	+	+	
Dornbusch-Modell	+	–	–	+	
Portfoliotheorie	+	–	–		+

Erläuterung: Die kleingeschriebenen Größen in der Kopfzeile stellen logarithmierte Werte dar.

Quelle: Eigene Darstellung.

Die Tabelle verdeutlicht die fundamentalökonomischen Größen, die Eingang in verschiedene Theorien finden, und zeigt ihre teilweise unterschiedliche theoretische Wirkungsrichtung. Sie macht zudem deutlich, dass der nominelle Wechselkurs sowohl von realen wie auch von nominalen Größen abhängt. Das relative Wertpapierangebot $b-b^*$ besitzt nur in der Portfoliotheorie eine eigenständige Wirkung auf den Wechselkurs und wird durch die Fiskalpolitik und den Leistungsbilanzsaldo bestimmt.

Die knappen Ausführungen zu der empirischen Aussagekraft dieser Modelle haben jedoch gezeigt, dass die Realität offensichtlich keine systematische Beziehung dieser Art erkennen lässt. Das bedeutendste Kriterium für die Güte eines Modells ist seit dem vielzitierten Artikel von Meese und Rogoff 1983 die Prognosetauglichkeit bei *out-of-*

[264] Zu einer Übersicht der Teststudien siehe GEIGER (1996), S. 103 ff.

[265] Vgl. bspw. die Fallstudie in DE GRAUWE (1996), S. 134 ff., sowie GOLUB (1989) und BACKUS (1984).

[266] Vgl. BRAUNHART (1989), S. 97 ff., für den US$/DM-Wechselkurs sowie die entsprechenden Seiten für andere Währungspaare. Siehe hierzu auch FRANKEL (1982). Empirisch getestet wird das Portfoliomodell ebenso in BRANSON ET AL. (1977) und LEWIS (1988).

sample Prognosen.[267] In dieser Arbeit testen die beiden Autoren zahlreiche strukturelle Wechselkursmodelle gegenüber dem *random-walk*-Modell. Das *random-walk*-Modell verwendet den aktuellen Wechselkurs als Prognose für den zukünftigen und lässt daher fundamentalökonomische Größen völlig außer Acht. Obwohl die von Meese und Rogoff durchgeführten *out-of-sample* Tests, die sogar in einer Form die tatsächlichen Größen im Prognosezeitraum beinhalten, die zu den jeweiligen Zeitpunkten den Marktteilnehmern gar nicht bekannt waren, ist das für Ökonomen enttäuschende Ergebnis, dass keines der strukturellen Modelle in der Lage ist, das *random-walk*-Modell zu schlagen. Zudem ist die Prognosegüte des *random-walk*-Modells äußerst schwach.[268] Abgesehen von der Prognosegüte können viele der im Abschnitt 2.2 dargestellten Fakten auf den Devisenmärkten nicht durch die monetären Ansätze erklärt werden. Innerhalb bestimmter Zeiträume und für bestimmte Währungspaare können einzelne konkrete Ausprägungen eines Modells mit der Realität vereinbart werden, es fehlt jedoch an einem umfassenden Ansatz, der in der Lage ist, Erklärungen unabhängig von bestimmten vergangenen Episoden zu geben. Es erscheint, als könne man ex-post und fallweise plausible fundamentalökonomische Argumente für eine bestimmte Entwicklung einer Währung geben, aber solange dies nur der Fall ist, wird die Theorienbildung dieser Richtung keine Prognosekraft für die Zukunft vorzeigen können und ist daher ein schlechter Ratgeber für Politik und die Finanzmarktteilnehmer.[269] Die Phänomene, die durch die dargestellten Ansätze ungeklärt bleiben, sind:

- die exzessive Volatilität von Wechselkursen,
- Volatilitätscluster,
- das enorm hohe Handelsvolumen,
- vorhersehbare/prognostizierbare *excess returns* durch den *forward discount bias*,
- die unterschiedliche Reaktion von Wechselkursen auf ähnliche Störungen,[270]
- die dauerhafte und große Abweichung der Wechselkurse von Fundamentalkursen.

In Bezug auf den letzten Punkt muss darauf hingewiesen werden, dass die bislang dargestellten Modelle zwar temporäre Abweichungen von Fundamentalkursen in Form von bspw. Kaufkraftparitätenkursen erklären können, die Dauer der beobachtbaren Abweichungen jedoch in deutlichem Widerspruch zu den theoretisch erwarteten Zeiträumen steht.[271] Frankel stellt z. B. in einem Datensatz über den GBP/US$-Wechselkurs von 1869 bis 1984 eine Halbwertzeit von Kaufkraftparitätenabweichungen von 4,6 Jahren fest. Die Zahl bedeutet, dass es 4,6 Jahre dauert, bis die Hälfte einer Abweichung von der Kaufkraftparität abgebaut ist.[272] Die Enttäuschung über die schwache Prognosetauglichkeit der bisher vorgestellten Modelle und die ungeklärten Fakten auf den Devisenmärkten führten zu unterschiedlichen Entwicklungen in der weiteren ökonomischen und ökonometrischen Forschung. Die Fortschritte in der Ökonometrie wie

---

[267] Vgl. FRANKEL/ROSE (1995), S. 1703.

[268] Vgl. ISARD (1997), S. 138.

[269] Vgl. DE GRAUWE (1996), S. 149 f.

[270] Vgl. EBENDA (1996), S. 166.

[271] Vgl. ROGOFF (1996), S. 654.

[272] Vgl. FRANKEL (1986).

bspw. die Aufhebung der angenommenen Strukturkonstanz des zu testenden Modells durch die Einführung von *equation dynamics*[273], vermehrter Einsatz nicht-linearer Modelle, die unter anderem durch Künstliche Neuronale Netze (KNN) realisiert werden,[274] oder Cointegration und Vektorautoregression, konnten jedoch weder die Vorherrschaft des *random-walk*-Modells ablösen noch zu einem höheren Erklärungsgehalt der dargestellten Theorien beitragen.[275]

Auf dem Weg des ökonomischen Modellbaus stellt die bereits weiter oben erwähnte *Vermögenspreistheorie (asset-market approach)*[276], die ihren Ursprung Mitte der 80er Jahre fand, den nächsten Meilenstein dar. Sie ist eine Übertragung der Erkenntnisse aus den Aktienmärkten auf die Devisenmärkte und sieht Wechselkursänderungen vornehmlich erwartungsgetrieben.[277] Unter der Annahme, dass alle gegenwärtigen Informationen bereits in den Wechselkursen „eingepreist" sind, werden die zum größten Teil zufällig erscheinenden Wechselkursbewegungen auf sog. *News* zurückgeführt. Die Vermögenspreistheorie löst sich damit von der Vorstellung eines stabilen zugrundeliegenden Modells und konzentriert sich darauf, die permanenten Abweichungen von Fundamentalkursen zu erklären.[278] Ständige unvorhersehbare Ereignisse lösen danach sofortige Wechselkursanpassungen aus, die damit ebenso nicht prognostizierbar sind. Es ist nicht notwendig, dass sich Fundamentaldaten ändern, es reicht bereits eine Ankündigung (bspw. einer Änderung der Wirtschaftspolitik) bzw. eine Erwartung, dass sie sich ändern werden, um Wechselkursanpassungen auszulösen. Schreibt man den aktuellen Wechselkurs e_t in Abhängigkeit von einem Vektor fundamentaler Daten v_t und der Wechselkurserwartung E_te_{t+1} so erhält man:

(2.19) $$e_t = v_t + \alpha \cdot E_te_{t+1}$$ Ausgangsgleichung der Vermögenspreistheorie

Der Parameter α kann als Diskontierungsfaktor aufgefasst werden mit dem der erwartete Wechselkurs in t+1 in den tatsächlichen in t eingeht. Durch Verschiebung dieser Gleichung um eine Periode und anschließende Erwartungsbildung kann die dadurch erzielte Gleichung in (2.19) für den erwarteten Wechselkurs eingesetzt werden. Durch

---

273 Hinter diesem Begriff verbergen sich Ansätze, die zeitvariierende Parameter (*time-varying parameter approaches*) beinhalten und der empirischen Erkenntnis Rechnung tragen, dass bestimmte makroökonomische Größen zu unterschiedlichen Zeitpunkten unterschiedliche Bedeutung haben. Vgl. CHEUNG/CHINN (1999), S. 10. Zu empirischen Tests mit Strukturmodellen und zeitvariierenden Parametern siehe WOLFF (1987).

274 Einen Überblick über den Fortschritt auf diesem Gebiet gibt ZHANG ET AL. (1998).

275 So auch FRANKEL/ROSE (1995), S. 1704. Das interessante an diesen Ergebnissen ist, dass keine wesentlichen Konsequenzen in der Lehre daraus gezogen wurden. So schreibt DE GRAUWE (1996), S. 131: „*They* [Untersuchungen, die ökonometrische Modelle auf Grundlage struktureller fundamentalökonomischer Modelle bzgl. ihrer empirisch Relevanz testeten, Anm. des A.] *should also have discredited the theoretical models that were used to specify the econometric equations. ... And yet, surprisingly, this did not happen. The same theoretical models continue to be taught in the classrooms, ...*."

276 Die Vermögenspreistheorie geht im Wesentlichen auf die Arbeit von FRENKEL/MUSSA (1985) zurück.

277 Eine Übersicht über die Entwicklung von Finanzmarktansätzen auf Devisen-, Aktien- und Wertpapiermärkten sowie den ungeklärten Phänomenen (auch als *puzzles* bezeichnet) gibt COCHRANE (1999).

278 Vgl. MUSSA (1993), S. 24 und FRANKEL/ROSE (1995), S. 1699.

theoretisch unendlich viele Wiederholungen dieses Vorgehens (Vorwärtsiteration) ergibt sich als partikuläre Lösung der Differenzengleichung[279]

(2.20) $$e_t = \sum_{\tau=0}^{\infty} \alpha^{\tau} \cdot E_t v_{t+\tau} .$$

Der Wechselkurs wird somit ausschließlich fundamentalökonomisch bestimmt. Geht man nun davon aus, dass die Fundamentaldaten nicht gänzlich korrekt antizipiert werden können und teilt die Erwartung auf der rechten Seite nach dem Summenzeichen in einen korrekt erwarteten Teil $E_t v_{t+\tau}^{korrekt}$ und in einen zufälligen $u_{t+\tau}$ auf, so lässt sich die Gleichung (2.20) wie folgt schreiben:

(2.21) $$e_t = \sum_{\tau=0}^{\infty} \alpha^{\tau} \cdot (E_t v_{t+\tau}^{korrekt} + u_{t+\tau})$$ Vermögenspreistheorie (News-Ansatz)

Die Gleichung (2.21) verdeutlicht, dass Wechselkursänderungen nur durch zufällige bzw. unerwartete Ereignisse eintreten können und sprunghaft stattfinden. Alles was heute bereits bekannt ist und korrekt erwartet wird, ist bereits im aktuellen Wechselkurs enthalten. Vorhergesehene Änderungen sind ausgeschlossen, da sie eine risikolose Gewinnsituation darstellen würden und somit sofort eleminiert werden.

Obwohl die Vermögenspreistheorie die Fundamentalgrößen nicht spezifiziert, so muss bei ihrer empirischen Überprüfung dennoch ein Modell zugrundegelegt werden, damit die Bestandteile von v bestimmt sind und die unerwartete Komponente identifiziert werden kann. Problematisch ist die unterstellte Devisenmarkteffizienz und die damit verbundene Rationalitätsannahme. Eine umgehende und korrekte Umsetzung neuer Informationen in die Preise ist zu bezweifeln, ebenso wie die Fähigkeit, dass alle Marktteilnehmer ihre einheitlichen Erwartungen über Fundamentaldaten in die gleiche Wechselkurserwartung und damit in den Kurs überführen. Der positive Beitrag dieses Ansatzes ist daher in seiner Betonung auf die Bedeutung von Wechselkurserwartungen für die Kursentwicklung zu sehen. Nahezu alle nachfolgenden Modelle haben der Erwartungsbildung eine weitaus größere Bedeutung beigemessen als die bisherigen Modelle und ihr durch die Aufgabe der Annahme rationaler, fundamentalorientierter Erwartungen mehr Eigenständigkeit verliehen.

Die empirischen Untersuchungen zu diesem Modell haben das Problem, dass sie Annahmen über die korrekt erwarteten Fundamentaldaten machen müssen, um Abweichungen von dem sich bei diesen erwarteten Daten ergebenden Wechselkurs auf *News* zurückführen zu können. Die Ergebnisse eines empirischen Tests sind daher immer vor dem Hintergrund der zugrunde gelegten Annahmen zu sehen. Letztlich kann jeder beliebige Wechselkursverlauf mit dem ‚*News*'-Ansatz vereinbart werden, solange nicht bekannt ist, *welche* Neuigkeiten die Marktteilnehmer *wie* in Erwartungen umsetzen.[280] Ein vielfach kritisierter Punkt ist die Verwendung von Daten, die zu dem Zeitpunkt der Erwartungsbildung noch gar nicht vorgelegen haben. Oft werden *News* als Abweichung der tatsächlichen Zeitreihe von einem statistischen Prozess auf dieser

---

[279] Der *bubble*-Term findet erst in der Theorie der rationalen spekulativen Blasen Beachtung.

[280] Vgl. SCHELBERT/GRANZIOL (1985), S. 189 und OROSEL (1985), S. 102.

Zeitreihe wie bspw. ARIMA gemessen, der die Erwartungsbildung der Marktteilnehmer wiedergeben soll. Damit wird allerdings erstens unterstellt, dass die Marktteilnehmer die Parameter dieses Prozesses über den gesamten Testzeitraum kennen, obwohl sie erst allmählich die Daten des Testzeitraums erfahren haben, und zweitens, dass alle anderen verfügbaren Informationen keine Rolle bei der Erwartungsbildung spielen.[281] Aus diesem Grund ist man dazu übergegangen, Datensätze über sog. *announcements* zu erstellen, die einen besseren Aussagegehalt über *News* besitzen sollen. Dabei sind intensiv geldpolitische Ankündigungen der *Federal Reserve Bank* in den USA untersucht worden, wie auch in einigen Studien zusätzlich weitere Ankündigungen über fundamentalökonomische Größen.[282] Es gilt als weitgehend unbestritten, dass solche Ankündigungen in der sehr kurzen Frist[283] einen nachweisbaren Effekt auf den Wechselkurs haben wobei aber die Richtung des Einflusses unbekannt ist. Es ist bemerkenswert, dass sich Ankündigungen in einen erwarteten und in einen unerwarteten Teil aufteilen lassen und beide sowohl Tage vor der Ankündigung wie auch danach wirksam sind. Sobald der Effekt auf Wochen- oder Monatswechselkurse untersucht wird, versickern die Wirkungen von *News* in der Fülle von Informationen sehr schnell.[284] Eine dritte Möglichkeit, die erwartete Komponente zu bestimmen, besteht in der Verwendung von Umfragedaten *(survey data)*, die von Marktteilnehmern – in der Regel Devisenhändler – regelmäßig erfasst werden. Mit dieser Methode ist man in der Lage, die Fülle an Daten, die tatsächlich in die Erwartungsbildung eingehen, indirekt zu erfassen. Im Allgemeinen kann jedoch kein signifikanter Zusammenhang zwischen *News* und Wechselkursen konstatiert werden.[285]

Die zu diesem Zeitpunkt existierende Vielfalt an Wechselkursmodellen und insbesondere die ökonometrischen Spezifikationen dieser Ansätze beinhalteten bereits alle denkbaren beobachtbaren fundamentalen Größen, so dass die weitere Forschung in dieser Richtung nur akademischen Wert zu versprechen schien. Meese äußerte sich zur Erklärungskraft der fundamentalorientierten Modelle 1990:

„The proportion of (monthly or quarterly) exchange rate changes that current models can explain is essentially zero."[286]

Ebenso zu diesem Thema Frankel und Rose 1995:

„There appears to be a growing consensus for this conclusion, it is the rule rather than the exception that large movements in exchange rates occur in the absence of plausible or detectable macroeconomic events."[287]

---

[281] Zu dieser Kritik siehe insb. FRANKEL/ROSE (1995), S. 1701 f., sowie CHEUNG/CHINN (1999), S. 7 und MACDONALD (1983).

[282] So bspw. die Untersuchung von HARRIS/ZABKA (1995) in Bezug auf die Veröffentlichung von Arbeitsmarktzahlen in den USA.

[283] Bei solchen Tests in der sehr kurzen Frist muss eine sehr genaue Datenselektion stattfinden, indem Wechselkurse zu den Zeitpunkten der *annoucements* verwendet werden. Vgl. HOPPER (1997), S. 20.

[284] Vgl. AROKIASAMY ET AL. (2000), S. 593 oder auch ALMEIDA ET AL. (1996).

[285] Siehe GOODHART (1990) und EDWARDS (1982, 1983).

[286] MEESE (1990), S. 177. In der langen Frist, d. h. bis zu 16 Quartalen, findet Mark hingegen Prognosekraft für fundamentalökonomisch basierte Modelle. Vgl. MARK (1995).

[287] FRANKEL/ROSE (1995), S. 1707.

Die *Theorie exogener spekulativer Blasen* war Anfang der 80er Jahre ein erster Versuch, sich von der reinen fundamentalökonomischen Position zu lösen.[288] Der Ausgangspunkt dieser Theorie ist ebenso wie beim *asset-market-approach* der maßgebliche Einfluss, den erwartete Kursänderungen auf die tatsächliche Kursentwicklung haben. Während bei diesem Ansatz jedoch nur die partikuläre Lösung der Differenzengleichung betrachtet wurde, steht in der Theorie der spekulativen Blasen die allgemeine Lösung im Mittelpunkt. Dabei werden zwei mögliche Szenarien in Bezug auf die Erwartungsbildung unterstellt. Zum einen wird die Rückkehr des Wechselkurses auf ein fundamental gerechtfertigtes Niveau $\bar{e}$ mit einer Wahrscheinlichkeit α erwartet, zum anderen mit der Gegenwahrscheinlichkeit $(1-\alpha)$ die Fortsetzung der Bewegung auf einem *bubble*-Pfad der allgemeinen Lösung von Gleichung (2.19). Ein *bubble*-Pfad ist eine Bewegungsrichtung, die den Wechselkurs immer weiter von seinem Fundamentalwert wegführt. Die Fortsetzung eines solchen Pfades ist trotz des Wissens der Investoren, dass es irgendwann zu einem Platzen der Blase kommen wird, denkbar, da sie nicht wissen, wann dies passiert. Daher investieren sie in die aufwertende Währung solange, wie der erwartete weitere Kursgewinn sie für das Risiko des Haltens entschädigt. Je höher die Wahrscheinlichkeit des Platzens eingeschätzt wird und damit das Risiko offener Währungspositionen der betrachteten Währung, desto stärker muss diese aufwerten, um durch Kursgewinne eine Risikokompensation zu erzielen. Sinkt die Wahrscheinlichkeit auf Null, platzt die Blase und der Kurs fällt auf sein fundamentales Niveau zurück.[289]

Die Unsicherheit über den Zeitpunkt des Platzens der Blase ist entscheidend für die Einordnung in die Modelle rationaler Erwartungen. Obwohl rationale Erwartungen nicht verhindern können, dass Wechselkurse sich temporär von ihren Gleichgewichtswerten entfernen[290] – siehe bspw. das monetäre Modell von Dornbusch – sind in einem deterministischen Ansatz, bei dem Sicherheit über den Zeitpunkt des Platzens vorliegen würde *(perfect foresight)*, *bubbles* nicht denkbar. Die folgende formale Darstellung verdeutlich diesen Gedanken:

$$\left.\begin{array}{ll} e_t = \alpha\cdot\bar{e} + (1-\alpha)\cdot E_t e_{t+1} & \text{Ausgangsgleichung} \\ E_t e_{t+1} = e_{t+1} & \text{rationale Erwartungen} \end{array}\right\} \Rightarrow e_{t+1} = \frac{1}{1-\alpha}\cdot e_t - \frac{\alpha}{1-\alpha}\cdot\bar{e}$$

$$(2.22) \qquad e_t = \bar{e} + (e_0 - \bar{e})\cdot\left(\frac{1}{1-\alpha}\right)^t \qquad \text{Theorie spekulativer Blasen}$$

Die Ausgangsgleichung führt in Verbindung mit der Annahme rationaler Erwartungen zu der inhomogenen Differenzengleichung erster Ordnung auf der rechten Seite. Die Gleichung (2.22) stellt die Lösung dieser Gleichung dar.[291]

---

[288] Vgl. BLANCHARD (1979), der dieses Phänomen als Erster analysierte.

[289] Es ist jedoch nicht auszuschließen, dass der Kurs unter den fundamentalen Wert fällt und damit eine erneute spekulative Blase in umgekehrter Richtung bzw. in gleicher Richtung aus Sicht der anderen Währung entsteht.

[290] Dies sind dann aber keine spekulativen Blasen!

[291] Die Herleitung gehört zum Standardrepertoire der Wechselkurstheorie und wird daher nur verkürzt dargestellt. Zu ausführlicheren Herleitungen siehe u. a. GEIGER (1996), S. 110 f., oder DIECKHEUER (2001), S. 330 ff.

Wäre der Zeitpunkt des Platzens t^* bekannt, so müsste gelten $e_{t^*} - \bar{e} = (e_0 - \bar{e})\cdot(1 - \alpha)^{-t} = 0$. Da dies jedoch nur bei $(e_0 - \bar{e}) = 0$ möglich ist, gilt zu jeder Zeit $e_t = \bar{e}$ und der Wechselkurs ist ausschließlich fundamental bestimmt. Der ökonomische Grund ist darin zu sehen, dass rationale Investoren versuchen würden, vor dem Zeitpunkt t^* aus dem Markt auszusteigen. Da jedoch alle Marktteilnehmer dies antizipieren und ihre offenen Positionen auflösen, verschiebt sich der Zeitpunkt des Zusammenbruchs immer näher an t, so dass es letztlich erst gar nicht zum *bubble* kommt.[292] Die Unsicherheit über den Zeitpunkt t^* ist damit die grundlegende Voraussetzung für dieses Modell und seine Einordnung in rationale Erwartungsansätze.

Die Schwäche dieser Theorie ist jedoch ihr ad-hoc-Charakter. Wodurch eine Blase entsteht, wie sich die Wahrscheinlichkeiten entwickeln und woran sie sich orientieren, bleibt ebenso wie die Frage nach dem fundamentalen Kurs in diesem Ansatz unbeantwortet. Ebenso kritisch zu sehen ist die implizite Annahme kurzer Erwartungshorizonte, denn je größer die Abweichung vom Fundamentalkurs ist, desto wahrscheinlicher ist das Platzen der Blase, so dass Investoren mit langfristigem Anlagehorizont diese Information ausnutzen werden und den Preis somit wieder auf seinen Fundamentalpfad zurücktreiben würden.[293] Die Theorie beschreibt daher eher Kursbewegungen als dass sie diese erklären könnte.[294] Daher ist es auch in empirischen Untersuchungen nicht überzeugend gelungen, spekulative Blasen nachzuweisen. Solche Untersuchungen beinhalten immer gleichzeitig eine Vorstellung über den fundamentalen Wert *(joint hypothesis)*, so dass bei Fehlspezifikation *bubbles* identifiziert werden, die bei anderen Fundamentalwerten gar nicht vorhanden sind.[295] Eine weitere Schwierigkeit bei der empirischen Suche nach spekulativen Blasen ist die Möglichkeit des Peso-Problems und damit einer fundamental begründeten Erwartung, die eine Abweichung des Wechselkurses von einem auf aktuellen Fundamentaldaten basierenden Wert hervorruft. Solange die Fundamentaldaten sich noch nicht entsprechend der Erwartung geändert haben, erscheint die Bewegung unbegründet zu sein und man könnte geneigt sein, dies als *bubble* zu identifizieren. Weiterhin gelang es nicht, die beschleunigende Eigenschaft des *bubble*-Pfades, die durch den letzten Faktor auf der rechten Seite der Gleichung (2.22) deutlich wird, empirisch festzustellen. Des Weiteren unterstellt die Theorie implizit heterogene Marktteilnehmer, denn ohne diese ließe sich nicht erklären, warum der Kurs stetig nach oben steigt. Wenn alle die gleichen rationalen Erwartungen bilden und damit homogen sind, dann ist keiner am Markt, der bei Kaufwunsch die Verkaufsseite einnimmt.[296] Eine explizite Modellierung von Heterogenität könnte diese implizite Annahme auflösen. Die Theorie der spekulativen Blasen mag als plausible Erklärung für einige wenige Episoden in Zeitreihen herangezogen werden, z. B. die US$-Aufwertung Anfang der 80er Jahre, es wird jedoch bezweifelt, dass sie ein generelles Phänomen sind.[297]

---

[292] Vgl. hierzu insb. DE GRAUWE (1996), 151 f.

[293] Vgl. hierzu FROOT ET AL. (1992), S. 1479.

[294] Vgl. MENKHOFF (1995), S. 59.

[295] Vgl. FLOOD/HODRICK (1990) und die Untersuchung von WU (1995).

[296] Vgl. MENKHOFF (1995), S. 62.

[297] Vgl. DE GRAUWE (1996), S. 153 sowie GAAB (1990).

Der Vermögenspreisansatz und die Theorie der spekulativen Blasen sind also ebenfalls nicht in der Lage, die Beobachtungen auf den Devisenmärkten adäquat zu erklären. Ein stabiler Zusammenhang zwischen Wechselkursen und fundamentalökonomischen Größen scheint weiterhin nicht zu bestehen. Die beiden Ansätze machen jedoch deutlich, dass die Rolle der Erwartungen für diese Schwäche struktureller Ansätze verantwortlich sein kann. Es ist schließlich theoretisch denkbar, dass fundamentale Faktoren den Wechselkurs überwiegend beeinflussen, aber über die Erwartungen über diese Fundamentalfaktoren und eben nicht direkt über die bereits realisierten Werte. Ökonometrische Untersuchungen stellen aktuelle Fundamentalgrößen in Bezug zu aktuellen Wechselkursen. Wenn es aber auf die Erwartung über diese Größen ankommt, dann kann es sein, dass die aktuelle Ausprägung einer Größe wenig aussagt über ihr erwartetes Niveau in der Zukunft. Ist dies der Fall, so stellen empirische Tests nur einen schwachen Zusammenhang fest.[298] Es sei jedoch an dieser Stelle betont, dass fundamentale Faktoren erstens in der mittleren und langen Frist, d.h. ab einem Jahr, durchaus Erklärungskraft besitzen und zweitens sie daher auch von Marktteilnehmern bei ihrer Erwartungsbildung Beachtung finden. Letzteres ist in Interviews und Umfragen empirisch bestätigt (siehe Abschnitt 2.3.2). Obwohl sie alleine die beobachteten Kursentwicklungen an den Devisenmärkten nicht vollständig erklären können und in Phasen zum Teil beachtliche Abweichungen der tatsächlichen Wechselkurse von sog. Fundamentalkursen zu sehen sind, so stellt ihre Einbeziehung in eine umfassende Theorie zur Wechselkursbildung dennoch einen unverzichtbaren Bestandteil dar. Die folgende Tabelle 2.5 stellt einen Versuch dar, die möglichen Erklärungen für den schwachen Zusammenhang zwischen Wechselkursen und Fundamentaldaten zu systematisieren, um neue Wege in der Wechselkurstheorie erkennen zu können.[299]

Tabelle 2.5: Mögliche Ursachen für den schwachen Zusammenhang zwischen Wechselkursen und Fundamentaldaten

Kategorie	Beispiel
Nicht-lineare Zusammenhänge	nicht-lineare Wechselkursmodelle
Quantitative Entkopplung	*Overshooting*
Zeitliche Entkopplung	Peso-Problem variable Erwartungshorizonte Lernprozesse
Qualitative Entkopplung	Zentralbankinterventionen zeitvariable Risikoprämien struktur- und parametervariable Modelle Heterogenität der Marktteilnehmer
Nicht-fundamentale Einflüsse	Technische Analyse Herdenverhalten menschliche Anomalien *Market Sentiment* (Marktpsychologie)

Quelle: in Anlehnung an Menkhoff (1995), S. 27.

[298] Zu einer ähnlichen Anmerkung siehe EVANS/LYONS (2001), S. 22, Fn. 19.

[299] Vgl. MENKHOFF (1995), S. 27 und PILBEAM (2001), S. 56.

Ausgehend von den meist linearen Formen der empirischen Testfunktionen, können nicht-lineare Varianten theoretisch einen stärkeren Zusammenhang zwischen Fundamentaldaten und Wechselkursen ergeben, wenn dieser tatsächlich nicht-linear ist. Die Untersuchungen auf diesem Gebiet zeigen jedoch eher enttäuschende Ergebnisse.[300] Eine quantitative Entkopplung als zweite mögliche Ursache liegt vor, wenn eine Bewegung in eine Richtung auf Seiten der Fundamentaldaten nicht mit einer entsprechenden Wechselkursbewegung korrespondiert. Das Dornbusch-Modell, wie auch die langfristige Variante des Portfoliomodells sind in der Lage, solche Bewegungen zu erklären, da sie zwei entgegengesetzte Kursverläufe auf eine monetäre Störung ergeben. Wie bereits angeführt, scheiden diese Modelle allerdings als umfassende Erklärung ebenfalls aus. Eine zeitliche Entkopplung kann bspw. am Peso-Problem oder an variablen Erwartungshorizonten liegen. In den ökonomischen Modellwelten ist der Erwartungshorizont fast ausschließlich konstant. Dies muss in der Realität aber keineswegs gegeben sein. In Situationen hoher Unsicherheit und Volatilität mögen kurzfristige Erwartungen über Fundamentaldaten einen größeren Einfluss ausüben, während in ruhigeren Phasen eher langfristige Überlegungen dominieren. Jedoch dürfte die empirische Bestimmung der relevanten, nicht-beobachtbaren Horizonte kaum möglich sein. Lernprozesse erklären ebenfalls ein gewisses Maß an zeitlicher Entkopplung und sind zudem sicher existent an den Finanzmärkten. Eine qualitative Loslösung kann durch Interventionen der Zentralbank bedingt sein, die unregelmäßig in das Devisenmarktgeschehen eingreift und Erwartungen beeinflusst. Aber auch im Zeitablauf variable Risikoprämien und permanente Änderungen auf politischer, institutioneller und informationstechnischer Ebene können dafür verantwortlich sein, dass wechselnde qualitative Beziehungen zwischen Wechselkursen und Makrogrößen beobachtet werden ebenso wie fundamentalorientierte Marktteilnehmer, die aber heterogene Vorstellungen haben und unterschiedlichen Einfluss auf die Marktentwicklung ausüben. Die Forschungen in dieser Richtung waren jedoch ebenso nicht von großem Erfolg geprägt. Abschließend kann der schwache Zusammenhang auf nicht-fundamentale Einflüsse zurückzuführen sein. Darunter fällt sicherlich die in der Praxis weit verbreitete technische Analyse, wie auch massenpsychologische Phänomene (z. B. Herdenverhalten[301]) und sog. Anomalien der menschlichen Informationsaufnahme und -verarbeitung, die in Abschnitt 2.5.4 ausführlicher diskutiert werden. In der Praxis wird ebenso auf die Marktpsychologie hingewiesen, die einen eigenständigen Einfluss auf die Marktentwicklung ausüben kann.

Beachtet werden muss auch, dass die Bedingungen zwischen zwei Ländern sich nicht notwendigerweise verändern müssen, um Änderungen des bilateralen Wechselkurses hervorzurufen. So können auch Änderungen in Drittländern zu Wechselkursbewegungen anderer Währungen führen. Die Bank für Internationalen Zahlungsausgleich schreibt bspw. in ihrem Jahresbericht 2000, dass "*Portfolio outflows from the euro area in part may reflect investors' disappointment about losses on euro-denominated*

[300] Siehe bspw. GRIMM (1997).

[301] Zum Beispiel hervorgerufen durch kurze Anlagehorizonte einiger Marktteilnehmer, was dazu führen kann, dass es zu Fokussierungen auf eine Größe kommen kann, die mit dem Fundamentalwert in keiner Beziehung steht. Je mehr Anleger jedoch diese Größe beachten, desto lohneswerter ist es, diese Größe ebenso zu verfolgen, da diese Information in den Preis verstärkt eingeht. Vgl. hierzu das Modell von FROOT ET AL. (1992).

assets in 1999 and surprising gains on Japanese assets.“[302] So kann es folglich sein, dass, weil sich die Anlagechancen in Japan verbessert haben, amerikanische Anleger Positionen in Europa aufgelöst haben und der entstehende amerikanische Kapitalimport zu einer Aufwertung des US$ gegenüber dem Euro geführt hat. Diese Ursachen werden jedoch in Testgleichungen bilateraler Wechselkurse nicht einbezogen, wodurch Fehler entstehen können.

Die Entwicklung des US$ zu Beginn der 80er Jahre und die enorme und rapide Abwertung dieser Währung von Februar 1985 an stimulierte insbesondere die Forschung und Denkrichtung in Bezug auf die nicht-fundamentalen Einflüsse. Die Wechselkurstheorie wandte sich mehr der Mikroebene des Devisenmarktes zu und betonte damit, dass es Verhaltensweisen einzelner Akteure oder Gruppen gibt, die sich nicht durch Aggregation „wegsaldieren“ lassen.[303] Neue Modelle mit sog. Chartisten, *Noise* oder *Positive Feedback Trader*[304] wurden entwickelt, die als zweite Akteure neben Fundamentalisten am Devisenmarktgeschehen beteiligt sind. Damit wurde das Feld der reinen rationalen Makroansätze verlassen und (modell)irrationale Elemente eingeführt. Der Begriff ‚irrational' ist dabei vornehmlich so zu verstehen, dass keine Informationen außer der vergangenen Wechselkurse zur Erwartungsbildung und damit zur Investmententscheidung genutzt werden. Dass dieses sog. irrationale Verhalten in einem Umfeld unvollständiger Informationen durchaus rational begründet werden kann, wurde von Gennotte und Leland (1990) und Romer (1993) gezeigt und wird durch die folgenden Ausführungen deutlich werden. Die Vorstellung eines repräsentativen Agenten wurde somit aufgegeben und Heterogenität explizit modelliert. Der Glaube an die Effizienzhypothese der Devisenmärkte schien die ökonomische Forschung lange Zeit davon abgehalten zu haben, nicht-fundamentale oder technische Faktoren einzubeziehen.[305] Die Vorstellung, dass nicht-fundamentale Spekulanten durch sog. *‚smart money'*[306] aus dem Markt getrieben werden, beherrschte lange Zeit die akademische Welt. Dass dies jedoch weder empirisch noch theoretisch der Fall sein muss und ist, ist seit Mitte der 80er Jahre anerkannt.[307] De Long et al. zeigten bereits 1990, dass Marktteilnehmer, die beschränkten Informationszugang haben und auf Grund von *Noise* handeln, als ob dieser tatsächlich Informationen darstellt *(Noise Trader)*, auch langfristig im Markt überleben können. Der Arbitrageprozess durch rationale, fundamentalorientierte Investoren wird durch zwei Quellen gestört. Das Fundamentalrisiko, also das Risiko, dass sich die fundamentalen Größen anders entwickeln als erwartet, verhindert, dass Investoren, insbesondere bei kurzen Anlagehorizonten, unbegrenzte offene Positionen eingehen und so eine Über- oder Unterbewertung unmittelbar korrigieren.[308] Die

---

[302] BIZ (2000), S. 89.

[303] Vgl. GEIGER (1996), S. 2.

[304] Der Begriff *Noise Trader* ist sicherlich der Allgemeinste, da er alle nicht-fundamental orientierten Marktteilnehmer umfasst, von denen Chartisten bspw. nur eine Teilgruppe bilden.

[305] Vgl. TAYLOR/ALLEN (1992), S. 305, LUX (1995), S. 881 sowie DE LONG ET AL. (1990A), S. 704 ff.

[306] Der Begriff wurde durch Milton Friedman in der Debatte über destabilisierende vs. stabilisierende Spekulation geprägt. Vgl. FRIEDMAN (1953).

[307] Siehe die Ausführungen von MADRIGAL (1996), S. 554 ff.

[308] Vgl. SHLEIFER/SUMMERS (1990), S. 21.

Existenz von *Noise Tradern* im Markt fügt zusätzlich ein *Noise Trader*-Risiko ein. Wenn eine Währung unterbewertet sein sollte, verhindert dieses Risiko, dass Arbitrageure in den Markt einsteigen und die Unterbewertung unverzüglich durch Käufe aufheben. Sie sind nämlich dem Risiko ausgesetzt, dass *Noise Trader* noch pessimistischer gegenüber der Währung werden und die Unterbewertung noch weiter verstärken. Sollte ein Arbitrageur gezwungen sein, seine Positionen wieder aufzulösen, bevor die Währung aufwertet, erleidet er einen Verlust. Tatsächlich kann es sich sogar für einen rationalen Investor lohnen, einem durch *Noise Trader* hervorgerufenen Trend zu folgen, falls er davon überzeugt ist, dass sich dieser in der Zukunft fortsetzt. Damit trägt er selbst zur Destabilisierung bei. Durch das durch sie selbst erzeugte Risiko schaffen sich *Noise Trader* letztlich ihren eigenen Raum, um im Markt überleben zu können.[309]

Gegen eine rein fundamentalökonomische Sicht auf die Wechselkursbestimmung spricht zudem die folgende Überlegung. Wenn Wechselkurse tatsächlich fundamental bestimmt wären, dann müsste die Beziehung zwischen diesen Fundamentalfaktoren und Wechselkursen in einem Festkurssystem mit relativ stabilen Erwartungen und in einem Flexkurssystem die gleiche sein.[310] Dies ist aber nicht der Fall, wie die Abbildung 2.4 auf Seite 10 und die Abbildung 2.5 auf Seite 10 verdeutlichen und dies ist ebenfalls nicht auf ein verändertes Verhalten der Fundamentalfaktoren nach einem Regimewechsel zurückzuführen.[311] Dieser Einwand legt nahe, dass die Nichtberücksichtigung nicht-fundamentaler Faktoren für die Abweichungen der Wechselkurse von sog. fundamental gerechtfertigten Werten verantwortlich sein könnte.[312]

Zusammenfassend wird festgestellt, dass die traditionelle, fundamentalökonomische Wechselkurstheorie zu statisch und mechanisch auf die Märkte schaut und das Bild des repräsentativen Marktteilnehmers zu perfekt ist.[313] Die Diskussion über die empirischen Erkenntnisse aus Abschnitt 2.2 und 2.3.2 zeigen, dass eine dynamischere Sicht bei unvollkommenen Informationen, Unsicherheit und daher beschränkter Rationalität angemessener wäre. Damit wird der Weg geöffnet für nicht-fundamentale Einflüsse.

2.5.3. Nicht-fundamentale Einflussfaktoren und Chartisten-Fundamentalisten Modelle

Die Ausführungen des vorangegangenen Abschnitts haben gezeigt, dass nicht-fundamentale Einflussfaktoren theoretisch für die schwachen empirischen Ergebnisse fundamentalorientierter Modelle verantwortlich sein können. Zudem ist aus Abschnitt 2.3.2.4 bekannt, dass Marktteilnehmer in der Tat solche Faktoren beachten. Es liegt daher nahe, Modelle zu entwickeln, die ein Zusammenspiel beider Faktoren in der Verhaltensweise der Wirtschaftssubjekte berücksichtigen. Die herausragende Rolle unter den nicht-fundamentalen Faktoren nimmt die technische Analyse ein. Bevor daher auf die Modellerweiterungen mit Chartisten eingegangen wird, wird zunächst die technische Analyse als der zentrale, nicht-fundamentale Einflussfaktor näher erläutert, um

---

309 Vgl. DE LONG ET AL. (1990B).

310 Vgl. FRANKEL (1996), S. 15 sowie NEELY (1997), S. 34.

311 Vgl. FRANKEL/ROSE (1995), S. 1706.

312 Vgl. NEELY (1996), S. 33 f.

313 Vgl. MENKHOFF (1995), S. 119.

einen Einblick in das Spektrum der verwendeten Methoden und Indikatoren zu geben und um deutlich werden zu lassen, inwieweit die vorgestellten Modelle diese Vielfalt berücksichtigen.[314]

Die technische Analyse[315] wurde ursprünglich für den Aktienmarkt entwickelt, erlangte jedoch nach dem Zusammenbruch des Bretton Woods-Systems ebenfalls Bedeutung an den Devisenmärkten. Seit Ende der 80er Jahre wird versucht, diese Bedeutung für die Wechselkursbildung empirisch herauszufinden. Die weiter oben zitierten Studien, bspw. von Taylor und Allen (1992), zeigten der akademischen Welt die enorme Verbreitung unter den Marktteilnehmern und führten zu einer Vielzahl an Untersuchungen über die Profitabilität. Die Existenzberechtigung der technischen Analyse wird von ihren Anwendern in folgenden Punkten gesehen:[316]

- sofortige Diskontierung aller kursrelevanten Informationen,
- Devisenkurse weisen Trendverläufe auf,
- *history repeats itself.*

Bei Gültigkeit des ersten Punktes besteht keine Notwendigkeit mehr, die fundamentalen Determinanten des Wechselkurses zu prognostizieren, da diese Prognosen bereits im Kurs enthalten sind. Die technische Analyse negiert folglich nicht den Einfluss fundamentaler Faktoren, sie sagt nur, dass diese nicht für profitable Handelsstrategien verwendet werden können, da sie bereits alle ‚eingepreist' sind. Daher muss die technische Analyse auch eher als Prognosewerkzeug anstatt als Wechselkurstheorie verstanden werden, denn sie untersucht nicht *welche* Faktoren das *aktuelle* Niveau beeinflussen. Der empirisch beobachtbare Trendverlauf ermöglicht dem Techniker, durch Käufe bei steigenden Kursen Gewinne zu realisieren. In diesem Zusammenhang wird von Praktikern oft auf das Gesetz der Bewegung von Newton verwiesen, das besagt, dass ein Trend solange anhält, bis eine andere Kraft auf ihn einwirkt. Dem dritten Aspekt liegt die Annahme zugrunde, dass Marktteilnehmer unter gleichen Bedingungen gleich handeln und daher wiederkehrende Muster in den Verläufen von Wechselkursen zu finden sind. Somit wird aus einem bestimmten Muster im Zeitverlauf auf die weitere Bewegung in der Zukunft geschlossen. Die untenstehenden ausgewählten Beispiele verdeutlichen diesen Aspekt.

Die technische Analyse teilt sich auf in die Chartanalyse *(charting)* und in technische Handelsregeln *(mechanical rules)*.[317] Die Chartanalyse versucht, mit Hilfe der graphischen Darstellung einer Historie vergangener Wechselkurse bestimmte Muster zu identifizieren, mit deren Hilfe auf die zukünftige Wechselkursentwicklung geschlossen werden kann. Diese Methode ist daher sehr subjektiv, denn die als erkannt geglaubten Muster sowie die Auswahl der dargestellten Historie hängen vom Chartisten ab. Im Gegensatz dazu unterbindet die Methode der *mechanical rules* diese Subjektivität, in-

[314] Siehe auch die ausführliche Diskussion nicht-fundamentaler Ansätze in MENKHOFF (1995), S. 58 ff.

[315] Vgl. zu Darstellungen des technischen Analyseinstrumentariums für den Devisenmarkt bspw. GEIGER (1996), S. 119 ff., sowie NEELY (1997).

[316] Vgl. NEELY (1997), S. 24.

[317] Vgl. NEELY (1997), S. 24 f., sowie BRAUNHART (1989), S. 7 ff.

dem sie nachvollziehbare Handelsregeln formuliert, nach denen ‚mechanisch' vorgegangen werden kann. Die Techniken, die innerhalb dieser Zweige Verwendung finden, sind zahlreich, so dass es unter Chartisten eine ausgeprägte Heterogenität in den Meinungen gibt.[318] Die folgende Darstellung beschränkt sich daher auf ausgewählte Charakteristika und versucht die Idee zu vermitteln, die hinter der technischen Analyse steht.

Die Charttechnik versucht, mit Hilfe von Hilfslinien in verschiedenen Arten von graphischen Darstellungen Muster in Zeitreihen zu identifizieren. Bestimmten Mustern wird dabei eine bestimmte Indikationsfunktion zugewiesen. Abbildung 2.12 zeigt bekannte Formationen, die eine Trendwende anzeigen sollen.

Abbildung 2.12: Technische Formationen, die Trendwenden anzeigen

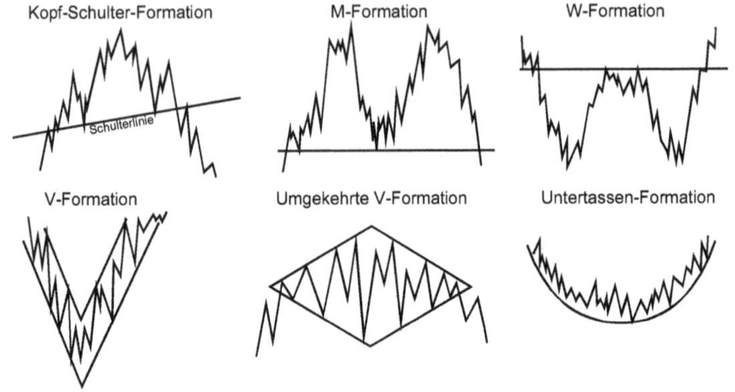

Quelle: Eigene Darstellung.

Die Kopf-Schulter Formation gehört sicherlich zu den bekanntesten. Durchbricht die rechte kleinere Erhebung neben dem Kopf die Schulterlinie, so wird dies als Signal für eine Trendwende gesehen. Neben diesen Formationen gibt es noch eine Vielzahl weiterer wie auch Formationen, die auf eine Trendfortsetzung hindeuten.

Häufige Darstellungen in der Chartanalyse sind Linien-, Balken-, Kerzen- und *Point & Figure* Diagramme. Ein Liniendiagramm zeigt die Wechselkursentwicklung im Zeitablauf, wobei die Zeit üblicherweise an der Abszisse und der Wechselkurs an der Ordinate abgetragen wird. Die einzelnen Datenpunkte sind durch Linien miteinander verbunden. Ein Balkendiagramm verwendet die gleichen Achsenbezeichnungen, stellt jedoch nicht nur einen Kurs pro Zeitpunkt (z. B. Tagesschlusskurse), sondern mehrere dar. Dazu gehören der Höchst- und Tiefstkurs, deren Verbindung durch eine vertikale Linie für die Bezeichnung ‚Balken' verantwortlich ist, sowie optional der Eröffnungs- und/oder Schlusskurs. Diese werden durch kurze Striche an der linken bzw. rechten

[318] BANK OF ENGLAND (1989), S. 548 f. „*Clearly, chart analysis has a large subjective element, and there are probably as many methods of combining and interpreting the various techniques as there are chartists themselves.*"

Seite des Balkens eingezeichnet. Noch höher ist die Informationsdichte in einem Kerzendiagramm. Es zeigt pro Zeiteinheit Eröffnungs-, Schluss-, Höchst- und Tiefstkurs und verbindet Eröffnungs- und Schlusskurs zu einem Balken. Der höhere Kurs der beiden markiert dabei das obere Ende. Liegt der Eröffnungskurs unter dem Schlusskurs, wird der Balken rot eingefärbt, ist es umgekehrt, wird er schwarz gezeichnet. Höchst- und Tiefstkurse werden als dünne Linien nach oben und nach unten vom Balken eingezeichnet, so dass das Gesamtbild einer Kerze ähnelt. Im *Point & Figure*-Diagramm werden Kursbewegungen, solange sie in einer Richtung erfolgen, in der Vertikalen abgetragen und dann, wenn eine Trendumkehr stattfindet eine neue Spalte angefangen. Eine Aufwärtsbewegung wird durch ein X gekennzeichnet und eine Abwärtsbewegung durch ein O. Gleiche Zeichen werden jeweils dann eingetragen, wenn eine Wechselkursbewegung um eine bestimmte Kurseinheit stattgefunden hat, unabhängig davon, in welcher Zeit das passierte. Eine Trendwende wird durch eine neue Spalte dann anzeigt, wenn ein individuell festzulegendes Umkehrminimum überschritten wurde. Entspricht das Minimum bspw. einer Kurseinheit, so muss sich der Wechselkurs mindestens um diese Einheit in die entgegengesetzte Richtung verändern, bevor eine neue Spalte eingezeichnet wird.

In der technischen Analyse werden neben der populären Chartanalyse mechanische Handelsregeln verwendet. Eine weitverbreitete und vielfach auf Profitabilität getestete Regel ist die *Moving-Average* (MA) Regel, die in Gleichung (2.23) dargestellt ist:

$$(2.23)\quad s_t(n_1, n_2) = \begin{cases} 1 & \text{falls } MA_t(n_1) - MA_t(n_2) > 0 \wedge MA_{t-1}(n_1) - MA_{t-1}(n_2) < 0 \\ 0 & \text{falls } MA_t(n_1) - MA_t(n_2) < 0 \wedge MA_{t-1}(n_1) - MA_{t-1}(n_2) > 0 \end{cases}$$ MA-Regel

mit: $n_1 > n_2$ und $MA_t(n) = \frac{1}{n} \cdot \sum_{\tau=0}^{n-1} e_{t-\tau}$

Diese Regel erzeugt ein Kaufsignal (s = 1), wenn ein kurzfristiger gleitender Durchschnitt einen langfristigen gleitenden Durchschnitt von unten schneidet und das korrespondierende Verkaufsignal (s = 0) zu dem Zeitpunkt, wo der kurzfristige den langfristigen Durchschnitt von oben schneidet. Um jüngere Entwicklungen höher zu gewichten als ältere, kann zudem eine exponentielle Glättung der Zeitreihe vorgenommen werden. Je geringer die Vergangenheitszeiträume n_1 und n_2 gewählt werden, desto häufiger treten Handelssignale auf.

Ebenso weit verbreitet sind Filterregeln, die ein Kaufsignal ergeben, wenn der aktuelle Kurs um einen bestimmten Prozentsatz über das Maximum in einer festzulegenden Vergangenheit steigt, bzw. ein Verkaufsignal, wenn der Kurs mindestens um einen Prozentsatz x unter sein Minimum in diesem Zeitraum sinkt. Je höher der Filter gewählt wird, desto größer ist die Gefahr, einen Trend zu spät zu erfassen. Umgekehrt steigen mit sinkendem Filter jedoch die Handelssignale und damit die Transaktionskosten. Beide dargestellten Varianten zählen zu der Klasse der trendfolgenden Handelsregeln, da sie beide im Falle eines ansteigenden Trend Kaufsignale generieren und Verkaufsignale bei einem fallenden Trend.

Ein weiterer oft verwendeter Indikator ist die relative Stärke. Sie wird berechnet, indem die Summe der Kursgewinne in n vergangenen Beobachtungsperioden in Bezug zu der Summe der betragsmäßigen Kursverluste gesetzt wird.

$$RS_t^n = \frac{\sum_{\tau=0}^{n} a_{\tau,t}}{\sum_{\tau=0}^{n} b_{\tau,t}} \quad \text{mit} \begin{cases} a_{\tau,t} = e_{t-\tau+1} - e_{t-\tau} & \text{falls} \quad e_{t-\tau+1} - e_{t-\tau} > 0 \\ b_{\tau,t} = e_{t-\tau} - e_{t-\tau+1} & \text{sonst.} \end{cases}$$

Die so ermittelte Zahl wird zu einem Index RSI (Relative Stärke Index) weiterverarbeitet:

(2.24) $$RSI_t^n = 100 - \frac{100}{1 + RS_t^n}$$ Relative Stärke Index

In der Praxis gilt eine Währung bei einem Wert von $RSI_t^n \leq 30$ als unterbewertet und bei $RSI_t^n \geq 70$ als überbewertet, woraus entsprechende Handelssignale generiert werden.

Falls kein Trend vorliegt – *non-trending markets* – wird in der technischen Analyse auf Indikatoren aus der Klasse der Oszillatoren zurückgegriffen. Ein einfacher Oszillator berechnet sich aus der Differenz zweier gleitender Durchschnitte, wobei der längere von dem kürzeren abgezogen wird. Sollte diese Differenz sehr niedrige Werte annehmen, so wird dies als Kaufsignal interpretiert. Der kürzere MA ist dabei unterhalb des langfristigen MA und der Oszillator zeigt einen negativen Wert an. Ein Vorzeichenwechsel zeigt zusätzlich das Signal aus der MA-Regel an. Darüber hinaus gibt es zahlreiche weitere mathematische Konzepte, wie bspw. die *Elliot-wave*-Theorie oder Fibonacci-Zahlen, auf die jedoch nicht näher eingegangen wird.

Der technische Analyst muss sich in der Praxis jedoch nicht nur auf Devisenkurse beschränken, sondern kann in seiner Analysetätigkeit ebenso andere Marktpreise, wie z. B. Zinsen, betrachten. Ein solches marktübergreifendes Vorgehen wird daher als *intermarket technical analysis* bezeichnet und kann durch die Beachtung der Finanzmarktinterdependenzen weitere, möglicherweise profitable Erkenntnisse bieten.[319] Zudem wird daran erinnert, dass die technische Analyse überwiegend komplementär zur Fundamentalanalyse gesehen wird, so dass das Investorenverhalten aus einem Zusammenspiel der beiden Ansätze resultiert. Folgendes Beispiel macht die charttechnische Analyse an einer praktischen Anwendung deutlich.

Beispiel 2.3: Charttechnische Analyse des Euro/Kanadischen$-Wechselkurses

Die Firma Investtech aus Norwegen (http://www.investtech.com) zeigte auf ihrer Homepage am 15.02.02 das auf der folgenden Seite dargestellte Linienchart des Euro/ Kanadischen-Dollar-Wechselkurses im Zeitraum März 2000 bis 12. Oktober 2001.

Der Chart zeigt einen auffälligen langfristigen Trendkanal (obere und untere Begrenzungslinie), der bereits mehrmals „getestet“, jedoch nie durchbrochen wurden. Die Zahlen neben den Kurzbezeichnungen REC = rectangular, DB = double bottom und HS = head and shoulders, liegen im Intervall 0 und 6 und geben in aufsteigender Folge die Stärke/Qualität der Formation wieder. Die nebenstehenden Pfeile geben die erwartete weitere Wechselkursrichtung an. Die schwarz markierte Verteilung auf der rechten Ordinate zeigt die kumulierten Umsätze je Preisintervall und stellt einen Indikator für Wi-

[319] Vgl. hierzu insb. MURPHY (1991).

derstands- und Unterstützungspunkte dar. Im unteren Teil der Abbildung ist der Verlauf des RSI-Indikators mit den typischen Grenzwerten 30 und 70 wiedergegeben. Falls der RSI kleiner als 30 ist, ist der Linienverlauf des Wechselkurses grün (hellgrau) eingezeichnet, liegt er über 70, ist er rot (dunkelgrau). Die beiden steilen nach oben verlaufenden Linien am Ende des dargestellten Intervalls stellen einen kurzfristigen Trendkanal dar, der beim Erreichen des langfristigen nach unten durchbrochen wird.

Investtech stuft den Kanadischen Dollar als „weak buy candidate" ein und schreibt:

"Has broken through the floor of a rising trend channel. This indicates a slower rising rate at first, or the start of a more horizontal development. Is moving within a rectangle formation between support at 1.2751 and resistance at 1.4575. A decisive break through one of these levels indicates the new direction..."

In dem ersten und weitbeachteten Modellansatz, der das Verhalten von Chartisten berücksichtigt, modellieren Frankel und Froot das Zusammenspiel zweier Analysten, einen Fundamentalisten und einen Chartisten, indem diese über ihre Empfehlungen die Entscheidungen eines Portfoliomanagers beeinflussen. Der Portfoliomanager bildet in Abhängigkeit des Erfolgs seiner Analysten in der Vergangenheit eine aggregierte Erwartung, auf die er sich in seiner Handlungsentscheidung stützt. Solche Ansätze sind in der Lage, die teilweise immer noch höchst unterschiedlichen Ansichten von Händlern und Akademikern über die Funktionsweise des Devisenmarktes näher aneinander zu bringen. So schrieb Blundell-Wignall von der Australischen Zentralbank in einem Kommentar zu dem unten ausführlicher dargestellten berühmten Aufsatz von Frankel und Froot: „*What is enjoyable about the paper by Frankel and Froot ... is its attempt to bring theory much closer to the views of market participants who seem to live on another planet compared to modellers of the exchange rate.*" Im Gegensatz zur Theorie der rationalen spekulativen Blasen, können die Entstehung sowie das Zusammenbrechen von Abweichungen von einem Wechselkurspfad, der sich ergeben würde, wenn keine Chartisten im Markt wären, endogen erklärt werden.[320] *Chartisten-Fundamentalisten Modelle* werden daher auch als Theorien *endogener* spekulativer Blasen

[320] Vgl. FRANKEL (1996), S. 3 sowie FRANKEL/FROOT (1986).

bezeichnet.[321] Ebenso lassen sich Wechselkursbewegungen erklären, ohne dass es exogener Störungen bedarf, nämlich daraus, dass heterogene Marktteilnehmer unterschiedliche Gewichte im Zeitablauf erlangen. Das Modell bekommt dadurch eine inhärente Dynamik, die zu Wechselkursfluktuationen führt.[322] Die Fundamentalisten stützen ihre Erwartungen auf fundamentalökonomische Größen wie z. B. internationale Zinsdifferenzen, während die Erwartungen von Chartisten in den meisten Modellen mit extrapolativen Verfahren abgebildet werden. Da beide Gruppen i.d.R. den Einfluss der jeweils anderen Gruppe auf den Wechselkurs ignorieren, können ihre Erwartungen nicht als rational bezeichnet werden. Die Aggregation der Erwartungen der zwei heterogenen Teilnehmergruppen bestimmt die Kursentwicklung. Diese Aggregation erfolgt über eine Gewichtung, die sich entweder am Vermögen der einzelnen Gruppen, an der aktuellen Abweichung von einem Fundamentalkurs oder an dem Erfolg einer Gruppe in der jüngsten Vergangenheit orientiert. Eine konstante Gewichtung lässt sich zwar modellieren, wird jedoch als ökonomisch unsinnig ausgeschlossen.[323] Die Orientierung am Vermögen schließt die Erfolgsorientierung mit ein, da das Vermögen mit dem Erfolg wächst. Die Gewichtung über die Abweichung von einem zu spezifizierenden langfristigen Fundamentalkurs erhöht das Gewicht der Fundamentalisten mit zunehmender Abweichung und reduziert entsprechend das der Chartisten.[324] Da diese Vorgehensweise die Bestimmung eines Fundamentalkurses als Anker voraussetzt und unterstellt, dass die Marktteilnehmer wenigstens ungefähr eine Vorstellung über das Niveau dieses Kurses haben und die Abweichungen tatsächlich die Marktgewichte bestimmen, ist das Verfahren berechtigter Kritik ausgesetzt.[325]

In dem Modell von Frankel und Froot findet die Gewichtung erfolgsabhängig statt. Die grundlegende Idee dieses Modell ist bereits oben kurz angesprochen worden. Es besteht aus drei Marktteilnehmern: einem Portfoliomanager, der die Gewichtung und die Transaktionen vornimmt, einem Fundamentalisten, der regressive Erwartungen bildet, und einem Chartisten, der vereinfachend mit statischen Erwartungen modelliert wird. Die beiden letztgenannten nehmen damit nur Analyse- und Beratungsfunktionen wahr. Die Gewichtung der einzelnen Erwartungen macht der Portfoliomanager davon abhängig, wie gut die Erwartungen der einzelnen Analysten in der letzten Periode waren. Erfolgreichere von gestern werden daher heute höher gewichtet.[326] Frankel und Froot modellieren eine direkte Abhängigkeit der Nettoauslandsposition vom Wechselkurs und endogenisieren somit eine Fundamentalgröße. Der Wechselkurs bildet sich somit aus der Nettodevisennachfrage des Portfoliomanagers, die sich aus der gewichteten Erwartung der Fundamentalisten und Chartisten ergibt, sowie aus der Nettoauslandsposition.

---

[321] Vgl. FRANKEL (1996), S. 19. Zu einer ausführlichen Darstellung dieser Modellrichtung siehe GEIGER (1996), S. 142 ff.

[322] Vgl. GEIGER (1996), S. 2.

[323] Ein weiteres Gewichtungsverfahren besteht in der Modellierung eines Diffusionsprozesses, der den Übergang von einer Gruppe in die andere beschreibt. Da dieser Prozess ebenfalls nicht an den ökonomischen Erfolg geknüpft ist, wird er nicht weiter betrachtet. Zur ausführlichen Darstellung am Beispiel des Devisenmarktes vgl. GEIGER (1996), S. 182 ff.

[324] Vgl. bspw. DE GRAUWE/DEWACHTER (1992), S. 28 ff.

[325] Vgl. FRANKEL/FROOT (1986).

[326] Eine anschauliche Herleitung der Gewichtsanpassung findet sich bei GEIGER (1996), S. 150 ff.

Dabei gilt, dass die Währung mit steigender Nettoauslandsposition umso stärker aufwertet. Die Dynamik eines solchen Modells kann man sich bspw. wie folgt vorstellen:[327] Ist die Nettoauslandsposition und die Leistungsbilanz des betrachteten Landes zunächst ausgeglichen und kommt es zu einer exogenen Störung, die eine Abwertung der Inlandswährung hervorruft, obwohl die Fundamentalisten eine Aufwertung erwartet haben, so sinkt ihr Gewicht. Sollte dies dazu führen, dass sich die Abwertung fortsetzt, so wird sich allmählich die Leistungsbilanz verbessern und damit die Nettoauslandsposition erhöhen. Je weiter der Wechselkurs von dem Fundamentalkurs weggetrieben wird, desto stärker werden die Einflüsse der internationalen Güterarbitrage und somit deren Einfluss auf den Wechselkurs. Die einsetzende Aufwertung lässt das Gewicht der Fundamentalisten wieder steigen, denn sie haben korrekt erkannt, dass der Wechselkurs nur durch das übermäßige Gewicht der Chartisten getrieben wurde. Durch ihr steigendes Gewicht beschleunigt sich die Bewegung zum Fundamentalkurs. Die fundamentalökonomische Verankerung des Modells durch die Nettoauslandsposition führt zwingend zu einem Platzen der Blase. Die Modellumgebung ist daher geeignet, das Entstehen und Platzen einer spekulativen Blase endogen zu erklären.[328]

Das vorgestellte Modell von Frankel und Froot kann im Gegensatz zur Theorie spekulativer Blasen das Entstehen und das Platzen einer solchen endogen erklären. Dadurch ist es in der Lage, eine temporäre Abweichung des Wechselkurses von einem Fundamentalpfad zu begründen, ebenso wie es durch die Modellierung zweier unterschiedlich ausgerichteter Analysten eine Erklärung für den *expectation twist* von kurz- und langfristigen Erwartungen gibt.

Die vielen Varianten der Chartisten-Fundamentalisten Ansätze weisen insbesondere Unterschiede bezüglich der Modellierung der Erwartungen der einzelnen Gruppen sowie der exogenen oder endogenen Entwicklung von fundamentalen Größen auf. Interessant sind die Erkenntnisse von Osler (1998) oder auch de Grauwe und Dewachter (1992), die eine Erklärung dafür liefern, warum die Existenz von Spekulanten zu einem *random-walk*-Verhalten des Wechselkurses führen kann, obwohl die korrekt identifizierten fundamentalen Größen diese Eigenschaft nicht aufweisen. Damit stellen diese Ansätze eine Vereinbarkeit zwischen Zeitreiheneigenschaften von fundamentalen Größen und dem Wechselkurs her, die vorher nicht für möglich gehalten wurde. Je höher jedoch das Gewicht der Spekulanten im Modell von Osler ist, desto mehr wird der Effekt einer exogenen Störung im Zeitablauf verteilt, so dass es unmöglich wird, diese ökonometrisch zu identifizieren. Der Handelsprozess besitzt eine eigene inhärente Dynamik, die sich über die fundamentalökonomischen Einflüsse legt und somit eine qualitative Entkopplung darstellt.[329] Im Modell von de Grauwe und Dewachter treten dagegen chaotische Verläufe des Wechselkurses durch die extrapolative Erwartungs-

---

[327] Die ökonomische Argumentation ist rein qualitativer Natur und soll das Prinzip des Modells deutlich machen. Zur genauen Herleitung unter verschiedenen Parameterkonstellationen siehe GEIGER (1996), S. 155 ff.

[328] Abwandlungen von Chartisten-Fundamentalisten Ansätzen existieren, die in der Lage sind, chaotische Kursverläufe zu produzieren und eine Erklärung für beobachtete Nicht-Linearitäten darstellen. Vgl. insb. DE GRAUWE/DEWACHTER (1992) sowie RESZAT (1993).

[329] Vgl. OSLER (1998), S. 38.

bildung der Spekulanten auf, so dass nahezu keinerlei Vorhersagen mehr möglich ist. Jeanne und Rose (1999) entwickeln ein Chartisten-Fundamentalisten Modell, das in der Lage ist, die beobachtete unterschiedliche Volatilität von realen und nominellen Wechselkurses in Fest- und Flexkurssystemen zu erklären. Wie bereits im letzten Abschnitt festgestellt, sind traditionelle Modelle dazu nicht in der Lage, denn sie müssten hierfür eine systematisch unterschiedliche Volatilität der Fundamentalgrößen in den beiden Wechselkursregimes unterstellen, die aber empirisch nicht beobachtet werden kann. Jeanne und Rose modellieren stattdessen eine Abhängigkeit der Präsenz von *Noise Tradern* von dem aktuellen Regime. Die Verpflichtung, die Volatilität in engen Grenzen in einem Festkurssystem zu halten, hält *Noise Trader* von einem Markteintritt ab, falls sie ein solches Regime für glaubwürdig halten. Wird diese Verpflichtung aufgegeben, entfällt diese Beschränkung und die zunehmende Marktpräsenz der *Noise Trader* erhöht die Volatilität der Wechselkurse ohne dass sich dies in einer entsprechenden Veränderung der Volatilität von Makrogrößen ausdrückt.[330]

Chartisten-Fundamentalisten Ansätze bringen zahlreiche neue Erkenntnisse und eröffnen einen neuen Weg in der Modellierung des Devisenmarktgeschehens. Sie weisen jedoch ebenso gravierende Unzulänglichkeiten auf, die am Beispiel von Frankel und Froot erläutert werden sollen und somit nicht ohne weiteres auf andere Modelle dieser Richtung übertragen werden können. Sowohl Chartisten wie auch Fundamentalisten werden als unintelligente Marktteilnehmer modelliert, die nicht aus ihren Fehlern lernen.[331] Nimmt man jedoch realistischerweise an, dass Chartisten aus ihren Prognosefehlern der Vergangenheit Konsequenzen ziehen, und versuchen, ihre Erwartungsbildungsverfahren zu verbessern, so wird sich der Markt ändern. Auf diese Änderung wiederum werden die fundamentalorientierten Teilnehmer reagieren, da sich die Zusammenhänge zwischen Fundamentalgrößen und Wechselkursen durch das veränderte Verhalten der Chartisten geändert hat. Woher aber bekommen sie die Kenntnis über die veränderten Erwartungen der anderen Gruppe? Es bleibt ihnen nicht viel übrig als den Markt zu beobachten und Annahmen über seine veränderte Funktionsweise zu treffen bzw. mit der jeweils anderen Gruppe zu kommunizieren. Diese Veränderung auf Seiten der Fundamentalisten ruft eine erneute Marktveränderung hervor, so dass ein evolvierender Prozess ausgelöst wird.[332] Weder die Lerneffekte durch Beobachtung noch die durch Kommunikation werden abgebildet. Ebenso ist die Bestimmung der Gewichte kritisch zu sehen. Im Modell von Frankel und Froot wird das Gewicht der Chartisten als Residuum nach der Gewichtsanpassung für die Fundamentalisten berechnet. Dies ist dann schwer nachvollziehbar, wenn beide mit ihrer Prognose falsch gelegen haben. Das wäre bspw. der Fall, wenn die Fundamentalisten eine Aufwertung prognostizieren, die Chartisten keine Änderung (statische Erwartungen) und sich letzt-

[330] Weitere Modelle finden sich u.a. bei GOODHART (1988), STOFFELS (1998) und LUX/MARCHESI (1998).

[331] „...*the expectations of their* [bezogen auf Frankel und Froot, Anm. d. A.] *„chartists" and „fundamentalists" are chosen for simplicity rather than realism.*" GRUEN/GIZYCKI (1993), S. 4.

[332] Vgl. zu einer ähnlichen Kritik an *Noise-Trader*-Ansätzen mit irrationalen und annahmegemäß vollkommen-rationalen Marktteilnehmern ARTHUR ET AL. (1996), S. 2.

lich eine Abwertung ergibt, also beide falsch lagen.[333] Das Gewicht der Fundamentalisten würde sinken und das der Chartisten steigen. Ebenso kritisch ist die angenomme Konstanz des von den Fundamentalisten erwarteten Gleichgewichtswechselkurses. Obwohl diese Gruppe die Entwicklung der Leistungsbilanz und der Nettoauslandsposition beobachten kann, revidieren sie den von ihnen angenommen Gleichgewichtswechselkurs nicht. Ebenso ist zu erwähnen, dass die gute Deckung der Modellergebnisse mit den tatsächlichen Daten zu Beginn der 80er Jahre[334] stark abhängig von den Parameterwerten ist, insbesondere vom Koeffizienten der Anpassungsstärke für die Gewichte aus Sicht des Portfoliomanagers. Veränderungen dieser Werte können daher zu ganz anderen Ergebnissen führen, so dass zu fragen ist, ob diese Werte nicht selbst erklärt werden müssen.[335]

Der evolvierende Prozess, der sich durch Lerneffekte und damit sich verändernde Verhaltensweisen ergibt, weist auf noch grundlegendere Fragestellungen hin, die die dargestellten Theorien nicht beantworten können. Wie wird ein Teilnehmer am Devisenmarkt (oder einem anderen Finanzmarkt) eigentlich zum Chartisten oder Fundamentalisten? Ist der Weg zu einem gleichgewichtigen rationalen Erwartungsgleichgewicht vorgezeichnet oder ist dieser abhängig von Anfangsbedingungen, Marktstruktur, Lernmechanismen etc.? Diese Argumentation wird auch gut an dem Modell von Shleifer und Summers deutlich. Sie haben versucht, den Nachweis nicht-fundamentalorientierter Marktteilnehmer durch folgendes Argument zu begründen. Die positive Autokorrelation der Wechselkursänderungsrate in der kurzen Frist in Verbindung mit einer negativen in der langen Frist deutet darauf hin, dass eine bedeutende Anzahl von sog. *positive feedback tradern* im Markt sein muss. Diese Händlerbezeichnung benennt eine Gruppe von Marktteilnehmern, die bei steigenden Kursen kauft und bei fallenden verkauft, weil sie a) die kurzfristige Trendrichtung extrapolieren, b) eine Strategie des *trend-chasing* verfolgen oder c) mit stopp-loss Aufträgen arbeiten. Sie tragen damit zu verstärkenden Effekten einer Wechselkursbewegung bei *(bandwagon effect)*.[336] Wenn die Existenz von *positive feedback tradern* und deren Marktbedeutung bekannt ist, ist es selbst für Fundamentalisten oder rationale Arbitrageure rational auf einen bestehenden Trend ‚aufzuspringen' und diesen weiter zu verstärken, auch wenn sie von der Falschbewertung der betrachteten Währung am Markt überzeugt sind. Denn wenn sie daran glauben, dass zeitweise nicht-fundamentale Faktoren kursbestimmend sein können, würden sie Gewinnmöglichkeiten auslassen, falls sie der Meinung sind, solch eine nicht-fundamentale Kursbestimmung würde bei akzeptablem Risiko derzeit vorherrschen. Sie dann noch als rationale Arbitrageure im vorherrschenden Sinne zu bezeichnen, wird schwierig. Eine eindeutige personelle Unterscheidung von Chartisten und Fundamentalisten ist strenggenommen nicht mehr möglich.[337]

---

[333] Im Modell von Frankel und Froot wäre dies in der Phase der Entstehung einer Blase der Fall.

[334] Die Erklärung der US$-Entwicklung in dieser Zeit war die ursprüngliche Motivation von Frankel und Froot dieses Modell zu entwickeln.

[335] Vgl. MENKHOFF (1995), S. 78 ff.

[336] Vgl. DE LONG ET AL. (1990B), S. 379 f.

[337] Vgl. SHLEIFER/SUMMERS (1990), S. 29 und ARTHUR ET AL. (1996), S. 2.

Die bis ungefähr Mitte der 80er Jahre vorherrschende Sicht auf Märkte unterstellt eine Art Subjekt-Objekt Beziehung zwischen dem Markt und seinen Teilnehmern. Der Markt als Objekt funktioniert nach dieser Sichtweise unabhängig von dem, was ein Wirtschaftssubjekt tut. Letzteres kann den Markt (Objekt) beobachten und die Zusammenhänge lernen, bevor es in diesen einsteigt. So wird grundsätzlich in rationalen Erwartungsmodellen die Rationalität ad hoc unterstellt, ohne dass erläutert wird, wie die Marktteilnehmer überhaupt zu diesem Wissen gelangen konnten. Die neueren, im folgenden Abschnitt dargestellten Ansätze unterscheiden sich von dieser Vorstellung durch die Anerkennung der Identität von Subjekt und Objekt. Das Objekt – also der Markt – ist das Ergebnis der Summe individueller Entscheidungen seiner Teilnehmer (der Subjekte). Dies markiert eine Wende in der Modellierung des Devisenmarktgeschehens und wird daher im Folgenden ausführlich dargestellt.

2.5.4. Neuere Ansätze der Wechselkurstheorie

Mit Blick auf die bis Anfang der 90er Jahre vorherrschenden Wechselkursmodelle, zu denen auch zahlreiche Varianten der im letzten Abschnitt erläuterten Ansätze gehören, äußerte sich Krugman 1993 wie folgt:

„*While there has been considerable work, both on theoretical models and on empirical testing of propositions about exchange rates, I think it is not unfair to say that for the most part international monetary economists have given up, at least for now, on the idea of trying to develop models of the exchange rate that are both theoretically interesting and empirically defensible.*"

Diese Aussage trifft sicherlich auf die bislang vorgestellten Forschungsgebiete zu. In neuerer Zeit sind bis auf Erweiterungen der Chartisten-Fundamentalisten oder *Noise-Trader*-Ansätze keine nennenswerten Neuentwicklungen bekannt. Aus bereits genannten Gründen scheint die weitere Forschung auf diesem Gebiet auch nicht sehr vielversprechend. Die Modellierung heterogener Gruppen, Fundamentalisten oder rationaler Arbitrageure auf der einen und Chartisten, Spekulanten, *Noise* oder *Positive Feedback Trader* auf der anderen Seite bringt zwar neuere Erkenntnisse, lässt aber immer noch viele Fragen offen. Die angesprochene Dynamik durch Lernprozesse, die oben geführte Diskussion über *bounded rationality* und die immer noch verbleibenden ungeklärten Phänomene auf den Devisenmärkten führten zu einer stärkeren Fokussierung auf die Mikroebene. Gerade dort weist die traditionelle Theorie Lücken auf, wodurch diese Ebene von besonderem Interesse ist.[338]

Schwerpunktmäßig taten sich vier neue Forschungsgebiete auf, die unter den Bezeichnungen *behavioral finance*, *evolutionary game theory*, *microstructure approach to exchange rates* und *agent-based computational economics* (ACE) in der Literatur zu finden sind.

Der Ansatz der *behavioral finance*[339] untersucht die psychologische Seite der Entscheidungen von Investoren auf Finanzmärkten. Dabei geht es insbesondere um die

[338] Vgl. MENKHOFF (1995), S. 8 f.

[339] Obwohl sich die Wurzeln der *behavioral finance* bis in die frühen fünfziger Jahre zurückverfolgen lassen, erfuhr sie erst Ende der 80er Jahre breiteres Interesse. Als einführende Literatur siehe bspw.

Faktoren, die einen einzelnen Investor beeinflussen, die Art und Weise, wie er Informationen auswählt und verarbeitet, und wie er daraus Entscheidungen trifft. Das Geschehen auf den Finanzmärkten wird daher vor dem Hintergrund spezifischer menschlicher Verhaltensweisen erklärt. Durch ex-post-Untersuchungen versucht man, fundamentale Verhaltensaxiome zu finden, die die Kapitalmarkttheorie erweitern und in der Praxis zu Prognosezwecken eingesetzt werden können. Der Ansatz setzt somit im Vergleich zur traditionellen Kapitalmarkttheorie an der umgekehrten Stelle an, es werden keine Annahmen über menschliche Verhaltensweisen getroffen (z. B. Rationalitätsannahme) und darauf Theorien aufgebaut, sondern diese Verhaltensweisen sind selbst der Forschungsgegenstand. Die wesentliche Erkenntnis ist, dass es systematische Abweichungen von der häufig unterstellten Rationalitätsannahme gibt, die die Preisfindung an Kapitalmärkten beeinflussen. Die Ursachen für diese Abweichungen werden als menschliche Anomalien bezeichnet und lassen sich in folgende drei Klassen aufteilen:[340]

- Informationswahrnehmungsanomalien
- Informationsverarbeitungsanomalien
- Entscheidungsanomalien.

Zur ersten Klasse zählen bspw. die *selektive Wahrnehmung*, die sich darin äußert, dass bei umfangreichem Informationsangebot eher die Informationen wahrgenommen werden, die den eigenen Vorstellungen, Meinungen oder Interessen entsprechen. Widersprüchliche Informationen werden dagegen eher ignoriert. Ebenso erwähnenswert ist der *Verfügbarkeitseffekt (availability)*, wodurch Informationen mit einem hohen subjektiven Verfügbarkeitsgrad tendenziell höher gewichtet werden, wie auch das Phänomen des *Framing*, das den Zusammenhang zwischen Informationen und Umwelt beschreibt. Informationen werden nicht isoliert interpretiert, sondern gleiche Informationen werden unter anderen Umweltbedingungen anders wahrgenommen und haben daher unterschiedlichen Entscheidungseinfluss. Ein Zinsanstieg in einem Land wird bspw. je nach ökonomischem Umfeld von den Marktteilnehmern unterschiedlich wahrgenommen und interpretiert.[341]

Zur zweiten Klasse gehören insbesondere menschliche Komplexitätsreduktionsverfahren, wie z. B. *mental accounting*, das die Zerlegung zusammenhängender ökonomischer Sachverhalte und deren getrennte Bewertung beschreibt. Ökonomisch gleichwertige Ereignisse können dadurch unterschiedlich bewertet werden. Zu nennen sind ebenfalls *Referenzpunkte*, in deren Nähe Abweichungen bedeutsamer empfunden werden als gleiche Abweichungen weiter entfernt, sowie *Verlustaversion*, die ausdrückt, dass Verluste stärker empfunden werden als Gewinne in gleicher Höhe. Bedeutsam

---

ROẞBACH (2001), GOLDBERG/NITZSCH (1999). Die Richtung wird insb. mit den Namen KAHNEMANN/TVERSKY (1979) sowie SHILLER (1989, 1990, 1999) aber auch SHEFRIN (2000) identifiziert.

[340] Diese Anomalien finden bereits partiell Eingang in neuere Theorien wie bspw. die *prospect theory*, die eine empirisch bestätigte Alternative zur Erwartungsnutzentheorie darstellt, oder die *behavioral portfolio theory*. Siehe hierzu die Ausführungen und Literaturangaben in ROẞBACH (2001), S. 12 ff., sowie MCFADDEN (1999).

[341] Siehe Beispiel 2.1 auf Seite 54.

sind auch *Verankerungseffekte (anchoring)*, die dazu führen, dass an vergangenen Erfahrungen festgehalten wird, obwohl diese im Widerspruch zu aktuellen Daten stehen. Menschen weisen eine gewisse Trägheit in ihrem Anpassungsverhalten auf und verwerfen nicht ihre Vorstellungen, bspw. über die Funktionsweise der Devisenmärkte, von heute auf morgen. Dieser Effekt kann damit auch erklären, warum vergangene Preise die Preisfindung von heute beeinflussen. In einem Marktumfeld, das von hoher Unsicherheit geprägt ist und für das keine einheitlich akzeptierte Theorie existiert, stellen vergangene Preise eine Bewertung dar, an der sich Marktteilnehmer orientieren. Sie nehmen bspw. vergangene Wechselkurse als Ausgangsbasis – als Anker – für ihre zukünftige Bewertung.[342] Diese Verhaltensweise kann auf dem Devisenmarkt als Erklärung für das *forward discount puzzle* dienen, also den unzureichenden Zusammenhang zwischen dem *forward discount* und zukünftigen Wechselkursänderungen.[343]

In der dritten Klasse befinden sich bspw. der *Dispositionseffekt*, der aufbauend auf der Verlustaversion das „Aussitzen" von Verlusten beschreibt, um nicht deren Realisation hinnehmen zu müssen. Zudem bestehen *kognitive Dissonanzen*, die bei einmal getroffenen Entscheidungen und anschließend entgegengesetzten Informationen auftreten. Menschen neigen auf Grund mentaler Bindungen dazu, an ihren Entscheidungen festzuhalten und die widersprüchlichen Informationen eine Zeit lang zu ignorieren, wodurch Zeitverzögerungen erklärt werden können. Häufig werden eigene Entscheidungen als repräsentativ angesehen, unabhängig von ihrer tatsächlichen Relevanz. So kann dadurch erklärt werden, warum Menschen Ursache-Wirkungsbeziehungen sehen (wollen), obwohl reine Zufallseinflüsse vorliegen. Eine kognitionspsychologische Erklärung wurde indirekt von Tune (1964) und Kahneman und Tversky (1972) geliefert. In ihren Untersuchungen stellten sie fest, dass Menschen naturgemäß Zufälligkeit ablehnen, wenn sie glauben, bestimmte Muster erkennen zu können. In diesen Fällen unterschätzen sie systematisch die Wahrscheinlichkeit, dass diese lediglich zufällig entstanden sind.[344] Die menschliche Wahrnehmung ist eher darauf eingestellt, Beobachtungen nach ihrer *Repräsentativität* (*representativeness*) zu ordnen als nach ihren Wahrscheinlichkeiten. Entscheidungen werden dadurch systematisch verzerrt.[345]

Von besonderem Interesse in der *behavioral finance* ist die Frage, welche empirischen Konsequenzen diese Anomalien auf der Individualebene für die Makroebene haben und welche modelltheoretischen Konsequenzen daraus gezogen werden müssen. Von herausragender Bedeutung ist dabei, dass die Verhaltensweisen persistent und zeitinvariant sein müssen, um ex-ante von Wert für die ökonomische Forschung zu sein. Die *behavioral finance* ist bis heute noch nicht so weit, ein umfassendes Theoriengerüst liefern zu können, und die empirischen Untersuchungen zu bestehenden Ansätzen lassen noch keine eindeutigen Schlüsse zu. Speziell für den Devisenmarkt hat Bofinger[346]

---

342 Vgl. SHILLER (1999), S. 1014 ff.

343 Vgl. hierzu die Untersuchung von GRUEN/GIZYCKI (1993).

344 Vgl. SHILLER (1999), S. 1018.

345 Vgl. TENENBAUM/GRIFFITHS (2001). So wird bspw. bei dem Wurf einer fairen Münze mit K für Kopf und Z für Zahl die Folge ZZKZKKZ als repräsentativer für das zufällige Ergebnis angesehen als die Folge ZZZZZZZ obwohl beide gleich wahrscheinlich sind.

346 Vgl. BOFINGER (2001), S. 379.

eine Theorie der *behavioral finance* gefordert. Seiner Meinung nach können sich Wechselkurse über Jahre ohne jeglichen Bezug zu fundamentalen ökonomischen Daten entwickeln, so dass er konsequenterweise eine „kopernikanische Wende in der Wechselkurstheorie" fordert, die zu lange versucht hat, Anomalien am Devisenmarkt in „vorgefertigte Begriffsschubladen zu stopfen".[347] Harvey unternimmt einen ersten Versuch, eine Wechselkurstheorie auf Basis der *behavioral finance* zu entwickeln.[348] Er entwickelt eine *Heuristic Judgment Theory (HJT)* für die Devisenmärkte, die auf ihren institutionellen Besonderheiten und den psychologischen Eigenschaften der dominanten Marktteilnehmer (Portfoliomanager und Devisenhändler) aufbaut. Obwohl sicherlich das Verhalten der Marktteilnehmer anschaulich beschrieben wird und Erklärungen für Trendentwicklungen, Trendverstärkungen und Trendumkehr geliefert werden, bietet Harvey dennoch (bislang) kein Theoriegerüst, in dem die Beziehungen der erklärenden Größen zum Wechselkurs spezifiziert werden. Sein Ansatz hat daher eher deskriptiven Charakter.

Die *evolutionary game theory*[349] untersucht hingegen die Evolution und die Gleichgewichtssituationen von konkurrierenden Strategien in äußerst idealisierten Modellumgebungen. Herkömmliche Gleichgewichtsmodelle können weder die Frage beantworten, *wie* noch *wann* eine Gleichgewichtssituation zustande kommt, da sie nicht dynamisch formuliert sind. Sie erlauben nur komparativ-statische Analysen, können jedoch die ökonomischen Prozesse von dem einen zum anderen Gleichgewicht nicht erklären. Evolutionäre Spieltheorien bauen auf den gemeinsamen Charakteristika auf, dass i) erfolgreichere Strategien weniger erfolgreiche ersetzen, ii) Verhalten sich nicht abrupt ändert, sondern Zeit braucht und, dass iii) ein Spieler die gegenwärtigen und zukünftigen Strategien seiner Mitspieler als gegeben betrachtet, so als ob er gegen die gesamte Umwelt spielt, die er alleine nicht beeinflussen kann. Auf dieser Basis werden Modelle konstruiert, in denen die Analyse der Dynamik im Vordergrund steht. Das Verhalten der modellierten Wirtschaftssubjekte ist nicht gegeben, sondern wird dynamisch formuliert, so dass es Änderungen im Zeitablauf ausgesetzt ist. Ebenso kann strategisches Verhalten und Heterogenität explizit modelliert werden. Die bereits am Ende des Abschnitts 2.3.1.3 erwähnte komplexe Beziehung zwischen Erwartungen einzelner Marktteilnehmer *(higher order beliefs)* kann bspw. gut modelliert werden.[350] Ebenso kann das auf Finanzmärkten zu beobachtende Herdenverhalten spieltheoretisch durch Informationskaskaden rational begründet werden. Von einem Herdenverhalten spricht man dann, wenn Individuen eigene Informationen außer Acht lassen und ausschließlich die Entscheidungen anderer imitieren. Eine solche Situation ist umso wahrscheinlicher, je geringer die Anzahl an Entscheidungsalternativen ist (z. B. nur US$ kaufen, halten oder verkaufen) und je unpräziser die eigenen empfangenen Signale sind (ist der Auftrageingang einer großen Versicherungsgesellschaft über den Kauf von US$ als

---

[347] Zu einer kritischen Haltung ggü. den Erkenntnissen und Schlussfolgerungen der *behavioral finance* siehe RUBINSTEIN (2000).

[348] Vgl. HARVEY (2001A).

[349] Eines der Standardwerke ist WEIBULL (1995). Zu einer Übersicht siehe FRIEDMAN (2001).

[350] Vgl. bspw. ALLEN/MORRIS (1998), S. 24 ff., sowie MORRIS/SHIN (1998) für eine Devisenmarktanwendung.

Signal für eine Aufwertung zu sehen oder nicht?). Sobald der Informationsgehalt der Entscheidungen anderer die eigenen Informationen übertrifft, beginnt sich eine Informationskaskade zu entwickeln. Sollte sich diese bspw. in Kaufempfehlungen für eine Währung äußern, so lässt sich damit die Trendeigenschaft in Zeitreihen erklären.[351] Ebenso wie in der *behavioral finance* lässt sich jedoch auch hier bisher nicht ausmachen, inwieweit diese Richtung bessere Erklärungen und Prognosen für das Verhalten von Wechselkursen liefert. Die Entwicklung von evolutionären, spieltheoretischen Finanzmarktmodellen steht noch zu weit am Anfang, ihr wird jedoch von einigen Ökonomen eine große Zukunft zugetraut.[352]

Eine dritte Forschungsrichtung ist in der Literatur unter dem Begriff Mikrostrukturansatz der Wechselkurstheorie (*microstructure approach to exchange rates*) zu finden.[353] Dieser Ansatz ist zwar eine eigene Forschungsrichtung, seine Erkenntnisse gehen jedoch ebenso in *Noise-Trader*-Ansätze wie auch in ACE-Modelle ein, so dass eine scharfe Trennlinie schwer auszumachen ist. Die grundlegende Kritik des Mikrostrukturansatzes an den traditionellen Makroansätzen macht jedoch die Trennlinie zu dieser Modellgruppe klar und weist gleichzeitig auf die fundamentalen Bestandteile aller Mikrostrukturmodelle hin:[354]

- vollständige Information,
- kostenloser Handel,
- Bedeutungslosigkeit des Handelsmechanismus,
- identische Wirtschaftssubjekte (Homogenität).

Die traditionelle Wechselkurstheorie unterstellt, dass alle preisrelevanten Informationen für jeden öffentlich verfügbar sind und dass der Einfluss dieser Informationen auf den Wechselkurs einheitlich gesehen wird. Dies ist jedoch in der Realität nicht gewährleistet, wie insbesondere die Ausführungen zur Heterogenität der Marktteilnehmer im Abschnitt 2.3.2.3 gezeigt haben. Die Schlussfolgerung daraus ist, dass aus dem Handelsprozess selbst Informationen extrahiert werden können, die wiederum Transaktionen auslösen und Preise beeinflussen. Die Bedeutung des Handelsprozesses ist somit ein grundlegendes Unterscheidungsmerkmal zwischen Makro- und Mikrostrukturansätzen. Der Handelsprozess wird zudem von Transaktionskosten begleitet und ist

---

[351] Für eine knappe und sehr anschauliche Darstellung von rationalem Herdenverhalten in einem spieltheoretischen Beispiel siehe HIRTH/WALTER (2001) sowie ausführlicher BANERJEE (1992). Der Crash des Aktienmarktes in den USA im Oktober 1987 kann als Beispiel für Herdenverhalten gesehen werden. Obwohl es im Vorfeld der Krise Konsens unter Marktteilnehmern war, dass die Bewertung eher zu hoch ist und in Zukunft die Kurse nach unten gehen werden, war kaum jemand bereit auszusteigen, da andere auch nicht ausstiegen. Wenn der Crash dann kommt, kann man immerhin darauf verweisen, nicht schlechter als die anderen zu sein, während entgangene Gewinne durch zu frühen Ausstieg einen schlechter darstellen. SCHARFSTEIN/STEIN (1990), S. 465.

[352] Vgl. FRIEDMAN (2001), S. 18.

[353] Siehe hierzu den Übersichtsartikel von FLOOD (1991) sowie ausführlicher LYONS (2001A, 2001B), EVANS/ LYONS (2002) sowie FRANKEL ET AL. (1996). Einen allgemeinen Überblick zur Mikrostrukturtheorie gibt O'HARA (1995). Diese Forschungsrichtung findet sogar bereits Eingang in Lehrbücher zur Internationalen Makroökonomik wie bspw. HUSTED/MELVIN (2001), S. 466.

[354] Vgl. FLOOD/TAYLOR (1996), S. 286.

durch institutionelle Gegebenheiten bestimmt, die wiederum Einfluss auf die Preisfindung und die Kapitalallokation nehmen. Auf den Finanzmärkten sind zahlreiche Formen zu finden, wie bspw. die zentralistisch organisierten Aktienbörsen, die bilaterale, dezentrale Struktur auf einem großen Teil der Devisenmärkte sowie der quasi-zentralistische Teil über elektronische Brokersysteme.[355] Marktteilnehmer lernen aus den Preisbewegungen, wie der Markt Informationen interpretiert und versuchen diese Informationen zu nutzen. Dies ist der grundlegende Unterschied zum Vermögenspreisansatz in der Makroökonomik, in dem der Handelsprozess und Transaktionen keinerlei Rolle für die Preisfindung spielen. Mikrostrukturansätze bauen zudem grundsätzlich auf der Heterogenität der Marktteilnehmer auf, eine Annahme (und Tatsache!), die für das Zustandekommen von Handel unerlässlich ist. Die Heterogenität kann sich auf zahlreiche Eigenschaften beziehen wie z. B. die Risikoneigung, Liquiditätspräferenz, Asset-Präferenz oder Erwartungen.[356] Zudem werden oft asymmetrische Informationen zwischen den Wirtschaftssubjekten unterstellt.

Im Gegensatz zu den ersten beiden Forschungsrichtungen sind die Modellentwicklungen und empirischen Überprüfungen in der Mikrostrukturtheorie weiter fortgeschritten.[357] Die theoretischen Modelle beschäftigen sich überwiegend mit der Abbildung des Einflusses vom *order flow* und der *spreads* auf den Wechselkurs. Der *order flow* ist das vorzeichenbestimmte Transaktionsvolumen, wobei sich das Vorzeichen nach der initiierenden Seite der *order* richtet. Durch diese Vorzeichenbestimmtheit kann, obwohl jede Transaktion eine Käufer- und eine Verkäuferseite besitzt, ein Netto-*order flow* ermittelt werden, der sein ungefähres Pendant in der Makrotheorie im Nettonachfrageüberschuss findet.[358] Letzterer ist jedoch im Gegensatz zum *order flow* nicht empirisch feststellbar. Der *order flow* wird der akademischen Forschungswelt durch die breite Datenbasis der elektronischen Brokersysteme bzw. durch die freiwillige Überlassung von Finanzinstituten zugänglich. Während erstere einen Einblick in den *interdealer order flow* geben, ermöglichen letztere die Beobachtung des kundengetriebenen *order flow* und damit den der Originärquelle. Der *order flow* kann als *vote* heterogener Marktteilnehmer verstanden werden, der angibt, mit welchem Geldbetrag man bereit ist, die erwarteten Preiswirkungen aus den aktuell verfügbaren Informationen zu hinterlegen.[359] Im Gegensatz zu *survey expectations* stellt der *order flow* eine Größe dar, die nicht nur die erwartete Wechselkursrichtung ausdrückt, sondern außerdem geldhinterlegt ist *(money-backed)* und dadurch mehr Aussagekraft besitzt. Aus empirischer Sicht bedeutet das, dass der *order flow* die ihm zugrundeliegenden Gründe und Motive zwar verbirgt, aber immerhin die Geldbeträge anzeigt, die diese verborgenen Gründe hervorrufen.

---

[355] Vgl. FLOOD (1991), S. 57.

[356] Ein Modell mit Heterogenität in Risikoneigung, Liquiditätspräferenz und Asset-Präferenz wird vorgestellt in BAGLIANO ET AL. (1996), S. 229 ff.

[357] Siehe bspw. das Modell von LYONS (2001A), Kapitel 4. Für eine Untersuchung mikroökonomischer Effekte auf den Wechselkurs in Russland siehe GOLDBERG/TENORIO (1997).

[358] Warum nur ungefähr erläutert LYONS (2001A), S. 7.

[359] Vgl. LYONS (2001B), S. 3.

Die zweite Größe *spread* stellt die Differenz zwischen Ankauf- und Verkaufskursen dar. Sie ist für zahlreiche Finanzmarktzeitreihen verfügbar, durch ihre Bedeutung für die Transaktionskosten von enormer praktischer Relevanz und stellt den Untersuchungsgegenstand bei der Frage, wie unterschiedliche Handelsmechanismen Transaktionspreise beeinflussen, dar. Aus diesen Gründen findet man die Größe *spread* in zahlreichen Mikrostrukturmodellen.

Obwohl viele Wechselkursmodelle dieser Richtung eher auf die sehr kurze Frist ausgerichtet sind, weist Lyons immer wieder darauf hin, dass Mikrostrukturmodelle und insbesondere der *order flow* durchaus Bedeutung für die mittelfristige Wechselkursbildung besitzen. Er drückt dies folgendermaßen aus: *„Microstructure can speak to longer-horizon exchange rates in much the same way that microscopes speak to pathologies with macro impact. In medicine, microscopes provide resolution at the appropriate level – the level at which the phenomenon emerges. This is true irrespective of whether the phenomenon also has macro impact. Resolution at this level is the key to understanding. Similarly, microstructure tools provide resolution at the level where its 'phenomenon' emerges – the level where price is determined".*[360] So zeigen zahlreiche empirische Untersuchungen, dass der *order flow* signifikante und persistente Effekte auf die Wechselkurse hat und keineswegs transitorische.[361] In manchen Untersuchungen wird versucht, den *order flow* in seine Bestandteile zu zerlegen und deren Bedeutung empirisch zu testen. Beispielweise ist, wie bereits erwähnt, der Preiseinfluss von Finanzinstitutionen höher als der von Nicht-Banken. In Bezug auf seine Bestandteile ist festgestellt worden, dass ein bedeutender Anteil auf Makroankündigungen zurückzuführen ist, und diese daher auch Preiseinfluss besitzen.[362] In empirischen Untersuchungen finden Evans und Lyons heraus, dass ca. 60% der täglichen Volatilität von DM/US$ und Yen/US$ Wechselkurs durch den *order flow* erklärt werden kann, während Fundamentaldaten kaum 10% der *monatlichen* Wechselkursänderungen erklären können.[363] Auf Monatsbasis nimmt die Erklärungskraft des *order flow* getestet an einem Zeitraum von Januar 1993 bis Juni 1999 für den US$/Euro-Wechselkurs zwar ab, liegt jedoch mit einem Bestimmtheitsmaß von 16% immer noch höher als bei den Makrogrößen. Wird der *order flow* nach Initiatoren aufgeteilt, so zeigt sich, dass das R^2 auf über 30% bei einer Monatsfrequenz erhöht werden kann.[364] Ebenso haben die Werkzeuge der Mikrostrukturtheorie Eingang in Erklärungsansätze für typische Makrophänomene gefunden, wie den Aktienmarkt-Crash 1987 und die Finanzkrisen in Asien.[365] In Bezug auf die sehr kurze Frist können Mikrostrukturansätze über die in

---

[360] LYONS (2001A), S. 11 f.

[361] Siehe bspw. EVANS/LYONS (1999), PAYNE (2000) oder RIME (2000).

[362] Vgl. EVANS/LYONS (2001).

[363] Vgl. EVANS/LYONS (1999), S. 3. RIME (1999) untersucht den Effekt des *order flow* auf die Wechselkursänderungen der Norwegischen Krone ggü. dem US$, DM, Schwedischer Krone und Britischen Pfund auf Wochenbasis und kommt zu ähnlichen Ergebnissen.

[364] Vor 1999 wurden künstliche US$/Euro-Wechselkurse aus den Teilnehmerwährungen berechnet. Die Ergebnisse treffen jedoch auch für den US$/¥ von Januar 1996 bis Juni 1999 zu. Vgl. LYONS (2001A), S. 253 ff.

[365] Siehe zum Aktienmarkt-Crash bspw. GENNOTTE/LELAND (1990) oder ROMER (1993) und zu den Finanzkrisen in Asien CHEN (1997), CALVO (1999) und CORSETTI ET AL. (2001).

Abschnitt 2.3.2.4 beschriebenen *inventory-control* und *asymmetric-information* Kanäle die permanenten Wechselkursänderungen innerhalb eines Handelstages erklären, die stattfinden, ohne dass irgendwelche *News* bekannt geworden sind.[366]

Um den Unterschied zwischen Mikrostruktur- und Makroansätzen besonders deutlich werden zu lassen, seien die folgenden beiden Gleichungen betrachtet.[367]

(2.25) $\Delta e_t = f(v_t, v_t^{erw}) + v_t$ Makroansatz

(2.26) $\Delta e_t = f(of, I, Z) + v_t$ Mikrostrukturansatz

Die erste Gleichung verdeutlicht den Makroansatz, der einen Vektor aktueller und erwarteter Fundamentalgrößen wie Zinssätze, Geldmengen etc. als erklärende Größen beinhaltet. Bei der empirischen Überprüfung wird dabei nur Bezug auf aktuelle und vergangene Ausprägungen der erklärenden Größen genommen. Einflüsse vom *order flow* würden in der Residualgröße v_t erfasst. Die untersuchten Preisänderungen beziehen sich typischerweise auf monatliche Wechselkursänderungen. Der Mikrostrukturansatz wird hingegen in Gleichung (2.26) stilisiert dargestellt. Er erklärt Wechselkursänderungen zwischen zwei aufeinanderfolgenden Transaktionen durch den *order flow* „*of*", ein Maß über die Nettodevisenposition von Devisenhändlern *I (inventory)* und weitere mikrostrukturell relevante Größen in Z. Falls öffentlich verfügbare Informationen die Wechselkurse direkt beeinflussen, wie dies im Makroansatz ausschließlich der Fall ist, würde dieser Einfluss in v_t einfließen. Die empirischen Untersuchungen zur zweiten Gleichung zeigen einen positiven und signifikanten Einfluss von *of* auf die Preisänderung auf allen Finanzmärkten. Wenn *order flow* und Wechselkurse also in der sehr kurzen Frist eng miteinander verknüpft sind, so liegt der Versuch nahe, über den kumulierten *order flow* Wechselkursänderungen über längere Zeiträume zu erklären. In Bezug auf Änderungen auf Tagesbasis zeigte bereits Abbildung 2.10 ein hohes Maß an Korrelation.

Wie bereits mehrfach erwähnt, stellt der *order flow* selbstverständlich nicht die Originärquelle der Wechselkursänderungen dar. Er ist ein sog. *proximate cause*, der die zugrundeliegenden Motive enthält, sie aber nicht offen legen kann. Die Frage, die es daher in der Zukunft zu klären gilt, ist die, *welche* Größen *wie* den *order flow* beeinflussen. Die bereits auf Seite 10 erwähnten Untersuchungen stellen erste Ansätze dar, die in Zukunft weitergeführt werden müssen. Eine zweite Forschungsrichtung konzentriert sich darauf, den *order flow* als Ersatzgröße für Wechselkurserwartungen anzusehen und seine Prognosekraft für unterschiedliche Prognosehorizonte herauszufinden. Die dritte Ausrichtung besteht schließlich in der Identifikation des Einflusses unterschiedlicher Initiatoren des *order flows* auf die Wechselkursänderungen. Interessante und vielversprechende Studien existieren bereits, jedoch müssen ihre Ergebnisse auf eine breitere Datenbasis gestellt werden, um allgemeingültigen Charakter zu bekommen.

---

[366] Zu einer Untersuchung der beiden Effekte auf die Preissetzung siehe LYONS (1995) und BJØNNES/RIME (2000B), EVANS/LYONS (1999). Zu einer modellseitigen Berücksichtigung siehe BJØNNES/RIME (2000A).

[367] Diese Verdeutlichung orientiert sich an LYONS (2001A), S. 15 ff.

Die vierte neuere Forschungsrichtung wird als *agent-based computational economics* bezeichnet und von Leigh Tesfatsion, einem der größten Protagonisten auf diesem Gebiet, wie folgt definiert:

"Agent-based computational economics (ACE) is the computational study of economies modelled as evolving systems of autonomous interacting agents. ACE is thus a specialization to economics of the basic complex adaptive systems paradigm…."[368]

Diese Definition hebt drei Bestandteile hervor, die unverzichtbare Merkmale von ACE-Modellen ausmachen. Erstens geht es um autonome, interagierende Agenten. Damit sind grundsätzlich mehr als zwei gemeint, was diesen Ansatz zum einen von Chartisten-Fundamentalisten Ansätzen unterscheidet und zum anderen verdeutlicht, dass es sein kann, dass die Komplexität eines Systems mit autonomen interagierenden Agenten so hoch sein kann, dass die Abbildung nicht über einen Median-Agenten oder einige wenige Agenten erfolgen kann. Zweitens stellen ACE-Modelle evolvierende Systeme dar, dass heißt sie weisen eine inhärente Dynamik durch die massive Interaktion und die Lernfähigkeit ihrer Agenten auf. Diese Dynamik kann so komplex sein, dass sie nicht prognostizierbar ist. Drittens können diese Modelle nur durch computergestützte Verfahren in Simulationen studiert werden, da die Komplexität eine analytische Vorgehensweise verbietet.[369] Die Motivation, solche ACE-Modelle einzusetzen, kommt insbesondere aus der zunehmenden Unzufriedenheit mit rationalen-Agenten-Modellen. Auf dem Gebiet der Wirtschaftswissenschaften aber auch in vielen anderen Disziplinen der Sozialwissenschaften hat es seit Beginn der 90er Jahre immer mehr Anwendungsgebiete für diese Modelle gegeben.[370]

Vor dem Hintergrund dieser grundlegenden Bausteine und der bisherigen Ausführungen dieses Abschnitts, erscheinen ACE-Modelle ein geeigneter Ansatz zu sein, Finanzmärkte zu modellieren.[371] ACE-Modelle, und speziell solche von Finanzmärkten,[372] zielen auf die Lernprozesse und die Dynamik in realistischeren Marktmodellen. Sie zeichnen sich durch einen wesentlich höheren Grad an ökonomischer Komplexität als die bislang erwähnten Modelle aus. Obwohl die Modellierung der Mikrostruktur von

---

368 TESFATSION (2001), S. 1. Für eine schöne Einleitung in die Materie von *agent-based* Ansätzen siehe ARTHUR ET AL. (1997) sowie insb. die darin enthaltene Einleitung.

369 Siehe hierzu auch das Zitat von MARKOWITZ zu Beginn des Kapitels 4.

370 Zu einem Überblick siehe AXTELL (2000).

371 Von diesem Argument ließ sich auch die Citicorp 1986 überzeugen und unterstützte jahrelang ein diesbzgl. Projekt des Santa Fe Instituts in den USA mit jährlich 125.000 US$. Das Institut (www.santafe.edu) ist eines der weltweit führenden Forschungszentren im Bereich von Komplexität, Chaos, Künstliche Intelligenz etc. mit einer ausgeprägten interdisziplinären Ausrichtung und wirtschaftswissenschaftlichen Anwendungen.

372 Obwohl es ACE-Modelle für andere Märkte gibt, beziehen sich die meisten auf die Finanzmärkte. Dies liegt u. a. daran, dass in diesen Märkten die Zielsetzungen der Marktteilnehmer klarer erscheinen als in anderen Märkten, Finanzdaten häufig schnell und leicht zur Verfügung stehen und die Fortschritte in der experimentellen Wirtschaftsforschung es erlauben, Vergleiche zwischen Laborergebnissen und Simulationsergebnissen herzustellen. Zudem weisen Finanzmärkte zahlreiche Phänomene auf, die sich mit dem üblichen Standard-Repräsentativen-Agenten Ansatz nicht erklären lassen. Vgl. LEBARON (2000), S. 679 ff. Beispiele für Modelle für Aktienmärkte finden sich u. a. bei SOLOMON (1999), SHATNER ET AL. (2000) und ARTHUR ET AL. (1996).

Märkten eine Voraussetzung in ACE-Modellen ist, ist der Fokus jedoch im Gegensatz zur Mikrostrukturtheorie nicht so stark auf diesen Aspekt gelegt, sondern mehr auf das Zusammenspiel und die Ergebnisse von Agenten in einer solchen modellierten Mikrostruktur. Dabei spielt insbesondere die Studie der Marktevolution durch Lernprozesse und heterogene Erwartungsbildungsverfahren eine große Rolle. In vielen ACE-Modellen werden komplexe Erwartungsbildungsmechanismen mit Verfahren aus der Künstlichen Intelligenz (KI) verwendet, die analytisch nicht mehr handhabbar sind und nur mittels Simulationen untersucht werden können. Um eine genauere Vorstellung von ACE-Modellen zu erhalten, muss man sich vorstellen, dass zahlreiche Mikroeinheiten – bspw. einzelne Wirtschaftssubjekte – als Teile eines umfassenderen Computerprogramms programmiert werden, die alle mit bestimmten Eigenschaften, z. B. Vermögen, Präferenzen etc. und Verhaltensweisen, z. B. Erwartungsbildung, Konsumverhalten etc. ausgestattet werden. Das umfassendere Computerprogramm spezifiziert die Mikrostruktur des Marktes (z. B. Wann wird wie gehandelt? Wie wird der Preis bestimmt?) und stellt darüber hinaus die notwendigen Informationen zur Analyse von Simulationen (Graphiken, Statistiken etc.) zur Verfügung. Die Bezeichnung ACE macht deutlich, dass diese Entwicklung im ökonomischen Modellbau eng verbunden ist mit der modernen Computertechnologie, die eine technische Umsetzung solcher Modelle überhaupt erst möglich gemacht hat. Das Arbeiten mit Simulationen bietet jedoch nicht nur Vorteile im Vergleich zu analytischen Ansätzen. Die Tabelle 2.6 zeigt in einer Gegenüberstellung die qualitativen Merkmale zwischen beiden Vorgehensweisen auf.

Tabelle 2.6: Qualitative Merkmale von Simulationen im Vergleich zu analytischen Ansätzen

Analytische Ansätze	Simulationen
deduktive Schlussfolgerungen	induktive Schlussfolgerungen
unendliche Größenformulierung	endlich
stetige Formulierung möglich	diskret
Repräsentative-Agenten-Ansätze bzw. eingeschränkte Heterogenität weniger Marktteilnehmer	*true heterogenity*
kaum parallele und interdependente Dynamik zwischen der Makro- und Mikroebene möglich	*rich dynamics,* Analyse beliebig komplizierter nicht-linearer Beziehungen

Quelle: Eigene Darstellung.

Ein wesentlicher Nachteil von Simulationen liegt sicherlich in der eingeschränkten Möglichkeit, allgemeingültige Aussagen ableiten zu können. Strenggenommen sind nur induktive Schlüsse möglich, da die Modellergebnisse immer nur für die konkreten gewählten Parameterwerte und den endlichen Simulationshorizont gelten. Es ist somit möglich zu sagen, wenn Modell A verwendet wird, ergibt sich Ergebnis E. Aber die Frauge, um wie viel A geändert werden muss, damit E nicht mehr gilt, ist weitaus schwieriger. In analytischen Ansätzen sind solche Fragestellungen bspw. durch Differentialrechnungen oder andere Verfahren lösbar, in Simulationen können lediglich Sensitivitätsanalysen einen Einblick in die Variation von E bei Parameteränderungen von A geben. Die zunehmende Rechnerleistung moderner Computer hat diesem ehemals gravierenden Argument contra Simulationen in den letzten Jahren jedoch viel an Überzeugungskraft genommen. Ähnlich wie in der Realität ist es in ACE-Modellen manchmal schwierig, genaue und theoretisch eindeutige Aussagen zu treffen bzw. eindeutige Ursache-Wirkungsbeziehungen zu identifizieren. Zudem ist eine zeitstetige Simulation nicht möglich. Diesen Nachteilen stehen die Vorteile gegenüber, dass sich neue Untersuchungsgebiete, die in analytischen Ansätzen nicht erforscht werden können, bearbeiten lassen. Dies sind bspw. die Modellierung von Irrationalitäten einzelner Marktteilnehmer, heterogene Handelsstrategien, Herdeneffekte, endogenes Entstehen von technischen Handelsregeln, um nur einige zu nennen.[373] In analytischen Ansätzen ist Heterogenität nur in sehr stilisierter Form möglich, während in Simulationen ein nahezu beliebiges Maß an Heterogenität studiert werden kann. Dadurch ist es möglich, komplexe Phänomene auf der Gesamtmarktebene zu erzeugen, während auf der Mikroebene bei einem einzelnen Agenten relativ simple Verhaltensweisen vorliegen.[374]

Der ökonomische Modellbau von ACE-Finanzmarktmodellen ist bereits weit fortgeschritten. Das Spektrum reicht von einfachen kleinen Simulationen mit einer geringen Anzahl an Agenten und simplen Verhaltensweisen bis zu riesigen komplexen künstlichen Märkten wie bspw. dem Santa Fe *Artificial Stock Market*.[375] Da die Devisenmärkte hier im Vordergrund stehen und im nächsten Abschnitt ein eigenes ACE-Modell zur Wechselkursbestimmung entwickelt wird, werden im Folgenden kurz einige bekannte ACE-Modelle des Devisenmarktes erläutert, um einen Eindruck über den Stand der Forschung zu vermitteln.

Das Modell von Marengo und Tordjmann[376] stellt einen reinen spekulativen Devisenmarkt ohne fundamentalökonomische Verankerung dar. Die Wirtschaftssubjekte handeln zwei Währungen, A und B, miteinander und können in jeder Periode entweder eine Einheit von A kaufen und mit der Menge B bezahlen, die sich aus dem Wechselkurs der betrachteten Periode ergibt, oder eine Einheit von A verkaufen bzw. die aktuelle Währungsposition halten. Der Erwartungshorizont entspricht somit einheitlich für alle Agenten einer (Simulations-)Periode. Der Marktpreis wird zentral über einen Auktionator ermittelt, nachdem alle Marktteilnehmer ihre Transaktionswünsche diesem Auktionator offengelegt haben. Sie akzeptieren damit im Vorfeld jede Währungsmenge, die sie auf Grund des aus allen Transaktionswünschen anschließend ermittelten Wechselkurses entgegennehmen bzw. bezahlen müssen. Sie sind jedoch keinerlei Finanzrestriktionen ausgesetzt. Die einzelnen Agenten sind als *Classifier Systems* modelliert, die eine lernfähige, adaptive Regel-Basis darstellt und in zahlreichen ACE-Modellen als Erwartungsbildungshypothese implementiert ist.[377] Alle Marktteilnehmer sind in der Lage, zu jedem Zeitpunkt die drei Inputs Wechselkurs der Vorperiode, den gleitenden Durchschnitt des Wechselkurses über k Perioden und die Relation der An-

---

373 Vgl. SOLOMON(1999), S. 1 sowie LEBARON (2000), S. 693 und S. 699. Zu einer Verbindung von analytischen und evolutionären Methoden siehe BROCK/FONTNOUVELLE (2000).

374 Siehe insb. DARLEY/KAUFFMAN (1997).

375 Siehe hierzu ARTHUR ET AL. (1996).

376 Vgl. MARENGO/TORDJMAN (1996), S. 419 ff.

377 Zu einer genaueren Darstellung von *Classifier Systems* siehe Seite 150 ff.

zahl der Käufer zu der Anzahl der Verkäufer zu beobachten. Die zu Beginn einer Periode beobachteten Inputs werden so kodiert, dass sie mit den Konditionalteilen der Regeln verglichen werden können. Diese Regeln enthalten als Konsekutivelement die drei genannten Handlungsalternativen kaufen, verkaufen oder halten. Falls mehrere Regeln bei einer bestimmten Inputkonstellation aktiv sind, generieren diese unter Berücksichtigung ihrer vergangenen Stärke *(strength)* und ihrer Spezifität *(specificity)* einen *bid*. Diese *bids* bestimmen die Wahrscheinlichkeit mit der eine Regel aus allen aktiven ausgewählt wird, um die Handlungsvorgabe für den Agenten vorzugeben. Nachdem so alle Agenten ihre Handlungswünsche bestimmt haben, beobachtet der Auktionator N_V Agenten, die jeweils eine Einheit von A verkaufen wollen, N_K Käufer und N_H Agenten, die gar nicht handeln wollen. Aus der Relation der Differenz zwischen Käufern und Verkäufern ($N_K - N_V$) und der Gesamtzahl N_A sowie dem Wechselkurs der Vorperiode errechnet er den neuen Wechselkurs. Da nur zufällig $N_K = N_V$ gilt, werden die Agenten, die rationiert werden müssen, durch einen Zufallsprozess bestimmt, um systematische Verzerrungen zu vermeiden. Im nächsten Schritt wird durch eine *payoff*-Matrix bestimmt, wie gut ein Agent gehandelt hat. Dabei wird ein Agent „belohnt", wenn er gekauft hat und der Preis im Vergleich zur Vorperiode gesunken ist oder wenn er verkauft hat und der Preis gestiegen ist.[378] Diese *payoffs* dienen lediglich der Anpassung der Regelstärke aller aktiven Regeln und übernehmen somit eine Steuerungsfunktion für den Lernprozess. Sie bringen zum Ausdruck, dass ein Agent, der mit seiner Handlung auf Basis der Regel R falsch lag, dieser in Zukunft weniger Vertrauen schenkt, wodurch die Wahrscheinlichkeit einer erneuten Anwendung dieser Regel sinkt.

In Simulationsstudien wird eine Population von 101 Agenten per Zufall initialisiert, dass heißt sie werden mit zufälligen Regeln ausgestattet. Es liegt folglich eine heterogene Agentengruppe vor. Marengo und Tordjman stellen in Simulationsläufen fest, dass die Anzahl der rationierten Marktteilnehmer im Durchschnitt sehr gering ist. Zudem ist trotz der simplen Modellumgebung eine äußerst hohe Dynamik in Form von Volatilitätsclustern und *Bubbles* zu beobachten. Auf der anderen Seite fehlt dem Modell jedoch die Konvergenzeigenschaft, da es keinerlei Bezug zu einer Gleichgewichtslösung aufweist. Ein rationales Erwartungsgleichgewicht als Referenzlösung lässt sich nicht bestimmen. Die Dynamik resultiert ausschließlich aus den heterogenen Erwartungen der Agenten, die immer wieder versuchen, neue Regeln zu lernen, sich dadurch besser an die aktuellen Marktbedingungen anzupassen und damit ständig Innovationen in den Markt hineintragen.

Obwohl das Modell von Marengo und Tordjman scheinbar einige der stilisierten Fakten auf den Devisenmärkten reproduzieren kann, wie bspw. die hohe Volatilität, Volatilitätscluster und blasenähnliche Bewegungen, so darf es dennoch nur als Anschauungsbeispiel dafür dienen, welche zusätzliche Dynamik ein reiner spekulativer Handel in die Finanzmärkte tragen kann. Das Fehlen jeglicher fundamentalökonomischer Verankerung sowie die eingeschränkten Handlungsalternativen der Agenten und ihr einheitlicher Erwartungshorizont sind zu restriktiv, um ein grundlegend besseres Verständnis für die praktische Funktionsweise der Devisenmärkte zu liefern.

---

[378] Er hat also die Währung im Vergleich zur Vorperiode günstiger erworben bzw. teurer verkauft.

Eine Weiterentwicklung innerhalb der ACE-Wechselkursmodelle stellt der Ansatz von Georges dar.[379] Sein Modell umfasst zwei Währungen, in die eine feste Anzahl von 40 Agenten investieren können, indem sie festverzinsliche Wertpapiere mit einem exogen bestimmten Zinsertrag i und i^* kaufen. Da die Investoren risikoneutral sind und ihren Gewinn in jeder Periode maximieren wollen, gilt unter vollkommener Voraussicht (rationale Erwartungen in einem deterministischen Modell), dass die Wechselkursänderung ex-post(!) der Zinsdifferenz entspricht.

(2.27) $v_{t+1} = z_t$ mit: $v_{t+1} = e_{t+1}/e_t$ und $z_t = (1 + i^*)/(1 + i)$

Da die Agenten in diesem Modell als beschränkt rationale Investoren modelliert sind, müssen sie zu Beginn einer Simulationsperiode Erwartungen über die Wechselkursänderung bilden, die von der rationalen Lösung abweichen können. Das Marktgleichgewicht bestimmt sich aus

(2.28) $\overline{E}_t v_{t+1} = z_t$. Gleichgewichtsbedingung

Der Balken über dem Erwartungsoperator oder einem Modellparameter kennzeichnet eine Durchschnittsgröße aller Agenten. Die Erwartungsbildung eines einzelnen Agenten iA orientiert sich ausschließlich an der vergangenen Wechselkursentwicklung und wird in einem ersten Fall linear und in einem zweiten Fall nicht-linear modelliert:

(2.29) $$E_t^{iA} v_{t+1} = a_t^{iA} + b_t^{iA} v_t \\ E_t^{iA} v_{t+1} = a_t^{iA} + b_t^{iA} \cdot v_t + c_t^{iA} \cdot v_{t-1}^2$$ Erwartungsbildung

Die Parameter a, b und c können von Agent zu Agent unterschiedlich sein. In jeder Periode werden einige Agenten per Zufall ausgewählt, um ihre Erwartungsregeln anzupassen. Dabei lernen sie die Parameter a, b und c – technisch realisiert durch einen Genetischen Algorithmus[380] – indem sie die Prognosegüte der betrachteten Erwartungsregel in der letzten vergangenen Periode als Beurteilungsmaßstab zugrunde legen. Der tatsächliche Wechselkurs bildet sich aus Vereinfachungsgründen auf Basis der durchschnittlichen Wechselkurserwartung, die als arithmetisches Mittel über alle Agenten gebildet wird. Setzt man die durchschnittliche Erwartung in die Gleichgewichtsbedingung (2.28) ein, so ergibt sich die Gleichung (2.30), die das Ergebnis für den Fall der linearen Erwartungsbildung zeigt:

(2.30) $$v_t = \frac{1}{\overline{b}_t} \cdot (z_t - \overline{a}_t)$$ Gleichgewichtswechselkurs

Georges untersucht in diesem Modellrahmen, welchen Einfluss Lernen bei rein linearer und rein nicht-linearer Erwartungsbildung auf die Dynamik des Systems besitzt. Im ersten Fall stellt er fest, dass nach anfänglicher zufälliger Initialisierung aller Parameterwerte der Lernvorgang für alle Agenten zu einem *steady state* konvergiert, der dem rationalen Erwartungsgleichgewicht in Gleichung (2.27) entspricht. Falls die nicht-lineare Erwartungsbildung für alle Agenten implementiert wird, hängt die Konvergenz des ansonsten linearen Systems von den anfänglichen Parameterwerten ab. Das System kann sowohl monotone wie auch zyklische und chaotische Eigenschaften aufweisen. Simulationen zeigen, dass, wenn man von einer Ausgangsituation ausgeht, die relativ

---

[379] Vgl. GEORGES (2001).

[380] Siehe hierzu genauer Seite 166 ff.

stabile Eigenschaften besitzt, Lernen zu Konvergenz führt. Ist das System jedoch in einem sehr volatilen Zustand, führt Lernen dazu, dass die Instabilität des Systems weiter erhöht wird und sogar explodieren kann.

Obwohl die Berücksichtigung ökonomischer Größen wie Zinssätze das Modell von Georges im Gegensatz zu dem von Marengo und Tordjmann etwas realitätsnäher erscheinen lässt, so ist es dennoch ebenfalls zu simpel, um empirische Relevanz zu besitzen. Fraglich erscheint, warum Agenten nicht-lineare Erwartungsregeln in einem linearen Modell bilden sollten. Auch der kurze Prüfhorizont von einer Periode für die Parameteranpassung der Regeln ist als wenig realistisch einzuschätzen ebenso wie die eingeschränkte Möglichkeit an Heterogenität. Die Agenten differieren ausschließlich in ihren Parameterwerten der gleichen Erwartungsregel. Diese besteht zudem nur aus einer Linearkombination mit dem vergangenen Wechselkurs bzw. den letzten beiden Wechselkursen. Zinssätze finden keine Beachtung, trotz ihres Einflusses auf die Kursbildung (siehe Gleichung (2.30)). Zuletzt ist die Wechselkursbildung auf Basis des arithmetischen Mittels aller individueller Erwartungen zu kritisieren, da dadurch erfolgreichere Agenten mit weniger erfolgreichen gleichgesetzt werden, obwohl zu erwarten wäre, dass erstere einen größeren Einfluss auf das Marktergebnis ausüben. Aus empirischer Sicht ist zu bemängeln, dass die angenomme Gültigkeit der ungedeckten Zinsparität als stabiles Modellergebnis in der Realität gar nicht gilt.[381]

In einem weiteren 2-Länder-*overlapping-generations*-Modell mit beschränkt rationalen Agenten untersucht Arifovic[382] die Auswirkungen von Ersparnis- und Portfolioentscheidungen auf den Wechselkurs. Ein einzelner Agent steht vor der Aufgabe, seinen Nutzen aus Konsum in der ersten und in der zweiten Periode zu maximieren unter der Nebenbedingung, einer gegebenen Anfangsausstattung. In Bezug auf die Ersparnis muss eine Portfolioentscheidung getroffen werden, die im Ergebnis die Anteile bestimmt, die in der einen Währung und in der anderen Währung gehalten werden. Die beiden Währungen werden von den Agenten als vollkommen substitutiv zueinander angesehen. Da im Gleichgewicht die gesamte Ersparnis aller Agenten dem gesamten realen Geldangebot beider Länder entsprechen muss, können unter der Annahme exogen gegebener nomineller Geldmengen die beiden Güterpreisniveaus im In- und Ausland bestimmt werden. Aus diesen Güterpreisen wird über die absolute Kaufkraftparität der nominelle Wechselkurs festgelegt. Die Agenten müssen, wenn sie jung sind, drei Entscheidungen über ihre Ersparnis und ihre beiden Portfolioanteile treffen. Diese werden in einer Simulation durch einen Genetischen Algorithmus gelernt, indem der gesamte Nutzen aus beiden Perioden als Gütemaß verwendet wird.

Das Ergebnis der Simulationen zeigt ein extrem volatiles Verhalten des Wechselkurses. Dies steht in krassem Gegensatz zum analytischen Ergebnis des Modells, das einen konstanten Wechselkurs liefert. Der konstante Wechselkurs ergibt sich aus der Gleichgewichtsbedingung, dass ohne Unsicherheit der Ertrag aus Anlagen in beiden Währungen identisch sein muss. Der Ertrag aus der Haltung einer Währung ergibt sich

---

381 Georges erkennt die Schwächen seines Modells selbst an, indem er schreibt „*Nevertheless, the model presented here is a toy model which is too simple to simulate actual financial market patterns with any accuracy.*“ GEORGES (2001), S. 17.

382 Siehe ARIFOVIC (1996) sowie die Erweiterung in ARIFOVIC (1999 und 2001).

aus der Inflationsrate des betrachteten Landes, da diese die reale Wertänderung dieser Geldhaltung wiedergibt. Im Gleichgewicht müssen daher die Inflationsraten beider Länder gleich sein und damit ist über die Kaufkraftparität auch der Wechselkurs konstant. Die Erklärung für die hohe Volatilität des Wechselkurses und damit für den Unterschied zwischen analytischem Ergebnis und Simulation mit beschränkt rationalen Agenten ist darin zu sehen, dass es im Gleichgewicht egal ist, mit welcher Währungsaufteilung die Ersparnis gehalten wird, da der Ertrag identisch ist. Wenn nun der Genetische Algorithmus nach neuen Portfolioanteilen sucht und diese testet, wird er feststellen, dass sie genauso geeignet *(fit)* sind wie alle anderen. Wenn nun aber einige dieser Portfolioanteile in die Simulation aufgenommen werden, ändert sich die Geldnachfrage nach den beiden Währungen und damit das Güterpreisniveau. Dies führt dann schließlich zu Wechselkursänderungen. Die Indifferenz in Bezug darauf, welche Währung als Anlageform bei Renditegleichheit gehalten wird, ist schließlich der Grund, warum das System bei GA-Lernen instabil wird. Dafür kann auf der einen Seite zwar der Lernalgorithmus verantwortlich gemacht werden aber es ist auf der anderen Seite ebenso ökonomisch vorstellbar, dass wenn ein Wirtschaftssubjekt indifferent zwischen zwei Anlagen mit identischer Rendite ist, es ebenso wechselnde Portfolioanteile im Zeitablauf wählen kann.

Das Modell ist jedoch deshalb interessant, weil es fundamentalökonomische Größen beinhaltet und diese in einem allgemeinen Gleichgewichtsmodell *endogen* bestimmt. Im Modell von Georges war dies nicht der Fall. Zudem entsprechen die Modellergebnisse denen aus experimentellen Tests mit Menschen mit dem gleichen Modell. Auf der anderen Seite kann es reale Phänomene auf dem Devisenmarkt nicht erklären, da die permanente Gültigkeit der absoluten Kaufkraftparität durchweg abgelehnt wird.

Ein weiteres Modell von Lawrenz und Westerhoff (2001) stellt eine ACE-Version der Chartisten-Fundamentalisten-Modelle dar. Sie modellieren 30 Agenten dieser zwei Typen auf einem künstlichen Devisenmarkt und initialisieren jeden Agenten mit einem Regelsatz von sechs Regeln. Davon stellen jeweils drei technische und die anderen drei fundamentalökonomische Regeln dar. Unter den drei technischen Regeln finden sich zwei *Moving-Average*-Regeln als trendfolgende Handlungsstrategien und eine Oszillatorregeln für *non-trending markets*. Die Gleichung (2.31) zeigt das Beispiel der *Moving-Average*-Regel, wobei $d_t^{C,1}$ für die Devisennachfrage entsprechend dieser ersten Chartistenregel in der Periode t steht und $\alpha^{C,1}$ einen Kalibrierungsfaktor darstellt.

(2.31) $$d_t^{C,1} = \alpha^{C,1} \cdot \{0{,}8 \cdot (\text{Log } e_{t-1} - \text{Log } e_{t-2}) + 0{,}2 \cdot (\text{Log } e_{t-2} - \text{Log } e_{t-3})\}$$ Beispiel MA-Regel

Die fundamentalökonomischen Regeln erzeugen dann ein Kaufsignal (Verkaufsignal), wenn der erwartete Wechselkurs über (unter) dem aktuellen Wechselkurs liegt. In ihren Erwartungen legen die Agenten einen Fundamentalkurs zugrunde, der exogen durch einen statistischen Prozess (arithmetische Brown'sche Bewegung) modelliert wird und von allen Agenten im Durchschnitt korrekt beobachtet wird.

(2.32) $$\text{Log } e_t^F = \text{Log } e_{t-1}^F + p \cdot v_t$$ Fundamentalwechselkurs

Die Größe v_t stellt die *News*-Komponente dar und ist normalverteilt mit einem Mittelwert von Null und einer Varianz σ_v^2. Die Zufallszahl p ist mit einer Wahrscheinlichkeit von 20% Eins und mit der Gegenwahrscheinlichkeit Null, so dass im Durchschnitt alle fünf Perioden *News* eintreffen. Eine fundamentalökonomische Handlungsregel j sieht grundsätzlich folgendermaßen aus:

$$(2.33) \qquad d_t^{F,j} = \alpha^{F,j} \cdot \frac{E_t^{F,j}[e_{t+1}] - e_t}{e_t}. \qquad \text{allgemeine fundamentalökonomische Regel}$$

Hierbei stehen die drei verschiedenen Varianten zur Formulierung der Erwartungen im Zähler auf der rechten Seite zur Verfügung. Zum einen wird auf die bekannte regressive Erwartungsbildung zurückgegriffen, zum anderen wird diese zusätzlich mit einer extrapolativen Komponente und mit einem sog. Anker-Term verknüpft. Letzteres bringt zum Ausdruck, dass Wirtschaftssubjekte sich bei ihrer Einschätzung über die zukünftige Kursentwicklung an aktuellen Kursen orientieren. Die Heterogenität unter den Agenten wird durch ein Gewichtungsschema abgebildet. Ein Agent iA wählt erstens das Gewicht zu dem er als Chartist angesehen werden kann (Gegengewicht entsprechend für seine fundamentalökonomische Ausprägung) und zweitens die Gewichte der sechs Regeln, die in der Summe Eins ergeben. Diese Gewichte werden mit den Transaktionsmengen aus den Regeln multipliziert, wobei die Summe aus allen sechs die Gesamtnettonachfrage eines Agenten anzeigt. Diese acht Parameter werden als Zeichenkette reellwertiger Zahlen kodiert, so dass sie über einen Genetischen Algorithmus GA gelernt werden können. Der Erfolg eines Agenten im Vergleich zu anderen dient als Gütemaß oder *Fitness* im GA und richtet sich nach dem Gewinn aus den letzten fünf Perioden sowie dem Wert des aktuellen Währungsbestands. Dieser Wert wird um einen Faktor reduziert, der umso größer ist, je weiter der aktuelle Wechselkurs von seinem Fundamentalpfad abweicht und erhöht, falls keine größere Bewegung in der letzten Periode stattgefunden hat.

Zu Beginn einer Simulation wählen die Agenten einen zufälligen Gewichtungsmix ihrer sechs Regeln und beobachten anschließend, wie erfolgreich sie damit gewesen sind. Der tatsächliche Wechselkurs wird markträumend ermittelt, indem die Nettodevisennachfrage aller Agenten gleich Null gesetzt wird und so nach dem Wechselkurs aufgelöst werden kann.

$$(2.34) \qquad \sum_{i=1}^{30}\sum_{j=1}^{3}\gamma^{C,i,j}\cdot d_t^{C,i,j} + \sum_{i=1}^{30}\sum_{j=1}^{3}\gamma^{F,i,j}\cdot d_t^{F,i,j} = 0 \qquad \text{Gleichgewichtsbedingung}$$

$$(2.35) \qquad e_t = \frac{\sum_{i=1}^{30}\gamma^{F,i,j}\sum_{j=1}^{3}\alpha^{F,j}\cdot E_t^{F,j}[e_{t+1}]}{\sum_{i=1}^{30}\gamma^{F,i,j}\sum_{j=1}^{3}\alpha^{F,j} - \sum_{i=1}^{30}\sum_{j=1}^{3}\gamma^{C,i,j}\cdot d_t^{C,i,j}} \qquad \text{Gleichgewichtswechselkurs}$$

Die Parameter γ stellen das Produkt aus dem Chartisten bzw. Fundamentalistengewicht und dem Regelgewicht dar. Beispielsweise würde sich dieser Parameter für die erste technische Regel des dritten Agenten $\gamma^{C,3,1}$ durch Multiplikation seines Gewichts, zu dem er als Chartist bezeichnet werden kann, und dem Gewicht der betrachteten Regel ergeben.

Die Simulationen dieses Modells zeigen zahlreiche interessante Ergebnisse. Zum einen schwankt der Wechselkurs stärker als sein Fundamentalkurs *(excess volatility)*, weicht teilweise lange Zeit von diesem ab und ist in manchen Phasen volatiler als in anderen *(volatility clustering)*. Die simulierten Zeitreihen weisen zudem *mean reversion* auf. Die Analyse der Gewichte über 5000 Perioden macht deutlich, dass unterschiedliche

Regeln innerhalb der beiden Typen zu unterschiedlichen Zeiten dominant sind und grundsätzlich alle Regeln gleichzeitig aktiv sind. Je größer jedoch das Gewicht der Chartisten ist, desto instabiler ist die Wechselkursentwicklung gemessen an der Volatilität. Die Beziehung zwischen *News* und Wechselkursänderungen entspricht ebenfalls grob dem empirischen Befund. Es können sowohl systematische Über- wie auch Unterreaktionen festgestellt werden aber auch große Kursbewegungen ohne jegliche Beziehung zu *News*. Cointegrationstests zeigen zudem, dass der Fundamentalkurs und der Wechselkurs cointegriert sind und daher keine systematischen Abweichungen der beiden voneinander festgestellt werden können. Die Verteilungseigenschaften der Wechselkursänderungen für unterschiedliche Frequenzen stimmen ebenfalls mit den empirisch festgestellten Werten überein. Sie zeigen bei kurzfristigen Änderungen eine hohe Kurtosis, die mit zunehmendem Zeitabstand abnimmt. Dies entspricht dem *fat tail* Phänomen, das in der Verteilung der tatsächlichen Wechselkursänderungen festgestellt werden kann. Schätzungen des *Tail*-Indexes bestätigen dieses Ergebnis.

Die zahlreichen Übereinstimmungen zwischen den Zeitreiheneigenschaften des Simulationsmodells und denen empirischer Wechselkurszeitreihen sind besonders hervorzuheben, da sie in einem relativ simplen Modellrahmen erzeugt werden können. Auf der anderen Seite liegen dem Modell jedoch Annahmen zugrunde, die nur eingeschränkt – wenn überhaupt – in der Realität gelten dürften. Die Modellierung des Lernprozesses über den GA unterstellt, dass alle Agenten die Regeln und Fitnessmaße (Gewinne und Wert des Währungsbestandes über fünf vergangene Perioden) aller anderen beobachten können. Zudem wird eine durchschnittlich einheitliche Meinung über den Fundamentalwert des Wechselkurses unterstellt, die sicherlich in der Praxis nicht existiert. Ebenso ist die Anzahl der möglichen Regeln beschränkt und dadurch die Dynamik des Modells limitiert. Von besonderer Bedeutung für die Eigenschaft der *mean reversion* ist die Formulierung des Fitnessmaßes. Darin wird eine Reduktion des Währungsbestandswertes vorgenommen, wenn der tatsächliche Wechselkurs vom Fundamentalpfad abweicht. Durch diese Vorgehensweise verlieren Regeln, die vielleicht eine gute Prognose abgegeben haben aber vom Fundamentalwert wegführen, an Bedeutung und erhalten im GA eine geringere Wahrscheinlichkeit zur Reproduktion. Daher beginnen fundamentalökonomische Regeln zu dominieren, je größer die Abweichungen werden. Wenn aber Unsicherheit über diesen Wert vorliegt bzw. dieser Fundamentalwert stark unterschiedlich gesehen wird, ist diese Vorgehensweise nicht mehr zu rechtfertigen. Ebenso zeigen Lawrenz und Westerhoff keine Sensitivitätsanalysen, die einen Einblick in die Stabilität der Modellergebnisse bei Variationen der Parameterwerte geben können.

Die kurze Darstellung der vier ausgewählten ACE-Modelle macht zum einen deutlich, dass eine sukzessive Weiterentwicklung durch die Einführung fundamentalökonomischer Faktoren und deren endogene Bestimmung zu erkennen ist, dass aber zum anderen noch viel zu tun ist, bis ein umfassendes Modell entwickelt ist, das, wie Krugman sagt, sowohl theoretisch interessant als auch empirisch haltbar ist.[383] Die vier neuen Forschungsfelder geben jedoch Hoffnung, dass dieses Ziel nicht unerreichbar ist. Wohin wird aber der weitere Weg im Bereich der Wechselkurstheorie gehen? Da alle bis-

---

[383] Siehe Zitat auf Seite 104.

lang behandelten Modellansätze einen gewissen Grad an Realitätsnähe auf unterschiedlichen Ebenen aufweisen, scheint eine Kombination oder Zusammenführung eine sinnvolle Richtung vorzugeben. Die Mikrostrukturtheorie könnte bspw. durch ihre empirischen Ergebnisse die *key players* identifizieren und Einblicke in ihr Verhalten geben (Welche Faktoren beachten sie in welcher Weise und warum?). Die *behavioral finance* kann darin unterstützend wirken, indem sie operable Darstellungen bedeutender menschlicher Verhaltensweisen entwickelt, die entweder zeitinvariant sind oder in Abhängigkeit ihrer bestimmenden Größen modelliert werden können. Die *evolutionary game theory* bzw. die *agent-based computational economics* Ansätze sind dann evtl. die geeignete Modellumgebung, um die Mikrostruktur der Devisenmärkte in Verbindung mit der Makroebene traditioneller Ansätze so abzubilden, dass das Zusammenspiel heterogener und lernfähiger Agenten, die sowohl fundamentale wie nicht-fundamentale Faktoren berücksichtigen, in einem nahezu realistischen Marktumfeld studiert werden kann. Dieser Anspruch lässt sich unmöglich analytisch bewerkstelligen, so dass der Einsatz von *Computational Methods* mit Sicherheit in Zukunft an Bedeutung gewinnen wird.[384] Der Preis dafür ist sicher ein komplexerer Modellrahmen, der schwieriger fassbar ist, und aus dem nicht immer eindeutige theoretische Aussagen über die Konsequenz einer Störung abgleitet werden können. Letzteres ist aus theoretischer und wirtschaftspolitischer Sicht bedauernswert. Auf der anderen Seite ist die Frage, ob man dies überhaupt erwarten darf. Wenn sich die Realität auf den Devisenmärkten komplex darstellt, man also durchgehend in der Praxis erfährt, dass kaum eindeutige, monokausale, währungsübergreifende Zusammenhänge vorliegen und in der Regel fallweise argumentiert werden muss, warum sollte man dann erwarten, dass sich einfache theoretische Aussagen über Wirkungszusammenhänge extrahieren lassen? Der Preis für die Zusammenführung der wichtigsten Erkenntnisse und Errungenschaften aller bisherigen Ansätze – diesmal im Sinne eines Gewinns – ist vielmehr in der Chance zu sehen, ein besseres Verständnis für das Geschehen auf den Devisenmärkten und sicher auch auf anderen Finanzmärkten zu erlangen. Solange diese Zusammenführung noch nicht stattgefunden hat, solange werden viele *Puzzles* der Devisenmärkte ungeklärt bleiben. Bis zu diesem Zeitpunkt bleibt die grundsätzliche Problematik bestehen, dass es nahezu unmöglich ist, in der kurzen Frist Vorhersagen über die Wechselkursentwicklung zu machen sowie oft selbst ex-post Wechselkursbewegungen und Bewegungsmuster zu erklären. Politikberatung ist und bleibt damit auf dem Gebiet der Währungspolitik sehr schwierig.

---

[384] Vgl. zu einer ähnlichen Hoffnung FRANKEL/ROSE (1996), S. 1719 f.

So we're different colours
And we're different creeds
And different people have different needs...

Depeche Mode, People are People

2.6. Ein Multiple-Agent-Modell eines künstlichen Devisenmarktes

Die ökonomische Fachliteratur bietet eine Vielzahl an unterschiedlichen Erklärungsansätzen im Bereich der Wechselkurstheorie. Die systematische Darstellung der wichtigsten theoretischen Stationen auf diesem Gebiet im Abschnitt 2.5 zeigte bereits die Vielfalt, die sich in den letzten Jahrzehnten auf diesem Gebiet entwickelt hat. Keines dieser Ansätze konnte jedoch die empirisch beobachtbaren Wechselkursentwicklungen hinreichend erklären. Das komplexe Zusammenspiel zahlreicher unterschiedlicher Marktteilnehmer mit unterschiedlichen Handlungsmotiven und unterschiedlichen finanziellen Ausstattungen auf verschiedenen jedoch interdependeten Märkten lässt es nahezu unmöglich erscheinen, diese Zusammenhänge modellhaft abbilden zu können. Es besteht jedoch kein Zweifel daran, dass die in dieser Arbeit im Mittelpunkt stehenden Erwartungen der Marktteilnehmer eine herausragende Rolle bei der Bildung von Marktpreisen auf Finanzmärkten spielen. Eine neuartige Methode, diese Erwartungen zu modellieren, wird im folgenden Kapitel 3 entwickelt. Um den Einfluss dieser Erwartungsformulierung sowie anderer als auch das Zusammenspiel heterogener Erwartungsbildungsprozesse auf das Gesamtmarktergebnis Wechselkurs untersuchen zu können, wird eine ökonomische Modellumgebung benötigt. Die Entwicklung und Beschreibung einer solchen Modellumgebung in Form eines ACE-Modells oder auch *Multiple-Agent*-Modells ist Gegenstand dieses Abschnitts. Das Ziel kann es dabei nicht sein, den oben beschriebenen Weg der Zusammenführung unterschiedlicher Ansätze bis zum Ende zu gehen. Da die Modellierung von Erwartungen im Mittelpunkt steht, kann es nur das einzig sinnvolle Ziel sein, eine Modellumgebung zu entwickeln, in der Heterogenität einer Vielzahl von Agenten mit fundamentalen wie nicht-fundamentalen Einflüssen möglich ist, zunächst einmal unabhängig davon, wie realistisch dieses Modell ist. Die logische Unbestimmtheit deduktiv ermittelter rationaler Erwartungen auf Finanzmärkten, verursacht durch die Vielfalt an unbeobachtbaren, heterogenen Erwartungen anderer, ist weiter oben als ein wesentlicher Grund für die Beschränkung der Rationalität von Marktteilnehmern identifiziert worden. Ein *Multiple-Agent*-Ansatz ist die modelltechnisch angemessene Umsetzung, um solche Marktgegebenheiten abbilden zu können. Diese ist notwendig, um eine Simulationsumgebung für die in Kapitel 3 entwickelte neuartige Erwartungshypothese der *adaptiven Fuzzyregelbasierten Erwartungen* bereitzustellen, die in der Lage ist, genügend Komplexität zu generieren. Wenn das Modell im anderen Extrem simpel, deterministisch und linear ist (z. B. das monetäre Wechselkursmodell bei flexiblen Preisen), macht es keinen Sinn, *bounded rationality* zu unterstellen, und eine kompliziertere und aufwendigere Erwartungsformulierung erscheint unnötig. Da die Berücksichtigung zu vieler Einflussfaktoren jedoch zu einer erschwerten Analyse der Modellergebnisse führt, wird darauf geachtet, dass die Modellierung des künstlichen Devisenmarktes sowie eines einzelnen Agenten relativ simpel gehalten wird. Jeder dieser Agenten ist jedoch in der Lage, komplexe Erwartungsbildungsprozesse formulieren zu können, die ihm erlauben, sich adaptiv auf dem Devisenmarkt bewegen zu können, falls dies notwendig sein sollte. Die Marktteilnehmer interagieren auf einem künstlichen Devisenmarkt miteinander, der über eine zentrale Stelle (z. B. eine Börse) koordiniert wird. Der Markt kennt dabei grundsätzlich zwei unterschiedliche Marktteilnehmertypen: Spekulanten und Arbitrageure. Diese Unterteilung bringt zwei unterschiedliche Transaktionsmotive zum Ausdruck. Spekulanten versuchen die Preisänderungen von einer zur nächsten Periode auszunutzen und darüber Gewinne zu realisieren. Arbitrageure nutzen hingegen Kaufkraftunterschiede der zwei modellierten Währungen und kaufen die unterbewertete Währung, um günstig Waren importieren zu können bzw. umgekehrt. Letztere sorgen somit dafür, dass ein klassisches fundamentalökonomisches Element in diesem Modell verankert wird. Dies ist insbesondere deswegen von Interesse, weil damit untersucht werden kann, ob ein Agent fundamentalökonomische Zusammenhänge im Zeitablauf erlernen kann, auch wenn er zu Beginn seiner Lebenszeit beispielsweise als Chartist ‚ausgebildet' wurde. Im Folgenden werden die einzelnen Elemente dieses Modells im Detail beschrieben.

2.6.1. Die Marktteilnehmer

Auf dem Modellmarkt treffen drei unterschiedliche Marktteilnehmer aufeinander. Dies sind zu einen Arbitrageure und Spekulanten (im Folgenden auch als Agenten bezeichnet) sowie zum anderen zwei *Constant Trader*. Alle Marktteilnehmer sind als unendlich lang lebende Wirtschaftssubjekte modelliert, so dass während einer Simulation keine neuen Marktteilnehmer ‚geboren' werden und in das Marktgeschehen eingreifen.

Arbitrageure stellen in diesem Modellrahmen reine Gütermarkt-Arbitrageure dar. Sie beobachten die aktuelle Entwicklung des realen Wechselkurses und fragen eine nach dem Kaufkraftparitätentheorem unterbewertete Währung nach bzw. bieten eine überbewertete Währung an. Sie tun dies, um Kaufkraftunterschiede zwischen zwei Ländern für internationale Güterarbitrage auszunutzen.[385] Wenn es auf diesem Markt ausschließlich Arbitrageure gäbe, dann würden diese sicherstellen, dass sofern zu den heimischen Gütern ausländische Substitute existieren, was in diesem Modell unterstellt ist, die Preise dieser Güter in einer Währung identisch sind. Das Verhalten der Arbitrageure gewährleistet somit eine fundamentalökonomische Basis der Wechselkursentwicklung. Da sich alle Arbitrageure identisch verhalten, werden sie als eine Person modelliert, die in Pseudo-Code geschrieben folgende Eigenschaften (*properties*) und Verhaltensweisen (*methods*) aufweist.[386]

---

[385] Sie stellen somit keine Spekulanten dar, die sich am Modell der Kaufkraftparitätentheorie orientieren, sondern operieren im Sinne der sog. „*liquidity trader*" als Akteure, die Devisen nachfragen bzw. eigene Währung anbieten, weil sie diese Liquidität für ihre Zahlungsverpflichtungen aus dem internationalen Waren- und Dienstleistungshandel benötigen. Vgl. bspw. OSLER (1998), S. 40 f., der diese Gruppe als „*current account trader*" bezeichnet.

[386] Der Aufbau des Pseudo-Codes zeigt die Struktur der objektorientierten Programmiersprache *Object Pascal* aus der Entwicklungsumgebung Delphi.

Abbildung 2.13: Eigenschaften und Verhaltensweisen des Gütermarkt-Arbitrageurs

```
Arbitrageur = class
  Properties
    Net FX-Supply
    Market Force
    Transaction State
  Methods
    Calculate Net FX-Supply
end;
```

Die erste Eigenschaft gibt das in der aktuellen Simulationsperiode gültige Nettodevisenangebot des Arbitrageurs wieder. Dessen Höhe bestimmt sich wiederum durch die Verhaltensweise ‚Calculate Net FX-Supply', hinter der eine Prozedur steht, die in Abhängigkeit des in- und ausländischen Preisniveaus das Nettodevisenangebot berechnet. Der Pseudocode in Abbildung 2.14 auf Seite 10 beschreibt das zugrundeliegende Kalkül. Danach wird zunächst festgestellt, wie hoch der aktuelle reale Wechselkurs $e^{real} = (e \cdot FP)/DP$ ist, mit FP und DP als Symbol für das ausländische und das inländische gesamtwirtschaftliche Preisniveau. Ist dieser Wert größer als Eins plus eine prozentuale Transaktionskostengrenze TC *(transaction cost)* ausgedrückt in Dezimalschreibweise ($e^{real} > (1 + TC)$), so wird der Arbitrageur Devisen anbieten, da Inlandsgüter im Vergleich zu Auslandsgütern relativ billiger sind. Ist der Wert hingegen kleiner als Eins minus der Transaktionskostengrenze ($e^{real} < (1 - TC)$), wird er in der aktuellen Simulationsperiode Devisen nachfragen, um das relativ billigere ausländische Substitut erwerben zu können. Bei Gültigkeit der absoluten Kaufkraftparität ($e^{real} = 1$) bzw. bei einem realen Wechselkurs innerhalb des durch die Transaktionskosten bestimmten Bandes um den Kaufkraftparitätenkurs wird er nicht am Markt tätig. Der Modellanwender (im Weiteren *User*) legt die Höhe der Transaktionskosten exogen und zeitinvariabel fest. Sie können in dem Zusammenhang bspw. als Transportkosten interpretiert werden, die eine vollständige Angleichung der absoluten Preisniveaus verhindern können. Deaktiviert der *User* diese Option, so stellt FX-Agent den Wert für TC automatisch auf Null ein. Es wird darauf hingewiesen, dass die Arbitrageure keine Erwartungen über die Preisentwicklung der Zukunft bilden bzw. der erwartete reale Wechselkurs dem tatsächlichen der letzten Periode entspricht. Dieses Vorgehen ist in der Sache gerechtfertigt, da die Existenz von Arbitrageuren lediglich eine fundamentalökonomische Verankerung gewährleisten soll und deren Inflationserwartung nicht Gegenstand dieser Arbeit ist. Die Eigenschaft Market Force beschreibt die Marktstärke des Arbitrageurs als Anteil seiner Finanzkraft an der Erstausstattung aller Spekulanten mit heimischer Währung. Da diese zu Beginn einer Simulation einen einheitlichen Betrag von einer Einheit inländischer wie einer Einheit ausländischer Währung erhalten, wird die Marktstärke mit der Anzahl an Agenten multipliziert, um die finanzielle Ausstattung der Arbitrageurs zu berechnen. Soll der Arbitrageur bspw. bei 100 Agenten über eine Finanzkraft in Höhe von 10% der Agenten verfügen (Market Force = 0,1), so würde er in jeder Periode, in der er eine Über- oder Unterbewertung feststellt, 10 Einheiten der Auslandswährung anbieten oder nachfragen. Diese finanzielle Ausstattung gilt unabhängig von der Entwicklung des Finanzvermögens der Spekulanten in folgenden Simulationsperioden, so dass Arbitrageure in jeder Periode mit der gleichen finanziellen Ausstattung am Devisenmarkt tätig werden können. Diese Unabhängigkeit der Finanzkraft von einem einmal vorgegebenen Bestand ist eine Quelle sowohl für einen Zu- wie auch einen Abfluss von Finanzkapital der Spekulanten. Da diese ebenfalls mit dem Arbitrageur handeln können, muss während einer Simulation der Bestand der anfangs fest vorgegebenen inländischen Geldmenge wie auch der Devisen in Händen der Spekulanten nicht konstant sein.[387] Falls ein Modellmarkt ganz ohne Spekulanten gewählt werden sollte, stellen die Prüfabfragen in Zeile 03 und 14 sicher, dass die Kaufkraftparität (das fundamentalökonomische Element!) durch ein konstantes Angebot bzw. Nachfrage des Arbitrageurs von Eins erfüllt wird.

Abbildung 2.14: Prüfschema der Verhaltensweise des Arbitrageurs: Calculate Net FX-Supply

```
01  if e^real > (1 +TC) then
02     begin
03        if (Number of Speculators) = 0 then
04           Net FX-Supply = 1
05        else
06           Net FX-Supply = (Market Force)·(Number of Speculators)
07     end
08  else
09     begin
10        if e^real ≤ (1 + TC) and e^real ≥ (1 + TC) then
11           Net FX-Supply = 0
12        else
13           begin
14              if (Number of Speculators) = 0 then
15                 Net FX-Supply = -1
16              else
17                 Net FX-Supply = -(Market Force)·(Number of Speculators)
18           end
19     end
```

Die Eigenschaften und Verhaltensweisen der Spekulanten sind etwas komplizierter. Jeder Spekulant verfügt zu Beginn einer Simulation über einen fest vorgegebenen Bestand an in- und ausländischer Währung. Die Bestände der jeweiligen Währung sind in der gleichgewichtigen Ausgangssituation auf Eins normiert.[388] Wenn also unterschiedliche Agententypen unterschiedliche Gewichte in der Ausgangssituation erhalten sollen, dann müssen mehrere identische Agenten erzeugt werden. Zu Beginn jeder Periode bildet ein Spekulant seine Erwartungen über das Niveau des Wechselkurses am Ende der gleichen Periode. Sein Nettodevisenangebot in dieser Periode ist von der Differenz des erwarteten Wechselkurses zum Wechselkurs am Ende der Vorperiode (= Anfang der aktuellen Periode) abhängig. Erwartet der Spekulant beispielsweise eine Abwertung der inländischen Währung, so wird er einen Teil seines Bestandes an inländi-

[387] Tauscht ein Spekulant einen Euro gegen einen US$ so ist die Euro-Geldmenge in Händen der Spekulanten um eine Einheit gestiegen und die in US$ entsprechend um eine Einheit gesunken.

[388] Damit steht auch das Finanzvermögen aller Spekulanten zu Beginn einer Simulation fest, dass sich aus ihrer Anzahl multipliziert mit zwei ergibt.

scher Währung verkaufen wollen und somit Devisen nachfragen. Entsprechend umgekehrt verhält er sich bei einer erwarteten Aufwertung der Inlandswährung. Die Spekulanten besitzen nur zwei Anlagealternativen; unverzinsliches inländisches Geld oder unverzinsliche ausländische Devisen. Das Modell unterscheidet zwei verschiedene Verhaltensweisen, die die genaue Höhe des gewünschten Transaktionsvolumens eines Spekulanten bestimmen.

In der *take-it-or-leave-it* Variante wird der Spekulant bei einer Abwertungserwartung seinen gesamten Bestand an inländischer Währung anbieten und umgerechnet mit dem aktuellen Wechselkurs entsprechend Devisen nachfragen. Im Gegensatz dazu wird er bei der *gradual*-Variante sein gewünschtes Transaktionsvolumen in Abhängigkeit der Differenz zwischen erwartetem Wechselkurs und tatsächlichem Wechselkurs bestimmen. Sein Ordervolumen, gemessen an seinem Nettodevisenangebot, bestimmt sich dabei aus einer Funktion in Abhängigkeit der Differenz zwischen erwartetem und aktuellem Wechselkurs.

$$(2.36) \qquad \text{net-fxs} = f(e^{erw} - e) \qquad \text{mit: } \frac{\partial \text{net-fxs}}{\partial (e^{erw} - e)} < 0$$

Je größer diese Differenz ist, desto mehr wird er bereit sein, von seinem Bestand an der abwertungsgefährdeten Währung abzugeben. Dahinter steht die Vorstellung, dass Spekulanten nicht unabhängig von der erwarteten Wechselkursänderung ihren gesamten Währungsbestand verkaufen, da das Risiko besteht, dass die erwartete Wechselkursrichtung gar nicht eintritt, weil die Mehrheit der Marktteilnehmer die andere Änderungsrichtung erwartet hat. Ein Fundamentalrisiko, also das Risiko, dass sich die Güterpreisniveaus innerhalb der aktuellen Periode ändern könnten und daher Arbitrageure die erwartete Wechselkursänderung verhindern, besteht dagegen nicht. Das liegt an der Konstruktion des Periodenablaufs, in der die Preisniveaus annahmegemäß zu Begin einer Periode feststehen und sich erst in der nächsten Periode ändern können.

Die Abbildung 2.15 zeigt die Einstellungsmöglichkeiten in der *gradual*-Variante. Der dargestellte Funktionsverlauf bringt die oben erläuterten Überlegungen zum Ausdruck. Die Einstellungsparameter sind der Anteil am verfügbaren Währungsbestand (Ordinate) und die erwartete Wechselkursänderungsrate, bei der der Agent den festgelegten Anteil einsetzt. Falls er ausländische Währung (z. B. US$) erwerben und dazu einen Teil seines inländischen Währungsbestands (z. B. Euro) hergeben will, bestimmt der ermittelte Anteil, wie viel Euro eingesetzt werden. Die Höhe der Devisenorder in US$ errechnet sich dann durch Umrechnung dieses Euro-Betrags in US$ über den aktuellen Wechselkurs. Die Abbildung 2.15 zeigt vier Funktionsverläufe der Entwicklung des eingesetzten Währungsanteils für den Fall, dass dieser 70% bzw. 90% bei einer erwarteten 2%igen oder alternativ 5%igen Wechselkursänderung beträgt.

Abbildung 2.15: Gewünschtes Transaktionsvolumen als Anteil am Währungsbestand bei einer erwarteten 2 und 5%igen Abwertung in der gradual-Variante

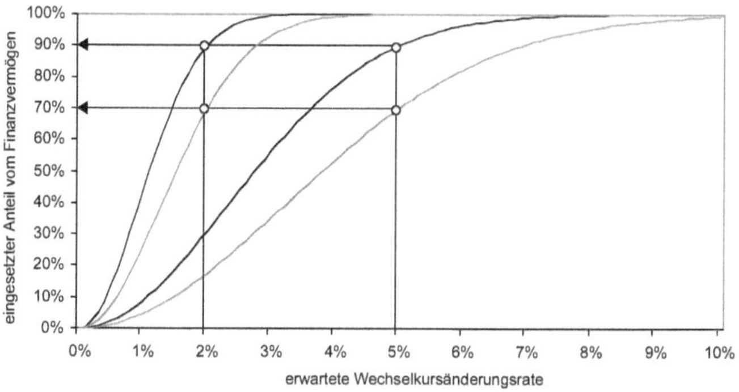

Quelle: Eigene Darstellung.

Die dargestellte Funktion entspricht:

$$(2.37) \qquad f(x) = 1 - e^{-(x/k)^2}$$

wobei der *User* den Funktionswert f(x) vorgibt und k so berechnet wird, dass bei einer erwarteten x%igen Wechselkursänderung – ausgedrückt in Dezimalschreibweise – der Vorgabewert erreicht wird:

$$(2.38) \qquad k = \frac{x}{\sqrt{\ln \frac{1}{1 - f(x)}}}$$

Das Verhalten eines Spekulanten kann jedoch noch durch eine weitere Einstellung beeinflusst werden. Wie bereits bei der Darlegung des Verhaltens des Arbitrageurs erläutert, so kann auch hier der *User* eine Bandgrenze um den aktuellen Wechselkurs vorgeben, ab der der Spekulant erst tätig wird. Sollte der Erwartungswert nur um einen extrem geringen prozentualen Betrag vom aktuellen Wechselkurs abweichen – bspw. um 0,05% – dann kann es sein, dass diese erwartete Änderung nicht ausreicht, um die Transaktionskosten des Spekulanten zu decken. Um dies modelltechnisch berücksichtigen zu können, gilt die bereits erläuterte Grenze TC einheitlich sowohl für den Arbitrageur als auch für alle Spekulanten.

Bei der *gradual*-Variante muss auf einen Aspekt hingewiesen werden, den der Modellanwender bei Simulationsläufen beachten muss. Wenn er die relativen Gewichte der einzelnen Marktteilnehmer festlegt, d.h. die Finanzausstattung der *Constant Trader* und des Arbitrageurs bestimmt, so darf das Gewicht dieser bei der *gradual*-Variante für die Agenten nicht mit deren relativem Gewicht verwechselt werden. Je geringer die eingesetzten Währungsbeträge der Agenten bei dieser Verhaltensweise sind, desto höher ist gleichzeitig das relative Gewicht der beiden anderen Marktteilnehmertypen. Eine Finanzausstattung des Arbitrageurs in Höhe von 10% der inländischen Währungsbestände aller Agenten entspricht bei 50% Währungseinsatz folglich nicht 10%, sondern einem relativen Gewicht von 20%.

Die Abbildung 2.16 zeigt die wichtigsten Eigenschaften und Verhaltensweisen eines Agenten (Spekulanten). Alle Eigenschaften und Verhaltensweisen sind als private Informationen modelliert, d. h. andere Agenten können diese nicht beobachten. Die Eigenschaften Domestic Money und Foreign Money geben den aktuellen Bestand an heimischer und ausländischer Währung zu Beginn einer Simulationsperiode wieder, während Net FX-Supply das gewünschte Nettodevisenangebot anzeigt. Letzteres beruht auf dem Wert der Eigenschaft FX-Rate expected, der durch die Prozedur Calculate e(expected) gesetzt wird. Nachdem der Erwartungswert für die aktuelle Simulationsperiode feststeht, wird durch die Prozedur Calculate Net FX-Supply die Größe Net FX-Supply berechnet. Die Eigenschaften Transaction State und Transaction Volume zeigen einerseits an, ob der betrachtete Agent in dieser Periode gehandelt hat und wenn ja, welches Volumen (ausgedrückt in Inlandswährung) er dabei umgesetzt hat. Die Größe Wealth weist den am Ende der Periode vorhandenen und in heimischer Währung ausgedrückten nominalen Geldbestand aus. Expectation Hypothesis kennzeichnet die Erwartungsbildungshypothese des Agenten an Hand eines Indexes über alle verfügbaren Hypothesen. Diese werden im Abschnitt 2.6.2 näher erläutert, so dass an dieser Stelle darauf nicht näher eingegangen wird.

Abbildung 2.16: Eigenschaften und Verhaltensweisen des Spekulanten (Agenten)

```
tAgent = class
  properties
    Domestic Money
    Foreign Money
    FX-Rate expected
    Net FX-Supply
    Transaction State
    Transaction Volume
    Wealth
    Expectation Hypothesis
  methods
    Calculate e(expected)
    Calculate Net FX-Supply
end;
```

Neben diesen beiden aktiven Marktteilnehmern, die je nach Marktsituation und persönlicher Einschätzung (Erwartungsbildung) unterschiedliche Verhaltensweisen in unterschiedlichen Perioden aufweisen, stellt die Modellumgebung sicher, dass in jeder Periode ein konstantes Devisenangebot und eine konstante Devisennachfrage besteht. Der Grund dafür ist darin zu sehen, dass ein zufälliges gleichgerichtetes Verhalten aller Marktteilnehmer zu einem einseitigen Angebot ohne Nachfrage bzw. einseitiger Nachfrage ohne Angebot führen könnte. In diesem Fall wäre der Preisbildungsmechanismus nicht mehr in der Lage, einen Wechselkurs festzusetzen. Dieses Problem wird durch die Annahme eines konstanten verfügbaren Volumens auf beiden Marktseiten vermieden, das durch zwei sog. *Constant Trader* realisiert wird. Deren Finanzausstattung wird, ebenso wie die Market Force der Arbitrageure, als Anteil am gesamten inländischen Geldvermögen der Spekulanten eingestellt.[389] Da beide *Constant Trader* in jeder Periode ein Transaktionsvolumen in exakt derselben Höhe bereitstellen, haben sie keinen Einfluss auf das Nettodevisenangebot und daher auch keinen Wechselkurseinfluss.

2.6.2. Erwartungsbildung

Die Modellierung von Erwartungen stellt den zentralen Untersuchungsschwerpunkt dieser Arbeit dar. In einem ACE-Modell, wie dem hier entwickelten, werden die Erwartungen jedes einzelnen Agenten separat modelliert. Es findet folglich keine Abbildung einer Markterwartung statt, wie in makroökonomisch basierten Modellen mit einem repräsentativen Agenten. Dies ermöglicht gleichzeitig eine Vielzahl verschiedener Erwartungsbildungshypothesen zu verwenden und den Einfluss dieser auf das Marktergebnis zu studieren.

Die ökonomische Simulationsumgebung, die zu Beginn des Kapitels 4 ausführlich beschrieben wird, stellt dem *User* eine Vielzahl an verschiedenen Erwartungsbildungsverfahren zur Verfügung. Dazu gehören die traditionellen, weiter oben erläuterten Verfahren wie auch einige spezielle, die die Heterogenität in einer Population von Agenten erhöhen können und dem *User* Raum für eigene, neuartige Simulationsstudien geben. Die unterstützten Verfahren umfassen:

(1) adaptive
(2) extrapolative
(3) kaufkraftparitätorientierte (PPP)
(4) zufällige *(random)*
(5) technische *(Chartist)*
(6) adaptive Fuzzyregel-basierte

Erwartungen. Die ersten drei Varianten zählen zu den Standardhypothesen der ökonomischen Lehrbuchliteratur. Da sie bereits eingehend erläutert wurden, werden nur die funktionalen Ausdrücke in der Simulationsumgebung wiedergegeben, um zu zeigen, welche Parameter der *User* einstellen kann/muss.

(2.39) $$e_t^{erw} = e_{t-1}^{erw} \cdot (1 + a \cdot (e_{t-1}/e_{t-1}^{erw} - 1))$$ adaptive Erwartungen

(2.40) $$e_t^{erw} = e_{t-1} \cdot (1 + a \cdot (\frac{e_{t-1}}{e_{t-2}} - 1) + b \cdot (\frac{e_{t-2}}{e_{t-3}} - 1) + c \cdot (\frac{e_{t-3}}{e_{t-4}} - 1))$$ extrapolative Erwartungen

Bei *adaptiven Erwartungen* muss der Adaptionsparameter a spezifiziert werden, der angibt, um wie viel der prozentuale Erwartungsfehler der letzten Periode in die aktuelle Erwartung eingeht. Bei *extrapolativen Erwartungen* wird der Erwartungswert hingegen aus bis zu drei vergangenen und gewichteten Wechselkursänderungen gebildet. In der Regel werden diese Größen mit zunehmender zeitlicher Distanz geringer gewichtet. Der *User* ist in FX-Agent jedoch frei in seiner Parameterwahl für a, b und c. Bei beiden Erwartungshypothesen können die Werte für a bzw. a, b und c zwischen –2 und 2 liegen, so dass die empirisch festgestellten Ausprägungen abgebildet werden können.

---

[389] Für den Fall einer Simulation ohne Spekulanten wird das Angebot sowie die Nachfrage standardmäßig auf Eins gesetzt.

Alternativ kann der *User* die Summe der Parameterwerte aus (2.40) jedoch auch auf Eins limitieren. Falls dann der Wert für b und c auf Null gesetzt wird, beträgt a automatisch Eins, so dass hierüber statische Erwartungen modelliert werden können. Die Berechnung auf Basis von Veränderungsraten entspricht der Vorgehensweise in empirischen Studien zur Erwartungsbildung, die die Bestimmung der erwarteten Wechselkursänderungsrate untersuchen und nicht das erwartete Niveau.

Unter *kaufkraftparitätorientierten Erwartungen* (*PPP: Purchasing Power Parity*) wird die Orientierung an der absoluten Kaufkraftparität verstanden. Eine Erwartungsbildung an Hand dieser Hypothese stellt eine reine und in diesem Modell die einzige fundamentalökonomische Erwartungsformulierung dar.

(2.41) $$e_t^{erw} = \frac{DP_{t-1}}{FP_{t-1}}$$ kaufkraftparitätorientierte Erwartungen

Die relativen Preisunterschiede stellen die einzigen exogenen Marktgrößen dar und können nicht für die aktuelle Simulationsperiode beobachtet werden. Die Agenten orientieren sich daher an der Preisniveaus der Vorperiode. Diese Hypothese ermöglicht bspw. das Zusammenspiel von Fundamentalisten und Chartisten zu untersuchen.

Die vierte Option *Zufallserwartungen (random)* bietet dem *User* die Möglichkeit Erwartungen als Zufallsprozess abzubilden. Diese Option erscheint vielleicht unnötig, weil es als unrealistisch anzusehen ist, dass ein Wirtschaftssubjekt seine Erwartungen vollkommen zufällig bildet und danach Investment-Entscheidungen vornimmt. Die Möglichkeit rein zufälliger Erwartungen wird dennoch eingeführt, um erstens eine Möglichkeit zu besitzen, eine solche Verhaltensweise direkt anderen gegenüberstellen zu können und zweitens, um Stochastik in das Modell einzuführen. Die Erkenntnisse aus der Mikrostrukturtheorie haben gezeigt, dass der Handelsprozess selbst *Noise* produziert, der unabhängig von fundamentalen oder sonstigen Einflüssen entsteht.[390] Zufallserwartungen werden als zeitdiskreter, nicht-stationärer stochastischer Prozess modelliert.

(2.42) $$e_t^{erw} = (1 + u(\mu, \sigma)) \cdot e_{t-1}$$ Zufallserwartungen

Der *User* gibt den Mittelwert μ und die Standardabweichung σ der Zufallsvariable u vor. Diese ist als erwartete Veränderungsrate des Wechselkurses von t–1 bis t zu verstehen. Über einen Mittelwert ungleich Null, kann eine Trendwertkomponente in den Erwartungen hinzugefügt werden. Die Erwartung ist jeweils nur vom aktuellen Wechselkurs zu Beginn einer Periode (= e_{t-1}) abhängig und nicht von realisierten Wechselkursen aus vergangenen Perioden.

Des Weiteren ist der *User* in der Lage, *technische Erwartungen* und damit Chartistenverhalten zu modellieren. Die Abbildung 2.17 greift an dieser Stelle der Darstellung der Simulationsumgebung vorweg und zeigt einen Ausschnitt aus den möglichen technischen Handelsregeln, die der Modellanwender agentenspezifisch festlegen kann. Die Regeln sind unterteilt in Filter- und *Moving-Average*-Regeln. Filterregeln prüfen eine bestimmte Bedingung unter der Kauf- bzw. Verkaufsaufträge ausgelöst werden. Diese Bedingung fordert im Falle der Kaufentscheidung, dass der aktuelle Wechselkurs min-

[390] Dass hierdurch ein eigenständiger Wechselkurseinfluss entsteht, zeigt die Studie 3 aus Kapitel 4.

destens einen bestimmten Prozentsatz über dem Minimum der letzten x Perioden liegen muss, wobei die Perioden *user*seitig eingestellt werden. Bei Verkaufsentscheidungen ist die Bedingung das Unterschreiten eines Maximums um einen bestimmten Prozentsatz. Die Prozentsätze sind exogen vorgegeben und orientieren sich an gängigen Praxisgrößen. *Moving-Average*-Regeln prüfen hingegen, ob der aktuelle Wechselkurs oder ein gleitender Durchschnitt in der letzten Periode einen längerfristigen gleitenden Durchschnitt von 3, 5, 10, 100 oder 500 Perioden durchstoßen hat und lösen Kaufaufträge bei Durchstoßen von unten und Verkaufsaufträge im umgekehrten Fall aus. Der *User* kann eine oder mehrere solcher Regeln für einen einzelnen Agenten zusammenzustellen.

Abbildung 2.17: Erwartungshypothesen in der Simulationsumgebung FX-Agent

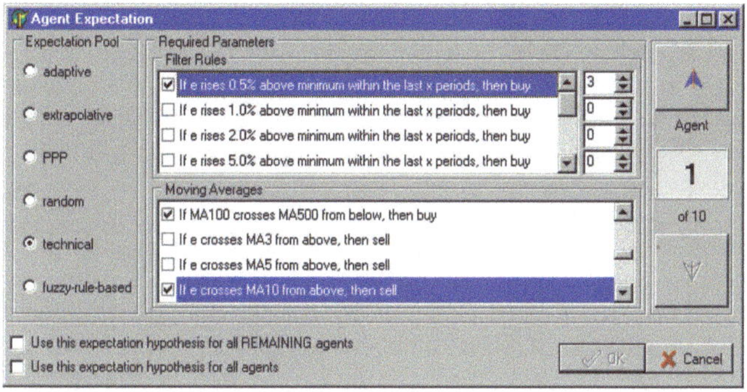

Quelle: FX-Agent.

Schließlich besteht Möglichkeit Erwartungen in Form von *adaptiven Fuzzyregel-basierten Erwartungen* abzubilden. Diese Form der Erwartungsbildung ist der Hauptbestandteil dieser Arbeit und wird im folgenden Kapitel 3 ausführlich beschrieben. An dieser Stelle sei daher lediglich die Idee vorgestellt, um die Unterschiede zu den bisherigen Verfahren erkennen zu können. Die Gegenüberstellung von theoretischen Ansätzen zur Erwartungsbildung und der empirischen Evidenz zu dieser Materie haben gezeigt, dass noch viel Potenzial besteht, eine größere Deckung der beiden Seiten zu erreichen. Aus Sicht eines Modellbauers ragen vier Aspekte besonders hervor, die als Lastenheft für die Entwicklung eines theoretischen Modells zur Erwartungsbildung an den Devisenmärkten verstanden werden können:

- Agentenspezifische Erwartungsmodellierung (Heterogenität)
- Explizite Wissensrepräsentation (Interpretierbarkeit)
- Berücksichtigung von Unsicherheit durch Unschärfe (‚*bounded rationality*')
- Erfahrungsabhängigkeit (induktives Lernen).

Der erste Aspekt ist durch die ökonomische Simulationsumgebung bereits sichergestellt. Die zweite Anforderung mag zwar etwas realitätsfern sein, da kaum ein Wirtschaftssubjekt in der Lage sein wird, das Zustandekommen seiner Erwartung genau und zu jeder Zeit exakt wiederzugeben. Es ist jedoch eine wünschenswerte Eigenschaft, Wissen explizit in einem theoretischen Modell abzubilden. Ohne eine solche explizite Abbildung wäre eine Interpretation der Modellergebnisse immer nur eingeschränkt möglich. Die beiden letzten Anforderungen drücken aus, dass die Modellumgebung entsprechend der Realität an den internationalen Finanzmärkten ein gewisses Maß an Komplexität generieren muss, so dass die Modellagenten ebenso wie reale Wirtschaftssubjekte Unsicherheit ausgesetzt sind und durch ihre Erfahrungen lernen müssen.

Um alle diese Anforderungen modellseitig erfüllen zu können, ist eine besondere Technologie erforderlich, die auf Grund ihres Umfangs und ihrer Komplexität detailliert innerhalb des nächsten Kapitels dargestellt wird. Um einen ersten Eindruck über *adaptive Fuzzyregel-basierte Erwartungen* zu bekommen, sei daran erinnert, dass Menschen in komplexen Situation nach Mustern oder Regelmäßigkeiten in dem betrachteten Entscheidungsraum suchen. Der Grad an Komplexität sowie ihre beschränkte Rationalität zwingt sie gar zu solchen Maßnahmen. Sie versuchen sich eine Vorstellung von der Funktionsweise des ökonomischen Systems – hier der Devisenmärkte – zu machen, indem sie ein sog. *mental model* formulieren.[391] Dabei stellen sie einfache Regeln in Form von *Wenn ...Dann* Aussagen auf. Die Unsicherheit über die zum Ausdruck gebrachten Zusammenhänge sowie die eingeschränkte Fähigkeit des Menschen, beliebige signifikante Klassen zu unterscheiden, führt i.d.R. dazu, dass solche Regeln unscharf – *fuzzy* – formuliert werden. So mag es für eine Wechselkursprognose keinen besonderen Unterschied machen, ob der Inflationsunterschied zwischen der Euro-Zone und den USA nun 0,8 oder 0,9 Prozentpunkte beträgt, wohl aber ob sich dieser auf 0,8 oder 2,2 Prozentpunkte beläuft. Die Werte 0,8 und 0,9 werden daher zur selben Klasse mit einem bestimmten linguistischen Label, z. B. ‚klein' gezählt, während 2,2 bereits als ‚großer' Inflationsunterschied wahrgenommen wird. Die einzelnen scharfen Elemente (z. B. 0,8) einer Variablen (z. B. Inflationsunterschied) werden mit unterschiedlichen Zugehörigkeitsgraden zu einer Klasse gehören. Diese Zugehörigkeit ist nicht mit einer Wahrscheinlichkeit zu verwechseln, denn es wird nicht zum Ausdruck gebracht, dass 0,8 z. B. mit 60%iger Wahrscheinlicht als klein eingestuft wird, sondern dass 0,8 zum Grad von 0,6 zur Klasse ‚klein' gehört und vielleicht mit einem Zugehörigkeitsgrad von 0,25 zu ‚sehr klein'. Viele Zielformulierungen, Nebenbedingungen und Konsequenzen der menschlichen Entscheidungsfindung sowie die Formulierung von mentalen Modellen komplexer Zusammenhänge erfolgen in der Realität auf unscharfe Weise.[392] ‚Der Markt präsentierte sich *stark* heute', ‚die Zinsdifferenz ist *deutlich zurückgegangen*' oder ‚die Rendite des eingesetzten Kapitals soll *mindestens so hoch* sein wie der LIBOR, wenn der Abwärtstrend am Aktienmarkt sich *so schnell weiter fortsetzt*' sind nur Beispiele für solche Formulierungen. Die mathematische Umsetzung von graduellen Zugehörigkeiten zu bestimmten Klassen erfolgt durch die *Fuzzy Set Theorie.* Mit ihr ist es möglich, Regeln wie z. B.: *Wenn der Inflationsunterschied zwischen der Euro-Zone und den USA <u>klein</u> bleibt und sich die Zinsdifferenz*

---

[391] Vgl. JOHNSON-LAIRD (1993) und insb. im ökonomischen Kontext DE GRAUWE (1996), S. 108 f., BRAUNHART (1989), S. 45 oder GEIGER (1996), S. 18 f.

[392] Dies wurde bereits früh erkannt und auf dieser Erkenntnis aufbauend eine Theorie der Entscheidungsfindung entwickelt. Siehe dazu BELLMAN/ZADEH (1970).

nicht bedeutend erhöht, dann wird der Euro wieder stärker gegenüber dem US$ werden, operational zu machen. Die unterstrichenen Wörter markieren dabei *fuzzy*-Ausdrücke. Menschen verfügen über eine Vielzahl solcher Regeln, die unterschiedliche Argumente oder Variablen besitzen. Ein gesamter Regelsatz wird Regel-Basis genannt. In einem komplexen dynamischen Umfeld sammeln Menschen jedoch immer wieder neue Erfahrungen, sie lernen aus ihren Erwartungsfehlern, suchen nach neuen Regeln und verwerfen bestehende, die sich nicht mehr als tauglich erwiesen haben. *Feedbacks* aus der Umwelt geben einen Aufschluss über die Prognosegüte der verschiedenen Regeln. Der Prozess des ständigen Prüfens, Verwerfens, Modifizierens oder Beibehaltens beschreibt einen Lernprozess. Menschen trennen sich jedoch nicht sofort beim ersten Fehler von einem Modell, sondern warten ab, bis es sich durch eine Folge an Falschaussagen als untauglich erwiesen hat. Dies führt zu einem eingebauten Hysteresiseffekt. Eine solche Verhaltensweise muss durch einen Lernmechanismus modelliert werden, der es ermöglicht, Regeln im Zeitablauf zu verändern, neue zu generieren und unbrauchbare zu streichen. Die Umsetzung dieser Lernfähigkeit führt zu der Bezeichnung *adaptive Fuzzyregel-basierte Erwartungen.* Die technische Realisierung erfolgt durch die Software GENEFER und wird im dritten Kapitel ab Seite 10 eingehend beschrieben.

Vergleicht man alle vorgestellten Möglichkeiten, Erwartungen in dieser ökonomischen Modellumgebung zu modellieren, so wird deutlich, dass nur die *adaptiven Fuzzyregel-basierten Erwartungen* die vier genannten Anforderungen erfüllen. Da jedoch insbesondere das Studium der Evolution von Erwartungen in einem Umfeld heterogener Marktteilnehmer von Interesse ist, dienen die weiteren Möglichkeiten nicht nur als Vergleichsmaßstab, sondern auch als Bereicherung der Erwartungsvielfalt in einer Population von heterogenen Agenten. Es sei jedoch explizit erwähnt, dass alle verwendeten Verfahren auf aktuelle und realisierte Größen zurückgreifen. Es findet somit keine Erwartungsbildung über die erklärenden Größen statt, die anschließend Grundlage für eine Wechselkurserwartung sind.

2.6.3. Aggregation und Preisbildung

Das Aggregationsproblem stellt sich immer dann, wenn eine einzelne Funktion den Zusammenhang zwischen erklärenden und erklärter Größe auf Gesamtmarktebene wiedergeben soll. Eine solche Aggregation ist insbesondere dann schwierig, wenn eine ausgeprägte Heterogenität unter den Marktteilnehmern in Bezug auf ihre Verhaltensweisen, Ausstattung, Fähigkeiten, Präferenzen etc. besteht. In der Realität wird diese Heterogenität durch die Marktmechanismen und Marktregeln koordiniert. Auf dem Gütermarkt setzen die Unternehmen Preise fest, beobachten die Mengen und passen ihre Preise an die Nachfragesituation in mehr oder weniger großen Abständen und in gewissen Bandbreiten an. An den elektronischen Aktienbörsen oder elektronischen Handelssystemen (XETRA, NASDAQ) werden die eingehenden Aufträge in einem *limit-order-book* gesammelt und markträumend ausgeführt. Die Modellierung ist jedoch weitaus schwieriger, da viele der genannten heterogenen Eigenschaften verborgen sind *(private information)* bzw. nur auszugsweise publik gemacht werden. So übermitteln einzelne Händler an den Devisenmärkten bspw. keine Nachfrage*funktionen,* sondern feststehende Beträge zu feststehenden Kursen bzw. limitierte Aufträge.

Die Devisenmärkte zeichnen sich in der Realität zudem durch eine ausgeprägte Dezentralität aus. Dies bedeutet, dass bilaterale Transaktionspartnerschaften vorherrschen, in denen die Preisfindung das Verhandlungsergebnis darstellt, dass ebenso wie das Transaktionsvolumen nicht offengelegt werden muss. Es wird somit keine Gesamtmarktdevisennachfrage und kein Gesamtmarktdevisenangebot ermittelt und an einer zentralen Stelle (z. B. Devisenbörse) eingereicht, wo dann der Marktpreis (Wechselkurs) festgesetzt wird. In den letzten Jahren ist jedoch, wie bereits im Abschnitt 2.2.2 gezeigt, der Anteil an *brokered transactions* enorm angestiegen. Da diese Entwicklung ein zunehmendes Maß an Zentralität bedeutet und zu erwarten ist, dass sich dies in den kommenden Jahren fortsetzen wird, erscheint es akzeptabel, dass die zentrale Form statt der dezentralen, bilateralen verwendet wird.[393]

In der zentralen Variante, die als *auctioneer*-Variante bezeichnet wird, werden die individuellen Devisenangebote und Devisennachfragen an einer zentralen Stelle (dem Auktionator) erhoben und zu Gesamtmarktgrößen aggregiert. Aus diesen beiden Marktseiten wird dann nach einem bestimmten Algorithmus der Marktpreis ermittelt. Da in diesem Modell keine Nettoangebots*funktionen* übermittelt werden, sondern lediglich die Volumina, die zu dem aktuellen Wechselkurs bei einer bestimmten, geheimgehaltenen Erwartung über den Wechselkurs am Ende der Simulationsperiode gewünscht werden, ermittelt der Algorithmus keine Gleichgewichtspreise, die in jeder Periode den Markt räumen. Die Marktteilnehmer akzeptieren jedoch annahmegemäß die Preissetzung des Auktionators und revidieren ihre Wünsche während einer Periode nicht. Somit werden nur Marktorders modelliert und keine limitierten Aufträge zugelassen, bei denen die Grenze für den Transaktionspreis zwar bekannt ist, die Ausführung jedoch unsicher. Da jedoch eine Kreditaufnahme zur Finanzierung von Devisenkäufen ausgeschlossen wird, muss das nachgefragte Devisenvolumen, das aus Agentensicht auf Basis des aktuellen Wechselkurses zu Beginn einer Periode bewertet wurde, bei einer Preisabweichung neu bewertet werden. Anschließend stellt der Auktionator, nachdem er den Preis festgesetzt hat, wiederum die Marktsituation fest. Es kann nun der Fall eintreten (und dies ist eher die Regel als die Ausnahme), dass Rationierungen erforderlich sind. So werden bei einem Angebotsüberhang nicht alle Anbieter ihre Devisen in dieser Periode verkaufen können bzw. nicht alle Nachfrager bei einem Nachfrageüberhang Devisen erhalten. Am Ende einer jeden Simulationsperiode steht daher ein Prozess, der je nach Marktlage das individuelle Transaktionsvolumen bestimmt. In einer Population von heterogenen Agenten, deren Einfluss auf das Gesamtmarktergebnis von ihrer finanziellen Ausstattung abhängt, wird die Verteilung der längeren Marktseite auf die kürzere durch einen Zufallsprozess bestimmt. So hat jeder Agent die gleiche Chance, Transaktionspartner mit der kürzeren Marktseite zu werden. Die zufällige Wahl der Transaktionspartner ist zwingend notwendig, um verzerrte Simulationsergebnisse zu vermeiden, die dadurch zustande kommen, dass die Handelsregeln (die durch den Programmcode dargestellt werden) eine scheinbare Korrelationen

[393] Alleine die Wirkungen des Wechsels von der zentralen Variante auf die dezentrale stellen einen interessanten Untersuchungsgegenstand dar, der jedoch nicht im Zentrum dieser Arbeit steht. Eine dezentrale künstliche Marktstruktur wird bspw. in EPSTEIN/AXTELL (1997) und BELTRATTI ET AL. (1996) verwendet.

(spurious correlation) innerhalb der Agentenpopulation erzeugen.[394] Die Eigenschaft Transaction State in Abbildung 2.16 zeigt am Periodenende an, ob der betrachtete Agent tatsächlich gehandelt hat oder nicht. Die Eigenschaft Transaction Volume gibt die Höhe des Transaktionsvolumen an, das von Net FX-Supply durch Rationierungen abweichen kann.

Da der Wechselkurs in Preisnotierung ausgedrückt ist, werden bei der Preisfindung die gewünschten Devisenmengen gegenübergestellt. Der Wechselkurs wird durch folgende Preisfindungsprozedur im Anschluss an die Aggregation der individuellen Transaktionswünsche berechnet:

Abbildung 2.18: Preisbildungsmechanismus bei zentraler Preisfindung

```
01 if Net Market FX-Supply < 0 then
02   begin
03   if UMPC > 0 then
04   e(t) = e(t-1)·(1 + PriceCorr·min(AMPC, min(UMPC, FX-adapt·[Market FX-Supply / Market FX-Demand - 1]^2 )))
05   else
06   e(t) := e(t-1)·(1 + PriceCorr min(AMPC; FX-adapt·[Market FX-Demand / Market FX-Supply - 1]^2 ))
07   end
08 else
09   begin
10   if UMPC > 0 then
11   e(t) = e(t-1)·(1 + PriceCorr·min(AMPC, min(UMPC, FX-adapt·[Market FX-Supply / Market FX-Demand - 1]^2 )))
12   else
13   e(t) := e(t-1)·(1 - PriceCorr·min(AMPC; FX-adapt·[Market FX-Supply / Market FX-Demand - 1]^2 ))
14   end;
```

Erläuterungen: UMPC = User Maximum Price Change, AMPC = Absolute Maximum Price Change, PriceCorr = Price Correction.

Die Preisfindung entspricht einer Aufschlagskalkulation, die je nach Marktlage den aktuellen Wechselkurs um einen bestimmten Prozentsatz erhöht (Nachfrageüberschuss Zeile 04 oder 06) oder vermindert (Angebotsüberschuss Zeile 11 oder 13). Die Berechnung des Aufschlagssatzes erfolgt durch eine Potenzfunktion und bringt zum Ausdruck, dass die Wechselkursänderung umso stärker sein wird, je größer der prozentuale Überschuss auf der längeren Marktseite im Vergleich zur kürzeren ist. Der Parameter FX-Adapt übernimmt eine Steuerungsfunktion, die dem *User* erlaubt, die Stärke der Anpassung einzustellen. Übersteigt die Nachfrage bspw. das Angebot um 20% und möchte der *User* in diesem Fall eine 10%ige Abwertung der Inlandswährung vornehmen, so muss FX-Adapt auf den Wert 2,5 eingestellt werden.

Der Parameter AMPC (Absolute Maximum Price Change) wird vor jeder Preisanpassung automatisch von der Simulationsumgebung eingestellt. Er stellt sicher, dass die Preisänderung nicht zu einer Umkehr des Nettogesamtmarktdevisenangebots führt. An

[394] Siehe hierzu AXTELL (2000), S. 5.

einem Beispiel sei der Korrekturbedarf und die Bestimmung des Parameters erläutert. Angenommen die Gesamtmarktdevisennachfrage übersteigt das Angebot um 20% (Market FX-Demand = 1,2·Market FX-Supply). In diesem Fall wird eine Abwertung der Inlandswährung stattfinden, das heißt der Wechselkurs steigt. Der Wechselkursanstieg könnte nun so hoch ausfallen, dass die neubewertete Gesamtmarktdevisennachfrage unter dem Angebot liegt,[395] also der Überschuss nach der Wechselkursänderung umgekehrt wäre. Um dies zu vermeiden, wird automatisch eine maximale prozentuale Wechselkursänderung berechnet, die diese Umkehr gerade verhindert.[396] Die Berechnung erfolgt durch folgende Überlegung:

$$(1) \quad \text{Market FX-Supply[US\$]} \neq \text{Market FX-Demand[US\$]}$$

$$(2) \quad \text{Market FX-Supply[US\$]} \overset{!}{=} \frac{\text{Market FX-Demand[US\$]} \cdot e_{t-1}\text{[Euro/US\$]}}{e_{t-1}\text{[Euro/US\$]} \cdot (1 + \text{AMPC})}$$

Falls Nachfrage und Angebot auseinanderfallen (1), muss der Parameter AMPC so berechnet werden, dass ein Ausgleich zwischen beiden Marktseiten gewährleistet ist (2). Die Gesamtmarktdevisennachfrage wird dazu wieder in Euro umgerechnet (Zählerausdruck) und anschließend durch den Wechselkurs dividiert, der diesen Ausgleich sichert (Nennerausdruck). Da der neue Wechselkurs als Aufschlag auf den alten gebildet wird, kürzt sich der Wechselkurs raus und die absolute maximale Wechselkursänderung ergibt sich aus:

$$(2.43) \quad \text{AMPC} = \text{Abs}\left(\frac{\text{Market FX-Demand[US\$]}}{\text{Market FX-Supply[US\$]}} - 1\right)$$

Die Abbildung 2.18 zeigt zwei weitere Parameter innerhalb der Preissetzungsprozedur. Der Wert von UMPC *(User Maximum Price Change)* kann durch den *User* optional eingestellt werden und gibt die von ihm maximal zugelassene prozentuale Preisänderung wieder. Zusätzlich verwendet die Simulationsumgebung einen Algorithmus, der bei Schwingungsverhalten des Wechselkurses über eine bestimmte Anzahl an Perioden die prozentuale Preisänderung über den Faktor PriceCorr *(Price Correction)* schrittweise reduziert. Dieser Algorithmus berechnet zunächst über eine gerade Anzahl an vergangenen Perioden die Anzahl an Abwertungen und Aufwertungen und prüft anschließend, ob die Summe aus beiden gleich Null ist. Ist dies der Fall, so wird der Faktor PriceCorr um 10% reduziert. Im umgekehrten Fall wird er um 10% erhöht. Durch eine solche dynamische Preisanpassung lassen sich anhaltende Schwingungen des Wechselkurses um einen konstanten Gleichgewichtswert bzw. -pfad verhindern.

Nachdem der für die betrachtete Periode gültige Wechselkurs festgelegt wurde, wird die Gesamtmarktdevisennachfrage der Spekulanten erneut bestimmt. Dieser Nachfrage kann bei einer Abwertung der Inlandswährung ein Inlandsgeldvermögen der Spekulan-

---

[395] …, da ihm nur eine gegebene Menge an inländischer Währung in Händen der nachfragenden Agenten gegenübersteht.

[396] Ein Walrasianischer Auktionator würde in diesem Fall den Preis einfach wieder etwas senken und erneut beobachten, wie sich der Überschuss verhält. Erst wenn der Überschuss vollkommen abgebaut ist, finden Transaktionen statt. Ein solcher Preisfindungsprozess ist in der Realität kaum zu finden und wird daher auch hier nicht modelliert.

ten gegenüberstehen, das nicht mehr ausreichend ist, um die geplante Devisennachfrage zu decken. Angenommen das gesamte Finanzvermögen der Spekulanten zu Beginn einer Periode wäre 100 Euro und der Wechselkurs am Ende der letzten Periode (Anfang der aktuellen) betrage 1 Euro/US$. Wenn alle Spekulanten eine Abwertung des Euro in der aktuellen Periode erwarten und sich nach der *take-it-or-leave-it* Variante verhalten, dann beträgt die gesamte geplante Devisennachfrage der Spekulanten 100 US$. Sollte die Gesamtmarktdevisennachfrage, also die der Spekulanten plus die der Arbitrageure und der konstanten Nachfrage, nun tatsächlich größer sein als das Gesamtmarktdevisenangebot, so wird der Wechselkurs in dieser Periode steigen, bspw. auf 2 Euro/US$. Die ursprüngliche Nachfrage der Spekulanten von 100 US$ können diese jedoch nicht finanzieren: es fehlen 100 Euro. Folglich wird nach der Preisfestsetzung die Gesamtmarktdevisennachfrage neu berechnet, indem sie um die budgetrestriktionsbedingte Neubewertung der Spekulantennachfrage korrigiert wird. In dem oben angeführten Beispiel würde dies genau 50 US$ = 100 US$ – (100 US$)·($e_{t-1}/e_t$) entsprechen. Anders ausgedrückt, die Spekulanten fragen ursprünglich bei einem Kurs von 1 Euro/US$ 100 US$ nach, die sie mit ihren aktuell verfügbaren 100 Euro bezahlen können. Am Ende der Periode steht jedoch ein Kurs von 2 Euro/US$ fest, so dass die gewünschten 100 US$ mit 200 Euro bezahlt werden müssten, die die Spekulanten jedoch gar nicht besitzen. Sie sind aber annahmegemäß bereit, weiterhin die gesamten 100 Euro anzubieten und dafür jede entsprechende Menge an Auslandswährung entgegenzunehmen, so dass sich eine neue US$-Nachfrage in Höhe von 50 US$ ergibt. Diese neubewertete Gesamtmarktnachfrage wird nun dem Gesamtmarktangebot gegenübergestellt und nach Zufallsprinzip der Rationierungsschritt durchgeführt. Die folgende Abbildung 2.19 verdeutlicht zusammenfassend die intraperioden-Zusammenhänge.

Abbildung 2.19: Periodenvorgänge in der ökonomischen Simulationsumgebung FX-Agent

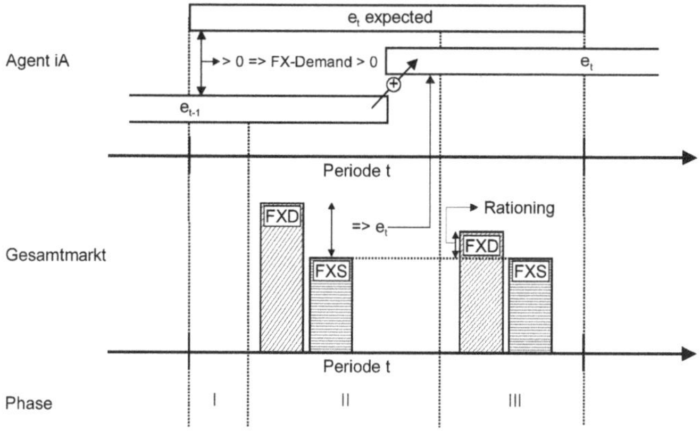

Quelle: Eigene Darstellung

Die Abbildung zeigt in ihrem oberen Teil die Situation für einen einzelnen Agenten i. Zu Beginn der Periode t bildet er seine Erwartungen bzgl. des Wechselkurses am Ende derselben Periode. Die Periodenabgrenzung ist durch die Konstanz der Erwartungen bestimmt. Nachdem seine Erwartung feststeht, legt er sein geplantes Transaktionsvolumen fest, das in diesem Fall durch eine Devisennachfrage dargestellt ist. Dieser Schritt wird für alle Agenten in der Phase I durchgeführt. Sobald die individuellen geplanten Transaktionsvolumina feststehen, werden sie zusammen mit der konstanten Nachfrage und dem konstanten Angebot sowie den Wünschen des Arbitrageurs zu Gesamtmarktgrößen aggregiert. In der Phase II kann dadurch der neue Wechselkurs für diese Periode bestimmt werden, der in diesem Beispiel durch den unterstellten Gesamtmarktdevisennachfrageüberschuss höher liegt, jedoch unterhalb der Erwartung des dargestellten Agenten iA. Kursverluste bzw. -gewinne realisiert ein Agent folglich nur mit Währungspositionen, die vor einer Transaktion gehalten wurden und nicht mit solchen, die innerhalb einer Periode erworben werden. Zwei Agenten mit identischer Finanzausstattung und Portfolioanteilen, die beide eine Aufwertung der Auslandswährung korrekt erwartet und daher Auslandswährung erworben haben, stehen am Ende der Periode gleich gut da. Falls sich die Aufwertung jedoch fortsetzt und beide dies wiederum korrekt erwarten, wird derjenige, der zuvor bereit war einen höheren Währungseinsatz aufzubringen einen größeren Kursgewinn realisieren. In der abschließenden dritten Phase wird die Rationierung der längeren Marktseite vorgenommen und damit die Aufteilung und Höhe des Finanzvermögens jedes Agenten bestimmt.

Aus den Modelldarstellungen wird deutlich, dass sich die Finanzausstattung der gesamten Population aller Agenten nur durch Transaktionen mit Nicht-Agenten ändern kann. Nur wenn mit den beiden *Constant Tradern* oder dem Arbitrageur gehandelt wird, kann sich die Währungszusammensetzung ändern, denn sonst wird nur unter den Agenten gehandelt, so dass sich vor einer Transaktion genauso viel Einheiten jeder Währung in Händen der Agenten befinden wie nach der Transaktion.

Während einer Simulation von einem ACE-Modell werden typischerweise eine Vielzahl an Informationen gespeichert und verarbeitet, um im Anschluss eine Untersuchung der Modellergebnisse durchführen zu können. Die Informationen können in Form von Graphiken, Statistiken oder Textprotokollen aufgearbeitet werden. Im Gegensatz zu analytischen, komparativ-statischen Modellen steht hier folglich eine ganze Historie an Daten zur Analyse zur Verfügung und nicht nur zwei Gleichgewichtswerte vor und nach einer Störung. Der folgende Pseudocode beschreibt zum Abschluss der Modelldarstellung in aller Kürze den grundlegenden Aufbau einer ACE-Simulation:

Abbildung 2.20: Pseudocode einer ACE-Simulation

```
ace-program
   begin
      initialize exogenous parameters
      initialize agent population
      for SimPeriod := Start to End do
         begin
            agents interact
            store information
         end;
      provide information
   end
```

Nachdem alle exogenen Größen und die Population von Agenten initialisiert sind, läuft die Simulation über eine bestimmte Anzahl an Perioden. In jeder Periode interagieren die Agenten miteinander und Informationen, bspw. über jeden einzelnen Agenten oder die Marktergebnisse, werden gespeichert. Nachdem die Simulation abgeschlossen ist, werden die Informationen aufbereitet und dem *User* zur Analyse bereitgestellt.

2.6.4. Kritische Modellbetrachtung

Das vorgestellte ACE-Modell eines künstlichen Devisenmarktes ist mit dem Ziel entwickelt worden, auf der einen Seite eine so komplexe Modellumgebung zu schaffen, dass die neu entwickelte Erwartungshypothese aus Kapitel 3 angemessen eingebettet ist und auf der anderen Seite dennoch so simpel gehalten zu sein, dass Simulationsergebnisse auf die verwendeten Erwartungshypothesen zurückgeführt werden können. Würden zahlreiche andere Faktoren die Preisfindung beeinflussen, wäre letzteres nicht mehr möglich. Die erforderliche Komplexität wird erreicht, indem ein *Multiple-Agent-*Ansatz gewählt wird. Das Zusammenspiel einer Vielzahl einfacher Agenten ist ausreichend, um komplexe Marktergebnisse zu produzieren, die die einzelnen Agenten „zwingt", induktive Verfahren zur Wissenserlangung zu verwenden. Diese Entscheidung, die für den vorliegenden Untersuchungsgegenstand sinnvoll erscheint, beschränkt zwangsweise die empirische Relevanz des Modells. Das ist unbefriedigend! Die bisherigen Darlegungen der Abschnitte 2.2 und 2.3 haben zahlreiche relevante Punkte herausgearbeitet, die es zu beachten gilt, wenn eine höhere empirische Aussagekraft als Ziel im Vordergrund steht. Wie die Ausführungen am Ende des Abschnitts 2.5.4 jedoch gezeigt haben, ist die „Neuere Wechselkurstheorie" erst am Anfang des Weges zu diesem Ziel. Die Erwartungshypothese der *adaptiven Fuzzyregel-basierten Erwartungen* versteht sich als ein wesentlicher Schritt in diese Richtung. Um dem Ziel näher zu kommen, müssen aber noch viele solcher Schritte getan werden bzw. an vielen Stellen gegangene Wege zusammengeführt werden. Die Erkenntnisse aus Abschnitt 2.2 und 2.3 eröffnen eine Fülle an Ideen und Erweiterungsmöglichkeiten, die in Zukunft verfolgt werden sollten. Diese umfassen bspw.:

- *Dezentrale Preisfindung.* In der hier vorgestellten Simulationsumgebung erfolgt die Preisfindung zentral über eine Preisanpassungsfunktion und zu Nichtgleichgewichtspreisen (Letzteres kann jedoch als realistisch angesehen werden). Auf den Devisenmärkten herrscht jedoch zu einem großen Teil die dezentrale Preisfindung vor.
- *Berücksichtigung fundamentalökonomischer Größen.* Die Einbeziehung der Güterpreisniveaus zweier Länder ist sicherlich unzureichend, wenn man die Fülle an fundamentalökonomischen Einflüssen in der Realität erfassen will. Zudem wäre eine Endogenisierung dieser Größen wünschenswert, was das Modell theoretisch interessanter machen würde. Die Einbeziehung von Zinsen könnte ebenfalls Kreditaufnahmemöglichkeiten für einzelne Agenten eröffnen und Ersparnisentscheidungen des privaten Sektors wären eine Quelle für neues Finanzkapital in Händen der Spekulanten.
- *Flexiblere Periodenstruktur.* Bislang weisen die Agenten alle einheitlich einen Erwartungshorizont von einer Periode auf. Interessant erscheint eine Erweiterung, die es erlaubt, mehr als eine Periode zu betrachten und unterschiedlichen Agenten unterschiedliche Horizonte zu geben.

- *Mikrostrukturelle Elemente.* Die Mikrostruktur des Devisenmarktes ist noch nicht adäquat ausgeprägt, wenn man die bereits vorhandenen Erkenntnisse auf diesem Gebiet betrachtet. Eine Zweiteilung in Devisenhändler und Kunden mit unterschiedlichen Transaktionsmotiven sowie die Verwendung des endogen generierten *order flow* als Informationsquelle für die Devisenhändler könnte als eine Erweiterung auf diesem Gebiet angesehen werden.
- *Verhaltenbezogene Aspekte (behavioral aspects).* Zahlreiche menschliche Anomalien, die bedeutend sein können bei der Interpretation und Verarbeitung von Informationen, müssen operationalisiert werden, um sie theoretischen Modellen zugänglich machen zu können. Eine erste Erweiterungsidee wäre die Implementierung der *Prospect Theory*, unter der eine realitätsgetreue Ableitung einer Zielfunktion für die Agenten erfolgen kann.
- *Vermögensakkumulation und -umverteilung.* Die oben erwähnte Einführung einer gesamtwirtschaftlichen Ersparnis stellt aus Sicht der Spekulanten die Zufuhr neuen Finanzkapitals dar. Bei der Verteilung von neuem und bestehendem Kapital wäre denkbar, dass in der Vergangenheit erfolgreichere Spekulanten, die nun als Vermögensverwalter interpretiert werden können, relativ größere Anteile an neuem Kapital erhalten. Ebenso wäre es möglich, nach einer zufällig gewählten Anzahl an Perioden, eine Umverteilung von bestehendem Kapital vorzunehmen. Dadurch ließe sich die Tendenz modellieren, dass Anleger versuchen, ihr Kapital von erfolgreichen Investmentgesellschaften verwalten zu lassen.
- *Zentralbankverhalten.* Interessant wäre die Einführung einer Währungsbehörde, über die währungspolitische Eingriffe simuliert und die Effektivität ihrer Maßnahmen (z. B. Interventionen) studiert werden können.
- *Strategische Verhaltensweisen einzelner Marktteilnehmer (Soros-Effekt).*[397] Die Modellierung eines dominanten *Players* bzw. eines Gurus könnte das Studium einer Form von strategischer Verhaltensweise ermöglichen.
- *Social Learning.* Die Lernvorgänge sind bislang auf einen einzelnen Agenten beschränkt. In der Realität spielt jedoch Lernen durch Kommunikation und Imitation eine große Rolle. Dazu müssen soziale Strukturen und soziale Lernvorgänge modelliert werden, die es notwendig machen, eine erweiterte Datenhistorie zu berücksichtigen. Beispielsweise müsste gespeichert werden, welcher der von einem Agenten beobachteten anderen Agenten welche Handlungsweise wann verwendet hat, um Evaluationen durchführen zu können.[398]
- *Finanzmarktinterdependenzen.* Vorstellbar ist eine Simulationsumgebung zu entwickeln, die mehrere Finanzmärkte gleichzeitig abbildet, und es somit ermöglicht, Interdependenzen zu studieren. Eine erhöhte Zahl an verfügbaren Finanztiteln erweitert die Anlagemöglichkeiten der Agenten und erlaubt es, Portfolioentscheidungen zu implementieren.

---

[397] Vgl. zu einer theoretischen und empirischen Untersuchung GOLDBERG/TENORIO (1997).

[398] Siehe hierzu bspw. VRIEND (2000) und DARLEY/KAUFFMAN (1997).

- *Erwartungsbildungsprozess.* In allen Erwartungshypothesen werden ausschließlich aktuell verfügbare sowie vergangene erklärende Größen zugrunde gelegt. In der Realität bilden Wirtschaftssubjekte jedoch Erwartungen über eine Vielzahl von Größen, die wiederum die Erwartung über andere Größen beeinflussen. Denkbar wäre daher eine Erweiterung um Zinserwartungen, Preiserwartungen etc.

Die Ausführungen zum ökonomischen Grundlagenteil, den Erkenntnissen über Erwartungsbildungsprozesse und ihre theoretische Abbildung sowie die Entwicklung eines eigenen *Multiple-Agent*-Modells ist an dieser Stelle abgeschlossen. Im folgenden Kapitel wird nun detailliert auf die neu entwickelten *adaptiven Fuzzyregel-basierten Erwartungen* eingegangen und anschließend im vierten Kapitel die hier vorgestellte ökonomische Simulationsumgebung mit dieser Form der Erwartungsbildung zusammengeführt.

Die Erwartungen spielen in der ökonomischen Realität eine so entscheidende Rolle, dass man ohne Kenntnis ihrer Bildung nur ein sehr unvollständiges Bild der ökonomischen Realität gewinnen kann.

Joachim Frohn, 1988

3. Adaptive Fuzzyregel-basierte Erwartungen

3.1. Idee und Abgrenzung zu alternativen Erwartungsbildungshypothesen

Die Vorstellung eines (Makro-) homo oeconomicus, also eines vollkommen rationalen repräsentativen Wirtschaftssubjektes, das seinen Nutzen maximiert, ist in der ökonomischen Literatur immer noch weit verbreitet. Dennoch ist heutzutage anerkannt, dass spätestens seit der richtungsweisenden Arbeit von Armen A. Alchian im Jahre 1950[399] die Rechtfertigung für eine solche Verhaltensweise nicht mehr auf der Vorstellung beruht, dass sich dieses Wirtschaftssubjekt tatsächlich rationaler, mathematischer Optimierungsmethoden bedient und nur deren Berechnungsergebnisse in marktwirksame Handlungen umsetzt, sondern dass sich unter einer Vielzahl von Wirtschaftssubjekten mit unterschiedlichen Verhaltensweisen (oft als Strategien bezeichnet) nur die effizienten durchsetzen. Es ist folglich ein evolutionärer Prozess, der Verhaltensweisen nach Effizienz selektiert und daher dazu führt, dass bei Aggregaten bzw. auf ganzen Märkten rationales Verhalten zu beobachten ist.[400] Theoretisch mögen zwar die Methoden zur Berechnung optimaler Strategien existieren, die Informationen, die in nahezu allen Märkten notwendig wären, um diese Berechnungen durchführen zu können, sind jedoch kaum zu identifizieren, zu beschaffen und zu verarbeiten. Aus diesem Grund begann sich in der ökonomischen Literatur die Modellierung von beschränkter Rationalität *(bounded rationality)* auf der Grundlage unvollständigen Wissens *(imperfect knowledge)* und beschränkter Informationsverarbeitungskapazitäten durchzusetzen.[401] Alchian nahm damals an, dass Wirtschaftssubjekte ihre Entscheidungen auf Regeln basieren, die sich in der Vergangenheit als nützlich, effizient oder gewinnbringend erwiesen haben. Die Vorstellung, dass eine Regelbasierung eine adäquate Abbildung von menschlichem Verhalten in ökonomischen Modellen ist, scheint derzeit der vielversprechendste und meist angewandte Weg zu sein. In der evolutionären Ökonomik und den *Computational Economics*[402] ist diese Modellierung sicherlich vorherrschend, obwohl auf der anderen Seite auch funktionale Abbildungen zu finden sind.[403]

---

[399] Vgl. ALCHIAN (1950).

[400] Vgl. SIEBRASSE (2000), S. 2.

[401] Zu einer Begriffsdiskussion von *bounded rationality* siehe SELTEN (1990).

[402] Unter diesem Begriff wird eine neue Methodik in der Ökonomik verstanden, die sich durch einen ausgeprägten Einsatz von Computern als Werkzeug zur Modellierung und Analyse ökonomischer Fragestellungen auszeichnet.

[403] Beispielsweise können Modelle auch mit heterogenen Agenten gebaut werden, die keine regelbasierten Erwartungen bilden, sondern adaptive Erwartungen, aber alle unterschiedliche Parameterwerte aufweisen.

Die Verhaltensweise, die in der vorliegenden Arbeit den zentralen Untersuchungsgegenstand bildet, ist die Erwartungsbildung von Wirtschaftssubjekten. Erwartungen beeinflussen direkt andere Verhaltensweisen von Marktteilnehmern – bspw. Kauf- oder Verkaufentscheidungen – und üben somit Einfluss auf die Marktergebnisse aus.

Die Modellierung von Erwartungen spielt in der ökonomischen Forschung eine herausragende Rolle, wie das Kapitel 2 für Finanzmärkte und speziell für die Devisenmärkte bereits deutlich gemacht hat. Grundsätzlich lassen sich alternative Erwartungsbildungshypothesen nach dem Umfang der verarbeiteten Informationen (Wissensstand) und nach der Art der Informationsverarbeitung (Lernfähigkeit) unterscheiden. Diese beiden Dimensionen definieren einen Raum, in dem die im Abschnitt 2.3.1 erläuterten Erwartungsbildungshypothesen eingeordnet werden können (siehe Abbildung 3.1).

Abbildung 3.1: Dimensionen von Erwartungsbildungshypothesen und deren Einordnung

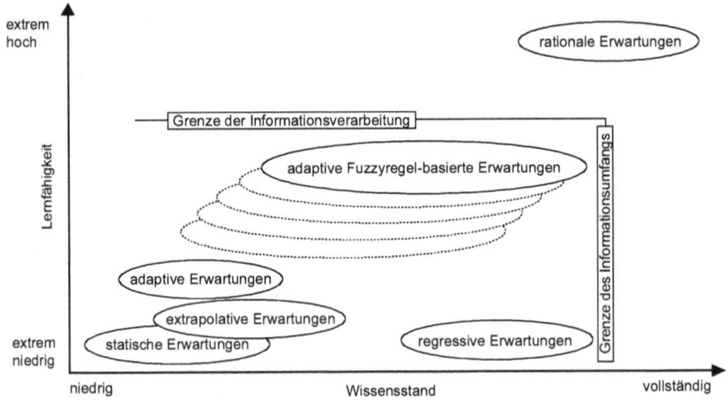

Quelle: Eigene Darstellung in Anlehnung an Kooths (1998), S. 2.

Die Abbildung zeigt die einfachen autoregressiven Verfahren im linken unteren Bereich. Diese Region umfasst wenig verarbeitete Informationen, wie bspw. nur den letzten realisierten Wechselkurs bei statischen Erwartungen, bzw. eine Reihe vergangener Kurse bei extrapolativen, sowie eine einfache Art der Informationsverarbeitung, bspw. einfache Identität bei statischen Erwartungen, die zudem keinerlei Lernmechanismen beinhaltet. In der entgegengesetzten Region befinden sich rationale Erwartungen, die alle relevanten Informationen einbeziehen und die tatsächlichen Modellzusammenhänge jederzeit zugrundelegen. Die Lernfähigkeit der Wirtschaftssubjekte ist so hoch, dass sie praktisch keine Zeit benötigen, um neue Zusammenhänge korrekt zu erfassen. Beide Bereiche stellen die Extreme eines Spektrums dar, die die tatsächliche Erwartungsbildung von Wirtschaftssubjekten nur unzureichend beschreiben. Während die autoregressiven Verfahren weder der Informationsvielfalt am Devisenmarkt gerecht werden, noch der Fähigkeit des Menschen, diese Informationen zu interpretieren, zu verstehen und zu verarbeiten, beziehen rationale Erwartungen Informationen ein, die einem Wirtschaftssubjekt weder zur Verfügung stehen noch zur Verfügung stehen können und unterstellen diesem eine unendlich schnelle Lernfähigkeit der Modellzusammenhänge, so dass de facto keine systematischen Erwartungsfehler auftreten. Wie bereits ausführlich im Abschnitt 2.3.2 diskutiert, entspricht die Erwartungsbildung der Devisenmarktteilnehmer weder dem einen Extrem noch dem anderen,[404] sondern liegt irgendwo dazwischen. Sie unterscheidet sich also von den beiden Extremen, indem sie Lernfähigkeit unterstellt und modelliert sowie darüber hinaus nur einen beschränkten Wissensstand zulässt. Die Lernfähigkeit verleiht der Erwartungsbildung eine Dynamik, in der sie im Zeitablauf bei strukturkonstanter Umwelt immer besser wird bzw. sich immer wieder auf neue Gegebenheiten einstellen kann. Die Informationsverarbeitungskapazität des Menschen ist jedoch begrenzt und wird wohl trotz zunehmender Rechnerunterstützung nie das Ideal erreichen, das in der rationalen Erwartungswelt unterstellt wird. Es existiert daher eine Grenze der Informationsverarbeitung, ebenso wie es eine Grenze des Informationsumfangs durch den Nichtzugang zu privaten Informationen gibt.[405] Erwartungen, die diese Eigenschaften aufweisen, bewegen sich aus einer Ausgangssituation im linken unteren Bereich der Abbildung 3.1 in Richtung des rechten oberen Bereichs, der durch die beschriebenen Grenzen definiert ist. Die genaue Lage hängt von dem aktuellen erlernten Wissensstand ab. Die Dynamik wird durch die gestrichelten Ellipsen angedeutet.

Die Ausführungen im Abschnitt 2.6.2 haben bereits deutlich gemacht, warum die hier erläuterte Erwartungsbildungshypothese als adaptive Fuzzyregel-basierte Erwartungsbildung bezeichnet wird. Die folgenden Erläuterungen gehen weiter in die Tiefe und dienen damit der weiteren Begründung für diese Art der Erwartungsmodellierung. Die Ausführungen orientieren sich an Hand des Frageflusses in Abbildung 3.2:

Abbildung 3.2: Argumentationsfluss pro adaptive Fuzzyregel-basierte Erwartungen

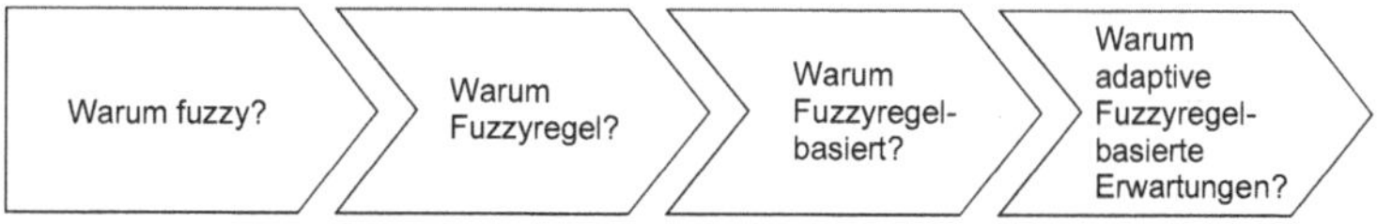

Quelle: Eigene Darstellung.

Die erste Frage bezieht sich auf den Ausdruck *fuzzy* („unscharf"). *Fuzziness* bzw. Unschärfe ist die Art, mit der Unsicherheit in Bezug auf die System- oder Modellzusammenhänge abgebildet wird. Die Unschärfe bezieht sich dabei darauf, dass ein Wirtschaftssubjekt nicht in der Lage ist, scharf zwischen der Zugehörigkeit zweier Ausprägungen einer Variable zu einer Klasse bzw. Menge zu unterscheiden. Dabei liegt die Idee zugrunde, dass die Klassifizierung von wahrgenommenen Daten in wenige Klassen der Vereinfachung eines komplexen Sachverhaltes dient. Ohne eine solche Klassifizierung wäre der zu differenzierende Raum einer stetigen Variable – bspw. der Inflationsrate – unendlich groß, mit Hilfe der Klassifizierung kann dieser Raum in wenige gehaltvolle Teilmengen unterteilt werden. Diese Teilmengen tragen alle ein sog. linguistisches Label, das der Teilmenge eine sprachliche Bedeutung gibt. Denkbar wäre

[404] Vgl. GEIGER (1996), S. 2.

[405] Die Grenzen definieren damit den Bereich, in dem sich beschränkt rationale Erwartungen bewegen.

eine Unterteilung in fünf Klassen, die die Label ‚sehr klein', ‚klein', ‚mittel', ‚groß' und ‚sehr groß' tragen. Fuzzy werden diese Klassen dadurch, dass keine scharfen Grenzen zwischen Klassen definiert werden können, ab denen ein Wert eindeutig zu einer Klasse gehört oder nicht. Ist eine Inflationsrate von 2,8% als groß zu bezeichnen und eine von 2,81% als sehr groß? Wohl kaum! Ob die Inflationsrate nun genau 2,8% oder 2,81% oder vielleicht auch 2,95% ist, spielt vielleicht gar keine so große Rolle in einer bestimmten Entscheidungssituation. Das ist der Grund, warum durch Klassifizierung der relevante Raum zur Formulierung der Modellzusammenhänge reduziert werden kann.

Die zweite Frage betrifft die Formulierung des Untersuchungsgegenstandes in Fuzzyregeln. Menschen suchen in ihrem Umfeld, besonders wenn es komplex erscheint, nach Ursache-Wirkungsbeziehungen, die ihnen Orientierung geben und an Hand derer sie sich das, was um sie und durch sie passiert, erklären können. Die Abbildung solcher Kausalbeziehungen in Form von *Wenn...und wenn...dann...* Regeln ist einleuchtend, überall beobachtbar und leicht interpretierbar. Die erfahrenen Daten werden also zunächst klassifiziert und anschließend in Beziehung zueinander gesetzt, wie bspw.: *Wenn die Inflationsrate in Europa im Vergleich zu den USA sehr hoch und die Zinsdifferenz vernachlässigbar gering ist, dann kommt es zu einer starken Abwertung des Euros.* Die unterstrichenen Begriffe kennzeichnen dabei wieder wie im vorangegangenen Kapitel unscharfe Ausdrücke *(fuzzy terms)*.

Bei Fuzzyregel-basierten Erwartungen wird allerdings unterstellt, dass Menschen ihre vermeintlich erkannten Systemzusammenhänge nicht in einer einzigen Fuzzyregel ausdrücken, sondern eine Vielzahl von diesen je nach Ausprägungen der beobachteten Input- und Outputgrößen formulieren. Die Idee der Regelbasierung wird damit im Einklang mit der weitverbreiteten Praxis auf dem Gebiet der Modellierung von *bounded rationality* übernommen. Eine Fuzzyregel-Basis repräsentiert das gesamte erworbene Wissen zu einem bestimmten Zeitpunkt. In der Kognitionspsychologie wird der Begriff *mental model* verwendet, um dieses Wissen zu beschreiben.

Die letzte oben gestellte Frage nach dem Begriff „adaptiv" weist auf die Notwendigkeit der Modellierung von Lernvorgängen hin. In einer komplexen Umwelt, wie bspw. auf den weltumspannenden Devisenmärkten mit Tausenden von interagierenden heterogenen Marktteilnehmern, kann unmöglich davon ausgegangen werden, dass ein Wirtschaftssubjekt das Geschehen eine Zeit lang beobachtet, mit dem erworbenen Wissen in den Markt als Teilnehmer einsteigt und dieses trotz möglicher Fehler unverändert beibehält. Selbst wenn die zugrundeliegende Marktstruktur in der Ausgangssituation annahmegemäß konstant ist, wird immer wieder versucht werden, besser als „der Markt" zu sein. Dadurch kommen neue Vorstellungen in den Markt und verändern ihn. In einem evolvierenden Umfeld ist somit Strukturkonstanz nicht gegeben und eine Anpassungsfähigkeit unerlässlich. Lernvorgänge sind in einer solchen Situation offensichtlich und empirisch durch die Forschungen auf dem Gebiet der Mikrostrukturtheorie, der *behavioral finance* und der experimentellen Wirtschaftsforschung nachgewiesen.

Diese Erläuterungen lassen sich in einem Lastenheft zusammenfassen, das die Anforderungen an eine technische Umsetzung dieser Erwartungsbildungshypothese beschreibt:

(A1)	explizite Wissensrepräsentation	Interpretierbarkeit
(A2)	Berücksichtigung von Unschärfe	Unsicherheit
(A3)	Erfahrungsabhängigkeit der Wissensbasis	Lernfähigkeit

Die weiteren Ausführungen konzentrieren sich auf die technische Seite der Umsetzung von adaptiven Fuzzyregel-basierten Erwartungen. Dazu wird zunächst ein Überblick über die möglichen Methoden gegeben, die sich zur Umsetzung anbieten. Anschließend wird eine Auswahl aus diesen Methoden getroffen und begründet, bevor im Anschluss die einzelnen verwendeten Technologien detailliert behandelt werden. Die Erläuterungen sind von Natur her technisch geprägt, ohne dass immer unmittelbar der ökonomische Bezug bzw. die Anwendbarkeit deutlich wird. Es ist jedoch bereits im Vorfeld darauf hinzuweisen, dass das fortgeschrittene Studium der Ökonomik nicht ohne ein gewisses Maß an Methodenwissen, i.d.R. Mathematik, möglich ist. Da im Rahmen der Vermittlung des notwendigen mathematischen Hintergrunds auch möglichst auf ökonomische Anwendungsbeispiele zurückgegriffen werden sollte, wird auch hier immer wieder der ökonomische Bezug hergestellt.

3.2. Technologiealternativen und Technologiewahl

Die bisherigen Überlegungen haben deutlich gemacht, wie Menschen sich in komplexen ökonomischen Entscheidungssituationen verhalten. Dabei ist auf den zentralen Begriff *mentales Modell* aus der Kognitionspsychologie hingewiesen worden. Es ist jedoch bislang offen geblieben, wie die technische Umsetzung von *mentalen Modellen* erfolgen kann, so dass sie in ökonomischen Theorien Anwendung finden können. Welche Verfahren können eingesetzt werden? Welche Informationen sind notwendig? Wie flexibel sind die Technologien?

Grundsätzlich gibt es eine Vielzahl an Möglichkeiten, Erwartungen zu modellieren. Ohne im Detail darauf einzugehen, kann dies in einfachen mathematischen Gleichungen bestehen oder in komplizierteren Erwartungsmodellen, die sich statistischer Lerntechniken[406] bedienen, aus spieltheoretischen Ansätzen bestehen oder Künstliche Intelligenz (KI) Methoden anwenden. All diese Verfahren werden i.d.R. individuell verschieden sein und möglicherweise von einem Wirtschaftssubjekt gleichzeitig verwendet werden. So mag bspw. ein Devisenhändler fundamentalökonomische Regeln verwenden, gleichzeitig deren Prognose durch technische Analysen unterstützen. Erstere würden eine regelbasierte Technik erfordern, während das zweite Verfahren durch Gleichungen abgebildet werden kann. Die in dieser Arbeit entwickelten adaptiven Fuzzyregel-basierten Erwartungen bauen auf einer Regel-Basis auf. Regelbasierte Systeme zur Abbildung menschlicher Problemlösungsfähigkeit sind ein Hauptgegenstand der Forschungen auf dem Gebiet der Künstlichen Intelligenz (engl.: *Artificial Intelligence* (AI)). Der Begriff KI wird in der Literatur zwar uneinheitlich definiert, die fol-

[406] Die beiden wohl am häufigsten angewandten Techniken sind *least square learning* und *Bayesian learning*.

genden Definitionsbestandteile zeigen jedoch deutlich, warum die KI als adäquates Werkzeug für die hier gestellte Aufgabe angesehen werden kann:

- *AI is intelligent because it learns*
- *AI transforms data into knowledge*
- *AI is about intelligent problem solving*
- *AI embodies the ability to adapt to the environment, to cope with incomplete or incorrect knowledge.*[407]

Diese Bestandteile betonen die Wissensrepräsentation sowie die Lernfähigkeit. Sie können durch eine Vielzahl an Techniken im Computer abgebildet werden, auf die im Folgenden nicht im Detail eingegangen werden. Vielmehr bestimmt die Idee der adaptiven Fuzzyregel-basierten Erwartungen bereits spezifische Technologien, so dass die weiteren Ausführungen den Fokus auf die tatsächlich implemetierten Methoden legen.

In Bezug auf die Wissensrepräsentation wird auf die Theorie unscharfer Mengen *(Fuzzy Set Theory)* und dabei insb. auf Fuzzyregel-Basen und Fuzzy-Inferenzmechanismen zurückgegriffen. Diese Technologie ermöglicht es einem Computer Ausdrücke wie *ungefähr 5%, so zwischen 4 und 5 mal so viel,* etc. beizubringen, die mit herkömmlichen Mitteln nicht realisierbar sind. Was ist ungefähr 5%? Ist 4,5% ungefähr 5%? Regeln können somit auch unscharf formuliert werden, was eindeutig der Anforderung von adaptiven Fuzzyregel-basierten Erwartungen entspricht. Auf der anderen Seite erfordern reine Fuzzyregel-Systeme die Eingabe von Wissen durch einen Externen bzw. Experten. Sie weisen damit weder die Fähigkeit auf, aus bestehenden Datensätzen Regeln zu lernen, noch sich bei neuen Datensätzen anzupassen und zu lernen, um sich damit kontinuierlich zu verbessern. Aus diesem Grund werden Fuzzyregel-Basen mit Künstlichen Neuronalen Netzen (KNN) sowie alternativ mit Genetischen Algorithen (GA) verknüpft, um so diese Einschränkung überwinden und die Anforderungen an adaptive Fuzzyregel-basierte Erwartungen erfüllen zu können. Diese drei Technologien werden zunächst in den folgenden Gliederungspunkten isoliert erläutert und anschließend ihre Zusammenführung zu Hybrid-Ansätzen in GENEFER erklärt. Beide Formen der Hybridisierung – Fuzzy-GA und Neuro-Fuzzy – gehören heute zum Standardwerkzeug auf dem Gebiet des sog. *soft computing.*[408] Unter *soft computing* wird dabei Folgendes verstanden:

Soft Computing is concerned with the design of adaptive, intelligent, and robust systems, which imitate the human mind in its ability to deal with imprecise, incomplete knowledge and partial truth.[409]

The guiding principle of soft computing is: exploit the tolerance for imprecision, uncertainty, partial truth, and approximation to achieve tractability, robustness, low solution cost and better rapport with reality. ... In doing so, soft computing mimics the

---

[407] Vgl. TAN (1997), S. 3.

[408] Zu dem Gebiet des *soft computing* gehören sicherlich eine Reihe weiterer Techniken wie bspw. *probabilistic reasoning*, auf die mangels Relevanz in Bezug auf diese Arbeit nicht näher eingegangen wird.

[409] HOFFMANN/PFISTER (1997), S. 447.

remarkable human ability to make rational decisions in an environment of uncertainty and imprecision.[410]

Die Definitionen zeigen, dass es sich um eine Forschungsrichtung innerhalb der KI-Gemeinschaft handelt, die sich in Besonderem der rechnergestützten Umsetzung von menschlichen Verhaltensweisen in komplexen, realen Situationen widmet. Die bereits vorgestellten KI-Techniken werden dabei keineswegs als gegenseitig ausschließend angesehen, sondern als komplementär und synergetisch. Die dabei fast immer aufzufindenden Hybrid-Ansätze weisen die einzigartige Eigenschaft auf, mit Unschärfe und Unsicherheit bei realen Problemstellungen umzugehen und damit ein hohes Maß an Robustheit, Generalisierungsfähigkeit und Fehlertoleranz bei geringen Kosten zu erreichen.[411] Während es im technischen Bereich eine unüberschaubare Zahl an Anwendungen gibt, finden die Entwicklungen auf diesem Gebiet in den letzten zehn Jahren immer mehr Zugang zu wirtschaftlichen Fragestellungen. Die Finanzmarktprognose und das Portfoliomanagement spielen dabei eine herausragende Rolle, da Finanzmärkte in hohem Maße die Eigenschaften Unsicherheit und Komplexität aufweisen.[412]

Die Vor- und Nachteile der Hybridisierung lassen sich tabellarisch wie folgt darstellen:[413]

Tabelle 3.1: Vor- und Nachteile der verwendeten KI-Techniken und ihrer Hybridisierung

<table>
<tr><th>Fuzzy-Systeme</th><th>KNN</th><th>GA</th><th>Fuzzy-GA</th><th>Neuro-Fuzzy</th></tr>
<tr><td colspan="5">Vorteile</td></tr>
<tr><td>• Umgang mit Unschärfe
• explizite Wissensrepräsentation
• Expertenwissen nutzbar
• klare, einfache Architektur</td><td>• kein Expertenwissen notwendig
• verschiedene Lernalgorithmen
• Umgang mit Unschärfe</td><td>• robuster Such- und Optimierungsalgorithmus</td><td colspan="2">• Umgang mit Unschärfe
• explizite Wissensrepräsentation
• lernfähig
• Expertenwissen nutzbar
• klare Architektur</td></tr>
<tr><td colspan="5">Nachteile</td></tr>
<tr><td>• nicht lernfähig
• Expertenwissen unbedingt notwendig</td><td>• Black-Box Charakter
• Expertenwissen nicht nutzbar
• Netztopologie unklar
• Konvergenz des Lernprozesses und Optimalität des Lernergebnisses nicht gegeben</td><td>• kodierte und damit schwer interpretierbare Lösungsform
• rechenintensiv, da populationsbasiert</td><td>• rechenintensiv</td><td>• Konvergenz des Lernprozesses und Optimalität des Lernergebnisses nicht gegeben</td></tr>
</table>

Quelle: Eigene Darstellung in Anlehnung an Kooths (1998), S. 73.

[410] ZADEH (1997), S. 1.

[411] Vgl. TAN (1997), S. 3 und JOEREẞEN/SEBASTIAN (1998), S. 213.

[412] So existieren bereits Investmentfonds, die ausschließlich computergestützt gemanaged werden. Beispiele für Finanzmarktprognosesysteme auf Basis von KI-Methoden sind zu finden bei TAN (1997).

[413] Die Vor- und Nachteile der einzelnen Technologien werden in den folgenden Gliederungspunkten näher erarbeitet. Da jedoch an dieser Stelle die Motivation für die Hybridisierung im Vordergrund steht, werden diese Eigenschaften bereits hier aufgeführt.

Die Tabelle zeigt deutlich, dass ein Fuzzy-GA Hybridansatz die Vorteile eines Neuro-Fuzzy Ansatzes teilt. Nachteilig im Vergleich zu letzterem ist lediglich die erhöhte Rechenleistung, die sich in umfangreichen ökonomischen Simulationen negativ auswirken kann. Demgegenüber steht allerdings ein entschärftes Problem der lokalen Extrema. Auf diese Punkte wird in den entsprechenden nachfolgenden Abschnitten näher eingegangen; der Hinweis an dieser Stelle dient lediglich dazu, auf den wesentlichen Unterschied hinzuweisen.

Zum Abschluss dieses Abschnitts sei noch auf eine technische Umsetzung von Erwartungen eingegangen, die in den letzten Jahren in erheblichem Maße angewendet wird und als konkurrierende Methode zu adaptiven Fuzzyregel-basierten Erwartungen angesehen werden kann. Es handelt sich hierbei um regelbasierte Erwartungen, die über ein *Classifier System* (CS) realisiert werden.[414] Ein *Classifier System* besteht aus einer Nachrichtenliste, einer Classifier-Liste, einem Detektorbaustein zur Aufnahme von Außenweltsignalen und einem Effektorbaustein zur Abgabe seiner Signale, sowie aus einem Mechanismus zur Auswahl aktivierter Regeln und Neuerzeugung von Regeln. Die Nachrichtenliste nimmt bspw. die wechselkursbestimmenden Größen Zinsdifferenz ZD und Realeinkommensunterschied auf und übersetzt diese in ein für die Classifier lesbares Format. Ein solches Format ist in der Regel einem binären Alphabet fester Länge l $\{0,1\}^l$ entnommen, wie bspw.:

< Nachricht 1 > = [1011]

Die ersten zwei Ziffern stehen dabei für die übersetzte Ausprägung der ersten Variablen und die letzten zwei für die zweite. Würde man den Wertebereich der Zinsdifferenz in vier Teilbereiche einteilen, so könnte man mit der binären Kodierung diese Teilbereiche abbilden (z. B. 00:[$ZD < 2\%$]; 01:[$2\% \leq ZD < 4\%$]; usw.). Derart kodierte Nachrichten werden mit allen Classifiern in der Classifier-Liste verglichen, die aus einem ternären Alphabet gebildet werden

< classifier > = < Bedingung >:< Konsequenz/Erwartung >

und bspw. folgende Regel repräsentieren

< classifier > = < 0#11 >:< 1,02 > .

Das Zeichen # nimmt dabei die Funktion einer *Wild Card* ein. An diesen Stellen kann die eingehende Nachricht, die mit dem Bedingungsteil eines jeden Classifiers verglichen wird, beliebige Werte annehmen. Solange die durch 0 und 1 spezifizierten Stellen übereinstimmen, wird der Bedingungssteil als erfüllt angesehen. Im obigen Beispiel kann daher die Zinsdifferenz als erste kodierte Inputgröße sowohl kleiner als 2% sein aber auch im Intervall von 2% bis 4% liegen. Wenn die Ausprägung des Realeinkommensunterschieds in den mit 11 kodierten Teilbereich, der für größer als 4% stehen möge, fällt, ist die Bedingung des Classifiers erfüllt. Der Konsekutivteil, der hier einen

---

[414] Beispiele in denen diese Modellierung angewendet wird sind ARTHUR ET AL. (1996), MARENGO/TORDJMAN (1996), VRIEND (2000) sowie BELTRAMETTI ET AL. (1997). LEBARON (2000), S. 690 ff., nimmt in einem Übersichtsartikel über ACE-Modelle kritisch Stellung zur *Classifier System* Implementierung in ARTHUR ET AL. (1996). Das *Classifier System* geht auf die Arbeiten von HOLLAND (1975) zurück.

Erwartungswert darstellt, kann bspw. in der Formel $E_t e_{t+1} = a \cdot e_t$ mit dem obigen Parameter a = 1,02 bestehen. Die gesamte Erwartungsregel in diesem einzelnen Classifier ist dann zu lesen als: *Wenn die Zinsdifferenz kleiner als 2% ist oder zwischen 2% und 4% liegt und der Realeinkommensunterschied mehr als 4% beträgt, dann wird der Euro um 2% abwerten.*

Sind nun mehrere Classifier aktiv, muss entschieden werden, wer sein Signal an die Außenwelt abgeben darf. In Bezug auf das ökonomische Beispiel heißt das, dass mehrere aktive Regeln ihr Signal in Form eines Erwartungswertes für den Wechselkurs abgeben wollen. Dabei kann es zu widersprüchlichen Handlungen bzw. Erwartungen kommen. Die Konkurrenz zwischen mehreren Antworten wird durch einen Wettbewerb aufgelöst, bei dem das Gewicht der beteiligten Regeln betrachtet wird. Es wird in der Regel der *Classifier* mit dem höchsten Gewicht sein Signal an die Außenwelt abgeben dürfen.

Classifier Systems ergänzen dieses Regelsystem dahingehend, dass sie durch dynamische Zuteilung von Gewichten je nach Korrektheit der Antwort anpassungsfähig werden. So werden die Gewichte derjenigen Regeln erhöht, die zu einer korrekten Antwort des Systems geführt haben, und die derjenigen vermindert, die eine falsche Antwort produziert haben. Zusätzlich zu diesem Lernverfahren über Gewichtsanpassungen findet Lernen auf einer zweiten Ebene statt, indem ein Genetischer Algorithmus neue *Classifier* erzeugt, die schlechte mit niedrigem Gewicht ersetzen. Dadurch ist gewährleistet, dass ein CS nicht nur seine aktuell vorhandenen Regeln über Gewichtsanpassungen versucht besser einzusetzen, sondern sich auch an vollkommen neue Umgebungen anpassen kann, die durch die vorhandenen Regeln nicht oder nur unzureichend abgedeckt werden.

Im Vergleich zu einer adaptiven Fuzzyregel-Basis sind also auch hier keine Regelvorgaben von außen erforderlich, was die Einsatzmöglichkeiten flexibel gestaltet. Auf der anderen Seite ist durch die Verwendung eines binären Alphabets nur eine diskrete Wissensrepräsentation gegeben. Dies steht im Konflikt zu der oben entwickelten Sicht der Fuzzy-Formulierung von Marktteilnehmern in komplexen ökonomischen Situationen. Ebenso kann ein klassisches CS nicht mit verrauschten oder *noisy* Daten aus der Außenwelt umgehen, was sicherlich eine Einschränkung bedeutet. Es gibt zwar die Erweiterung des CS als *Fuzzy Classifier System* (FCS), jedoch ist dem Autor bisher erst eine ökonomische Anwendung bekannt.[415] Allgemein ist die hohe Anzahl der exogenen Parameterwerte in einem CS problematisch, da nur eine abgestimmte Einstellung zu stabilen Ergebnissen im Sinne verbesserter Ausgabesignale führt. Ein weiteres Problem ist, dass die Regeln, die für Ausnahmesituationen gebraucht werden, zu wenig Gewicht erhalten. So neigen CS üblicherweise dazu, eine große Zahl von allgemeinen und zu allgemeinen Regeln zu produzieren.

Sicherlich stellen CS und im Besonderen *Fuzzy Classifier Systems* eine interessante und vielversprechende Alternative zu dem hier vorgestellten Ansatz dar. Letzterer weist jedoch auf Wunsch mehr Möglichkeiten der Einflussnahme durch den Modell-

---

[415] Tay und Linn haben den Santa Fe *Artificial Stock Market* um *Fuzzy Classifier Systems* als Erwartungsgenerator erweitert. Siehe TAY/LINN (2001).

bauer auf und kann daher in zahlreichen Variationen verwendet werden, um Parametereinflüsse deutlich werden zu lassen. Zudem schließen sich die beiden Alternativen nicht aus, denn die Idee der CS, eine erfolgsabhängige Regel-Gewichtsanpassung vorzunehmen, ist problemlos auf adaptive Fuzzyregel-basierte Erwartungen übertragbar. Ebenso wäre es denkbar, einen GA im Hintergrund laufen zu lassen, der von Zeit zu Zeit schlechte Regeln ersetzt, so dass auch die zweite Lernebene einbezogen werden kann.

3.3. Künstliche Neuronale Netze (KNN)

3.3.1. Grundprinzip eines Künstlichen Neuronalen Netzes

Künstliche Neuronale Netze sind aus der Biologie motiviert und imitieren den strukturellen Aufbau des menschlichen Gehirns.[416] Sie setzen sich aus einer festen Anzahl von einfachen Verarbeitungseinheiten *(calculating* oder *processing units)* zusammen, die als Neuronen bezeichnet werden und die über gegenseitige Verbindungen (Synapsen) ein Netzwerk bilden. Die Struktur eines solchen Netzwerks – die Netztopologie – bestimmt, welche Neuronen sich wie gegenseitig beeinflussen. Ein Neuron empfängt Signale von anderen mit ihm verbundenen Neuronen oder der Außenwelt (Inputneuron), aggregiert diese zu einem Nettoinput netin und verarbeitet dieses lokal über eine *activation function* bzw. eine *transfer function.* Das dadurch generierte Outputsignal eines Neurons wird dann wiederum weitergegeben an andere Neuronen bzw. stellt den Netzoutput im Fall eines Outputneurons dar. Die Verbindungen der Neuronen können unterschiedliche Stärken (Gewichte) annehmen und bestimmen damit das Ausmaß des möglichen Einflusses von einem auf ein anderes Neuron. Sämtliche Gewichte eines neuronalen Netzes lassen sich in einer Gewichtsmatrix erfassen, die den eigentlichen Wissensspeicher des gesamten Netzes darstellt. Wissen wird somit dezentral gespeichert, so dass von einer verteilten Wissensrepräsentation gesprochen wird. Einzelne gewichtete Signale, die zwischen zwei Neuronen ausgetauscht werden, besitzen für den Menschen keine sinnhafte Bedeutung.[417] Erst das Zusammenspiel vieler dieser einfachen Verarbeitungseinheiten als Netzwerk ermöglicht eine effiziente Informationsverarbeitung und stellt ein leistungsfähiges Instrument dar, um aus Daten Zusammenhänge zu lernen und anschließend aus neuen, unbekannten Daten zu verallgemeinern.[418] Die verteilte Informationsstruktur erlaubt es jedoch nicht, die modellierte Beziehung zwischen Input- und Outputdaten zu extrahieren und damit auch nicht diese Beziehung zu erklären. Die Interpretationsfähigkeit eines KNN ist daher sehr eingeschränkt, so dass auch von einem *Black-Box*-Charakter von Neuronalen Netzen gesprochen wird.

Ein Künstliches Neuronales Netz erwirbt sein Wissen durch Lernprozesse in einem Trainingsmodus. In diesem Modus werden dem KNN Trainingsbeispiele präsentiert, aus denen es die Verbindungsgewichte zwischen seinen Neuronen lernen kann. Besteht die Aufgabe bspw. darin, eine Funktion möglichst genau zu approximieren, so

[416] Zu einer ausführlichen Darstellung von KNNs siehe bspw. HERTZ ET AL. (1991).

[417] Vgl. KOOTHS (1998), S. 49 f.

[418] Vgl. ZHANG ET AL. (1998), S. 37.

werden nach einer Zufallsinitialisierung der Gewichtsmatrix die Inputwerte in das Netzwerk eingespeist und ein Netzoutput berechnet. Dieser Netzoutput wird anschließend mit dem tatsächlichen Funktionswert verglichen und der Fehler zur Anpassung der Netzgewichte mit dem Ziel der Fehlerminimierung genutzt. Dabei wird in der Regel die Netztopologie vorgegeben und ist somit nicht Gegenstand des Lernprozesses. Als Fehlermaße für die Netzperformance bei Prognoseaufgaben, die bspw. bei adaptiven Fuzzyregel-basierten Erwartungen Anwendung finden, werden häufig folgende verwendet:

(3.1) $$MAE = \frac{\sum |e_t|}{N}$$ Mittlerer absoluter Fehler

(3.2) $$MSE = \frac{\sum (e_t)^2}{N}$$ Mittlerer quadratischer Fehler

(3.3) $$SSE = \sum (e_t)^2$$ Summe der quadrierten Fehler

Dabei gibt e_t den Prognosefehler in Periode t und N die Anzahl der Testdatensätze wieder. Die Verwendung eines dieser Gütemaße ist jedoch nicht allgemein akzeptiert. Es gibt zahlreiche andere Maße, die auf Fehlerabweichungen aufbauen, wie auch Maße die die Rendite, den Gewinn oder den Nutzen des Netzoutputs im Testintervall messen. Letztere sind insbesondere für Anwendungen bei Finanzzeitreihen interessant.

Ein trainiertes KNN kann dann in einem zweiten Modus, dem Recallmodus eingesetzt werden und eine bestehende Aufgabenstellung, für die es trainiert worden ist, lösen. Die Fähigkeit, das aus einem Trainingsdatensatz erworbene Wissen auf unbekannte Daten möglichst fehlerfrei anzuwenden, bezeichnet man als Generalisierungsfähigkeit. Für das Beispiel der Funktionsapproximierung heißt das, dass dem Netz unbekannte Inputwerte präsentiert werden können und es daraus einen Netzoutput berechnet, der dem tatsächlichen Funktionswert möglichst genau entspricht.

Die Haupteinsatzgebiete für KNNs liegen in der *Klassifizierung* und in der *Funktionsapproximation.*[419] Typische Aufgabenstellung bei der *Klassifizierung* sind die Zuordnung bestimmter Beobachtungen in Kategorien nach spezifizierten Charakteristika. Dazu müssen Muster in Daten gelernt und das KNN so konstruiert werden, dass es diese Muster erkennen und zuordnen kann. Anwendungsbeispiele finden sich in der automatischen Schrifterkennung, Bombenerkennung an Flughäfen, Bonitätsanalyse, Scoringanwendungen[420] und Identifizierung von Kreditkartenbetrug.[421] Bei *Funktionsapproximationen* liegt die Aufgabenstellung häufig in der Konstruktion eines Prognosemodells auf Basis eines historischen Datensatzes. Das KNN lernt dabei die Zusammenhänge zwischen tatsächlichen Input- und Outputdaten und kann damit Prognosen für zukünftige Zeitpunkte abgeben. Es eignet sich daher besonders für Problemstellungen, in denen eine große Anzahl an Daten vorliegt, die Gesetzmäßigkeiten, die diese Daten generiert haben, jedoch schwer zu erkennen und zu formulieren sind. Die

---

[419] Eine Übersicht über die Einsatzgebiete von KNNs bei wirtschaftlichen Fragestellungen findet sich bei TRIPPI/ TURBAN (1996).

[420] Vgl. SENN (2000).

[421] Vgl. TAN (1997), S. 8.

Einsatzgebiete sind vielfältig und reichen von Finanzmarktprognosesystemen über Portfoliomanagement bis zur Wetterprognose.

Da die technische Umsetzung von adaptiven Fuzzyregel-basierten Erwartungen in GENEFER einen bestimmten Typus von KNNs verwendet – das *multilayer-feed-forward* Netzwerk –, wird in den folgenden Abschnitten ausschließlich auf diesen Typ eingegangen. Dazu wird zunächst detaillierter auf die Elemente dieses KNNs eingegangen – speziell auf den Aufbau eines Neurons und die Netztopologie. Anschließend wird der *error-backpropagation*-Lernalgorithmus zur Bestimmung der Gewichtsmatrix ausführlich erläutert. Die genauere Kenntnis der einzelnen Elemente ist für das Verständnis des später entwickelten Neuro-Fuzzy Hybrid-Ansatzes erforderlich.

3.3.2. Das multilayer-feed-forward Netzwerk

Das *multilayer-feed-forward* Netzwerk setzt sich aus mehreren Neuronenschichten zusammen. Die erste Schicht stellt die Inputschicht dar und umfasst so viele Neuronen, wie Inputsignale verarbeitet werden. Jedes einzelne Inputneuron empfängt daher genau ein Inputsignal. Die letzte Schicht stellt die Outputschicht dar und umfasst wenigstens ein Outputneuron. Die Input- und Outputneuronen sind die einzigen Neuronen mit Kontakt zur Außenwelt und übernehmen die Aufgabe der Signalaufnahme und Signalabgabe. Die beiden Außenschichten werden durch ein oder mehrere Zwischenschichten voneinander getrennt. Die Neuronen in Zwischenschichten werden als innere bzw. verdeckte Neuronen bezeichnet. Üblicherweise ist jedes Neuron einer Schicht mit allen Neuronen der nachgelagerten Schicht verknüpft ist. Es existieren dagegen keinerlei Verbindungen zwischen Neuronen innerhalb einer Schicht. Der Informationsfluss in einem *feed-forward* Netwerk fließt ausschließlich von der Input- zur Outputschicht. Die Abbildung 3.3 zeigt den Aufbau eines solchen KNNs am Beispiel eines dreischichtigen *feedforward* Netzwerks. Für die folgenden Ausführungen wird der Index j für die Netzschichten verwendet, n für die Neuronen einer Schicht und s für die Gewichte eines Neurons n.

Abbildung 3.3: Grundaufbau eines dreischichtigen feed-forward Netzwerks

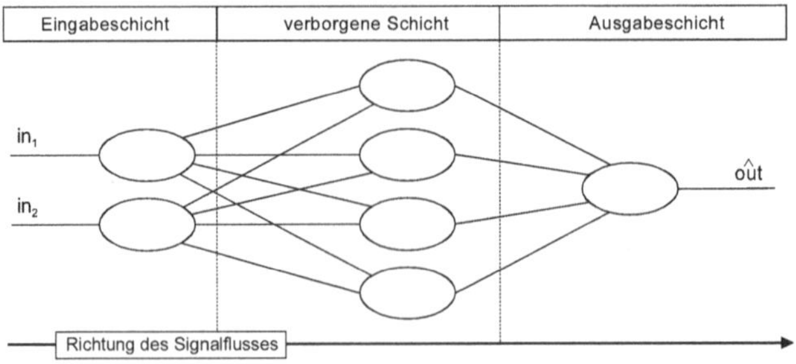

Quelle: Eigene Darstellung.

Die Verbindungen zwischen den einzelnen Neuronen sind mit Gewichten versehen, die die ausgetauschten Signale verstärken bzw. abschwächen können. Jedes einzelne

Neuron übernimmt bei diesem Signalaustausch eine bestimmte Informationsverarbeitungsaufgabe. Es gewichtet die Eingangssignale der vorgelagerten Neuronen in der Schicht j–1 und akkumuliert diese zu einem gesamten Netto-Neuroneninput $netin_j$ über eine Integrationsfunktion. Diese Integrationsfunktion stellt i.d.R. die Summe der gewichteten Inputs dar:

$$(3.4) \qquad netin_j = \sum_{s=1}^{ns} g_{j,s} \cdot in_{j-1,s} \qquad \text{Netto-Neuroneninput}$$

Ein Neuronengewicht wird dabei durch g symbolisiert. Dieser Netto-Neuroneninput wird über die Transferfunktion zu einem Ausgangssignal out_j weiterverarbeitet und an alle verbundenen Neuronen der nächsten Schicht geschickt. Die Abbildung 3.4 zeigt den Aufbau eines Neuronentyps, der im Recallmodus arbeitet und im weiteren Verlauf der Arbeit verwendet wird.[422]

Abbildung 3.4: Aufbau eines vereinfachten Neurons (Identität als Aktivierungsfunktion)

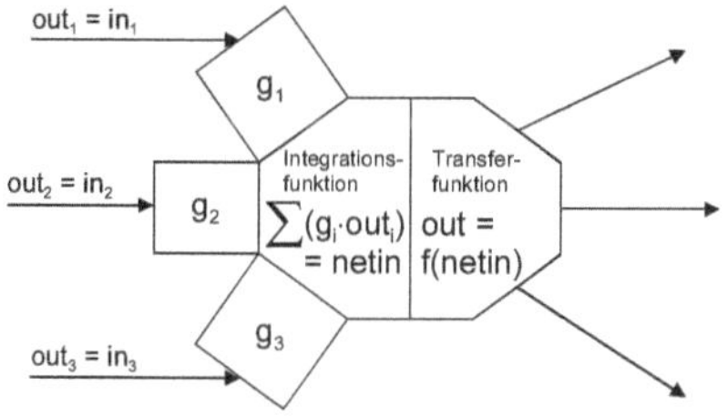

Quelle: Eigene Darstellung.

Die Transferfunktion verarbeitet den netin zum Neuronenoutput, der in gleicher Weise an alle verbundenen Neuronen der nachgelagerten Schicht gesendet wird. Als Transferfunktion kommen zwar prinzipiell alle denkbaren Funktionen in Frage, in der Praxis sowie in der vorliegenden Arbeit werden jedoch nur einige wenige verwendet. Die Abbildung 3.5 zeigt die wichtigsten dieser Transferfunktionen.

Abbildung 3.5: Typische Transferfunktionen eines Neurons

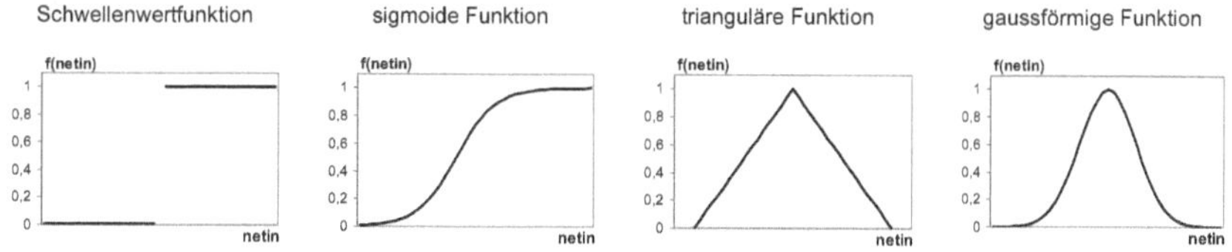

Quelle: Eigene Darstellung.

[422] Der allgemeine Aufbau eines typischen Neurons unterscheidet sich darin, dass zwischen der Integrationsfunktion und der Transferfunktion noch eine Aktivierungsfunktion geschaltet wird. Da diese jedoch hier in der Identität zur Integrationsfunktion besteht, wird sie aus Vereinfachungsgründen weggelassen. Zudem ist darauf hinzuweisen, dass die Funktionsbezeichnung in der Literatur keineswegs eindeutig erfolgt. Vgl. dazu KOOTHS (1998), Fußnote auf S. 52.

Die Transferfunktionen der einzelnen Neuronen können durchaus unterschiedlich sein. Dennoch werden i.d.R. die gleichen Funktionen für Neuronen in einer Schicht implementiert. Entscheidend ist die Eigenschaft der Nicht-Linearität der Transferfunktion. Durch diese Eigenschaft sind KNNs in der Lage komplexe, nicht-lineare Strukturen zu lernen. Speziell für den in dieser Arbeit verwendeten Lernalgorithmus *(error-backpropagation)* muss die Transferfunktion zudem über die Eigenschaft der Differenzierbarkeit über den gesamten Wertebereich des netin verfügen. Die in Abbildung 3.5 gezeigte Schwellenwertfunktion scheidet daher für die weitere Betrachtung aus. Die trianguläre Funktion ist zwar in ihrem Zentrum ebenfalls nicht differenzierbar, dies kann jedoch auf Grund der Berechnungsungenauigkeit eines Computers vernachlässigt werden.

Die Netztopologie ist der zweite entscheidende Baustein eines KNNs. In einem *multilayer-feed-forward* Netzwerk sind Neuronen in bestimmten Schichten angesiedelt, wobei die Neuronen einer Schicht nicht miteinander verbunden sind, also keinerlei Signale miteinander austauschen. Der Begriff *feed-forward* (vorwärtsgerichtet) kennzeichnet die Richtung des Informationsflusses, der von der Eingangsschicht zur Ausgangsschicht nur in einer Richtung fließt. Ein Neuron einer nachgelagerten Schicht sendet folglich niemals ein Signal an ein Neuron einer vorgelagerten Schicht. Ein spezieller Typ dieses Netzwerks ist das linear geschichtete KNN, in dem Neuronen einer Schicht Signale nur an Neuronen der nächsten Schicht und nicht an weitere nachgelagerte Schichten senden. Dieser Typ wird für den Neuro-Fuzzy Hybridansatz verwendet. Obwohl prinzipiell zwei Schichten ausreichen, um ein KNN zu bilden, wird in der Regel zwischen der Eingabe- und Ausgabeschicht mindestens eine weitere verborgene Schicht eingefügt, die es ermöglicht, nicht-lineare Problemstellungen zu lösen.[423] Für den Neuro-Fuzzy Hybridansatz entfällt diese Problematik jedoch, da die Struktur der Fuzzyregel-Basis die Topologie vorgibt.

Nachdem der Aufbau eines KNN, das für einen Neuro-Fuzzy Hybridansatz in Frage kommt, dargestellt wurde, wird im folgenden Abschnitt auf den Lernalgorithmus eingegangen.

3.3.3. Der error-backpropagation Lernalgorithmus

Die in dieser Arbeit gestellte Aufgabe an ein KNN besteht darin, aus einem gegebenen Datensatz von Inputs und einem Output in Form von Zeitreihen die Beziehung zwischen diesen zu lernen. Es geht also allgemein um die folgende Aufgabenstellung:

Gegeben x und y, suche die Gewichtsmatrix G, so dass gilt: $y = G(x)$

Dabei ist x (y) als Vektor aller Ausprägungen der Inputvariablen (Outputvariable) zu verstehen und G stellt die Gewichtsmatrix dar, die diejenigen Ausprägungen aller Netzgewichte enthält, die die funktionale Beziehung zwischen x und y bei vorgegebener Netztopologie implizit abbildet. Damit ein Künstliches Neuronales Netzwerk Zusammenhänge aus bestehenden Datensätzen lernen kann und dadurch eine Verallgemeinerungsfähigkeit erwirbt, muss es zunächst trainiert werden. Vor Beginn des Trainings muss das KNN zuerst initialisiert werden, das heißt, dass die Netzgewichte gesetzt werden müssen und damit automatisch eine Ausgangsmatrix G bestimmt wird.

[423] Ein anschauliches Beispiel hierzu findet sich bei KOOTHS (1998), S. 56 ff.

Nach der Initialisierung der Netzgewichte werden den Neuronen der Inputschicht die Inputdaten präsentiert, die diese über ihre Transferfunktion verarbeiten und als Signal an die nachgelagerte Schicht weitergeben. Die Empfängerneuronen der nachfolgenden Schichten gewichten und akkumulieren ihre Eingangssignale und generieren ein Outputsignal für die nächste Schicht. Dieser Prozess setzt sich bis zur Outputschicht fort, die das Ausgangssignal ausgibt. Der Vergleich von Netzoutput $\hat{out}$ und tatsächlichem Wert out aus dem Trainingsdatensatz TDS stellt den Netzfehler e dar. Der gesamte Fehler des KNNs über alle Datenpunkte des Trainingsdatensatzes kann als Summe der quadrierten Abweichungen (SSE) oder als durchschnittlicher quadratischer Fehler (MSE) gemessen werden.[424] Dieser Fehler wird von einem Lernmechanismus genutzt, um die Gewichte der Neuronenverbindungen so anzupassen, dass der Netzfehler minimiert wird. Dieses Verfahren wird daher auch als korrigierendes oder überwachtes Lernen *(supervised learning)* bezeichnet. Zusammengefasst läuft der Lernprozess auf Basis eines exogen bestimmten Trainingsdatensatzes TDS, dessen Datensätze d mit dem Index p = {1,...,np} indexiert werden, wie folgt ab:

Abbildung 3.6: Pseudocode des überwachten Lernens (supervised learning)

Online-Modus

repeat
Randomly select d_p
Propagate in_p and generate $\hat{out}_p$
Calculate $e_p = \hat{out}_p - out_p$
Use e_p to adapt weights $\Delta g(e_p)$
until termination criterion is met

Batch-Modus

repeat
$\varnothing e_{TDS} = 0$
for i = 1 to np do
begin
Randomly select d_p
Propagate in_p and generate $\hat{out}_p$
$\varnothing e_{TDS} = \varnothing e_{TDS} + (\hat{out}_p - out_p)^2$
end;
$\varnothing e_{TDS} = \frac{1}{np} \varnothing e_{TDS}$
Use $\varnothing e_{TDS}$ to adapt weights $\Delta g(\varnothing e_{TDS})$
until termination criterion is met

Der obenstehende Pseudocode auf der linken Seite nimmt eine Gewichtsanpassung nach jeder Präsentation eines Inputvektors in_p vor. Diese Form der Gewichtsanpassung wird als musterweises Lernen bzw. Lernen im Online-Modus bezeichnet. Die Gewichtskorrektur erfolgt entsprechend der Gleichung:

(3.5) $$g^{neu} = g^{alt} + \Delta g(e_p)$$ Gewichtskorrektur im Online-Modus

Im musterweisen Lernen birgt die Gefahr, dass erworbenes Wissen aus bereits präsentierten Beispielen schnell verloren geht, da die Abweichung des Netzoutputs von einem einzigen Beispiel ausreicht, um eine Gewichtsanpassung der gesamten Netzparameter vorzunehmen. Bekanntermaßen speichert die Struktur des Netzes mit ihrer Gewichtung das erworbene Wissen über *alle* präsentierten Trainingsbeispiele. Um diese Problem abzumildern, kann der Lernprozess im Batch-Modus erfolgen (siehe Pseudocode im rechten Teil der Abbildung 3.6). In diesem Modus wird dem Netzwerk jedes Beispiel aus dem TDS genau einmal präsentiert und anschließend ein Netzwerkfehler über alle Trainingsbeispiele entsprechend den Gleichungen (3.1) bis (3.3) be-

[424] Siehe hierzu die Gleichungen auf Seite 153.

rechnet (im Pseudocode wird der MSE verwendet). Dieser durchschnittliche Fehler stellt dann die Grundlage für die Gewichtsanpassung dar:

(3.6) $$g^{neu} = g^{alt} + \Delta g\left(\frac{1}{np} \cdot \sum_{p=1}^{np} e_p^2\right)$$ Gewichtskorrektur im Batch-Modus

Der vollständige Durchlauf aller Trainingsbeispiele bildet eine Epoche, so dass diese Lernform auch als epochales Lernen bezeichnet wird. Ebenso wie für das Lernen im Online-Modus muss auch hier ein Abbruchkriterium festgelegt werden, das bei Erfüllung den Lernprozess beendet. Ein solches Abbruchkriterium kann bspw. in einer festen Anzahl von Trainingsbeispielen (Online-Modus) oder in einer festen Epochenanzahl (Batch-Modus) bestehen. Sinnvoller ist es jedoch, den Abbruch des Lernprozesses an ein Gütekriterium für den Lernerfolg zu knüpfen. Eine weitverbreitete Technik nutzt dazu eine bestimmte Eigenschaft von KNNs. Mit zunehmendem Lernfortschritt beginnt ein Neuronales Netz häufig die Trainingsdaten auswendig zu lernen, d.h. es extrahiert zu viele Informationen aus den ihm präsentierten Daten und „vergisst" dabei die relevanten Informationen über den allgemeinen Zusammenhang. Dadurch leidet die Generalisierungsfähigkeit des Netzwerks, d.h. der Fehler eines trainierten Netzes steigt bei unbekannten Daten nach Erreichen eines Minimums wieder an.[425] Um dies zu verhindern, wird die insgesamt zur Verfügung stehende Datenmenge in eine Trainings- und eine Validierungs- bzw. Testmenge aufgeteilt. Das Netzwerk wird ausschließlich auf den Daten der Trainingsmenge trainiert und die Klassifikations- bzw. Prognoseleistung auf der Validierungsmenge getestet. Der Fehler, den das KNN auf dieser Menge macht, wird verwendet, um den Trainingsvorgang zu steuern. Dabei arbeitet das Netzwerk dann am besten auf unbekannten Daten, wenn der Fehler auf der Validierungsmenge minimal ist. Man sollte deshalb den Lernvorgang abbrechen, wenn der Fehler auf der Validierungsmenge ein Minimum erreicht hat, und nicht, wenn der Fehler auf der Trainingsmenge minimiert ist.

Den entscheidenden Lernschritt stellt die Gewichtsanpassung in Zeile 06 (Online-Modus) bzw. 11 (Batch-Modus) im Pseudocode dar. Die Gewichtsanpassung erfolgt mit dem Ziel, den Fehler des Netzwerks bei erneutem Präsentieren des letzten Trainingsbeispiels (Online-Modus) bzw. aller Beispiele der letzten Epoche (Batch-Modus) zu minimieren. Die Idee hinter der Gewichtsanpassung basiert auf der Hebb'schen Lernregel, die ursprünglich biologisch motiviert ist.[426] Sie drückt aus, dass eine Verbindung zwischen zwei Neuronen immer dann gestärkt wird, wenn sie gleichzeitig aktiviert

---

[425] Man möge sich bspw. vorstellen, ein KNN soll den Zusammenhang zwischen einer Inputgröße und einer Outputgröße darstellen die stochastisch verzerrt ist. In einer graphischen Abbildung äußert sich dies in einer Punktwolke im In-/Output-Raum. Die „wahre" Beziehung sei durch eine Regressionsgerade durch die Punktwolke hinreichend genau beschrieben und soll im Trainingsprozess durch das KNN abgebildet werden. Das Phänomen des *overlearning* äußert sich nun darin, dass zunächst mit fortschreitendem Lernprozess diese Regressionsgerade nachvollzogen wird, mit zunehmendem Lernfortschritt das KNN jedoch auch die stochastischen Verzerrungen lernt.

[426] Zur Originalquelle siehe HEBB (1949). Die Darstellung seiner Regel findet sich in nahezu allen Lehrbüchern zu Künstlichen Neuronalen Netzen wie z. B. ROJAS (1996), S. 258 f.

sind, und dass sie geschwächt wird, wenn nur eine einseitige Aktivierung vorliegt.[427] Formal lässt sich dieser Gedanke für ein beliebiges Gewicht g zwischen einem Neuron n der Schicht j und der ihr vorgelagerten Schicht i zu

(3.7) $\Delta g_{in,jn} = \eta \cdot \varphi(out_{jn}, tar_{jn}) \cdot \psi(out_{in}, g_{in,jn})$ Hebb Regel (allgemeine Form)

übertragen. Der Parameter η stellt dabei eine Lernrate dar, die i.d.R. im Einheitsintervall zwischen [0,1] liegt. Je höher diese Rate ist, desto schneller ist die Anpassung der Netzgewichte durch ein Fehlersignal und umso höher damit die Gefahr, bestehendes Wissen zu „vergessen". Der Wert tar_{jn} stellt einen Zielwert für den Output des Neurons jn der Schicht j dar. Dieser Zielwert ermöglicht einen überwachten Lernprozess. Die genaue Bestimmung des Wertes tar_{jn} erfolgt weiter unten bei der Darstellung des *error-backpropagation*-Algorithmus. Die Variablen out_{jn} und out_{in} stellen den Neuronenoutput der miteinander verbunden Neuronen in der i-ten und j-ten Schicht dar und $g_{in,jn}$ gibt das Verbindungsgewicht zwischen diesen wieder. Für die genaue Berechnung der Gewichtsänderung müssen die Funktionen $\varphi(out_{jn}, tar_{jn})$ und $\psi(out_{in}, g_{in,jn})$ spezifiziert werden. Eine spezielle Form der Funktion (3.7) stellt die Widrow-Hoff-Regel dar, die besser bekannt ist unter dem Namen Delta-Regel.[428] Nach dieser Regel wird eine Gewichtsanpassung durch die Differenz zwischen dem vorgegebenen Zielwert des Neurons tar_{jn} und dem tatsächlichen Neuronenoutput out_{jn} bestimmt. Die Differenz dieser beiden Werte stellt das Fehlersignal δ_{jn} für das Neuron jn dar:

(3.8) $\delta_{jn} = \varphi(out_{jn}, tar_{jn}) = tar_{jn} - out_{jn}$ Fehlersignal eines Neurons

Die Spezifizierung der Funktion $\varphi(out_{jn}, tar_{jn})$ durch die Gleichung (3.8) führt in Verbindung mit

(3.9) $\psi(out_{in}, g_{in,jn}) = out_{in}$

zu einer vereinfachten Schreibweise der allgemeinen Hebb-Regel, die die bisherige Ausprägung des Gewichts $g_{in,jn}$ unberücksichtigt lässt:

(3.10) $\Delta g_{in,jn} = \eta \cdot \delta_{jn} \cdot out_{in}$. Delta-Regel

An Hand dieser Regel können zweischichtige Netze durch korrigierendes Lernen trainiert werden. Im Fall von Erwartungsbildung mit einer Erwartungsgröße besteht die letzte Schicht nur aus einem (Output-)Neuron, so dass dessen Zielwert durch den tatsächlichen Outputwert des Trainingsbeispiels $out_p = tar_2$ eindeutig bestimmt ist. Für mehr als zweischichtige Netze ist jedoch eine Modifizierung von Gleichung (3.10) erforderlich, da für die Zwischenschichten kein von außen vorgegebenes Fehlersignal existiert. Die Berechnung von Fehlersignalen für die Neuronen der Zwischenschichten führt zu einer generalisierten Form der Delta-Regel und ist als *error-backpropagation*-Algorithmus bekannt geworden. Dieser Algorithmus wird im Neuro-Fuzzy Hybridansatz in einer modifizierten Form verwendet. An dieser Stelle wird er zunächst in seiner herkömmlichen Form erläutert wird.

---

[427] Ein schönes Beispiel dieser Lernregel an Hand der Konditionierung des Pawlow'schen Hundes findet sich bei KOOTHS (1998), S. 63 ff.

[428] Vgl. WIDROW/HOFF (1960).

error-backpropagation-Algorithmus

Der meistverwendete Trainings- und Lernalgorithmus für *feed-forward* Netzwerke ist der *error-backpropagation*-Algorithmus.[429] Dieser Algorithmus erlaubt das Trainieren aller Gewichte eines *feed-forward* Netzes mit beliebig vielen Schichten. Die Grundidee von *backpropagation* ist, dass alle Neuronen, die zum Netzoutput beitragen, damit auch automatisch am Netzfehler e beteiligt sind und daher ihre Gewichte durch das Lernverfahren modifiziert werden. Bei dieser Modifizierung spielt die Stärke des Einflusses, mit dem ein Neuron am Netzoutput beteiligt ist, eine Rolle. Je größer dieser Einfluss ist, desto stärker wird das Neuron verändert. Um eine solche zielgerichtete Veränderung vorzunehmen, wird das Fehlersignal e rückwärts durch das Netz über alle beteiligten Neuronen propagiert und damit ein neuronenspezifisches Fehlersignal abgeleitet. Die Gewichtsanpassung erfolgt mit dem Ziel der Minimierung des Netzfehlers e, der im Weiteren über den mittleren quadratischen Fehler MSE berechnet wird (siehe Gleichung (3.2)). Aus Vereinfachungsgründen für die nachfolgenden Gradientenbestimmungen wird dieses Fehlermaß mit 0,5 multipliziert:

(3.11) $$e = \frac{1}{2} \cdot \frac{1}{np} \cdot \sum_{p=1}^{np} e_p^2$$ Netzfehler

Diese Gleichung gilt sowohl für den Batch- wie auch für den Online-Modus, da bei letzterem der Wert np lediglich auf Eins gesetzt werden muss. Die folgenden Ausführungen zeigen die Anpassung der Netzgewichte auf Grund eines Netzfehlersignals e. Um die Darstellung nicht zu „indexlastig" zu gestalten, wird die Gewichtsanpassung für den Fall des musterweisen Lernens erläutert. Dadurch entfällt die im Fall des epochalen Lernens notwendige Indexierung über alle Trainingsbeispiele in einer Epoche sowie die Durchschnittsbildung über alle diese Beispiele bei den Gradientenberechnungen.[430] Die untenstehenden Erläuterungen orientieren sich aus Anschauungsgründen an einem vierschichtigen Netz, das mit seiner schichtspezifischen Neuronenindexierung in Abbildung 3.7 dargestellt ist.

Abbildung 3.7: Aufbau eines vierschichtigen feed-forward Netzwerks

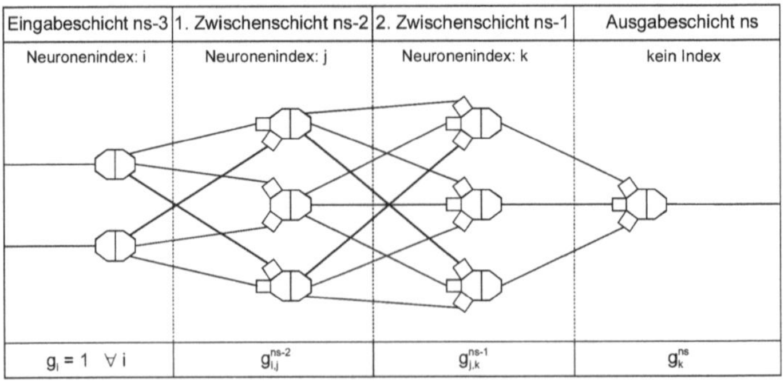

Quelle: Eigene Darstellung in Anlehnung an Kooths (1998), S. 66.

[429] Vgl. RUMELHART ET AL. (1986) sowie das Web-Archiv http://www.dontveter.com/bpr/ bpr.html.

[430] Es geht damit um die Detaillierung der Zeile 06 aus dem linken Pseudocode auf Seite 157.

Alle Gewichte gehören zu einem Neuron aus der Schicht, zu der die Verbindung hinführt. Das Neuron, das ein zu modifizierendes Gewicht besitzt, wird im Folgenden als das „betrachtete Neuron“ bezeichnet. Die Ausführungen gehen schichtweise vor, beginnend bei der Ausgabeschicht, und werden durch Auszüge aus der Abbildung 3.7 graphisch unterstützt.

(1) Gewichtsanpassung des Outputneurons

Die Ausführungen beginnen zunächst mit der Darstellung der Gewichtsanpassung für das Ausgabeneuron, da dies den Ausgangspunkt im *error-backpropagation*-Algorithmus darstellt und hierfür im Gegensatz zu den Zwischenschichten ein externes Fehlersignal in Form von $e = 0{,}5 \cdot (\hat{out} - out_p)$ vorliegt.[431] Die Abbildung 3.8 zeigt, wie alle folgenden Abbildungen dieser Art, den Weg des rückwärts propagierten Fehlersignals fett markiert.

Abbildung 3.8: Gewichtsanpassung am Ausgabeneuron

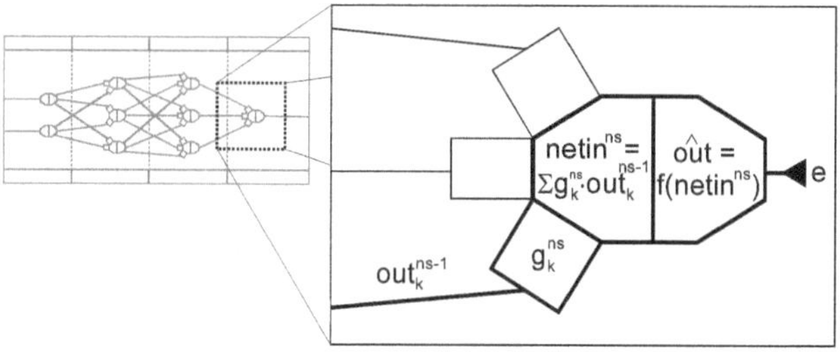

Quelle: Eigene Darstellung.

Die Gewichtsanpassung beim Outputneuron erfolgt nach einem Gradientenabstiegsverfahren:

(3.12) $$\Delta g = -\eta \cdot \frac{\partial e}{\partial g}$$ Gradientenabstieg für die Gewichtsanpassung

Die Änderung des Gewichts g ist damit proportional zum Grenzeinfluss des Gewichts auf den Netzfehler e.[432] Dieser Einfluss kommt in der partiellen Ableitung des Netzfehlers nach dem betrachteten Gewicht zum Ausdruck und gibt die Steigung des Fehlergebirges in dem aktuellen Punkt, der durch die Ausprägungen aller Gewichte der Netzneuronen beschrieben ist, in Richtung der betrachteten Gewichtsänderung wieder. Bildlich gesehen kann man sich vorstellen, dass man in einem solchen Gebirge – ausgehend von seiner aktuellen Position – den Weg des steilsten Abstiegs geht – es handelt sich schließlich um ein Minimierungsproblem. Die Lernrate η gibt dabei die Schrittweite an. Die absolute Größe der Lernrate hat einen erheblichen Einfluss auf die Lerngeschwindigkeit und den Lernerfolg, da eine zu große Lernrate zu Oszillationen im Gewichtsraum um ein lokales Optimum führen kann, während eine zu kleine Lernrate den Konvergenzprozess verlangsamt. Zur Berechnung der partiellen Ableitungen

[431] Der Algorithmus wird im Online-Modus vorgestellt, so dass np = 1 ist.

[432] Vgl. KOOTHS (1998), S. 67.

für alle Gewichte des Outputneurons ist zu beachten, dass diese Gewichte über die Berechnung des Nettoinputs $netin^{ns}$ Einfluss auf die Ausgabe des Outputneurons nehmen. Allgemein kann daher die Berechnung der partiellen Ableitung nach einem Gewicht g_k^{ns} über die Kettenregel erfolgen:

$$(3.13) \qquad \frac{\partial e}{\partial g_k^{ns}} = e \cdot \frac{\partial \hat{out}}{\partial netin^{ns}} \cdot \frac{\partial netin^{ns}}{\partial g_k^{ns}}$$

Der letzte Term dieser Gleichung gibt den Grenzeinfluss des Gewichts g_k^{ns} auf den Nettoinput des Outputneurons wieder. Da der Nettoinput durch Summierung der gewichteten Inputsignale aller verbundenen Neuronen der vorletzten Schicht gebildet wird, reduziert sich diese Ableitung auf:

$$(3.14) \qquad \frac{\partial netin^{ns}}{\partial g_k^{ns}} = out_k^{ns-1}$$

Die ersten beiden Faktoren der Gleichung (3.13) geben die Reaktion des Netzfehlers auf eine infinitesimal kleine Änderung des Nettoinputs beim Outputneuron wieder. Diese Reaktion stellt das Fehlersignal für das Outputneuron δ^{ns} dar:

$$(3.15) \qquad \delta^{ns} = \frac{\partial e}{\partial netin^{ns}} = e \cdot \frac{\partial \hat{out}}{\partial netin^{ns}}$$

Die Berechnung des Fehlersignals verdeutlicht, dass eine Gewichtsanpassung nur dann vorgenommen wird, wenn der Output des Neurons auf die Änderung seines Nettoinputs – also seiner Aktivierung – reagiert. Andernfalls wäre eine Anpassung überflüssig, da sie keinerlei Auswirkungen auf den Netzfehler hätte. Da beim Ausgabeneuron die Integrationsfunktion gleichzeitig die Transferfunktion darstellt, ist die Ableitung des Netzoutputs nach dem Nettoinput gleich Eins und somit reduziert sich die Gleichung (3.12) unter Berücksichtigung der vorstehenden Überlegungen auf:

$$(3.16) \qquad \Delta g^{ns} = -\eta \cdot \delta^{ns} \cdot out_k^{ns-1} \qquad \text{Gewichtsänderung beim Outputneuron}$$

In dieser Formal lässt sich leicht die Delta-Regel spezifizierte Form der Hebb-Regel wiederfinden.

(2) Gewichtsanpassung der verdeckten Neuronen

Um eine Gewichtsanpassung für die verdeckten Neuronen vornehmen zu können, muss das Fehlersignal δ für das betrachtete Neuron endogen bestimmt werden. Dabei ist der Signalweg vom betrachteten Neuron zum Ausgabeneuron entscheidend. Grundsätzlich beeinflusst eine Gewichtsänderung immer erst den Nettoinput seines Neurons, über die Transferfunktion den Neuronenoutput und nachfolgend über alle verbundenen Neuronen sowie deren Verbindungen bis zum Ausgabeneuron den Netzoutput. Diese Wirkungsrichtung muss nun zurückverfolgt werden, um die Gewichtsanpassung so vorzunehmen, dass das Ziel der Netzoutputfehlerminimierung erreicht wird. Die Abbildung 3.9 zeigt diesen Weg fettgedruckt:

Abbildung 3.9: Gewichtsanpassung in der vorletzten Schicht

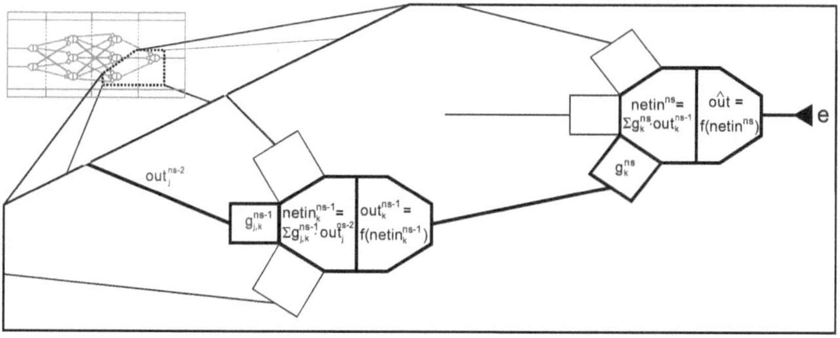

Quelle: Eigene Darstellung.

Diese Gewichtsanpassung vollzieht sich technisch über die mehrmalige Anwendung der Kettenregel. Die Reaktion des Netzfehlers auf eine infinitesimal kleine Änderung eines Gewichts der vorletzten Schicht $g_{j,k}^{ns-1}$ ergibt sich somit aus:

$$(3.17) \qquad \frac{\partial e}{\partial g_{j,k}^{ns-1}} = e \cdot \frac{\partial \hat{out}}{\partial netin^{ns}} \cdot \frac{\partial netin^{ns}}{\partial out_k^{ns-1}} \cdot \frac{\partial out_k^{ns-1}}{\partial netin_k^{ns-1}} \cdot \frac{\partial netin_k^{ns-1}}{\partial g_{j,k}^{ns-1}}$$

Die ersten beiden Faktoren sind identisch mit der Gleichung (3.15) und stellen das Fehlersignal des Ausgabeneurons dar. Der dritte Faktor gibt die Reaktion des Nettoinputs des Ausgabeneurons auf eine infinitesimal kleine Änderung des Outputs der mit ihm verbundenen Neuronen der vorletzten Schicht an. Diese Reaktion entspricht exakt den Gewichten zwischen diesen Neuronen, da der Nettoinput sich über die Summenfunktion der gewichteten Inputsignale berechnet und die partielle Ableitung dieser Funktion nach einem Inputsignal (gleich Outputsignal eines Neurons der vorherigen Schicht) damit genau das Gewicht zwischen ihnen ergibt. Der vierte Faktor gibt die partielle Ableitung der Transferfunktion eines Neurons der vorletzten Schicht nach seinem Nettoinput an. Der Wert hängt somit von der konkreten Wahl der Transferfunktion ab, wie sie bspw. in Abbildung 3.5 dargestellt sind. Die Zusammenfassung der ersten vier Faktoren der Gleichung (3.17) ergibt das Fehlersignal für das betrachtete Neuron:

$$(3.18) \qquad \delta_k^{ns-1} = e \cdot \frac{\partial \hat{out}}{\partial netin^{ns}} \cdot \frac{\partial netin^{ns}}{\partial out_k^{ns-1}} \cdot \frac{\partial out_k^{ns-1}}{\partial netin_k^{ns-1}} = \delta^{ns} \cdot g_k^{ns} \cdot \frac{\partial out_k^{ns-1}}{\partial netin_k^{ns-1}}$$

Die Gleichung (3.18) macht deutlich, dass ein Neuronengewicht der vorletzten Schicht umso stärker geändert wird, je größer das Verbindungsgewicht zwischen diesem Neuron und dem Ausgabeneuron ist. Ist dieses Gewicht im Extremfall gleich Null, so haben Signale des betrachteten Neurons N_k^{ns-1} keinen Einfluss auf den Netzfehler und somit wird auch keine Gewichtsanpassung vorgenommen.

Der letzte Faktor der Gleichung (3.17) entspricht wiederum dem Outputsignal des Neurons der vorletzten verborgenen Schicht – also der vorvorletzten Schicht – mit dem das betrachtete Neuron über das Gewicht $g_{j,k}^{ns-1}$ verbunden ist.

$$(3.19) \qquad \frac{\partial netin_k^{ns-1}}{\partial g_{j,k}^{ns-1}} = out_j^{ns-2}$$

Die Erklärung dieses Zusammenhangs entspricht den Erläuterungen zu Gleichung (3.14). Durch Einsetzen der Gleichungen (3.18) und (3.19) in (3.17) ergibt sich die Gewichtsänderung für ein beliebiges Gewicht eines Neurons aus der vorletzten Schicht entsprechend der Gleichung (3.20).

$$(3.20) \qquad \Delta g_{j,k}^{ns-1} = -\eta \cdot \delta_k^{ns-1} \cdot out_j^{ns-2}$$ Gewichtsänderung in der letzten verborgenen Schicht

Die Gewichtsänderungen der Neuronen aus weiteren vorgelagerten Schichten lassen sich nach dem gleichen Prinzip wie bisher herleiten. Die einzige Besonderheit, die es zu beachten gilt, liegt darin, dass Neuronen in Schichten vor der vorletzten (s < ns–1) ihre Outputsignale an mehrere Neuronen der nachfolgenden Schicht abgeben können, so dass ein Fehlersignal für ein Neuron dieser Schicht aus der Summe der zu diesem betrachteten Neuron zurückpropagierten Fehlersignale ergibt. Dies ist bei Neuronen der vorletzten Schicht nicht der Fall, da sie alle nur eine einzige Verbindung mit dem Outputneuron besitzen. Die folgende Abbildung auf der nächsten Seite verdeutlicht diesen Zusammenhang durch die fettgedruckten Verbindungen zwischen dem betrachteten Neuron (in der Abbildung links) der Schicht ns–2 und den Neuronen der Schicht ns–1 (in der Mitte der Abbildung).

Abbildung 3.10: Gewichtsänderung in der vorletzten verborgenen Schicht

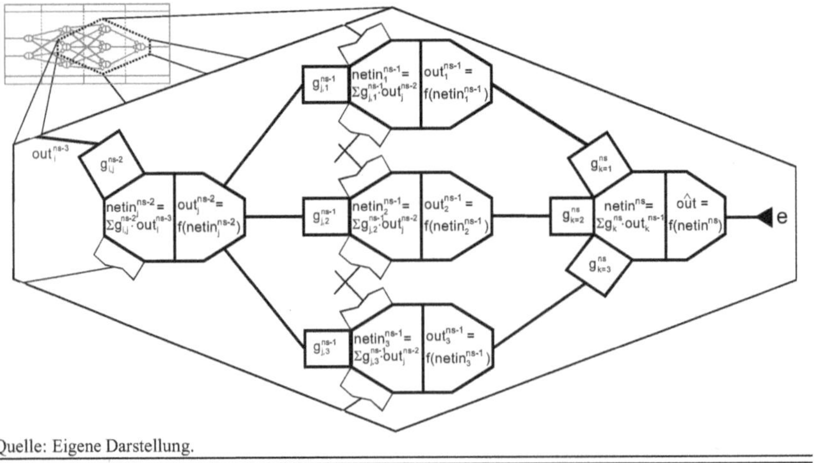

Quelle: Eigene Darstellung.

Die Gewichtsänderung für die vorletzte verborgene Schicht leitet sich daher wie folgt her:

$$(3.21)\qquad \frac{\partial e}{\partial g_{i,j}^{ns-2}} = \left(\sum_{k\,con\,j} \left[e \cdot \frac{\partial \hat{out}}{\partial netin^{ns}} \cdot \frac{\partial netin^{ns}}{\partial out_k^{ns-1}} \cdot \frac{\partial out_k^{ns-1}}{\partial netin_k^{ns-1}} \frac{\partial netin_k^{ns-1}}{\partial out_j^{ns-2}} \right] \frac{\partial out_j^{ns-2}}{\partial netin_j^{ns-2}} \right) \frac{\partial netin_j^{ns-2}}{\partial g_{i,j}^{ns-2}}$$

Der Ausdruck in (3.21) erscheint zunächst recht kompliziert, lässt sich jedoch mit den vorstehenden Überlegungen wieder auf die gewohnte Schreibweise aus Gleichungen (3.16) bzw. (3.20) reduzieren. Betrachtet man zunächst den Ausdruck in der eckigen Klammer, so wird deutlich, dass die ersten vier Faktoren genau die Fehlersignale δ_k^{ns-1} der nachfolgenden Neuronen in der Schicht ns–1 darstellen (siehe Gleichung (3.18)). Diese Fehlersignale werden mit einem Faktor – dem fünften Faktor im eckigen Klammerausdruck – gewichtet, der den Verbindungsgewichten $g_{k,j}^{ns-1}$ zwischen den Neuronen der (ns–1)ten Schicht und dem betrachteten Neuron aus der Schicht ns–2 entspricht:

$$(3.22)\qquad \frac{\partial netin_k^{ns-1}}{\partial out_j^{ns-2}} = \frac{\partial \left(\sum_{j=1}^{nj} g_{j,k}^{ns-1} \cdot out_j^{ns-2} \right)}{\partial out_j^{ns-2}} = g_{j,k}^{ns-1}$$

Diese gewichteten Fehlersignale werden anschließend über alle verbundenen Neuronen aufaddiert. Der Operator „con“ (*connected*) erzeugt dabei die Indexmenge aller Neuronen mit dem Index k, die mit dem betrachteten Neuron j verbunden sind. Die Summe der gewichteten Fehlersignale wird schließlich mit dem letzten Faktor in der runden Klammer multipliziert, der die Reaktion des betrachteten Neuronenoutputs auf eine infinitesimal kleine Änderung seines Nettoinputs angibt. Der Wert dieses Gradienten hängt wiederum von der konkreten Transferfunktion ab. Der Gesamtausdruck in der runden Klammer lässt sich somit reduzieren auf:

$$(3.23)\qquad \delta_j^{ns-2} = \frac{\partial out_j^{ns-2}}{\partial netin_j^{ns-2}} \sum_{k\,con\,j} \left(\delta_k^{ns-1} \cdot g_{j,k}^{ns-1} \right)$$

Der letzte Faktor der Gleichung (3.21) entspricht, wie bereits in der Gleichung (3.19), dem Output des mit dem betrachteten Neuron über das Gewicht $g_{i,j}^{ns-2}$ verbundenen Neuron der vorherigen Schicht out_i^{ns-3}. Mit diesen Überlegungen vereinfacht sich die Gleichung (3.26) zu dem in der Struktur bekannten Ausdruck:

$$(3.24)\qquad \frac{\partial e}{\partial g_{i,j}^{ns-2}} = \delta_j^{ns-2} \cdot out_i^{ns-3}$$

Diese Reaktion des Netzfehlers auf eine Gewichtsänderung stellt somit die Grundlage für den Anpassungsbedarf dar:

$$(3.25)\qquad \Delta g_{k,j}^{ns-1} = -\eta \cdot \delta_j^{ns-2} \cdot out_i^{ns-3}$$ Gewichtsänderung in der vorletzten verborgenen Schicht

Dieses Prinzip lässt sich auf beliebig viele weitere Schichten anwenden, ohne dass weitere Erfordernisse zu beachten wären, als die bereits dargestellten.

Der *error-backpropagation*-Algorithmus ist der am häufigsten eingesetzte Lernalgorithmus zur Gewichtsanpassung bei Künstlichen Neuronalen Netzen. Er weist jedoch in seiner hier vorgestellten Form einige gravierende Unzulänglichkeiten auf.[433] Das

---

[433] Es existieren daher alternative Lernalgorithmen wie bspw. *Quickprop* (siehe FAHLMAN (1988)). Desweiteren gibt es Algorithmen wie bspw. *Cascade Correlation* (siehe FAHLMAN/LEBIERE (1990)), die während des Lernens auch die Netztopologie durch Hinzunahme von Neuronen ändern. Solche Verfahren sind jedoch durch die vorbestimmte Netztopologie hier nicht anwendbar.

Problem der lokalen Optima ist bereits angesprochen worden. Sollte der Lernalgorithmus in einem solchen Punkt „stecken bleiben“, kann der Lernprozess frühzeitig beendet sein, obwohl bessere Lösungen im Parameterraum existieren. Ebenso problematisch sind flache Plateaus und tiefe Schluchten im Fehlergebirge. Durch flache Plateaus wird der Lernprozess immer langsamer, da der Gradient des Gewichtsvektors gegen Null geht. Im Gegensatz dazu kann der Gradient bei tiefen Schluchten so groß werden, dass Minima übersprungen werden und ein Oszillieren um diese Punkte im Fehlergebirge auftritt bzw. ein globales Minimum gänzlich übersprungen wird. Aus diesen Gründen stellt der *error-backpropagation*-Algorithmus kein universelles Lernverfahren dar und wurde im Vergleich zu der hier erläuterten Form schrittweise weiterentwickelt. Letztlich ist es jedoch eine Frage der Struktur des Fehlergebirges der untersuchten Fragestellung, ob das Verfahren zu guten Ergebnissen führt oder nicht.[434]

3.4. Der Genetische Algorithmus

3.4.1. Idee und Einsatzmöglichkeiten

Ein Genetischer Algorithmus (GA) ist ein populationsbasiertes Modell, das die genetischen Operatoren Selektion, Crossover bzw. Rekombination und Mutation verwendet, um in einem iterativen Prozess neue und bessere Lösungen im Suchraum zu generieren. In der Literatur existieren zahlreiche Varianten die dieser allgemeinen Beschreibung entsprechen. Um den Grundgedanken von Genetischen Algorithmen zu vermitteln, bietet es sich an, den einfachen kanonischen GA darzustellen.[435] Notwendige Abwandlungen von diesem in der weiter unten dargestellten Umsetzung der adaptiven Fuzzyregel-basierten Erwartungen werden im Abschnitt 3.6.5.1 explizit erläutert.

Der kanonische Genetische Algorithmus ist ein adaptiver, wahrscheinlichkeitstheoretischer, globaler Suchalgorithmus, der auf der natürlichen Selektion und der Genetik basiert.[436] Er führt eine parallele Suche im Lösungsraum durch, indem er mehrere Lösungen in einer Population über eine Anzahl von Generation evolvieren lässt. Dabei überleben relativ starke Lösungen eher und reproduzieren sich, während relativ schwache Lösungen aussterben *(survival of the fittest)*. Die Stärke einer Lösung, die im Folgenden als Fitness bezeichnet wird, wird auf Grundlage von einem oder mehreren Kriterien bestimmt, die die Anforderungen an optimale Lösungen beschreiben. Die Fitnessfunktion übernimmt somit die Rolle der Umwelt, indem sie die Stärke eines Individuums wiedergibt, sich in dieser Umwelt zu behaupten. Die parallele Suche im Lösungsraum durch die Evolution von mehreren individuellen Lösungen sorgt dafür, dass der GA gut geeignet ist für die Suche nach optimalen Lösungen in komplexen, multi-

---

[434] Zu diesen Ausführungen und graphischen Veranschaulichungen siehe STEURER (1997), S. 184 ff.

[435] Zu einer sehr anschaulichen und ausführlichen Darstellung der Funktionsweise von Genetischen Algorithmen sowie einer Erklärung, warum sie eine zielgerichtete Suche ermöglichen (Schema Theorie, Interpretation als Markov-Kette) siehe WHITLEY (1994), BEASLEY ET AL. (1993A und B) sowie RIECHMANN (1999), S. 228 ff. Zu den Standardwerken über GAs gehören DAVIS (1991), für eine anwendungsorientierte Behandlung, GOLDBERG (1989), der zudem einen historischen Überblick liefert, GREFENSTETTE (1990) und MICHALEWICZ (1998). Siehe ebenso das umfangreiche Webarchiv GA-LIST.

[436] Der Algorithmus geht auf HOLLAND (1975) zurück.

modalen Suchräumen, er jedoch dadurch weit mehr Rechnerkapazität und Zeit in Anspruch nimmt als lokale Suchverfahren, die mit nur einer Lösung arbeiten. Die Abbildung 3.11 verdeutlicht diese Überlegungen graphisch:

Abbildung 3.11: Fitnessgebirge und Populationsdarstellung

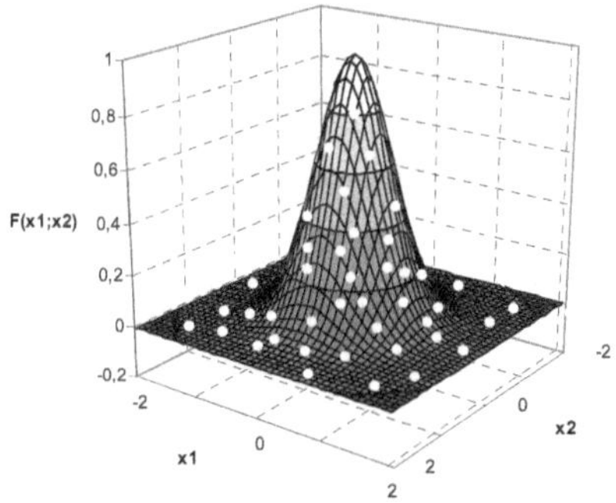

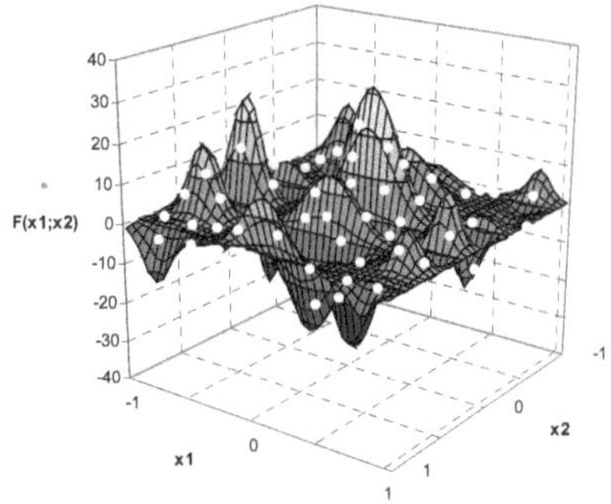

Quelle: Eigene Darstellung.

Im linken Teil der Abbildung ist ein dreidimensionaler Suchraum abgebildet, der ein Fitnessgebirge mit einem an der Ordinate gemessenen eindeutigen Extremwert enthält. Die weißen Punkte stellen die graphische Position der einzelnen Lösungen in einer Generation des GA dar. Ein solches Gebirge ist durch ein Gradientenabstiegsverfahren zielgerichteter, schneller und damit effizienter zu durchsuchen als mit einem GA. Die Gradienteninformationen würden den direkten Weg zur Spitze des einzigen Bergs beinhalten (daher auch *Hill-Climbing* genannt). Wäre der Suchraum jedoch sehr zerklüftet, wie bspw. in der rechten Abbildung, so würde ein lokales Suchverfahren höchstwahrscheinlich in einem der vielen lokalen Optima „stecken bleiben“.[437] Nur eine zufällig gut gewählte Anfangslösung im Suchraum, die in der Umgebung des tatsächlichen globalen Optimums läge, würde das Auffinden dieses Optimums ermöglichen. Ein populationsbasierter GA wäre hingegen viel eher in der Lage, das globale Optimum zu finden, da er den Suchraum breiter abdeckt.[438] Dennoch ist theoretisch nachgewiesen, dass der kanonische GA keine Konvergenzgarantie auf das globale Optimum aufweist. Erst bestimmte Modifikationen wie bspw. Elite-Selektion, auf die im folgenden Abschnitt eingegangen wird, garantieren diese Konvergenz.[439]

Die parallele Suche eines GA wird durch stochastische Suchoperatoren immer wieder in neue Regionen des Suchraumes geführt und durch Selektion von guten Lösungen entsprechend der Fitnessfunktion zielgerichtet gesteuert. Dadurch ist der GA in der Lage, die beiden widersprüchlichen Suchstrategien *exploration* und *exploitation* miteinander zu verbinden. Unter *exploration* versteht man die Suche in neuen und daher bisher unbekannten Gegenden im Lösungsraum, während *exploitation* sich das Wissen

[437] Um ein lokales Optimum identifizieren zu können, ist dabei zunächst die Nachbarschaft um einen bestimmten Punkt im Suchraum festzulegen.

[438] Vgl. LIN/CHEN (1997), S. 140.

[439] Zum Beweis siehe NISSEN (1997), S. 92 ff. sowie RUDOLPH (1994).

aus bereits besuchten Punkten im Lösungsraum zu Nutze macht, um bessere Lösungen zu finden. Die Methode *random-search* ist bspw. besonders gut in *exploration*, kann jedoch keinerlei *exploitation* aufweisen. Im Gegensatz dazu ist die Gradientenmethode *(hill-climbing)* hervorragend für *exploitation* geeignet, jedoch ist sie nicht in der Lage, den Lösungsraum auf breiter Ebene zu durchsuchen. Die parallele Suche durch Evolvierung einer Population im GA stellt hingegen eine Kombination dieser beiden Techniken dar und erlaubt damit eine breite Suche im Lösungsraum unter gleichzeitiger Nutzung des bestehenden Wissens aus bereits besuchten Lösungspunkten. Der erfolgreiche Einsatz eines GA hängt daher von der Balance zwischen *exploration* und *exploitation* ab. Diese Balance kann durch die Einstellung bestimmter Parameter (bspw. Populationsgröße, Crossover-Wahrscheinlichkeit etc.) beeinflusst werden.[440] Auf diese Parameter wird im folgenden Abschnitt eingegangen.

Die bisherigen Ausführungen verdeutlichen, warum Genetische Algorithmen als Such- und Optimierungsmethode für komplexe Fragestellungen eingesetzt werden. Aus wirtschaftswissenschaftlicher Sicht ist zu erwähnen, dass GAs zunehmend zur technischen Umsetzung von Lernprozessen in ökonomischen Modellwelten verwendet werden sowie ein geeignetes Werkzeug zur Verarbeitung von *noisy* Daten darstellen.[441] Da alle ökonomischen Zeitreihen *noisy* sind, ist der GA für die Wirtschaftswissenschaften von besonderem Interesse. So existieren bspw. elektronische Handelssysteme für Wertpapiere und Devisen auf Basis von Genetischen Algorithmen.[442]

3.4.2. Genetische Operatoren und Aufbau eines Genetischen Algorithmus

Der erste Schritt zur Anwendung eines GA besteht in einer geeigneten Kodierung der Lösungen. Eine kodierte Lösung wird in der GA-Literatur häufig als *Chromosom* bezeichnet, was wiederum die Nähe zur Biologie deutlich macht. Die Kodierung stellt einen der wichtigsten Bausteine beim Entwurf eines GA dar, da sie einen großen Einfluss auf die Performance ausübt.[443] Die Anwendungsgebiete für GAs sind so vielfältig, dass keine Musterlösung für die Kodierung vorgegeben werden kann.[444] Will man bspw. die optimalen Werte von Regressionsparametern einer nicht-linearen Regressionsfunktion bestimmen, so muss eine Kette von Parametern kodiert werden. Will man hingegen eine optimale Regel-Basis zu einem betrachteten Problem finden, so muss jede Regel mit samt ihren Eigenschaften, die genetisch verändert werden sollen, kodiert werden. Bei kombinatorischen Problemen, wie bspw. dem Reihenfolgeproblem des Handlungsreisenden *(traveling salesman problem)*, muss bei der Kodierung hingegen darauf geachtet werden, dass jedes Element nur einmal erscheint, da eine Stadt nicht

---

[440] Vgl. BEASLEY ET AL. (1993A), S. 65. Eine schlechte Balance kann zum Problem der *premature convergence* führen. Zu Maßnahmen, die die frühzeitige Konvergenz verhindern können, siehe HERRERA ET AL. (1997) sowie die dort angegebene Literatur.

[441] Vgl. RANA ET AL. (1996).

[442] Vgl. DACOROGNA (1993), PICTET ET AL. (1996). Vgl. insb. für betriebswirtschaftliche Anwendungen KUHL ET AL. (1995) und für volkswirtschaftliche bspw. ARIFOVIC (1995) und RIECHMANN (2001).

[443] Vgl. BEASLEY ET AL. (1993A), S. 66.

[444] „... *at this point, it is still an art, not a science*“, GALIB.

mehrmals angefahren werden soll. Die am meisten verwendete Kodierung – so auch im kanonischen GA – ist der Binärcode. Die binäre Kodierung einer stetigen, reellen Variable bedeutet eine Überführung in eine diskrete Variable. Daher ist zu entscheiden, wie hoch die Auflösung gewählt werden soll. Wählt man bspw. die Länge *L* für eine Variable, so würde der Suchraum 2^L Punkte umfassen. Die Dekodierung einer binären Zeichenkette $(c_1,...,c_L)$, mit $c_j \in \{0,1\}$ in einen Integerwert v erfolgt über die Formel:

$$v = \sum_{j=1}^{L} c_j \cdot 2^{(L-j)} \qquad (3.26)$$

In der Regel wird wenigstens eine Länge von 30 Bits verwendet, da sonst der Lösungsraum so klein ist, dass man ihn durch vollständige Auswertung *(enumeration)* abdecken kann. Wenn jedoch die Anzahl an guten Lösungen im Vergleich zum Suchraum sehr klein ist, dann ist die Zufallssuche oder die vollständige Auswertung als Alternative zum GA keine praktikable Form von Problemlösung.[445]

Nachdem eine geeignete Kodierung festgelegt ist, wird im nächsten Schritt eine Ausgangspopulation erzeugt, indem zufällig npi Individuen von konstanter Länge *L* (Anzahl an Bits) generiert werden. Die Größe der Population npi ist ein exogen festzulegender Faktor. Je größer dieser gewählt wird, desto wahrscheinlicher ist es, dass die optimale Lösung in den ersten Generationen gefunden wird, jedoch sinkt gleichzeitig die Geschwindigkeit durch den steigenden Rechenaufwand pro Generation.

Damit der GA die Population zielgerichtet evolvieren lassen kann, ist eine Evaluierung aller Individuen erforderlich. Diese Evaluierung setzt eine Fitnessfunktion voraus, die aus den Zielkriterien abgeleitet wird. Jedes Individuum pi wird vor seiner Evaluation dekodiert und bekommt anschließend durch die Fitnessfunktion einen Fitnesswert f_{pi} zugewiesen, der die Lösungsqualität des betrachteten Individuums für das zugrundeliegende Problem ausdrückt. In dem oben genannten Beispiel der Regressionsparameterbestimmung könnte dies der mittlere quadratische Fehler MSE der Regressionsfunktion zu den tatsächlich beobachteten Werten sein. Je kleiner dieser Fehler ist, desto besser ist die Lösung. Die Fitnessfunktion kann jedoch auch eine funktionale Verknüpfung mehrerer Kriterien sein. So ist es bspw. denkbar, dass die Lösung bestimmte Nebenbedingungen erfüllen muss (z. B. einen Grenzwert nicht überschreiten darf), so dass in diesem Falle der Fitnesswert durch eine Straffunktion reduziert werden muss (siehe bspw. Gleichung (3.80) auf Seite 10).

Die Evolution der Population in einem Genetischen Algorithmus erfolgt durch drei fundamentale Operationen, die im Folgenden dargestellt werden.

(1) Selektion und Reproduktion

Der Selektion und Reproduktion liegt Darwin's Idee vom *,survival of the fittest'* zugrunde. Dementsprechend besitzen die Individuen in der aktuellen Population, die hohe Fitnesswerte aufweisen, eine höhere Wahrscheinlichkeit zur Reproduktion als solche mit geringen Fitnesswerten. Ein Selektionsalgorithmus zieht auf dieser Grundlage stochastisch genau npi Individuen „mit Zurücklegen", so dass Duplikate möglich sind. Die selektierten Individuen werden in einem *Mating Pool* reproduziert. Der

---

[445] Die Schwierigkeiten, die bei einer Binärkodierung auftreten können, wie z. B. das *Hamming Cliff*, werden ausführlich dargelegt in HERRERA ET AL. (1998B), S. 279 ff.

Mating Pool umfasst somit die Menge an Individuen, aus denen die Eltern für die folgenden genetischen Operationen Crossover und Mutation bestimmt werden. In der Literatur finden sich verschiedene Selektionsalgorithmen von denen hier das *Stochastic Universal Sampling* SUS und das *Tournament Selection* dargestellt werden. Diese werden auch in der späteren Umsetzung der adaptiven Fuzzyregel-basierten Erwartungen eingesetzt.

Das Verfahren *Stochastic Universal Sampling* SUS kann am Beispiel eines Rouletterades verdeutlicht werden. Die Individuen aus der aktuellen Population werden in zufälliger Reihenfolge auf einer Drehscheibe postiert, wobei sie in Abhängigkeit ihres Fitnesswertes, entsprechenden Platz zugewiesen bekommen. Anschließend wird ein äußerer Ring mit so vielen Zeigern, wie Individuen in dem *Mating Pool* enthalten sein werden, mit identischem Abstand zueinander, um die Drehscheibe gelegt. Eine einzige Drehung des äußeren Ringes bestimmt somit simultan alle Individuen die in den *Mating Pool* kopiert werden. Die Abbildung 3.12 auf der folgenden Seite verdeutlicht dieses Prinzip:

Abbildung 3.12: Stochastic Universal Sampling (fitnessproportional) als Selektionsoperator

Generation in t ⟶ Selektion ⟶ Mating Pool in t

No.	Individuum	Fitness
1	C_1	1,2
2	C_2	0,9
3	C_3	0,6
4	C_4	0,3
		$\Sigma = 3$

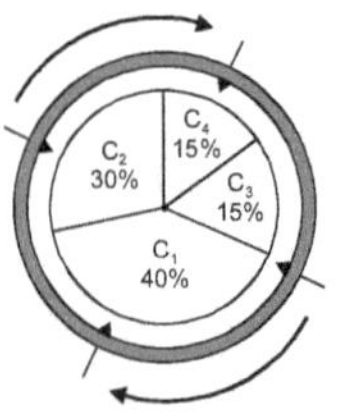

No.	Individuum
1	C_1
2	C_1
3	C_2
4	C_4

Quelle: Eigene Darstellung.

Das SUS kann je nach Flächenzuteilung auf dem Rouletterad in zwei Varianten unterschieden werden. Wird die Fläche in Abhängigkeit der relativen Fitness zugewiesen wie es beispielhaft in der Abbildung 3.12 dargestellt ist, so wird von einem SUS auf Basis einer fitness-proportionalen Zuteilung gesprochen. Die relative Fitness bestimmt sich aus dem individuellen Fitnesswert f_{pi} im Vergleich zur Summe aller Fitnesswerte $\overline{f}$. Basiert dagegen diese Zuteilung auf dem Rang, den ein Individuum bei einer fitnessgeordneten Darstellung von npi Populationsmitgliedern einnimmt, so spricht man von rangbasierter Zuordnung. Die Selektionswahrscheinlichkeit bzw. der Flächenanteil *Fit*, den ein Individuum C_i auf einem gedanklichen Rouletterad bei diesem Verfahren einnimmt, wird durch die folgende Gleichung berechnet:

$$(3.27)\qquad Fit(C_{pi}) = \frac{E_{max} - (E_{max} - E_{min}) \cdot \dfrac{Rang - 1}{npi - 1}}{npi} \quad \text{mit: } E_{max} \in [1,2] \wedge E_{min} = 2 - E_{max}.$$

Addiert man die so ermittelten skalierten Fitnesswerte über alle npi Individuen auf, ergibt die Summe Eins. Es ist zu erkennen, dass der Fitnesswert des Individuums C_{pi} keinen Einfluss auf den skalierten Fitnesswert besitzt, sondern nur der Rang und ein

Parameter E_{max}. Dieser Parameter kann im Intervall [1,2] frei gewählt werden und entspricht dem Erwartungswert der Kopien des Individuums im *mating pool*. Über diesen Parameter kann Einfluss auf den Selektionsdruck genommen werden. Unter Selektionsdruck wird dabei diejenige Anzahl an Generationen verstanden, die notwendig ist, um ausschließlich durch wiederholte Anwendung des Selektionsoperators npi–1 Kopien des besten Individuums der Ausgangspopulation zu erzeugen. Je höher diese Anzahl desto schwächer der Selektionsdruck.[446] Bei fitnessproportionaler Selektion ist der Selektionsdruck zu Beginn relativ groß, da die Unterschiede zwischen den Fitnesswerten der Individuen groß sind. Mit zunehmender Konvergenz der Population werden die Individuen jedoch immer ähnlicher und daher die relativen Unterschiede in ihrer Fitness immer kleiner.[447] Der Selektionsdruck sinkt dadurch. Ein zu hoher Selektionsdruck kann dabei auf der anderen Seite zu einer unerwünschten frühzeitigen Konvergenz des GA führen. Die rangbasierte Skalierung neigt im Vergleich zur fitnessproportionalen nicht so schnell zu einer frühzeitigen Konvergenz, da sie durch einen geringeren Selektionsdruck über mehr Generationen die Vielfalt in der Population aufrechterhält. Ihr Nachteil liegt jedoch in einer langsameren Konvergenz und damit einer höheren erforderlichen Rechnerleistung und Zeit. Aus diesem Grund werden die beiden Verfahren teilweise zu einem Hybridansatz zusammengeführt, indem zunächst die fitnessproportionale Variante zum Einsatz kommt und bei einem gewissen Grad an Konvergenz (bspw. gemessen an der Varianz der Fitnesswerte) auf das rangbasierte Verfahren umgestellt wird. Dadurch ist es möglich, auch bei sehr ähnlichen Individuen signifikante Unterschiede in den Selektionswahrscheinlichkeiten bzw. den zugewiesenen Rouletteflächen zu erreichen und damit einen hohen Selektionsdruck aufrechtzuerhalten.[448]

Das *Tournament Selection* Verfahren als zweiter Selektionsoperator wählt dagegen nach dem Zufallsprinzip mit gleicher Selektionswahrscheinlichkeit 1/npi eine fest vorgegebene Anzahl an Individuen aus, aus denen das beste (gemessen am Fitnesswert) in den *Mating Pool* kopiert wird. Die gewählten Kandidaten werden anschließend wieder alle in die aktuelle Generation zurückgelegt. Dies wird solange wiederholt, bis der *Mating Pool* mit npi Individuen gefüllt ist. Eine höhere Anzahl an Kandidaten bei gleichem Populationsumfang npi erhöht bei diesem Verfahren den Selektionsdruck, da dadurch bessere eine höhere Wahrscheinlichkeit haben, in einen Wettbewerb zu kommen.

Die Selektionsalgorithmen können optional durch die Elite Selektion erweitert werden. Ist diese zusätzlich gewählt, so ist garantiert, dass das beste Individuum der aktuellen Generation in die darauffolgende übernommen wird. Dies stellt auf der einen Seite sicher, dass das beste Individuum einer Generation keinen schlechteren Fitnesswert als das Beste der Vorgeneration aufweist, und garantiert auf der anderen Seite die Konvergenz zum globalen Optimum. Aus diesem Grund wird die Aktivierung dieser Option empfohlen.

Nachdem der Mating Pool erzeugt ist, werden stochastisch jeweils zwei Individuen als Eltern gezogen und den genetischen Operationen Crossover/Recombination und Muta-

---

[446] Siehe Nissen (1997), S. 66 f.

[447] Die Varianz der Fitnesswerte sinkt also mit steigendem durchschnittlichen Fitnesswert.

[448] Vgl. BEASLEY ET AL. (1993A), S. 67 ff.

tion unterworfen. Die dadurch entstehenden Nachkommen *(offspring)* werden in die nachfolgende Generation übernommen, so dass grundsätzlich eine gesamte Generation ersetzt wird (*generational replacement*).[449] Die folgenden Abschnitte erläutern diese genetischen Operationen.

(2) Crossover/Recombination

Das Crossover ist der zentrale Suchoperator zur Erzeugung neuer Lösungen aus den Individuen des *Mating pools* und erfüllt die Aufgabe eine neue Vielfalt in die Population einzuführen, indem bestehende Teilabschnitte neu zusammengefügt werden.[450] Beim Crossover werden durch Zufall bestimmte Teilabschnitte der kodierten Zeichenkette zweier Individuen des *Mating Pools* (Eltern) ausgetauscht. Die Teilabschnitte werden stochastisch auf Basis einer Gleichverteilung bestimmt und sind für beide Eltern identisch. Aus Symmetriegründen wird i.d.R. eine gerade Zahl an Crossover-Punkten gewählt. Somit findet ein systematischer Informationstransfer durch die unveränderten Informationen der Teilzeichenketten statt. Die Rekombination dieser Abschnitte erzeugt neue Individuen *(offspring)* für die nächste Generation. Die Anzahl der Schnittpunkte ist fest vorgegeben und sollte sich an der Länge *L* der Individuen orientieren. Eine zu hohe Anzahl zerstört die kodierten Informationen und kann somit keinen systematischen Austausch garantieren.[451] Die Abbildung 3.13 zeigt die Funktionsweise des einfachen Ein-Punkt-Crossover Operators, der im kanonischen GA implementiert ist. Eine zufällig gezogene Zahl aus dem Intervall [1,...,*L*–1] bestimmt den Schnittpunkt und legt die Teilabschnitte der Zeichenkette fest, die anschließend zu zwei neuen Ketten der gleichen Länge zusammengefügt werden.

Abbildung 3.13: Genetische Operatoren I: Ein-Punkt-Crossover am Beispiel einer binären Zeichenkette

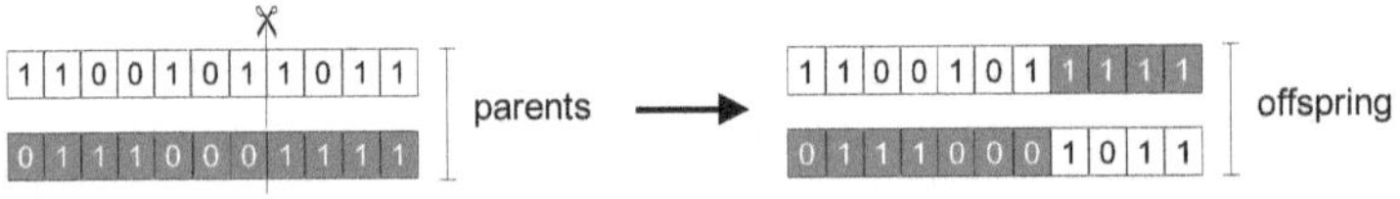

Quelle: Eigene Darstellung.

(3) Mutation

Die Mutation ist ein Prozess, bei dem ein durch Zufall bestimmtes Element der kodierten Zeichenkette verändert wird. Dadurch können schnell Zeichenkombinationen generiert werden, die durch Crossover möglicherweise nur schwer zustande kommen.

---

[449] Falls Elite-Selektion als zusätzliche Option bei der Selektion gewählt ist, bleibt das beste Individuum einer Generation auch in der folgenden erhalten. Neben der Ersetzungsstrategie *generational replacement* sind andere Vorgehensweisen denkbar, bei denen bspw. nur die schlechtesten x% einer Population durch Nachkommen ersetzt werden. Siehe hierzu NISSEN (1997), S. 72 ff.

[450] Vgl. HERRERA ET AL. (1997), S. 21.

[451] Je mehr Crossover-Punkte festgelegt werden, desto höher ist der *distributional bias* des Crossover. *Distributional bias* liegt dann vor, wenn die erwartete Menge an ausgetauschtem Zeichenmaterial keiner Gleichverteilung zwischen 1 und *L*–1 gehorcht. Dadurch wird die Suche auf bestimmte Regionen konzentriert.

Die Mutation hilft ebenso das Problem der lokalen Optima zu überwinden, da die Veränderung nur eines Elementes der Zeichenkette einen vollkommen neuen Ort im Lösungsraum darstellen kann. Die Abbildung 3.14 zeigt diese Funktionsweise der Mutation graphisch.

Abbildung 3.14: Genetische Operatoren II: Mutation am Beispiel einer binären Zeichenkette

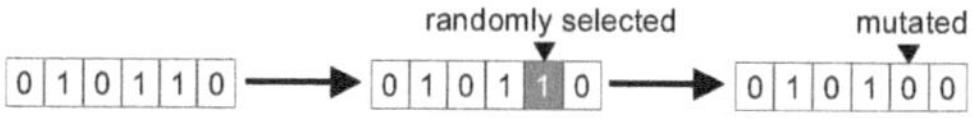

Quelle: Eigene Darstellung.

Die Operatoren Crossover und Mutation stellen somit die Bausteine des Genetischen Algorithmus dar, die Veränderungen in die Population bringen und neue Punkte im Suchraum generieren. Die Güte dieser neuen Lösungen wird anschließend durch die Fitnessfunktion bestimmt, damit eine weitere zielgerichtete Evolution in Bezug auf das Optimierungsziel möglich wird.

Während bislang die Elemente des GA einzeln behandelt wurden, wird im Folgenden der Genetische Algorithmus als Ganzes behandelt. Der GA stellt einen iterativen Prozess dar, der eine Population von Lösungen mittels der dargestellten genetischen Operatoren so lange evolviert, bis ein Terminierungskriterium erfüllt ist. Dieses Kriterium besteht meist in einer bestimmten vorgegebenen Anzahl an Generationen. Um den Rechenaufwand und die damit verbundene Zeit zu reduzieren, kann der GA bereits vorzeitig beendet werden, sobald keine Verbesserung des besten Individuums mehr festgestellt werden kann.[452] Im Pseudocode geschrieben, sieht der GA folgendermaßen aus:

Abbildung 3.15: Pseudocode des Genetischen Algorithmus

```
01  begin
02     Create initial population randomly
03     Evaluate all individuals
04     Generation Counter = 1
05     repeat
06        Generation Counter = Generation Counter +1
07        Create mating pool using the reproduction and selection operators
08        Choose parent individuals randomly
09        If random(0,1) ≤ prob_Crossover then apply Crossover Operator
10        If random(0,1) ≤ prob_Mutate then apply Mutate Operator
11        Copy offspring in next Generation and evaluate all individuals
12     until termination criterion is met
13  end;
```

Der Pseudocode zeigt, dass nach der Initialisierung eine Schleife durchlaufen wird, bis ein Terminierungskriterium erfüllt ist. Jeder Iterationsschritt stellt eine Generation dar. Die Operatoren Crossover und Mutation (Zeile 09 und 10) werden zufallsbedingt an-

[452] Weitere Terminierungsverfahren findet der Leser in RIECHMANN (2001), S. 23.

gewendet. Falls diese nicht zum Einsatz kommen, werden die Eltern als *offspring* in die neue Generation kopiert. Dadurch ist gewährleistet, dass gute Individuen ihre kodierten Informationen unverändert weitergeben können.[453] Da die Änderung eines Elements einer Zeichenkette durch Mutation die gespeicherten Informationen stark beeinflussen kann, ist die Wahrscheinlichkeit $prob_{Mutate}$ in der Regel sehr viel kleiner als $prob_{Crossover}$.[454] Allgemein wird der Crossover Operator als der Entscheidendere angesehen und die Mutation als „*background operator*" bezeichnet.[455] Um jedoch zu vermeiden, dass ein GA ohne Mutation vorzeitig zu einem Punkt im Suchraum konvergiert *(premature convergence)*, was insbesondere bei kleinen Populationen der Fall sein kann, wird eine kleine Wahrscheinlichkeit $prob_{Mutate} > 0$ gesetzt. Diese Wahrscheinlichkeiten werden ebenso wie die Größe der Population, die Anzahl an Schnittpunkten und Generationen exogen vorgegeben.[456]

Das folgende Beispiel zeigt die Anwendung eines GA im ökonomischen Kontext. Es zeigt, wie dieser Algorithmus als Lernverfahren in einem einfachen ökonomischen Modell implementiert werden kann und vergleicht die Ergebnisse mit der analytischen Lösung.

Beispiel 3.1: Genetischer Algorithmus und Monopolmenge

Angenommen ein Monopolist sieht sich folgender Preis-Absatz-Funktion ausgesetzt:

(B3.1) $p = 100 - x$ Preis-Absatz-Funktion

Mit x seien die Mengeneinheiten des Monopolgutes bezeichnet. Der Monopolist möge sich ferner folgender Kostenfunktion gegenüber sehen und sei annahmegemäß Gewinnmaximierer:

(B3.2) $K = 50 + 10x$ Kostenfunktion

(B3.3) $G = (100 - x) \cdot x - 50 - 10x$ Gewinnfunktion

Zudem möge seine Kapazitätsgrenze bei 100 ME liegen. Der klassische analytische Lösungsweg des (Gewinn)Maximierungsproblems führt über die Gewinnmaximierungsbedingungen erster und zweiter Ordnung zu der Lösung: $x = 45$ [ME] mit einem maximalen Gewinn von $G_{max} = 1975$ [GE]. Diese Lösung setzt jedoch zwingend die Kenntnis des Monopolisten über die Preis-Absatz-Funktion voraus. Ist diese Funktion unbekannt, so wäre der Anbieter gezwungen, den Zusammenhang zwischen Angebotsmenge und Gewinn zu lernen. Er würde daher bspw. eine bestimmte Menge x' am Markt anbieten, den erzielbaren Preis beobachten und könnte damit seinen Gewinn berechnen. Den Lernprozess des Monopolisten, in dem er schrittweise die Menge erlernt, die zum Gewinnmaximum führt, wird nun über einen GA modelliert. Die Fitnessfunktion stellt die Gewinnfunktion dar und die Menge x ist der Parameter, der gelernt werden soll. Dieser Parameter wird daher binär kodiert und in einer Population der Größe 20 über 100 Generationen evolviert. Die Crossover-Wahrscheinlichkeit wird mit 0,8 angenommen, die

[453] Vgl. BEASLEY ET AL. (1993A), S. 60.

[454] Vgl. WHITLEY (1994), S. 16. Für die Crossover-Wahrscheinlichkeit wird oft ein Wert von 60% im Vergleich zu einer 1%igen Mutationswahrscheinlichkeit gewählt.

[455] Vgl. BEASLEY ET AL. (1993B), S. 175 sowie NISSEN (1997), S. 39 f.

[456] Es sei darauf hingewiesen, dass der Zusammenhang zwischen den GA-Parametern und der GA-Performance sehr komplex ist und daher eine Endogenisierung der Parameter wünschenswert wäre. Zu Ansätzen der Parameterendogenisierung siehe insb. SCHAFFER ET AL. (1989), LEE/TAKAGI (1993) sowie die dort zitierte Literatur und BÄCK (1992). In RIECHMANN (2001), S. 79 ff., findet sich eine ökonomische Interpretation der Endogenisierung der Mutationswahrscheinlichkeit.

der Mutation mit 0,05. Der Selektionprozess wird über das Tournament-Verfahren realisiert. Das Ergebnis zeigt die Abbildung B 3.1 auf der folgenden Seite.

Abbildung B 3.1: Funktionsoptimierung an Hand eines GA – ein einfaches Beispiel

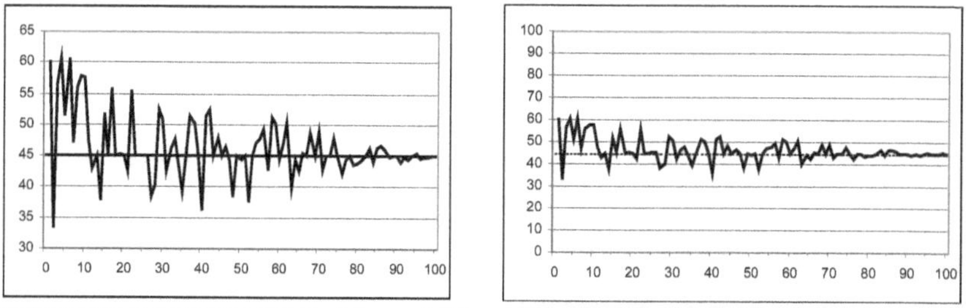

Quelle: Eigene Berechnungen und Darstellung mit Hilfe von Genetik201.xls.

Das linke Diagramm zeigt die durchschnittliche Angebotsmenge der gesamten Population über die 100 Generationen im relevanten Intervall, während das rechte Diagramm den gleichen Inhalt im Intervall der möglichen Produktionsmengen zeigt. Die optische Inspektion macht deutlich, dass der GA in der Lage ist, das Niveau der analytisch optimalen Lösung zu lernen. Die Oszillationen um diesen Optimalwert werden jedoch nicht gänzlich verschwinden, da der Mutationsparameter immer wieder neue Lösungen in die Population bringt. Ökonomisch interpretiert könnte man sich einen solchen GA so vorstellen, dass eine Gruppe von 20 regionalen Monopolisten mit eigenen Strategien (hier der Angebotsmenge) existiert, deren Mitglieder über Imitation (Selektion), Kommunikation (Crossover) und Experimentieren (Mutation) versuchen, die optimale Menge x zu lernen.[457]

3.5. Fuzzy Set Theory und Fuzzyregel-Basen

Der Begriff Fuzzy-Mengen *(fuzzy sets)* geht auf Lotfi Zadeh (1965) zurück. Fuzzy-Mengen versuchen, linguistische Begriffe zu erfassen, zu repräsentieren und mit ihnen zu arbeiten. Linguistische Begriffe sind Objekte mit unklaren oder auch unscharfen *(fuzzy)* Grenzen.[458] Menschen kommunizieren fast ausschließlich über solche Begriffe miteinander. Farben, Temperaturen, Größen, Geschmäcker etc. werden allesamt durch unscharfe Klassen beschrieben. Der Begriff ‚kalt' bspw. ist sicher nicht durch das Intervall [5°C, 12°C] scharf abzugrenzen. So ist 5°C vielleicht kalt, vielleicht aber eher schon als ‚sehr kalt' einzustufen. Dagegen sind evtl. 8°C nahezu sicher als ‚kalt' anzusehen, sicher mehr als 12°C, die vielleicht eher als ‚lauwarm' einzustufen sind. Diese Überlegungen machen deutlich, dass solche unscharfen Begriffe tagtäglich Anwendung finden und sie die zwischenmenschliche Kommunikation erheblich erleichtern. Eindeutig scharfe Grenzen sind in der Realität und bei sprachlichen Begriffen kaum zu finden. Durch Fuzzy-Mengen lassen sich diese Unschärfen formalisieren und damit ermöglichen sie deren rechnergestützte Abbildung und Verarbeitung.

---

457 Vgl. RIECHMANN (2001), S. 19 ff. Der GA wurde realisiert mit Hilfe einer modifizierten Form des Excelprogramms Genetik20.xls, das unter http://www.umoncton.ca/turk/logic.htm als Download verfügbar ist.

458 Vgl. PEDRYCZ/GOMIDE (1998), S. XXI.

Der Begriff Fuzzy-Mengen, oder einfach nur *fuzzy*, findet in zahlreichen Disziplinen Eingang. So existieren bspw. Fuzzy Zahlen, Fuzzy Logik, Fuzzy Integrale, Fuzzyregel-Basen, usw. Die folgenden Ausführungen stellen aus diesem Grunde nur die Aspekte vor, die für das Verständnis des Aufbaus und der Funktionsweise von adaptiven Fuzzyregel-basierten Erwartungen notwendig sind.

3.5.1. Fuzzy-Mengen

Die Basis für alle Anwendungen, die die Vorsilbe *fuzzy* tragen, ist die Fuzzy-Menge.[459] Der Begriff Menge spielt eine herausragende Rolle, wenn es darum geht Wissen zu formulieren und zu organisieren. Manche Autoren gehen sogar so weit zu sagen:

„We can even speculate that the fundamental nature of any human being is to organize, arrange, and systematically classify information about the diversity of any environment.“[460]

Dieser Prozess ist unumgänglich mit dem Begriff der Menge verbunden. Eine Menge umfasst Objekte, die alle bestimmte gemeinsame Charakteristika teilen. Ob Menschen von Gemüse, Hosen, Möbeln, Politik, Gesetze oder Mathematik sprechen, in jedem Fall sind Mengen vorhanden. Äpfel sind Obst und gehören nicht zur Menge der Gemüse, eine Jeans ist eine Hose ebenso wie ein Tisch ein Möbelstück ist, Deutschland gehört zu der Menge der demokratischen Staaten und der § 929, der die Einigung und Übergabe von Eigentum an beweglichen Sachen regelt, ist Bestandteil des BGB sowie die Zahl 5 zur Menge der positiven Zahlen zählt. Diese Beispiele verleiten dazu, eine Dichotomie anzudeuten, in dem Sinne, dass ein Objekt entweder eindeutig zu einer Menge gehört oder nicht. Die Zugehörigkeit eines Objektes x zu einer Menge A kann daher auch folgendermaßen formalisiert werden:

$$(3.28) \qquad A(x) = \begin{cases} 1, & \text{falls } x \in A \\ 0, & \text{sonst} \end{cases} \quad .$$

Diese Dichotomie ist in der Realität jedoch kaum anzufinden. Die meisten Mengen besitzen im Gegensatz zu Mengen aus der klassischen Mengenlehre keine eindeutig und scharf festgelegten Grenzen. Objekte lassen sich daher nicht mehr eindeutig und vollständig einer Klasse zuordnen, sondern ihre Grenzen sind unscharf – *fuzzy*. Ausdrücke wie *hohe* Temperatur, *extrem niedrige* Inflationsrate, *schönes* Wetter, *sehr schnelle* Autos, *schwierige* Aufgaben oder *große* Verantwortung begegnen uns fortlaufend im Alltag. Die kursiv gedruckten Worte stellen unscharfe oder *fuzzy* Begriffe dar. Was ist schön? Wie schnell ist schnell? Wie klein ist eine extrem niedrige Inflationsrate? Die Zugehörigkeit eines Objektes zu einer dieser Klassen ist eine Gradfrage, wie das obige Beispiel der Temperaturen zeigt. Der Grad der Zugehörigkeit wird in der Fuzzy Literatur durch das Einheitsintervall [0,1] beschrieben. Die Zugehörigkeit eines scharfen Wertes zu einer Fuzzy-Menge wird durch eine Zugehörigkeitsfunktion beschrieben und der Grad zu dem ein Objekt zu dieser Menge gehört als Zugehörigkeitsgrad ZG bezeichnet. Typische Zugehörigkeitsfunktionen sind die trianguläre, gaussförmige und

---

[459] Im Weiteren werden die Begriffe Fuzzy-Menge und Fuzzy-Term synonym verwendet.

[460] PEDRYCZ/GOMIDE (1998), S. 3.

trapezförmige Funktion, die in der Abbildung 3.16 auf der folgenden Seite beispielhaft dargestellt sind:

Abbildung 3.16: Typische Zugehörigkeitsfunktionen

triangulär

$$A(x)=\begin{cases}0, & \text{falls } x \le fl\\ \dfrac{x-fl}{fc-fl}, & \text{falls } x \in [fl,fc]\\ \dfrac{fr-x}{fr-fc}, & \text{falls } x \in [fc,fr]\\ 0, & \text{falls } x \ge fr\end{cases}$$

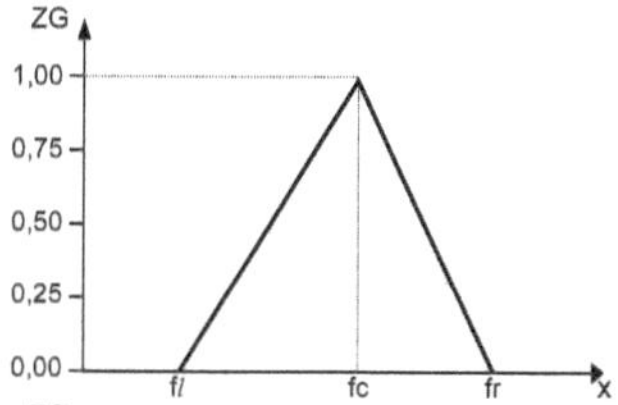

gaussförmig

$$A(x)=\begin{cases}e^{-\left(\frac{x-fc}{wl}\right)^2}, & \text{falls } x < fc\\ e^{-\left(\frac{x-fc}{wr}\right)^2}, & \text{falls } x \ge fc\end{cases}$$

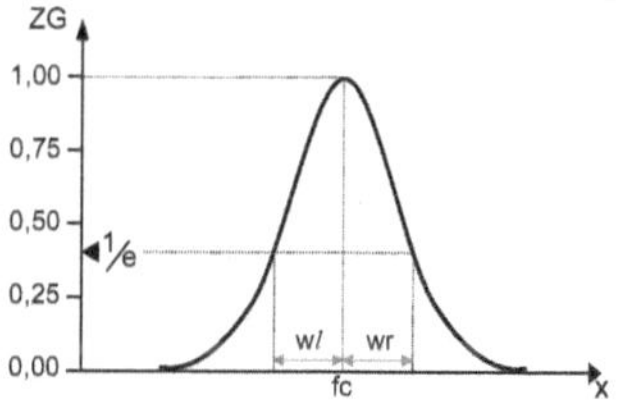

trapezförmig

$$A(x)=\begin{cases}0, & \text{falls } x \le fl \vee x \ge fr\\ \dfrac{x-fl}{fcl-fl}, & \text{falls } x \in [fl,fcl]\\ \dfrac{fr-x}{fr-fcr}, & \text{falls } x \in [fcr,fr]\\ 1, & \text{falls } x \in [fcl,fcr]\end{cases}$$

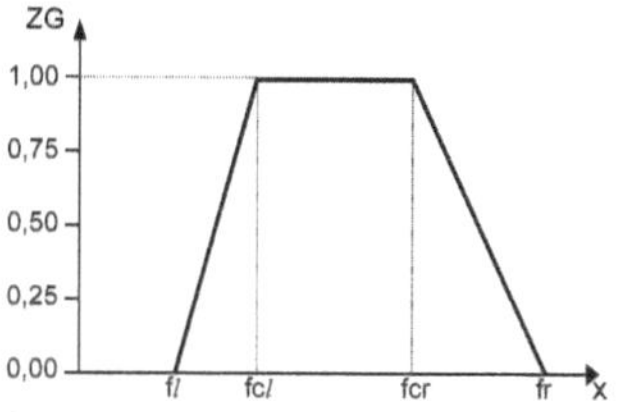

Quelle: Eigene Darstellung.

Die entscheidenden Unterschiede zwischen diesen drei Funktionstypen sind erstens die Abbildung des typischen Wertes bzw. Wertebereichs einer Fuzzy-Menge und zweitens die *support*-Eigenschaft. Während die trianguläre und die gaussförmige Funktion nur einen Wert mit dem Zugehörigkeitsgrad von Eins aufweisen, zeichnet sich die trapezförmige Funktion dadurch aus, dass sie mehrere Werte als typische Werte behandelt. In Bezug auf den *support* weist die gaussförmige Funktion im Gegensatz zu den beiden anderen über alle x aus **X** einen positiven Zugehörigkeitsgrad aus. Unter einem *support* versteht man diejenigen Elemente x aus **X**, die für eine Fuzzy-Menge A einen positiven Zugehörigkeitsgrad liefern. Der *support* ist somit als

(3.29) $\quad \text{supp}(A) = \{x \in \mathbf{X} \mid A(x) > 0\}$ support einer Fuzzy-Menge

definiert. Der *support* lässt sich ebenso als Vereinigungsmenge aller α-Cuts dieser Fuzzy-Menge darstellen. Ein α-Cut umfasst diejenigen x aus **X**, die einen bestimmten Zugehörigkeitsgrad α nicht unterschreiten.

(3.30) $\quad A_\alpha = \{x \in \mathbf{X} \mid A(x) \ge \alpha\}$ mit: $\text{supp}(A) = \bigcup_{\alpha\in[0,1]} A_\alpha$ α-Cut einer Fuzzy-Menge

In der Abbildung 3.16 sind bis auf die gaussförmige Zugehörigkeitsfunktion nichtsymmetrische Fuzzy-Mengen dargestellt. Eine Fuzzy-Menge wird als symmetrisch bezeichnet, wenn ihre linke w*l* = (fc – f*l*) und rechte Weite wr = (fr – fc) identisch sind. Die unterschiedliche Parametrisierung einer Fuzzy-Menge durch (w*l*, fc, wr) bzw. (f*l*, fc, fr)[461] ist durch die Lernalgorithmen bedingt, die im Abschnitt 3.6.5 dargestellt werden.

Ziel der vorliegenden Arbeit ist die Konstruktion einer lernfähigen und interpretierbaren Fuzzyregel-Basis. Menschen kommunizieren ihre Erfahrungen oft über die Beschreibung der Zustände bestimmter Objekte, so z. B. *schöner* Sommertag, *sehr schlechtes* Börsengeschäft, *unglaublich aufregender* Film. Der Zustand *schön* kann im obigen Kontext durch die Temperatur ausgedrückt werden. Temperatur stellt dann eine sog. linguistische Variable LV dar. Eine LV kann im Allgemeinen durch eine bestimmte Zahl linguistischer Label beschrieben werden, wie z. B. *warm, kalt, angenehm* etc. Obwohl ein scharfer Temperaturwert wie bspw. 25°C zunächst einfacher erscheint als der unscharfe Ausdruck *warm*, so ist *warm* jedoch eine Wahl aus einer Menge von vielleicht 3 bis 5 linguistischen Labeln, während 25°C aus einer theoretisch unendlich großen Menge entnommen ist. Obwohl somit linguistische Label weitaus unspezifischer sind, besteht ihre Stärke genau darin, dass sie universeller einzusetzen sind, ohne dass inakzeptable Verständnisschwierigkeiten auftreten würden.[462] Linguistische Variablen komprimieren somit Informationen. Sie können jedoch ebenso als Ausdrucksmittel verstanden werden, wenn Phänomene zu komplex und/oder zu *ill-defined* sind, als dass sie durch scharfe Begriffe beschrieben werden können. Drittens steht über die Zugehörigkeitsfunktionen ein Mittel zur Verfügung, mit denen linguistische Ausdrücke in die numerische Sprache übersetzt werden können, so dass eine computergestützte Verarbeitung möglich wird. Damit stellen sie eine Brücke zwischen der symbolischen Welt, die in der KI vorherrscht, und der numerischen dar.[463] Eine linguistische Variable kann als Quadtupel dargestellt werden:

(3.31) $LV = (X, T(X), \mathbf{X}, M)$, linguistische Variable

wobei *X* der Name der Variablen (Temperatur), *T(X)* die Menge der linguistischen Label (niedrig, mittel, hoch etc.), **X** der Wertebereich von *X* (Temperaturskala in °C) ist und M eine Vorschrift darstellt, die die Label aus *T(X)* mit Fuzzy-Mengen M*(T)* verbindet, so dass diese eine linguistische Bedeutung bekommen.

Die Abbildung 3.17 verdeutlicht diese Überlegungen an Hand eines Beispiels. Sie zeigt die Partitionierung des Wertebereichs der linguistischen Variable ‚nicht-bunte Farbe' (Grauskala) durch fünf Fuzzy-Mengen, denen jeweils ein linguistisches Label zugeordnet ist. Diese Partitionierung wird Fuzzifizierung einer Variablen genannt und beschreibt die unscharfen Wahrnehmungsklassen einer linguistischen Variablen. Sie wird daher auch als *‚frames of cognition'* bezeichnet.[464] Die Anzahl an Fuzzy-Mengen – auch Granulationsgrad genannt – ist exogen festgelegt worden. Diese Einteilung beansprucht jedoch keineswegs interpersonelle Universalität. Eine Person A aus Land 1

[461] Die trapezförmige Zugehörigkeitsfunktion kann durch die Parameterschar (w*l*, fc*l*, fcr, wr) bzw. (f*l*, fc*l*, fcr, fr) beschrieben werden.

[462] Wer hat auch ständig ein Thermometer bei sich und kann die exakte Temperatur damit bestimmen?

[463] Vgl. PEDRYCZ/GOMIDE (1998), S. 165.

[464] Vgl. EBENDA (1998), S. 66 ff.

mag bspw. eine Inflationsrate von 3% als ‚hoch' einschätzen, während für eine Person B aus Land 2 erst 12% als ‚hoch' angesehen wird.

Abbildung 3.17: Partitionierung der nicht-bunten Farbskala durch Fuzzy-Mengen

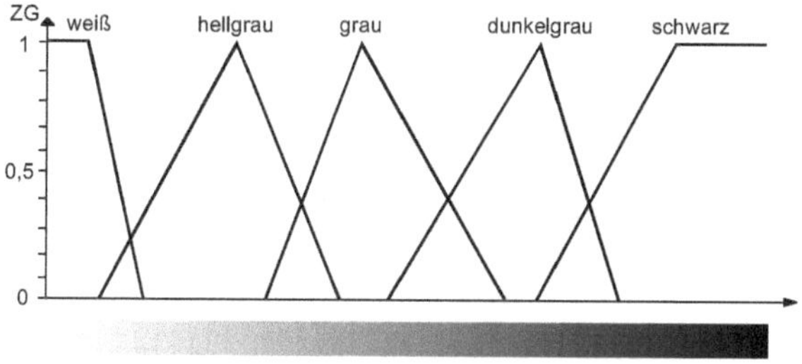

Quelle: Eigene Darstellung.

Fuzzy-Mengen überschneiden sich i.d.R., so dass ein Element aus **X** mehreren Fuzzy-Mengen zugeordnet sein kann. Eine Raumtemperatur von 21°C mag bspw. zum Grad von 0,8 als angenehm und zum Grad von 0,15 als kühl empfunden werden. Dies macht gerade einen wesentlichen Inhalt der Fuzzy-Mengen-Theorie aus und erlaubt einen stetigen und kontinuierlichen Übergang *(smooth transition)* von einem Zustand zu einem benachbarten. Im Gegensatz dazu sind bei klassischen binären Mengen die Übergänge unstetig, so dass radikal unterschiedliche Schlussfolgerungen aus benachbarten Inputregionen gezogen werden können, wenn diese in unterschiedliche Mengen fallen.[465] Auf der anderen Seite sollten Fuzzy-Mengen ausreichend verschieden voneinander sein, so dass sie eine eigene linguistische Bedeutung erhalten können.[466] Die Abbildung 3.17 beinhaltet eine Zusatzoption bei der Konstruktion von Fuzzy-Mengen. Die äußeren Mengen ‚weiß' und ‚schwarz' sind als randgesättigte Mengen dargestellt. Randsättigung bedeutet, dass alle Objekte, die in diesen Bereich fallen, den Zugehörigkeitswert von Eins erhalten. Randsättigung ist dann sinnvoll, wenn sichergestellt werden soll, dass ein *support* über den gesamten Wertebereich vorliegen muss. Trianguläre und trapezförmige Fuzzy-Mengen können dies nicht sicherstellen, so dass ein Wert außerhalb des *supports* der Fuzzifizierung nicht klassifiziert werden kann. Bei gaussförmigen Funktionen kann das Problem der Fehlklassifizierung durch den Dominanzeffekt der großen Weite auftreten. Ist die Weite der Nachbarmenge A_1 einer Fuzzy-Randmenge größer als die der Randmenge A_2, so nimmt der relative Zugehörigkeitsgrad eines scharfen Wertes x RZG = $A_1(x)/[A_1(x) + A_2(x)]$ zur Menge A_1 bei zunehmender Entfernung von x nach außen hin wieder zu. Dies ist jedoch intuitiv schwer nachvollziehbar, wenn x näher am Zentrum fc der Randmenge liegt. Durch randgesättigte gaussförmige Mengen lässt sich dieses Problem vermeiden.[467] Zudem ist es aus kognitionspsychologischer Sicht eine geeignete Methode, Randklassen abzubilden, wenn der Wertebereich, auf den sich die menschliche Klassifikationsbestimmung

465 Vgl. BONARINI ET AL. (2000), S. 111 und LEE/TAKAGI (1993), S. 77.

466 Vgl. PEDRYCZ/GOMIDE (1998), S. 67.

467 Eine graphische Verdeutlichung dieses Problems findet sich bei KOOTHS (1998), S. 19.

stützt, nur eine Teilmenge des gesamten möglichen Wertebereichs ist. Hat eine Person A bspw. in seinem Land in den letzten 40 Jahren Inflationsraten zwischen 0,5% und 7% beobachten können, so wird er vermutlich seine Unterteilung in ‚sehr kleine' bis ‚sehr große' Inflationsraten auf Basis dieses Intervalls vornehmen. Inflationsraten außerhalb dieses Intervalls sind jedoch in der Zukunft denkbar und wenn für diese Person 7% als ‚sehr groß' eingestuft wird, so ist eine Inflationsrate von 11% erst recht als sehr groß zu bezeichnen.[468] Diese Überlegungen weisen auf das Problem hin, wie überhaupt eine Variable fuzzifiziert werden kann. Wie viele Fuzzy-Mengen sind nötig? Welcher Funktionstyp soll unterstellt werden? Welche Parameterwerte sind optimal für die Fuzzy-Mengen? Auf diese Fragen wird in Abschnitt 3.6.3 näher eingegangen, wo die Fuzzifizierungsmöglichkeiten bei der technischen Umsetzung der hier entwickelten Erwartungshypothese erläutert werden.[469]

Die Konstruktion von randgesättigten Fuzzy-Mengen scheidet für die Outputvariable aus. Das Problem der Nichtklassifizierung durch mangelnden *support* ist nicht gegeben, da das Regelergebnis durch die Aktivierung des Konditionalteils generiert wird und nicht auf einen tatsächlich zu beobachtenden Wert zurückgreift. Können den Inputwerten Fuzzy-Mengen zugeordnet werden, so kann folglich auch eine Regelschlussfolgerung gezogen werden. Zudem ist es für die Defuzzifizierung des unscharfen Regel-Basisergebnisses erforderlich, dass die Outputfuzzifizierung nicht randgesättigt ist (siehe hierzu ausführlicher Abschnitt 3.5.3).

3.5.2. Fuzzyregeln, Fuzzy Relationen und Fuzzy Inferenz

Bevor an dieser Stelle auf Fuzzyregeln und Fuzzy Inferenz eingegangen wird, wird zunächst der Begriff der Fuzzy Relation erläutert, da Fuzzyregeln als Fuzzy Relationen aufgefasst werden können. Eine Fuzzy Relation ist ebenso wie eine (nicht-fuzzy) Relation als Teilmenge des Kartesischen Produktes der in Beziehung gesetzten Grundmengen definiert. Im Gegensatz zur Relation stellt die Fuzzy Relation jedoch eine Verallgemeinerung dar, da sie graduelle Zugehörigkeiten zulässt. Diese graduelle Zugehörigkeit wird mit Hilfe des Einheitsintervalls ausgedrückt, wobei ein hoher Wert eine hohe Zugehörigkeit ausdrückt und umgekehrt. Eine n-dimensionale Fuzzy Relation R ist eine Abbildung, die einem n-Tupel aus dem Kartesischen Produkt der Grundmengen $(x_1,x_2,\dots,x_n) \in X_1 \times X_2 \times \dots \times X_n$ einen Zugehörigkeitswert μ_R im Einheitsintervall zuordnet

$$(3.32)\quad \begin{aligned} &\mu_R : X_1 \times X_2 \times \dots \times X_n \to [0,1] \\ &R = \{((x_1,x_2,\dots,x_n), \mu_R(x_1,x_2,\dots,x_n)) \mid \mu_R(x_1,x_2,\dots,x_n) \geq 0, x_1 \in X_1,\dots, x_n \in X_n\}. \end{aligned}$$

Somit stehen Mengen nicht entweder in Beziehung (Zugehörigkeitsgrad = 1) oder nicht in Beziehung zueinander (Zugehörigkeitsgrad = 0) wie im Fall der klassischen Relation, sondern auch eine graduelle Beziehung ist möglich. Beispielsweise könnte

---

[468] Auf die Möglichkeit, dass durch die neue Erfahrung 7% nicht mehr als ‚sehr groß' gelten, sondern vielleicht eher als ‚groß' zu bezeichnen wären, wird im Abschnitt 3.6.6 im Rahmen der Lernprozesse eingegangen.

[469] Eine kurze Beschreibung der meist verbreiteten Verfahren zur Bestimmung von Fuzzy Mengen findet sich in PEDRYCZ/GOMIDE (1998), S. 19 ff.

die Fuzzy Relation *ungefähr gleich* zwischen den beiden Variablen x und y aus den Grundmengen **X** und **Y** durch folgende Zugehörigkeitsfunktion ausgedrückt werden

(3.33) x und y sind ungefähr gleich: $\mu_R = e^{-(|x-y|)}$.

Die Zugehörigkeitsfunktion in (3.33) ergibt für alle identischen x,y-Paare den Wert 1 und liefert umso kleinere Zugehörigkeitsgrade, je größer der Abstand zwischen x und y ist.

Fuzzyregeln stellen Verknüpfungen von Input-Fuzzy-Mengen und Output-Fuzzy-Mengen in der Form WENN...DANN... dar. Sie bilden somit multidimensionale Partitionen des gesamten Input-Output Raumes ab und können als Fuzzy Relationen zwischen Fuzzy-Mengen aufgefasst werden. Die Input-Fuzzy-Mengen einer Regel werden als *antecedents* und die Output-Fuzzy-Mengen als *consequents* bezeichnet. Die *antecedents* beschreiben den Konditionalteil einer Fuzzyregel und beinhalten damit die Bedingungen, die erfüllt sein müssen, damit die Regel aktiv wird (feuert). Das *consequent* beschreibt auf der anderen Seite die Schlussfolgerung einer Regel, die im Konsekutivteil steht. In der vorliegenden Arbeit besteht die Schlussfolgerung einer Regel in einem Prognose- bzw. einem Erwartungswert für eine ökonomische Größe. In einer Fuzzyregel ist das *consequent* durch eine Output-Fuzzy-Menge abgebildet und gibt daher die Schlussfolgerung in einer *fuzzy* Formulierung an.[470] Die Übersetzung einer fuzzy Schlussfolgerung in einen scharfen numerischen Wert erfolgt durch Defuzzifizierung und wird im Abschnitt 3.5.3 erläutert.

Da jeder Fuzzy-Menge ein linguistisches Label zugeordnet ist, kann eine Fuzzyregel FR rein sprachlich und damit leicht nachvollziehbar formuliert werden (Interpretierbarkeit einer Fuzzyregel-Basis), wie das folgende Beispiel zeigt:

„Wenn der Wachstumsunterschied zwischen den USA und der EU groß ist, dann ist die zu erwartende Abwertungsrate des Euros ebenfalls groß."

Eine solche einfache, eindimensionale Fuzzyregel kann ebenso in Kurzschreibweise als Fuzzy Relation $R(x,y)$: $A_f(x) \rightarrow B_f(y)$ geschrieben werden, wobei $x(y)$ die numerische Ausprägung des Wachstumsunterschieds (der erwarteten Abwertungsrate) ist und $A_f\,(B_f)$ die Fuzzy-Menge mit dem linguistischen Label groß (groß) beschreibt. Der Index f kennzeichnet dabei die in einer konkreten Regel enthaltene Fuzzy-Menge aus der gesamten Fuzzifizierung der zugrundeliegenden Größe. Eine solche eindimensionale Fuzzyregel stellt eine Fuzzy Relation zwischen zwei Fuzzy Variablen X (Wachstumsunterschied) und Y (erwartete Abwertungsrate des Euros) dar, so dass $\mu_R(x,y)$ den Grad angibt, zu dem $(x,y) \in \mathbf{X} \times \mathbf{Y}$ mit der Relation zwischen X und Y, die in der Regel ausgedrückt ist, übereinstimmt. Die Fuzzy Relation R kann dann auch als

(3.34) $R(x,y) = f(A(x),B(y)), \quad \forall (x,y) \in \mathbf{X} \times \mathbf{Y}$

geschrieben werden, wobei f eine Implikationsfunktion der Form f: $[0,1]^2 \rightarrow [0,1]$ ist. R stellt damit ebenso eine Fuzzy-Menge mit einer zweidimensionalen Zugehörigkeitsfunktion dar.

---

[470] Denkbar sind zwar auch Fuzzyregeln mit mehreren Schlussfolgerungen in einer Regel, diese lassen sich jedoch leicht in mehrere Regeln mit jeweils einer Schlussfolgerung zerlegen.

Im Gegensatz zu dieser einfachen Variante, enthält eine mehrdimensionale Fuzzyregel eine Verknüpfung mehrerer Input-Fuzzy-Mengen unterschiedlicher linguistischer Variablen. Der Bedingungsteil, der erfüllt sein muss, damit eine Regel feuert, fällt somit umfangreicher aus, wie bspw.:

„Wenn der Wachstumsunterschied USA – EU sehr groß ist und die Zinsdifferenz zwischen diesen Ländern klein ist und der Inflationsunterschied nur geringfügig, dann ist die zu erwartende Abwertungsrate des Euros ebenfalls sehr groß.“

bzw.

IF	$LV_1, A_{1,f}$	AND	...	AND	$LV_{nj}, A_{nj,f}$	THEN	LV_{out}, B_f

Eine solche mehrdimensionale Fuzzyregel wird im Folgenden durch die Kurzschreibweise

(3.35) $R(x_1,\ldots,x_{nj},y): A(x_1,x_2,\ldots,x_{nj}) \rightarrow B_f(y)$

abgekürzt. Diese Schreibweise zeigt auf der linken Seite einen zusammengesetzten Konditionalteil der Regel aus nj Inputs, die wiederum als Fuzzy Relation verstanden werden kann. Der Konditionalteil bildet somit folgenden Teil der Regel ab:

(3.36) A: X_1 ist $A_{1,f}$ UND X_2 ist $A_{2,f}\ldots$ UND X_n ist $A_{nj,f}$

mit $A_{i,f}$ als f-te Fuzzy-Menge der linguistischen Variable X_i im Wertebereich $\mathbf{X}_i$. Der Index f ist grundsätzlich abhängig von der betrachteten linguistischen Variablen und nimmt keineswegs immer denselben Wert für alle *antecedents* bzw. das *consequent* in einer Regel an.[471] A stellt eine nj-dimensionale Fuzzy Relation in $X_1 \times X_2 \times \ldots X_{nj}$ dar, die mit T als t-norm Fuzzy-UND Operator auch folgendermaßen geschrieben werden kann:

(3.37) $A(x_1,x_2,\ldots,x_{nj}) = T_{i=1}^{nj}\,[A_{i,f}(x_i)]$.

Über diesen Fuzzy-UND Operator werden die Input-Fuzzy-Mengen zu einer nj-dimensionalen Fuzzy Menge A verknüpft. Obwohl im Sprachgebrauch auch häufig ODER-Verknüpfungen im Bedingungsteil einer Regel Anwendung finden, wird diese Art der Verknüpfung nicht weiter betrachtet, da sie sich jederzeit in mehrere Einzelregeln zerlegen lässt.[472] Ebenso wie eine einzelne Fuzzyregel als fuzzy Relation aufgefasst werden kann, kann auch eine ganze Sammlung von Fuzzyregeln in einer Fuzzyregel-Basis als fuzzy Relation verstanden werden. Dabei werden M Fuzzyregeln durch einen Aggregationsoperator zu der Relation R

(3.38) $R = \mathrm{A}_{i=1}^{M}\,(R_i)$

zusammengeführt. Im Folgenden wird ausführlich erklärt, wie innerhalb einer bestehenden Fuzzyregel-Basis die Erfüllheitsgrade der zusammengesetzten Konditionalteile bestimmt werden und daraus anschließend Schlüsse gezogen werden können. Dabei

---

[471] So steht der Index f in der oben angeführten mehrdimensionalen Regel bei der LV Wachstumsunterschied USA – EU für den vierten Term, während er bei der LV Zinsunterschied den ersten Term kennzeichnet.

[472] So kann die Regel: „Wenn x = klein oder y = normal, dann z = groß“ auch in: „Wenn x = klein, dann z = groß“ und „Wenn y = normal, dann z = groß“ zerlegt werden.

werden ebenfalls Operatoren aus der Fuzzy Logik erläutert, wobei ausschließlich auf diejenigen Bezug genommen wird, die in GENEFER implementiert sind.[473] Die scharfe Ausprägung einer Inputvariablen j wird im Weiteren als in_j bezeichnet, die der Outputvariablen mit out.

Ein komplexes System lässt sich nicht durch eine einzige Regel umfassend beschreiben, so dass eine Vielzahl an Fuzzyregeln erforderlich ist, die in ihrer Gesamtheit als Fuzzyregel-Basis FRB bezeichnet werden. Da in der vorliegenden Arbeit die Interpretierbarkeit der Regel-Basis gegeben sein soll, wird der Typ *deskriptive* Fuzzyregel-Basis verwendet. Dieser Typ zeichnet sich dadurch aus, dass alle Regeln auf eine gemeinsame Fuzzifizierung der Systemgrößen Inputs und Output zurückgreifen. Es ist daher sichergestellt, dass ein linguistisches Label, das in mehreren Regeln erscheint, immer durch dieselbe Fuzzy-Menge beschrieben wird und daher eine einheitliche Bedeutung besitzt. Im Gegensatz zu diesem Typ liegt einer *approximativen* Fuzzyregel-Basis eine regelindividuelle Fuzzifizierung zugrunde. Die Zugehörigkeitsfunktionen einer linguistischen Variablen, die in mehreren Regeln enthalten sind, weichen daher in der Regel immer etwas voneinander ab. Fuzzy-Mengen können somit in einer *approximativen* Fuzzyregel-Basis auch keine linguistischen Label zugeordnet werden. Würde man dies tun, so wäre die Bedeutung des Terms ‚klein' in der Regel A eine andere als in Regel B, da ihm jeweils eine andere Zugehörigkeitsfunktion zu Grunde liegen würde. Diese Art von Fuzzy-Mengen werden daher im *approximativen* Ansatz auch als *‚free semantics'* bezeichnet. Sie können nur noch im Regelkontext interpretiert werden, die gesamte Regel-Basis besitzt jedoch keine Interpretierbarkeit mehr.[474]

Innerhalb einer Regel-Basis kann zudem eine unterschiedliche Gewichtung einzelner Regeln vorliegen. Eine solche Gewichtung über die Größe α erlaubt eine Differenzierung zwischen bedeutenden und weniger wichtigen Regeln und stellt darüber hinaus eine Grundlage für die weiter unten darzustellende Funktion des Vergessens zur Verfügung (siehe Abschnitt 3.6.6).

α_1	IF	LV_1, $A_{1,f}$	AND	...	AND	LV_{nj}, $A_{nj,f}$	THEN	LV_{out}, B_f
α_2	IF	LV_1, $A_{1,f}$	AND	...	AND	LV_{nj}, $A_{nj,f}$	THEN	LV_{out}, B_f
α_3	IF	LV_1, $A_{1,f}$	AND	...	AND	LV_{nj}, $A_{nj,f}$	THEN	LV_{out}, B_f
α_4	IF	LV_1, $A_{1,f}$	AND	...	AND	LV_{nj}, $A_{nj,f}$	THEN	LV_{out}, B_f

Im Gegensatz zu Regeln, die auf klassischen Mengen basieren, kann der Bedingungsteil einer Fuzzyregel auch nur graduell erfüllt sein. Sobald er einen positiven Erfülltheitsgrad liefert, ist die Regel aktiv und die Bedingung wird als „fuzzy-wahr" bezeichnet. Der Erfülltheitsgrad des Bedingungsteils wird als Applikationsgrad APG bezeichnet und bestimmt das Regelergebnis, indem es die Signifikanz der Output-Fuzzy-Menge im Konsekutivteil beeinflusst.

Der Applikationsgrad einer Regel wird durch die Zugehörigkeitswerte der scharfen Inputs zu den Fuzzy-Mengen im Konditionalteil bestimmt. Im Fall der oben genannten

[473] Ausführliche Abhandlungen finden sich bspw. PEDRYCZ/GOMIDE (1998), S. 221 ff. sowie BOTHE (1995), S. 133 ff.

[474] Zu einem Vergleich von deskriptiven und approximativen Ansätzen siehe GORDÓN/HERRERA (1997A).

eindimensionalen Regel, ist der Applikationsgrad dann größer als Null, wenn ein scharfer Wert für den Wachstumsunterschied in den *support* der Fuzzy-Menge mit dem linguistischen Label ‚groß' fällt. Der Zugehörigkeitsgrad ZG dieses scharfen Werts zu der Fuzzy-Menge ‚groß' stellt damit den Applikationsgrad in einer eindimensionalen Fuzzyregel dar. Im Fall von gaussförmigen Zugehörigkeitsfunktionen muss diese Vorgehensweise modifiziert werden. Da dieser Funktionstyp für den gesamten Wertebereich positive Zugehörigkeitsgrade liefert, wären sämtliche Regeln immer aktiv. Daher wird gefordert, dass ein bestimmter Mindestzugehörigkeitsgrad ϖ erreicht wird, bevor eine Regel als fuzzy-wahr bezeichnet werden kann.

(3.39) $$\text{APG} = \begin{cases} A(\text{in}), \text{ falls } A(\text{in}) \geq \varpi & \text{Typ Gauss} \\ A(\text{in}) & \text{Typ triangulär, trapezförmig} \end{cases}$$ Applikationsgrad

Im Fall einer mehrdimensionalen Fuzzyregel müssen die unterschiedlichen Zugehörigkeitsgrade der einzelnen scharfen Inputwerte zu ihren jeweiligen Fuzzy-Mengen im Konditionalteil der Regel aggregiert werden. Ist bspw. der Zugehörigkeitsgrad von 2,8% Wachstumsunterschied zu der Fuzzy-Menge ‚groß' 0,45, ein Zinsunterschied von 0,05% zu einem Grad von 0,8 als ‚klein' zu bezeichnen und eine Inflationsdifferenz von 0,6% zu 0,55 als ‚geringfügig', so muss aus diesen drei Zugehörigkeitsgraden ein gemeinsamer APG für die Regel gebildet werden. Dieser als *Aggregation* bezeichnete Schritt erfolgt in GENEFER über den Fuzzy-Min-Operator. Dieser Operator ist eine Möglichkeit das Fuzzy-UND im Konditionalteil einer Fuzzyregel umzusetzen.[475] Ein Fuzzy-UND stellt die Fuzzy-Schnittmenge $A_1 \cap \ldots \cap A_{nj}$ mehrerer verknüpfter Fuzzy-Mengen dar und wird über den Fuzzy-Min-Operator wie folgt realisiert (das Fuzzy-Min spezifiziert den Operator T aus Gleichung (3.37)):

(3.40) $$A_1 \cap \ldots \cap A_{nj} = \min(A_1, \ldots, A_{nj})$$ Fuzzy-Min als Fuzzy-UND-Operator

Die dadurch entstehende Fuzzy-Schnittmenge ist graphisch für zwei Fuzzy-Mengen derselben linguistischen Variablen im linken Teil der Abbildung 3.18 dargestellt und für unterschiedliche im rechten Teil.

Abbildung 3.18: Fuzzy-Schnittmenge beim Minimum-Operator zur Darstellung des Fuzzy-Und

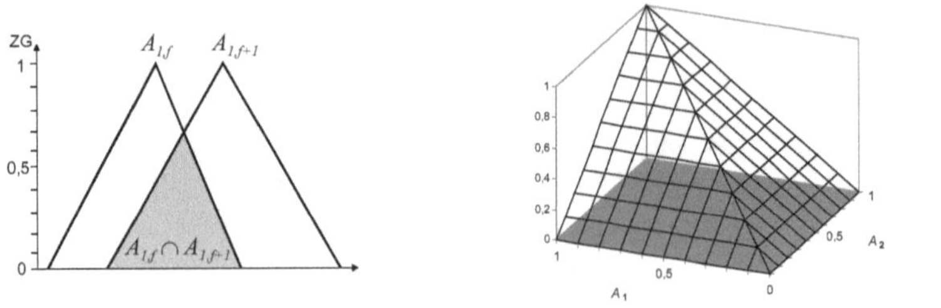

Quelle: In Anlehnung an Kooths (1998), S. 30 f.

475 Neben dieser Methode wäre ebenso der Produktoperator denkbar, der die Zugehörigkeitswerte der *antecedents* miteinander multipliziert.

Die Darstellung des Bedingungsteils einer Fuzzyregel und die Bestimmung ihres Applikationsgrades ist hiermit abgeschlossen. Im Folgenden wird nun auf die Übertragung des Applikationsgrades auf die Konsekutivmenge eingegangen. Die grundlegende Idee dieser Übertragung ist die Vorstellung, dass eine graduelle Erfüllung des Konditionalteils einen Einfluss auf die Stärke der Schlussfolgerung im Konsekutivteil haben muss. Sieht ein Investor bspw. bestimmte Einflussgrößen auf einen Aktientitel eindeutig in seinen Beurteilungsklassen (nahe den Zentren seiner Fuzzy-Mengen), so wird seine Prognose für den Aktienkurs dieses Titels eine höhere Signifikanz für ihn haben, als wenn er sich nicht sicher ist, wie die scharfen Einflussgrößen einzuschätzen sind (sie haben dann niedrige Zugehörigkeitsgrade zu den Fuzzy-Mengen des Investors). Diese Überlegung wird durch die Berechnung eines Signifikanzgrades SG für die Konsekutivmenge B_f erreicht. Betrachtet man eine einzelne Regel FR_i, so ist der SG mit dem APG gleichzusetzen.

(3.41) $SG(B_f) = APG(FR_i)$ Signifikanzgrad einer ungewichteten Regel

Ist also der Konditionalteil nur zum Grad von 0,73 „fuzzy-wahr", so trifft auch die Schlussfolgerung der Regel nur zum Grad von 0,73 zu. Technisch realisiert wird diese Übertragung auf den Konsekutivterm durch das Skalierungsverfahren. Formal entspricht dieses Vorgehen der Multiplikation der Zugehörigkeitsfunktion B_f mit SG.[476] Eine skalierte Output-Fuzzy-Menge wird im Folgenden mit B_f^s bezeichnet.

(3.42) $B_f^s = SG \cdot B_f$ skalierte Output-Fuzzy-Menge

Dieses Verfahren bewirkt eine proportionale Schrumpfung der Output-Fuzzy-Menge um den Faktor SG. Diese Schrumpfung hat Einfluss auf die Berechnung des scharfen Outputwerts einer gesamten Fuzzyregel-Basis im Defuzzifizierungsschritt (siehe Abschnitt 3.5.3). Die Abbildung 3.19 verdeutlicht die Skalierungsmethode:

Abbildung 3.19: Skalierung einer Output-Fuzzy-Menge durch den Signifikanzgrad

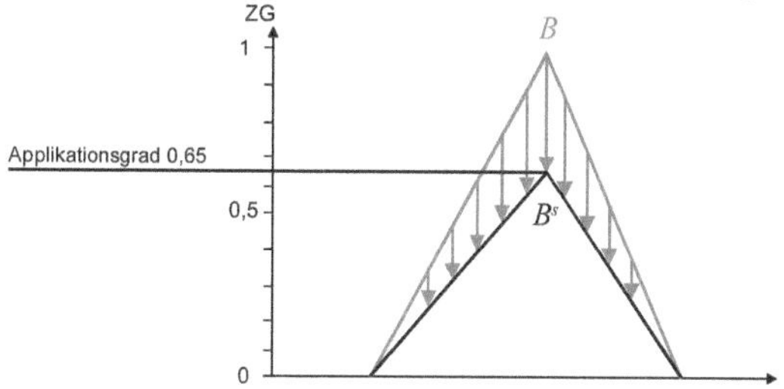

Quelle: Eigene Darstellung.

In einer Regel-Basis ist es grundsätzlich möglich, dass mehrere Bedingungsteile gleichzeitig erfüllt und somit mehrere Regeln aktiv sind. Die Skalierungsmethode muss in diesem Fall dann modifiziert werden, wenn mehr als eine Regel auf denselben Konsekutivterm ‚feuert'. Ist bspw. die internationale Zinsdifferenz entscheidend für die Wechselkursentwicklung und wird diese aktuell als ‚hoch' eingeschätzt, so ist es

476 In der Literatur wird dieses Vorgehen auch als Larsen Methode bezeichnet.

durchaus denkbar, dass folgende Regeln positive Applikationsgrade besitzen und denselben Konsekutivterm ‚stark' aufweisen:[477]

„Wenn die internationale Zinsdifferenz hoch ist und der Wachstumsunterschied ebenfalls groß ist, dann wertet die heimische Währung stark ab."

„Wenn die internationale Zinsdifferenz hoch ist und der Wachstumsunterschied mittel ist, dann wertet die heimische Währung stark ab."

Der scharfe Wachstumsunterschied liegt in diesem Fall im *support* der Fuzzy-Schnittmenge von ‚mittel' und ‚groß'. Da nicht gleichzeitig mehrere verschiedene Applikationsgrade die Signifikanz des Konsekutivterms bestimmen können, müssen sie zu einem Wert gebündelt werden. Diese Bündelung wird als *Akkumulation* bezeichnet und wird hier durch das limitierte Summenverfahren realisiert. In diesem Verfahren werden die APG aller aktiven Regeln, die auf den gleichen Konsekutivterm B_f feuern, bis zu einer logischen Obergrenze von Eins addiert.

(3.43) $SG(B_f) = \min\left(1, \sum_{i=1}^{ni} APG(FR_i)\right) \quad \forall\, (FR_i \mid B = B_f)$ limitierte Summenverfahren

Dieses Verfahren wird graphisch in Abbildung 3.20 verdeutlicht:

Abbildung 3.20: Akkumulation der Applikationsgrade durch das limitierte Summenverfahren

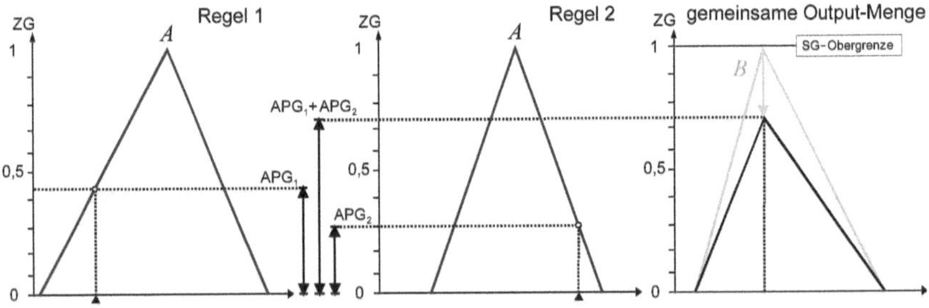

Quelle: Eigene Darstellung.

Das Ergebnis der bisher erläuterten Schritte im Inferenzprozess führt zu einer Fuzzy-Inferenzergebnismenge, die die Vereinigungsmenge aller skalierten Output-Fuzzy-Mengen darstellt. Eine Fuzzy-Vereinigungsmenge $B_1 \cup \ldots \cup B_{nf}$ wird entsprechend der Vereinigungsmenge in der klassischen Mengenlehre durch Anwendung des ODER-Operators erzeugt. Im Fuzzy-Kontext kann dieses Fuzzy-ODER durch den Maximum-Operator realisiert werden.

(3.44) $B_1 \cup \ldots \cup B_{nf} = \max(B_1, \ldots, B_{nf}) \quad \forall \text{ out} \in \mathbf{O}$

Graphisch lässt sich eine solche Vereinigungsmenge wie folgt veranschaulichen:

[477] Man möge sich auch die Formulierung einer nicht-monoton steigenden oder fallenden Funktion, bspw. einer Parabel $y = x^2$, in Form von Fuzzyregeln vorstellen. Die Fuzzy-Mengen im positiven Bereich von $\mathbb{R}$ feuern auf dieselben Konsekutivmengen wie die im negativen Wertebereich.

Abbildung 3.21: Fuzzy Inferenzergebnismenge als Vereinigungsmenge

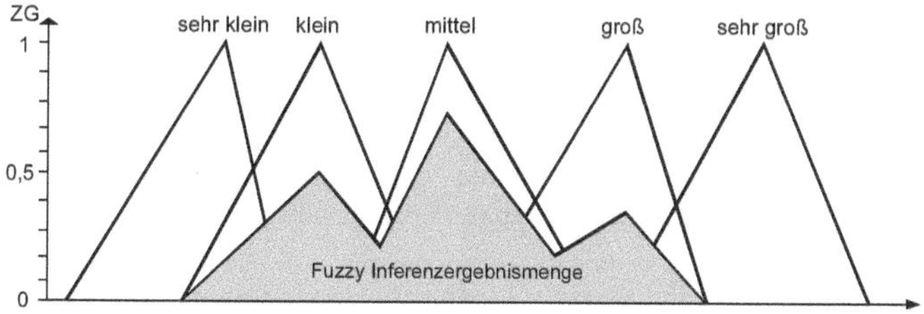

Quelle: Eigene Darstellung.

Die beiden Randmengen sind in diesem Beispiel unberührt, da keine Regel, die eine dieser Mengen in ihrem Konsekutivteil enthält, aktiv ist. Die Fuzzy-Inferenzergebnismenge gibt auf sprachlicher Ebene eine unscharf formulierte Schlussfolgerung aus allen graduell erfüllten Regeln wieder. Für die weiteren Berechnungen ist jedoch ein scharfer Wert als Output der Regel-Basis erforderlich. Es ist zwar durchaus denkbar, ökonomische Modelle unscharf zu formulieren, so dass Inputs als Fuzzy-Mengen erscheinen können, ebenso wie eine Prognose auch unscharf abgegeben werden kann.[478] Die ökonomischen Simulationen, für die dieser Ansatz konzipiert wurde, setzen jedoch scharfe Werte voraus. Der folgende Abschnitt zeigt daher, wie aus einem festgestellten Fuzzy-Inferenzergebnis FIE ein scharfer Regel-Basis-Output durch Defuzzifizierung bestimmt werden kann.

3.5.3. Defuzzifizierung

Unter Defuzzifizierung wird die Berechnung eines scharfen Outputwertes aus der Fuzzy-Inferenzergebnismenge verstanden. Dieser scharfe Wert entspricht dem Prognosewert bzw. dem Erwartungswert für die Outputvariable auf Basis der präsentierten Inputs. Dieser Wert wird anwendungsabhängig weiterverarbeitet bzw. stellt das abschließende Ergebnis dar. In einer ökonomischen Modellsimulation auf Grundlage des hier entwickelten künstlichen Devisenmarktes, stellt der defuzzifizierte Regel-Basis-Output den Erwartungswert eines Agenten dar und geht somit als Input wieder in das Modell ein. Falls eine Fuzzyregel-Basis als *stand-alone* Applikation verwendet wird, bspw. als Funktionsapproximator zur Zeitreihenprognose, dann ist das Regel-Basis-Ergebnis als Prognosewert zu verstehen.

Unter den zahlreichen Defuzzifizierungsverfahren werden die *Center-of-Gravity* (CoG) und die *Center-of-Maximum* (CoM) Methode vorgestellt. Bei der *Center-of-Gravity* Methode wird der Flächenschwerpunkt der Fuzzy-Inferenzergebnismenge berechnet und das Lot auf die Abszisse gefällt. Der sich im Schnittpunkt von Lot und Abszisse ergebende Wert stellt den Prognose- bzw. Erwartungswert dar. Bei der *Center-of-Maximum* Methode hingegen, werden die Zentren der Output-Fuzzy-Mengen, die das Inferenzergebnis bilden, verwendet, um den Regel-Basis-Output zu berechnen. Beide Verfahren können unterschiedlich ausgestaltet werden, je nach dem,

[478] In der Presse wie auch im Fernsehen sind solche unscharfen Prognosen wie bspw.: Das Wetter wird morgen *besser* oder der Kurs der XY AG wird sich *nur geringfügig* ändern, die Regel.

welche Größe sie als Gewichtsfaktoren beinhalten. Unterschieden wird in Gewichtung nach Signifikanz und nach Fläche. Daraus ergeben sich insgesamt vier Defuzzifizierungsmethoden.

(1) CoG-Verfahren (flächengewichtet)

Das flächengewichtete CoG-Verfahren berechnet zunächst alle Flächenschwerpunkte der am Fuzzy-Inferenzergebnis beteiligten Fuzzy-Mengen. Der Flächenschwerpunkt einer beliebigen triangulären Fuzzy-Menge B_f ergibt sich aus:

$$\text{(3.45)} \qquad \text{CoG}(B_f) = \text{fc} + \frac{\text{wr} - \text{w}l}{3}$$

Die Abbildung 3.22 verdeutlicht das Zustandekommen der Gleichung (3.45). Der Flächenschwerpunkt CoG lässt sich graphisch durch den Schnittpunkt der Seitenhalbierenden bestimmen. Zur Berechnung des Abszissenabschnitts dieses Punktes wird die Geradengleichung von zwei der drei Geraden (hier von ① und ②) bestimmt und gleichgesetzt. Nach Umstellung dieser Gleichung und Addition zum linken Rand (fc – wl) der Fuzzy-Menge ergibt sich der Ausdruck in Gleichung (3.45).

Abbildung 3.22: Graphische Bestimmung des Flächenschwerpunktes bei triangulären Zugehörigkeitsfunktionen

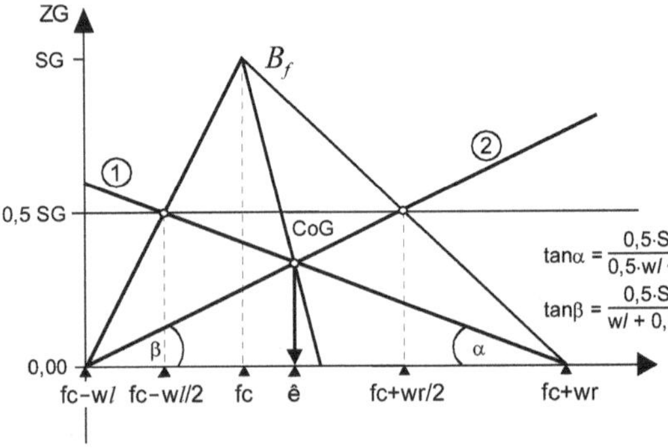

Quelle: Eigene Darstellung.

Diese einzelnen Flächenschwerpunkte werden in einem zweiten Schritt mit den Flächeninhalten ihrer zugehörigen skalierten Fuzzy-Mengen B_f^s gewichtet. Dabei wird die Proportionalität der Termweiten zu den Flächeninhalten ihrer Mengenseite ausgenutzt und verkürzt die Fläche des Rechtecks $\text{SG}(B_f)\cdot(\text{w}l + \text{wr})$ berechnet. Somit ergibt sich als Flächenschwerpunkt der gesamten Fuzzy-Inferenzergebnismenge:

$$\text{(3.46)} \qquad \text{CoG(FIE)} = \frac{\sum_{f=1}^{nf} \text{CoG}(B_f)\cdot \text{SG}(B_f)\cdot(\text{w}l + \text{wr})}{\sum_{f=1}^{nf} \text{SG}(B_f)\cdot(\text{w}l + \text{wr})}$$

Center-of-Gravity flächengewichtet
trianguläre ZG-Funktion

Für gaussförmige Zugehörigkeitsfunktionen kann der Flächenschwerpunkt mangels Stammfunktion des Integrals nicht berechnet werden. Aus diesem Grund steht für diesen Funktionstyp nur das *Center-of-Maximum* Verfahren zur Verfügung.[479]

[479] Vgl. KOOTHS (1998), S. 38.

(2) CoG-Verfahren (signifikanzgewichtet)

Die Gewichtung nach Signifikanz erfordert eine Umformulierung der Gleichung (3.46):

$$(3.47) \qquad \mathrm{CoG(FIE)} = \frac{\sum_{f=1}^{nf} \mathrm{CoG}(B_f) \cdot \mathrm{SG}(B_f)}{\sum_{f=1}^{nf} \mathrm{SG}(B_f)}$$

Center-of-Gravity signifikanzgewichtet trianguläre ZG-Funktion

(3) CoM-Verfahren (flächengewichtet)

Das *Center-of-Maximum* Verfahren geht nicht vom Abszissenabschnitt des Schwerpunktes aus, sondern gewichtet die Termzentren, der am FIE beteiligten Fuzzy-Mengen. Diese Werte können als typische Werte für ihre Klasse angesehen werden und stellen daher einen Ausgangspunkt für die Defuzzifizierung dar. Die Berechnung des CoM ist funktionstypunabhängig und kann wiederum in zwei Ausprägungen unterschieden werden. Die Flächengewichtung erfolgt erneut nach Signifikanz und Termweiten, wie in Gleichung (3.46).

$$(3.48) \qquad \mathrm{CoM(FIE)} = \frac{\sum_{f=1}^{nf} \mathrm{fc}(B_f) \cdot \mathrm{SG}(B_f) \cdot (\mathrm{w}l + \mathrm{wr})}{\sum_{f=1}^{nf} \mathrm{SG}(B_f) \cdot (\mathrm{w}l + \mathrm{wr})}$$

Center-of-Maximum flächengewichtet

(4) CoM-Verfahren (signifikanzgewichtet)

Die signifikanzgewichtete Variante des CoM-Verfahrens entspricht der Formel:

$$(3.49) \qquad \mathrm{CoM(FIE)} = \frac{\sum_{f=1}^{nf} \mathrm{fc}(B_f) \cdot \mathrm{SG}(B_f)}{\sum_{f=1}^{nf} \mathrm{SG}(B_f)}$$

Center-of-Maximum signifikanzgewichtet

Somit bestehen zusammenfassend vier verschiedene Defuzzifizierungsverfahren für trianguläre und zwei für gaussförmige Zugehörigkeitsfunktionen. Die Formeln (3.46) bis (3.49) machen deutlich, dass der relative Signifikanzgrad die entscheidende Größe ist. Die absolute Höhe ist dagegen nicht ausschlaggebend.

3.5.4. Der Fuzzy Inferenzprozess im Überblick

Nachdem der Aufbau und die technischen Details einer Fuzzyregel-Basis in den vorangegangenen Abschnitten erläutert wurden, wird an dieser Stelle ein zusammenfassender Überblick über den gesamten Inferenzprozess im ökonomischen Kontext gegeben. Diese Darstellung soll die Bedeutung von Fuzzyregel-Basen in ökonomischen Modellen verdeutlichen und so eine angemessene Einordnung in verschiedene Einsatzgebiete ermöglichen.

Eine Fuzzyregel-Basis kann als Wissensbasis verstanden werden, die die Zusammenhänge zwischen Systemvariablen in unscharfer Weise zum Ausdruck bringen. Ein solches System kann bspw. ein Markt sein, auf dem ein bestimmtes Gut gehandelt wird und dessen Nachfrage und Angebot von zahlreichen Einflüssen (exogenen wie endogenen Größen) abhängt. Eine Fuzzyregel-Basis formuliert diese Einflüsse in Form von Wenn...Dann Regeln. Eine solche Abbildung ermöglicht die Aufnahme scharfer Ausprägungen der erklärenden Größen – also der Regelinputs – und die Ableitung von Schlussfolgerungen in einem Inferenzprozess. Beispiele für solch eine Informationsverarbeitung sind in der Realität der Regelfall. Ein Investor beobachtet Zinsen, Volatilitäten, Handelsvolumina etc., verarbeitet diese und zieht seine Schlussfolgerungen. Konjunkturforscher betrachten Einflussgrößen auf das BIP und prognostizieren an Hand dieser Daten die weitere Entwicklung. Die Zentralbank untersucht eine Vielzahl an Indikatoren und schließt daraus auf notwendige geldpolitische Maßnahmen. Wie bereits ausführlich dargelegt, wird ein solcher Vorgang immer dann gut durch Fuzzyregel-Basen abzubilden sein, wenn der zugrundeliegende Untersuchungsgegenstand komplex und damit schwer erfassbar ist bzw. nur unvollständige Informationen über ihn vorliegen. Ist dies der Fall und existiert eine FRB bereits, so stellt sich der Inferenzprozess wie folgt dar:

Datenaufnahme und Fuzzifizierung. Die erklärenden Größen werden in ihrer scharfen Ausprägung wahrgenommen und klassifiziert. Die Klassen werden durch Fuzzy-Mengen beschrieben, denen ein linguistischer Term zugeordnet ist. Dieser Term gibt der Fuzzy-Menge eine sprachliche Bedeutung wie z. B. ‚große Inflationsrate', ‚schlechter Börsentag' oder ‚hohes Ausfallrisiko'.

Regelprüfung und Signifikanzgradbestimmung. Der Klassifizierung schließt sich der Schritt der Regelprüfung an. Dort wird untersucht, welche Regeln der Regel-Basis durch die aktuellen Inputdaten aktiviert werden. Bei allen aktiven Regeln wird durch *Aggregation* der Applikationsgrad bestimmt, der den Erfülltheitsgrad des Konditionalteils einer Fuzzyregel wiedergibt. Anschließend wird geprüft, ob mehr als eine Regel auf ein und dieselbe Fuzzy-Output-Menge ‚feuert'. Ist dies der Fall, so wird durch *Akkumulation* ein gemeinsamer Signifikanzgrad für die Fuzzy-Output-Menge bestimmt. Dies geschieht über das limitierte Summenverfahren. Feuert nur eine Regel auf einen bestimmten Output-Term, so stellt der Applikationsgrad den Signifikanzgrad dar.

Fuzzy Inferenz. Die Signifikanzgrade aller Regeln werden durch das Skalierungsverfahren auf die Konsekutivmengen übertragen. Die Vereinigungsmenge aller skalierten Konsekutivmengen stellt das Fuzzy-Inferenzergebnis dar. Es beschreibt die unscharfe gemeinsame Schlussfolgerung aus allen aktiven Regeln.

Defuzzifizierung. Aus dem Fuzzy-Inferenzergebnis lässt sich durch Defuzzifizierungsverfahren ein scharfer Regel-Basis-Output berechnen. Dieser Wert kann bspw. in ökonomischen Modellen und Simulationen wie in der vorliegenden Arbeit oder in Praxisanwendungen weiterverarbeitet werden, die in der Regel scharfe Werte benötigen. So ist zum Beispiel die geldpolitische Zielgröße des Federal Reserve Board der USA – das *federal fund rate target* – eine solche scharfe Zielgröße, die aus einem breiten Indikatorumfeld abgeleitet wird.

Die eindeutige Beziehung zwischen der technischen Umsetzung einer Fuzzyregel-Basis durch Verknüpfungen von Fuzzy-Mengen und ihrer linguistischen Bedeutung ermöglicht eine jederzeitige und einfache Nachvollziehbarkeit des Inferenzprozesses auf rein sprachlicher Ebene. Diese vollständige Interpretierbarkeit macht den Einsatz dieser Technik besonders attraktiv. Die Abbildung 3.23 zeigt zum Abschluss dieses Abschnitts den gesamten Inferenzprozess im Überblick.

Abbildung 3.23: Informationsverarbeitung als Fuzzy Inferenzprozess

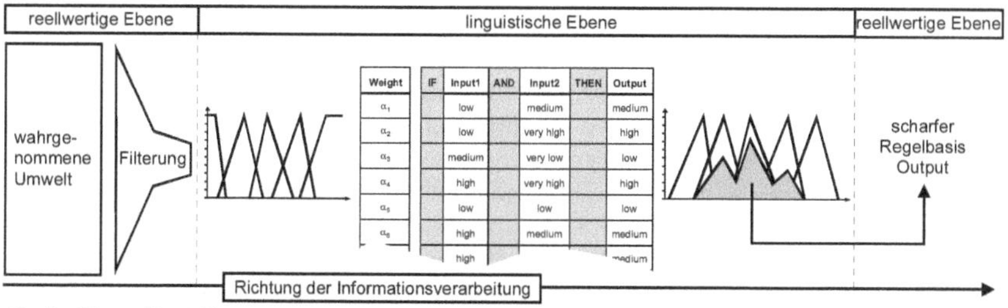

Quelle: Eigene Darstellung.

Aus der Abbildung wird deutlich, dass die Beobachtungen aus der reellwertigen Ebene über ein Fuzzyregel-System auf die linguistische Ebene übertragen und verarbeitet werden. Die Verarbeitung führt jedoch zu einem defuzzifizierten Wert, der hier die Schlussfolgerung in Form eines scharfen Erwartungswertes darstellt. Die linguistische Ebene wird daher wieder verlassen und deren Ergebnis in die reellwertige Ebene zurück überführt.

3.6. Erwartungsmodellierung mit GENEFER

3.6.1. Softwareüberblick

Die in den Abschnitten 3.3 bis 3.5 dieses Kapitels dargestellten Technologien sind in der Software GENEFER (***Ge**netic **Ne**ural **F**uzzy **E**xplore**r***) implementiert. Diese Software stellt ein Werkzeug für den Entwurf, das Management und die Analyse von Fuzzyregel-Basen dar. Durch sie ist der *User* in der Lage, verschiedene Algorithmen der Künstlichen Intelligenz miteinander zu kombinieren, um alternative Verfahren im Design- und Managementprozess anzuwenden. Den Kern der Software bildet eine Fuzzyregel-Basis, die den Wissensspeicher darstellt. Eine Regel-Basis kann in GENEFER vollständig durch einen Experten eingegeben werden (Manuell-Modus) oder automatisch auf Basis eines numerischen Datensatzes gelernt werden. Im zweiten Fall, importiert der *User* einen Datensatz (Excel-Format kompatibel) und stellt die algorithmenspezifischen Parameter ein (z. B. Lernrate, Populationsgröße etc.). Die Software ist dadurch in der Lage, einen Fuzzyregelsatz aus den Daten zu extrahieren und diese zur Analyse aufzubereiten. Dazu stehen Algorithmen zur Verfügung, die während der Regelgenerierung prüfen, ob Redundanzen bestehen und die Fuzzyregel-Basis konsistent ist. Eine konsistente Fuzzyregel-Basis zeichnet sich dadurch aus, dass möglichst wenig Widersprüche in den Regeln enthalten sind.

Die Entwurfphase einer Fuzzyregel-Basis ist in vier Einzelschritte zerlegt. Die Schritte umfassen die Inputidentifizierung, die Fuzzifizierung aller Größen, die anschließende Regel-Basis-Generierung und den Fuzzyregel-Basis-Tuning Schritt. Da diese Schritte sukzessive abgearbeitet werden müssen, geben sie die weitere Gliederung des Abschnitts 3.6 vor und werden im Detail erläutert. Die Methoden, die dabei zum Einsatz kommen, stammen aus den beiden Technologien Künstliche Neuronale Netze und Genetische Algorithmen. Die Technologien werden dazu an jeden Entwurfschritt speziell angepasst, so dass Modifikationen im Vergleich zu den Darstellungen aus Abschnitt 3.3 und 3.4 notwendig sind. Am Ende der gesamten Entwurfphase steht eine Fuzzyregel-Basis, die sich aus den drei Komponenten Regel-Basis, Fuzzifizierungs-Basis und Gewichtsvektor zusammensetzt. Die erste Komponente speichert die Verknüpfung einzelner Fuzzy-Mengen der *antecedents* (Inputs) und der *consequent*-Größe (Output) als Fuzzyregeln, ohne dass die jeweils zugrundeliegenden Fuzzy-Mengen selbst in der Regel-Basis gespeichert wird. Diese Informationen sind hingegen getrennt in der Fuzzifizierungs-Basis abgelegt, die für jede Inputgröße sowie für die Outputgröße die gesamte Fuzzifizierung beinhaltet. Der Gewichtsvektor, als dritte Komponente, speichert die Regelgewichte ab, die in einem separaten Schritt gelernt werden können. In einer ungewichteten Regel-Basis ist in dieser Vektorvariable das Regelgewicht einheitlich auf Eins gesetzt. Diese Modularisierung ermöglicht eine vielfältige Kombination von Regel-Basen mit Fuzzifizierungen und Regelgewichten. Innerhalb der Entwurfphase ist der *User* in der Lage, durch Regel-Basis-Simplifizierung und Fuzzyregel-Basis-Tuning eine Feinjustierung der Fuzzyregel-Basis Parameter vorzunehmen und durch die separate Speicherung der Komponenten jederzeit die Unterschiede dieser Maßnahmen zu dem vorherigen Stand festzustellen und zu analysieren. Die vielfältigen Analysetools von GENEFER werden an den entsprechenden Stellen der folgenden Abschnitte sowie innerhalb der Simulationsstudien im vierten Kapitel vorgestellt.

Eine erzeugte Fuzzyregel-Basis in GENEFER kann auf zwei Weisen verwendet werden. Die erste Anwendung besteht in einer *stand-alone* Lösung, indem die Fuzzyregel-Basis eine Funktionsapproximation darstellt und bspw. zu Prognosezwecken eingesetzt werden kann. Der *User* würde daher typischerweise einen empirischen Datensatz einlesen und GENEFER die Zusammenhänge zwischen Inputs und Output lernen lassen, so dass er diese zur Prognose bei *out-of-sample* Datensätzen verwenden kann. Die Software stellt somit ein Prognosewerkzeug dar, das eine potentielle Alternative für Techniken bietet, die bei Problemstellungen zu unbefriedigenden Ergebnissen führen.[480] Die zweite und an dieser Stelle im Mittelpunkt stehende Verwendungsmöglichkeit besteht in der technischen Verknüpfung von GENEFER mit einer Modellsimulation. GENEFER wird innerhalb einer solchen Simulation als Erwartungsgenerator eingesetzt, der mit der Modellumgebung über eine COM-Schnittstelle *(Component Object Model)* interagiert. Diese Schnittstellentechnologie erlaubt eine programmiersprachenunabhängige Möglichkeit, Applikationen miteinander zu verknüpfen. GENEFER wird dazu zunächst initialisiert, so dass eine Fuzzyregel-Basis zur Verfügung steht und empfängt innerhalb einer Simulation Daten, die intern verarbeitet und anschließend an die Modellumgebung zurückgeschickt werden. Beispielsweise sendet eine ökonomische Modellumgebung zu Beginn einer Simulationsperiode die Daten am Ende der Vorperiode zu GENEFER, aus denen dieses dann einen Erwartungswert über eine bestimmte Größe am Ende der Periode erzeugt. Diesen Erwartungswert sendet GENEFER an die Modellumgebung zurück und kann dadurch weitere Berechnungen vornehmen. Die Simulationsstudien in Kapitel vier geben zahlreiche Beispiele für eine solche Verknüpfung.

---

[480] Die Leistungsfähigkeit von GENEFER als Prognosewerkzeug wird Gegenstand zukünftiger Forschungen im Bereich von Zeitreihenprognosen wirtschaftlicher Größen sein.

GENEFER wird durch zwei grundlegende Steuerungskomponenten kontrolliert, den Design Navigator und den Perioden Navigator. Der Design Navigator führt den *User* durch die einzelnen Schritte im Fuzzyregel-Basis Entwurf und gibt erst dann den Zugriff auf einen nachfolgenden Schritt frei, wenn die vorherigen erfolgreich beendet wurden. Durch ihn können alle einzelnen Programmoberflächen gezielt angesprochen werden und er zeigt gleichzeitig den aktuellen Stand im Entwurfsprozess an. Der Perioden Navigator hingegen, steuert die Zugriffe auf die Komponenten der Fuzzyregel-Basis innerhalb des Periodengerüstes. Durch Änderung der betrachteten Periode wird automatisch die für diese Periode gültige Fuzzyregel-Basis in den Speicher geladen und zur Analyse oder Verwendung bereitgestellt. Das ist insbesondere dann von Interesse, wenn die Fuzzyregel-Basen in den einzelnen Perioden durch Lernvorgänge voneinander abweichen. Durch den Perioden Navigator werden jedoch ebenso grundlegende Datenverwaltungsaufgaben, wie bspw. Löschen bestimmter Perioden, Überschreiben oder Kopieren von Datensätzen etc. übernommen. Um eine zu ausführliche Erläuterung an einer Stelle, an der die konkrete Bedeutung und die Einsatzmöglichkeiten der Komponenten (vielleicht noch) relativ abstrakt erscheinen, zu vermeiden, werden sie ebenfalls ausführlich in den einzelnen Entwurfschritten bzw. innerhalb der Simulationsstudien erklärt.

3.6.2. Input-Identifizierung

Die Voraussetzung für die Formulierung von Wissen über ein ökonomisches System als Regel-Basis ist die Kenntnis über die bestimmenden Größen, die im Folgenden als Inputs bezeichnet werden. Für zahlreiche überschaubare Systeme ist die Identifizierung der Inputs problemlos, auf globalen Finanzmärkten ist jedoch der Einfluss möglicher bestimmender Größen auf Aktien-, Wertpapier- oder Devisenkurse selten eindeutig identifizierbar. Praktische Erfahrungen und theoretisches Wissen helfen bei der Bestimmung relevanter Inputs, steigende Komplexität des zugrundeliegenden Systems erschwert jedoch diese Aufgabe, so dass ein Algorithmus zur Bestimmung von unabhängigen relevanten Inputs benötigt wird. GENEFER bietet einen solchen Algorithmus der auf *Fuzzy Curves* und *Fuzzy Surfaces* basiert (FC/FS-Algorithmus).[481] Im Gegensatz zu zahlreichen anderen Algorithmen und Techniken zeichnet sich dieser durch seine Schnelligkeit aus und setzt zudem keinen bestimmten funktionalen Zusammenhang zwischen Inputs und Outputs voraus. Insbesondere bei nicht-linearen Input-Output Beziehungen liefern lineare Techniken zur Reduzierung des Inputraums[482] schwache Ergebnisse. Nicht-lineare Methoden, wie bspw. *Forward Selection* oder *Backward Elimination*, sind zu zeitaufwendig bei einer wachsenden Anzahl an möglichen Inputs und Datenpunkten. Zudem weisen sie das Problem der lokalen Optima auf, da sie i.d.R. über Künstliche Neuronale Netze realisiert werden.

---

[481] Für die folgenden Ausführungen siehe LIN ET AL. (1996).

[482] So bspw. die *principal components analyses* (PCA) und die *partial least square cardinal components* (PLS CC) Methode.

Der FC/FS-Algorithmus eignet sich besonders zur Inputidentifizierung in *„large, complex, [and] poorly understood systems“*[483]. Er setzt einen bestehenden numerischen Datensatz voraus, der folgendermaßen aufgebaut ist:

Tabelle 3.2: Stilisierter nj-Input/Output Datensatz

Output y	Input x_1	Input x_2	Input x_3	...	Input x_{nj}
y_1	$x_{1,1}$	$x_{2,1}$	$x_{3,1}$	...	$x_{nj,1}$
y_2	$x_{1,2}$	$x_{2,2}$	$x_{3,2}$	...	$x_{nj,2}$
...	...	...	...	...	...
y_{nk}	$x_{1,nk}$	$x_{2,nk}$	$x_{3,nk}$	...	$x_{nj,nk}$

Dieser Datensatz muss nicht notwendigerweise aus Zeitreihen bestehen, sondern kann ebenso eine Auflistung von Datensätzen sein, die eine zeitunabhängige Zuordnung von Inputs zu einem Output repräsentieren und somit ein Klassifikationsproblem abbilden. Aus diesem Datensatz mit nj möglichen Inputs werden dann zunächst nj *Fuzzy Curves* erzeugt, indem folgende Schritte durchgeführt werden:

(1) Jede Zeitreihe der möglichen Inputs wird auf das Einheitsintervall [0,1] skaliert. Die in GENEFER verwendete Skalierungsmethode ist die Maximum-Minimum Normalisierungsgleichung $\overline{x}_j = \frac{x_j - x_{j,min}}{x_{j,max} - x_{j,min}}$. Dadurch wird eine individuelle Anpassung der Termweite fw in der Gleichung (3.50) im Schritt (3) vermieden.[484]

(2) Jeder der nk skalierten Datenpunkte von jedem möglichen Input wird mit dem zugehörigen Datenpunkt des Outputs kombiniert und nach den Inputwerten aufsteigend sortiert. Die entstehenden Wertpaare $(\overline{x}_{j,k}, y_k)$, mit $j = \{1,...,nj\}$ und $k = \{1,..,nk\}$ können graphisch als Punktwolke in $\overline{x}_j$/y–Räumen dargestellt werden. Der Teil a) der Abbildung 3.24 zeigt beispielhaft Punktwolken in zwei Input-Output-Räumen mit jeweils 30 Wertpaaren.[485]

(3) Zu jedem Datenpunkt in jedem $\overline{x}_j$/y–Raum wird die folgende symmetrische Fuzzy-Zugehörigkeitsfunktion des Typs Gauss generiert:

$$(3.50) \qquad \mu_{j,k}(\overline{x}_j) = \exp\left(-\left(\frac{\overline{x}_{j,k} - \overline{x}_j}{fw}\right)^2\right), \qquad \text{Zugehörigkeitsfunktion Typ Gauss}$$

wobei $\mu_{j,k}$ den Zugehörigkeitsgrad zu der Fuzzy-Menge mit dem Wert $\overline{x}_{j,k}$ als Zentrum und fw als eine konstante Termweite angibt. Jeder beobachtete Datenpunkt k für jeden möglichen Input j stellt somit das Zentrum einer Fuzzy-Zugehörigkeitsfunktion dar. In der Abbildung 3.24 im Teil b) wird diese Funktion mit dem zu

[483] LIN ET AL. (1996), S. 66.

[484] Eine alternative Methode wäre einen bestimmten Prozentsatz des gesamten Inputintervalls $[x_{i,min}, x_{i,max}]$ als Termweite fw zu verwenden.

[485] Dem dargestellten Beispiel liegt der Datensatz des Handelsblatt-Konjunkturindikators von 1980 bis 2001 zugrunde.

einem Zentrum zugehörigen Output auf $y_k \cdot \mu_{j,k}(\overline{x}_j)$ skaliert und bei jedem der 30 Datenpunkte gezeichnet.

Abbildung 3.24: Graphische Konstruktion von Fuzzy Curves

a) Punktwolken der skalierten ($\overline{x}_j$, y)-Wertpaare im $\overline{x}_j$/y-Raum

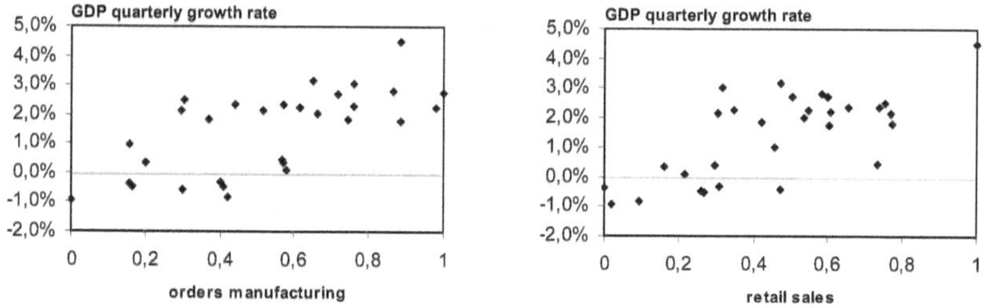

b) Fuzzifizierung der ($\overline{x}_j$/y)-Wertpaare

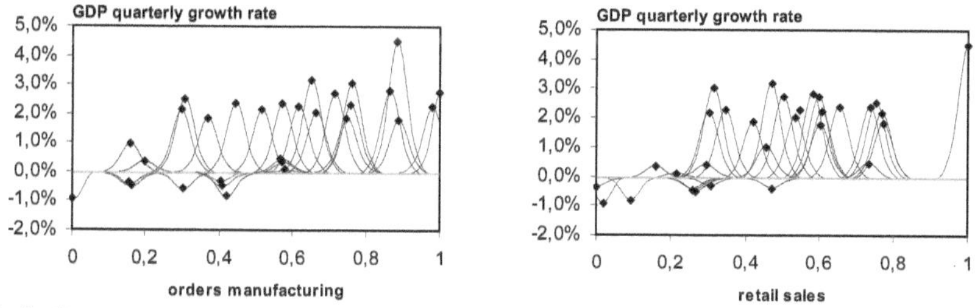

Quelle: Daten: Handelsblatt Konjunkturindikator; eigene Berechnungen und Darstellung.

(4) Diese Fuzzy-Zugehörigkeitsfunktionen werden in einem letzten Schritt über den gesamten Wertebereich der einzelnen Inputs – also das Einheitsintervall durch die Skalierung aus dem ersten Schritt – defuzzifiziert. Dies erfolgt über die CoM-Defuzzifizierungsfunktion:

$$(3.51) \qquad c_j(\overline{x}_j) = \frac{\sum_{k=1}^{nk} y_k \cdot \mu_{j,k}(\overline{x}_j)}{\sum_{k=1}^{nk} \mu_{j,k}(\overline{x}_j)}, \qquad \text{Fuzzy Curve}$$

wobei c_j die Punkte auf einer *Fuzzy Curve* für alle nk skalierten Werte der betrachteten Inputvariablen j wiedergibt. Bei der Berechnung wird zu jedem Inputwert $\overline{x}_j$ der Zugehörigkeitsgrad aller nk Fuzzy-Zugehörigkeitsfunktionen ermittelt $[\mu_{j,k}(\overline{x}_j)]$ und mit dem entsprechenden Output y_k multipliziert. Diese Produkte werden anschließend über alle nk Datenpunkte addiert und durch die Summe der Zugehörigkeitswerte dividiert. Die graphische Darstellung dieses Vorgehens ist beispielhaft an der Konstruktion eines einzelnen Punktes auf einer *Fuzzy Curve* in der Abbildung 3.25 auf Seite 10 gezeigt. Eine gesamte *Fuzzy Curve* als Verbindungslinie aller so berechneten Punkte für das verwendete Beispiel ist in der Abbildung 3.27 zu finden, die ein Fenster der Software GENEFER wiedergibt.

Abbildung 3.25: Berechnung eines Punktes auf einer Fuzzy Curve mit graphischer Herleitung

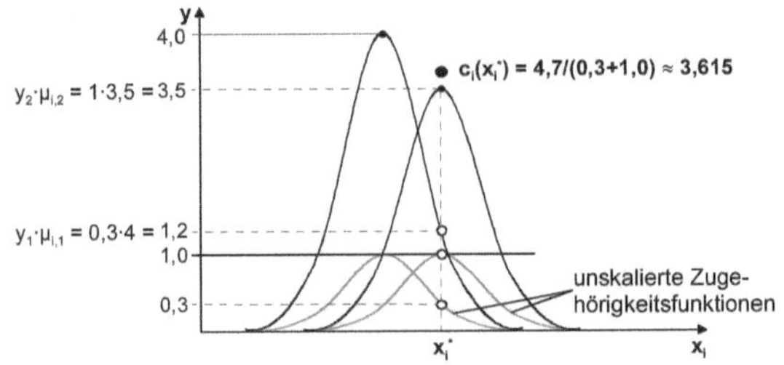

Quelle: Eigene Darstellung.

Die Zugehörigkeitsfunktionen aus Schritt 2 können als Fuzzyregeln verstanden werden, die die Beziehung eines jeden möglichen Inputs zum Output beschreiben:

$$\textit{Wenn } \overline{x}_j = \mu_{j,k}(\overline{x}_j) \textit{ ist, dann ist der Output } y = y_k.$$

Somit existieren nk solcher Fuzzyregeln für alle nj möglichen Inputs. Um die signifikanteste Inputgröße zu bestimmen, berechnet man den mittleren quadratischen Fehler (MSE) der tatsächlichen Outputwerte y_k zu den *Fuzzy Curves* c_j und identifiziert den Input mit dem geringsten Fehler als den Signifikantesten. Diejenigen Inputs, die keinen bzw. einen geringen Einfluss auf den Output ausüben haben eine flache *Fuzzy Curve* und einen hohen MSE, während die *Fuzzy Curve* von signifikanten Inputs eine Steigung ungleich Null aufweist. Folgendes Beispiel 3.2 verdeutlicht diese Eigenschaft:

Beispiel 3.2: Fuzzy Curves

Zwei Funktionen seien angenommen:

(B3.4) $y = \text{random}(x)$

(B3.5) $y = x^2 + \text{random}(x)$,

wobei der Operator random einen zufälligen Wert für y im Einheitsintervall [0,1] bei x erzeugt. Die erste Funktionen stellt damit eine rein zufällige Beziehung zwischen Input und Output her. Im Gegensatz dazu besteht im zweiten Fall ein systematischer Zusammenhang durch den Funktionsteil $y = x^2$, der durch den Zufallsterm random(x) verzerrt wird. Wendet man das oben beschriebene Verfahren an und erzeugt die zugehörigen Fuzzy Curves, so ergibt sich folgendes Bild:

Abbildung B 3.2: Fuzzy Curves

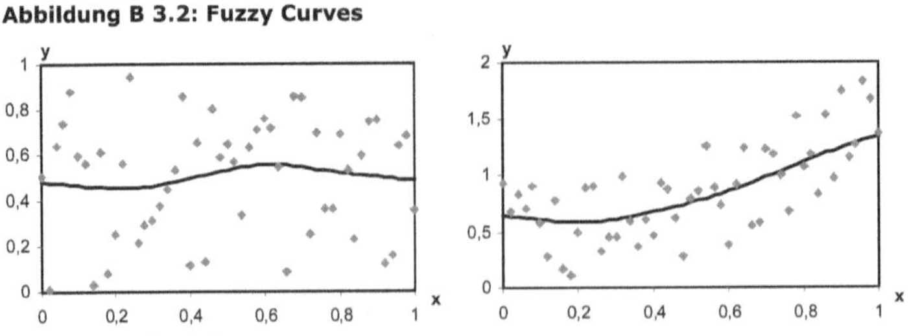

Quelle: Eigene Darstellung.

Die Graphik in der linken Hälfte der Abbildung B 3.2 zeigt einen flachen Verlauf der Fuzzy Curve (durchgezogene Linie), während der rechte Teil den systematischen Einfluss vom Input x auf den Output y durch den steigenden Verlauf der Fuzzy Curve zum Ausdruck bringt.

Ein Problem bei der Input-Identifizierung über *Fuzzy Curves* tritt dann auf, wenn Inputs untereinander abhängig sind. Die Rangordnung nach aufsteigendem MSE kann möglicherweise diese abhängigen Inputs mit einem geringeren MSE ausweisen als andere Unabhängige. Dies liegt an der isolierten Betrachtung auf jeweils ein Input/Output Paar und wird an Hand folgender Gleichungen beispielhaft deutlich:

(3.52) $$x_2 = 1 + x_1$$

(3.53) $$y = x_1 \cdot (5 + x_2) - 2 \cdot x_2^2 + \cos(x_3)$$

Die erste Gleichung (3.52) stellt eine Abhängigkeit zwischen x_1 und x_2 her. Die dargestellte Methode der *Fuzzy Curves* würde in diesem Fall x_1 und x_2 mit einem geringeren MSE ausweisen als x_3, was aber nicht zu optimalen Ergebnissen führt, da diese nicht unabhängig voneinander sind. Die Größe x_3 ist zur Modellierung dieses Systems eindeutig vorzuziehen. Um dieses Problem der abhängigen Inputs zu vermeiden, werden bei der weiteren Identifizierung von Inputs *Fuzzy Surfaces* verwendet. Ein *Fuzzy Surface* besitzt drei Dimensionen und stellt damit graphisch gesehen eine Fläche dar. Eine solche Fläche wird in einem $\overline{x}_j/\overline{x}_h$/y-Raum abgebildet, wobei $\overline{x}_j$ ein bereits identifizierter signifikanter Input ist, $\overline{x}_h$ einen noch möglichen Input darstellt, mit h als Index über alle verbleibenden möglichen Inputs, und y den zugehörigen Outputwert wiedergibt. Ein *Fuzzy Surface* ist definiert als:

(3.54) $$s_{j,h}(\overline{x}_j, \overline{x}_h) = \frac{\sum_{k=1}^{nk} y_k \cdot \mu_{j,k}(\overline{x}_j) \cdot \mu_{h,k}(\overline{x}_h)}{\sum_{k=1}^{nk} \mu_{j,k}(\overline{x}_j) \cdot \mu_{h,k}(\overline{x}_h)}.$$ Fuzzy Surface

Ein *Fuzzy Surface* kann wiederum als aggregiertes Abbild der defuzzifizierten Ergebnisse von nk Fuzzyregeln bei unterschiedlichen $\overline{x}_j/\overline{x}_h$-Kombinationen verstanden werden. Die Regeln besitzen daher im Gegensatz zu *Fuzzy Curves* zwei *antecedents*:

Wenn $x_j = \mu_{j,k}(x_j)$ *und* $x_h = \mu_{h,k}(x_h)$ *ist, dann ist der Output* $y = y_k$

Genau wie im Fall der *Fuzzy Curves* wird der MSE für jede Inputkombination (x_j,x_h) zwischen Output y_k und $s_{j,h}(x_j,x_h)$ berechnet und der Input x_j mit dem kleinsten MSE als nächster Input identifiziert.

Das gesamte Identifikationsverfahren über *Fuzzy Curves* und *Fuzzy Surfaces* stellt einen iterativen Prozess dar, der schematisch wie in dem Pseudocode auf der folgenden Seite abläuft:

Abbildung 3.26: Pseudocode des FC-FS-Algorithmus

```
Generate Fuzzy Curves for all possible inputs
Rank inputs according to ascending MSE
Identify first input as the one with the lowest MSE
Eliminate α% of the inputs with the largest MSE
while there are still remaining inputs do
   begin
      Create Fuzzy Surfaces using the last identified input with all remaining ones
      Rank according to MSE
      Identify next input as the one with lowest MSE
      Eliminate α% of the inputs with the largest MSE
   end;
```

Falls der *User* von GENEFER keine Vorkenntnisse über relevante Inputs für die zu untersuchende Fragestellung besitzt, wird er im Design Navigator die Option pre-knowledge → none wählen und den konstanten Eliminierungsprozentsatz α sowie die Termweite fw festlegen. GENEFER führt dann den FC/FS-Algorithmus mit allen importierten Datensätzen und Inputs aus und bereitet die Ergebnisse tabellarisch und graphisch wie in der Abbildung 3.27 auf:

Abbildung 3.27: Ergebnisfenster in GENEFER nach Abschluss des FC/FS-Algorithmus

a)

b)

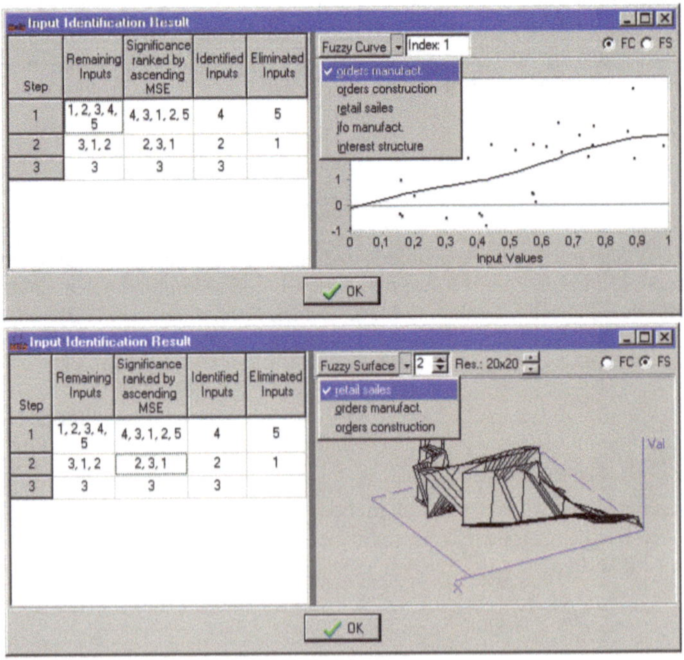

Quelle: GENEFER.

Der Abbildungsteil a) zeigt in der linken Hälfte des Fensters Input Identification Result die Ergebnisse der einzelnen Iterationen. In der ersten Spalte sind die Indizes der zu Beginn eines Iterationsschrittes vorhandenen möglichen Inputs angegeben, die zweite gibt deren Rangfolge aufsteigend nach MSE wieder und die beiden letzten zeigen die in einem Schritt identifizierten sowie eliminierten Inputs an. Der rechte Teil des Fensters zeigt die Liste der möglichen Inputs und die entsprechende aktuell gewählte *Fuzzy Curve* und Punktwolke. Der Abbildungsteil b) veranschaulicht den *Fuzzy Surface* der Inputs *retail sales* und *Ifo manufacturing index*, wobei der zweite Input in dem vorherigen Iterationsschritt 1 identifiziert wurde (Index 4).

Der FC/FS-Algorithmus stellt eine einfache, effiziente Input-Identifikationsmethode dar für komplexe, nicht-lineare Input-Output-Beziehungen. Er benötigt keinerlei komplizierte Modellierung des zugrundeliegenden Systems, die bspw. bei Alternativverfahren der *Forward-Selection* und *Backward-Elimination* notwendig sind und leidet ebenso nicht unter dem Problem lokaler Optima. Zusätzlich ist zu erwähnen, dass der Rechenaufwand, gemessen an Iterationsschritten, nur linear mit steigender Inputanzahl ansteigt,[486] während dieser bei den oben genannten Alternativen exponentiell zunimmt. Auf der anderen Seite ist die Ergebnismenge davon abhängig, wie hoch der *User* den Eliminierungsprozentsatz α festsetzt. So kann nicht eindeutig bestimmt werden, ob tatsächlich zu viele Inputs identifiziert wurden oder zu wenige. Das Verfahren beinhaltet keinen Automatismus, der nach einer vollständigen Identifikation untersucht, ob sich die Menge der identifizierten Inputs weiter reduzieren lässt bzw., ob die Menge nicht noch erweitert werden muss. Auf Grund der Schnelligkeit des Algorithmus bietet es sich daher an, mehrere Durchläufe mit unterschiedlichen Parameterwerten für fw und α durchzuführen, um die Stabilität des Ergebnisses festzustellen.[487]

Die Anwendung dieses Algorithmus ist jedoch, wie bereits erwähnt, keineswegs zwingend. Statt den FC/FS-Algorithmus zu verwenden, kann alternativ eine der drei folgenden Vorgehensweisen verfolgt werden. Erstens lassen sich bei vollkommener Kenntnis der bestimmenden Größen diese exogen festsetzen [pre-knowlegde → complete], zweitens kann man eine Liste an Inputs angeben, die zwingend für alle weiteren Operationen enthalten sein sollen und gleichzeitig den FC/FS-Algorithmus verwenden, um die eigene Auswahl zu überprüfen und mögliche weitere Inputs hinzuzufügen [pre-knowlegde → partial]. Zuletzt besteht die Möglichkeit, ein anderes Identifikationsverfahren zu verwenden und nur die Inputs in GENEFER zu importieren, die für die Fuzzyregel-Basis verwendet werden.

---

486 Zu einer Berechnung der Obergrenze der Iterationsschritte siehe LIN ET AL. (1996), S. 69 f.

487 Siehe hierzu die Studie 4 im folgenden Kapitel.

3.6.3. Fuzzifizierung

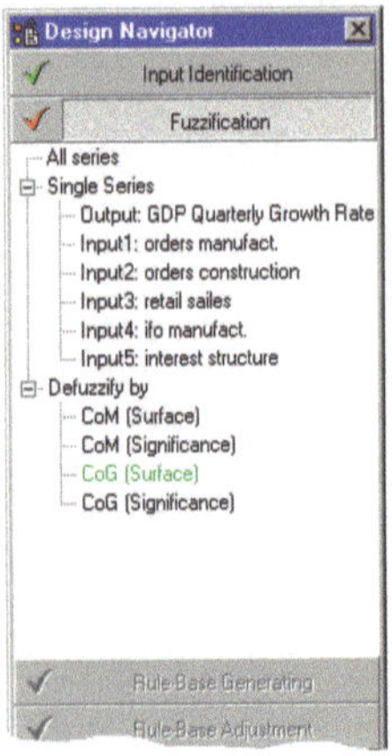

Nachdem alle relevanten Inputs bestimmt sind, müssen diese gemeinsam mit der Outputgröße fuzzifiziert werden. Die einzelnen Fuzzy-Mengen stellen die Grundlage für die im folgenden Schritt zu erzeugenden Fuzzyregeln dar und werden je nach Anzahl der Mengen pro Variable (Granulationsgrad / *degree of granularity*) mit linguistischen Labeln belegt. Aus der Kognitionspsychologie ist bekannt, dass Menschen für gewöhnlich nicht mehr als sieben signifikante Klassen unterscheiden können,[488] so dass die maximale Anzahl an Fuzzy-Mengen pro Variable auf sieben beschränkt ist und zudem nur ungerade sein kann. Dies ermöglicht es, eine eindeutige Mitte anzugeben. Diese Vorgehensweise stellt selbstverständlich nur eine Heuristik dar, denn gemessen an einem bestimmten Gütekriterium mag ein anderer Granulationsgrad geeigneter sein. Das Problem besteht jedoch darin, dass es kein objektives Verfahren zur Bestimmung von Fuzzy-Mengen gibt und diese sehr subjektiv und kontextspezifisch sind.[489] Die Begründung für das in GENEFER implementierte Vorgehen ist daher in dem Anspruch nach Interpretierbarkeit zu sehen. Die Software GENEFER bietet über den Design Navigator einen direkten Zugriff auf alle Größen und öffnet mit einem linken Mausklick auf All series ein Fuzzifizierungsfenster zur Einstellung aller variablenübergreifenden Einstellungen und auf eine einzelne Größe das Fenster für variablenspezifischen Festlegungen. Der *User* kann somit jede Größe individuell fuzzifizieren. Die Software erzeugt automatisch eine Anfangsfuzzifizierung, die der *User* weiterbearbeiten kann. Die verschiedenen Einstellungsmöglichkeiten umfassen:

(1) Funktionstyp der Fuzzy-Mengen:	[triangulär, gauss-, trapezförmig]
(2) Granulationsgrad:	[3, 5, 7]
(3) Randsättigung für Außenterme:	[ja, nein]
(4) Weitensymmetrie für Fuzzy-Mengen:	[ja, nein]
(5) Überlappungsgrad benachbarter Termweiten:	[0,01, ..., 0,99].

Der unter (1) festzulegende Funktionstyp für die Zugehörigkeitsfunktionen wird einmalig für alle Variablen gewählt und bleibt in allen nachfolgenden Schritten unverändert. Im Gegensatz dazu kann der Granulationsgrad variablenspezifisch festgelegt werden. Die dritte Option stellt eine boolsche Variable dar, die für alle Inputvariablen die linke äußere Weite der ersten Fuzzy-Menge sowie die rechte äußere Weite der letzten Fuzzy-Menge auf Randsättigung (S-Shape Borders) umstellt [ja] bzw. diese ausstellt [nein]. Randsättigung bedeutet, dass alle scharfen Werte links vom Zentrum der ersten Fuzzy-Menge sowie alle scharfen Werte rechts vom Zentrum der letzten Menge den

---

[488] Vgl. ALTROCK (1995), S. 153 sowie PEDRYCZ/GOMIDE (1998), S.67.

[489] „*Their* [die Fuzzy-Mengen – Anm. d. A.] *specification is a matter of definition, rather than objective experimentation or analysis.*" WANG (1993), S. 3.

Zugehörigkeitswert Eins aufweisen. Falls jemand die Erfahrung gemacht hat, dass die Inflationsrate in einem Land nie unter 2% lag, dann mag dieser Wert das Zentrum der ersten Fuzzy-Menge darstellen, die für eine ‚kleine Inflationsrate' steht. Wenn sich nun doch eine Preissteigerungsrate von unterhalb 2% einstellen sollte, wird dieser Wert sicherlich ebenso als ‚klein' bezeichnet werden und daher dieselbe Zugehörigkeit besitzen. Das Aktivieren dieser Option ist zu empfehlen, da somit immer die vollständige Abdeckung des Wertebereichs aller scharfen Werte der Inputvariablen erreicht wird.[490] Unter (4) kann der *User* bestimmen, ob die mittleren Fuzzy-Mengen einer Variablen symmetrische Weiten aufweisen, während unter (5) ein Überlappungsgrad spezifiziert wird, der den Zugehörigkeitswert angibt, bei dem sich benachbarte Weiten schneiden. Dieser ist zwingend größer als Null, da sonst kein vollständiger *support* des Werteintervalls garantiert ist. Falls der *User* Weitensymmetrie gewählt hat, stellt der Überlappungsgrad das Minimum dar, bei dem sich benachbarte Weite schneiden. Ohne diese Symmetriewahl liegt der Schnittpunkt aller Weiten exakt in Höhe des Überlappungsgrads wie in Abbildung 3.28 beispielhaft gezeigt.

Abbildung 3.28: Fuzzifizierung und Fuzzy-Mengen-Parameter

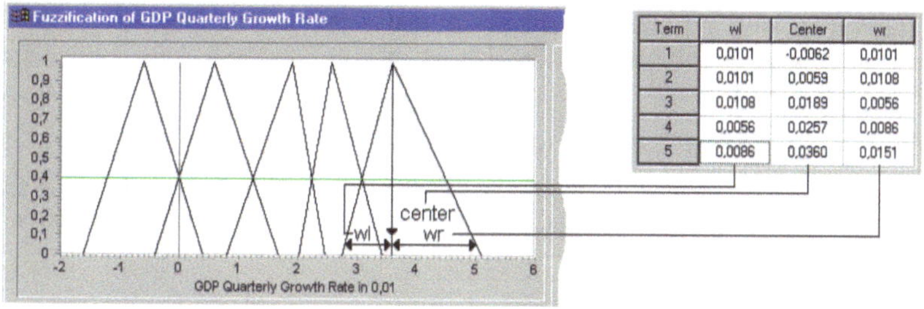

Term	wl	Center	wr
1	0,0101	-0,0062	0,0101
2	0,0101	0,0059	0,0108
3	0,0108	0,0189	0,0056
4	0,0056	0,0257	0,0086
5	0,0086	0,0360	0,0151

Quelle: GENEFER, Eigene Darstellung.

Die Abbildung zeigt Ausschnitte aus dem Fuzzifizierungsfenster für die Outputgröße *‚GDP Quarterly Growth Rate'*. Der *User* kann neben den oben genannten Einstellungen zwei weitere Verfahren in GENEFER nutzen, um die Zentren und Weiten zu verändern. Auf der einen Seite kann im Manuell-Modus jeder einzelne Wert in der Parametertabelle rechts in der Abbildung 3.28 über die Tastatur gesetzt werden. Auf der anderen Seite bietet GENEFER einen Clusteralgorithmus an, der Zentrum und Weiten aller Fuzzy-Mengen automatisch setzt. Dieser Algorithmus bestimmt aus dem vorliegenden Datensatz zunächst die Zentren aller Fuzzy-Mengen der betrachteten Variablen in einem iterativen Verfahren und setzt anschließend die Termweiten. Die Zentrenfestlegung baut auf der Anfangsfuzzifizierung auf, die von GENEFER standardmäßig für alle Variablen erzeugt wird. Für die folgende Formalisierung des Algorithmus sei eine beliebige Variable B betrachtet, deren scharfe Ausprägungen mit b_t bezeichnet wer-

[490] Im Design-Prozess stellt dies kein Problem dar, da das Zeitintervall für induktives Regellernen ein Teilintervall desjenigen ist, dass für die Fuzzifizierung verwendet wird. Probleme können beim Online-Lernen bzw. *out-of sample* Prognosen auftreten, wenn neue scharfe Inputwerte präsentiert werden, die außerhalb des *supports* liegen und für die daher keine Zugehörigkeitswerte bestimmt werden können.

den. Die vom *User* spezifizierte Anzahl an Fuzzy-Mengen sei wiederum mit f indexiert, mit f = 1,..,nf.

In der Anfangsfuzzifizierung werden die Zentren gleichverteilt in dem Intervall [b_{min}, b_{max}] gesetzt:

$$(3.55) \qquad fc_f = b_{min} + \frac{b_{max} - b_{min}}{nf_j + 1} \cdot j$$

Bevor anschließend iterativ eine Clusterung der Zentren vorgenommen wird, muss der *User* den Startwert β^{Start} für die Lernrate β festlegen. Diese Lernrate wird in jeder Iterationsrunde q abgeschmolzen, um dadurch ein Terminierungskriterium festzulegen. In q = 1 gilt:

$$(3.56) \qquad \beta(1) = \beta^{Start}, \text{ mit } 0 < \beta^{Start} < 1.$$

Weiterhin müssen die Werte für den Abkühlungssatz κ, die Stoppgrenze der Lernrate β^{Stopp} und die Überlappungsgrenze ω spezifiziert werden. Die Bedeutung dieser Größen wird an der Stelle erläutert, an denen sie im Clusteralgorithmus auftreten.

Aus dem gesamten Fuzzifizierungsintervall wird zufällig eine Periode t' ausgewählt. Der zugehörige scharfe Variablenwert $b_{t'}$ bestimmt durch seinen Abstand zu den nf Termzentren das Zentrum fc^*_f, das im nächsten Schritt angepasst wird. Formal bestimmt sich fc^*_f durch:

$$(3.57) \qquad |\, b_{t'}(q) - fc^*_f(q) \,| = \min(|\, b_{t'}(q) - fc_f(q) \,|), \qquad \forall\, f = \{1,\ldots,nf_j\}$$

Das Zentrum fc^*_f mit dem geringsten Abstand zum beobachteten Wert $b_{t'}$ wird anschließend in Richtung $b_{t'}$ verschoben, wodurch sich der Abstand zwischen beiden reduziert:

$$(3.58) \qquad fc^*_f(q+1) = fc^*_f(q) + \beta(q) \cdot [\, b_{t'}(q) - fc^*_f(q) \,]$$

Nach jeder Zentrenverschiebung wird die Lernrate β über den konstanten Abkühlungssatz κ *(Cool Factor)* abgeschmolzen. Dadurch vermindern sich die Distanzanpassungen in Gleichung (3.58) und die Verteilung der Zentren wird – bildlich gesprochen – eingefroren. Das Abschmelzen erfolgt über:

$$(3.59) \qquad \beta(q+1) = (1 - \kappa) \cdot \beta(q), \qquad \text{mit } 0 < \kappa < 1.$$

Falls die exogen vorgegebene Stoppschwelle β^{Stopp} unterschritten wird, endet der iterative Prozess andernfalls wird per Zufall eine weitere Periode t' ausgewählt und die Schritte ab Gleichung (3.57) erneut durchgeführt.

Nachdem die Lage der Zentren vollständig bestimmt ist, werden abschließend die Termweiten festgelegt. Diese Festlegung erfolgt durch die Angabe eines bestimmten Zugehörigkeitswerts den ein scharfer Wert genau zwischen zwei benachbarten Termzentren annehmen soll. Dieses Verfahren ist somit funktionstypenunabhängig und wird in der Abbildung 3.29 beispielhaft für gaussförmige Zugehörigkeitsfunktionen dargestellt.[491]

---

[491] Eine entsprechende graphische Darstellung an Hand von triangulären Zugehörigkeitsfunktionen findet sich in KOOTHS (1998), S. 90.

Abbildung 3.29: Weitenbestimmung bei Festlegung einer Überlappungsgrenze

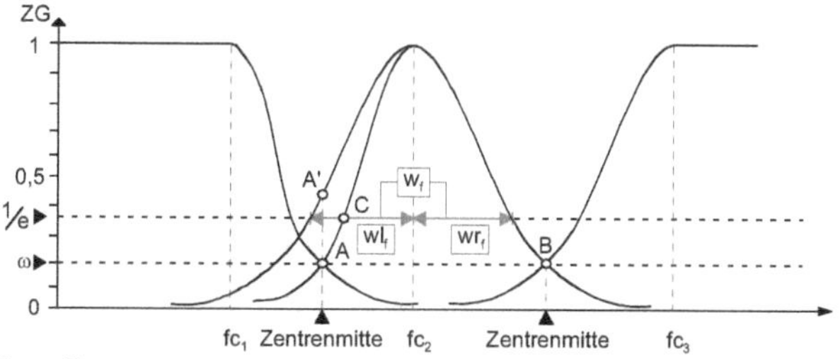

Quelle: Eigene Darstellung.

Durch die vorgegebene Überlappungsgrenze ω lassen sich die Weiten der Fuzzy-Mengen bestimmen. Die beiden Teilfunktionen für die rechte und linke Seite der Zugehörigkeitsfunktionen werden bei allen Zentrenmitten der Überlappungsgrenze gleichgesetzt und anschließend nach den Weiten aufgelöst. Ohne Randsättigung ergeben sich somit formal folgende Ausdrücke zur Weitenbestimmung für gaussförmige Zugehörigkeitsfunktionen:

$$(3.60)\qquad wl_f = \begin{cases} wr_f & \text{für } f = 1 \\ \dfrac{fc_f - fc_{f-1}}{2 \cdot \sqrt{\ln \frac{1}{\omega}}} & \text{für } f > 1 \end{cases}$$

$$(3.61)\qquad wr_f = \begin{cases} wl_j & \text{für } f = nf \\ \dfrac{fc_{f+1} - fc_f}{2 \cdot \sqrt{\ln \frac{1}{\omega}}} & \text{für } f < nf \end{cases}\quad .$$

In der Abbildung 3.29 sind die beiden Termweiten eingezeichnet, wobei die linke Weite wl_f bis Punkt C reicht. Bei triangulären Zugehörigkeitsfunktionen ergeben sich folgende Formeln:

$$(3.62)\qquad wl_f = \begin{cases} wr_f & \text{für } f = 1 \\ \dfrac{fc_f - fc_{f-1}}{2 \cdot (1 - \omega)} & \text{für } f > 1 \end{cases}$$

$$(3.63)\qquad wr_f = \begin{cases} wl_f & \text{für } f = nf \\ \dfrac{fc_{f+1} - fc_f}{2 \cdot (1 - \omega)} & \text{für } f < nf \end{cases}\quad .$$

Die Formeln (3.60) und (3.61) bzw. (3.62) und (3.63) zeigen bereits, dass die linke Weite des ersten Terms (f = 1) sowie die rechte Weite des letzten Terms (f = nf) mangels benachbartem Zentrum gleich der jeweils inneren Weite gesetzt wird. Der numerische Wert dieser Außenweiten spielt im Fall von randgesättigten Zugehörigkeitsfunktionen keine Rolle, da alle scharfen Werte in diesem Bereich den Zugehörigkeitswert Eins erhalten. Eine Abweichung von den Formeln (3.60) bis (3.63) gibt es nur dann, wenn der *User* die Option Weitensymmetrie gewählt hat. Maßgeblich für die Weitenberechnung ist in diesem Fall der halbe Weg zum weiter entfernten Zentrum. Die dadurch berechnete Weite gilt dann sowohl für die linke wie für die rechte Seite der Fuzzy-Menge. Die Überlappungsgrenze ω wird somit nur auf der Seite der längeren Distanz zum Nachbarzentrum eingehalten und wird auf der anderen Seite zwingend überschritten. Die gemeinsame Weite w_f ergibt sich daher für beide Funktionstypen aus:

(3.64) $$w_f = \max(wl_f, wr_f)$$

In der Abbildung 3.29 gilt bei Weitensymmetrie die identische Termweite w_f. Da der Abstand des zweiten Zentrums fc_2 zum rechten Nachbarn größer ist, wird die Überlappungsgrenze nur im Punkt B eingehalten. Auf der linken Seite hingegen liegt der Zugehörigkeitswert höher (siehe Punkt A').

Wenn der *User* alle Variablen fuzzifiziert hat, zeigt der Design Navigator alle Größen in grün und der Button für den folgenden Schritt Rule-Base Generating wird aktiviert. Die Fuzzifizierung ist somit vollständig abgeschlossen.

3.6.4. Regel-Basis-Generierung

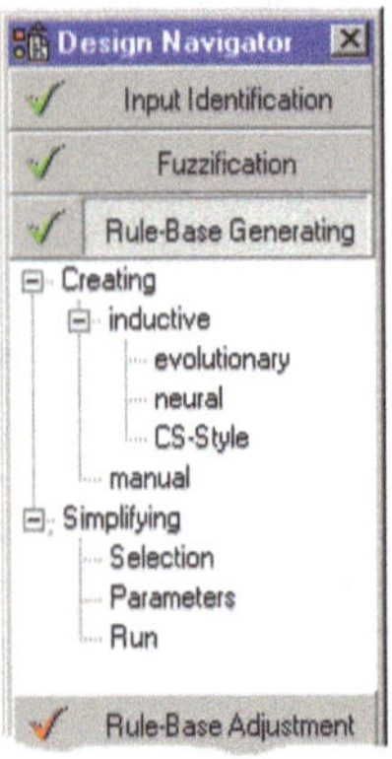

Die Generierung von Fuzzyregeln in einer Regel-Basis vervollständigt die Abbildung einer Wissensbasis. Nachdem der *User* die Fuzzifizierungs-Basis erstellt hat und somit für alle Variablen eine bestimmte Anzahl an Fuzzy-Mengen vorliegt, steht die maximale Anzahl an Fuzzyregeln mit $M_{max} = \prod_{j=1}^{nj} nf_j$ fest. Diese Zahl stellt die Kombination aller Fuzzy-Mengen nf_j von allen Inputs j dar. Eine Regel-Basis mit M_{max} Regeln wird als vollständige Regel-Basis bezeichnet. Eine vollständige Regel-Basis kann jedoch bei steigender Anzahl an Inputs und Fuzzy-Mengen pro Input sehr groß werden und daher viel Speicherplatz benötigen, der die Rechenoperationen bei Simulationen oder Offline-Prognosen erhöht und die Geschwindigkeit reduziert. Es ist daher wünschenswert, unnötige und überflüssige Regeln erst gar nicht zu erzeugen. Wenn ein Investor bspw. zwischen einer ‚kleinen', ‚mittleren' und ‚großen' Inflationsrate unterscheidet und das BIP-Wachstum in ‚schwach', ‚neutral' und ‚stark' einteilt, er aber bisher nie eine kleine Inflationsrate bei gleichzeitigem starken BIP-Wachstum erlebt hat, warum sollte er dann eine Regel für diese Kombination bereithalten?

GENEFER offeriert verschiedene Möglichkeiten, eine Regel-Basis zu erzeugen und zu bearbeiten. Der oben gezeigte Design Navigator verdeutlicht die Wahlmöglichkeiten entlang des Astes Creating und zeigt die Unterscheidung zwischen induktiven Verfahren und dem manuellen Modus. Induktive Verfahren ermöglichen die vollständig automatische Erzeugung einer Regel-Basis aus einem bestehenden Datensatz in der Form aus Tabelle 3.2 auf Seite 10. In diesen Verfahren werden nur solche Regeln erzeugt, die die Input-Output-Beziehungen der zugrundeliegenden Datenmatrix wiedergeben. Redundanzen werden somit vermieden bzw. abgebaut. Der manuelle Modus hingegen erlaubt dem *User* Regeln per Hand zu generieren und somit sein Expertenwissen zu nutzen. Um möglicherweise vorliegende Redundanzen weiter zu reduzieren, kann die im ersten Schritt erzeugte Regel-Basis zusätzlich simplifiziert werden. Die folgenden Gliederungspunkte erläutern die einzelnen Möglichkeiten detailliert.

3.6.4.1 Rule-Base Creating

Das Verfahren zur Erzeugung von Fuzzyregeln in GENEFER gehört zu der Klasse der *deskriptiven* Ansätze. In diesen Ansätzen werden, wie bereits oben erwähnt, Fuzzyregeln derart erzeugt, dass die enthaltenen Fuzzy-Mengen eine einheitliche Bedeutung besitzen und daher die gesamte Fuzzyregel-Basis interpretierbar ist. Beim Entwurf einer Fuzzyregel-Basis müssen zwei Eigenschaften beachtet werden, wenn gute Ergebnisse erzielt werden sollen. Diese Eigenschaften sind die *completeness* (Vollständigkeit) und *consistency* (Konsistenz) einer Regel-Basis. Die *completeness* Eigenschaft garantiert, dass für jeden Beobachtungspunkt innerhalb eines Trainingsdatensatzes TDS ein Inferenzergebnis generiert werden kann. Allgemein kann diese Eigenschaft sowohl bei der Fuzzifizierungs-Basis FB wie auch bei der Regel-Basis RB festgestellt werden. Eine Fuzzifizierungs-Basis wird dann als *complete* bezeichnet, wenn die Vereinigungsmenge aller Fuzzy-Mengen von jeder Inputvariable den gesamten Wertebereich der Beobachtungspunkte im TDS abdeckt. Wenn ein *support* des gesamten Wertebereichs von $\sigma \in [0,1]$ besteht, wird diese Fuzzifizierungs-Basis als *σ-complete* bezeichnet. Im Gegensatz dazu gilt eine Regel-Basis als *complete*, wenn sie alle möglichen Kombinationen von Input-Fuzzy-Mengen enthält. Die Anzahl dieser Kombinationen entspricht M_{max} und wurde bereits im vorherigen Gliederungspunkt diskutiert. Da eine vollständige Regel-Basis jedoch zu einer inakzeptabel hohen Anzahl an Regeln führen kann, wenn bestimmte Regionen im Inputraum nicht ausgefüllt sind, wird die *completeness* Eigenschaft gelockert und gefordert, dass jeder Beobachtungspunkt $d_t = (in_t, out_t)$ im TDS mindestens zu einem bestimmten Grad ε abgedeckt wird. Der Grad zu dem eine Fuzzyregel-Basis einen Beobachtungspunkt d_t abdeckt wird als *Covering Value* $CV(d_t)$ bezeichnet, wobei gefordert wird, dass:

(3.65) $$CV(d_t) \geq \varepsilon > 0$$

erfüllt ist. Der *Covering Value* $CV(d_t)$ berechnet sich wie folgt:

(3.66) $$A_i(in_t) = \min(A_{i,1}(in_{1,t}),\ldots,A_{nf,nj}(in_{nj,t}))$$ Compatibility Degree: antecedents

(3.67) $$FR_i(d_t) = \min(A_i(in_t), B_i(out_t))$$ Compatibility Degree: rule

(3.68) $$CV(d_t) = \sum_{i=1}^{ni} FR_i(d_t)$$ Covering Value

Die Gleichung (3.66) gibt den Kompatibilitätsgrad *(compatibility degree)* zwischen dem Konditionalteil der Regel i und den Beobachtungswerten der Inputs im Zeitpunkt t wieder. Die Gleichung (3.67) liefert diesen Grad für die gesamte Regel i und den Beobachtungsvektor d_t zum Zeitpunkt t. Bei einer vorliegenden Regel-Basis würde deren generischer *Covering Value* durch die Vereinigungsmenge aller Kompatibilitätsgrade FR_i für alle Regeln $i = \{1,\ldots,ni\}$ angegeben werden. Das iterative Verfahren bei evolutionärer Erzeugung einer Fuzzyregel-Basis erfordert jedoch eine Modifikation dieser Berechnung und ist in Gleichung (3.68) dargelegt. Der *Covering Value* wird innerhalb der Schleifen im evolutionären Regelgenerierungsalgorithmus benötigt und kann daher nicht durch die Vereinigungsmenge angegeben werden. Die Vereinigungsmenge setzt eine abgeschlossene Regel-Basis voraus, die an dieser Stelle jedoch noch gar nicht erzeugt ist.[492]

Die *consistency* einer Regel-Basis (nicht einer Fuzzyregel-Basis!) ist dann gewährleistet, wenn sie keine widersprüchlichen Regeln enthält. Solche Widersprüche treten dann auf, wenn zwei oder mehr Regeln denselben Bedingungsteil aufweisen jedoch unterschiedliche Schlussfolgerungen ziehen. Die folgenden beiden Regeln zeigen beispielhaft eine Inkonsistenz:

$$\textit{Wenn } x_1 = 2 \textit{ und } x_2 = 4, \textit{ dann ist } y = 6$$
$$\textit{Wenn } x_1 = 2 \textit{ und } x_2 = 4, \textit{ dann ist } y = 2$$

In einem zugrundeliegenden Datensatz mögen widersprüchliche Beobachtungspunkte enthalten sein. Dies wird bei ökonomischen Zeitreihen eher die Regel als die Ausnahme sein. Beispielsweise existieren Zeiten mit hohem BIP-Wachstum und hoher Inflationsrate in Deutschland ebenso wie mit niedriger Inflationsrate im Vergleich zu den USA und dennoch gibt es keinen Unterschied im DM/US$-Wechselkurs. Dies liegt dann aber entweder daran, dass nicht alle Einflüsse (Inputs) erfasst worden sind oder erfasst werden können bzw., dass sich der grundlegende Zusammenhang der Inputs zum Output zwischen den beiden Beobachtungspunkten verändert hat. Der Zusammenhang ist somit nicht strukturkonstant und erfordert daher verschiedene Regel-Basen für verschiedene Zeiträume. Ebenso kann *noise* in ökonomischen Zeitreihen zu inkonsistenten Regeln führen. Falls diese Ursachen ausscheiden, ist bei Vorliegen der oben genannten Regeln innerhalb einer Regel-Basis diese in jedem Fall als inkonsistent zu bezeichnen, da eine Regelmäßigkeit offensichtlich nicht zu erkennen ist.

Bei einer Fuzzyregel-Basis ist die strenge Forderung nach Konsistenz zu lockern. Die Fuzzy-Modellierung von Regeln führt dazu, dass Widersprüche nicht so leicht identifiziert werden können, wie das bei scharfen Regeln der Fall ist. Wenn jemand bspw. die Größe einer Person x einschätzen soll, so stellt es keineswegs einen Widerspruch dar, wenn dieser angibt, dass er die Person x zu einem Grad von 0,9 als ‚groß' bezeichnen würde aber auch zu einem Grad von 0,25 als ‚sehr groß'. Ebenso erlaubt es die unscharfe Formulierung von Regeln jederzeit, dass scharfe Inputwerte mehrere Fuzzyregeln aktivieren, die in ihrem Bedingungsteil übereinstimmen, jedoch unterschiedliche Schlussfolgerungen ziehen. Man stelle sich bspw. eine einfache Regel-Basis vor, die nur eine Inputvariable – die Inflationsrate – mit der Outputgröße Zinsniveau verknüpft. So ist es leicht vorstellbar, dass eine Inflationsrate von 1,5% als klein bezeichnet wird und entsprechend alle Regeln aktiviert, die die Fuzzy-Menge mit dem linguistischen Label ‚klein' beinhalten. Angenommen dies seien zwei Regeln, die einmal die Output-Fuzzy-Menge ‚mittel' und ‚groß' in ihrem Konsekutivteil aufweisen. Dies stellt nicht notwendigerweise einen Widerspruch dar, da es durch die Fuzzy-Modellierung denkbar ist, dass eine kleine Inflationsrate von 1,5% zu der Einschätzung führt, es kommt zu einem mittleren und einem hohen Zinsniveau, aber zu unterschiedlichen Graden! Die Defuzzifizierung dieses Inferenzergebnisses hebt die Multimodalität wieder auf. Die Frage nach der Inkonsistenz einer Fuzzyregel-Basis stellt immer eine Frage nach dem Grad der Inkonsistenz dar und ist keine ja/nein-Entscheidung. Das liegt daran,

[492] Der Leser sei auf den Pseudocode in Abbildung 3.30 verwiesen.

dass scharfe Inputwerte die Bedingungsteile der Fuzzyregeln ebenso nur zu einem bestimmten Grad erfüllen.[493] Eine Inkonsistenz in einer Fuzzyregel-Basis liegt dann vor, wenn ähnliche Bedingungsteile mit stark unterschiedlichen Konsekutivteilen der Outputgröße verbunden sind. Stark unterschiedlich (der Ausdruck ist ziemlich fuzzy) wird bspw. häufig derart verstanden, dass nicht überlappende Fuzzy-Mengen als unterschiedlich eingestuft werden. Für die Bedingungsteile gibt es in der Literatur eine Reihe von Ähnlichkeitsmaßen, die den Grad der Übereinstimmung zwischen den Bedingungsteilen zweier Fuzzyregeln messen.[494]

Um das Maß an Inkonsistenz innerhalb einer Fuzzyregel-Basis gering zu halten, wendet GENEFER das Konzept der positiven und negativen Beobachtungspunkte an.[495] Dieses Konzept eignet sich bereits für die iterative Entwurfsphase und setzt daher keine fertige Regel-Basis voraus. Ein Beobachtungspunkt aus dem TDS wird dann als positiv in Bezug auf eine bestimmte Regel i bezeichnet, wenn es den Bedingungs- und Konsekutivteil der Regel mindestens mit einem Kompatibilitätsgrad von ξ erfüllt:

(3.69) $$TDS^{+}_{p,\xi}(FR_i) = \{ d_p \in TDS_p \mid FR_i(d_p) \geq \xi \}$$

Falls der Beobachtungspunkt zwar den Bedingungsteil der Regel erfüllt aber nicht den Konsekutivteil, wird dieser Datensatz als negativ in Bezug auf die Regel i bezeichnet.

(3.70) $$TDS^{-}_{p}(FR_i) = \{ d_p \in TDS_p \mid FR_i(d_p) = 0 \text{ und } A_i(in_p) > 0 \}$$

In diesem Konzept wird eine Fuzzyregel-Basis als konsistent bezeichnet, wenn sie eine ausreichend geringe Zahl an negativen Beobachtungspunkten aufweist. Diese Zahl wird als Prozentsatz k der positiven Beispiele im TDS gemessen. Für gaussförmige Zugehörigkeitsfunktionen muss die Gleichung (3.70) abgeändert werden, da für jeden scharfen Wert ein Zugehörigkeitswert größer Null existiert. Ein Datenvektor d_p zum Zeitpunkt p wird daher als negatives Beispiel eingestuft, wenn gilt: $FR_i(d_p) \leq \rho$ and $A_i(in_p) > 0$, mit ρ als Mindestzugehörigkeitswert, den der *User* vorgibt.

Bevor die einzelnen Verfahren zur Generierung einer Fuzzyregel-Basis vorgestellt werden, wird an dieser Stelle auf eine Eigenschaft der in GENEFER verwendeten Fuzzyregel-Basen aufmerksam gemacht. Diese Eigenschaft bezieht sich auf die Länge der einzelnen Regeln. Die Länge einer Regel wird als Anzahl der enthaltenen *antecedents* im Konditionalteil verstanden. Prinzipiell können diese Längen innerhalb einer Regel-Basis unterschiedlich sein. Eine kürzere Regel gibt einen allgemeineren Zusammenhang wieder, während einer längere Regel spezifischer ist. Der Fuzzy-Inferenzprozess kann in diesem allgemeinen Fall so modifiziert werden, dass zunächst die oberste Ebene mit den kürzesten Regeln geprüft wird und deren Ergebnisse immer dann verworfen werden, wenn eine spezifischere Regel ebenfalls aktiv ist. Eine solche Regelkomposition baut eine Regelhierarchie auf, die sicherlich eine interessante Variante darstellt. In GENEFER ist jedoch bislang nur eine Regel-Basis mit Fuzzyregeln gleicher Länge möglich. Jede Regel weist somit eine identische Anzahl an Inputs auf und

---

[493] Vgl. GONZALEZ/PEREZ (1996), S. 2.

[494] Siehe bspw. die Arbeit von SETNES (1995).

[495] Vgl. hierzu GORDÓN/HERRERA (1997A), S. 379 f., sowie S. 382 ff.

nur wenn alle Fuzzy-Mengen dieser Inputs einen Zugehörigkeitsgrad größer als Null aufweisen, ist die Regel aktiv. Eine Hierarchie innerhalb der Regel-Basis wird durch die Regelgewichte erreicht. Diese Regelgewichte modifizieren den Applikationsgrad und steuern somit den Einfluss der Regel auf das Fuzzy-Inferenzergebnis.

(1) Evolutionäres Erzeugen einer Fuzzyregel-Basis

Die evolutionäre Methode zur Generierung von Fuzzyregeln stellt einen iterativen Prozess dar, der eine vollständige *(complete)* und konsistente *(consistent)* Regel-Basis für alle Beispiele aus dem TDS garantiert. Aus diesem Grund ist eine sorgsame Auswahl der Beobachtungspunkte im TDS erforderlich. Diese sollen nach Möglichkeit die grundlegenden Zusammenhänge abdecken und die vorkommenden Inputkombinationen einschließen. Dadurch kann das im Datensatz vorliegende Wissen in eine Fuzzyregel-Basis umgesetzt werden und der Lernaufwand bei Online-Simulationen auf neue Erfahrungen beschränkt werden. Die Abbildung 3.30 beschreibt den iterativen Generierungsprozess im Pseudocode:

Abbildung 3.30: Pseudocode des evolutionären Regelgenierungsprozesses

```
begin
  Initialize:
  (a) Set k, ε and ξ
  (b) Set training data set TDS with p = 1,...,np as index
  (c) Set Covering Value to zero for all examples in the TDS: CV(d_p) = 0
  (d) Initialize generated Fuzzy Rule Set G_FRS to empty
  while not TDS = ∅ do
    {Rule Generating Loop}
    begin
        Initialize the candidate fuzzy rule set C_FRS to empty
        Create the best covering Fuzzy Rule FR^C for every example in the TDS and add it
        to C_FRS, if FR^C ∉ C_FRS.
        Evaluate all FR^C in C_FRS and select the one with the highest fitness value
        Copy the selected best Fuzzy Rule FR^best to the generated Fuzzy Rule Set G_FRS
        for every d_p ∈ TDS do
          {Covering Loop}
          begin
              CV(d_p) = CV(d_p) + FR^best(d_p)
              if CV(d_p) ≥ ε then remove d_p from TDS
          end;
    end;
end;
```

Der *User* muss zunächst alle relevanten Parameter einstellen. Diese umfassen den Anteil negativer Beispiele k, den Mindest-*Covering Value* ε und den Mindest-Kompatibilitätsgrad ξ. Anschließend wird ein Trainingsdatensatz TDS definiert, der eine Teilmenge des gesamten zur Verfügung stehenden Datensatzes darstellt. Dieser Datensatz erhält den Laufindex p, mit p = {1,…,np}, für alle enthaltenen Beobachtungspunkte. GENEFER setzt danach automatisch den *Covering Value* für alle Beispiele d_p auf Null und initialisiert eine leere Fuzzyregel-Menge G_FRS, in der nach Abschluss der Iterationen die generierten Fuzzyregeln gespeichert werden. Der Pseudocode zeigt, dass nach diesen Spezifizierungen zwei Schleifen ineinander laufen – die *Rule-Generating*-Schleife und die *Covering*-Schleife. In der ersten Schleife wird nach der Erzeugung einer leeren Kandidaten-Fuzzyregel-Menge für alle enthaltenen Beobachtungspunkte im TDS die beste Fuzzyregel erzeugt, indem für jeden in d_p enthaltenen scharfen Inputwert in_p und out_p die Fuzzy-Menge mit dem höchsten Zugehörigkeitswert genommen wird. GENEFER erzeugt mit Hilfe der einheitlichen Indexierung der Fuzzy-Mengen pro Variable einen *Termcode*, der eine Kodierung einer Regel entsprechend dem Termindex der Output und Input-Fuzzy-Mengen darstellt. Die Abbildung 3.31 verdeutlicht beispielhaft diese Vorgehensweise für einen Beobachtungspunkt mit zwei scharfen Inputs und einer Outputgröße bei einem einheitlichen Granulationsgrad von drei.

Abbildung 3.31: Evolutionäres Erzeugen einer Fuzzyregel aus einem Beobachtungspunkt

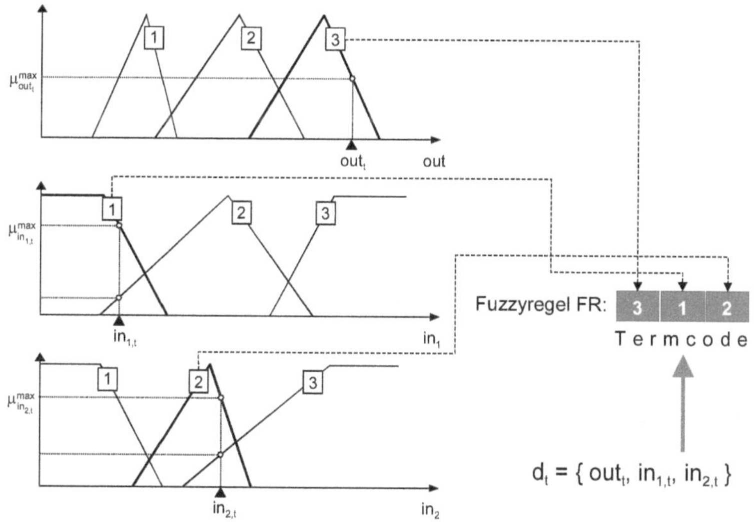

Quelle: Eigene Darstellung.

Die fettgedruckten Fuzzy-Mengen stellen diejenigen dar, die den größten Zugehörigkeitswert für die scharfen Input- und Outputgrößen liefern. Aus diesen wird die Fuzzyregel FR zusammengesetzt und der *Termcode* gebildet. Bei np enthaltenen Beobachtungspunkten können in diesem Schritt daher maximal np Regeln generiert werden, da doppelt enthaltene Regeln von GENEFER automatisch entfernt werden. Alle diese Kandidatenregeln werden in der Menge C_FRS gespeichert und mit einem Fitnesswert bewertet. Diese Fitnessfunktion F weist einer Kandidatenregel FR^C einen numerischen Wert zu, der umso höher ist, je besser die nachstehenden Anforderungen an eine Regel erfüllt werden:

(3.71) $$\psi_{TDS}(FR^C) = \frac{1}{np} \cdot \sum_{p=1}^{np} FR^C(d_p)$$ High Frequency Value

$$(3.72) \qquad G_\xi(FR^C) = \sum_{d_p \in TDS_\xi^+(FR^C)} \frac{FR^C(d_p)}{|\,TDS_\xi^+(FR^C)\,|}$$ High Average Covering Degree Over Positive Observations

$$(3.73) \qquad g_n(FR^C) = \begin{cases} 1 & \text{falls } |\,TDS^-(FR^C)| \le k \cdot |\,TDS_\xi^+(FR^C)| \\ \dfrac{1}{|\,TDS^-(FR^C)| - k \cdot |\,TDS_\xi^+(FR^C)|} & \text{sonst} \end{cases}$$ Penalty Function on the Negative Example Set

Das erste Kriterium *High Frequency Value* misst die Häufigkeit, mit der eine Regel mit den vorhandenen Beobachtungspunkten übereinstimmt, indem die Kompatibilitätsgrade der betrachteten Regel FR^C für alle Elemente vom TDS aufaddiert und durch die Gesamtzahl dieser Elemente dividiert werden. Die Summe im Zähler wird durch die Anzahl an Kompatibilitätsgraden größer als Null sowie durch die absolute Höhe dieser Grade bestimmt, so dass tendenziell gilt: Je höher der *High Frequency Value* ist, desto häufiger/besser stimmt die Regel mit den im TDS enthaltenen Datensätzen überein.

Der *High Average Covering Degree Over Positive Observations* stellt ein Maß für die durchschnittliche Kompatibilität der Regel FR^C mit allen Beobachtungspunkten d_p dar, die einen Kompatibilitätsgrad von mindestens ξ aufweisen und daher im oben genannten Sinn als positiv eingestuft werden. Der Nenner der Gleichung (3.72) gibt dabei die Anzahl dieser positiven Beispiele wieder.

Die Funktion *Penalty Function on the Negative Example Set* “bestraft” eine Regel dann, wenn sie eine über ein Mindestmaß hinausgehende Anzahl an negativen Beispielen im TDS aufweist. Als Mindestmaß wird ein bestimmter Prozentsatz k an positiven Beispielen festgelegt. Ist die Anzahl der negativen Beispiel ($|\,TDS^-(FR^C)|$) nicht größer als das gesetzte Mindestmaß, so ist der Funktionswert gleich Eins und verändert den gesamten Fitnesswert in Gleichung (3.74) nicht. Je mehr die Anzahl der negativen Beispiele die gerade noch akzeptierte Grenze überschreitet, desto größer wird der Nenner der Gleichung (3.73) und damit desto kleiner der Wert der *Penalty Function.* Die multiplikative Verknüpfung der einzelnen Kriterien in der Fitness Funktion führt dazu, dass der Fitnesswert verringert wird.

$$(3.74) \qquad F(FR^C) = \psi_{TDS}(FR^C) \cdot G_\xi(FR^C) \cdot g_n(FR^C)$$ Fitness-Funktion

Die beste Regel aus dem Kandidaten Regelsatz ist die mit dem höchsten Fitnesswert und wird daher in die Menge G_FRS übernommen. Diese Menge speichert alle generierten Fuzzyregeln, die zusammen eine vollständige und konsistente Abdeckung des TDS darstellen.

Mit den bereits generierten Regeln FR in der Menge G_FRS wird in einem anschließenden Schritt der *Covering Value* für alle noch enthaltenen Beobachtungspunkte im TDS berechnet. Da die Kompatibilitätsgrade $FR(d_t)$ im *Covering Value* additiv verknüpft werden (siehe Gleichung (3.68)), ist während des Generierungsprozesses keine aufwendige Neuberechnung mit allen generierten Regeln notwendig, sondern lediglich die Berechnung der Kompatibilitätsgrade aller im TDS enthaltenen Datenpunkte mit der zuletzt neu generierten Regel FR. Dieser Wert wird zu den vorhandenen Kompatibilitätsgraden addiert (siehe Zeile 13 in Abbildung 3.30) und anschließend geprüft, ob die Mindestgrenze ε erreicht bzw. überschritten ist. Ist dies der Fall, wird der Beobachtungspunkt aus dem TDS entfernt und eine neue Regelgenerierungsrunde beginnt. Wenn alle Datensätze mindestens in Höhe von ε abgedeckt sind und der TDS somit eine leere Menge darstellt, endet der iterative Generierungsprozess.

Die Anzahl an generierten Regeln FR ist davon abhängig, wie ähnlich die Beobachtungspunkte sind, wie viele Fuzzy-Mengen pro Variable zur Verfügung stehen und wie hoch die Mindestgrenze ε gesetzt wird. Ein hohes Maß an Ähnlichkeit in den beobachteten Input-Output-Kombinationen erfordert auch nur eine geringe Anzahl an Regeln, die diese Zusammenhänge erfassen. Ein hoher Granulationsgrad erhöht hingegen tendenziell die Anzahl an Regeln, da selbst bei ähnlichen Beobachtungspunkten die Wahrscheinlichkeit steigt, dass zwei ähnliche scharfe Werte durch unterschiedliche Fuzzy-Mengen am besten, dass heißt mit höchstem Zugehörigkeitswert, abgebildet werden. Je höher der Schwellenwert ε gesetzt wird, desto größer wird ebenfalls die Regelanzahl sein, da eine Regel einen Beobachtungspunkt maximal mit einem Kompatibilitätsgrad von Eins – alle scharfen Werte stellen die Zentren aller Fuzzy-Mengen der Regel dar – abdecken kann und der *Covering Value* die Addition dieser Kompatibilitätsgrade darstellt. Die Forderung nach einer hohen Abdeckung durch Setzen eines hohen Mindestwertes ε führt daher tendenziell dazu, dass Regeln mehrfach im G_FRS erscheinen. Ist bspw. in einer Generierungsrunde eine Regel erstellt worden, die aber zu keinem Entfernen eines oder mehrerer Beobachtungspunkte aus dem TDS führt, da die Mindestgrenze ε nicht erreicht wurde, so wird in der nächsten Runde die gleiche Regel wieder erzeugt, so lange bis die Addition ihrer Kompatibilitätsgrade die Höhe ε erreicht hat. Regeln doppelt oder mehrfach in einer Fuzzyregel-Basis zuzulassen, kann jedoch Interpretationsschwierigkeiten aufwerfen, so dass GENEFER im Anschluss an den Generierungsprozess automatisch überprüft, ob Mehrfacherscheinungen im G_FRS vorkommen. Ist dies der Fall, wird dem *User* angeboten, diese zu löschen oder beizubehalten. Auf diese Weise kann eine Anpassung der Mindestgrenze ε vermieden werden.

(2) Neuronales Erzeugen einer Fuzzyregel-Basis

Als Alternative zur evolutionären Regelgenerierung bietet GENEFER einen unüberwachten, neuronalen Wettbewerbsalgorithmus an, durch den ebenso aus einem bestehenden Datensatz Fuzzyregeln automatisch extrahiert werden können. Dieser Algorithmus basiert auf dem *feature-map-algorithm* von Kohonen[496] und setzt eine Überführung der Fuzzyregel-Basis in ein Künstliches Neuronales Netz voraus. Die Knoten der dritten und vierten Ebene dieses Netzes werden zunächst vollständig verknüpft, so dass jede Inputkombination $i = (1,...,M_{max})$ ebenso mit jeder(!) Output-Fuzzy-Menge f, mit $f = \{1,...,nf_{out}\}$ zu einer Regel verbunden ist. Es bestehen somit in der Ausgangsbasis $M_{max}\cdot nf_{out}$ Regeln. Die Verbindungsgewichte $g_{i,f}$ zwischen den Knoten der beiden Ebenen werden mit Null initialisiert, so dass von einer „virtuellen Verbindung" gesprochen werden kann. Aus einem Trainingsdatensatz TDS werden dem Neuro-Fuzzy-Netz einzelne Beobachtungspunkte präsentiert. Die Anzahl dieser präsentierten Trainingsbeispiele gibt der *User* exogen durch die Angabe einer bestimmten Anzahl an Lernschritten vor. In jedem Schritt wird nach dem Zufallsprinzip ein Beispiel aus dem

---

[496] Vgl. KOHONEN (1988), Kapitel 5, insb. S. 132.

TDS gezogen. Die scharfen Inputwerte in_t werden in jedem Schritt den Eingangsneuronen präsentiert und deren Signale bis zur dritten Ebene propagiert. Dort werden in jedem Neuron die eingehenden Signale mit dem Minimum-Operator aggregiert und somit der Aktivierungsgrad $A_i(in_t)$ aller Konditionalteile i festgestellt. Der Zugehörigkeitswert für die Outputgröße wird dadurch bestimmt, dass der scharfe Outputwert out_t an das Ausgabeneuron in der fünften Schicht angelegt wird und die Neuronen der vierten Schicht die Fuzzifizierung dieser Größe $B_n(out_t)$ wahrnehmen. Das gesamte Netz nimmt somit nur Werte auf und gibt keine Signale nach außen ab. Mit Hilfe dieser Werte wird eine Gewichtsanpassung nach folgender Lernregel vorgenommen:

(3.75) $\Delta g_{i,n} = B_n(out_t) \cdot [-w_{i,n} + A_i(in_t)]$[497]

Dieses Verfahren ist angelehnt an die Hebb'sche Lernregel und stärkt immer dann die Verbindung zwischen zwei Neuronen, wenn sie durch ein ausgewähltes Trainingsbeispiel gleichzeitig erregt werden. Im Anschluss an diese Lernschritte, wird ein Selektionsprozess eingeleitet, der die Verbindung zwischen jeweils einem Neuron der dritten Schicht zu denen der vierten aufrechterhält, die am repräsentativsten für die Trainingsbeispiele aus dem TDS ist. So ist z. B. das Neuron der dritten Schicht, das den Konditionalteil ‚kleiner Inflationsunterschied UND große Zinsdifferenz' darstellt, vor der Selektion mit allen Konsekutivneuronen verbunden. Innerhalb des Selektionsprozesses, der nach dem Prinzip *winner-takes-it-all* verläuft, werden alle Verbindungsgewichte bis auf das mit dem maximalen Gewichtswert auf Null gesetzt. Die verbleibende Verbindung erhält den Wert Eins. Somit feuert jeder Konditionalteil eindeutig auf ein Konsekutivneuron.

(3.76) $$g_{i,f} = \begin{cases} 1 & \text{falls } g_{i,f} = \max(g_{i,f}) \quad \forall\, f = \{1,\ldots,nf_{out}\} \\ 0 & \text{sonst} \end{cases} \qquad \forall\, i = (1,\ldots,M_{max})$$

Der neuronale Algorithmus liefert somit genau wie das evolutionäre Verfahren eine Regel-Basis, in der jede Regel das gleiche Gewicht von Eins aufweist. Im Unterschied dazu liegt am Ende der Regel-Basis-Generierung immer eine vollständige Regel-Basis vor mit M_{max} Regeln. Dies ist beim evolutionären Verfahren nicht der Fall, wenn einige Inputkombinationen im TDS nicht abgedeckt sind. Daher kann eine neuronal erzeugte Regel-Basis im Vergleich zu einer evolutionär generierten Redundanzen aufweisen, muss jedoch auf der anderen Seite nicht mehr auf *completeness* geprüft werden.

(3) Manuelles Erzeugen einer Fuzzyregel-Basis

Das manuelle Erzeugen einer Regel-Basis bietet sich insbesondere dann an, wenn der *User* eine genaue Vorstellung der Fuzzyregel-Komposition besitzt. Er kann daher sein Expertenwissen durch einfache Verknüpfung linguistischer Terme aus der Menge: Termlabel = {*'very small', 'moderately small', 'slightly small', 'medium', 'slightly large', 'moderately large', 'very large'*} in Fuzzyregeln übersetzen. GENEFER ruft mit einem linken Mausklick auf Creating → manual den Rule-Base Editor auf. Dieser Editor

[497] Zu einem Konvergenzbeweis dieser Lernregel vgl. LIN/LEE (1991), S. 1333 ff. Eine beispielhafte Darstellung der Gewichtsanpassung im Zeitablauf an Hand von idealisierten Trainingsbeispielen findet sich bei KOOTHS (1998), S. 93 f.

ermöglicht die manuelle Bearbeitung einzelner Regeln und offeriert darüber hinaus weitere nützliche Funktionen, die das automatische Erzeugen einer Regel-Basis durch Nutzung von Expertenwissen vereinfachen. Beim ersten Aufruf zeigt der Editor als Ausgangsbasis die Standardregel *(default rule)* an, die eine Verknüpfung aller mittleren Fuzzy-Mengen der Input- und Outputvariable darstellt. Durch Drücken der rechten Maustaste im Bereich der Regeltabelle lassen sich markierte Regeln löschen und neue hinzufügen. Das Setzen der Fuzzy-Mengen erfolgt ebenfalls über die rechte Maustaste. Die Abbildung 3.32 zeigt den Rule-Base Editor und das Popup-Menü, das sämtliche linguistischen Label für die aktuell gewählte Variable und den eingestellten Granulationsgrad anzeigt.

Abbildung 3.32: Manuelles Erzeugen einer Regel-Basis mit Hilfe des Rule-Base Editor

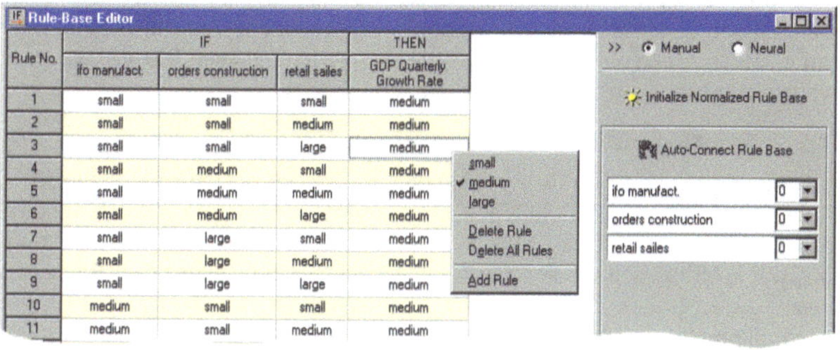

Quelle: Eigene Darstellung.

Durch Anklicken dieser Label wird die Regel automatisch aktualisiert. Bei einer großen Anzahl an Fuzzy-Mengen und komplexen Input-Output-Beziehungen wird das Erzeugen einer Regel-Basis durch Hinzufügen von einzelnen Fuzzyregeln mühsam. GENEFER ermöglicht daher über den Button Initialize Normalized Rule Base die automatische Generierung einer vollständigen Regel-Basis. Die Abbildung 3.32 zeigt im oberen Teil der Tabelle die neun Regeln, die sich für den Term *'small'* der ersten Inputvariable bei drei Inputs mit jeweils drei Fuzzy-Mengen ergeben. Für die beiden weiteren Terme *'medium'* und *'large'* existieren ebenso neun Regeln, so dass insgesamt die Regel-Basis 27 Regeln enthält.

Wenn dem *User* die Einflussrichtung der selektierten Inputs auf den Output bekannt sind und er zudem eine Vorstellung von der Stärke dieses Einflusses hat, so kann er über die Auto-Connect Rule Base Funktion die Fuzzy-Mengen durch GENEFER automatisch verknüpfen lassen. Für jeden Input j kann ein Influenzfaktor $inff_j$ eingestellt werden, der von –3 bis +3 reicht und bei diesen Grenzwerten einen stark negativen Einfluss bzw. stark positiven Einfluss des Inputs auf den Output anzeigt. Ein Algorithmus bestimmt dann die relative Position RP der Fuzzy-Mengen aller Inputs und des Outputs zum jeweiligen mittleren Term. So ist bspw. bei einem Granulationsgrad von fünf die relative Position der einzelnen Terme durch die folgende Menge beschrieben

{–2, –1, 0, 1, 2}. Die RP des Output-Terms wird für jede Regel nach folgender Formel bestimmt:

$$(3.77)\quad \mathrm{RP}(B_i) = \mathrm{trunc}\left(\frac{1}{3}\sum_{j=1}^{nj}\mathrm{inff}_j\cdot \mathrm{RP}(A_{i,j})\right) \wedge \mathrm{RP}(B_i) \geq \mathrm{RP}(B)_{min} \wedge \mathrm{RP}(B_i) \leq \mathrm{RP}(B)_{max}$$

Hat der *User* bspw. für alle Inputs einen stark negativen Einfluss eingestellt (inff = –3) so werden alle Regeln mit Verknüpfungen der linken Fuzzy-Mengen der Inputs mit der äußersten rechten Fuzzy-Menge der Outputgröße verbunden. Auf diese Weise kann das grob vorhandene Expertenwissen schnell in eine Fuzzyregel-Basis übersetzt werden.

Der manuelle Modus eignet sich jedoch ebenso für die Modifizierung einer bestehenden Regel-Basis. So kann bspw. eine evolutionär erzeugte Regel-Basis nachträglich um überflüssige Regeln reduziert, durch zusätzliche ergänzt bzw. bestehende verändert werden. Dieser Editor ist zu jeder Zeit bei Vorliegen einer Regel-Basis aufrufbar und setzt die Änderungen sofort um, so dass immer mit der aktuellen Regel-Basis gearbeitet werden kann.

3.6.4.2 Simplifizieren einer Regel-Basis

Obwohl der vorherige Schritt bereits eine gültige Regel-Basis unter Beachtung der Anforderungen Vollständigkeit und Konsistenz erzeugt, kann der *User* durch Simplifizierung versuchen, die Performance der Regel-Basis zu verbessern. Sowohl im manuellen Modus wie auch bei den induktiven Verfahren besteht die Gefahr, dass Redundanzen auftreten, die zu Lasten der Prognosegüte gehen. Oft ist es selbst für einen Experten schwierig, komplexe Sachverhalte, die sich in einer großen Zahl an Regeln widerspiegeln, widerspruchsfrei und vollständig zu formulieren.[498] Bestimmte Parametereinstellungen beim evolutionären Verfahren, z. B. ein hoher Wert für den Mindest-*Covering Value* ε, bergen ebenfalls die Gefahr einer zu hohen Anzahl an Regeln durch das Phänomen des *overlearning*.[499] Wenn zwei Fuzzyregeln sehr ähnlich sind und somit ihre Fuzzy-Mengen sehr nah beieinander liegen, dann kann es zu *excessive interaction* kommen. Die Aktivierung beider Regeln führt dann dazu, dass der inferierte Outputwert sich von dem optimalen – also dem tatsächlichen – entfernt.[500] Beim neuronalen Erzeugen können, wie bereits oben erwähnt, unnötige Regeln dadurch auftreten, dass bestimmte Inputkombinationen gar nicht auftreten. Um diese Redundanzen abzubauen, besteht in GENEFER die Möglichkeit eine auf dem Genetischen Algorithmus basierende Methode zu nutzen. Diese als Simplifizierung einer Regel-Basis bezeichnete Methode erzeugt Populationen von binär kodierten Regel-Basen und wendet genetische Operatoren an mit dem Ziel, die Prognosegüte der gesamten Regel-Basis zu verbessern. Eine einzelne Regel-Basis wird als binäre Zeichenkette kodiert, die als Sequenz von Schaltern aufgefasst werden kann. Ein Schalter aktiviert entweder eine Regel (1) oder deaktiviert (0) diese. Eine Zeichenkette, die ausschließlich aus Einsen zusammengesetzt ist, repräsentiert daher die im vorherigen Schritt erzeugte Regel-Basis und ist immer Bestandteil der Ausgangspopulation. Die restlichen Individuen in der

---

[498] Vgl. HERRERA ET AL. (1998A), S. 143 und GIRAUD-CARRIER/MARTINEZ (1995), S. 148.

[499] Vgl. GORDÓN/HERRERA (1997A), S. 391 sowie WANG/YEN (1999), S. 353 f.

[500] Vgl. GORDÓN/HERRERA (1997B), S. 233.

Ausgangsposition werden nach dem Zufallsprinzip erzeugt. Demnach wird zufällig aus der Menge {0,1} so oft eine Ziffer gezogen und zu einer Zeichenkette hinzugefügt, wie Regeln der Ausgangsregelbasis vorhanden sind.[501] Alle Individuen C haben daher dieselbe Länge. Eine Population besitzt zudem immer die gleiche Anzahl an Individuen pi, mit pi = {1,...,npi}. Die Simplifizierung bezieht sich daher ausschließlich auf die Regelebene und verändert daher nicht die Bestandteile einer Regel. Insbesondere werden keinerlei Veränderungen an den Fuzzifizierungen der einzelnen Variablen vorgenommen.

Der folgende Pseudocode verdeutlicht den Ablauf des Simplifizierungsalgorithmus:

Abbildung 3.33: Pseudocode des Simplifizierungsalgorithmus

```
Create Initial encoded Rule-Base Population
Evaluate all individuals
for GenerationCounter = 1 to Termination Generation do
   begin
      Create Mating Pool
      for Individual = 1 to PopulationSize/2 do
         begin
            Randomly choose 2 individuals
            Apply Crossover and Mutation operation and create 2 offspring
            Copy both offspring in the next generation population
         end;
      Evaluate all individuals
   end;
```

Nachdem eine Ausgangspopulation erzeugt worden ist, werden alle enthaltenen Individuen C nach einem bestimmten Fitness-Kriterium bewertet. Die Bewertung eines Individuums – also einer gesamten Regel-Basis – ist umso besser, je geringer der MSE im zugrundeliegenden Trainingsintervall ist. Da jedoch garantiert sein muss, dass die *completeness* der Regel-Basis erfüllt ist, wird zudem gefordert, dass jedes Trainingsbeispiel mindestens zu einem *Covering Value* von τ abgedeckt sein muss. Da hier bereits Regel-Basen vorliegen, die in ihrem Umfang nicht mehr verändert werden, wird der generische *Covering Value* berechnet:

(3.78) $$CV(d_t) = \bigcup_{i=\{1,..,ni\}} FR_i(d_t) \geq \tau$$ generischer Covering Value

Die Vereinigungsmenge der Kompatibilitätsgrade aller Regeln FR_i in einer kodierten Regel-Basis für ein Trainingsbeispiel d_t wird über den Maximum-Operator realisiert. Die *completeness* der gesamten Regel-Basis für das Trainingsintervall wird dagegen als Schnittmenge aller *Covering Values* mittels Minimum-Operator berechnet und als *training-set completeness degree* (TSCD) wie folgt definiert:

[501] Die Interaktion einzelner Regeln in einer Fuzzyregel-Basis führt bei dieser Art der Kodierung zu dem Problem der Epistasis. Epistasis „*is the interaction between different genes* [hier den einzelnen Schaltern] *in a chromosome* [hier der kodierten Regel-Basis]. *It is the extent to which the ‚expression' (i.e. contribution to fitness) of one gene depends on the values of other genes....*" BEASLEY ET AL. (1993B), S. 173 f.

$$(3.79) \qquad TSCD(C_{pi}, TDS) = \bigcap_{d_t \in TDS} CV_{C_{pi}}(d_t)$$

Falls das *completeness* Kriterium verletzt ist, wird durch die folgende Fitnessfunktion F der Fitnesswert des betrachteten Individuums C verschlechtert:

$$(3.80) \qquad F(C_{pi}) = \begin{cases} MSE(C_{pi}) & \text{falls } TSCD(C_{pi}, TDS) \geq \tau \\ \frac{1}{2} \cdot \sum_{d_t \in TDS} (out_t)^2 & \text{sonst.} \end{cases}$$

Je geringer der Fitnesswert ist, desto besser prognostiziert die Regel-Basis C die Outputwerte im Trainingsdatensatz. Die Bewertung der einzelnen Individuen ist für die folgende Entwicklung/Evolution der Population über eine vorgegebene Anzahl an Generationen von herausragender Bedeutung. Zu Beginn einer jeder neuen Generation wird ein *Mating Pool* erstellt. Dieser *Mating Pool* enthält npi Individuen entsprechend ihrer Fitness in der aktuellen Generation. Individuen mit einer hohen Fitness erscheinen daher häufiger im *Mating Pool* als weniger geeignete. GENEFER stellt dabei die drei weiter oben erläuterten Selektionsverfahren zur Verfügung.

Aus dem *Mating Pool* werden anschließend paarweise Individuen per Zufall gezogen. Ein Paar stellt bildlich gesehen zwei Elternteile dar, die Nachkommen für die nächste Generation erzeugen. Dazu wird zunächst der klassische binäre Mehrpunkt-Crossover Operator angewendet. Wenn eine gleichverteilte Zufallszahl zwischen Null und Eins kleiner oder gleich einer festgelegte Wahrscheinlichkeitsgrenze $prob_{Crossover}$ ist, wird ein Crossover der beiden Elternteile durchgeführt. Im anderen Fall werden die Elternteile unverändert zur Mutation weitergegeben. Der *User* spezifiziert die Anzahl an Punkten, an denen die Zeichenkette eines Elternteils durchgetrennt wird.[502] Die dadurch entstehenden Teilabschnitte werden danach abwechselnd wieder zu neuen Zeichenketten zusammengefügt. Die Abbildung 3.34 auf der folgenden Seite verdeutlicht diese Vorgehensweise in der linken Hälfte.

Abbildung 3.34: Genetische Operatoren: klassisches binäres Mehrpunkt-Crossover und Uniform-Mutation

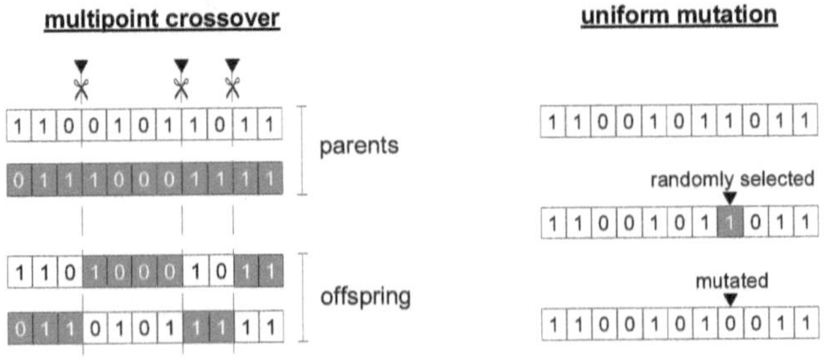

Quelle: Eigene Darstellung.

502 Das Maximum der Crossover-Punkte ist auf ein Drittel der Anzahl an Zeichen in einer kodierten Regelkette beschränkt, da sonst die Zerstückelung der kodierten Informationen zu groß wäre und damit kaum geeignete (Erb-)Informationen weitergegeben werden können. Vgl. BEASLEY ET AL. (1993B), S. 170.

Die beiden *offspring* werden in einem zweiten Schritt mit einer bestimmten Wahrscheinlichkeit $prob_{Mutation}$ der Mutation unterworfen, die als Uniform-Mutation implementiert ist. Dabei wird ein Zeichen der Zeichenkette zufällig ausgewählt und durch sein binäres Gegenstück ersetzt. Da die Mutation eines Elements innerhalb einer Zeichenkette große Auswirkungen haben kann, bspw. wenn eine häufig verwendete Regel ausgeschaltet wird, ist die Wahrscheinlichkeit $prob_{Mutation}$ i.d.R. deutlich kleiner als $prob_{Crossover}$. Sollten die beiden Elternteile per Zufall nicht der Mutation unterzogen werden, so werden sie unverändert in die nächste Generation übernommen. Diese Prozedur läuft als Schleife so lange ab, bis die nächste Generation wieder die gleiche Anzahl an Individuen hat. Da in einer Runde immer zwei *offspring* entstehen läuft die Schleifenprozedur über die Hälfte der Individuen der Ausgangspopulation (PopulationSize/2). Anschließend werden wiederum alle Individuen bewertet und ein neuer *Mating Pool* generiert. Der GA endet nach einer userspezifischen Anzahl an Generationen.

GENEFER bietet beim Simplifizieren die beiden Zusatzoptionen Elite Selection und Vorgabe einer bestimmten Generationenanzahl, in der keine Verbesserung des besten Individuums mehr erreicht werden konnte, an. Die Schleifenanzahl kann durch die zweite Option teilendogenisiert werden. Die Abbildung 3.35 zeigt zwei Versionen des Ergebnisfensters, das am Ende der Simplifizierung dem *User* einen schnellen Einblick in die Fortschritte bei der Performance seiner Regel-Basis gibt. Das linke Fenster zeigt dabei die Entwicklung des Fitnesswertes der jeweils besten Regel-Basis in der aktuellen Population über 80 Generationen, während das rechte Fenster den durchschnittlichen Fitnesswert der gesamten Population anzeigt. Für die weiteren Schritte ist zwar nur die beste Regel-Basis von Bedeutung, jedoch zeigt die Entwicklung der durchschnittlichen Fitness, dass die Anzahl an guten Lösungen im Zeitablauf zunimmt. Der Fitnesswert gemessen am MSE der Regel-Basis über alle Trainingsbeispiele konnte von 4,57267E-05 auf 2,92895E-05 verbessert werden, bei einer gleichzeitigen Reduzierung der Regelanzahl von 110 auf 70.

Abbildung 3.35: Ergebnisfenster nach Abschluss der Regelbasissimplifizierung

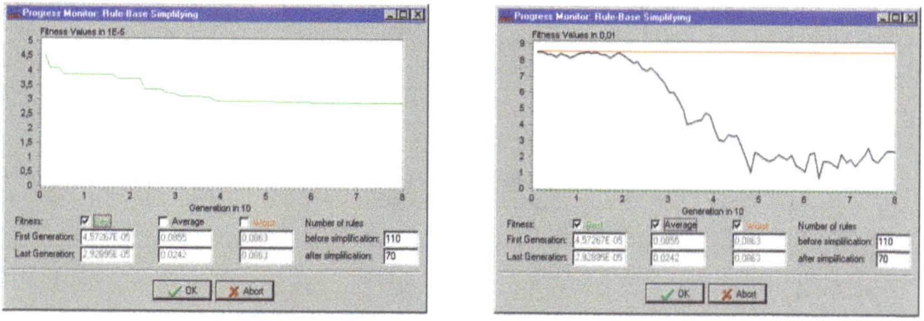

Quelle: GENEFER.

Es ist an dieser Stelle darauf hingewiesen, dass während der Simplifizierung GENEFER keine Regeln löscht, sondern in einem zusätzlichen Datengerüst Regelschalter ein- und ausschaltet. Die ursprünglich kreierte Regel-Basis bleibt zu jeder Zeit vorhanden und kann auch nach der Simplifizierung vollkommen wiederhergestellt werden, indem alle Regelschalter erneut auf Eins gesetzt werden.

3.6.5. Tunen einer Fuzzyregel-Basis

Das Zusammenspiel von Regeln und Fuzzy-Mengen stellt das entscheidende Element dar, das die Performance einer Fuzzyregel-Basis bestimmt.[503] Während das Simplifizieren eine gegebene Fuzzifizierungs-Basis voraussetzt und die Regel-Basis optimiert, wird beim *Tunen* eine gegebene Regel-Basis unterstellt und die Parameter der Fuzzifizierungs-Basis optimiert. Das Ziel des Tuningprozesses ist wiederum, einen möglichst geringen MSE zu erzielen. GENEFER stellt zwei weit verbreitete Tuningmechanismen zur Verfügung – das neuronale und das genetische Tunen. Beiden ist gemeinsam, dass sie die Fuzzy-Mengen-Parameter verändern, nicht jedoch den Funktionstyp der Zugehörigkeitsfunktionen und den Granulationsgrad. Im Folgenden werden beide Verfahren ausführlich in gesonderten Abschnitten erläutert.

3.6.5.1 Genetisches Tunen einer Fuzzyregel-Basis

Der genetische Tuningansatz setzt eine passende Kodierung der Parameter der gesamten Fuzzifizierungs-Basis voraus. Statt der üblichen binären Kodierung der Individuen wird an dieser Stelle eine *real-coded representation* (daher auch RCGA) verwendet. Ein Individuum – eine gesamte Fuzzifizierungs-Basis – wird als Vektor reeller Werte dargestellt. Diese Art der Kodierung hat sich für zahlreiche Anwendungsgebiete von GAs als geeigneter erwiesen.[504] Die Abbildung der Individuen in einem RCGA (Genotyp) ist näher an der natürlichen Formulierung des Problems (Phänotyp). Wenn bspw. optimale Werte für reellwertige Variablen gesucht werden, so ist die Abbildung als Vektor reeller Variablen näher am Phänotyp (der Lösung) als eine binäre Verschlüsselung, die zunächst wieder dekodiert werden muss, bevor ihr ein Fitnesswert zugewiesen werden kann. Auch ist die Präzision des RCGA größer, denn in einem großen Suchraum entfällt die unangemessen aufwendige und lange binäre Kodierung.[505] In GENEFER wird eine Fuzzifizierungs-Basis durch einen Vektor von 3-Tupeln der Art (*fl*, fc, fr) dargestellt, wobei die drei Parameter eine Fuzzy-Menge entsprechend der Abbildung 3.16 auf Seite 10 entsprechen. Die Kodierung einer Variablen j erfordert daher $3{\cdot}nf_j$ Elemente, so dass eine gesamte kodierte Fuzzifizierungs-Basis aus $nc = \sum_{j=1}^{nj} 3{\cdot}nf_j + 3{\cdot}nf_{out}$ Elementen besteht. Die Abbildung 3.36 verdeutlicht die Kodierung

---

[503] „*...it should be noted that the correct choice of the membership functions plays an essential role on the performance of an FLCS* [Fuzzy Logic Control System – Anm. d. A.]. *It is very important to adjust the parameters of the membership functions, that is, to tune the fuzzy rule base....*" HERRERA/LOZANO/MORAGA (1993), S. 5.

[504] Vgl. JANIKOW/MICHALEWICZ (1991). Zum Beispiel in Fällen, bei denen sehr viele Inputs kodiert werden müssen oder eine hohe Präzision erforderlich ist und eine binäre Kodierung zu sehr langen Zeichenketten führen würde. Vgl. HERRERA ET AL. (1993), S. 3.

[505] Vgl. GORDÓN/HERRERA (1997B), S. 219 sowie HERRERA ET AL. (1997), S. 21 f. Bei einer binären Kodierung tritt zudem das Problem der ungültigen Lösungen auf. Wenn bspw. der Suchraum aus 8000 Lösungen bestehen würde erfordert eine binäre Kodierung mindestens 13 Stellen und umfasst daher $2^{13} = 8192$ Lösungen, von denen 192 ungültig sind.

einer FB, wobei eine gesamte kodierte FB mit C bezeichnet wird und damit ein Individuum in einer Generation des GA darstellt. Mit c wird ein Element der nc Fuzzy-Parameter gekennzeichnet, die in C enthalten sind.

Abbildung 3.36: Reellwertige Kodierung einer gesamten Fuzzifizierungs-Basis

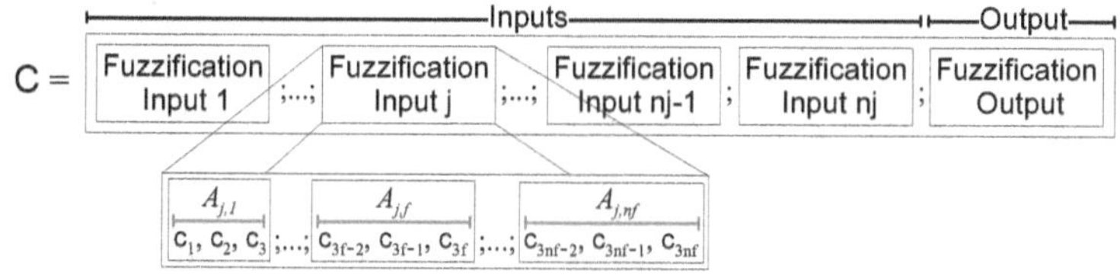

Quelle: Eigene Darstellung.

Die bestehende Fuzzifizierungs-Basis aus dem Fuzzifizierungsschritt stellt zusammen mit zufällig generierten Individuen die Startpopulation der ersten Generation dar. Die Initialisierung der einzelnen Elemente muss jedoch innerhalb bestimmter Grenzen erfolgen. Der gesamte Wertebereich jeder Variablen j in dem der RCGA nach den optimalen Fuzzy-Mengen-Parametern sucht, wird durch das scharfe Intervall $[b^{Tune}_{j,max}, b^{Tune}_{j,min}]$ beschrieben. Dabei ermittelt sich $b^{Tune}_{j,max}$ aus $fl_{j,1} - 0{,}5 \cdot wl_{j,1}$ und $b^{Tune}_{j,min}$ aus $fr_{j,nf} + 0{,}5 \cdot wr_{j,nf}$.

Dieser Wertebereich kann jedoch nicht den Suchraum für jeden einzelnen Fuzzy-Mengen-Parameter darstellen, da bspw. sichergestellt sein muss, dass das Zentrum des f-ten Terms links von dem des (f +1)-ten Terms liegt. Ebenso müssen die Fuzzy-Mengen-Randwerte fl = fc – w*l* und fr = fc + wr zwingend kleiner (größer) sein als das Zentrum des entsprechenden Terms. Aus diesem Grund wird eine parameterspezifische Intervallfestlegung für jeden Term zu Beginn des Tunings vorgenommen, die während des RCGA in allen Generationen unverändert bleibt.

Abbildung 3.37: Parametersuchraum für Fuzzy-Mengen im genetischen Tuningprozess

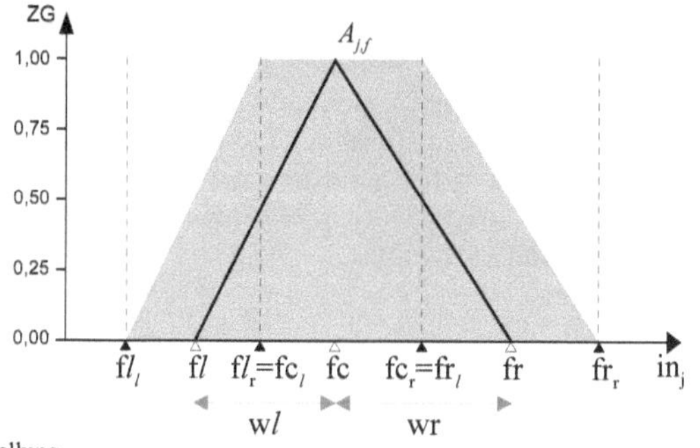

Quelle: Eigene Darstellung.

Die unausgefüllten Dreiecke in der Abbildung 3.37 zeigen auf die Werte der Fuzzy-Mengen-Parameter vor Beginn des Tunings. Die ausgefüllten Dreiecke zeigen die Intervallgrenzen des Suchraums für jeden der drei Parameter, die aus folgenden Gleichungen auf der nächsten Seite resultieren:

(3.81) $fl_l = fl - 0{,}5 \cdot (fc - fl)$

(3.82) $fl_r = fc_l = fc - 0{,}5 \cdot (fc - fl)$

(3.83) $fc_r = fr_l = 0{,}5 \cdot (fr - fc)$

(3.84) $fr_r = fr + 0{,}5 \cdot (fr - fc)$

Parametergrenzen beim genetischen Tunen der Fuzzifizierungs-Basis

Die Gleichungen (3.81) bis (3.84) begrenzen einen symmetrischen Bereich um die Anfangsparametrisierung der Fuzzifizierungs-Basis. Der gesamte Raum, in dem die Fuzzy-Menge nach dem genetischen Tuningprozess liegen kann, ist in der Abbildung 3.37 grau hinterlegt und kann von GENEFER ebenso optional dargestellt werden. Dies ermöglicht die Kontrolle des Prozesses sowie die Veranschaulichung der erfolgten Parameterbewegung vor und nach dem Tunen (siehe Abbildung 3.39 auf Seite 10).

Da im Gegensatz zum kanonischen GA eine reellwertige Kodierung gewählt wird, müssen die genetischen Operatoren angepasst werden.[506] Sie müssen sicherstellen, dass die Grenzen der Wertebereiche der reellwertig kodierten Parameter nicht überschritten werden. Dies wird beim Crossover-Operator durch folgende Implementierung erreicht:

(3.85) $C_1^{t+1} = a \cdot C_{P1}^t + (1 - a) \cdot C_{P2}^t$

(3.86) $C_2^{t+1} = a \cdot C_{P2}^t + (1 - a) \cdot C_{P1}^t$

(3.87) C_3^{t+1} mit $c_3^{t+1} = \min(c_{P1}^t, c_{P2}^t) \ \forall \ c_{P1}^t \in C_{P1}^t \wedge c_{P2}^t \in C_{P2}^t$

(3.88) C_4^{t+1} mit $c_4^{t+1} = \max(c_{P1}^t, c_{P2}^t) \ \forall \ c_{P1}^t \in C_{P1}^t \wedge c_{P2}^t \in C_{P2}^t$

Crossover Operatoren bei real-coded GA

Aus den zwei als Elternpaar bestimmten Individuen C_{P1} und C_{P2} werden vier *offspring* erzeugt. Zwei setzen sich aus dem arithmetischen Mittel der Parameter der Eltern zusammen, während die verbleibenden zwei durch die jeweiligen Maxima und Minima der Parameter an jeweils gleicher Stelle gebildet werden. Der Parameter a ist ein Wert im Einheitsintervall und wird exogen vorgegeben. Da die Folgegeneration in t+1 nicht größer sein soll als die in t, überleben nur die zwei besten der vier *offspring* und werden in die nächste Generation kopiert, falls sie nicht durch eine Zufallsauswahl noch der Mutation unterworfen werden.

Der an dieser Stelle in GENEFER implementierte Mutationsoperator stellt einen *non-uniform* Mutation Operator dar und wird in der Literatur auch als *Creep*-Operator bezeichnet.[507] Ist ein Individuum C zufällig zur Mutation bestimmt worden, so wird per Zufall eines seiner Elemente c ausgewählt – hier bspw. ein Zentrum fc –, das nach folgender Vorgehensweise verändert wird:

(3.89) $$c' = \begin{cases} c + \Delta(t, fc_r - c) & \text{falls } \alpha = 1 \\ c - \Delta(t, c - fc_l) & \text{falls } \alpha = 0 \end{cases}$$

non-uniform Mutation

Der Parameter α stellt eine binäre Zufallsvariable mit den Ausprägungen 0 und 1 dar, die angibt, ob der Wert c erhöht ($\alpha = 1$) oder gesenkt ($\alpha = 0$) soll. Die Funktion $\Delta(t, y)$

---

[506] Zahlreiche Crossover-Operatoren für RCGA sowie eine Auswertung an Hand vier verschiedener Testfunktionen werden vorgestellt in HERRERA ET AL. (1997 und 1998B).

[507] Vgl. BEASLEY ET AL. (1993B), S. 176.

bestimmt die Schrittweite und liefert einen Wert im Intervall [0, y] und zwar so, dass die Wahrscheinlichkeit, dass der Wert nahe Null ist, mit steigendem t zunimmt.

(3.90) $\Delta(t, y) = y \cdot (1 - r^{(1-t/T)^z})$

Der Parameter r ist eine stetige Zufallsvariable im Intervall [0,1], T gibt die maximale Anzahl der Generationen wieder und der Parameter z bestimmt den Grad der Abhängigkeit von der Anzahl der evolvierten Generationen t. Der Exponent von r verdeutlicht, dass mit zunehmendem t der Exponent gegen Null geht und dadurch der gesamte Ausdruck in der Klammer ebenfalls gegen Null geht. Diese Funktionseigenschaft sorgt dafür, dass der Mutationsoperator zu Beginn des GA (t ist klein) breit im Suchraum agieren kann, während in älteren Generationen (t ist groß) eher lokal gesucht wird.[508] Dies verstärkt die Konvergenzeigenschaft des GA.

Als Fitnessfunktion wird die bereits beim Simplifizieren einer Fuzzyregel-Basis in Abschnitt 3.6.4.2 auf Seite 10 vorgestellte Funktion (3.80) verwendet. Diese stellt sicher, dass die genetisch veränderte Fuzzifizierungs-Basis mit der bestehenden Regel-Basis die Beobachtungspunkte d_t im TDS vollständig und zu einem *Mindest-Covering Degree* abdeckt.

Einen optischen Eindruck über die Leistungsfähigkeit des Algorithmus gibt das Beispiel in der folgenden Abbildung 3.38. Sie zeigt die Entwicklung des Fitnesswertes des besten Individuums einer Population von 50 Individuen über 30 Generationen. Die zu tunende Fuzzifizierungs-Basis besteht aus drei Inputs mit jeweils drei Fuzzy-Mengen und einer Outputgröße mit fünf Fuzzy-Mengen, so dass insgesamt 3·3·3 + 5·3 = 42 Parameter modifiziert werden können. Dem Beispiel liegt eine Crossover-Wahrscheinlichkeit von 0,6 und eine Mutationswahrscheinlichkeit von 0,01, bei Tournament Selektion zwischen 2 Individuen zugrunde.

Abbildung 3.38: Ergebnisfenster* nach Abschluss des genetischen Fuzzyregel-Basis-Tuning

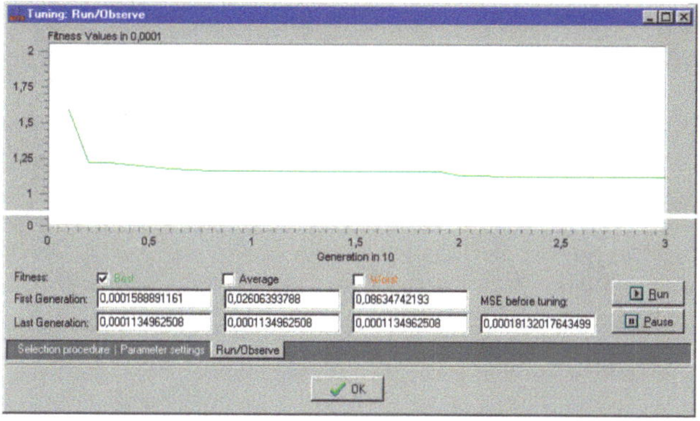

* Aus Platzgründen ist das Programmfenster geteilt und zeigt nur den relevanten Bereich der Entwicklung des MSE.
Quelle: GENEFER.

[508] Vgl. HERRERA ET AL. (1993), S. 3.

Die Abbildung verdeutlicht die Verbesserung der Prognosegüte der FRB durch das genetische Tuning der Fuzzifizierungs-Basis. Der MSE beträgt vor dem Tuning ca. 1,8132E–4. Das beste Individuum in der Ausgangspopulation weist bereits einen besseren MSE von 1,5888E–4 auf, der innerhalb von 30 Generationen bis auf 1,1349E–4 reduziert werden konnte. Da GENEFER die Ausgangs-FB nicht überschreibt, sondern die beste FB der letzten Generation – und nur die ist schließlich von Interesse – in einer separaten Variable speichert, ist für den *User* ein direkter Vergleich der beiden Fuzzifizierungs-Basen möglich. Die Regel-Basis kann jederzeit wieder mit der Ausgangs-FB vor dem Tuning verknüpft werden, so dass die Unterschiede über ein gesamtes Zeitintervall wie auch bei Punktprognosen feststellbar sind. Die Abbildung 3.39 zeigt für das obige Beispiel aus Abbildung 3.38 die Fuzzifizierungs-Basen für die Inputgröße *„retail sales"* vor und nach dem Tuning-Prozess.

Abbildung 3.39: Vergleich zweier Fuzzifizierungs-Basen vor und nach dem genetischen Tunen

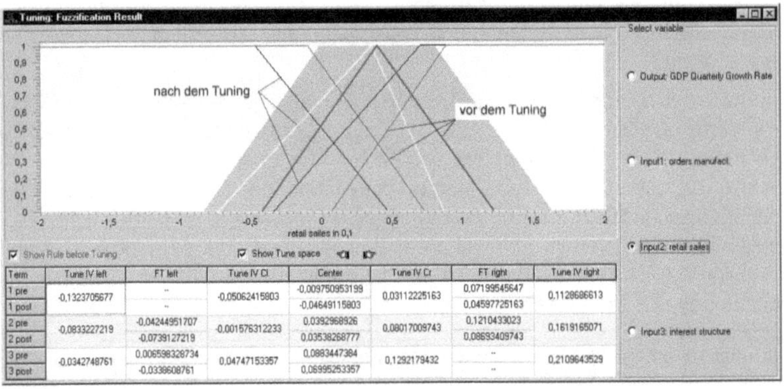

Term	Tune IV left	FT left	Tune IV Cl	Center	Tune IV Cr	FT right	Tune IV right
1 pre	-0,1323705677	--	-0,05062415803	-0,009750953199	0,03112225163	0,07199545647	0,1128686613
1 post		--		-0,04649115803		0,04597725163	
2 pre	-0,0833227219	-0,04244951707	-0,001576312233	0,0392968926	0,08017009743	0,1210433023	0,1619165071
2 post		-0,0739127219		0,03538268777		0,08693409743	
3 pre	-0,0342748761	0,006598328734	0,04747153357	0,0883447384	0,1292179432	--	0,2109643529
3 post		-0,0338608761		0,06995253357		--	

Quelle: GENEFER.

In der Auswahlliste auf der rechten Seite bestimmt der *User* die darzustellende Variable. Im oberen Fensterfeld ist die Fuzzifizierung der zweiten Inputgröße *(retail sales)* sowohl vor wie auch nach dem Tunen eingezeichnet und der Suchraum für die mittlere Fuzzy-Menge grau hinterlegt. Die Tabelle zeigt die numerischen Ausprägungen der Parameter (Abszissenabschnitte) aller dargestellten Fuzzy-Mengen. Da die Option Randsättigung gewählt ist, gibt es keine Grenze für die äußeren Randmengen (unendliche Fuzzy-Weiten), so dass die Tabelle an dieser Stelle ein (--) zeigt. Die beiden Randmengen sind durch das Tuning nach rechts außen verschoben worden, während der mittlere Term nach links gewandert ist.

3.6.5.2 Neuronales Tunen einer Fuzzyregel-Basis

Das neuronale Tuning erfordert eine Überführung der Fuzzyregel-Basis in ein hybrides Neuro-Fuzzy-System. Diese Überführung ist dadurch möglich, dass beide Systeme das enthaltene Wissen verteilt beinhalten. Diese Eigenschaft ermöglicht es, ein Neuronales Netz so aufzubauen, dass es in seinen Schichten und in den Verbindungen zwischen einzelnen Knoten die Funktionen eines Fuzzy-Systems übernimmt. Dazu ist ein *multilayer feed-forward* Netz notwendig, das in seinen Grundzügen bereits im Abschnitt 3.3 vorgestellt wurde.[509] Fünf Schichten mit unterschiedlicher Anzahl an Knoten sind notwendig, um die Bausteine einer Fuzzyregel-Basis abzubilden. Die Abbildung 3.40 verdeutlicht diesen Aufbau graphisch.

Abbildung 3.40: Grundstruktur eines hybriden Neuro-Fuzzy-Systems

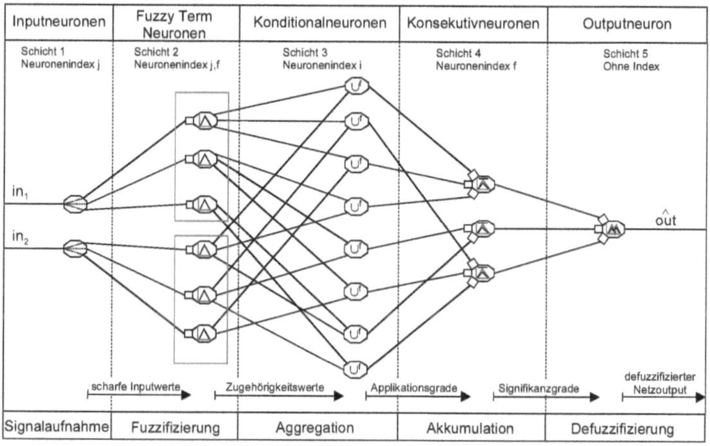

Quelle: Eigene Darstellung in Anlehnung an Kooths (1998), S. 76.

In der *ersten Schicht* befinden sich die Input- bzw. Eingabeneuronen, die die scharfen Werte der Inputvariablen aufnehmen, um sie an die Neuronen der zweiten Schicht zu verteilen. Es sind daher in der Eingabeschicht so viele Neuronen notwendig wie Inputs bestimmt worden sind. Da sie lediglich den Eingangskontakt zur Außenwelt darstellen und nur eine Verteilaufgabe übernehmen, sind ihnen keine Gewichte vorgeschaltet (bzw. alle Gewichte haben den Wert Eins) und ihre Integrations- und Transferfunktion sind mit dem Eingangssignal – dem scharfen Inputwert – identisch. Bei der folgenden formalen Darstellungen bezeichnet der hochgestellte Index die Schicht, während sich der erste tiefgestellte Index auf die Neuronen innerhalb der betrachteten Schicht bezieht. In der Inputschicht wird entsprechend der bisher verwendeten Indizierung der Index j für die Inputvariablen verwendet.

(3.91) $$d_p = in_j^1 = netin_j^1 = out_j^1$$

In der *zweiten Schicht* befinden sich Neuronen, die die Fuzzifizierung der scharfen Inputwerte übernehmen. Es sind daher bei nj Inputs mit jeweils nf_j Fuzzy-Mengen $\sum_{j=1}^{nj} nf_j$ Neuronen in dieser Schicht notwendig. Jedes Neuron repräsentiert genau eine Fuzzy-Menge einer Inputvariablen. Die Inputneuronen sind daher jeweils vollständig verbunden mit den Fuzzy Term-Neuronen derselben Variable. Jedem Neuron der zweiten Schicht kann somit das linguistische Label seiner Fuzzy-Menge zugeordnet

509 Die in GENEFER verwendete Implementierung eines Neuro-Fuzzy-Systems ist stark orientiert an LIN/LEE (1991) und LIN (1994).

werden. In der Abbildung 3.40 könnten die jeweils drei Neuronen der beiden Inputvariablen bspw. die Terme ‚klein', ‚mittel' und ‚groß' darstellen. Das Verbindungsgewicht zwischen den ersten beiden Schichten setzt sich als 3-Tupel aus den Fuzzy-Parametern Fuzzy-Weiten w*l* und wr sowie dem Termzentrum fc zusammen, die die Zugehörigkeitsfunktion als Transferfunktion des Neurons spezifizieren. Das Ergebnis eines Fuzzy-Term-Neurons ist daher der Zugehörigkeitsgrad eines scharfen Inputwertes zu der Fuzzy-Menge des betrachteten Neurons. Der zweite tiefgestellte Index f in den Gleichungen (3.92) und (3.93) gibt wiederum die Fuzzy-Menge an.

$$(3.92)\qquad netin^2_{j,f} = \begin{cases} \dfrac{fc_{j,f} - out^1_j}{wl_{j,f}} & \text{falls } out^1_j < fc_{j,f} \\ \dfrac{out^1_j - fc_{j,f}}{wr_{j,f}} & \text{sonst} \end{cases} \qquad out^2_{j,f} = \frac{1}{e^{(netin^2_{j,f})^2}} \qquad \text{Gauss-Typ}$$

$$(3.93)\qquad netin^2_{j,f} = \begin{cases} \dfrac{fc_{j,f} - out^1_j}{wl_{j,f}} & \text{falls } out^1_j < fc_{j,f} \\ \dfrac{out^1_j - fc_{j,f}}{wr_{j,f}} & \text{sonst} \end{cases} \qquad out^2_{j,f} = \max(0, 1 - netin^2_{j,f}) \qquad \text{triangulär}$$

Der Nettoinput eines Fuzzy Term-Neurons bedient sich der Gewichte (w*l*, fc, wr) und verarbeitet den Neuroneninput $in^2_{j,f} = out^1_j$ so, dass er an eine konstante Transferfunktion weitergegeben werden kann. Diese Aufspaltung der Zugehörigkeitsfunktion entspricht der Idee des klassischen Neuronenaufbaus aus Abbildung 3.4 auf Seite 10, in dem nur die Integrationsfunktion von Gewichtsänderungen betroffen ist. Der Neuronenoutput dieser Schicht entspricht dem Zugehörigkeitsgrad wie er bereits in den Gleichungen der Abbildung 3.16 auf Seite 10 abgebildet wurde. Korrigiert werden müssen die Gleichungen lediglich, wenn die Option Randsättigung bei den Fuzzy-Mengen der Inputvariablen gewählt ist. In diesem Fall gilt:

$$(3.94)\qquad \text{falls} \begin{cases} (out^1_j < fc^2_{j,f}) \wedge (f = 1) \\ (out^1_j > fc^2_{j,f}) \wedge (f = nf) \end{cases} \quad \text{dann: } out^2_{j,f} = 1 \qquad \text{Korrektur bei Randsättigung}$$

Dieser Zugehörigkeitswert wird als Signal an die *dritte Schicht* weitergegeben, in der die Neuronen die Verknüpfungen der Input-Fuzzy-Mengen darstellen. Sie bilden somit die Konditionalteile der Fuzzyregeln *(antecedents)* und übernehmen die Aufgabe des Fuzzy-UND-Operators. Ausgehend von einem Konditionalneuron der dritten Schicht, kann der Bedingungsteil einer Fuzzyregel durch UND-Verknüpfung der verbundenen Knoten der zweiten Schicht erzeugt werden. In der Abbildung 3.40 ist beispielsweise das erste Konditionalneuron mit dem jeweils ersten Fuzzy-Term-Neuron einer Inputvariable verknüpft, so dass es den Konditionalteil *„Wenn Input 1 klein ist Und Input 2 ebenfalls klein ist"* repräsentiert. Die Anzahl an Neuronen der dritten Schicht stellt die Anzahl an Regeln in der Fuzzyregel-Basis dar, die mit i indexiert sind. Die Aufgabe der Neuronen dieser Schicht besteht in der Aggregierung der einzelnen Zugehörigkeitsgrade der mit ihnen verbundenen Neuronen der zweiten Schicht. Ihre Outputsignale für die Neuronen der vierten Schicht bestehen daher in den Applikationsgraden der von ihnen repräsentierten Fuzzyregeln. Wie bereits in Abschnitt 3.5.2 dargestellt, wird das Fuzzy-UND durch den Minimum-Operator realisiert, so dass ein Konditionalneuron alle Eingangssignale ungewichtet aufnimmt und das Minimum aus diesen als Ausgangssignal weitergibt. Dabei besitzt jedes Neuron genau eine Verbindung zu einem Neuron der vierten Schicht, da eine Regel immer nur auf einen Outputterm feuert.

(3.95) $netin_i^3 = \min(out_{1,f}^2, \ldots, out_{nj,f}^2)$ $out_i^3 = netin_i^3$ Aggregation

In der *vierten Schicht* befinden sich die Konsekutivneuronen, die jeweils eine Fuzzy-Menge der Output- bzw. der Erwartungsgröße repräsentieren. Die Konsekutivschicht umfasst daher nj_{out} Neuronen der Erwartungsvariablen. Im Gegensatz zu den Fuzzy-Term-Neuronen der zweiten Schicht finden sich jedoch keine Zugehörigkeitsfunktionen in den betrachteten Neuronen, sondern diese übernehmen die Aufgabe der Akkumulation der Applikationsgrade zum Signifikanzgrad. Mit Hilfe des bereits im Abschnitt 3.5.2 vorgestellten limitierten Summenverfahrens addieren sie die Applikationsgrade bis zu einem Maximum von Eins und geben das Ergebnis als Ausgangssignal an das Ausgabeneuron der letzten Schicht weiter. Dabei steht optional eine Regelgewichtung über w_i^4 zur Verfügung. Ist diese Option deaktiviert so ist jedes Gewicht auf Eins gesetzt.

(3.96) $netin_f^4 = \sum_{i \text{ con } f} (w_i^4 \cdot out_i^3)$ $out_f^4 = \min(1, netin_f^4)$ Akkumulation

Der Operator ‚i con f' erzeugt dabei wiederum die Indexmenge aller mit dem f-ten Neuron der vierten Schicht verbundenen Konditionalneuronen der dritten Schicht.

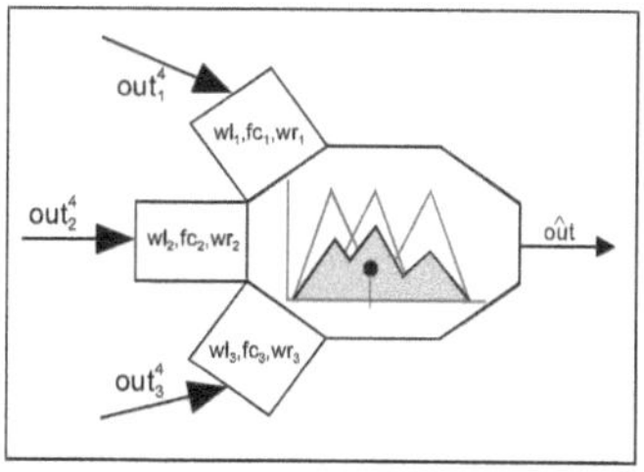

In der *fünften Schicht* übernimmt das Ausgabe- oder Outputneuron die Defuzzifizierung des Fuzzy-Inferenzergebnisses. Es nimmt dazu die Signifikanzgrade der Konsekutivneuronen (= out_f^4) auf und verarbeitet diese je nach gewählter Defuzzifizierungsfunktion zu einem scharfen Erwartungs- bzw. Outputwert. Die Gewichte der Verbindungen zwischen den Neuronen der vierten und fünften Schicht stellen dazu wiederum ein 3-Tupel dar, in dem die Fuzzy-Mengen-Parameter der Output-Fuzzy-Mengen abgebildet werden. Die Abbildung auf der rechten Seite zeigt diese Struktur an Hand einer Output-Fuzzifizierung mit dem Granulationsgrad drei. Die grau schraffierte Fläche stellt das Fuzzy-Inferenzwergebnis dar, das durch die Defuzzifizierungsfunktionen in einen scharfen Outputwert umgerechnet wird. Die Formeln zur Berechnung des scharfen Outputs (Gleichungen (3.46) bis (3.49)) wurden bereits auf den Seiten 10 und 10 hergeleitet und werden daher an dieser Stelle nicht wiederholt. Es sei jedoch darauf hingewiesen, dass beim *Center-of-Maximum* Verfahren die Termweiten keine Rolle spielen, so dass sie mangels Einfluss auf den Netzoutput auch nicht trainiert werden können.

Die obige Darstellung zum allgemeinen Aufbau eines Neuro-Fuzzy-Netzes macht deutlich, dass in jedem Fall nur in der zweiten und in der fünften Schicht Gewichte bestehen, die trainiert werden können. Falls optional eine Regelgewichtung gewählt wird, so werden auch diese Gewichte in der vierten Schicht trainiert. Zur Erinnerung sei wiederholt, dass diese Gewichte die Fuzzy-Mengen-Parameter der Input- und Outputgrößen in Form von 3-Tupeln darstellen. Es sind genau diese Parameter, die in einer modifizierten Form des *error-backpropagation*-Algorithmus aus Abschnitt 3.3.3 trainiert werden. Im Rahmen des hier darzustellenden Tuningprozesses handelt es sich um überwachtes Lernen eines initialisierten Netzes. Die benötigten Parameter – Fuzzy-Mengen-Zentren und -Weiten – sowie die Funktionen innerhalb der einzelnen Neuronen – Funktionstyp der Zugehörigkeitsfunktionen, Fuzzy-UND Operator, Akkumulationsverfahren und Defuzzifizierungsmethode – wurden bereits in den vorangegangenen Schritten des Fuzzyregel-Basis-Designprozesses definiert. Im Vordergrund steht daher die Ableitung der Lernregeln für die Gewichte der zweiten, vierten und fünften Schicht. Da die geforderte Interpretierbarkeit des Neuro-Fuzzy-Systems die Einhaltung bestimmter Nebenbedingungen für die Netzparameter fordert – bspw. keine negativen Fuzzy Termweiten –, muss der Lernalgorithmus so modifiziert werden, dass die Einhaltung dieser Nebenbedingungen garantiert wird. Im Folgenden wird aus diesem Grund entsprechend Kooths (1998) vom „kontrollierten *error-backpropagation*-Algorithmus" gesprochen.

Der Lernalgorithmus baut wie der Standard-*error-backpropagation*-Algorithmus auf einem Trainingsdatensatz auf. Dem Netz muss folglich ein Inputmuster vorgelegt werden, das anschließend im *Recall*-Modus durch das Netz geleitet wird und zu einem Netzoutput führt. Mit Hilfe dieses Netzoutputs und dem bekannten tatsächlichen Outputwert des Trainingsbeispiels lässt sich ein Fehlersignal generieren, mit dem die Netzgewichte trainiert werden können. Die Vorgehensweise ist dabei grundsätzlich die gleiche wie im Abschnitt 3.3.3 bis auf die speziellen Transferfunktionen und Gewichtsformulierungen. Die Darstellungen beginnen entsprechend diesem Abschnitt mit der Ausgabeschicht.

Kontrollierter error-backpropagation-Algorithmus

5. Schicht: Modifizierung der Fuzzifizierung der Erwartungsgröße

Die Gewichtsänderung in dieser Schicht ist von dem gewählten Defuzzifizierungsverfahren abhängig, da beim *Center-of-Maximum*-Verfahren die Termweiten keine Rolle spielen und sie daher auch nicht geändert werden können.

(1) *Center-of-Maximum-Defuzzifizierung – signifikanzgewichtet*

Die Termzentrenanpassung an den Netzfehler e erfolgt bei diesem Verfahren nach:

$$(3.97) \qquad \Delta fc_f^5 = -\eta \cdot e \cdot \frac{1}{\sum_{f=1}^{nf} out_f^4} \cdot out_f^4$$

Die Herleitung dieser Gleichung ergibt sich aus (3.16) auf Seite 10, wobei die beiden ersten Faktoren sowie der vierte dort identisch wiederzufinden sind. Der dritte Faktor stellt die partielle Ableitung der CoM-Defuzzifizierungsfunktion (3.49) nach dem Nettoinput dar, so dass die beiden mittleren Faktoren das Fehlersignal δ dieses Neurons bilden.

Die Gleichung zeigt, dass eine Zentrenanpassung in die entgegengesetzte Richtung des Erwartungsfehlers erfolgt. Wird bspw. ein höherer Wert erwartet als tatsächlich im

Trainingsbeispiel vorhanden, so ist der Prognosefehler positiv $e > 0$ und das Zentrum wird auf der Abszisse nach links verschoben. Dabei kommt es zusätzlich darauf an, wie signifikant der betrachtete Term in Bezug auf alle anderen Terme des Fuzzy-Inferenzergebnisses ist. Diese relative Bedeutung wird durch die beiden letzten Faktoren angegeben, die den Signifikanzgrad des betrachteten Terms in Bezug zur Summe aller Signifikanzgrade stellen. Je höher dieser Wert ist, desto stärker ist die Anpassung des Termzentrums.

(2) *Center-of-Maximum-Defuzzifizierung – flächengewichtet*

Bei der flächengewichteten Variante des CoM-Verfahrens (Gleichung (3.48) auf Seite 10) wie auch beim CoG-Verfahren spielen die Fuzzy-Weiten eine Rolle als zusätzliche Gewichtungsfaktoren. Wenn möglich, wird im Folgenden aus Übersichtsgründen auf eine verkürzte Schreibweise über die Summe der Fuzzy-Mengen-Weiten zurückgegriffen:

(3.98) $$w_f^5 = wl_f^5 + wr_f^5 \, .$$

Der Anpassungsbedarf für das Fuzzy-Mengen-Zentrum berechnet sich folgendermaßen:

(3.99) $$\Delta fc_f^5 = -\eta \cdot e \cdot \frac{1}{\sum_{f=1}^{nf} out_f^4 \cdot w_f^5} \cdot (out_f^4 \cdot w_f^5)$$

Da die Fuzzy-Weiten nun ebenfalls einen Einfluss auf den Netzoutput besitzen, müssen auch sie bei einem Fehlersignal ungleich Null angepasst werden. Die Fuzzy-Weiten sind jedoch Bestandteil der Integrations- *und* der Transferfunktion, so dass aus diesem Grund kein Fehlersignal δ abgeleitet werden kann und daher auch keine Kompaktschreibweise der Form aus Gleichung (3.16) auf Seite 10 möglich ist. Stattdessen wird über die Quotientenregel die partielle Ableitung des Neuronenoutputs nach einer infinitesimal kleinen Änderung einer Fuzzy-Weite berechnet.

(3.100) $$\Delta wl_f^5 = \Delta wr_f^5 = -\eta \cdot e \cdot \frac{fc_f^5 \cdot out_f^4 \cdot \sum_{f=1}^{nf} out_f^4 \cdot w_f^5 - out_f^4 \cdot \sum_{f=1}^{nf} (fc_f^5 \cdot out_f^4 \cdot w_f^5)}{\left(\sum_{f=1}^{nf} out_f^4 \cdot w_f^5\right)^2}$$

Ob eine Fuzzy-Weite vergrößert oder verkleinert wird, hängt von der Position des betrachteten Terms im Vergleich zum defuzzifizierten Outputwert ab sowie von dem Vorzeichen des Prognosefehlers e. Die Funktionsweise der Weitenanpassung kann man sich wie folgt vorstellen: Wenn der scharfe Outputwert des Neuro-Fuzzy-Systems unterhalb des tatsächlichen Outputs liegt und sich der betrachtete Term links von diesem scharfen Output befindet, so werden dessen Weiten tendenziell ausgedehnt, da dadurch die Bedeutung des betrachteten Terms innerhalb der Fuzzy-Inferenzergebnismenge steigt und der defuzzifizierte Output dadurch näher am tatsächlichen liegen wird.

(3) *Center-of-Gravity-Defuzzifizierung – signifikanzgewichtet – trianguläre ZGF*

Beim signifikanzgewichteten *Center-of-Gravity*-Verfahren ist die Ableitung der Lernregel etwas umfangreicher, da die Termweiten ebenfalls einen Einfluss auf den Netzoutput besitzen. Die Lernregel für das Fuzzy-Mengen-Zentrum fc_f^5 entspricht hingegen der Gleichung (3.97), da die partielle Ableitung des *Center-of-Gravity* (siehe Gleichung (3.45)) nach dem Term-Zentrum gleich Eins ist. Daher wird direkt auf die Herleitung der Lernregel für die Term-Weiten eingegangen. Gemäß den Gleichungen (3.16) sowie (3.45) und (3.47) ergibt sich der Anpassungsbedarf wie folgt:

$$(3.101) \qquad \Delta wl_f^5 = -\eta \cdot e \cdot \frac{out_f^4}{\sum_{f=1}^{nf} out_f^4} \cdot \left(-\frac{1}{3}\right)$$

$$(3.102) \qquad \Delta wr_f^5 = -\eta \cdot e \cdot \frac{out_f^4}{\sum_{f=1}^{nf} out_f^4} \cdot \frac{1}{3}$$

Der Faktor – ⅓ in Gleichung (3.101) ergibt sich aus der partiellen Ableitung der Gleichung (3.45) nach der linken Term-Weite und der Faktor ⅓ in (3.102) aus der entsprechenden Ableitung nach der rechten Weite.

(4) *Center-of-Gravity-Defuzzifizierung – flächengewichtet – trianguläre ZGF*

Die Lernregel für das Term-Zentrum führt bei der Flächengewichtung des CoG-Defuzzifizierungsverfahrens zu keiner Änderung im Vergleich zu Gleichung (3.99), da die Ableitung des Flächenschwerpunktes nach dem Term-Zentrum gleich Eins ist. Die Lernregeln für die beiden Term-Weiten ergeben sich aus:

$$(3.103) \quad \Delta wl_f^5 = -\eta \cdot e \cdot \frac{\left(-\frac{2}{3} \cdot out_f^4 \cdot wl_f^5 + out_f^4\, fc_f^5\right) \cdot \sum_{f=1}^{nf} out_f^4 \cdot w_f^5 - \sum_{f=1}^{nf} (CoG(B_f) \cdot out_f^4 \cdot w_f^5) \cdot out_f^4}{\left(\sum_{f=1}^{nf} out_f^4 \cdot w_f^5\right)^2}$$

$$(3.104) \quad \Delta wr_f^5 = -\eta \cdot e \cdot \frac{\left(\frac{2}{3} \cdot out_f^4 \cdot wr_f^5 + out_f^4\, fc_f^5\right) \cdot \sum_{f=1}^{nf} out_f^4 \cdot w_f^5 - \sum_{f=1}^{nf} (CoG(B_f) \cdot out_f^4 \cdot w_f^5) \cdot out_f^4}{\left(\sum_{f=1}^{nf} out_f^4 \cdot w_f^5\right)^2}$$

mit $COG(B_f) = fc_f^5 - \frac{1}{3} \cdot wl_f^5 + \frac{1}{3} \cdot wr_f^5$

Damit ist die Gewichtsanpassung der letzten Schicht abgeschlossen.

4. Schicht: Regelgewichttraining bzw. Fehlersignalgenerierung

Wie bereits in Abbildung 3.40 dargestellt existieren Regelgewichte an den Konsekutivneuronen der vierten Schicht, falls der *User* die Option der Regelgewichtung gewählt hat. Im anderen Fall sind alle Regelgewichte konstant auf Eins gesetzt, so dass innerhalb des Lernprozesses nur das Fehlersignal für die nächste vorgelagerte Schicht bestimmt werden muss. Dieses Fehlersignal ergibt sich allgemein aus:

$$(3.105) \qquad \delta_f^4 = \frac{\partial e}{\partial netin_f^4} = \frac{\partial e}{\partial \hat{out}} \cdot \frac{\partial \hat{out}}{\partial out_f^4} \cdot \frac{\partial out_f^4}{\partial netin_f^4}$$

Das Fehlersignal in Gleichung (3.105) unterscheidet sich von dem des Standard-*error-backpropagation*-Algorithmus in Gleichung (3.18) durch den mittleren Bruch auf der rechten Seite. Der Grund dafür liegt in der Tatsache, dass der Neuronenoutput der vierten Schicht, der dem Signifikanzgrad out_f^4 entspricht, sowohl in der Integrationsfunktion des Ausgabeneurons wie auch in dessen Transferfunktion erscheint, so dass die Kettenregel mit dem Umweg über den Nettoinput $netin^5$ nicht angewendet werden kann. Der mittlere Bruch gibt damit direkt den Einfluss eines Signifikanzgrades auf den Netzoutput an. Der letzte Faktor der obigen Gleichung beschreibt die Reaktion eines Signifikanzgrades auf eine infinitesimal kleine Änderung des Nettoinputs und stellt die partielle Ableitung der limitierten Summenfunktion $out_f^4 = \min(1, netin_f^4)$ dar. Diese Transferfunktion der Neuronen der vierten Schicht wird als Identität behandelt, da eine Überschreitung der Obergrenze von Eins keinem Neuron der dritten Schicht ursachengerecht zugeordnet werden kann. Die Fehlersignale der vierten Schicht sind zudem abhängig von dem gewählten Defuzzifizierungsverfahren. Für das flächengewichtete CoM-Verfahren ergibt sich das Fehlersignal aus

$$(3.106)\quad \delta_f^4 = \frac{\partial e}{\partial netin_f^4} = e \cdot \frac{fc_f^5 \cdot w_f^5 \cdot \sum_{f=1}^{nf}(out_f^4 \cdot w_f^5) - w_f^5 \cdot \sum_{f=1}^{nf}(fc_f^5 \cdot out_f^4 \cdot w_f^5)}{\left(\sum_{f=1}^{nf}(out_f^4 \cdot w_f^5)\right)^2}$$

Fehlersignal
CoM flächengewichtet

Das Fehlersignal ist damit bei einem Überschätzen des tatsächlichen Outputs ($e > 0$) tendenziell umso größer, je weiter rechts die betrachtete Konsekutivmenge angeordnet ist und je größer ihre Weite w ist.

Für die signifikanzgewichtete Variante des CoM-Verfahrens vereinfacht sich der Ausdruck:

$$(3.107)\quad \delta_f^4 = \frac{\partial e}{\partial netin_f^4} = e \cdot \frac{fc_f^5 \cdot \sum_{f=1}^{nf} out_f^4 - \sum_{f=1}^{nf}(fc_f^5 \cdot out_f^4)}{\left(\sum_{f=1}^{nf} out_f^4\right)^2}$$

Fehlersignal
CoM signifikanzgewichtet

In der Gleichung (3.107) entfällt der Einfluss der Gesamtterm-Weite w_f^5 auf das Fehlersignal. Für die Fehlersignale in den beiden Varianten des CoG-Verfahrens wird lediglich das Term-Zentrum fc_f^5 durch den Flächenschwerpunkt ersetzt, so dass diese hier nur der Vollständigkeit aufgeführt werden sollen:

$$(3.108)\quad \delta_f^4 = \frac{\partial e}{\partial netin_f^4} = e \cdot \frac{CoG_f^5 \cdot w_f^5 \cdot \sum_{f=1}^{nf}(out_f^4 \cdot w_f^5) - w_f^5 \cdot \sum_{f=1}^{nf}(CoG_f^5 \cdot out_f^4 \cdot w_f^5)}{\left(\sum_{f=1}^{nf}(out_f^4 \cdot w_f^5)\right)^2}$$

Fehlersignal
CoG flächengewichtet

$$(3.109)\quad \delta_f^4 = \frac{\partial e}{\partial netin_f^4} = e \cdot \frac{CoG_f^5 \cdot \sum_{f=1}^{nf} out_f^4 - \sum_{f=1}^{nf}(CoG_f^5 \cdot out_f^4)}{\left(\sum_{f=1}^{nf} out_f^4\right)^2}$$

Fehlersignal
CoG signifikanzgewichtet

Da ein Regelgewicht über seinen Einfluss auf den Signifikanzgrad ebenfalls auf den Netzoutput einwirkt, wird dieses trainiert, falls der *User* die Option Regelgewichtung eingestellt hat. Um den Anpassungsbedarf für ein Regelgewicht eines beliebigen Neurons der vierten Schicht zu bestimmen, können die soeben entwickelten Fehlersignale sowie die allgemeine Anpassungsformel der Neuronen dieser Schicht (Gleichung (3.20) auf Seite 10) verwendet werden. Daraus ergibt sich folgende Lernregel:

$$(3.110)\qquad \Delta g_i^4 = -\eta \cdot \delta_f^4 \cdot out_i^3$$

Diese Lernregel lässt sich an der linken Fuzzy-Randmenge der Erwartungsgröße wie folgt plausibel machen: Sollte ein positiver Netzfehler vorliegen ($e > 0$), so sind die Fehlersignale für die Regelgewichte, die mit dem Outputneuron, das die linke Randmenge repräsentiert, verbunden sind, negativ. Dies lässt sich durch ein einfaches Beispiel an einer der Gleichungen (3.106) bis (3.109) nachvollziehen. Aus Gleichung

(3.110) ist dann ersichtlich, dass die Gewichte des betrachteten Neurons erhöht werden, denn durch diese Erhöhung steigt der regelgewichtete Signifikanzgrad der linken Randmenge und somit wird der Netzoutput tendenziell verkleinert. Bei einem angenommenen positiven Netzfehler verringert sich dieser dadurch bei erneuter Vorlage des Trainingsbeispiels. Nur im Fall, dass die Fuzzy-Inferenzergebnismenge nur aus einer skalierten Konsekutivmenge besteht, hat die Änderung der Regelgewichtung keinen Einfluss auf den Netzoutput.

Abbildung 3.41: Einfluss eines Regelgewichtes auf den Netzoutput

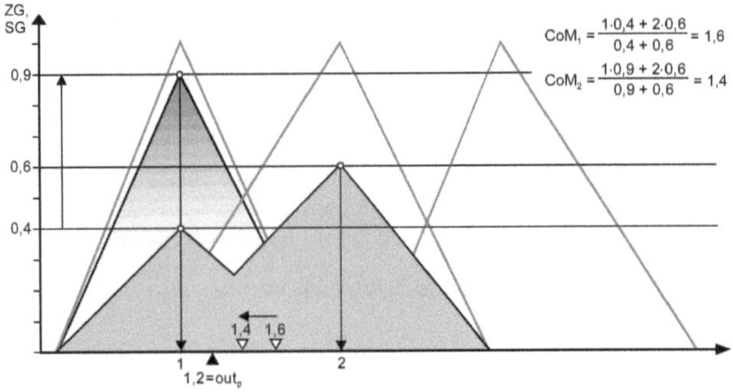

Quelle: Eigene Darstellung.

Die Abbildung zeigt den Regelgewichtseinfluss beispielhaft an einer Outputfuzzifizierung mit dem Granulationsgrad drei. In der Ausgangssituation vor der Regelneugewichtung liefert das Fuzzy-System einen Netzoutput von 1,6 mit den Signifikanzgraden 0,4 und 0,6 für die ersten beiden Terme. Der tatsächliche Outputwert out_p sei 1,2. Angenommen die Gewichte der Regeln, die auf den ersten Fuzzy-Term feuern, würden durch den Lernalgorithmus erhöht, so dass der Signifikanzgrad dieses Terms von ursprünglich 0,4 auf 0,9 steigt, dann führt dieser isolierte Einfluss dazu, dass beim signifikanzgewichteten CoM-Verfahren der Netzoutput von 1,6 auf 1,4 fällt und damit der Netzfehler.

3. Schicht: keine Gewichte; nur Fehlersignalgenerierung

Die Neuronen der dritten Schicht besitzen keinerlei Gewichte, so dass kein Anpassungsbedarf besteht. Es müssen jedoch die Fehlersignale für die vorgelagerte zweite Schicht bestimmt werden, die für die Anpassung der Fuzzy-Mengen-Parameter der Fuzzifizierungs-Basis der Inputvariablen benötigt werden. Die Fehlersignale lassen sich über folgende Gleichung bestimmen:

$$(3.111) \quad \delta_i^3 = \frac{\partial e}{\partial \text{netin}_i^3} = \frac{\partial e}{\partial \text{netin}_f^4} \cdot \frac{\partial \text{netin}_f^4}{\partial \text{out}_i^3} \cdot \frac{\partial \text{out}_i^3}{\partial \text{netin}_i^3} = \delta_f^4 \cdot w_i^4 .$$

Der erste Faktor nach dem zweiten Gleichheitszeichen entspricht dem Fehlersignal des nachgelagerten und mit dem betrachteten Neuron verbundenen Neurons der vierten Schicht. Der zweite Faktor gibt die Reaktion des Nettoinputs des verbundenen Konsekutivneurons auf eine infinitesimal kleine Änderung des Outputs des betrachteten Neurons wieder. Da dieser Nettoinput der regelgewichteten Summe aller Applikationsgrade (= out_i^3) entspricht, gibt dieser Faktor das Regelgewicht der betrachteten verbundenen Neuronen an. Sollte die Regelgewichtungsoption deaktiviert sein, so sind alle Regelgewichte auf Eins gesetzt. Der letzte Faktor bringt zum Ausdruck, wie der Applikationsgrad des i-ten Neurons auf seinen Nettoinput reagiert. Da in den Neuronen der dritten Schicht Identität zwischen der Integrations- und der Transferfunktion herrscht, ist diese Ableitung ebenfalls gleich Eins.

2. Schicht: Modifizierung der Fuzzifizierung der Inputvariablen

Die Gewichte der zweiten Sicht beinhalten die Fuzzy-Mengen-Parameter (linke und rechte Weite sowie Term-Zentrum) als 3-Tupel. Entsprechend der allgemeinen Lernregel gilt für einen beliebigen Parameter g folgender Anpassungsbedarf:

$$(3.112) \qquad \Delta g_{j,f}^2 = -\eta \cdot \frac{\partial e}{\partial g_{j,f}^2} = -\eta \cdot \frac{\partial e}{\partial netin_{i,f}^2} \cdot \frac{\partial netin_{i,f}^2}{\partial g_{j,f}^2} = -\eta \cdot \delta_{i,f}^2 \cdot \frac{\partial netin_{i,f}^2}{\partial g_{j,f}^2}.$$

Das Fehlersignal eines Neurons der zweiten Schicht $\delta_{i,f}^2$ wird durch den Funktionstyp der Zugehörigkeitsfunktionen beeinflusst. Diese Zugehörigkeitsfunktionen, entweder gaussförmig oder triangulär, bilden die Transferfunktion der Neuronen der betrachteten Schicht und weisen unterschiedliche Ableitungen auf. Der Einfluss einer Gewichtsänderung auf den Nettoinput (letzter Faktor auf der rechten Seite der Gleichung (3.112)) ist ebenfalls abhängig von den gewählten Fuzzifizierungsoptionen des *Users*. Die Randsättigung der äußeren Fuzzy-Mengen erfordert eine Abwandlung vom unten dargestellten Verfahren, da der Nettoinput bei einem Trainingsbeispiel, das innerhalb des Randsättigungsbereichs fällt, nicht reagiert. Der letzte Faktor ist somit gleich Null. Die Termweitensymmetrie ist die zweite Ursache für eine Modifizierung, da ihre Aktivierung eine symmetrische Behandlung des Anpassungsbedarfs auf beiden Termseiten erfordert.

Der hier verwendete Fuzzy-Minimum-Operator zur Abbildung des Fuzzy-UND führt zu einer engpassorientierten Zuteilung der Fehlersignale der dritten auf die zweite Schicht. Die folgende Abbildung verdeutlicht diese Überlegung.

Abbildung 3.42: Fehlerzuteilung für Fuzzy-Term-Neuronen der zweiten Schicht

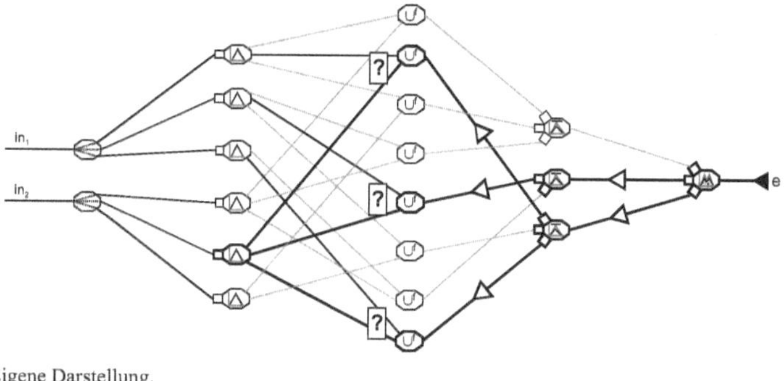

Quelle: Eigene Darstellung.

Betrachtet wird das Fuzzy-Term-Neuron $N^2_{2,2}$. Der Weg, den ein Fehlersignal von der Ausgabeschicht bis zu dem betrachteten Neuron geht, ist durch die dick durchgezogenen Verbindungslinien gekennzeichnet. In der dritten Schicht werden die Zugehörigkeitswerte der scharfen Inputausprägungen zu den Fuzzy-Mengen in den Konditionalteilen durch den Minimum-Operator zu Applikationsgraden verdichtet. Da dieser Operator ausschließlich den kleinsten Zugehörigkeitswert als Applikationsgrad bestimmt, ist eine Fehlerrückwälzung nur auf das Neuron mit dem kleinsten Zugehörigkeitswert sinnvoll. Alle anderen verbundenen Neuronen tragen nichts zum Netzoutput bei und werden daher auch nicht trainiert. Die Fragezeichen in der Abbildung 3.42 verdeutlichen die Stelle, an der entschieden wird, wo die Fehlersignale weitergeleitet werden. Die dünn durchgezogenen Linien kennzeichnen die Alternativverbindungen, die geprüft werden müssen. Aus diesen Überlegungen ergibt sich folgende Spezifizierung der Gleichung (3.112):

$$(3.113)\quad \Delta g^2_{j,f} = -\eta \cdot \frac{\partial e}{\partial g^2_{j,f}} = -\eta \cdot \Big(\sum_{i\ \mathrm{con}\ (j,f)} \zeta_i \Big) \cdot \frac{\partial out^2_{j,f}}{\partial g^2_{j,f}}$$

$$\text{mit: } \zeta_i = \begin{cases} \delta^3_i & \text{falls } out^2_{j,f} = \min(out^2_{1,f},\ldots,out^2_{nj,f}) \\ 0 & \text{sonst.} \end{cases}$$

Dem betrachteten Neuron werden folglich die Fehlersignale von Neuronen der dritten Schicht zugerechnet, denen es den niedrigsten Zugehörigkeitsgrad aller verbundenen Neuronen geschickt hat. Diese Fehlersignale werden addiert, wobei der Operator „i con (j,f)“ die Indexmenge der Neuronen i aus der dritten Schicht erstellt, die mit dem betrachteten Neuron (j,f) der zweiten Schicht verbunden sind.

Der letzte Faktor der Gleichung (3.113) erfordert eine optionsabhängige Spezifizierung, die bereits weiter oben diskutiert wurde. Um eine zu differenzierte Behandlung der Gewichtsanpassungen zu vermeiden, wird entsprechend Kooths (1998) ein Näherungsalgorithmus vorgestellt, der durch die Berechnung von Differenzenquotienten die optionsabhängige Bestimmung der Differentialquotienten (letzter Faktor in Gleichung (3.113)) vermeidet.[510] Die Differenzenquotienten werden in einer Umgebung ε gebildet, mit ε = 10–11. Um die Schreibweise zu vereinfachen wird der Nettoinput eines Neurons für die Inputvariable j der zweiten Schicht als Funktion f seines Inputsignals, das den Output des verbundenen und vorgelagerten Eingabeneurons darstellt, sowie den Neuronengewichten NG geschrieben. Der Neuronen-Output wird danach als Funktion a dieses Nettoinputs betrachtet:

$$(3.114)\qquad out^2_{j,f} = a(f(in^2_{j,f}, g^2_{j,f,1}, g^2_{j,f,2}, g^2_{j,f,3}))$$

Unter Beachtung dieser Schreibweise ergibt sich für die Termzentren der Differenzenquotient:

[510] Für eine ausführliche Darstellung der Einflüsse der genannten Optionen siehe KOOTHS (1998), S. 101 ff.

$$(3.115)\quad \frac{\partial out_{j,f}^{2}}{\partial fc_{j,f}^{2}} \approx \begin{cases} \dfrac{a(f(out_j^1, fc_{j,f}^2+\varepsilon, wl_{j,f}^2, wr_{j,f}^2)) - a(f(out_j^1, fc_{j,f}^2, wl_{j,f}^2, wr_{j,f}^2))}{\varepsilon} & \text{falls } out_j^1 < fc_{j,f}^1 \\ \dfrac{a(f(out_j^1, fc_{j,f}^2, wl_{j,f}^2, wr_{j,f}^2)) - a(f(out_j^1, fc_{j,f}^2-\varepsilon, wl_{j,f}^2, wr_{j,f}^2))}{\varepsilon} & \text{sonst.} \end{cases}$$

Die Fallunterscheidung garantiert, dass das Vorzeichen des Differenzenquotienten korrekt ermittelt wird.[511] Für die beiden Termweiten ergibt sich entsprechend:

$$(3.116)\quad \frac{\partial out_{j,f}^{2}}{\partial wl_{j,f}^{2}} \approx \frac{a(f(out_j^1, fc_{j,f}^2, wl_{j,f}^2+\varepsilon, wr_{j,f}^2)) - a(f(out_j^1, fc_{j,f}^2, wl_{j,f}^2, wr_{j,f}^2))}{\varepsilon}$$

$$(3.117)\quad \frac{\partial out_{j,f}^{2}}{\partial wr_{j,f}^{2}} \approx \frac{a(f(out_j^1, fc_{j,f}^2, wl_{j,f}^2, wr_{j,f}^2+\varepsilon)) - a(f(out_j^1, fc_{j,f}^2, wl_{j,f}^2, wr_{j,f}^2))}{\varepsilon}$$

Sollte die Option Weitensymmetrie gewählt sein, so lässt sich die Berechnung der gemeinsamen Weite $w_{j,f}^2 = wl_{j,f}^2 = wr_{j,f}^2$ folgendermaßen durchführen:

$$(3.118)\quad \frac{\partial out_{j,f}^{2}}{\partial w_{j,f}^{2}} = \frac{\partial out_{j,f}^{2}}{\partial wl_{j,f}^{2}} + \frac{\partial out_{j,f}^{2}}{\partial wr_{j,f}^{2}}$$

Die einfache Addition der beiden obigen partiellen Ableitung ist möglich, weil ein scharfer Wert out_j^1 immer nur einer Termseite zugehört, so dass die Ableitung nach der jeweils anderen Seite immer Null ist.

Die zweite Option, die zwingend eine Modifizierung des vorgestellten Algorithmus erfordert, ist die Randsättigung bei der Fuzzifizierung der Inputvariablen. Sollte ein scharfer Wert in diesen Bereich fallen, so kann kein Fehlersignal für das Fuzzy-Term-Zentrum bestimmt werden,[512] da der Nettoinput $netin_{j,f}^2$ nicht auf Änderungen von $fc_{j,f}^2$ reagiert. Sollte es jedoch vorkommen, dass vermehrt Werte in diesen Bereich fallen, so sollte der Lernalgorithmus in der Lage sein, das Zentrum in Richtung dieser Werte zu verschieben. Diese Möglichkeit wird durch eine Randsättigungsabschmelzung erreicht. Die folgende Gleichung ersetzt somit die Lernregel (3.113) für den Fall, dass ein scharfer Inputwert in_j in den Randsättigungsbereich fällt:

$$(3.119)\quad \Delta fc_{j,f}^2 = \lambda\cdot(in_j - fc_{j,f}^2) \qquad \text{falls } (f=1)\wedge(in_j < fc_{j,f}^2) \quad \vee \quad (f=nf)\wedge(in_j > fc_{j,f}^2)$$

Die Distanz zwischen dem scharfen Inputwert und dem Termzentrum der betrachteten Randmenge dient als Ausgangspunkt für die Randsättigungsabschmelzung. Der Parameter $\lambda \in \{0,1\}$ gibt die Geschwindigkeit der Anpassung wieder, wobei $\lambda = 0$ die faktische Deaktivierung des Verfahrens bedeutet und $\lambda = 1$ eine sofortige Aufhebung der Distanz $(in_j - fc_{j,f}^2)$ impliziert.

Die Hybridisierung eines Neuronalen Netzes und einer Fuzzyregel-Basis, wie sie hier vorgestellt wurde, gibt bestimmten Netzparametern Wertebereiche vor, die eingehalten werden müssen, um eine sinnvolle und interpretierbare Abbildung von Wissen zu ga-

---

[511] Die Vorzeichen müssen denen der Differentialquotienten entsprechen, die die Ableitung der Transferfunktionen (3.92) und (3.93) nach dem Term-Zentrum darstellen. Zu einer graphischen Illustration siehe KOOTHS (1998), S. 106 ff.

[512] Die Term-Weiten spielen im randgesättigten Bereich keine Rolle.

rantieren. Der obige Lernalgorithmus ist jedoch nicht automatisch in der Lage, negative Term-Weiten und negative Regelgewichte auszuschließen. Aus diesem Grund wird nach dem Durchlauf der Lernschritte in den Schichten zwei bis fünf ein Korrekturschritt angehängt, der eventuelle Negativwerte der erwähnten Parameter korrigiert. Diese Korrektur besteht darin, dass zunächst geprüft wird, ob gilt $NG^{neu} = NG^{alt} + \Delta NG < 0$. Ist diese Bedingung wahr, so erfolgt eine Korrektur, indem die Gewichtsänderung ΔNG so lange halbiert wird, bis das neue Gewicht NG^{neu} einen positiven Wert annimmt. Für die Term-Weiten wird zudem eine absolute Mindestgrenze von 0,0001 vorgegeben, um diese nicht zu klein werden zu lassen. Die Regelgewichte werden nach jedem Durchlauf mit Hilfe des maximalen Wertes $w_{max}^{4,neu}$ neu auf Eins normiert. Für den Fuzzy-Inferenzprozess spielt nur die relative Gewichtung eine Rolle, so dass die Normierung keinerlei Auswirkungen auf die Ergebnisse der Fuzzyregel-Basis hat und nur der leichteren Interpretierbarkeit dienen soll.

Über diese zwingende Parameterkorrektur hinaus sieht GENEFER eine Reihe von optionalen Korrekturmöglichkeiten vor, die der *User* einstellen kann, um eine geeignete Interpretierbarkeit zu erhalten. Diese Möglichkeiten umfassen:

- Extremwertlimitierung
- konstante Termzentrenreihenfolge
- Termweitenunterdrückung
- relative Schwankungsgrenze für Parameteränderungen
- Ober- und Untergrenze für die Nachbartermüberlappung.

Die *Extremwertlimitierung* sieht vor, dass die Term-Zentren durch den Lernalgorithmus nicht aus dem Werteintervall der zugrundeliegenden Input- oder Outputvariable laufen. Daher wird zu Beginn des Lernprozesses für jede Variable B mit den scharfen Ausprägungen b der Wertebereich durch Bestimmung der Extremwerte b^{max} und b^{min} identifiziert. Sollte ein Zentrum nach seiner Anpassung ($fc^{neu} = fc^{alt} + \Delta fc$) außerhalb dieses Intervalls liegen ($fc^{neu} \notin [b^{min}, b^{max}]$) so wird Δfc so lange halbiert, bis fc^{neu} wieder innerhalb der Intervallgrenzen liegt.

Die Aktivierung der *konstanten Termzentrenreihenfolge* bedient sich bei einer Änderung der Termzentrenreihenfolge der gleichen Korrekturregel. Grundsätzlich ist es möglich, dass nach einer Gewichtsanpassung gilt: $fc_f^{neu} = fc_f^{alt} + \Delta fc_f > fc_{f+1}^{neu} = fc_{f+1}^{alt} + \Delta fc_{f+1}$. In diesem Fall müsste entweder die Regel-Basis neu verknüpft werden oder die Änderung der Reihenfolge wird korrigiert. Dabei gilt grundsätzlich, dass die größere Änderung $\Delta fc_f > \Delta fc_{f+1}$ verkleinert wird und zwar ebenso wie oben um den Faktor 0,5 und so lange, bis die alte Reihenfolge wieder hergestellt ist.

Die Option der *Termweitenunterdrückung* ermöglicht das Aussetzen der Fuzzy-Termweitenanpassung innerhalb des Lernprozesses. Dies kann insbesondere dann vorteilhaft sein, wenn extrem große oder extrem kleine Weiten vermieden werden sollen, bzw. wenn die eingestellten Weiten den vom *User* gewünschten *support* der Fuzzy-Mengen zum Ausdruck bringen.

Die Begrenzung der *relativen Schwankungsgrenze für Parameteränderungen* erlaubt dem *User* über eine relative Schwankungsgrenze γ die Parameteränderungen innerhalb eines Durchlaufs prozentual zu begrenzen. Da Term-Zentren im Gegensatz zu Term-Weiten und Regelgewichten auch den Wert Null annehmen können, ist eine Fallunterscheidung notwendig:

$$\Delta fc_f = \mathrm{sgn}(\Delta fc_f)\cdot \min(|\Delta fc_f|, |\gamma\cdot(fc_{nf} - fc_1)|) \tag{3.120}$$

$$\Delta g = \mathrm{sgn}(\Delta g)\cdot \min(|\Delta g|, |\gamma\cdot g|) \quad \forall\, g \neq fc \tag{3.121}$$

Die erste der beiden Gleichungen zeigt, dass die Schwankungsgrenze eines Term-Zentrums auf einen bestimmten Prozentsatz des Abstandes zwischen dem ersten und dem letzten Term-Zentrum der betrachteten Variable beschränkt wird. Für alle anderen Gewichte wird die Änderung durch einen Prozentsatz des ursprünglichen Parameterwertes vor der Änderung gedeckelt.

Als letzte Option steht eine *Ober- und Untergrenze für die Nachbartermüberlappung* zur Verfügung. Diese Grenzen dienen der Differenzierbarkeit von benachbarten Fuzzy-Mengen. Der Lernalgorithmus kann ohne diese Vorgabe nicht verhindern, dass bspw. zwei Nachbarterme so nahe aneinander rücken, dass sie nicht mehr genügend[513] voneinander unterschieden werden können. Um dies zu verhindern kann der *User* eine Obergrenze des Zugehörigkeitsgrades vorgeben, die die beiden überlappenden Weiten der Fuzzy-Mengen nicht überschreiten dürfen. Auf der anderen Seite kann es jedoch ebenso passieren, dass zwei Nachbarterme so weit auseinander laufen, dass scharfe Werte, die genau zwischen die Zentren fallen, kaum Zugehörigkeitswerte größer als Null aufweisen. Im Extremfall ist es bei triangulären Zugehörigkeitsfunktionen sogar denkbar, dass der Wertebereich zwischen ihren Zentren nicht mehr vollständig abgedeckt ist. Scharfen Inputwerten, die in diesen Bereich fallen, können dann keine Zugehörigkeitswerte mehr zugeordnet werden. Um das zu vermeiden, kann der *User* eine obligatorische Untergrenze vorgeben. Die beiden überlappenden Termweiten werden dann so angepasst, dass genau diese Untergrenze erfüllt wird.[514]

Die Darstellung des kontrollierten-*error-backpropagation*-Algorithmus ist an dieser Stelle abgeschlossen. Offen ist jedoch der konkrete Einsatz des Verfahrens zum Tuning einer Fuzzyregel-Basis. Diese Vorgehensweise wird im Folgenden erläutert.

Dem neuronalen Tuning muss zwingend ein Trainingsdatensatz TDS zugrunde liegen, der die Trainingsbeispiele enthält, aus denen der Algorithmus einen Netzoutput und einen Netzfehler bestimmt, der die Basis für die Gewichtsanpassungen darstellt. Die Trainingsbeispiele werden mit dem Index $p = \{1,...,np\}$ versehen und in einen Inputvektor in_p und einen Outputwert out_p aufgeteilt. Der Tuningprozess (oder Trainings- bzw. Lernvorgang) kann auf verschiedene Weise ausgestaltet werden. Festzulegen sind die Einstellungen auf der folgenden Seite:

---

513 Was heißt genügend? Ein weiteres Beispiel für einen Fuzzy-Ausdruck.

514 Eine ausführliche Darstellung der Technik dieses Verfahrens sowie einer graphischen Unterstützung findet sich bei KOOTHS (1998), S. 115 ff.

- Lernzeitraum (LZR)
- Trainingsperiodenumfang (np)[515]
- Anzahl der Epochen pro Training (nEpoch)
- Lernmodus (musterweise/epochal).

Der *Lernzeitraum* stellt das Periodenintervall des TDS dar, aus denen np Trainingsbeispiele gewählt werden. Üblicherweise umfasst der LZR den gesamten TDS und entspricht damit dem Datensatz der vorherigen induktiven Schritte. Der *User* hat jedoch die Möglichkeit, aus den zur Verfügung stehenden Datensätzen (TDS) ein neues Intervall als Lernzeitraum abzugrenzen, um beispielsweise extreme Ausreißer in einzelnen Perioden ausschließen zu können.

Der *Trainingsperiodenumfang* umfasst alle Trainingsbeispiele aus dem LZR, auf die sich der Lernalgorithmus stützt. Die Software stellt sicher, dass der Trainingsperiodenumfang np kleiner ist, als die Anzahl an Perioden im Lernzeitraum LZR des TDS ($|$ LZR$|$). Die np Trainingsdatensätze werden per Zufall (Ziehen ohne Zurücklegen) aus dem LZR ausgewählt und dem Neuro-Fuzzy-Netz zum Training präsentiert.

Die *Anzahl der Epochen pro Training* (nEpoch) zeigt an, wie oft die Trainingsbeispiele aus dem LZR dem Neuro-Fuzzy-Netz pro Training präsentiert werden. Ist nEpoch bspw. 10 und np 50, so werden 10mal 50 per Zufall bestimmte Trainingsdatensätze aus dem LZR gezogen und dem Netz präsentiert. Das Netz ermittelt für jeden Inputvektor in_p einen Netzoutput und berechnet den Netzfehler. Der Lernalgorithmus legt diesen Netzfehler der Gewichtsanpassung zugrunde, so dass während des Trainings eine kontinuierliche Verbesserung der Prognosegüte festzustellen sein sollte. Die Prognosegüte wird wiederum am MSE gemessen. Da bei einer solchen Vorgehensweise häufig das Phänomen des *overlearning* (auch *overfitting*) beobachtet wird, dass heißt, dass das Neuro-Fuzzy-Netz mit zunehmender Trainingsdauer beginnt, die Trainingsbeispiele „auswendig“ zu lernen und dadurch an Generalisierungsfähigkeit verliert, wird der LZR in eine Trainings- und eine Test- bzw. Validierungsmenge aufgeteilt. Das Training erfolgt dann ausschließlich auf Grundlage der Beispiele aus der Trainingsmenge, während die Berechnung der Prognosegüte auf der Validierungsmenge durchgeführt wird. Der MSE wird folglich auf Basis von *out-of-sample* Prognosen berechnet. Das Training wird nach der Epochenzahl abgebrochen, ab der der Fehler auf der Validierungsmenge beginnt zuzunehmen. Die Motivation für diese Vorgehensweise liegt darin, dass davon ausgegangen wird, dass die stochastische Komponente in einem Datensatz erst am Ende des Trainings gelernt wird, da sie einen relativ geringen Anteil an der Struktur der Trainingsmenge erklären dürfte. Die Zunahme des Fehlers auf der Validierungsmenge soll den Zeitpunkt anzeigen, ab dem das Netz beginnt, die stochastische Komponente ebenfalls zu lernen (siehe Abbildung 3.43).

---

[515] Bei KOOTHS (1998) als Epochenumfang bezeichnet.

Abbildung 3.43: Idealisierte Fehlerentwicklung auf der Trainings- und Validierungsmenge

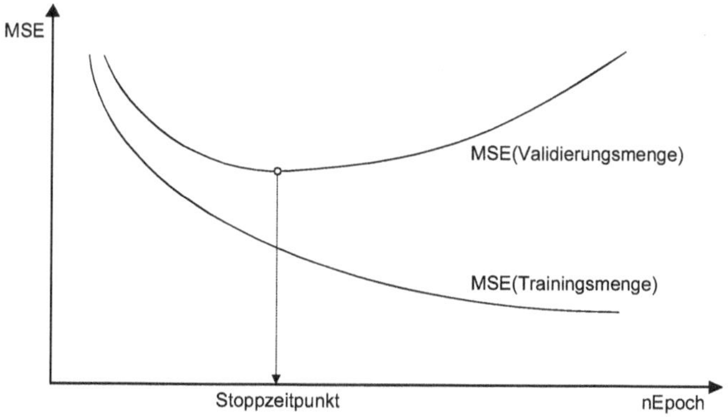

Quelle: Eigene Darstellung.

Bislang verfügt GENEFER noch nicht über einen Automatismus, der den Trainingsprozess automatisch stoppt, wenn der Fehler auf der Validierungsmenge steigt. Der *User* muss daher die Trainingsepochen manuell erweitern, wenn er auf die Vorgabe einer festen Epochenanzahl verzichten möchte.

Der *Lernmodus* ist bereits im Zusammenhang mit dem überwachten Training im Abschnitt 3.3.3 diskutiert worden, so dass an dieser Stelle darauf verzichtet werden kann. Um wie bei dem genetischen Tuning einen Eindruck über die Leistungsfähigkeit des neuronalen Tunings zu vermitteln, wird zum Abschluss dieses Abschnitts dasselbe Beispiel angeführt. Der Ausgangspunkt ist also die identische, untrainierte Fuzzyregel-Basis wie beim genetischen Tuning mit einem MSE von ca. 1,8231E–4 auf dem gesamten Trainingsintervall. Bei Einstellungen von 0,05 für die Lernrate, Batch-Modus, Deaktivierung des Regelgewichtslernens, Erzeugung einer Validierungsmenge, die die Hälfte des gesamten LZR umfasst, zeigt sich nach 700 Epochen die Entwicklung des MSE in der Abbildung 3.44 auf der folgenden Seite.

Die Abbildung weist unter der graphischen Darstellung der Entwicklung des MSE auf der Trainings- und Validierungsmenge die numerischen Werte der Fehlermaße aus. Der MSE vor dem neuronalen Tuning betrug auf der Validierungsmenge ungefähr 3,4875E – 4 und konnte nach Abschluss des Verfahrens auf ca. 1,7757E – 4 reduziert werden. Der Verlauf des Fehlers auf der Validierungsmenge zeigt, dass es ab der Epoche 450 etwa keine weitere signifikante Verbesserung mehr gegeben hat, so dass das Tuning-Verfahren beendet wurde.

Abbildung 3.44: Ergebnisfenster nach Abschluss des neuronalen Fuzzyregel-Basis Tuning

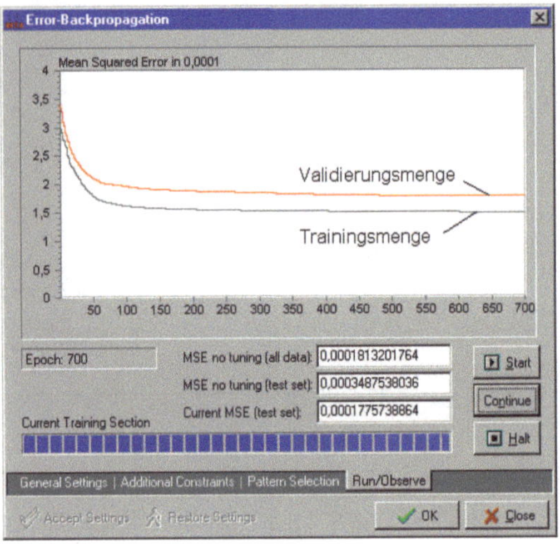

Quelle: GENEFER.

3.6.6. Lernfähigkeit einer Fuzzyregel-Basis in einer evolvierenden Umwelt

Die bisherigen Ausführungen des Abschnitts 3.6 haben gezeigt, wie eine Wissensbasis in Form einer Fuzzyregel-Basis in GENEFER erzeugt werden kann. Im Rahmen einer ökonomischen Simulation stellen die bisherigen Entwurfsschritte die Initialisierung dar.[516] Im Grunde sind die induktiven Verfahren der Regelgenerierung und insbesondere die Tuningprozesse bereits Lernvorgänge. Man muss sich vorstellen, dass sie den Versuch darstellen, die Phasen des Wissenserwerbs eines Wirtschaftssubjektes, das einen abgeschlossenen vergangenen Zeitraum in Form eines Datensatzes betrachtet, zu simulieren. Dies stellt zweifelsohne einen Lernvorgang dar. In diesem Abschnitt, wird Lernen in einem anderen Umfeld dargestellt. Es wird davon ausgegangen, dass eine initialisierte Fuzzyregel-Basis vorliegt. Unter Lernen werden im Weiteren alle Prozesse bezeichnet, die zu einer Veränderung der Fuzzyregel-Basis-Parameter im Zeitablauf, also in einem dynamischen Umfeld führen. Das Wirtschaftssubjekt trifft in einer Simulation immer wieder auf Beobachtungen, die es aus seiner Initialisierungsphase noch nicht kennt. Es macht neue Erfahrungen, stellt Erwartungsfehler fest und reagiert darauf. Die Art wie es reagiert oder technisch gesprochen, *welche* Parameter oder Größen es *wie* ändert, verwirft oder neu kreiert, stellt einen Lernvorgang dar. Die stärkere Fokussierung des Begriffs Lernen auf die Anpassungsvorgänge in einem dynamischen

[516] Obwohl sich dieser Abschnitt nur mit der Adaptionsfähigkeit in einer Simulation beschäftigt, ist die Überschrift dennoch so gewählt worden, da die Ausführungen ebenso für den Einsatz bei empirischen Prognosen gelten. Der *User* könnte schließlich eine Initialisierung auf einem Teilintervall vornehmen und anschließend bei *out-of-sample* Prognosen die Option Lernen aktivieren.

Umfeld im Vergleich zu der Wissenserwerbsphase zu Beginn einer Simulation korrespondiert mit der herkömmlichen Vorgehensweise im ökonomischen Modellbau. Die Grundlage ist nahezu immer die Formulierung einer bestimmten Form der Erwartungsbildung als Ausgangssituation und die Parameteranpassung durch Lernvorgänge im Zeitablauf.[517] Bevor die Umsetzung dieser Lernprozesse in GENEFER erläutert wird, sei kurz auf eine allgemeine Definition des Begriffs Lernen eingegangen, um die Bestandteile zu identifizieren und einen Vergleich mit den verwendeten Verfahren deutlich werden zu lassen.

„Learning is a relatively permanent change in a behavioral potentiality that occurs as a result of reinforced practice."[518]

Riechmann (2001) zerlegt diese Definition in seine unterschiedlichen Bestandteile und hebt somit die Charakteristika des Lernens hervor. Der erste Bestandteil ist *change* und verdeutlicht, dass Lernen nicht zwingend eine Verbesserung im Verhalten in Bezug auf ein bestimmtes Ziel bedeutet. Übertragen auf die hier behandelte Erwartungsbildung heißt das, dass Lernen nicht unbedingt eine Fuzzyregel-Basis so verändern muss, dass sie eine höhere Prognosegüte aufweist. Der zweite Bestandteil bezieht sich auf *potentiality*. Der Ausdruck *behavioral potentiality* verdeutlicht, dass nicht das tatsächliche Verhalten durch Lernen verändert werden muss, sondern sich zunächst einmal auf die Menge der möglichen Verhaltensweisen bezieht, aus denen ein Wirtschaftssubjekt in konkreten Situationen wählt. Obwohl Lernen eine Fuzzyregel-Basis modifiziert haben mag, kann der Erwartungswert in einer konkreten Situation der gleiche sein, wie vor dem Lernprozess. Es muss folglich nicht jede Verhaltensweise in jeder Situation beeinflusst werden. Der Ausdruck *relatively permanent* legt den Fokus auf vergleichsweise langfristige Zeiträume, in denen Lernen die potentiellen Verhaltensweisen beeinflusst. Kurzfristige Änderungen werden daher nicht als Lernvorgänge betrachtet, sondern als Spontanhandlung oder ad hoc Verhaltensänderung bezeichnet. Der letzte Bestandteil bezieht sich auf *reinforced practice*. Dieser Ausdruck wird in der ökonomischen Literatur auch unter *reinforcement learning* gefunden und beschreibt die Vorstellung, dass erfolgreiche Verhaltensweisen an Bedeutung gewinnen und weniger erfolgreiche entsprechend an Bedeutung verlieren. Je näher also das Ergebnis von bestimmten Fuzzyregeln an dem tatsächlichen Wert liegt, desto größer wird das Vertrauen in diese Regeln.

Menschen bedienen sich verschiedenster Techniken, um die Zusammenhänge in ihrer Umwelt zu lernen. Diese Techniken lassen sich in drei Klassen aufteilen, die als Imitation, Kommunikation und Experimentieren bezeichnet werden. Um die Ausführungen knapp zu halten, wird als Lerngegenstand der Begriff der Strategie aus der Spieltheorie übernommen.[519] Unter Imitation wird das Übernehmen von erfolgreichen Strategien anderer verstanden. Menschen beobachten ihre Mitspieler, Kollegen, Konkurrenten und imitieren deren Verhaltensweise, falls diese sich als geeigneter im Vergleich zu

[517] Während so also das Wissen in der Ausgangssituation exogen bzw. ad hoc vorgegeben wird, wird es durch GENEFER ebenfalls in Lernprozessen erst erworben.

[518] KIMBLE (1973), S. 116.

[519] Dies ist in diesem Kontext ein weitverbreiteter Begriff und ist in der vorliegenden Arbeit mit einer Fuzzyregel gleichzusetzen.

den eigenen herausgestellt haben. In fast allen realen Situation agieren Menschen nicht isoliert von ihrer Umwelt, sondern kommunizieren miteinander. Diese Kommunikation stellt eine zweite Möglichkeit des Lernens dar. Informationen über Strategien werden ausgetauscht und aus diesen neue Strategien entwickelt. Dabei ist zu betonen, dass durch Kommunizieren neue Strategien aus Teilen bestehender Strategien zusammengesetzt werden, so dass auch von „Imitation von Teilstrategien" gesprochen wird.[520] Lernen durch Experimentieren stellt dagegen die einzig wahre Quelle von Innovationen dar *(real innovation)*. Durch Experimentieren sind Menschen in der Lage, neue Strategien zu entwickeln, die weder bisher vorhanden waren noch sich aus bestehenden Strategien zusammensetzen lassen.

Diese Arten von Lernen lassen sich täglich beobachten. In den Finanzzentren dieser Welt stellt gerade die Kommunikation zwischen Marktteilnehmern eine wichtige Informationsquelle dar, die die eigene Verhaltensweise – z. B. Order-Platzierung – beeinflusst. Gefördert durch Rankings – bspw. der besten Fondsgesellschaften – ist ebenso eine Imitation erfolgreicher Strategien sichtbar. Nicht zuletzt sorgt der Wettbewerb immer wieder dafür, dass neue Möglichkeiten der Anlage, der Prognose, des Managements etc. ausprobiert werden, um so seine Position im internationalen Anlagegeschäft zu verbessern. Letztgenannte Erscheinungen können als Experimentieren bezeichnet werden.

Menschliches Lernen beinhaltet jedoch immer auch ein gewisses Maß an Vergessen. Lernen addiert nicht nur neue Erkenntnisse zu bestehendem Wissen, sondern entfernt immer auch einen bestehenden Teil. Lange nicht benötigte Strategien bekommen immer weniger Gewicht und geraten irgendwann in Vergessenheit. Diesen Aspekt gilt es ebenso zu beachten, wenn einer Fuzzyregel-Basis die Adaptionsfähigkeit in einer sich verändernden Umwelt gegeben wird.

Dass es in einer komplexen, evolvierenden Umwelt unbedingt nötig ist, über Lernfähigkeiten zu verfügen, steht außer Frage. Wann jedoch in einem System – bspw. einer Fuzzyregel-Basis – Lernprozesse aktiviert werden sollen, ist eine andere Frage. GENEFER zeichnet sich durch die Aufnahme numerischer Daten, ihre Verarbeitung durch eine Fuzzyregel-Basis und die Berechnung eines numerischen Outputs aus. Es liegt daher nahe, die Motivation zum Lernen in einer Abweichung des Regel-Basis-Outputs vom tatsächlich zu beobachtenden Wert zu sehen. In einem solchen Fall soll daher versucht werden, die Fuzzyregel-Basis dahingehend zu ändern, dass bei einem erneuten Auftreten der erfahrenen Inputkonstellationen der Erwartungsfehler geringer ist. Will man als Modellbauer diese Überlegungen spezifizieren (und sie in eine Software-Anwendung implementieren), so müssen folgende Fragen geklärt werden:

(1) Soll nach jeder neuen Beobachtung gelernt werden, nach einer bestimmten Anzahl an Perioden oder sollte ein flexibler Zeitraum möglich sein?

(2) Wie viele Beobachtungen aus welcher Vergangenheit werden einbezogen, wenn eine FRB evaluiert wird?[521]

---

[520] Vgl. RIECHMANN (2001), S. 59.

[521] Dass die Vermutung: Je mehr Daten, desto besser, nicht zutreffen muss zeigt MITRA (2000).

(3) Auf welcher Ebene wird gelernt? Wird nur die Fuzzifizierungs-Basis geändert, der Regelgewichtsvektor oder kann auch die Regel-Basis betroffen sein?

(4) Was geschieht, wenn kein Inferenzergebnis (kein FRB-Output) erzeugt werden kann, weil es keine Regel gibt, die die vorliegende Konstellation von scharfen Inputwerten abdeckt?

(5) Welche Techniken können eingesetzt werden, um eine lernfähige Fuzzyregel-Basis zu erhalten?

(6) Wie kann Vergessen modelliert werden?

Die Beantwortung dieser Fragen vermittelt dem Anwender von GENEFER die notwendigen Kenntnisse über die implementierten Lernvorgänge und zeigt dem Entwickler vergleichbarer Ansätze die Punkte auf, die bei einer Umsetzung beachtet werden müssen. Dabei beziehen sich die ersten beiden Punkte auf das Periodengerüst, das dem Lernprozess zugrunde liegt, und die nächsten beiden auf den Lerngegenstand, so dass die Fragen 1 und 2 sowie 3 und 4 jeweils gemeinsam behandelt werden.

Zu 1 und 2) Grundsätzlich ist der Lernvorgang im laufenden Einsatz einer FRB innerhalb einer ökonomischen Simulation ein anderer als in der induktiven Trainingsphase. Im Gegensatz zu letzterer besteht nun eine Interaktion zwischen fuzzyregel-basis-generiertem Erwartungswert und dem tatsächlichen Wert der Erwartungsgröße aus dem ökonomischen Modell. Die Erwartungen nehmen nun direkten Einfluss auf die Modellergebnisse. Der Erwartungswert stützt sich auf vergangene, also bereits realisierte, Inputgrößen und geht als Input am Anfang einer Simulationsperiode in das ökonomische Modell ein. Am Ende einer Simulationsperiode liefert dieses Modell unter Berücksichtigung des eingegangenen Erwartungswertes einen scharfen Outputwert. Dieser wird mit dem fuzzyregel-basis-generierten Erwartungswert verglichen, um die Differenz zwischen ihnen als Fehlersignal für einen Lernprozess zu nutzen. Die Abbildung 3.45 auf der folgenden Seite verdeutlicht diese Periodenzusammenhänge graphisch:

Abbildung 3.45: Periodenzusammenhang bei fuzzyregel-basis-generierter Erwartungsbildung und Lernvorgang

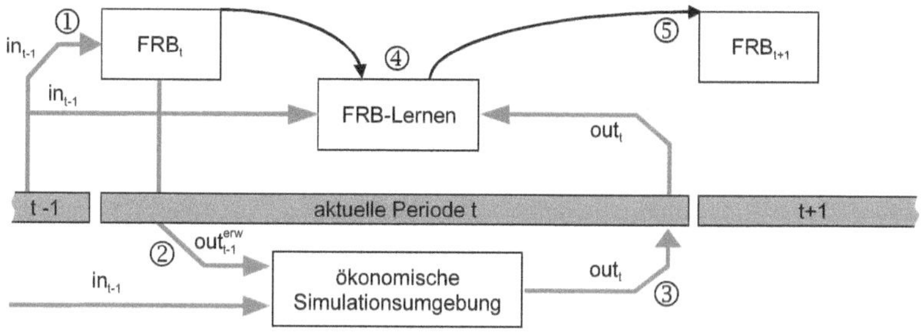

Quelle: Eigene Darstellung.

Die Abbildung veranschaulicht die Periodenzusammenhänge aus Vereinfachungsgründen auf Basis eines Epochenumfangs und Trainingsumfangs von Eins, einem Lernzeitraum, der lediglich die aktuelle Periode beinhaltet sowie nur einem Wirtschaftssubjekt. Zu Beginn einer Periode t bildet das Wirtschaftssubjekt seinen Erwartungswert für die endogene Größe auf Basis der verfügbaren Informationen im Inputvektor in_{t-1} ①. Der Erwartungswert out_t^{erw} geht anschließend zusammen mit exogenen sowie eventuell gelaggten endogenen Größen in das ökonomische Modell ein ②. Aus diesem Modell wird dann der Output der endogenen Größe out_t am Ende der Periode t berechnet ③. Mit Hilfe des tatsächlichen Outputs kann der Erwartungsfehler berechnet werden, der innerhalb des Lernvorgangs benötigt wird ④. Der Lernvorgang modifiziert die FRB, die in der folgenden Periode t+1 zum Einsatz kommt ⑤.

Die Periodenstruktur kann in GENEFER wesentlich umfangreicher gestaltet werden. In Bezug auf den Lernzeitraum stehen dem *User* drei Konzepte zur Verfügung.[522]

$$(3.122) \qquad LZR = \begin{cases} [tS_{akt} - np + 1,\ tS_{akt}] & \text{Konzept 1} \\ [tS_{akt} - nLZR,\ tS_{akt}] & \text{Konzept 2} \\ SIV & \text{Konzept 3} \end{cases} \qquad \text{LZR-Konzepte}$$

Das erste Konzept entspricht einem gleitenden Zeitfenster, das mit jeder neuen Simulationsperiode tS_{akt} um eine Periode nach rechts entlang eines Zeitstrahls verschoben wird. Die Intervallbreite ist konstant und entspricht exakt dem Trainingsumfang np. Somit wird jeder der np Datensätze im LZR genau einmal im Lernprozess berücksichtigt. Dem zweiten Konzept liegt ebenfalls ein konstantes Vergangenheitsintervall als LZR zugrunde, das jedoch größer ist, als der Trainingsumfang np (nLZR > np). Im dritten Fall steht die gesamte simulierte Vergangenheit SIV als Lernzeitraum zur Verfügung. In den letzten beiden Konzepten, werden die np Trainingsbeispiel per Zufall aus dem LZR gezogen und der FRB als Lerngrundlage präsentiert. In allen drei Konzepten ändert sich der LZR im Zeitablauf. In den ersten beiden weist er ausgehend von der aktuellen Simulationsperiode eine konstante Länge auf, während er im dritten Konzept mit jeder zusätzlichen Simulationsperiode wächst. Im Gegensatz zum Tuningprozess beginnt der LZR zwingend am aktuellen Periodenrand tS_{akt}, was jedoch ökonomisch plausibel erscheint. Die Fragestellung nach der richtigen Zeitlänge des LZR sowohl zum Lernen als auch zur Evaluierung der Regel-Basis kann von entscheidender Bedeutung sein. Wie viele Perioden soll ein Agent in die Vergangenheit zurückgehen, um ein bestimmtes Prognoseverfahren auf seine ex-post-Prognosegüte zu testen? Die unterschiedliche Wahl von Vergangenheitsintervallen kann eine bedeutende Auswirkung auf das Marktergebnis haben.[523] Obwohl diese Größe in GENEFER nicht endogen bestimmt werden kann, so sollte in einer Studie der Einfluss unterschiedlicher LZR überprüft werden (siehe Abschnitt 4.7.1 der Studie 5).

Neben dem LZR stellt der *User* den Trainingsumfang np ein, der zwischen Eins und nLZR liegen kann. Ein (simuliertes) Wirtschaftssubjekt kann folglich nicht nur auf Basis seiner letzten Beobachtung lernen, sondern eine größere Anzahl an Beobachtungen in einem längeren Vergangenheitsintervall (LZR) einbeziehen.

---

[522] Zu einer graphischen Veranschaulichung der Konzepte siehe KOOTHS (1998), S. 127.

[523] So führt eine kürzere Zeitspanne bspw. im Santa Fe *Artificial Stock Market* zum Entstehen und Verbleiben von technischen Handelsregeln im Gegensatz zu längeren Zeitspannen. Vgl. LEBARON (2000), S. 693 sowie S. 697.

Als weitere periodenbezogene Option kann der *User* die Intervallbreite festlegen, die vergehen muss, bevor der Lernprozess aktiviert wird. Diese Intervallbreite wird als *Lernfrequenz LF* bezeichnet. Ist diese Frequenz bspw. auf fünf festgelegt, so wird nur alle fünf Perioden der gewählte Lernalgorithmus aufgerufen und damit die FRB-Parameter geändert. Zwischen den Lernperioden sind dagegen alle FRB-Parameter konstant.

Zu 3 und 4) Während innerhalb des Regel-Basis-Tunings im Abschnitt 3.6.5 nur die Fuzzifizierungs-Basis bzw. beim neuronalen Tuning zusätzlich die Regelgewichte gelernt werden können, stehen im Simulationseinsatz alle drei Komponenten einer FRB als Lerngegenstände zur Verfügung. Die Abbildung 3.46 verdeutlicht diese Elemente einer FRB.

Abbildung 3.46: Elemente und Lerngegenstände der Wissensbasis in GENEFER

Wissensbasis = Fuzzregel-Basis (FRB)

Fuzzifizierungs-Basis ① Gewichtsvektor ② Regel-Basis ③

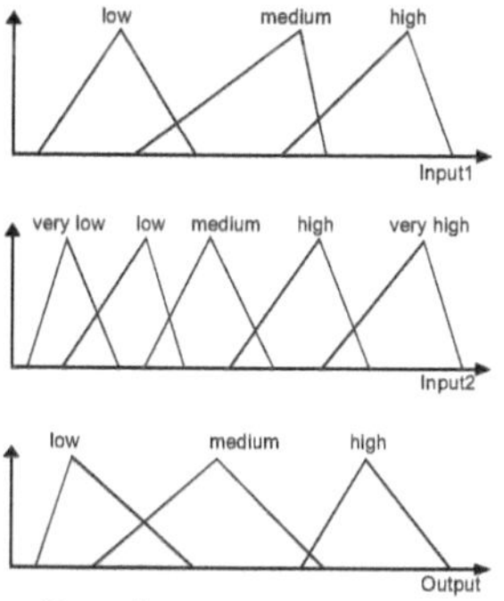

Weight	IF	Input1	AND	Input2	THEN	Output
α_1		low		medium		medium
α_2		low		very high		high
α_3		medium		very low		low
α_4		high		very high		high
α_5		low		low		low
α_6		high		medium		medium
α_7		high		very low		medium
α_8		medium		low		low
α_9		medium		medium		medium
α_{10}		high		medium		medium

Quelle: Eigene Darstellung.

GENEFER stellt somit nahezu alle Parameter einer FRB als Lerngegenstände zur Verfügung und weist damit ein hohes Maß an Flexibilität auf. Sowohl die Parameter der Fuzzifizierungs-Basis (Fuzzy-Mengen-Zentren und -Weiten) ①, wie auch die Regelgewichte im Gewichtungsvektor ② und die Regel-Basis ③ können gelernt werden. Lediglich der Granulationsgrad und der Funktionstyp der Zugehörigkeitsfunktionen sind innerhalb einer Simulation konstant. Von entscheidender Bedeutung im Simulationseinsatz im Gegensatz zum Tuningprozess ist die Beantwortung der vierten Frage. Falls der *User* keine vollständige FRB erzeugt hat,[524] kann es sein, dass für eine neue Beobachtung bzw. Inputkombination kein Inferenzergebnis erzeugt werden kann. Die Ursache dafür kann nur darin liegen, dass entweder keine Regel einen positiven Signifikanzgrad aufweist, da mindestens ein Term im Konditionalteil nicht aktiv ist, oder für die vorliegende Kombination der Ausprägungen aller Inputvariablen keine Regel existiert. Es sei daran erinnert, dass die Software keine lückenhafte Fuzzifizierung zwi-

[524] Was zu Erinnerung bei einer hohen Anzahl an Inputvariablen und einem hohen Granulationsgrad auch durchaus sinnvoll sein kann.

schen den Randmengen zulässt – es ist also immer eine Überlappungsgrenze benachbarter Fuzzy-Mengen größer als Null gegeben – und von randgesättigten Input-Fuzzy-Mengen ausgegangen wird, so dass die mangelnde Bestimmung eines Zugehörigkeitsgrades für einen oder mehrere scharfe Inputwerte als Ursache für einen Inferenzfehler ausgeschlossen ist. Die vorliegende Inputkonstellation in_{tS} ist in diesem Fall so unterschiedlich zu den bisher erfahrenen Inputkombinationen, dass keine Regel bislang erzeugt wurde bzw. früher abdeckende Regeln durch Vergessen (siehe *zu 6)*) gelöscht worden sind. In diesem Fall stellt GENEFER drei Möglichkeiten zur Verfügung. Entweder es wird erstens der gleiche Erwartungswert wie in der Vorperiode verwendet oder zweitens eine gesamte Fuzzyregel-Basis auf Grundlage eines Datensatzes inklusive der neuen Beobachtung vollkommen neu erzeugt oder drittens eine einzelne neue Regel, die an die existierende Regel-Basis angehängt wird formuliert. Die erste Lösung bedarf keiner weiteren Erläuterung. Die zweite Variante ist zwar technisch realisierbar, jedoch mit einem unangemessen hohen Zeit- und Rechenaufwand verbunden, so dass der Einsatz in einer Simulation mit mehreren Agenten wenig praktikabel erscheint. Aus diesen Gründen wird die dritte Variante ausführlicher vorgestellt.

Die Zusammensetzung des Konditionalteils einer neuen Regel orientiert sich an den konkreten Ausprägungen der beobachteten Inputvariablen. Die Fuzzy-Menge einer Inputvariable, die den größten Zugehörigkeitswert zu der betrachteten Ausprägung liefert, wird in den Konditionalteil der neuen Regel übernommen. Dieses Vorgehen erscheint unmittelbar plausibel, wie folgendes Beispiel verdeutlicht.

Beispiel 3.3: Bildung eines neuen Konditionalteils einer Regel

Angenommen ein Wertpapieranalyst eines Unternehmens würde mit einer vollkommen neuen Datensituation konfrontiert. Die Daten seien dieselben, die er bislang analysiert hat, um eine Kursprognose bzw. Empfehlung (kaufen, halten, verkaufen) abzugeben, aber deren aktuelle Ausprägungen seien in dieser Konstellation noch nie vorgekommen. Unterstellt sei, dass diese Daten den Unternehmensgewinn, den Auftragseingang und die Branchenkonjunktur umfassen. Ist es dann nicht plausibel anzunehmen, dass der Analyst diese Datensituation betrachtet und sich die Frage stellt: „Wenn der Unternehmensgewinn und der Auftragseingang also stark zurückgegangen ist, die Branchenkonjunktur aber hervorragend ist, dann...?"

Das Beispiel unterstellt die in dieser Arbeit durchgehend angenommene Klassifizierung von scharfen Werten in Fuzzy-Mengen. Wie der Wertpapieranalyst den Konsekutivteil zu der neuen Regel bildet, wird weiter unten behandelt.

Problematisch ist jedoch, wie der Konsekutivteil der neuen Regel gebildet werden soll, da nur die Ausprägungen der Inputwerte vorliegen aber nicht die der Erwartungsgröße. Grundsätzlich sind zahlreiche Verfahren vorstellbar, wie eine Output-Fuzzy-Menge als Konsekutivmenge ausgewählt werden kann. In GENEFER ist ein bestimmtes Verfahren implementiert, das sich das bestehende Wissen durch vergangene Erfahrungen – also die aktuelle FRB – zu Nutze macht und somit nicht auf Zufallsverfahren zurückgreift.

Angenommen ein Wirtschaftssubjekt will eine Erwartung über den Euro/US$-Wechselkurs in der nächsten Periode bilden. Er beobachtet aktuell eine *niedrige* Inflationsdifferenz ($\pi_{EWU} - \pi_{USA}$) und eine *hohe* Arbeitslosenquotendifferenz ($u_{EWU} - u_{USA}$) zwischen den Ländern der EWU und den USA. Die kursiv geschriebenen Fuzzy-Ausdrücke mögen dem ersten und dem vierten Term der Inputfuzzifizierungen durch das Wirtschaftssubjekt entsprechen. Der Konditionalteil zu der aktuellen Beobachtung entspräche damit:

„*Wenn Inflationsdifferenz = niedrig und Arbeitslosenquotendifferenz = hoch, dann...*",

IF	$\pi_{EWU} - \pi_{USA}$	AND	$u_{EWU} - u_{USA}$	THEN	Euro/US$
	1		4		?

Keine der bestehenden Regeln in der Fuzzyregel-Basis des Wirtschaftssubjektes möge diese Inputkombination abdecken (triangulären ZGF) bzw. nur zu einem unzureichenden Grad (gaussförmige ZGF). Diese Regel-Basis sei gegeben als:

IF	$\pi_{EWU} - \pi_{USA}$	AND	$u_{EWU} - u_{USA}$	THEN	Euro/US$
	1		3		2
	2		5		3
	1		5		3
	3		2		1
	2		1		1

Um mit Hilfe dieser Regel-Basis den Konsekutivteil der neuen Regel zu bestimmen, werden die quadrierten Abweichungen der Termindizes im Konditionalteil von der neuen zu den bestehenden Regeln berechnet. Das Minimum dieses Distanzmaßes drückt die kleinste Abweichung bzw. größte Ähnlichkeit einer bestehenden Regel zu dem Konditionalteil der neu zu bildenden Regel aus und ist damit Ausgangspunkt für die Bestimmung der Output-Fuzzy-Menge. Sollte das Distanzmaß eindeutig eine Regel liefern, so wird deren Konsekutivmenge für die neue Regel übernommen. Weisen jedoch mehrere Regel den gleichen minimalen Abstand auf, so bestimmt der gerundete Mittelwert der Output-Fuzzy-Mengen-Indizes die gesuchte Fuzzy-Menge. Im obigen Beispiel liefern die Regeln 1 und 3 den gleichen Abstand ($0^2 + 1^2 = 1$), so dass sich der Output-Fuzzy-Mengen-Index errechnet aus Round[0,5·(3 + 2)] = 3.[525] Diese neue Regel wird an die bestehende Regel-Basis angehängt und ermöglicht somit auf die neue, bislang unbekannte Datensituation zu reagieren.

IF	$\pi_{EWU} - \pi_{USA}$	AND	$u_{EWU} - u_{USA}$	THEN	Euro/US$
	1		4		3

Sollte sich jedoch *im Nachhinein* herausstellen, dass die dritte Output-Fuzzy-Menge nicht den tatsächlichen Outputwert abdeckt bzw. nicht den größten Zugehörigkeitswert liefert, so ersetzt GENEFER den Termindex automatisch mit dem, der den höchsten Zugehörigkeitswert liefert. Falls der scharfe Outputwert nicht in den support der Output-Fuzzifizierung fällt, wird der nächste Randterm als Konsekutivmenge in die neue Regel aufgenommen (Termindex $\in$ {1,nf}). Dieses Verfahren garantiert, dass das Wirtschaftssubjekt tendenziell dazu neigt, dass zu erwarten, was es aus bisherigen Beobachtungen selbst erfahren hat.

---

[525] Falls der Durchschnitt genau zwischen zwei Werten liegen sollte wie in dem vorliegenden Beispiel, bestimmt GENEFER den Index der neuen Konsekutivmenge zufällig aus den beteiligten. Dadurch wird vermieden, dass durch die Rundungsfunktion grundsätzlich der höhere Index bestimmt wird.

zu 5) In GENEFER kommen zwei unterschiedliche Techniken zum Einsatz, mit denen eine FRB während einer Simulation trainiert werden kann. Diese beiden Techniken sind das *GA-learning* und das *Neural-learning*. Beide Verfahren sind ausführlich im Zusammenhang des Tunings einer FRB erläutert worden, so dass an dieser Stelle nur auf die Besonderheiten im Simulationseinsatz eingegangen wird.

Beim *GA-learning* werden in jeder Lernperiode alle Beobachtungspunkte des LZR als Evaluationsgrundlage für den Lernalgorithmus verwendet. Im Gegensatz zum *Neural-learning* besteht daher nicht die Möglichkeit, dass der Trainingsumfang np von nLZR abweicht. Der Genetische Algorithmus, der in Abschnitt 3.6.5.1 beschrieben wurde, trainiert die Fuzzifizierungs-Basis über eine vorgegebene Anzahl an Generationen. Diese Generationen können mit der Epochenanzahl nEpoch beim *error-backpropagation*-Algorithmus verglichen werden. Im Gegensatz zu letzterem bietet das *GA-learning* eine Teilendogenisierung der Lernprozessdauer an, indem der *User* einstellen kann, nach wie vielen Generationen ohne Verbesserung das Lernen abgebrochen wird.

Beim *Neural-learning* wird entsprechend der Lernfrequenz der modifizierte *error-backpropagation*-Algorithmus aufgerufen. Neben den bereits erwähnten Einstellungen (siehe Punkt 1 und 2) muss der *User* zusätzlich die Epochenanzahl nEpoch vorgeben (siehe Abschnitt 3.6.5.2) sowie entscheiden, ob musterweise oder epochal gelernt werden soll. Das *neural- learning* stellt auf Grund seiner geringeren Anzahl an Rechenoperationen im Vergleich zum *GA-learning*, das wesentlich schnellere Verfahren dar. In umfangreicheren Simulationen mit einer hohen Anzahl an Agenten, ist es daher das dominante Verfahren.

zu 6) Die Vergessensfunktion verhindert, dass ein Spekulant eine wachsende Regel-Basis im Zeitablauf erhält, die möglicherweise zahlreiche, nicht mehr benötigte Regeln beinhaltet. Das Zusammenspiel von zielgerichteter Regelgenerierung und Vergessen nicht mehr benötigter Regeln sorgt dafür, dass ein Agent über eine der jüngeren Vergangenheit angepassten Fuzzyregel-Basis verfügt. Vergessen wird technisch über eine Reduktion der Regelgewichte von *inaktiven* Regeln realisiert. Der *User* bestimmt dazu einen Forget Factor sowie ein Die-off Limit, wobei der erste mit den aktuellen Regelgewichten multipliziert wird und daher den Anteil des aktuellen Gewichts angibt, der nach dem Vergessen noch bestehen bleibt und der zweite Faktor eine Regelgewichtsuntergrenze darstellt, ab deren Unterschreiten eine Regel gelöscht wird. Da bei gaussförmigen Fuzzy-Mengen immer alle Regeln zu einem Signifikanzgrad größer als Null aktiv sind, wird vom *User* eine Mindestsignifikanzgrenze vorgegeben, ab der eine Regel als aktiv bezeichnet wird. Sobald eine bislang inaktive Regel wieder aktiv werden sollte, wird ihr Gewicht wieder auf Eins erhöht.

Zum Abschluss dieses Abschnitts wird ein Vergleich zwischen der allgemeinen Definition von Lernen und den in GENEFER zur Verfügung stehenden Lernalgorithmen gezogen. Es wird gezeigt, inwiefern GENEFER in der Lage ist, die grundlegenden Quellen des menschlichen Lernens Imitation, Kommunikation und Experimentieren abzubilden. Ein solcher Vergleich deckt die Übereinstimmungen auf und zeigt, wo weiteres Modellierungspotential besteht.

Beide Lerntechniken – neuronal und genetisch – sind in GENEFER zielgerichtet modelliert. Das heißt, sie verwenden ein Gütemaß zur Evaluierung von Lösungen (genetisch) bzw. direkt zur Parameteranpassung (neuronal), so dass eine Veränderung *(change)* der FRB-Parameter auftritt, die in nahezu allen Fällen eine Verbesserung darstellt.[526] Beim neuronalen Lernen werden nur diejenigen FRB-Parameter geändert, die auch am Neuro-Fuzzy-Output beteiligt waren. Das Verhalten verändert sich somit bei identischer Inputkonstellation sicher. Beim genetischen Lernen ist dies nicht unbedingt der Fall. Da die gesamte Fuzzifizierungs-Basis das Lernobjekt darstellt, kann es ebenso sein, dass das Verhalten in anderen Situationen betroffen wird. Es wird folglich die *behavioral potentiality* betroffen. In beiden Verfahren sind die vorgenommenen Änderungen als *relatively permanent* zu bezeichnen, da niemals an irgendeiner Stelle adhoc-Anpassungen oder zufällige Modifikationen vorgenommen werden, die ohne Evaluierung bestehen bleiben. Der Gedanke des *reinforcement learning* lässt sich am Besten an Hand der Regelgewichtsanpassung verdeutlichen. Beim neuronalen Lernen werden die Gradienteninformationen genutzt, um die Gewichte zielgerichtet anzupassen. Regeln, die zu einer Verbesserung des Neuro-Fuzzy-Outputs führen, erhalten hiernach ein höheres Gewicht.[527] Falls zusätzlich die Option Vergessen aktiviert ist, wird der *reinforcement* Gedanke noch verstärkt, da das Gewicht inaktiver Regeln reduziert wird.

In Bezug auf die drei Quellen menschlichen Lernens sind die Möglichkeiten GENEFER's (noch) eingeschränkt. Die einzelnen Operationen im Genetischen Algorithmus lassen sich zwar als Imitation, Kommunikation und Experimentieren interpretieren,[528] diese Interpretation macht jedoch nur Sinn, wenn der GA als *social-learning*-Algorithmus implementiert ist. Zu sagen, ein Wirtschaftssubjekt lernt von sich selbst durch Imitation seiner eigenen Fuzzyregeln und durch Kommunikation mit sich selbst, macht wenig Sinn. Das genetische Lernen ist in GENEFER aber nur auf individueller Ebene möglich. Lediglich die Mutationsoperation erlaubt Lernen durch Experimentieren. Beim neuronalen Lernen kann keine der genannten Quellen abgebildet werden. Um GENEFER diese Möglichkeiten zu verleihen, müsste die Software in der Lage sein, neben numerischen Ausprägungen von Inputvariablen auch FRB-Elemente, wie z. B. Regeln, Gewichtungsvektoren etc., von anderen Agenten in einer Simulation aufzunehmen. Dies ist bislang noch nicht möglich. Es darf jedoch auf der anderen Seite nicht übersehen werden, dass Menschen auch aus ihren eigenen Fehlern lernen, indem sie ohne andere zu imitieren, ohne mit anderen zu kommunizieren oder zu experimentieren, versuchen, Fehlerursachen festzustellen und diese Kenntnis zur Verhaltensanpassung nutzen. Diese Vorgehensweise ist diejenige, die GENEFER überwiegend abbildet.

---

[526] Denkbar aber unwahrscheinlich wäre eine Verschlechterung beim neuronalen Lernen, wenn der Algorithmus auf der Testmenge in einem lokalen Optimum stecken bleiben würde, das schlechter wäre, als der Ausgangspunkt.

[527] Beim genetischen Lernen stellen die Regelgewichte keinen Lerngegenstand dar.

[528] Siehe hierzu das Beispiel 3.1 auf Seite 174.

3.6.7. Kritische Anmerkungen und Erweiterungspotentiale

Die Ausführungen des letzten Abschnitts haben bereits einige Kritikpunkte aufgezeigt, die auf Erweiterungspotentiale hindeuten. Der Fortschritt auf den Gebieten der Künstlichen Intelligenz ist weitreichend und kann kaum in all seinen Einzelrichtungen erfasst werden. Die Implementierung neuer Techniken ist zudem sorgsam zu planen, da bestehende Datengerüste und vielfach verwendete Prozeduren eventuell angepasst werden müssen. Die Komplexität moderner Softwarelösungen ist heutzutage bereits so hoch, dass die Auswirkungen von Modifikationen an einzelnen Stellen manchmal nur noch schwierig abzuschätzen sind. Die im Folgenden dargestellten Kritikpunkte und Lösungsmöglichkeiten dürfen dennoch als Agenda für zukünftige Weiterentwicklungen von GENEFER verstanden werden.

(1) *Erweiterte Experimentiermöglichkeiten.* Um eine größere Experimentierfähigkeit im Lernen von Fuzzyregeln implementieren zu können, wäre es denkbar, ein dem *Classifier System* Gedanken entnommenen Algorithmus zu implementieren, der innerhalb einer Simulation im Hintergrund mitläuft und einen Pool von Fuzzyregeln über einen Genetischen Algorithmus evolviert. Dieser Pool wird aus einem Teil erfolgreicher, bestehender Fuzzyregeln des oder der Agenten gebildet und aus einer zufällig initialisierten Fuzzyregel-Menge. Zu bestimmten vom *User* einzustellenden Zeitpunkten wird dann ein gewisser Prozentsatz der schlechtesten Fuzzyregeln eines Agenten durch die besten des im Hintergrund mitlaufenden Regelsatzes ersetzt. Eine solche Vorgehensweise ermöglicht es, den Agenten mehr „Bewegungsfreiheit" im Möglichkeitenraum der Fuzzyregel-Basen zu geben. Während sie bislang mit einer initialisierten Fuzzyregel-Basis beginnen und ausgehend von dieser die Fuzzy-Mengen auf Grund neuer Erfahrungen anpassen und im Extremfall auch eine neue Regel formulieren, erhalten sie durch die hier beschriebene Erweiterung Zugriff auf einen variablen Fuzzyregel-Pool.

(2) *Social Learning Ability.* GENEFER ist bislang noch nicht in der Lage, Verhalten anderer Agenten als Inputgrößen aufnehmen zu können. Es ist sicherlich interessant zu sehen, wie ein Agent, der über GENEFER seine Erwartungen bildet, mit den Informationen über das Verhalten anderer Agenten umgehen würde und ob er diese zu seinem Vorteil nutzen kann (bspw. dadurch, dass seine Prognosegüte steigt). GENEFER müsste hierzu in der Lage sein, Fuzzyregeln von außen aufnehmen zu können. Bildlich gesprochen entspricht dies einer technischen Umsetzung, der Imitation bzw. Kommunikation als Lernverfahren. Ein Agent beobachtet einen anderen und nimmt die Fuzzyregeln, die dieser verwendet, unverändert in seine eigene Fuzzyregel-Basis auf (Imitation). Falls zwei Agenten miteinander kommunizieren und sie ihre Strategien austauschen und aus diesen Informationen neue Strategien, also Fuzzyregeln, formulieren, würden Teile eigener mit Teilen fremder Fuzzyregeln zu neuen kombiniert werden.

(3) *Parameterendogenisierung.* Obwohl GENEFER's Fähigkeiten eine Wissensbasis aus einem bestehenden numerischen Datensatz automatisch zu erzeugen bereits relativ hoch sind, so wäre es dennoch denkbar, exogen einzustellende Parameter, wie bspw. die Lernrate bei neuronalen Verfahren, die Generationenanzahl, Crossover-

und Mutationswahrscheinlichkeiten im Genetischen Algorithmus oder den Granulationsgrad bei der Variablen-Fuzzifizierung zu endogenisieren. Dadurch könnte auf der einen Seite die Leistungsfähigkeit erhöht und zudem ein universellerer Einsatz GENEFER's ermöglicht werden.

(4) *Fuzzy-Crisp-Hybridansatz.* Alle eingehenden Inputgrößen werden in GENEFER fuzzifiziert und über eine Fuzzyregel-Basis verarbeitet. Diese strikte (fuzzy) Behandlung könnte aufgebrochen werden, so dass eine Wissensbasis nicht ausschließlich als Fuzzyregel-Basis abgebildet wird, sondern auch nicht-fuzzy *(crisp)* Regelverhalten zulässt. Ein Beispiel wäre die Aufnahme mechanischer Handelsregel, wie sie im Abschnitt 2.5.3 auf Seite 10 erläutert wurden.

(5) *Differierende Prognosehorizonte.* Falls GENEFER in einer ökonomischen Simulation eingesetzt wird, beträgt der Erwartungshorizont grundsätzlich eine Periode. Das heißt, immer wenn der *User* Daten an GENEFER schickt, berechnet die Software einen Erwartungswert für die nächste Periode. Es wäre zwar technisch realisierbar, unterschiedlichen Agenten (die über GENEFER ihre Erwartungen bilden) zu unterschiedlichen Zeiten Daten aus der Simulationsumgebung (hier: FX-Agent) zu schicken und den empfangenen Erwartungswert solange zwischenzuspeichern, bis die Simulation den jeweiligen Erwartungshorizont des betrachteten Agenten erreicht hat. Ein Beispiel möge dies verdeutlichen. Will man zwei Agenten mit unterschiedlichen Erwartungshorizonten ausstatten, so müsste man dem einen bspw. jede Periode neue Daten schicken und dem anderen nur alle fünf Perioden. Der erste würde somit einen Erwartungshorizont von Eins haben, der zweiten einen von fünf. Der zweite Agent beobachtet also die Entwicklung in größeren Zeitabständen und wird nur alle fünf Perioden am Markt tätig. Da durch diese Vorgehensweise dem zweiten Agenten weniger Informationen zur Verfügung stehen als er eigentlich beobachten könnte, wäre es sinnvoll den Erwartungshorizont in GENEFER einstellen zu können. Der *User* bestimmt dann an dem Ort, an dem (technisch) die Erwartungen gebildet werden, wann sie für welchen Zeithorizont Gültigkeit besitzen.

(6) *Type-2 Fuzzy-Mengen.* Eine interessante Weiterentwicklung stellt die Erweiterung auf Type-2 Fuzzy-Mengen dar. Dieser Typ zeichnet sich dadurch aus, dass die Zugehörigkeitsfunktion ebenfalls in einer Fuzzy-Formulierung erfasst wird. Eine klassische (Typ-1) Fuzzy-Menge ist durch eine Zugehörigkeitsfunktion beschrieben, die zwar eine unscharfe Klassifizierung erfasst aber die Zugehörigkeitsgrade einzelner Elemente zu einer Fuzzy-Menge werden durch scharfe Werte beschrieben. Das heißt, ein Wirtschaftssubjekt ist sich bspw. sicher, dass eine Inflationsrate von 0,8% für ihn zu einem Grad von exakt 0,6 als ‚klein' zu bezeichnen ist. Typ-2 Fuzzy-Mengen erweitern die Abbildung von Unschärfe dahingehend, dass die Zugehörigkeitsgrade selbst *fuzzy* sind. Die Abbildung 3.47 auf der nächsten Seite zeigt eine solche Typ-2 Fuzzy-Menge in einem dreidimensionalen Raum.

Abbildung 3.47: Typ-2 Fuzzy-Menge

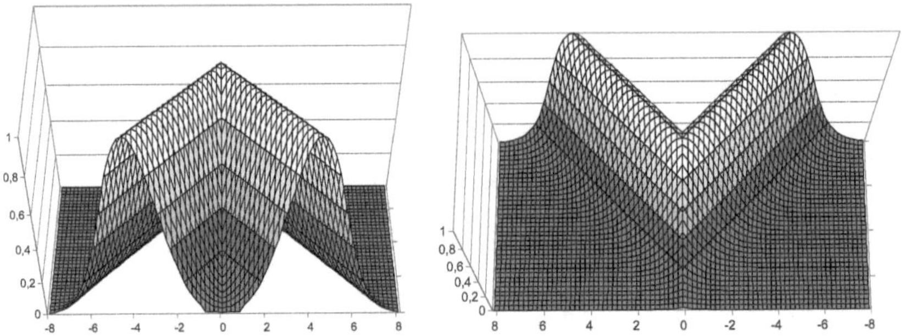

Quelle: Eigene Darstellung.

Die Abbildung würde eine trianguläre Zugehörigkeitsfunktion zeigen, wenn man sie von oben betrachtet. Die zweite Achse in der unteren Ebene, die die Tiefe beschreibt und hier ohne Skalierung dargestellt ist, zeigt den Zugehörigkeitsgrad einer Typ-1 Fuzzy-Menge, während die Ordinate die Typ-2 Zugehörigkeitsgrade wiedergibt. Eine solche Fuzzy-Formulierung erlaubt eine Fuzzifizierung in Fällen, wo es schwierig ist, eine Zugehörigkeitsfunktion zu bestimmen. Falls bspw. die Markterwartung abgebildet werden soll, so wird kaum ein linguistisches Label von allen Marktteilnehmern mit derselben Zugehörigkeitsfunktion in Verbindung gebracht werden. Begriffe wie groß, stark, schnell etc. haben für unterschiedliche Menschen unterschiedliche Bedeutung. Die daraus entstehenden Unsicherheiten bei der Formulierung einer Fuzzyregel-Basis kann über Type-2 Fuzzy-Mengen erfasst werden. Der Vorteil in Bezug auf das Inferenzergebnisses besteht darin, dass neben einem einzelnen defuzzifizierten Wert noch ein Maß angegeben werden kann, dass einer Art Konfidenzintervall für den defuzzifizierten Output gleichkommt. Der Informationsgehalt des Ergebnisses erhöht sich somit durch Verwendung von Type-2 Fuzzy-Mengen.[529]

An dieser Stelle ist die Darstellung der Funktionsweise von GENEFER als technische Umsetzung von adaptiven Fuzzyregel-basierten Erwartungen abgeschlossen. Das folgende Kapitel wird in einleitenden Simulationsstudien zunächst die ökonomische Simulationsumgebung FX-Agent erläutern und anschließend die Zusammenführung des künstlichen Devisenmarktes mit Agenten, die über GENEFER ihre Wechselkurserwartungen bilden, darstellen.

[529] Zu diesem Konzept sowie Anwendungen bspw. bei der Zeitreihenprognose siehe insb. KARNIK/ MENDEL (1999).

If we restrict ourselves to models which can be solved analytically, we will be modeling for our mutual entertainment, not to maximize explanatory or predictive power.

Harry M. Markowitz

4. Simulationsstudien mit FX-Agent und GENEFER

4.1. Überblick

In diesem Kapitel steht die Anwendung des am Ende des zweiten Kapitels entwickelten *Multiple-Agent* Modells für einen künstlichen Devisenmarkt im Vordergrund. Von besonderem Interesse ist dabei die Zusammenführung des Modells mit GENEFER als Werkzeug zur Modellierung adaptiver fuzzyregel-basierter Erwartungen. Der künstliche Devisenmarkt ist in einer eigenen Computer-Applikation mit der Bezeichnung FX-Agent abgebildet und wird im Weiteren auch als Simulationsumgebung bezeichnet. Das Modell bildet im Kern eine Population heterogener, spekulativer Wirtschaftssubjekte (im Weiteren als Agenten bezeichnet) ab und spezifiziert deren Interaktion, die in Simulationsstudien untersucht werden können. Um eine Vorstellung von den Einstellungsmöglichkeiten zu bekommen, die sich dem *User* bieten, wird zunächst im folgenden Abschnitt eine knappe Darstellung der wesentlichen Programmoberflächen und Steuerungsmöglichkeiten gegeben. Die Ausführungen beschränken sich auf das Notwendigste, da in den weiteren Abschnitten immer wieder gesondert auf die einzelnen Aufbereitungsfenster und Analysetools eingegangen wird. Diesen Ausführungen schließen sich unmittelbar sechs Studien mit unterschiedlichen Untersuchungsschwerpunkten an. Um zu Beginn ein Gefühl für die Modellumgebung zu vermitteln, wird auf die Modellierung von mehreren Agenten sowie der Einbeziehung adaptiver fuzzyregel-basierter Erwartungen verzichtet. Die Studie 1 stellt daher eine einfache Simulation dar, die nur einen Agenten mit adaptiver Erwartungsbildung betrachtet und zum Ziel hat, in die Analysetools von FX-Agent einzuführen. An Hand dieser Tools erfolgt eine ökonomische Auswertung der Ergebnisse. In der (Kurz)Studie 2 wird der häufig verwendeten adaptiven Form der Erwartungsbildung eine fundamentalökonomische gegenübergestellt. Die anschließende dritte Studie untersucht die Marktergebnisse, wenn zwei Agenten mit unterschiedlichen Erwartungshypothesen und daher unterschiedlichen Verhaltensweisen betrachtet werden. Die Studie lehnt sich an die Vorstellung der Chartisten-Fundamentalisten Ansätze in der Wechselkurstheorie an und führt einen kaufkraftparitätenorientierten Agenten mit einem über extrapolative Erwartungen technisch ausgerichteten zusammen. Nach diesen drei Studien werden in der vierten Simulation adaptive fuzzyregel-basierte Erwartungen eingeführt. Dazu wird wiederum nur ein Agent betrachtet, der über GENEFER seine Erwartungen formuliert. Die Studie ist in zwei Unterabschnitte eingeteilt, die sich mit der Initialisierung bzw. dem Entwurf einer Fuzzyregel-Basis vor Beginn einer Simulation beschäftigen sowie mit der Darstellung erster Simulationsergebnisse. Um die Ausführungen möglichst übersichtlich zu halten, wird an dieser Stelle auf die Abbildung von Lernen verzichtet.[530] Auf

[530] Somit werden strenggenommen nur fuzzyregel-basierte Erwartungen modelliert.

eine eigenständige Erläuterung der Programmsteuerung und -oberflächen in GENEFER wird dabei verzichtet und statt dessen in Bezug auf den Fuzzyregel-Basis-Entwurf auf Kapitel 3 verwiesen und innerhalb der Studien an den entsprechenden Stellen auf die Programmfenster eingegangen. Dadurch ist der direkte Bezug besser erkennbar und weniger abstrakt. Lernen, Lerngegenstände und Umsetzungsmöglichkeiten sind zentraler Untersuchungsgegenstand der fünften Studie. Sie ist in drei Abschnitte unterteilt, in denen jeweils eine Komponente einer Fuzzyregel-Basis – Fuzzifizierungs-Basis, Regel-Basis und Gewichtsvektor – als Lerngegenstand untersucht wird. Die Studien 4 und 5 versuchen daher nicht, möglichst realistische Wechselkursverläufe zu erzeugen, sondern konzentrieren sich auf die Darstellung der Erwartungsbildung, Lernfähigkeit und Analyse-Tools von GENEFER. In der abschließenden Simulationsstudie wird dann über 2500 Simulationsperioden ein Devisenmarkt mit 20 heterogenen Agenten betrachtet, von denen einer adaptive fuzzyregel-basierte Erwartungen bildet.[531]

Die Vielfalt an Möglichkeiten und Untersuchungsgegenständen ist so groß, dass eine umfassende Berücksichtigung aller Einstellungsvarianten ausgeschlossen ist.[532] Damit ein möglichst hohes Maß an Vergleichbarkeit zwischen den hier behandelten Studien gewährleistet ist und die unterschiedlichen Simulationsergebnisse nicht auf bedeutende aber unerwähnte Parametermodifikationen zurückzuführen sind, wird grundsätzlich in allen Studien zu Beginn die Parameterwahl explizit genannt. Wenn nicht weiter erwähnt, gilt grundsätzlich, dass der Auktionator einen Preissetzungsparameter von 1 bei einer maximalen prozentualen Kursänderung zwischen zwei Perioden von 3% verwendet. Er würde somit bei einer 20%igen Nachfrageüberschuss eine Kursänderung von 4% vornehmen, die aber aufgrund der maximalen Änderungsgrenze auf 3% limitiert würde. Zudem liegt in allen Studien ein Horizont von sechs Perioden zugrunde, den der Auktionator auf wechselnde Vorzeichen der Kursänderungen untersucht und gegebenenfalls eine Reduktion seiner Kursänderungen vornimmt.[533] Falls adaptive fuzzyregel-basierte Erwartungen berücksichtigt sind, wird immer mit triangulären Fuzzy-Mengen, einem Granulationsgrad von 5 bei der Outputgröße und 3 bei allen Inputs mit Randsättigung, identischen Cluster-Algorithmus-Parametern bei der Fuzzifizierung und ausschließliche Regel-Basisgenerierung über das evolutionäre Verfahren gearbeitet. Bei diesem Verfahren gilt immer ein Mindest-Covering-Degree von 0,4 und ein Anteil negativer Trainingsbeispiel von 10%.

4.2. Softwareeinführung in FX-Agent

FX-Agent ist in der objektorientierten Progammiersprache Object Pascal in der Entwicklungsumgebung Delphi 5 programmiert. Die einzelnen Agenten sind als Objekte mit eigenen Eigenschaften *(properties)* und Verhaltenweisen *(methods)* abgebildet, so

---

[531] Selbstverständlich können theoretisch alle Agenten über GENEFER ihre Erwartungen bilden. Je mehr jedoch diese Möglichkeit nutzen, desto rechen- und damit zeitintensiver werden die Simulationen.

[532] Es sei jedoch darauf hingewiesen, dass sowohl die Software GENEFER für wissenschaftliche Forschungen wie auch FX-Agent zum Download im Internet unter www.genefer.de bereitstehen und daher eigene Simulationen durchgeführt werden können.

[533] Siehe hierzu ausführlicher Abschnitt 2.6.3 auf Seite 133.

dass eine klare Abgrenzung gewährleistet ist. Die verwendete Sprache ist ausschließlich Englisch, wobei sich die Menüeinträge an den üblichen, aus Windows bekannten Bezeichnungen orientieren. Die Software wird über eine Menü- und mehrere Werkzeugleisten gesteuert, die in Abbildung 4.1 dargestellt sind.

Abbildung 4.1: Menü und Werkzeugleisten in FX-Agent

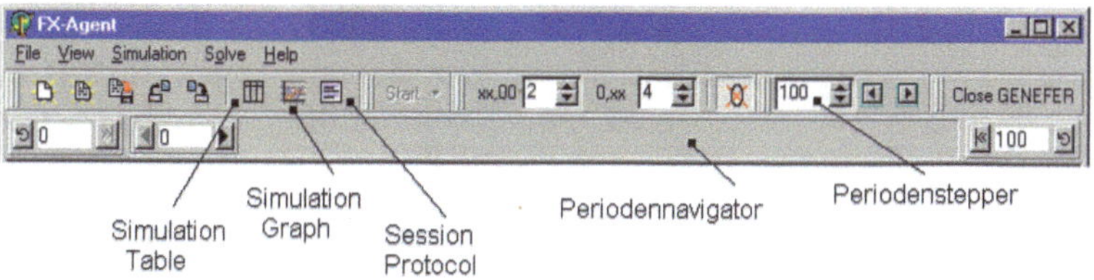

Quelle: FX-Agent.

Die erste Werkzeugleiste beinhaltet von links aus gesehen die üblichen Buttons für das Erzeugen einer neuen Simulation, öffnen und speichern einer Simulation sowie für das Laden und Speichern der reinen exogenen Datensätze für das in- und ausländische Preisniveau. FX-Agent speichert und lädt damit auch nur die Parameterwerte für die allgemeinen Markteinstellungen sowie die Spezifikationen für die Erwartungsbildung der Agenten ohne die Datensätze der Simulationsergebnisse abzuspeichern. Die drei gekennzeichneten Buttons rechts daneben rufen die drei Analysefenster Simulation Table, Simulation Graph und das Session Protocol auf, auf die im weiteren Verlauf dieses Kapitels noch intensiv eingegangen wird. Über den Button Start auf der nächsten Werkzeugleiste wird eine Simulation nach abgeschlossener Parameterfestlegung gestartet. Solange dies noch nicht erfolgt ist, ist der Schalter deaktiviert. Neben dem reinen Aufruf der Algorithmen zur Berechnung der Periodenergebnisse kann über den Drop-Down Pfeil rechts die Simulation über mehrere vorgegebene Intervalle verlängert werden, indem FX-Agent die exogenen Inputdaten weiter fortschreibt. Die dritte Werkzeugleiste stellt Formatierungsfunktionen zur Verfügung wie z. B. das Unterdrücken der Darstellung von Nullen oder die Anzahl an Nachkommastellen. Über den Periodennavigator kann der *User* leicht durch seine Simulation navigieren, indem er in den beiden Editierfeldern rechts und links außen die dargestellten Intervallgrenzen festlegt und über den Periodenschlitten die aktuell darzustellende Periode bestimmt. Um bei umfangreichen Simulationen über mehrere hundert Perioden (siehe z. B. Studie 6) die Ergebnisdarstellungen übersichtlich zu halten, kann durch den Periodenstepper einer Intervallbreite festgelegt werden und durch einfaches Klicken auf die Pfeiltasten daneben das dargestellte Intervall vom linken Rand ausgehend um diese Breite verändert werden. So lässt sich bspw. schnell über ein *„stepping window"* durch den Simulation Graph manövrieren. Der rechte Button Close GENEFER ist nur aktiviert, falls GENEFER durch FX-Agent als COM-Server geöffnet wurde und ermöglicht das Beenden des Programms.

Falls eine Datensatz eingelesen oder eine gespeicherte Simulation geöffnet wird, erscheint das auf der folgenden Seite abgebildete Programmfenster:

Abbildung 4.2: Simulationsinitialisierung in FX-Agent

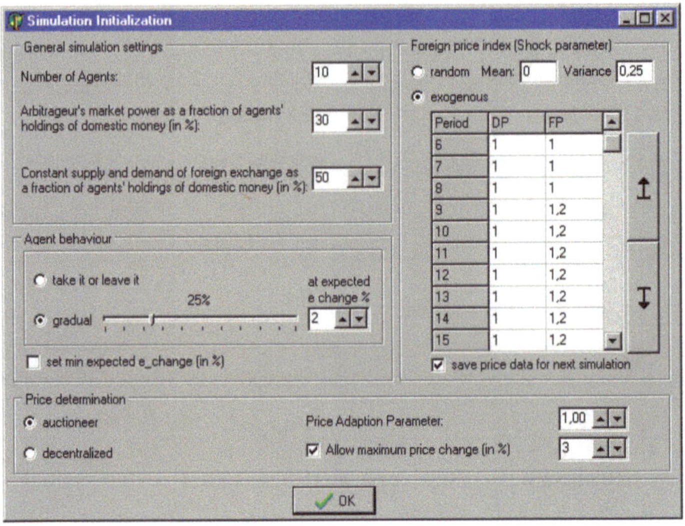

Quelle: FX-Agent.

Über dieses Fenster stellt der *User* alle allgemeinen Simulationseinstellungen wie bspw. Anzahl der Agenten, Market Force des Arbitrageurs und der beiden *Constant Trader* und das Agentenverhalten ein. In dem gezeigten Beispiel ist letzteres so spezifiziert, dass jeder Agent bei einer erwarteten Wechselkursänderung von 2% ein Viertel seines betroffenen Währungsbestandes einsetzt. In der Tabelle rechts sind die vorgegebenen Preisniveaus dargestellt, die entweder aus einer Excel-Datei eingelesen werden oder in dieser Maske selbst erzeugt werden können. Die beiden senkrechten Pfeiltasten ermöglichen das Kopieren eines markierten Tabelleneintags nach unten oder nach oben und vereinfachen so umfangreiche Eingaben. Im unteren Teil wird das Preissetzungsverhalten bestimmt, das ausschließlich über die Auktionator-Variante erfolgt. Nachdem diese Einstellungen abgeschlossen sind und über OK bestätigt wurden, öffnet sich das Programmfenster, in dem die Erwartungen jedes einzelnen Agenten individuell festgelegt werden. FX-Agent erzeugt danach eine gleichgewichtige Ausgangssituation, in der jeder Agent eine Einheit der beiden Währungen erhält und eine Wechselkursänderungserwartung von Null aufweist.

4.3. Studie 1: Adaptive Erwartungen eines Spekulanten

Ziel der Studie:

- Einführung in die Programmoberflächen und Funktionsweise der ökonomischen Simulationsumgebung FX-Agent.
- Vermittlung eines „Gefühls" für die Funktionsweise des Multiple-Agent Modells aus Abschnitt 2.6 an einem einfachen Beispiel und ökonomische Interpretation der Ergebnisse.

Der Studie 1 liegt ein in FX-Agent importierter Excel-Datensatz von 500 Perioden für die Preisniveaus des Inlands DP und des Auslands FP zugrunde. Dieser Datensatz stellt abrupte oder schockartige Änderungen des Auslandspreisniveaus zu Zeitpunkten mit unterschiedlichen Abständen zu der jeweils letzten Änderung dar. Das Inlandspreisniveau wird konstant bei Eins gehalten, so dass internationale Inflationsdifferenzen nur in den Perioden auftreten, in denen die Auslandspreisniveauänderung erfolgt. Die Verwendung solcher vereinzelter, schockartiger Preisniveauänderungen kann ökonomisch dadurch begründet werden, dass das Preisniveau nur zu bestimmten Zeitpunkten veröffentlicht wird und daher den Spekulanten in der Zwischenzeit nicht bekannt ist. Gütermarktteilnehmer sind auf der anderen Seite besser informiert über die Preise auf ihren jeweiligen Märkten, so dass Güterarbitrageprozesse dennoch stattfinden werden. Würde man die übliche Darstellungsform verwenden, müsste man die Preisrelation zu den Änderungszeitpunkten miteinander verbinden, so dass dadurch der Treppenverlauf verschwindet. Der Zeitraum zwischen zwei Preisrelationsänderungen entspräche dann bspw. einem Monat, während die Perioden dazwischen den Handelstagen gleichkämen. Um das Modell zu Beginn möglichst überschaubar zu halten, wird davon ausgegangen, dass nur ein Spekulant bzw. Agent am Markt tätig ist. Dieser Agent bildet adaptive Erwartungen mit einem Adaptionsfaktor a von 0,8. Er korrigiert somit seine letzte Wechselkurserwartung um 80% seines Erwartungsfehlers in der Vorperiode. Hat der Agent bspw. einen Wechselkurs von 1,1 €/US$ erwartetet, tatsächlich müssen jedoch 1,2 € für einen US$ gezahlt werden, so wäre der Erwartungswert für die kommende Periode $1{,}1\cdot(1 + 0{,}8\cdot(1{,}2/1{,}1 - 1)) = 1{,}18$ €/US$. Der Agent ist in dieser Studie bereit, nach der *take-it-or-leave-it* Variante seinen vollständigen Währungsbestand für Spekulationszwecke einzusetzen, sobald seine Wechselkurserwartung vom aktuellen Kursniveau abweicht. In dem obigen Beispiel erwartet er eine Aufwertung des €, so dass er folglich seinen gesamten $-Bestand anbietet und dafür € nachfragt. Der (Gütermarkt)Arbitrageur beobachtet hingegen die Preisentwicklung in den beiden Ländern und berechnet nach dem KKPT, ob eine Währung über- oder unterbewertet ist. Da er mit einer `Market Force` = 100% modelliert ist und somit in jeder Periode über eine Währungseinheit verfügt, leitet er eine Kauforder für eine unterbewertete bzw. eine Verkauforder für eine überbewertete Währung an den Auktionator weiter. Das konstante Währungsvolumen auf den beiden Marktseiten wird über die beiden *Constant Trader* ebenfalls auf eine Währungseinheit festgelegt. Alle drei Marktteilnehmertypen haben somit ein identisches Marktgewicht zu Beginn der Simulation. Der Preissetzungsparameter des Auktionators ist auf 1 eingestellt, so dass bei einem 20%igen Angebotsüberschuss eine 4%ige Abwertung der Auslandswährung erfolgt. Zudem ist die maximale prozentuale Preisänderung aus ökonomisch Überlegungen auf 3% limitiert, da solche Größenordnungen in der Realität nur bei längerfristigen Betrachtungen vorkommen.

Nachdem FX-Agent das Simulationsintervall vollständig berechnet hat, wird das Simulationsergebnis graphisch aufbereitet und der Simulation Graph geöffnet (siehe Abbildung 4.3).

Abbildung 4.3: Wechselkurs und Kaufkraftparitätenniveau bei adaptiver Erwartungsbildung

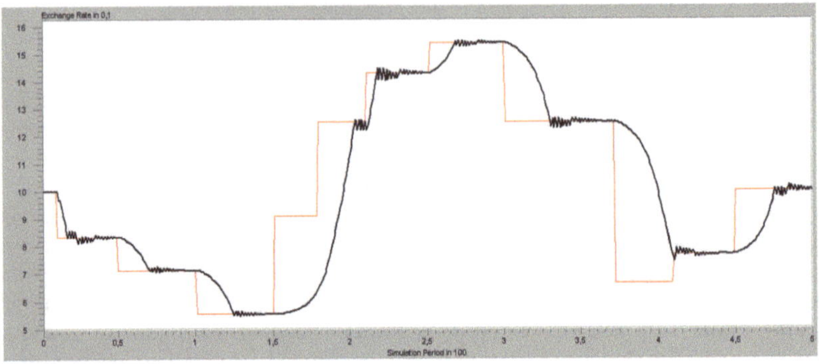

Quelle: FX-Agent.

Die Abbildung 4.3 zeigt den fettmarkierten Verlauf des Wechselkurses über 500 Simulationsperioden. Die dünne, sprungartig verlaufene Linie stellt die internationale Preisrelation DP/FP dar und entspricht dem Kaufkraftparitätenkurs. Die beiden Linien zeigen im Vergleich, dass die Marktpräsenz des Arbitrageurs für eine fundamentalökonomische Verankerung des Wechselkurses sorgt und dass nach einer Störung die Kaufkraftunterschiede abgebaut werden. Die leichte Volatilität, die nach der Angleichung an den Kaufkraftparitätenkurs zu beobachten ist, ist auf die Preissetzungsfunktion des Auktionators sowie das Spekulationsverhalten des Agenten zurückzuführen. Da der Agent selbst bei geringsten erwarteten Abweichungen vom aktuellen Marktkurs Devisenorders initiiert, kommt es immer wieder zu Preisbewegungen. Diese werden unterstützt durch die Präsenz des Arbitrageurs, der ebenso wie der Agent bei geringsten Abweichungen des aktuellen Kursniveaus von der Kaufkraftparität Gütermarktarbitrage vollzieht. Durch die Preissetzungsfunktion (siehe Abbildung 2.18 auf Seite 10), die in dieser Studie eine Historie von 6 Perioden auf wechselnde Vorzeichen der Kursänderungen untersucht, werden die Schwingungen nach Erreichen des Kaufkraftparitätenniveaus jedoch sukzessive abgebaut. Die Einführung von Transaktionskosten bzw. einer erwarteten Mindestabweichung würde eine weitere Glättung dieser Preisbewegungen hervorrufen und damit zu einem ruhigeren Verlauf des Wechselkurses bei Annäherung an die Kaufkraftparität führen.

Im oberen Teil der Abbildung 4.4 ist die Entwicklung des Finanzvermögens des Agenten in Inlandswährung zu dem jeweils in den Perioden gültigen Wechselkurs wiedergegeben. Die Entwicklung zeichnet den qualitativen Verlauf der Wechselkursentwicklung nach, indem bei einer Abwertung der Auslandswährung das Finanzvermögen in Inlandswährung fällt und bei einer Aufwertung nahezu unverändert bleibt. Genaueren Einblick hierzu gewährt der untere Teil der Abbildung 4.4, der die Aufteilung des Vermögens auf In- und Auslandswährung im Zeitablauf zeigt. Dabei ist zu beachten, dass beide Bestände in ihrer jeweiligen Währung angegeben sind.

Abbildung 4.4: Finanzvermögen und Finanzstruktur in Inlandswährung

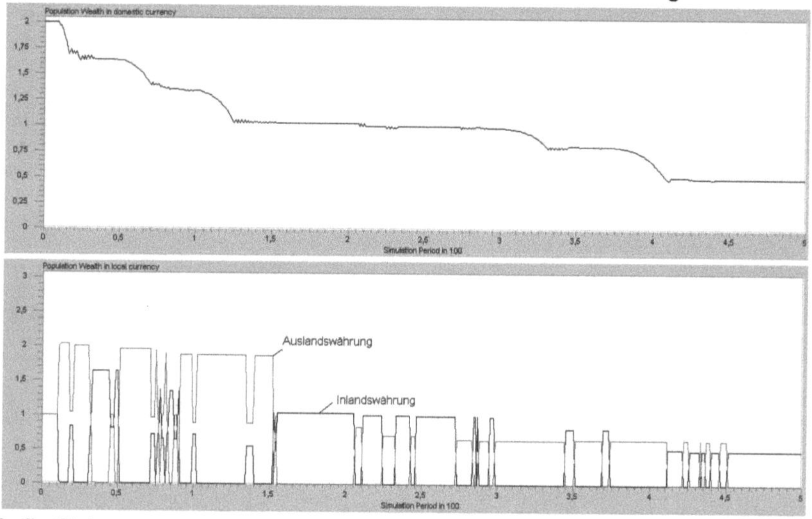

Quelle: FX-Agent.

Die Finanzstruktur zeigt einen phasenweise volatilen Verlauf, der sich mit Zeiten von unveränderter Finanzstruktur abwechselt. Das ist darauf zurückzuführen, dass die Einstellung *take-it-or-leave-it* für das Agentenverhalten gewählt wurde. Bei einer erwarteten Abwertung der Inlandswährung bietet der Agent sämtliche inländischen Währungsbestände an und umgekehrt. Setzt sich die erwartete Kursentwicklung fort, besitzt er keine finanziellen Mittel mehr, um erneut am Markt tätig werden zu können. Aus diesem Grund ändert sich seine Vermögensstruktur erst dann wieder, wenn er eine andere Wechselkursänderungsrichtung erwartet. Da diese Darstellung jedoch wenig Details erkennen lässt, ist in Abbildung 4.5 ein vergrößerter Ausschnitt im Intervall von Periode 60 bis 90 dargestellt. Im oberen Teil ist wiederum die Wechselkursentwicklung (fettmarkiert) sowie der vom Agenten erwartete Wechselkurs und das Kaufkraftparitätenniveau eingezeichnet. Da der Agent durch die adaptive Erwartungsbildung der tatsächlichen Wechselkursentwicklung immer hinterher läuft, erscheint der Verlauf seiner Kurserwartungen zeitversetzt. Der untere Teil bildet wiederum die Finanzstruktur in der jeweiligen Währung ab. Es wird deutlich, dass, wenn der Agent als Transaktionspartner des *Constant Traders* oder des Arbitrageurs gewählt wird, die Bestände ein exakt gegenläufiges Verhalten zeigen. In Perioden, in denen der Agent nicht handelt, bleiben die Bestände unverändert (siehe bspw. Periode 84 bis 86). Falls positive Bestände *beider* Währungen zu einem Zeitpunkt beobachtet werden können, wie z. B. in Periode 73, dann ist der Agent rationiert worden und konnte daher seine Transaktionswünsche nicht vollständig erfüllen. Im linken Teil der unteren Graphik wird deutlich, dass bei einem trendmäßigen Wechselkursverlauf die Finanzstruktur in der *take-*

it-or-leave-it Variante unverändert bleibt. Der Wechselkurs sinkt hier kontinuierlich bis Periode 70 während der Agent in jeder dieser Perioden eine Abwertung der Inlandswährung erwartet. Dies wird deutlich, wenn man die Verbindungslinie zwischen dem Wechselkurs der Vorperiode und dem erwarteten Kurs in der aktuellen Periode einzeichnet (graue Linien bei Periode 66 und 67). Weisen diese Linien eine positive Steigung auf, so erwartet der Agent eine Abwertung, ist ihr Verlauf fallend, eine Aufwertung. Aus diesem Grund möchte er Auslandswährung nachfragen, da er jedoch keine Inlandswährung zum Tausch anbieten kann, ändert sich seine Finanzstruktur nicht.

Abbildung 4.5: Vermögen und Finanzstruktur im Ausschnitt

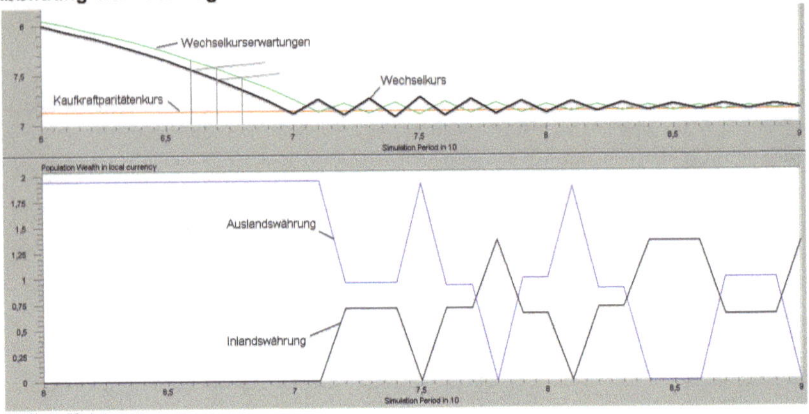

Quelle: FX-Agent.

Um die Vorgänge auf dem künstlichen Devisenmarkt genauer analysieren zu können, ist die Betrachtung der tabellarischen Aufarbeitung der Simulationsergebnisse sinnvoll. Die Abbildung 4.6 zeigt einen Ausschnitt aus dem Simulation Table in FX-Agent und markiert die im Periodennavigator eingestellte Periode als schraffierte Zeile.

Abbildung 4.6: Simulation Table bei einem Agenten mit adaptiver Erwartungsbildung

	Agent 1									Macrodata								
t	E(e) 0	fxs	fxd	dMS	net fxs	TV	fM	dM	W	C-FXS	Arb.-FXS	Agent-FXS	C-FXD	Arb.-FXD	Agent-FXD	Net-FXS	e
32	0,8078							1,5321	1,5321	1,0000			1,0000	1,0000		-1,0000	0,8238
33	0,8271		1,8597	1,5321	-1,8597	1,0000	1,0000	0,6955	1,5321	1,0000			1,0000	1,0000	1,8597	-2,8597	0,8366
34	0,8385		0,8313	0,6955	-0,8313	0,8341	1,8341		1,5293	1,0000	1,0000		1,0000		0,8313	0,1687	0,8338
35	0,8329	1,8341			1,8341	-1,0000	0,8341	0,8211	1,5059	1,0000	1,0000	1,8341	1,0000			2,8341	0,8211
36	0,8187	0,8341			0,8341	-0,8341		1,5090	1,5090	1,0000		0,8341	1,0000	1,0000		-0,1659	0,8248
37	0,8261		1,8295	1,5090	-1,8295	1,0000	1,0000	0,6717	1,5090	1,0000			1,0000	1,0000	1,8295	-2,8295	0,8373
38	0,8396		0,8022	0,6717	-0,8022	0,8066	1,8066		1,5045	1,0000	1,0000		1,0000		0,8022	0,1978	0,8328
39	0,8314	1,8066			1,8066	-1,8066		1,4819	1,4819	1,0000		1,8066	1,0000	1,0000		0,8066	0,8203
40	0,8181							1,4819	1,4819	1,0000			1,0000	1,0000		-1,0000	0,8338

Erklärung: E(e) 0: erwarteter Wechselkurs, Erwartungshypothese Index 0 (adaptive Erwartungen); fxs/fxd: Devisenangebot/-nachfrage des Agenten; dMS: das Angebot an heimischer Währung, das fxd entspricht; TV: Transaktionsvolumen; fM/dM: ausländischer/inländischer Währungsbestand; W: Vermögen in Inlandswährung; DP/FP: heimisches/ ausländisches Preisniveau; C-FXS/C-FXD: Devisenangebot/-nachfrage des *Constant Trader*; Arb.-FXS/FXD: Devisenangebot/-nachfrage des Arbitrageurs; Agent-FXS/FXD: Summe aller Devisenangebote/-nachfragen aller Agenten; FXS/FXD: Gesamtmarktdevisenangebot/-nachfrage; Net-FXS: Nettodevisenangebot; e: Wechselkurs.

Quelle: FX-Agent.

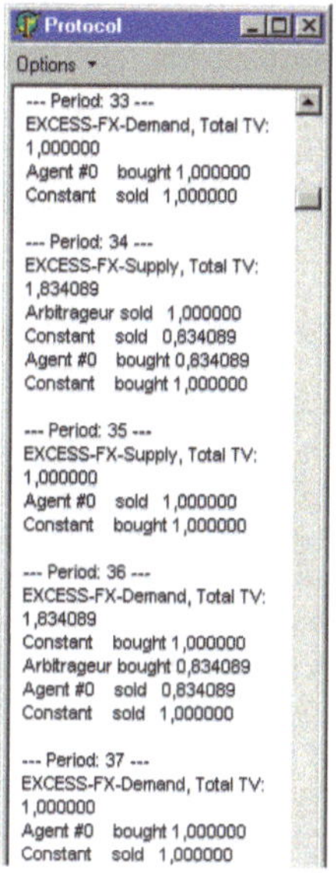

Betrachtet wird die markierte Periode 34. Zu Beginn bildet der Agent eine Wechselkurserwartung von 0,8385. Da dieser Erwartungswert den aktuellen Wechselkurs, also den am Ende der vorherigen Periode von 0,8366 übersteigt, fragt er Auslandswährung nach. Er ist bereit seinen gesamten inländischen Währungsbestand einzusetzen und bietet daher dMS = 0,6955 inländische Währungseinheiten an und fragt somit zum (noch) gültigen Wechselkurs fxd = dMS/0,8366 = 0,8313 ausländische Währungseinheiten nach. Diese Nachfrage wird mit den restlichen Devisenorders auf der entsprechenden Marktseite aggregiert. Insgesamt besteht ein Nettodevisenangebot von 0,1687 Einheiten Auslandswährung. Der Auktionator senkt daraufhin den für diese Periode gültigen Wechselkurs auf 0,8338. Anschließend wird der Agent durch einen Zufallsprozess als Transaktionspartner bestimmt. Da er auf der kürzeren Marktseite ist, kann sein Transaktionswunsch vollständig erfüllt werden. Die links nebenstehende Abbildung des Periodenprotokolls von FX-Agent zeigt, dass der Agent in der Periode 34 als erster Transaktionspartner auf der Käuferseite gewählt wurde (er erscheint dort an erster Stelle) und erhält für seine angebotenen 0,6955 Einheiten Inlandswährung zum Kurs von 0,8338 gerundet etwa 0,8341 Einheiten Auslandswährung. Somit hat er zwar seinen gesamten inländischen Währungsbestand eingetauscht. Er erwirbt diese Einheiten vom *Constant Trader* der anderen Marktseite. Das Transaktionsvolumen des Agenten beträgt daher TV = 0,8341 und sein Finanzvermögen wird ausschließlich in Auslandswährung am Ende der Periode gehalten (fM = 1,8341). Der Wert seines Vermögens in Inlandswährung beläuft sich auf W = 1,5293. In der folgenden Periode 35 erwartet er dagegen eine Aufwertung der Inlandswährung und bietet daher seinen gesamten ausländischen Währungsbestand wieder an. Da in dieser Periode das individuelle Devisenangebot des Agenten bereits die gesamte Devisennachfrage am Markt übersteigt, wird er rationiert und behält 0,8341 Einheiten Auslandswährung in seinem Portfolio. Eine Einheit konnte er an den *Constant Trader* im Tausch gegen 0,8211 Einheiten Inlandswährung verkaufen.

Um die Ergebnisse dieses einfachen Simulationsbeispiels einschätzen zu können, ist eine Sensitivitätsanalyse verschiedener Parametereinstellungen notwendig. Die Variation der Ausprägungen dieser Parameter gibt Aufschluss über die Stabilität der dargestellten Ergebnisse. Der Einfluss folgender Größen wird daher untersucht:

(1) Adaptionsparameter der Erwartungsbildung

(2) Finanzkraft des Arbitrageurs (Market Force)

(3) Preissetzungsparameter

(4) Agentenverhalten (*take-it-or-leave-it* vs. *gradual-behavior*)

(5) Periodenanzahl

Der Adaptionsparameter der Erwartungshypothese kann zwischen –2 und 2 variieren. Da theoretisch bei hohen Werten negative erwartete Wechselkurse errechnet werden können, stellt FX-Agent sicher, dass solche ökonomisch unsinnigen Ergebnisse vermieden werden und weist daher mindestens einen Erwartungswert von 0,00001 aus. Bei positiven Werten des Adaptionsparameters a bis zu einer Grenze von Eins sind die dargestellten Ergebnisse qualitativ unverändert. Falls a genau Eins ist, geht die adaptive Erwartungshypothese in statische Erwartungen über, so dass der Agent de facto nicht am Markt tätig ist. Da er eine Wechselkursänderungserwartung von Null hat, fragt er in keiner Periode Devisen nach oder bietet sie an, so dass die Wertentwicklung seines Ausgangsvermögens nur den Wechselkursverlauf nachzeichnet. Bei Werten größer als Eins nimmt die Volatilität des Wechselkurses zu, ohne dass jedoch die Kursentwicklung ihre fundamentalökonomische Bindung verliert. Selbst beim Extremwert von Zwei[534] folgt der Kursverlauf dem Kaufkraftparitätenniveau wie in Abbildung 4.3, schwankt jedoch etwas stärker um das fundamentale Niveau, sobald er dieses erreicht hat. Insgesamt führt die Erhöhung des Adaptionsparameters jedoch zu einem höheren Anteil korrekt erwarteter Wechselkursänderungen, so dass dadurch die Annäherung an den Kaufkraftparitätenkurs schneller erfolgt. Aus diesem Grund ist die *excess volatility*, gemessen an Hand der Varianz des Wechselkurses in Bezug auf sein Kaufkraftparitätenniveau, niedriger. Bei 50 Simulationsläufen ergab sich im Durchschnitt bei a = 0,8 ein Wert von 0,0268, während bei a = 2 die Varianz auf 0,0193 fiel. Bei negativen Werten des Adaptionsparameters ändern sich zwar ebenfalls die Verlaufseigenschaften des Wechselkurses nicht, die Ergebnisse in Bezug auf die Erwartungen des Agenten widersprechen dennoch jeglichen ökonomischen Überlegungen. Nach der durch den Arbitrageur induzierten anfänglichen Aufwertung der Inlandswährung reagiert der Agent mit Verkäufen der Inlandswährung. Er erwartet bei negativen Parameterwerten für a eine weitere Kursentwicklung, die in die entgegengesetzte Richtung des letzten Erwartungsfehlers verläuft. Er bewegt sich für alle Werte bis minus Zwei schon zu Beginn der Simulation so weit weg vom tatsächlichen Kursverlauf, dass seine Erwartungen gänzlich oberhalb des Wechselkurses liegen. Ab dem Zeitpunkt, zu dem er seinen inländischen Währungsbestand verkauft hat, ist er daher faktisch nicht mehr als Marktteilnehmer präsent. Der Adaptionsparameter kann somit die Volatilität des Wechselkurses leicht verändern, die Stabilität der Ergebnisse in Bezug auf den Wechselkurs bleibt jedoch erhalten.

Die Finanzkraft des Arbitrageurs kann zwischen Null und dem Doppelten der Erstausstattung aller Agenten mit heimischer Währung eingestellt werden. Je größer die Finanzkraft ist, desto stärker ist der Einfluss der Gütermarktarbitrage auf den Wechselkurs. Da der Einfluss des Arbitrageurs in dieser Studie bereits relativ hoch ist, erscheint es sinnvoll, die Stabilität der Ergebnisse bei Verringerung seines Marktgewichtes zu untersuchen. Wird der Anteil von 100% ausgehend schrittweise reduziert, so beobachtet man eine allmähliche Loslösung des Wechselkursverlaufes von dem Kaufkraftparitätenniveau. Die Änderungsrichtung geht jedoch tendenziell immer zur Kaufkraftparität auch wenn die Annäherungsgeschwindigkeit abnimmt. Je geringer das Gewicht des Arbitrageurs ist, desto länger dauert somit die Annäherung an das Fundamentalniveau, die jedoch zwingend einsetzen wird. Der Agent wird irgendwann den

---

534 Das heißt, der Agent korrigiert seinen letzten Erwartungswert um das Zweifache seines Erwartungsfehlers.

einen Teil seines Vermögens vollständig gegen den anderen eingetauscht haben (in der *take-it-or-leave-it* Variante!) und verliert danach seinen Wechselkurseinfluss, wenn die weitere Änderungsrichtung seinen Erwartungen entspricht.

Abbildung 4.7: Einfluss des Arbitrageurs auf den Wechselkursverlauf

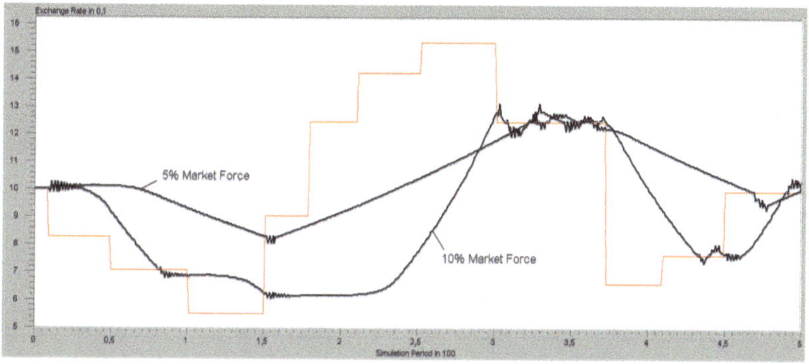

Quelle: FX-Agent.

Die Abbildung 4.7 zeigt beispielhaft zwei Kursverläufe bei einer Market Force des Arbitrageurs von 5% und 10%. Es wird auf der einen Seite deutlich, dass in beiden Fällen der Kurs über lange Zeit vom Fundamentalwert abweicht und dass die Annäherungsgeschwindigkeit höher ist im Fall von 10%. Sobald das Kaufkraftparitätenniveau durchbrochen wird, gehen die Meinungen des Arbitrageurs und des trendfolgenden Agenten auseinander und Wechselkursschwankungen entstehen. Ab dem Zeitpunkt, ab dem der Agent keine Tauschwährung mehr besitzt, übernimmt der Arbitrageur die kurstreibende Rolle am Markt und führt den Kurs zu seinem Fundamentalniveau.

Die Bedeutung der *Constant Trader* ist trotz ihres mangelnden Einflusses auf den *Netto*angebotsüberschuss nicht unbedingt vernachlässigbar, da sie mit zunehmenden Gewicht – also Finanzausstattung – über den Transaktionsprozess die Vermögensentwicklung des oder der Agenten beeinflussen. Die Zusammensetzung des Portfolios aller Agenten, kann sich nur durch Transaktionen mit Nicht-Agenten verändern. Je größer die Volumina der *Constant Trader* sind, desto weniger werden die Agenten rationiert und umso stärker kann sich die Portfoliostruktur anpassen. In dieser Studie ist jedoch kein Einfluss im gesamten möglichen Bereich von 1% bis 200% Anteil an der Erstausstattung der Agenten mit heimischer Währung auf den Wechselkurs zu erkennen.

Die Einstellungen zur Preissetzung haben hingegen einen bedeutenden Einfluss auf die Kursentwicklung. In dieser Studie ist die Obergrenze für die prozentuale Kursanpassung zwischen zwei Perioden auf 3% beschränkt worden. Je höher die Grenze gesetzt wird, desto größer ist auch die mögliche maximale Kursänderung. Diese wird schließlich noch durch einen zweiten Parameter – den Preissetzungsparameter des Auktionators – bestimmt. Wird letzterer jedoch bei Eins beibehalten, so zeigt die Abbildung 4.8 bereits, wie stark die Volatilität ansteigt, wenn die Maximaländerungsgrenze mit 50% faktisch aufgehoben wird. Es ist jedoch immer noch eine fundamentalökonomische Verankerung zu beobachten.

Abbildung 4.8: Wechselkursverlauf bei maximalen Preisänderungen von 50 %

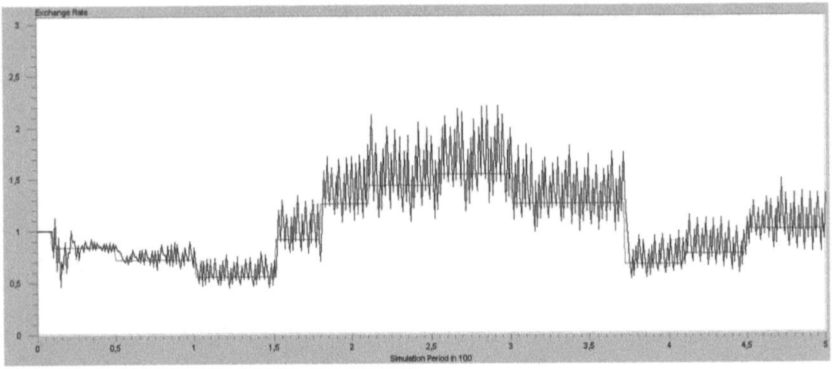

Quelle: FX-Agent.

Prozentuale Kursänderungen von bis zu 50% können jedoch aus empirischen Überlegungen ausgeschlossen werden. Solche Änderungsraten sind selbst über mehrere Jahre kaum auf den Devisenmärkten zu beobachten. Wenn die Grenze auf bspw. 10% festgesetzt wird, erscheint der Wechselkursverlauf bereits wieder äußerst stabil und gleicht dem aus Abbildung 4.3. Daraus kann geschlossen werden, dass der Preissetzungsparameter im ökonomisch plausiblen Bereich nicht zu einem instabilen Wechselkursverhalten beiträgt.

In Bezug auf das Verhalten des Agenten ist bislang die *take-it-or-leave-it* Variante zum Zuge gekommen. Realistischer erscheint jedoch die Modellierung entsprechend der *gradual*-Variante, nach der der Agent nur einen Teil seiner Bestände bei erwarteten Wechselkursänderungen einsetzt. Die Abbildung 4.9 auf der Seite 10 zeigt den Verlauf der Währungsbestände, ausgedrückt in der jeweiligen Währung, bei einer Einstellung, in der der Agent bei einer erwarteten 3%igen Kursänderung 50% seiner Bestände einsetzt. Der Wechselkursverlauf entspricht dem aus Abbildung 4.3, so dass auf eine erneute Darstellung verzichtet wird. Es fällt auf, dass die Portfolioanteile wesentlich stabiler sind im Vergleich zur *take-it-or-leave-it*-Variante. Es wird jedoch ebenso deutlich, dass die Bestandsentwicklung kontraintuitiv verläuft. In Phasen, in denen die Inlandswährung aufwertet, sinkt ihr Bestand und umgekehrt. Die Ursache ist wiederum in der Erwartungshypothese zu sehen. Zu den Zeitpunkten, zu denen eine Trendumkehr einsetzt, liegt der Agent immer falsch, und strukturiert daher sein Portfolio genau entgegen der Kursentwicklung um.

Abbildung 4.9: Finanzstruktur bei der gradual-behavior-Variante

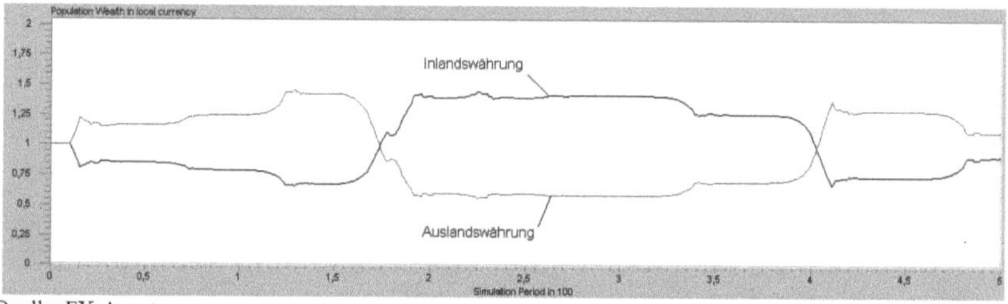

Quelle: FX-Agent.

Die Erweiterung des Simulationshorizonts auf 2000 Perioden durch dreifaches Anhängen der ersten 500 Perioden ändert an den Ergebnissen in Bezug auf den Wechselkursverlauf qualitativ nichts. Der Agent verliert allerdings bei Adaptionsparametern kleiner als Eins und seiner daher schlechten Erwartungsbildung sukzessive an Finanzvermögen. Sein Einfluss auf den Kurs wird dadurch immer geringer je länger die Simulation andauert. Dieses Ergebnis ist aus ökonomischer Sicht plausibel und wünschenswert, da die schlechten Marktteilnehmer im Zeitablauf vom Markt verdrängt werden.

4.4. Studie 2: Kaufkraftparitätenorientierte Erwartungen eines Spekulanten und Transaktionskosten

Ziel der Studie:

- Untersuchung des Einflusses von fundamentalökonomisch basierten Erwartungen auf das Marktergebnis und die Performance eines Spekulanten.
- Einführung von Transaktionskosten sowohl für den Spekulanten als auch für den Arbitrageur.

Dieser Studie liegt ein Datensatz zugrunde, der ebenfalls 500 Perioden umfasst aber keine extremen, diskreten Sprünge zwischen zwei Perioden aufweist, sondern einen trendmäßigen Verlauf der internationalen Preisrelation zeigt. Die Zeitreihe ist zudem durch Addition normalverteilter stochastischer Schocks mit einem Mittelwert von Null und einer Standardabweichung von 0,1 verzerrt worden. Sie entspricht daher in ihrem Erscheinungsbild eher den real zu beobachtenden Zeitreihen. Im Gegensatz zur vorherigen Studie richtet der Spekulant seine Erwartungen nun an dem Kaufkraftparitätenkurs aus. Ebenso wie der Arbitrageur beobachtet er die internationale Preisrelation in der Vorperiode und erwartet die sofortige Rückkehr zu diesem Fundamentalniveau. Da nun zwei der drei Marktteilnehmer preisgetriebene Devisenorders platzieren, ist durch den Agenten eine Verstärkung der fundamentalen Verankerung zu erwarten, die auch tatsächlich eintritt. Aus diesem Grund wird die `Market Force` des Arbitrageurs auf 10% reduziert, so dass der Agent zu Beginn deutlich finanzkräftiger ist. Um ihm einen liquiden potentiellen Transaktionspartner gegenüberzustellen, wird das Gewicht der *Constant Trader* auf 150% angehoben. Das Spekulationsverhalten des Agenten in Bezug auf seine eingesetzten Währungsmengen wird durch die *gradual*-Variante modelliert mit 25% Währungseinsatz bei einer erwarteten Kursänderung von 5%. Transaktionskosten werden noch nicht berücksichtigt. Die folgende Abbildung zeigt in der oberen Graphik fettmarkiert den Verlauf des Wechselkurses (KKP-Kurs wiederum feinmarkiert) sowie die Entwicklung der Währungsbestände des Agenten in der jeweiligen Währung (untere Graphik).

Abbildung 4.10: Wechselkursverlauf und Finanzstruktur bei kaufkraftparitätenorientierten Erwartungen

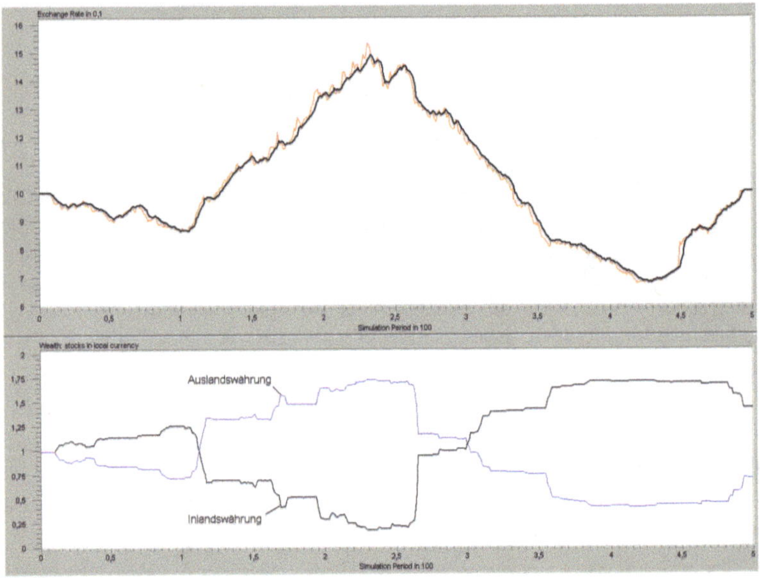

Quelle: FX-Agent.

Die Abbildung macht deutlich, dass erstens der Wechselkurs nahezu identisch ist mit dem Kaufkraftparitätenkurs und zweitens, dass der Agent in Zeiten anhaltender Abwertung der Inlandswährung (Periode 100 bis 240) seine inländischen Währungsbestände sukzessive abbaut und umgekehrt Auslandswährung in den Zeiten verkauft, in denen die Inlandswährung aufwertet (Periode 240 bis 420). Da der Wechselkurs ausschließlich preisgetrieben ist, ist die erwartete Änderungsrichtung des Agenten in allen Fällen korrekt und dadurch bewegen sich seine Portfolioanteile wie beschrieben.

Um das Geschehen auf dem künstlichen Devisenmarkt mehr Realitätsnähe zu verleihen, werden nun zusätzlich Transaktionskosten eingeführt. Es wird im Folgenden unterstellt, dass diese 0,5% betragen und sowohl für den Arbitrageur als auch für den Agenten gelten. Der Verlauf des Wechselkurses bleibt durch die Einführung von Transaktionskosten nahezu unberührt ebenso wie die Entwicklung der Währungspositionen des Agenten. Diese weisen einen etwas geglätteteren Verlauf im Vergleich zu der Abbildung 4.10 auf. Das überrascht nicht, da Transaktionskosten Devisenorders und damit Handel bei geringsten Abweichungen des erwarteten Wechselkurses bzw. des Kaufkraftparitätenkurses vom aktuell gültigen verhindern. Deutlich erkennbar ist dies an Hand der tabellarischen Aufarbeitung der Simulationsergebnisse in Abbildung 4.11.

Abbildung 4.11: Devisenorders bei Transaktionskosten

	Agent 1				Macrodata			
t	E(e) 2	fxs	fxd	net fxs	Arb.-FXS	Arb.-FXD	Net-FXS	e
269	1,30565	0,00855656		0,00855656	0,1		0,108557	1,31
270	1,3119							1,31
271	1,29341	0,0219124		0,0219124	0,1		0,121912	1,3026
272	1,2987							1,3026
273	1,29418	0,00563875		0,00563875	0,1		0,105639	1,29696

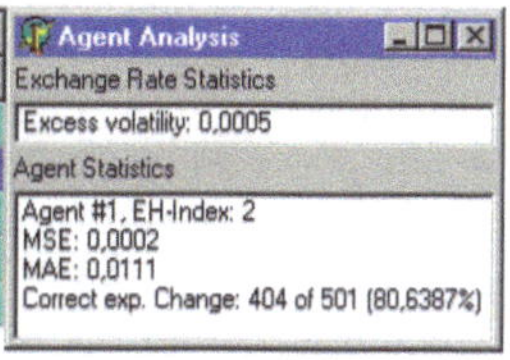

Quelle: FX-Agent.

Die Tabelle ist auf die wesentliche Inhalte reduziert und zeigt in der markierten Zeile der Simulationsperiode 270 links einen Erwartungswert von 1,3119 (Abwertungserwartung in Bezug auf die Inlandswährung) Die prozentuale erwartete Abwertungsrate beträgt jedoch nur $(1{,}3119/1{,}31-1)\cdot 100 \approx 0{,}145\%$ und ist damit kleiner als die Transaktionskosten von 0,5%. Aus diesem Grund wird der Agent ebenso wie der Arbitrageur nicht am Markt tätig (Net-FXS = 0). Im rechten Teil der Abbildung ist ein Analysefenster von FX-Agent zu sehen, das im unteren Teil eine Statistik über die Prognosegüte des Agenten enthält. Die ersten beiden Werte zeigen den mittleren quadratischen Fehler (MSE) und den mittleren absoluten Fehler (MAE), während die untere Zeile die Anzahl der korrekt erwarteten Änderungsrichtungen anzeigt. In 404 von 501 Fällen lag der Agent richtig. Dies entspricht einem Anteil von ca. 81%. Die verbleibenden 19% resultieren daraus, dass in den Perioden, in denen die erwarteten Wechselkursänderungen und Abweichungen vom Kaufkraftparitätenkurs die Transaktionskostengrenze von 0,5 % unterschreiten kein Nettodeviseangebot existiert und so keine Wechselkursänderung erfolgt, wie bspw. in der oben dargestellten Periode 270.[535]

4.5. Studie 3: Heterogene Erwartungen und Wechselkursdynamik

Ziel der Studie:

- Die Modellierung von Chartisten und Fundamentalisten und Untersuchung der Beziehung zwischen Wechselkurs und Kaufkraftparitätenkurs.
- Sensitivitätsanalysen der Simulationsergebnisse in Bezug auf die Gewichtsverteilung der Marktteilnehmer.

Die dritte Studie zeigt und untersucht eine Simulation, die den zentralen Modellzweck von FX-Agent beinhaltet – die Abbildung heterogener Agenten.[536] Besonders interessant erscheint die Modellierung von Chartisten und Fundamentalisten, um zu untersuchen, welche Gruppe sich wann am Markt wie durchsetzen kann und unter welchen Bedingungen sich die Marktergebnisse signifikant verändern. Um möglichst viel Nähe zu den Parametereinstellungen der vorherigen Simulationen zu erhalten, wird der Preissetzungsmechanismus mit den Parameterwerten `FX-Adapt` = 1 und `MaxUserPerc-`

[535] Dass sich der Wechselkurs entgegen der Erwartung des Agenten ändert, ist ausgeschlossen, da beide nettodevisenangebotsbeeinflussenden Marktteilnehmer eine Kursänderung in der vom Agenten erwarteten Richtung bewirken. Keine Änderung wird jedoch von der Software mit positivem Vorzeichen ausgewiesen, so dass die Statistik bei erwarteten Aufwertungen der Inlandswährung unterhalb der Transaktionskostengrenze verzerrt ist.

[536] Die Modellierung mehrerer homogener Agenten ist dann sinnvoll, wenn eine Gruppe identischer Marktteilnehmer-Typen mehr Gewicht als andere Agenten erhalten soll.

Change = 3% beibehalten, wobei Transaktionskosten ausgeschlossen werden, um die Daten leichter analysieren zu können. Der verwendete Datensatz entspricht dem aus der Studie 2. Die Anzahl an Agenten wird zunächst auf drei eingestellt. Damit real beobachtbare Größenverhältnisse in das Modell eingehen, werden die Marktgewichte des Arbitrageurs und der *Constant Trader* in der Summe auf 5% reduziert. Dabei erhält der Arbitrageur eine MarketForce von 2%. In Bezug auf das Agentenverhalten wird mit einem Wert von k = 50 % angenommen, dass alle Agenten bereit sind, die Hälfte ihrer Währungsbestände bei einer 5%igen erwarteten Wechselkursänderung einzusetzen.

Zu Beginn dieser Studie werden zwei der drei Agenten als Chartisten und der dritte als kaufkraftparitätenorientierter Spekulant modelliert. Diese Aufteilung wird dadurch gerechtfertigt, dass der fundamentalorientierte Agent durch den Arbitrageur in jeder Periode Unterstützung erhält, so dass nicht unbedingt von einer Unausgewogenheit gesprochen werden kann. Die beiden Chartisten werden, wie üblich in der Wechselkurstheorie, mit extrapolativen Erwartungen und Parameterwerten von a = 1,5, b = c = 0 ausgestattet.[537] Beide weisen somit eine Erwartungselastizität größer als Eins auf, die empirisch für die kurze Frist ebenfalls festgestellt werden kann. Das graphische Ergebnis der Simulationsstudie zeigt die Abbildung 4.12.

Abbildung 4.12: Chartisten und Fundamentalisten in FX-Agent

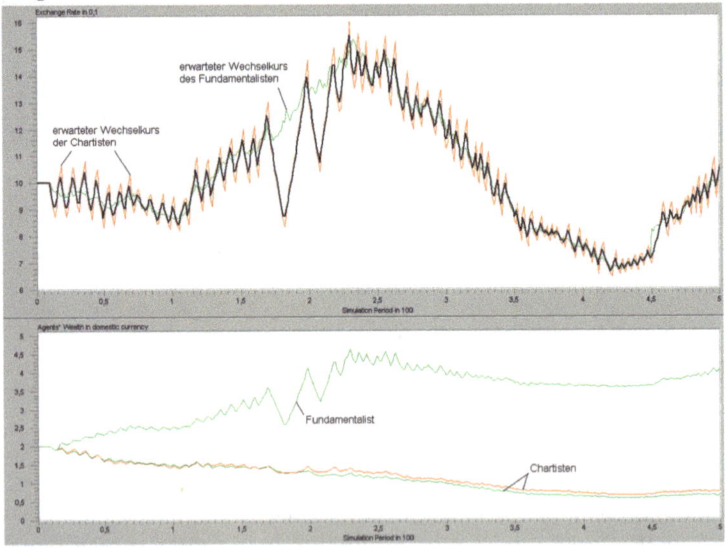

Quelle: FX-Agent.

Der Verlauf des Wechselkurses zeigt eine deutlich höhere Volatilität im Vergleich zu dem aus Abbildung 4.10. Die Erwartungswerte der beiden Agentengruppen sind in dem oberen Teil der Abbildung als dünne, grau gezeichnete Linien gekennzeichnet. Da beide Chartisten identisch modelliert sind, liegen beiden Verläufe der Erwartungs-

[537] Siehe Gleichung (2.40) auf Seite 129.

werte übereinander. Im unteren Teil der Abbildung ist die Entwicklung der Vermögenswerte aller drei Agenten dargestellt. Es ist auffallend, dass der Fundamentalist eine deutlich bessere Vermögensentwicklung aufweist, als die beiden Chartisten. Letztere verlieren im Zeitablauf immer mehr an Finanzvermögen, wodurch ihr Einfluss auf den Wechselkurs sinkt. Aus diesem Grund nähert sich der Kursverlauf immer mehr dem Kaufkraftparitätenkurs an.

Um detaillierte Einblicke in die Performance der Agenten zu gewinnen, bietet sich eine Betrachtung der Vermögens- und Vermögensstrukturentwicklung im Simulation Graph von FX-Agent an. Die Abbildung 4.13 zeigt diese Entwicklung für die gesamte Population der Agenten in Inlandswährung. Zu den Zeiten der beiden als *spekulative Blasen* bezeichneten Phänomene innerhalb des Zeitraums von Periode 170 bis 220 sind große Ausschläge in der Wertentwicklung zu erkennen. Zu Beginn einer Blase, in der der Kurs der Auslandswährung fällt, ist ein Aufbau an inländischer Währung festzustellen, während entsprechend umgekehrt, beim Platzen der Blase, ein Abbau zu verzeichnen ist. Die gesamte Trendentwicklung der Währungsbestände entspricht somit der ökonomischen Erwartung.

Abbildung 4.13: Vermögensniveau und Finanzstruktur aller Agenten

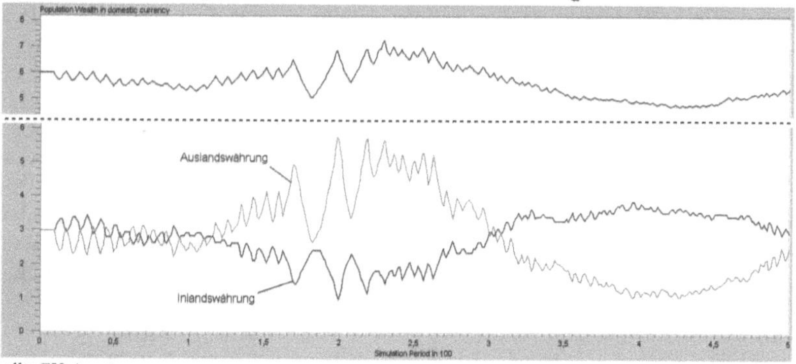

Quelle: FX-Agent.

Es sei an dieser Stelle betont, dass das Auftreten *spekulativer Blasen* bei dieser Parametersituation kein Zufallsprodukt ist.[538] Zufällig ist das Ausmaß, die Anzahl und der bzw. die Zeitpunkte, zu denen solche Phänomene beobachtbar sind. Das liegt daran, dass der Handelsmechanismus kein deterministischer Prozess ist, sondern die Transaktionspartner per Zufall bestimmt werden und damit gleichzeitig festlegt wird, wer morgen mit welchem Vermögen am Markt präsent sein wird. Von besonderem Interesse ist daher zu untersuchen, welche Gegebenheiten offensichtlich vorliegen müssen, damit eine Blase zustande kommt. Weiterhin von Interesse ist, warum sie innerhalb dieses Modells zwingend wieder platzen. Um die Vorgänge genauer zu verstehen, ist eine tabellarische Aufarbeitung notwendig, wie sie in Abbildung 4.14 dargestellt ist.

[538] Der *User* kann durch wiederholtes Klicken auf den Start-Button bei geöffnetem Simulation Graph das Entstehen und Platzen von Blasen an unterschiedlichsten Stellen beobachten.

Abbildung 4.14: Periodenvorgänge bei spekulativen Blasen

t	Agent 1 E(e) 1	fxs	fxd	TV	fM	dM	Agent 2 E(e) 1	fxs	fxd	TV	fM	dM
168	1,230		0,211		0,372	0,993	1,230		0,155	0,151	0,732	0,543
169	1,263		0,243		0,372	0,993	1,263		0,133	0,129	0,861	0,381
170	1,301		0,276	0,284	0,656	0,647	1,301		0,106	0,109	0,970	0,248
171	1,163	0,265			0,656	0,647	1,163	0,392			0,970	0,248
172	1,126	0,282			0,656	0,647	1,126	0,417		-0,094	0,877	0,356
173	1,092	0,282			0,656	0,647	1,092	0,377		-0,108	0,769	0,476
174	1,068	0,240			0,656	0,647	1,068	0,281		-0,278	0,490	0,777
175	1,032	0,278		-0,137	0,519	0,791	1,032	0,207		-0,207	0,283	0,994
176	1,000	0,223		-0,014	0,506	0,804	1,000	0,121		-0,121	0,161	1,117
177	0,970	0,217		-0,022	0,484	0,826	0,970	0,069		-0,069	0,092	1,186
178	0,941	0,208		-0,050	0,434	0,874	0,941	0,040		-0,040	0,052	1,223
179	0,913	0,186		-0,067	0,366	0,936	0,913	0,023		-0,023	0,030	1,244
180	0,886	0,157		-0,077	0,289	1,006	0,886	0,013		-0,013	0,017	1,256
181	0,859	0,124		-0,083	0,206	1,078	0,859	0,007		-0,007	0,010	1,262
182	0,833	0,089		-0,086	0,121	1,153	0,833	0,004		-0,004	0,006	1,266
183	0,872	0,000		0,000	0,121	1,153	0,872	0,000		0,000	0,006	1,266
184	0,939		0,551		0,121	1,153	0,939		0,605		0,006	1,266
185	0,967		0,535		0,121	1,153	0,967		0,588		0,006	1,266
186	0,996		0,520		0,121	1,153	0,996		0,571		0,006	1,266
187	1,019		0,430		0,121	1,153	1,019		0,473		0,006	1,266

t	Agent 3 E(e) 2	fxs	fxd	TV	fM	dM	Macrodata Arb.-FXS	Agent-FXS	Arb.-FXD	Agent-FXD	Net-FXS	e
168	1,182	0,052		-0,052	2,746	0,171	0,090	0,052		0,366	-0,224	1,220
169	1,219	0,000		0,000	2,746	0,172	0,090	0,000		0,375	-0,285	1,252
170	1,186	1,477		-0,304	2,442	0,541	0,090	1,477		0,382	1,185	1,216
171	1,173	0,700			2,442	0,541	0,090	1,358			1,448	1,179
172	1,185		0,004	0,004	2,446	0,537		0,699	0,090	0,004	0,605	1,144
173	1,157		0,018	0,018	2,464	0,517		0,659	0,090	0,018	0,551	1,113
174	1,160		0,183	0,188	2,652	0,313		0,521	0,090	0,183	0,248	1,080
175	1,169		0,247	0,254	2,907	0,047		0,485	0,090	0,247	0,148	1,048
176	1,174		0,044	0,045	2,952	0,001		0,345	0,090	0,044	0,211	1,016
177	1,175		0,001	0,001	2,953	0,000		0,287	0,090	0,001	0,196	0,986
178	1,188		0,000	0,000	2,953	0,000		0,248	0,090	0,000	0,158	0,956
179	1,191		0,000	0,000	2,953	0,000		0,209	0,090	0,000	0,119	0,927
180	1,201		0,000	0,000	2,953	0,000		0,170	0,090	0,000	0,080	0,900
181	1,232		0,000	0,000	2,953			0,132	0,090	0,000	0,042	0,873
182	1,225				2,953			0,093	0,090		0,003	0,872
183	1,268				2,953			0,000	0,090		-0,090	0,899
184	1,259				2,953				0,090	1,157	-1,247	0,925
185	1,245				2,953				0,090	1,123	-1,213	0,953
186	1,229				2,953				0,090	1,090	-1,180	0,979
187	1,253				2,953				0,090	0,903	-0,993	1,008

Quelle: FX-Agent.

Die Tabelle ist auf die notwendigen Spalten reduziert und zeigt aus Darstellungsgründen nur drei Nachkommastellen. Größen wie 0,000 sind daher eben nicht ganz gleich Null und werden somit ausgewiesen. In Zellen, in denen eine (echte) Null steht, werden die Ziffern unterdrückt. Zu sehen ist der Zeitraum von Periode 168 bis 187, der die Daten der ersten Blase vom Entstehen bis kurz nach dem Platzen enthält. Die drei linken Tabellen enthalten die Informationen bezüglich der drei Agenten, die rechte zeigt die Gesamtmarktdaten. Die grau unterlegte Zeile der Periode 169 markiert den Hochpunkt vor der Blase und stellt daher ihren Beginn dar. In der vorletzten Spalte rechts ist zu erkennen, dass bis zum Zeitpunkt des Platzens Devisenangebotsüberschüsse vorliegen, die ab Periode 171 sukzessive zurückgehen. In dieser Zeit wertet die Inlandswährung kontinuierlich auf. Wie konnte es nun an dieser Stelle zu einer Blase kommen, wo doch in allen Perioden vorher ein Schwanken um die Kaufkraftparität bei unverändertem Verhalten der Agenten zu beobachten war? Die genaue Betrachtung der Tabelle zeigt, dass der Kurswechsel von Periode 169 zu 170 vornehmlich durch den fundamentalorientierten Agenten hervorgerufen wird. Zu Beginn der Periode bietet dieser 1,477 Einheiten Auslandswährung an, während die Chartisten noch zusammen 1,185 Einheiten nachfragen. Insgesamt liegt in der Periode 170 ein Nettodevisenangebotsüberschuss von 1,185 vor, der zu einer Aufwertung führt. Da die Chartisten die letzte Kursänderung in ihren Erwartungen nachzeichnen, erwarten sie in der Periode 171 eine weitere Aufwertung der Inlandswährung und bieten daher Auslandswährung an. In dieser Periode liegt der Wechselkurs zu Beginn jedoch immer noch über seinem Kaufkraftparitätenkurs, so dass der Fundamentalist und der Arbitrageur ebenso Devisen anbieten. Der Kurs sinkt dadurch weiter auf 1,179. In der Folgeperiode erwarten die Chartisten eine weitere Aufwertung, während die beiden anderen Marktteilnehmer den Kurs unter seiner Kaufkraftparität sehen und daher wieder Devisen nachfragen. Ihr Gewicht ist jedoch zu gering, um die andere Marktseite zu übertreffen, so dass ein Nettodevisenangebot von 0,605 entsteht und der Wechselkurs weiter sinkt. Entscheidend für die weitere Entwicklung ist die Finanzstruktur der Agenten und insbesondere die des Fundamentalisten. Solange sich die Währung in eine Richtung bewegt, werden die Chartisten an eine Fortsetzung dieser Richtung glauben und in der Tendenz den

Trend verstärken. Je mehr Devisen sie anbieten und im Transaktionsprozess tauschen, desto weniger haben sie jedoch in Folgeperioden zur Verfügung, so dass ihr Gewicht abnimmt (fünftletzte Spalte von rechts). Ausschlaggebend für das Entstehen einer Blase ist jedoch in diesem Fall nicht das Verhalten der Chartisten, denn das unterscheidet sich ja nicht von vorherigen Perioden, sondern das des Fundamentalisten. Der Fundamentalist hat in der Vergangenheit seine ausländische Währungsposition bereits so stark ausgebaut, dass er nun kaum noch Inlandswährung zur Verfügung hat, um am Markt als Devisennachfrager aufzutreten. Er möchte zwar Auslandswährung erwerben, da er die Rückkehr zur Kaufkraftparität erwartet, aber seine Bestände reichen nicht aus, um den Chartisten genügend Volumen entgegenzustellen, das eine Trendwende hervorrufen kann. Eine *spekulative Blase* entsteht. Die Frage ist nun, warum kommt es zum Platzen der Blase und warum ist dies zwingend so? Wie die Tabelle deutlich macht, hält der bislang beschriebene Prozess bis Periode 183 an. In dieser Periode ist zum ersten Mal wieder ein Gesamtmarktdevisennachfrageüberschuss zu beobachten. Die Nettodevisennachfrage kommt zustande, weil die Chartisten ihre ausländischen Währungsbestände nahezu vollständig verkauft haben (Spalte 5 und 11 von links) und daher nahezu keinen Einfluss mehr auf den Wechselkurs ausüben können. Der Arbitrageur ist nun der bedeutendste Marktteilnehmer und sorgt mit seiner Nachfrage in Höhe von 0,09 Einheiten für eine Trendwende. Da sich ab diesem Zeitpunkt wieder alle Akteure über die weitere Entwicklung einig sind, gibt es nur noch Devisennachfrager bis der Kurs das erste Mal wieder sein Kaufkraftparitätsniveau überschreitet.

Das Entstehen eines *Bubble*-Pfades sowie das Platzen lässt sich also aus einer mehrfachen Koinzidenz erklären. Erwartungen, Währungsbestände und relatives Marktgewicht müssen übereinstimmen, um ein solches Phänomen hervorzurufen. Interessant ist die Überlegung, ob eine solche Entwicklung für jemanden prognostizierbar wäre, der vollständige Kenntnis über die Verhaltensweise der Marktteilnehmer hätte. Er wüsste also, dass es zwei Chartisten mit extrapolativer Erwartungsbildung und einem Faktor a = 1,5 gibt, dass ein Fundamentalist und ein Arbitrageur existieren, die sich an der absoluten Kaufkraftparität orientieren und dass alle sicher und immer streng nach diesen Verhaltenshypothesen handeln. Dies sind bereits viele Informationen, aber nicht genügend. Um eine Blase zu prognostizieren, bedarf es der zusätzlichen Information über die Währungsbestände der Agenten. In einem Modell lässt sich diese Größe sicher beobachten, in der Realität stellt sie jedoch eine private Information dar. Transaktionsmengen und Transaktionspartner bleiben für Nichtbeteiligte verborgen.[539]

Die nahezu unbegrenzten Kombinationen von Einstellungen in FX-Agent ermöglichen es nicht, eine umfassende Untersuchung über die Stabilität von verschiedenen Parameterkonstellationen durchzuführen. Der Modellanwender muss letztlich eine grobe Standortbestimmung im Parameterraum vornehmen, von der aus er sich Schritt für Schritt in der näheren Umgebung entfernt, um die Stabilität seiner Ergebnisse zu testen. Die Präsentation ausgewählter Beispiele ist daher subjektiv und erlaubt keine allgemeingültige, abschließende Aussage. Obwohl die Größe des Parameterraumes vielfältige Ergebnisse zulässt, so kann dennoch nicht von einer lokalen Instabilität gesprochen werden. Es ist keineswegs festzustellen, dass geringste Parameteränderungen sig-

---

[539] Siehe Abschnitt 2.3.2.4 auf Seite 56.

nifikante Auswirkungen auf das qualitative Erscheinungsbild des Wechselkursverlaufes hätten. Eine Simulation lässt sich zwar aufgrund des zufallsgesteuerten Handelsprozesses nie exakt nachbilden, aber die qualitativen Ergebnisse der dieser Studie zugrundeliegenden Einstellungen bleiben sowohl bei Wiederholungen als auch innerhalb gewisser Parameterwertgrenzen erhalten.

Abbildung 4.15: Wechselkursdynamik bei Dominanz von Chartisten

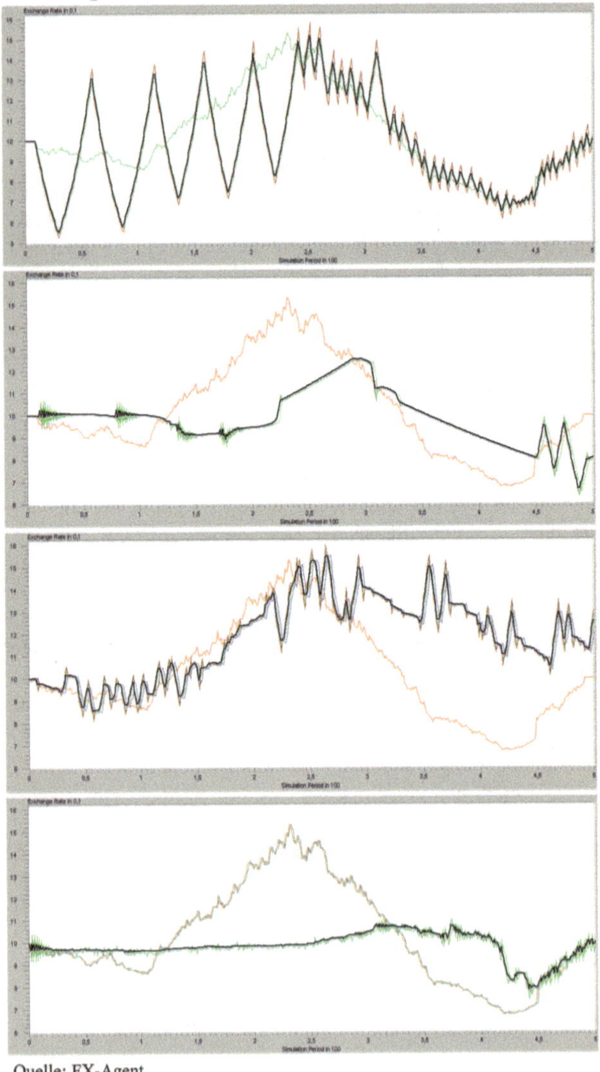

a)
10 Agenten
9 Chartisten (a = 1,5)
1 Fundamentalist
Gewicht:
Constant Trader = 3%
Arbitrageur = 5%
k = 50% bei $\hat{e}^{erw}$ = 1%

c)
10 Agenten
10 Chartisten
davon 5 mit a = 1,5
und 5 mit a = –1,5
Gewicht:
Constant Trader = 50%
Arbitrageur = 2%
k = 80% bei $\hat{e}^{erw}$ = 1%

b)
10 Agenten
9 Chartisten
davon 5 mit a = 1,5
und 4 mit a = –1,5
1 random 0, 0.005
Gewicht:
Constant Trader = 50%
Arbitrageur = 2%
k = 8ß% bei $\hat{e}^{erw}$ = 1%

d)
10 Agenten
8 Chartisten
davon 3 mit a = 1,5
und 5 mit a = –1,5
1 Fundamentalist
1 random 0, 0.001
Gewicht:
Constant Trader = 50%
Arbitrageur = 2%
k = 80% bei $\hat{e}^{erw}$ = 1%

Quelle: FX-Agent.

Um zum Abschluss einen Eindruck über die vielfältigen Marktergebnisse bei heterogener Erwartungsbildung zu bekommen, sind in Abbildung 4.15 vier Wechselkursverläufe dargestellt, die sich aus unterschiedlichen Kombinationen von heterogenen Agenten mit unterschiedlichen Parametereinstellungen ergeben (die Werte sind jeweils neben der Abbildung aufgeführt). Die Graphiken zeigen, dass das Gewicht nicht-fundamentalorientierter Marktteilnehmer so bedeutend sein kann, dass langfristige Abweichungen von der Kaufkraftparität auftreten können, die von einer eigenen Dynamik begleitet sind. Die Graphik a zeigt extreme Schwankungen des Wechselkurses um das Kaufkraftparitätenniveau. Die Schwankungen nehmen jedoch im Laufe der Simulation ab und der tatsächliche Kursverlauf nähert sich seinem Fundamentalwert an. Warum solche extremen Abweichungen, die auch spekulative Blasen bezeichnet werden, auftreten, ist ausführlich in dieser Studie erläutert worden. Erklärungsbedürftig erscheint mehr, warum die Schwankungen am Anfang des gezeigten Intervalls so dominant sind und gegen Ende immer mehr abnehmen. Das ist darauf zurückzuführen, dass die homogene Gruppe der Chartisten zu Beginn über verhältnismäßig viel Finanzkapital verfügt und somit den größten Einfluss auf den Kurs ausübt. Der Kursverlauf bestätigt daher ihre Kurserwartungen, so dass sie sich ex-post korrekt verhalten und eine aufwertende Währung kaufen und umgekehrt. Die Volumina auf der Marktgegenseite sind jedoch so klein,[540] dass die Chartisten größtenteils ihre Transaktionswünsche gar nicht realisieren können. Wenn sie bei einer Aufwertung der Inlandswährung ausländische Währungseinheiten verkaufen und sich dann die Wechselkursrichtung umkehrt, dann reichen die Währungsgewinne, die sie mit ihrem Bestand an verbleibender Auslandswährung erzielen nicht aus, um im Zeitablauf die Wertverluste durch die trendmäßige Abwertung der Inlandswährung auszugleichen. Der Fundamentalist hingegen fragt immer dann Auslandswährung nach, wenn sich der aktuelle Kurs unterhalb des Kaufkraftparitätenniveaus bewegt und umgekehrt. Er stellt nur dann ein Transaktionspartner für die Chartisten dar, solange sich der Kurs vom Fundamentalwert wegbewegt. Beispielsweise erwirbt er Auslandswährung bei der ersten Blase bis zu ihrem Platzen in Periode 30, mit der er große Währungsgewinne durch die anschließende Aufwertung der Auslandswährung erzielt. Erst ab etwa Periode 50 ist er jedoch bereit, den *Constant Tarder* auf der Verkaufsseite zu unterstützen, denn erst dann glaubt er an ein Abwertung. Die besseren Prognosen werden also nicht belohnt, da die Volumina auf der anderen Marktseite nicht existieren. Das ändert sich grundlegend, wenn bspw. die Volumina durch eine Gewichtserhöhung der *Constant Trader* angehoben werden. Der Unterschied zwischen der Entwicklung des Finanzvermögens der Chartisten und des Fundamentalisten verschwindet dadurch zunehmend und der Einfluss der Chartisten wird persistent.

Der zweiten Graphik liegt eine Population heterogener Chartisten ohne einen Fundamentalisten zugrunde. Die fundamentalökonomische Verankerung kommt ausschließlich durch den Arbitrageur in das Modell. Die Abbildung zeigt, dass der Kursverlauf dadurch nahezu losgelöst vom Fundamentalwert erscheint und sich diesem erst dann nähert, wenn die Spekulanten keine Finanzmittel mehr besitzen, um den Kurs in die

[540] 3% für die *Constant Trader* und 5% für den Arbitrageur bedeutet 0,08 Währungseinheiten i.Vgl. zu 9 der Chartisten zu Beginn der Simulation.

erwartete Richtung weiter zu treiben. Zu gewissen Zeiten sind dadurch sogar GARCH-Effekte beobachtbar, also Zeiten in denen durch die Meinungsvielfalt am Markt ein Hin und Her des Kursverlaufs zu beobachten ist.

In den letzten beiden Graphiken wird zusätzlich ein *Random-Trader* aufgenommen. Durch diesen wird *Noise* modelliert, der durch den Handelsprozess ohne fundamentale Verankerung entsteht. Die Kursverläufe zeigen, dass selbst geringste Ausmaße solcher Störeinflüsse die Dynamik des gesamten Kursverlaufs systematisch ändern können. Auch ein Fundamentalist ist nicht mehr in der Lage, den Kurs zu seinem Fundamentalwert zurückzuführen.

4.6. Studie 4: GENEFER meets FX-Agent

Ziel der Studie:

- Einführung in die Software-Bedienung und Analysemöglichkeiten fuzzyregel-basierter Erwartungen in GENEFER.
- Erzeugen einer Fuzzyregel-Basis zur Modellierung von Erwartungen in einer einfachen Simulationsstudie ohne Lernfähigkeit.

4.6.1. Grundlagen und Initialisierung

Diese Studie stellt die erste Verknüpfung von FX-Agent und GENEFER in einer gemeinsamen Simulation dar. Bevor auf die eigentliche Simulationsstudie eingegangen wird, wird zunächst die Interaktion zwischen diesen beiden Applikationen erläutert, um eine genaue Vorstellung darüber zu bekommen, welche Informationen, wann von FX-Agent an GENEFER transferiert werden und auf Basis welcher Daten GENEFER einen Erwartungswert generiert. Die Abbildung 3.45 auf Seite 10 zeigte bereits die Periodenstruktur- und -interdependenzen zwischen der ökonomischen Simulationsumgebung und der Erwartungsapplikation. Der (technische) Periodenaufbau unterscheidet sich jedoch in beiden Programmen, so dass eine gezielte Datenübermittlung notwendig wird. Um die Problemstellung deutlich zu machen, sei erneut knapp die Funktionsweise der Interaktion zwischen den beiden Programmen erläutert. Zu Beginn einer Periode sendet FX-Agent die aktuell gültigen und beobachtbaren Daten an GENEFER. GENEFER berechnet auf Basis dieser Daten einen Erwartungswert für den Wechselkurs und schickt diesen an FX-Agent zurück. Auf Basis der Erwartungen legen die Agenten ihre Transaktionswünsche in Form von Devisenorders fest und der Auktionator bestimmt einen neuen Wechselkurs am Ende der Simulationsperiode in FX-Agent. In FX-Agent zeigt also der Simulation Table in einer Periodenzeile, welche Erwartungen und Verhaltensweisen die Agenten *am Anfang* einer Periode gezeigt haben und weist im Macro Table die Ergebnisse am Ende *derselben* Periode aus. Die dort gezeigten Größen wie bspw. die Durchschnittswerte oder die Preisniveaus sind Daten am Ende der Periode und daher den Agenten zum Zeitpunkt ihrer Erwartungsbildung nicht bekannt. Somit dürfen sie in dieser Form, das heißt in Verbindung mit dem tatsächlichen Wechselkurs in dieser Periode, nicht an GENEFER transferiert werden. Ein Agent, der mit GENEFER fuzzyregel-basierte Erwartungen bildet, würde sonst fälschlicherweise einen Zusammenhang zwischen diesen erkennen, den er aber gar nicht beobachten kann, weil ihm die Inputgrößen nicht bekannt sind. Was er beobachten kann, sind die Periodenergebnisse der *Vor*periode. Er kann auf der einen Seite beim Lernen der Zusammenhänge nur die Beziehung zwischen dem Wechselkurs und den vorher bekannten Informationen versuchen zu verstehen und auf der anderen Seite beim Prognostizieren bzw. bei der Erwartungsbildung nur die bekannten Daten verwenden. Da aber GENEFER in einer Simulation nicht nur Inputdaten geliefert bekommen kann – denn sonst könnte es ja keinen Zusammenhang lernen –, sondern auch die zu den bekannten Inputgrößen *zugehörige* Outputgröße, wird *am Ende* einer Simulationsperiode der Periodenaufbau von FX-Agent durchbrochen und so zusammengesetzt, dass er für GENEFER in der korrekten Struktur übermittelt werden kann. Am Ende einer Periode sendet also die Simulationsumgebung nicht nur erneut die Inputgrößen, die es GENEFER bereits am Anfang einer Periode geschickt hat, sondern nun auch den sich daraus ergebenden Wechselkurs.[541] Auf dieser Grundlage ist GENFER in der Lage, seine Fuzzyregel-Basis anzupassen und im Zeitablauf zu lernen. Die Abbildung 4.16 verdeutlicht diese Überlegung graphisch.

Abbildung 4.16: Datentransfer von FX-Agent nach GENEFER am Ende einer Simulationsperiode

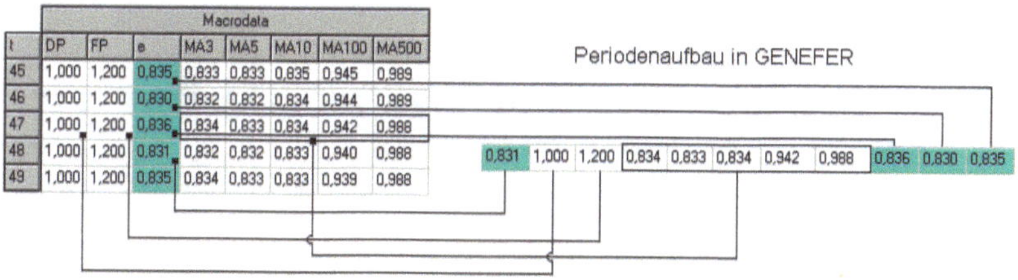

Quelle: Eigene Darstellung.

Die Abbildung zeigt im linken Teil die Periodeninformationen in FX-Agent und im rechten Teil die Zusammensetzung der an GENEFER übermittelten Daten entsprechend dem dort gültigen Periodenaufbau. Zu Beginn der Periode werden GENEFER nur die Inputdaten geschickt (alle Zellen der rechten Tabelle ohne die erste), die neben den auch in FX-Agent zur Verfügung gestellten Durchschnittswerten und Preisniveaus auch die drei letzten realisierten Wechselkurse umfassen, die Grundlage für ein extrapolatives Verhalten sein können. Am Ende der hier betrachteten Periode 48 wird dann zusammen mit den Inputgrößen der Wechselkurs der Periode 48 in FX-Agent transferiert.[542] Der rechte Teil der Abbildung 4.16 macht damit zugleich deutlich, aus welchen Informationen ein Agent wählen kann, wenn er in diesem Modell fuzzyregel-basierte Erwartungen bildet.[543] Welche der Agent tatsächlich verwendet, kann zum einen vom *User* vorgegeben oder durch den implementierten Input-Identifizierungsalgorithmus bestimmt werden.

[541] Dass die Inputdaten erneut geschickt werden, ist lediglich auf das Datengerüst in den Transferprozeduren zurückzuführen.

[542] Die bereits am Beginn der Periode übermittelten Inputwerte werden einfach überschrieben.

[543] Der Katalog der Inputgrößen könnte auf Inflationsraten, Inflationsdifferenzen, güterpreisbezogene Trendgrößen oder auch weitere zusammengesetzte Indikatoren ausgedehnt werden.

Nachdem nun bekannt ist, wie der Datenaustausch erfolgt und welche Informationen einem GENEFER-Agenten bei der Erwartungsbildung zur Verfügung stehen, wird eine zunächst einfache Simulation erzeugt, die noch kein Online-Lernen beinhaltet, d.h. der Agent kann während der Simulation aus seinen Fehlern noch nicht lernen (siehe hierzu die folgende Studie 5). Die Datengrundlage der exogenen Preisniveaus ist der Datensatz aus Studie 1 mit allen dort gewählten Parameterwerten. Die Simulation umfasst somit 500 Perioden, einen Agenten mit fuzzyregel-basierten Erwartungen, einen Arbitrageur mit einer Market Force von 100% und jeweils einem *Constant Trader* auf jeder Marktseite mit einem Gewicht von ebenfalls 100%. Die maximale prozentuale Kursänderung ist wiederum auf 3% limitiert bei einem Preissetzungsparameter von Eins. Da es realistischer erscheint, das Agentenverhalten in der *gradual*-Variante zu modellieren, wird nur in diesem Punkt von der Studie 1 abgewichen und bei einer erwarteten Wechselkursänderung von 1% ein Währungsbestand von 3% eingesetzt.

Wenn der *User* den Datensatz eingelesen hat und im Erwartungsfenster in FX-Agent auf fuzzy-rule-based klickt, erscheint folgende Programmoberfläche:

Abbildung 4.17: Programmfenster in FX-Agent bei adaptiven Fuzzyregel-basierten Erwartungen

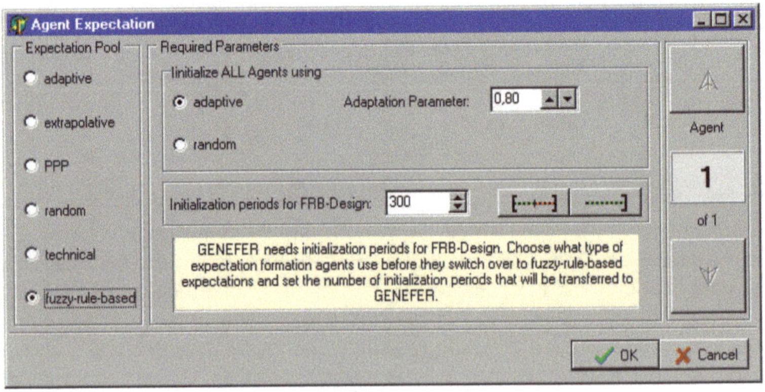

Quelle: FX-Agent.

In der Mitte sind verschiedene Einstellungen für die Initialisierungsphase gezeigt. GENEFER benötigt einen numerischen Datensatz zur automatischen Fuzzyregel-Basis Erzeugung. Ein solcher Datensatz steht jedoch zu Beginn einer Simulation noch nicht zur Verfügung. Daher muss zunächst über eine Initialisierungsphase ein Simulationsdatensatz berechnet werden, der dann GENEFER als Datenbasis für die Generierung einer Fuzzyregel-Basis übermittelt wird. Die Initialisierung stellt einen internen Prozess dar, der im Hintergrund läuft und bei der eigentlichen Simulation nicht mehr erscheint. Die obere Optionsliste Initialze ALL Agents using stellt zwei Erwartungshypothesen für diese Phase zur Verfügung. Entweder *alle* Agenten, die fuzzyregel-basierte Erwartungen bilden, werden mit adaptiven oder mit *random* Erwartungen initialisiert. Unter diesem Schritt kann man sich vorstellen, dass ein Wirtschaftssubjekt, das Marktteilnehmer in einem ihm unbekannten Markt werden will, diesen noch nicht versteht und sich daher adaptiv verhält oder einfach ein rein zufälliges Verhalten aufweist. In der Mitte des Fensters muss als zweite Einstellung das Initialisierungsintervall festgelegt werden, dass eine Teilmenge aus dem gesamten Simulationsintervall (hier 500 Perioden) darstellt. Nur das, was an Informationen innerhalb des Initialisierungsintervalls zur Verfügung steht, kann auch von GENEFER gelernt werden. Da in dieser Studie Online-Lernen deaktiviert ist, wird das Initialisierungsintervall auf 300 Perioden eingestellt, um sicherzustellen, dass die maximale und minimale Ausprägung des Auslandspreisniveaus beinhaltet ist. Der Agent wird mit adaptiven Erwartungen und einem Adaptionsfaktor von 0,8 initialisiert, so dass er dem Agenten aus der Studie 1 entspricht. Nach der Initialisierung stellt FX-Agent automatisch wieder die fuzzy-rule-based expectation Hypothese für die Agenten ein, für die diese gewählt wurde. Die Bestätigung der Einstellungen durch Klicken auf OK ruft die Prozeduren zur internen Berechnung des Initialisierungsdatensatzes auf, sendet diesen automatisch an GENEFER und öffnet GENEFER als COM-Server Applikation. Die COM-Schnittstelle von Windows stellt eine sehr schnelle und leistungsstarke Verbindung dar, mit der ein Client-Programm (FX-Agent) einen COM-Server (GENEFER) steuert und über die beide Daten miteinander austauschen können. In GENEFER kann der *User* nun eine Fuzzyregel-Basis zur Erwartungsbildung für den betrachteten Agenten in dieser Studie entwerfen.

Der erste Schritt besteht in der Input-Identifizierung. Wählt der *User* den FC/FS-Algorithmus mit den Parametereinstellung 0,1 für die konstante Termweite und 20% als Eliminierungssatz, so bestimmt der Algorithmus die vier Größen e(t–1), e(t–2), MA3 und MA100. Um die Stabilität dieser Auswahl zu überprüfen, wurden zahlreiche Identifizierungsläufe mit unterschiedlichen Werten für die konstante Termweite durchgeführt. Die Reihenfolge der identifizierten Größen änderte sich dabei teilweise, wobei die ersten drei Variablen immer in der Ergebnismenge enthalten waren. Das Auslandspreisniveau, das den Kaufkraftparitätenkurs vorgibt, ist dabei nicht enthalten. Der Grund ist darin zu sehen, dass in diesem Datensatz nur diskrete Preisniveauänderungen zu wenigen Zeitpunkten auftreten und daher das konstante Auslandspreisniveau zwischen zwei Änderungszeitpunkten in keiner Beziehung zum Wechselkurs zu stehen scheint. Der Agent erkennt somit nur einen Zusammenhang zwischen vergangenen Wechselkursen und dem aktuellen Niveau. Er kann somit als eher charttechnisch ausgerichtet angesehen werden.

Im anschließenden zweiten Schritt werden die Größen fuzzifiziert. Dabei werden für alle Inputvariablen randgesättigte Fuzzy-Mengen eingestellt mit einem Granulationsgrad von drei. Die Outputgröße wird dagegen durch fünf Fuzzy-Mengen repräsentiert. Die gesamte Fuzzifizierungs-Basis wird durch den Clusteralgorithmus mit den Einstellungen $\beta^{Start} = 0{,}9$, $\beta^{Stopp} = 0{,}1$, $\kappa = 0{,}1$ und $\omega = 0{,}15$ berechnet.

Im dritten Schritt werden die Fuzzyregeln erzeugt. Auch an dieser Stelle übernimmt GENEFER über das evolutionäre Verfahren auf induktive Weise die automatische Fuzzyregel-Basis Erzeugung. Bei einem Mindest-*Covering-Degree* von 0,4 und einer Fitnessfunktion mit den Parameterwerten 0,05 für den Kompatibilitätsgrad und k = 0,1 für den Anteil negativer Trainingsbeispiele, erzeugt das Verfahren 16 Fuzzyregeln. Jede dieser Regeln kann im Register Rule Zapper des Forecast Control Boards einzeln angezeigt werden. Die Abbildung 4.18 zeigt beispielhaft die Regel 6 mit dem TermCode 42321. Die linken beiden Fuzzy-Mengen gehören grundsätzlich zu den Inputvariablen, während die rechte Graphik die Fuzzy-Menge der Outputgröße der gewählten Regel zeigt. Falls die Anzahl an *antecedents* die Zahl zwei übersteigt, kann über die Schalter previous und next zwischen den Fuzzy-Mengen hin- und hergeschaltet werden. Unter den Graphiken wird die Fuzzyregel sprachlich ausformuliert gezeigt.

Abbildung 4.18: Rule Zapper zur Betrachtung einzelner Fuzzyregeln

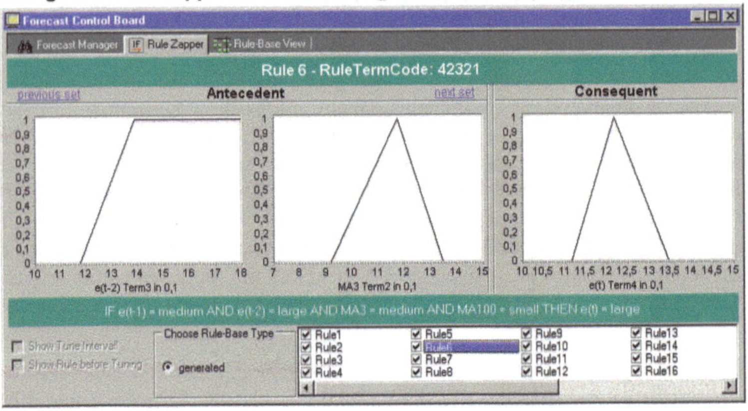

Quelle: GENEFER.

Um einen Gesamtüberblick über die erzeugte Fuzzyregel-Basis zu erhalten, schaltet der *User* auf das Register Rule-Base View um. GENEFER zeigt daraufhin folgende Oberfläche:

Abbildung 4.19: Rule-Base View zur Betrachtung einer gesamten Regel-Basis

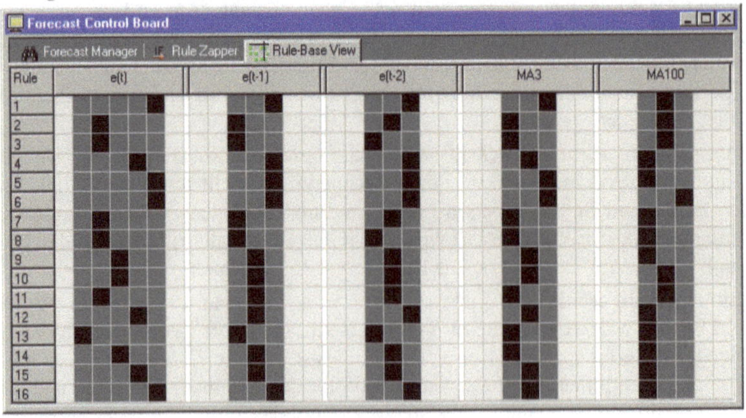

Quelle: GENEFER.

Die Fuzzyregel-Basis besteht aus 16 Regeln und ist tabellarisch dargestellt. Die Spaltenköpfe zeigen von links nach rechts die Erwartungsgröße (Konsekutivteil) und die einzelnen Inputvariablen des Konditionalteils. Die Anzahl der dunkelgrauen Quadrate in einer Spalte entspricht dem eingestellten Granulationsgrad und die schwarz markierten Felder zeigen die verknüpften Fuzzy-Mengen der entsprechenden Regel in einer Zeile. Die letzte Zeile steht somit für die Regel: „Wenn der Wechselkurs in den beiden Vorperioden hoch war und der gleitende Durchschnitt über 3 Perioden im mittleren Bereich liegt und der über 100 Perioden klein ist, dann erwarte ich (der Agent) einen sehr hohen Wechselkurs".

Da in dieser Studie auf Online-Lernen verzichtet werden soll, sind unter der Rubrik Simulation Settings im Design Navigator keine Einstellungen vorzunehmen. Aus Vereinfachungsgründen wird ebenso auf ein Tuning der Fuzzyregel-Basis unter Rule-Base Adjustment verzichtet. Die Entwurfsphase der Fuzzyregel-Basis ist damit abgeschlossen, so dass der Simulationslauf gestartet werden kann.

4.6.2. Simulationsergebnisse

Nachdem die Initialisierungsphase abgeschlossen ist, wird in einem Simulationslauf überprüft, welche Prognosegüte der Agent mit fuzzyregel-basierten Erwartungen besitzt und welchen Einfluss er auf den Wechselkurs ausübt. Dazu werden in FX-Agent die Simulationsergebnisse über einen Klick auf Start berechnet und anschließend der Simulation Graph in Abbildung 4.20 betrachtet.

Abbildung 4.20: Wechselkursverlauf bei fuzzyregel-basierter Erwartungsbildung

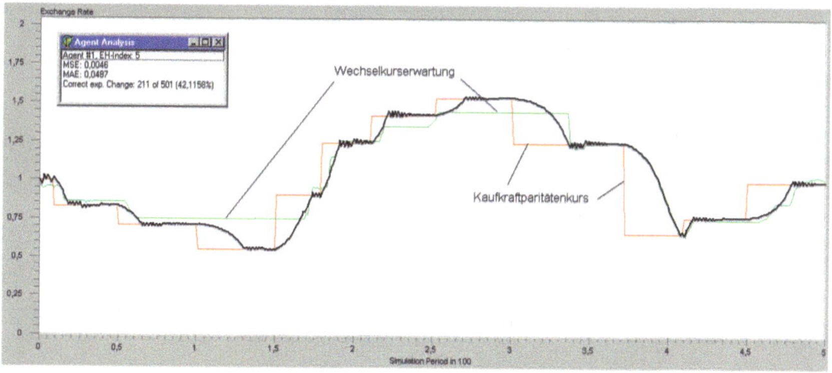

Quelle: FX-Agent.

Der Verlauf des Wechselkurses zeigt ein nahezu identisches Verhalten zu dem aus der Studie 1. Der Kurs folgt dem Kaufkraftparitätenniveau und weist ein leichtes Schwingungsverhalten bei Erreichen dieses Niveaus aus. Die Wechselkurserwartungen verlaufen relativ nahe am tatsächlichen Wechselkurs, insbesondere in den Perioden nach der Initialisierungsgrenze von 300. Alle Informationen zwischen den Perioden 301 und 500 sind für den Agenten gänzlich unbekannt gewesen. Er bildet in dieser Zeit seine Erwartungen auf Basis des Wissens, das er aus den Informationen der 300 Initialisierungsperioden erworben hat (*out-of-sample* Prognosen). Aber auch die ersten 300 Simulationsperioden sind nicht mit *in-of-sample* Prognosen auf dem Initialisierungsintervall zu verwechseln. Während der Initialisierung verhielt sich der Agent nach der adaptiven Erwartungshypothese, während er in der gezeigten Simulation von Beginn an fuzzyregel-basierte Erwartungen bildet und dadurch den Kursverlauf ändert. Dem Analysefenster Agent Analysis ist zu entnehmen, dass der Agent in ca. 42% der Fällen die richtige Wechselkursänderungsrichtung erwartet hat und im Durchschnitt um ungefähr 0,05 Inlandswährungseinheiten neben dem tatsächlichen Wechselkurs lag. Auffällig ist, dass die Wechselkurserwartungen teilweise über mehrere Perioden konstant sind, obwohl sich in dieser Zeit die Inputgrößen ändern. Das hat genau zwei Ursachen: zum einen wird offensichtlich zu diesen Perioden nur auf einen einzigen Output-Fuzzy-Term gefeuert, so dass unabhängig von dem gewählten Defuzzifizierungsverfahren immer genau ein eindeutiger scharfer Outputwert berechnet wird und zum anderen weil Online-Lernen deaktiviert ist. Die Deaktivierung bedeutet, dass der Agent aus seinen Fehlern (noch) nicht lernen kann und daher seine Fuzzyregel-Basis nicht an die neuen Erfahrungen anpasst. Um die erste Erklärung überprüfen zu können wird auf ein weiteres Analyse-Tool in GENEFER zurückgegriffen, den Forecast Manager. Der Forecast Manager ermöglicht das exakte Nachvollziehen jeder einzelnen Erwartungsbildung, so dass das gesamte Verhalten des Agenten im Nachhinein rekonstruiert und interpretiert werden kann. Die Abbildung 4.21 zeigt beispielhaft die Programmoberfläche dieses Fensters für die Simulationsperiode 230.[544]

Abbildung 4.21: Forecast Manager zur Rekonstruktion der Erwartungsbildung in einer Periode

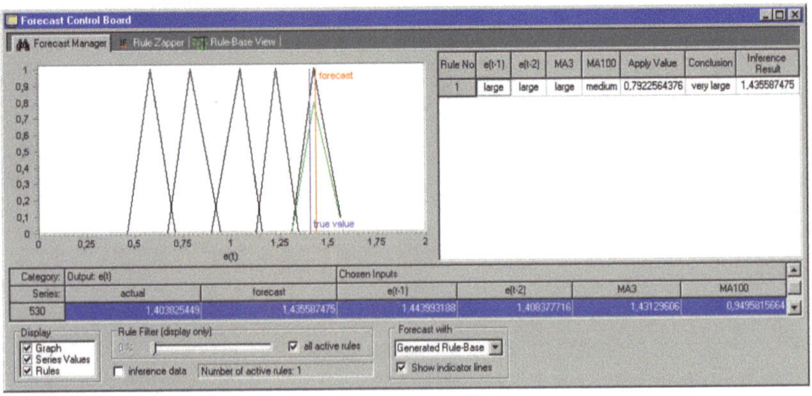

Quelle: GENEFER.

Die Abbildung zeigt links oben die gesamte Fuzzifizierung der Outputgröße Wechselkurs sowie die Fuzzy-Inferenzergebnismenge, die in diesem Beispiel der skalierten fünften Output-Fuzzy-Menge entspricht. Der tatsächliche Wechselkurs *(true value)* ist

544 Da GENEFER im Gegensatz zu FX-Agent die Initialisierungsperioden abspeichert, entspricht die Simulationsperiode 230 in GENEFER der Periode 530 (= 300 + 230).

durch die linke Senkrechte gekennzeichnet, der Erwartungswert *(forecast)* durch die rechte. Die Tabelle weist alle aktiven Regeln in dieser Periode aus, wobei hier nur die Regel 1 feuert. Die Spalten 2 bis 5 beinhalten die linguistischen Label des Konditionalteils der Regel 1 und zeigen in der Spalte 6 den Applikationsgrad. Die letzten beiden Spalten beinhalten den Output Term und das gesamte Fuzzyregel-Basis-Ergebnis, das ebenso in der unteren Tabelle in der dritten Spalte wiederzufinden ist. Die untere Tabelle zeigt im linken Bereich neben dem tatsächlichen Wechselkurs der Periode den Erwartungswert des Agenten und im rechten Bereich die zugrunde liegenden scharfen Ausprägungen der verwendeten Inputgrößen. Über die Aktivierung des Periodennavigators durch die Taste F2 kann der *User* über die Cursor-Tasten einfach durch die gesamten Simulationsperioden navigieren und den Inferenzprozess genau verfolgen.

Einen Einblick in die Lage der Fuzzy-Mengen im Vergleich zu den tatsächlichen Ausprägungen einer Größe im Zeitablauf wird in GENEFER über den Fuzzification Monitor zur Verfügung gestellt. Die Abbildung 4.22 zeigt diesen Monitor am Beispiel der Outputgröße. In der linken Hälfte ist das Initialisierungsintervall bei adaptiver Erwartungsbildung dargestellt und ab der GENEFER-Periode 300 das Simulationsintervall bei fuzzyregel-basierter Erwartungsbildung. Die horizontal verlaufenden Linien stellen die Zentren der fünf Output-Fuzzy-Mengen da. Sie sind im Zeitablauf unverändert, da kein Online-Lernen zugelassen wurde (siehe hierzu den Vergleich mit der Abbildung 4.27 in der nächsten Studie auf Seite 10).

Abbildung 4.22: Fuzzifizierungsmonitor und Outputgröße

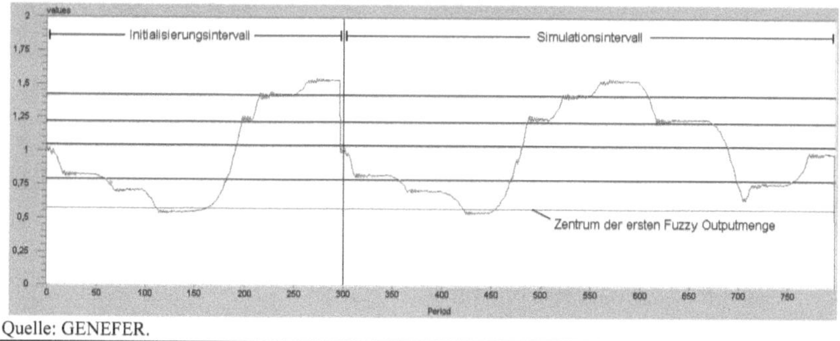

Quelle: GENEFER.

Nachdem der Schwerpunkt der bisherigen Ausführungen auf den Wechselkurserwartungen lag, wird zum Abschluss dieser Studie die Entwicklung des Finanzvermögens und der Finanzstruktur des Agenten dargestellt. Da die Wechselkurserwartungen ohne Online-Lernen phasenweise relativ weit entfernt vom tatsächlichen Kurverlauf liegen können, wurde der Währungseinsatz des Agenten relativ gering (3% bei 1%iger erwarteter Wechselkursänderungsrate) gewählt, um so die Entwicklung der Portfolioanteile zu glätten.

Abbildung 4.23: Finanzvermögen und Finanzstruktur im Zeitablauf

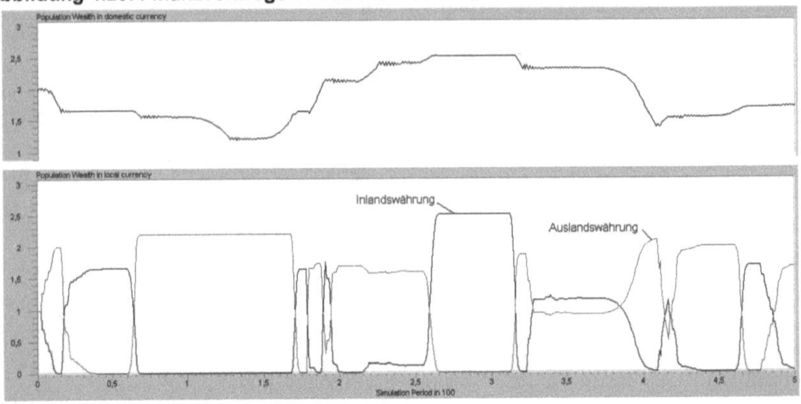

Quelle: FX-Agent.

Die Abbildung 4.23 auf der vorherigen Seite zeigt die Zeitreihen der Währungsbestände in der jeweiligen Währung sowie des gesamten Finanzvermögens des Agenten über alle 500 Simulationsperioden. Es fällt auf, dass sich im Gegensatz zu dem Agenten der Studie 1 das Finanzvermögen deutlich positiver entwickelt. Da jedoch in jeder Simulation mit FX-Agent das Entscheidungskalkül eines Agenten der Vergleich zwischen erwartetem und aktuellem Wechselkurs ist, folgt auch in dieser Studie der Verlauf der Währungsbestände nicht gleichförmig dem des Wechselkurses. Bis Periode 150 wertet die Inlandswährung bspw. kontinuierlich auf. Dennoch ist kein ebenso kontinuierlicher Abbau des Bestands an Auslandswährung zu erkennen. Ein Vergleich der Erwartungen mit dem aktuellen Wechselkurs in Abbildung 4.20 zeigt deutlich, dass der Agent in dieser Zeit kontinuierlich eine Abwertung der Inlandswährung erwartet und diese daher verkauft. Ab Periode 170 liegen seine Kurserwartungen mal über und mal unter dem tatsächlichen Kurverlauf, wodurch die wechselnden Positionen im unteren Teil der Abbildung 4.23 erklärt werden können.

4.7. Studie 5: GENEFER learns FX-Agent

Ziel der Studie:

- Modellierung von Lernfähigkeit während einer Simulation.
- Untersuchung der Auswirkungen von Online-Lernen auf die Prognosegüte an Hand verschiedener Datensätze.

Die vorhergehende Studie 4 beschrieb an einem einfachen Beispiel die Interaktion von FX-Agent und GENEFER. Die Simulation deckte jedoch nur einen Teil der Lernfähigkeit von GENEFER ab, nämlich die Fähigkeit, eine Fuzzyregel-Basis aus einem gegebenen numerischen Datensatz zu lernen. Wenn es jedoch darum ging, als Teilnehmer an dem künstlichen Devisenmarkt in FX-Agent zu partizipieren, wurde gänzlich auf Lernfähigkeit verzichtet. Diese Lernfähigkeit, also das Nutzen neu erworbener Erfahrungen während einer Simulation zur gezielten Anpassung der Wissensbasis, stellt den

Untersuchungsgegenstand in dieser fünften Studie dar. Der Grundlagenteil aus Kapitel 3 hat bereits deutlich gemacht, dass GENEFER alle drei Komponenten einer Fuzzyregel-Basis lernen kann. Das heißt, dass sowohl die Fuzzifizierungs-Basis, als auch die Regel-Basis und der Gewichtsvektor im Zeitablauf modifiziert werden können. Damit die Lernfähigkeit besonders transparent wird, werden im Weiteren die Anpassungsprozesse innerhalb dieser drei Komponenten in separaten Abschnitten behandelt. Dabei wird weiterhin von einem Agenten mit identischem Verhalten und denselben Parametereinstellungen der Studie 4 ausgegangen. Die Untersuchungen basieren zum einen auf dem Datensatz der Studie 1 und 4, um eine direkte Vergleichbarkeit zu den bisherigen Ergebnissen herstellen zu können, und zum anderen auf einem erweiterten Datensatz von 2000 Perioden und kontinuierlichen Änderungen des Auslandspreisniveaus.

4.7.1. Lernen der Fuzzifizierungs-Basis

Die erste Komponente, die Gegenstand des Online-Lernens ist, ist die Fuzzifizierungs-Basis. Die einzige Abweichung zur Studie 4 besteht in der Aktivierung des Online-Lernens. Aus diesem Grund werden die Initialisierungsschritte übersprungen und direkt auf die Programmoberfläche von GENEFER eingegangen, in der die notwendigen Einstellungen erfolgen. Allen dargestellten Studien mit Online-Lernen liegt das neuronale Lernverfahren zugrunde. Die einheitliche Wahl erlaubt auf der einen Seite eine bessere Vergleichbarkeit und ist auf der anderen Seite durch die wesentlich höhere Rechengeschwindigkeit begründet. Da die gesamten Parametereinstellungen für dieses Lernverfahren bereits im Tuning-Schritt einer Fuzzyregel-Basis implementiert sind, nutzt GENEFER die Programmoberflächen dieses Schrittes auch für das neuronale Online-Lernverfahren. Der *User* klickt daher auf Rule-Base Adjustment und nimmt auf den ersten drei Registerlaschen seine Einstellungen vor. Die Abbildung 4.24 zeigt beispielhaft das zweite Register dieser Oberfläche.

Abbildung 4.24: Parametereinstellung beim neuronalen Online-Lernverfahren

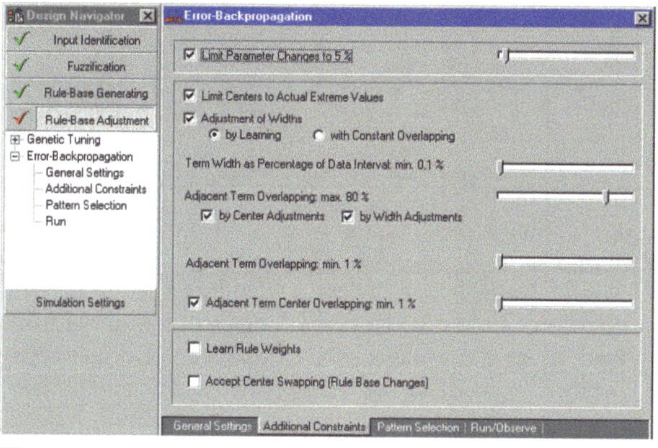

Quelle: GENEFER.

Die Einstellungen sind von oben nach unten die Begrenzung der prozentualen Parameteränderungen in einer Simulationsperiode auf 5%, das Verhindern, dass die Zentren der Rand-Fuzzy-Mengen die tatsächlichen scharfen Extremwerte der zugrundeliegenden Variablen überschreiten, die Aktivierung der Lernfähigkeit der Termweiten mit einer absoluten Minimum-Termweite von 0,1% des Wertebereichs der Variablen, einer maximalen Überlappungsgrenze der Termweiten benachbarter Fuzzy-Mengen von 80% durch Korrektur sowohl der Zentren wie auch der Weiten sowie einer minimalen Überlappung von 1% und der Deaktivierung der Lernfähigkeit der Regelgewichte und der Regeln. Die Limitierung der einzelnen Fuzzy-Mengen-Parameter dient der ökonomischen Interpretierbarkeit sowie der Sicherstellung einer gehaltvollen und vollständigen Variablen-Fuzzifizierung. Beispielsweise verhindert die Vorgabe einer Mindestüberlappung von 1%, dass Lücken zwischen zwei benachbarten Fuzzy-Mengen auftreten und daher scharfen Werten, die in diese Lücken fallen, keine Zugehörigkeitsgrade zugewiesen werden können. Eine lückenhafte Fuzzifizierung der hier betrachteten Variablen wäre zudem kaum ökonomisch sinnvoll interpretierbar. Auf der Registerseite General Settings ist eine Lernrate von 0,05 und der Batch-Modus eingestellt. Auf der Seite Pattern Selection wird eine Epochenanzahl von 100 vorgegeben. Nachdem diese Einstellungen abgeschlossen und bestätigt sind, wird über den Eintrag Simulation Settings im Design Navigator das folgende Programmfenster aufgerufen:

Abbildung 4.25: Simulation Settings beim Online-Lernen der Fuzzifizierungs-Basis

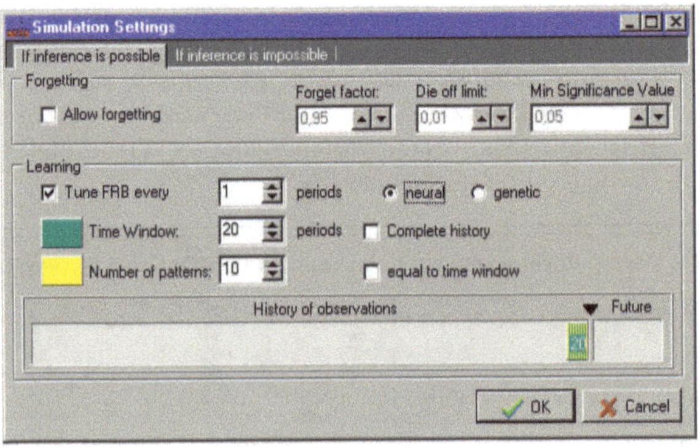

Quelle: GENEFER.

Unter dem Register If inference is possible werden die dargestellten Einstellungen vorgenommen. Es wird also nach jeder Simulationsperiode (neuronal) gelernt und dabei ein LZR der letzten 20 Perioden mit 10 daraus zufällig ausgewählten Trainingsbeispielen zugrunde gelegt. Ebenso wie die Deaktivierung des Lernens der Regelgewichte, ist auch hier die Vergessensfunktion ausgeschaltet, da sie den Gewichtungsvektor modifizieren würde. Nachdem auch diese Einstellungen über Klicken auf OK bestätigt sind, kann die Simulation über Start aus FX-Agent gestartet werden.

Das Simulationsergebnis in Bezug auf den Wechselkurs und die Kurserwartungen zeigt die Abbildung 4.26.

Abbildung 4.26: Wechselkurs und Kurserwartungen beim Online-Lernen der Fuzzifizierungs-Basis

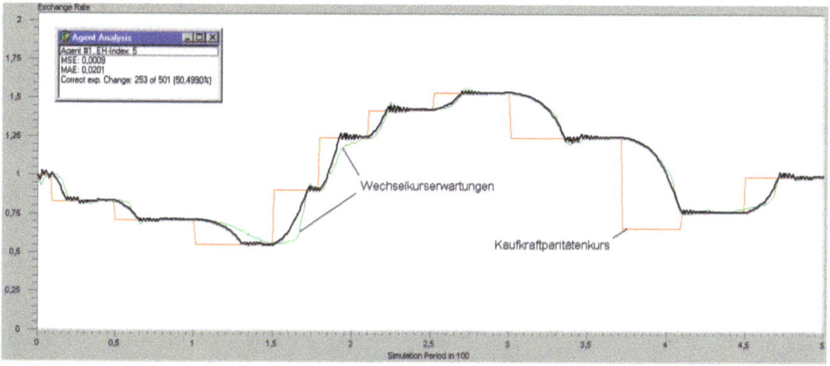

Quelle: FX-Agent.

Die Abbildung zeigt eine eindeutige Verbesserung der Prognosegüte durch das Online-Lernen der Fuzzifizierungs-Basis. Der durchschnittliche absolute Fehler wurde von ungefähr 0,0487 auf ca. 0,0201 reduziert bei einer klaren Verbesserung der korrekt erwarteten Kursänderungsrichtung von 42,12% auf 50,5%. Die Wendepunkte im Kursverlauf werden von dem Agenten jedoch weiterhin zu spät erwartet. Erst nachdem eine Trendwende eingesetzt hat, passt er seine Erwartungen entsprechend der neuen Wechselkursrichtung an. Dieses Ergebnis ist keineswegs unerwartet, da der Agent sich ausschließlich auf wechselkursbezogene Inputgrößen stützt und diese zwingend dem aktuellen Kurs hinterherlaufen. Da der Verlauf des Finanzvermögens dem der Studie 1(!) nahezu entspricht und auch die Entwicklung der Währungsbestände keine neuen Erkenntnisse bringt, wird auf eine graphische Abbildung verzichtet. Betont werden sollte lediglich an dieser Stelle, dass die Vermögensentwicklung schlechter ist als die in der Studie 4, wo der Agent deutlich schlechter prognostiziert hat. Zur Erinnerung sei daher erwähnt, dass die Ursache dafür in einem unzureichend modellierten „Belohnungssystem" zu sehen ist. Der Lernalgorithmus ist so ausgestaltet, dass er die *Genauigkeit* der Erwartungen belohnt und die Höhe des Finanzvermögens, das sich aus einer Erwartung ergibt, unberücksichtigt lässt. Falls in der Realität der Markt bessere, im Sinne von genaueren Prognosen eines Agenten honoriert, indem dieser Kapitalzuflüsse erfährt, während schlecht prognostizierende Agenten Kapital entzogen bekommen, müsste ein Umverteilungsprozess in FX-Agent implementiert werden. Zudem ist die Entwicklung des Vermögens keineswegs zwingend geringer, da sie durch den Transaktionsmechanismus teilweise Zufallseinflüssen unterliegt. Es ist also durchaus denkbar, dass der Agent in einzelnen Perioden eine bessere Erwartung als der aus Studie 4 gebildet hat, aber nicht als Transaktionspartner bestimmt und daher nicht honoriert wurde.

Im Mittelpunkt dieser Studie steht jedoch die Untersuchung der Lernergebnisse. Durch einen Klick mit der rechten Maustaste auf eine Größe im Design Navigator unter dem Eintrag Fuzzification erhält der *User* einen Gesamtüberblick über die Entwicklung der Termzentren im Simulationsintervall (siehe Abbildung 4.27).

Abbildung 4.27: Entwicklung der Termzentren der Outputgröße im Simulationsintervall

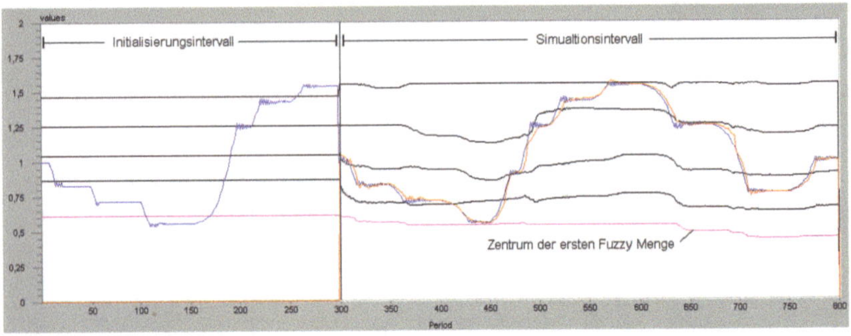

Quelle: GENEFER.

Im linken Teil ist wiederum das Initialisierungsintervall dargestellt, im rechten Teil das Simulationsintervall. Die leicht volatilere Kurve stellt den Verlauf des tatsächlichen Wechselkurses dar, während die graue, glatter verlaufende Linie die Erwartungswerte zeigt. Im Gegensatz zu der letzten Studie, wo die Verläufe der Fuzzy-Mengen-Zentren noch identisch mit denen aus dem Initialisierungsintervall waren, ist nun klar zu erkennen, dass das Lernverfahren diese im Verlauf der Simulation an die neuen Erfahrungen angepasst hat. Die Zentren folgen der Entwicklung des tatsächlichen Kursverlaufes und werden durch die vorgenommenen Einstellungen auf das Maximum (z. B. Periode 550) und Minimum (z. B. Periode 450) des Wechselkurses im Simulationsintervall beschränkt. Die Abbildung 4.27 kann so interpretiert werden, dass ein Agent aus der Betrachtung des Initialisierungsintervalls gelernt hat, dass der repräsentative Wert für einen hohen Wechselkurs für ihn bei ungefähr 1,25 liegt. Das entspricht der zweiten horizontalen Linie von oben im linken Abbildungsteil. Diese Zuordnung in Klassen nimmt er ebenso für die Inputvariablen vor und verbindet sie zu Wenn… Dann-Aussagen, die seine erkannten Zusammenhänge zwischen den Größen ausdrücken. Wenn er mit diesem Wissen als Marktteilnehmer auf dem Devisenmarkt tätig wird, so erfährt er im Zeitablauf, dass er Fehler macht und seine Ansichten über das, was ein hoher Wechselkurs ist, ändern muss. Die variierenden Ansichten des Agenten über den repräsentativen Wert eines hohen Wechselkurses im Zeitablauf stellt der weitere Verlauf der betrachteten Kurve im Simulationsintervall dar. Bemerkenswert ist, dass einige Zentren sich über mehrere Perioden gar nicht ändern. Das liegt daran, dass sie als Fuzzy-Outputmengen in Regeln erscheinen, die in diesen Perioden nicht aktiv waren und daher keinen Beitrag zum Fuzzy-Inferenzergebnis beisteuern. Sie erhalten somit auch kein Fehlersignal und werden nicht angepasst. Die Fuzzifizierungen der Inputgrößen ändern sich durch den Lernprozess ebenso, ohne dass weitere Abbildungen neue Erkenntnisse bringen würden.

Über den `Forecast Manager` kann wiederum die Erwartungsbildung in einer einzelnen Periode genau analysiert werden (siehe Abbildung 4.28).

Abbildung 4.28: Forecast Manager zur Analyse der Erwartungsbildung vor und nach Online-Lernen

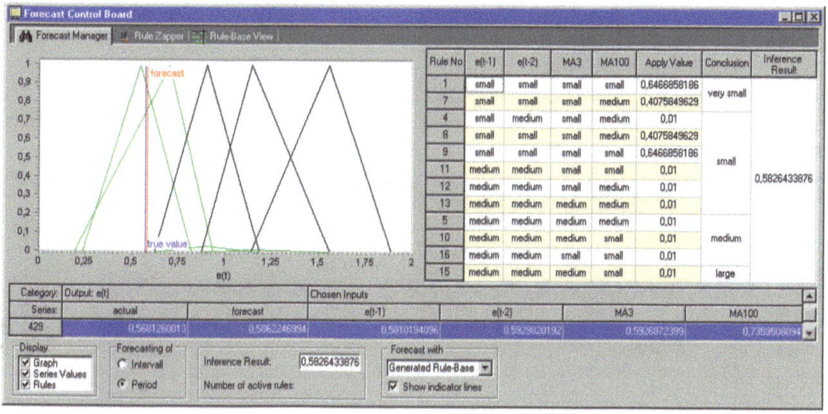

Quelle: GENEFER.

Die Oberfläche zeigt die Periode 429, die wegen der Gleichgewichtsperiode Null in FX-Agent der Simulationsperiode 130 entspricht. Die Regeltabelle rechts zeigt, dass 12 Regeln an dem Inferenzergebnis von ca. 0,58622 im Simulationseinsatz beteiligt *waren*. Die Simulationsdaten und -ergebnisse sind in der Tabelle unten abgebildet und entsprechen den Werten, die GENEFER während der Simulation übermittelt bekommen hat (rechte Hälfte `Chosen Inputs`) und dem daraus berechneten Erwartungswert im Vergleich zum tatsächlichen Output (linke Hälfte `Output`). Die Regeltabelle zeigt dagegen die *gelernten* Regeln derselben Periode. Da das Lernen jedoch *nach* der Erwartungsbildung erfolgt, entspricht das Ergebnis, das sich aus den Fuzzyregeln rechts ergibt, dem, was der Agent bei identischen Inputwerten nach dem Lernen erwarten würde. Während er also in der Simulationsperiode 429 einen Wechselkurs von 0,58622 erwartet hat und sich tatsächlich einer von 0,56812 ergeben hat, hätte er mit Wissen dieses Ergebnisses und anschließendem Lernen einen Kurs von 0,58264 erwartet. Dieser Wert ist in der letzte Spalte der Regeltabelle rechts oben rechts dargestellt. Somit kann über den `Forecast Manager` direkt der Lernerfolg ermittelt werden. Die Regeln sind dabei nach ihren Konsekutivmengen (vorletzte Spalte) sortiert. An Hand der Tabelle kann die Berechnung des Inferenzergebnisses deutlich gemacht werden. Wie bereits im Abschnitt 3.5.2 des Kapitels 3 erläutert, werden zunächst die Applikationsgrade der Fuzzyregeln bestimmt (Spalte 6). Aus diesen wird über das limitierte Summenverfahren ein Signifikanzgrad für die Konsekutivmenge berechnet, falls mehrere Regeln auf denselben Output-Term feuern. Die ersten beiden Zeilen zeigen dies am Beispiel des ersten Fuzzy-Output-Terms. Die Regeln 1 und 7 feuern mit Applikationsgraden auf den Output-Fuzzy-Term *,very small'*, deren Summe die Obergrenze von Eins überschreitet. Daher wird die Summe auf Eins limitiert und die Zugehörigkeitsfunktion des Terms mit Eins skaliert. Im Gegensatz dazu ist die Summe der Applikationsgrade aller Regeln, die auf den Output-Term mit dem Label *‚medium'* feuern (Regel 5, 10, 16), kleiner als Eins (= 0,03), so dass die skalierte Zugehörigkeitsfunktion in der Graphik links weit unterhalb der unskalierten liegt.

Die Auswirkungen eines Erwartungswertes auf den Wechselkurs werden dagegen in der Simulationsumgebung FX-Agent analysiert. Die detaillierte Analyse erfolgt dabei über das Simulation Table, das in der folgenden Abbildung für die gleiche Simulationsperiode wie in Abbildung 4.28 gezeigt ist.

Abbildung 4.29: Simulation Table zur Analyse der Periodenvorgänge

	Agent 1									Macrodata					
t	E(e) 5	fxs	fxd	dMS	net fxs	TV	fM	dM	W	Arb.-FXS	Agent-FXS	Arb.-FXD	Agent-FXD	Net-FXS	e
127	0,5985	0,3559			0,3559		1,9570	0,1967	1,3788	1,0000	0,3559			1,3559	0,6041
128	0,5906	0,2744			0,2744	-0,2744	1,6826	0,3594	1,3571	1,0000	0,2744			1,2744	0,5930
129	0,5887	0,0261			0,0261		1,6826	0,3594	1,3370	1,0000	0,0261			1,0261	0,5810
130	0,5862		0,0149	0,0087	-0,0149	0,0153	1,6978	0,3507	1,3153	1,0000			0,0149	0,9851	0,5681
131	0,5826		0,1113	0,0633	-0,1113	0,1141	1,8120	0,2875	1,2918	1,0000			0,1113	0,8887	0,5543
132	0,5776		0,2168	0,1202	-0,2168	0,2111	2,0231	0,1673	1,3187			1,0000	0,2168	-1,2168	0,5691
133	0,5718		0,0019	0,0011	-0,0019	0,0020	2,0251	0,1662	1,2847	1,0000			0,0019	0,9981	0,5523

Quelle: GENEFER.

Die Tabelle zeigt links den fuzzyregel-basierten Erwartungswert 0,5862, der im Vergleich zum tatsächlichen Wechselkurs am Ende der Vorperiode (= 0,5810) einer erwarteten Abwertung gleichkommt. Der Agent fragt daher 0,0149 Einheiten Auslandswährung nach, die einem Gegenwert von 0,0087 in Inlandswährung entsprechen. Er liegt jedoch in dieser Periode sowohl mit der Höhe als auch mit der erwarteten Änderungsrichtung falsch, denn der Auktionator stellt einen Nettoangebotsüberschuss von 0,9851 fest und wertet die Inlandswährung auf (e_{130} = 0,5681). Da das Angebot die Nachfrage am Devisenmarkt übersteigt, kann der Agent alle angebotenen Inlandswährungseinheiten verkaufen und erhält dafür von seinem Transaktionspartner, dem Arbitrageur (siehe Protokoll rechts), 0,0153 (= 0,0087/0,5681) Einheiten Auslandswährung.

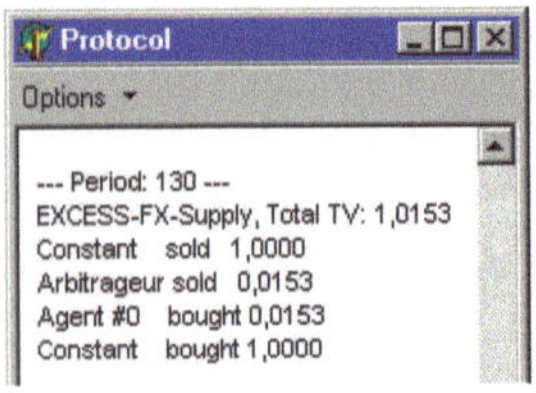

In Bezug auf die Sensitivität dieser Ergebnisse bei unterschiedlichen Parametereinstellungen ergeben sich an Hand zahlreicher Simulationsverläufe qualitativ folgende Ergebnisse. Bei Reduzierungen der Epochenanzahl sinkt die Prognosegüte, erreicht jedoch das Niveau des MAE ohne Online-Lernen erst bei ungefähr 2 Epochen und ist bei 10 bereits nur noch in etwa halb so groß. Eine Erhöhung der Lernrate bei einer konstanten Epochenanzahl von 10 führt auf der einen Seite zu einer schnelleren Anpassung der Termzentren an den tatsächlichen Wechselkurs, ohne jedoch unbedingt die Prognosegüte zu verbessern. Je höher die Lernrate, desto schneller konvergieren die Fuzzy-Mengen, so dass sie teilweise kaum noch zu unterscheiden sind.[545] Die Simulationsergebnisse bleiben

[545] Die Parametereinstellungen aus der Abbildung 4.24 verhindern jedoch eine vollständige Angleichung, um eine ökonomische Interpretierbarkeit zu erhalten. Es ist schließlich schwer vorstellbar, zwei

dennoch im gesamten modellierbaren Wertebereich der Lernrate zwischen Null und Zwei stabil. Der Wechselkursverlauf bleibt qualitativ unverändert und die Prognosegüte des Agenten bewegt sich gemessen am MAE bei ungefähr der Hälfte im Vergleich ohne Lernen. Im Gegensatz dazu, wird die Performance des Agenten schlechter, wenn der LZR ausgedehnt wird. In zahlreichen Läufen wurde der LZR in 20 Perioden-Schritten hochgesetzt, wobei die Anzahl der Trainingsbeispiele grundsätzlich bei der Hälfte des LZR belassen wurde. Die Erklärung ist darin zu sehen, dass die Ausdehnung des LZR einer Glättung der Kurve der Wechselkurserwartungen gleichkommt und damit aktuelle Entwicklungen an Gewicht verlieren, die jedoch in dieser Modellumgebung entscheidend sind. Die Aussage: Je mehr Trainingsbeispiele, desto besser ist die Prognosegüte beim Online-Lernen, gilt somit nicht.

4.7.2. Lernen der Regelgewichte und Vergessen

Neben der Fuzzifizierungs-Basis ist der Agent durch GENEFER in der Lage, die Gewichte der einzelnen Regeln durch Lernprozesse anzupassen. Wie bereits im Rahmen der Darstellung des modifizierten *error-backpropagation*-Algorithmus erläutert, erfolgt die Anpassung der Regelgewichte beim neuronalen Lernen ebenfalls über ein Gradientenverfahren. Es werden nur die Gewichte derjenigen Fuzzyregeln modifiziert, die auch am Fuzzy-Inferenzergebnis beteiligt sind. Für die unbeteiligten Regeln kann kein Fehlersignal berechnet werden, so dass die Gewichte nicht angepasst werden können. Da jedoch davon auszugehen ist, dass der Agent inaktive Regeln mit zunehmender Dauer vergessen wird oder Vertrauen in sie verliert, da sie in der jüngeren Vergangenheit keinen Erklärungsbeitrag geleistet haben, sollte das Gewicht solcher Fuzzyregeln ebenfalls veränderbar sein. Über die Aktivierung der Vergessensoption in GENEFER's Simulation Settings Oberfläche kann der *User* die Rate vorgeben, mit der ein Agent das Gewicht inaktiver Regeln abbaut. Nachdem der neuronale Lernalgorithmus beendet ist, überprüft die Vergessens-Prozedur, welche Regeln in der aktuellen Periode inaktiv gewesen sind bzw. einen vorgegebenen Mindest-Applikationsgrad unterschritten haben. Ist dies der Fall, wird das Regelgewicht mit dem Parameter Forget Factor multipliziert. Da der Forget Factor programmseitig nur zwischen 0,01 und 0,99 liegen kann, ist das neue Gewicht zwingend kleiner. In einem letzten Schritt wird geprüft, ob das neue Gewicht das Die off Limit unterschreitet. Ist dies der Fall wird das Regelgewicht automatisch auf Null gesetzt und damit die Fuzzyregel de facto gelöscht.

Wird nun die Simulation aus Ausschnitt 4.7.1 mit denselben Einstellungen bis auf die Aktivierung der Lernfähigkeit für die Regelgewichte und die Vergessensfunktion wiederholt, ergibt sich folgendes Ergebnis:

Fuzzy-Mengen, die durch den Lernalgorithmus bedingt identische Zugehörigkeitsfunktionen aufweisen, noch sinnvoll zu interpretieren.

Abbildung 4.30: Entwicklung der Regelgewichte beim neuronalen Lernen und Vergessen

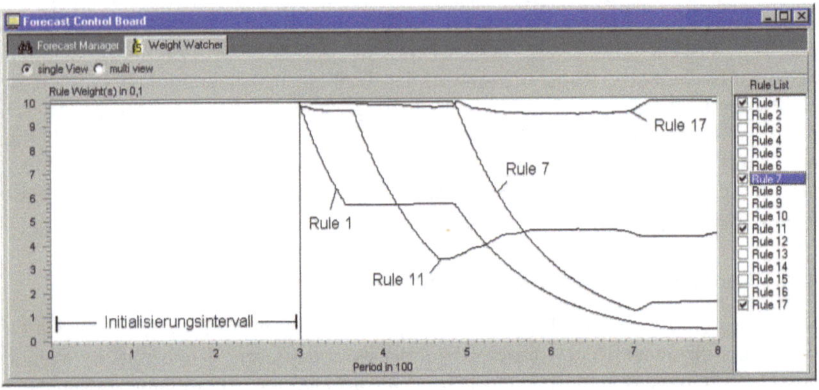

Quelle: GENEFER.

Die Abbildung zeigt die graphische Veranschaulichung der Entwicklung der Regelgewichte von vier ausgewählten Regeln. Im linkem Teil sind alle Regelgewichte während der Initialisierungsphase konstant auf Eins gesetzt. Ab der Periode 300 beginnt der neuronale Lernalgorithmus und die Vergessensfunktion Einfluss auf den Gewichtsvektor zu nehmen. Die Regel 1 verliert von Beginn der Simulation an relativ schnell Gewicht durch Vergessen. Ein monotones Absinken von Gewichten ist ein Zeichen für die Aktivität der Vergessensfunktion. Die Regeln 7 und 17 sind dagegen in den ersten 200 Simulationsperioden aktiv und bedeutend für das Inferenzergebnis, da ihre Gewichte kaum geändert werden. Während die Regel 17 ihre Bedeutung bis zum Ende der Simulation beibehält, beginnt die Regel 7 ab ca. Periode 500 rapide an Gewicht zu verlieren. Um die Ursache für diese Entwicklung herauszufinden, muss zunächst der Bedingungsteil der betrachteten Regel bekannt sein. Die Abbildung 4.31 zeigt einen zusammengesetzten Ausschnitt aus dem Rule-Base View.

Abbildung 4.31: Rule-Base View

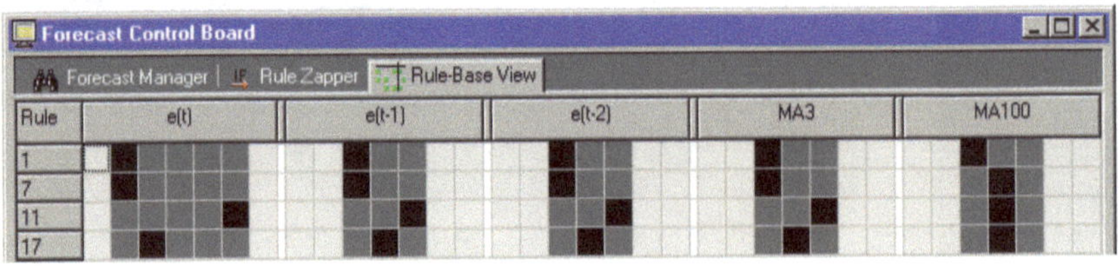

Quelle: GENEFER, eigene Darstellung.

Aus der Abbildung ist erkennbar, dass die Regel 7 für die Inputgrößen e(t–1), e(t–2) und MA3 die jeweils erste Fuzzy-Menge (‚klein') und für MA100 die mittlere Fuzzy-Menge in ihrem Konditionalteil aufweist. Wenn die Regel nun kontinuierlich an Gewicht verliert, so ist davon auszugehen, dass sie in dieser Zeit nicht aktiv ist. Um das überprüfen zu können, ruft man über den Menüeintrag `View` die `Fuzzification Monitors` auf. Die Abbildung 4.32 stellt diese Fenster für die beiden Größen e(t–1) und MA100 dar, da der Verlauf von e(t–2) und MA3 so nahe an dem von e(t–1) liegt, dass keine neue Erkenntnisse durch ihre Darstellung entstehen.

Abbildung 4.32: Fuzzifizierungs-Monitore

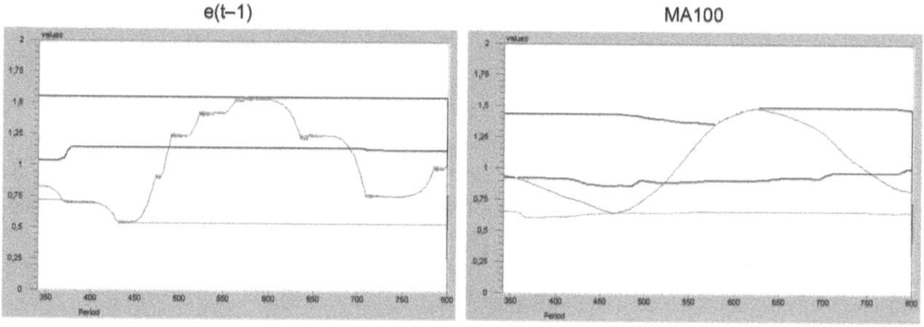

Quelle: GENEFER.

Die beiden Graphiken machen deutlich, dass die Ausprägungen der Inputgrößen ab ungefähr Periode 500 gar nicht mehr in den support der jeweils ersten Fuzzy-Mengen fallen. Zwischen Periode 550 und 750 sind die Zentren der jeweils ersten Fuzzy-Menge unverändert, woraus geschlossen werden kann, dass alle Regeln, die diese Mengen beinhalten, nicht aktiv sind. Daraus folgt unmittelbar, dass die Vergessensfunktion für den Gewichtsabbau der Regel 7 verantwortlich ist. Genau das Umgekehrte gilt für die Regel 11, die bis auf die Größe MA100 in ihrem Konditionalteil die jeweils letzten Fuzzy-Mengen der Inputgrößen miteinander verknüpft. Im Zeitraum von Periode 450 bis 600 steigen die scharfen Ausprägungen der Inputgrößen an, do dass diese Regel immer bedeutender wird und der neuronale Lernalgorithmus ihr Gewicht sukzessive anhebt (siehe Abbildung 4.30).

Zum Abschluss dieses Unterabschnitts wird eine Statistik aufgeführt, die einen Eindruck über die Prognosegüte bei unterschiedlichen Lerngegenständen im Vergleich zu einer konstanten Fuzzyregel-Basis im Simulationsintervall vermittelt. Dazu wurden jeweils 30 Läufe mit identischen Parametereinstellungen bis auf die jeweilige Aktivierung der Lernfähigkeit durchgeführt. Die Tabelle 4.1 zeigt das arithmetische Mittel des MAE sowie der korrekt erwarteten Wechselkursänderungsrichtung.

Tabelle 4.1: Performance-Vergleich zwischen ungelernter und gelernter Fuzzyregel-Basis

	ohne Lernen	nur FB-Lernen	FB und GV
MAE	0,0513	0,0217	0,0191
korrekt erw. Richtung	44 %	51,3 %	53,9 %

Quelle: Eigene Berechnungen.

Dass diese Statistik an dieser Stelle aufgeführt wird, liegt daran, dass die Lernfähigkeit von GENEFER in Bezug auf die Regel-Basis beschränkt ist. Auf diesen Punkt geht jedoch der folgende Abschnitt detaillierter ein.

4.7.3. Lernen neuer Regeln

Wie bereits mehrfach erwähnt, ist die Lernfähigkeit von GENEFER in Bezug auf die Regel-Basis beschränkt. GENEFER experimentiert nicht mit neuen Regeln im Hintergrund (wie das ein *Classifier System* tut), sondern setzt erst dann eine neue Regel auf, wenn kein Inferenzergebnis berechnet werden kann. Eine neue Regel kann immer dann gelernt werden, wenn eine vollständige Fuzzifizierungs-Basis für alle Inputgrößen vorhanden ist. Dies ist sichergestellt, wenn der *User* die Option Randsättigung bei der Variablen-Fuzzifizierung gewählt hat. Da dies hier durchgängig unterstellt wird, ist die Voraussetzung erfüllt. Eine neue Regel wird danach notwendig, wenn keine der Fuzzyregeln aus der in der betrachteten Periode gültigen Fuzzyregel-Basis einen positiven Applikationsgrad liefert bzw. einen vorgegebenen Minimumwert im Fall von gaussförmigen Zugehörigkeitsfunktionen nicht erreicht.[546] Um die Vorgehensweise von GENEFER deutlich zu machen, wird auf das dieser Studie zugrundeliegende Beispiel zurückgegriffen. Da GENEFER nun sozusagen „gezwungen" werden soll, eine neue Regel kreieren zu müssen, wird unter Beibehaltung aller anderen Einstellungen, der Initialisierungshorizont auf die ersten 100 Perioden verkürzt. Dadurch ist sichergestellt, dass die Extremwerte der Preisrelation und den sich daraus ergebenden Wechselkurs nicht mit eingeschlossen sind. Wenn GENEFER nun auf diesem Intervall initialisiert wird, erzeugt es auch nur dafür die notwendigen Fuzzyregeln. Sobald jedoch im Simulationslauf dieser Bereich verlassen wird, sind neue Fuzzyregeln erforderlich. Um die Vergleichbarkeit mit den ersten beiden Unterabschnitten dieser Studie zu erhalten, werden in GENEFER dieselben Inputgrößen wie bisher gewählt, die mit denselben Clusterparametern fuzzifiziert werden. Die evolutionär erzeugte Regelbasis umfasst neun Fuzzyregeln für die ersten 100 Perioden und ist der Ausgangspunkt der Erwartungsbildung für den Agenten im Simulationslauf. In den `Simulation Settings` wird auf dem Register `If inference is impossible` die Option `set up a new rule in case of fuzzy support, otherwise expect last period's value` eingestellt. Diese Option ruft im Falle eines Inferenzfehlers die Regelgenerierungsprozedur auf und stellt im Fall, dass kein fuzzy support gegeben ist, sicher, dass dennoch ein Erwartungswert an FX-Agent zurückgesendet wird. Dieser entspricht dann dem letzten tatsächlichen Wechselkurs (statische Erwartungen). Um möglichst schnell und einfach die Perioden identifizieren zu können, in denen GENEFER eine neue Regel erzeugt hat, kann auf das `Session Protocol` zurückgegriffen werden.

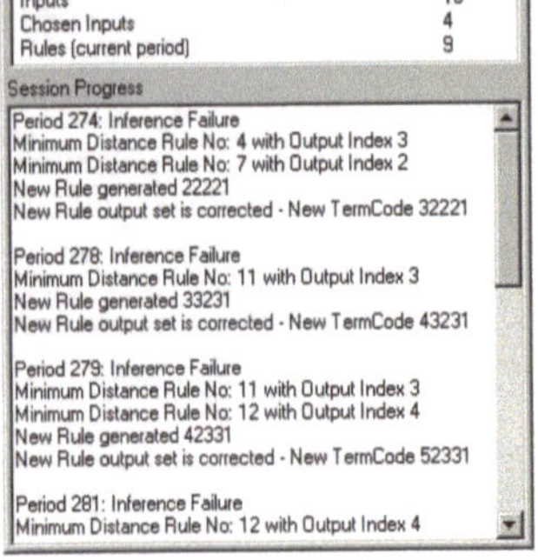

[546] Wie bereits erwähnt, hat sich der Entwurf einer vollständig neuen FRB im Simulationsablauf als zu rechenintensiv und daher nicht handhabbar erwiesen und wird daher ausgeschlossen.

Das Session Protocol ist ein Fenster, das dem *User* Informationen über wesentliche Ereignisse während einer Simulation zur Verfügung stellt. In der hier durchgeführten Simulation, zeigt die links nebenstehende Abbildung dieses Fenster, dass bspw. in der Periode 274 ein Inferenzfehler aufgetreten ist, der zu der Generierung einer neuen Regel geführt hat. Das Session Protocol zeigt zudem weitere Einträge über Perioden, in denen ähnliche Vorgänge stattfanden. Die weiteren Ausführungen konzentrieren sich jedoch auf das Beispiel der Periode 274 und können ebenso auf die jeweils anderen Perioden, in denen Inferenzfehler auftraten, angewendet werden. Bevor auf die einzelnen Einträge genauer eingegangen wird, soll zunächst deutlich gemacht werden, was in dieser Periode eine Regelerzeugung notwendig gemacht hat. Dazu ist es sinnvoll sich zuerst die konkreten Ausprägungen der Inputgrößen in dieser Periode anzuschauen. Über den Periodennavigator wird daher die Periode 274 eingestellt und anschließend der Forecast Manager betrachtet (siehe Abbildung 4.33).

Abbildung 4.33: Forecast Manager als periodenspezifisches Informationsfenster

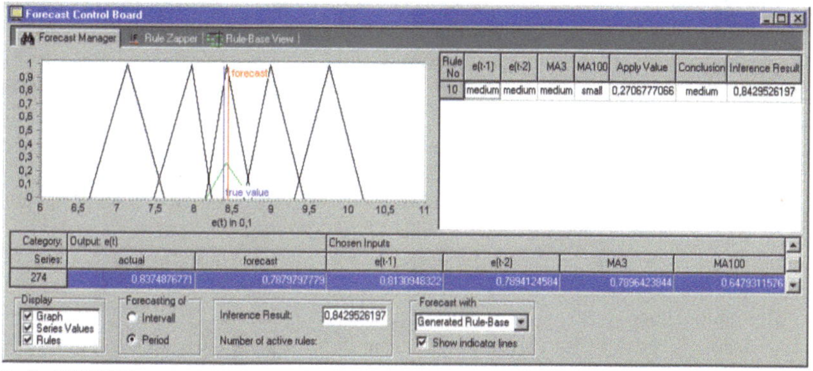

Quelle: GENEFER.

Die untere Tabelle zeigt im rechten Teil unter Chosen Inputs die Inputwerte für die im Periodennavigator eingestellte Simulationsperiode. Offensichtlich konnte keine Regel diese konkrete Kombination scharfer Inputwerte abdecken, so dass versucht wurde, eine neue Regel zu erzeugen. Die in der Tabelle oben rechts aufgeführte Regel 10 gehörte während der Simulation *nicht* zur Fuzzyregel-Basis des Agenten, denn diese Tabelle zeigt, wie bereits weiter oben erwähnt, die Fuzzyregeln *am Ende* einer Simulationsperiode und damit *nachdem* die neue Regel gelernt wurde. Um nun zu kontrollieren, ob wirklich keine Regel die betrachtete Inputkombination abdecken konnte und um sich gleichzeitig klarzumachen, welcher Konditionalteil einer Fuzzyregel hätte vorliegen müssen, damit ein Inferenzergebnis hätte berechnet werden können, betrachtet man den Rule-Base View in der Periode 274. Die Abbildung 4.34 zeigt auf der nächsten Seite das entsprechende Fenster in GENEFER.

Abbildung 4.34: Rule-Base View zur Identifizierung der Regelaktivität

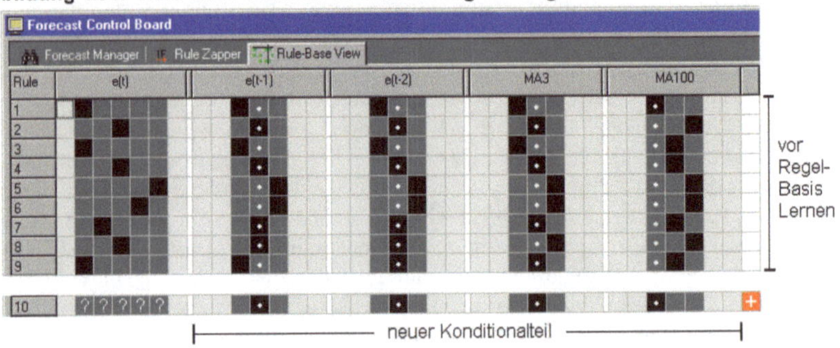

Quelle: GENEFER.

Die weißen Punkte im Konditionalgitter kennzeichnen den oder die Fuzzy-Terme, die positive Zugehörigkeitsgrade für die scharfen Inputwerte in der betrachteten Periode liefern. Falls eine Inputkombination durch den Konditionalteil einer Regel abgedeckt wird und sie daher einen positiven Applikationsgrad besitzt, zeigt die rechte Spalte ein ausgefülltes Kästchen mit einem weißen (+) Zeichen. In der Periode 274 ist also offensichtlich keine Fuzzyregel aktiv. Aus dem Rule-Base View ist aber auch gleichzeitig schnell erkennbar, welche Fuzzy-Terme bei einer Regelgenerierung verknüpft werden müssen. Die untere Zeile zeigt diesen Konditionalteil, der in der nächsten Periode die Regel-Basis ergänzt. Da zu diesem Zeitpunkt der Konsekutiv-Term noch unbekannt ist, zeigt die Abbildung Fragezeichen bei der Outputgröße.

Einen detaillierten Einblick bieten die Fuzzification Monitors. Diese Informationsfenster beinhalten die periodenspezifische Fuzzifizierung, die Entwicklung der Termzentren im Simulationsdurchlauf sowie die numerischen Werte der Fuzzy-Mengen-Parameter. Die Abbildung 4.35 zeigt die relevanten Teile dieser Fenster für die beiden Inputgrößen e(t–1) und MA100.

Abbildung 4.35: Fuzzifizierungsmonitore und periodenspezifische Fuzzifizierungs-Basen

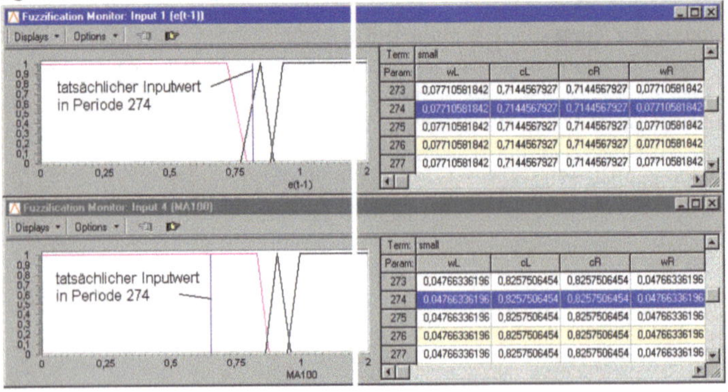

Quelle: GENEFER.

Die Fenster zeigen links die graphische Darstellung der Fuzzifizierungs-Basis der entsprechenden Größe und rechts die Fuzzy-Mengen-Parameter für alle Fuzzy-Mengen in jeder Simulationsperiode.[547] Um schnell erkennen zu können, wo der tatsächliche scharfe Inputwert in der gewählten Periode 274 liegt, ist links an der Stelle eine Senkrechte eingezeichnet. Es wird somit unmittelbar deutlich, dass der Konditionalteil einer Regel, die die Inputkombination der Periode 274 abdecken soll, für e(t–1) die mittlere Fuzzy-Menge und für MA100 die erste beinhalten müsste. Es wird ebenso deutlich, dass kein anderer Fuzzy-Term einen positiven Zugehörigkeitsgrad liefert und daher nur jeweils ein weißer Punkt pro Variable im Rule-Base View zu sehen ist (siehe Abbildung 4.34). Bezieht man die beiden verbleibenden Inputgrößen mit ein würde sich ein Konditionalteil mit einem TermCode von x2221 ergeben. Das x steht für den noch unbekannten Outputterm, die anderen Ziffern kennzeichnen den Index der Fuzzy-Menge der gewählten Inputgrößen. Wie aus dem Session Protocol erkennbar ist, ist dies genau der Bedingungsteil der neu erzeugten Fuzzyregel. Um nun einen passenden Outputterm zu bestimmen, über den dann ein Erwartungswert berechnet werden kann, wird unterstellt, dass der Agent einen Vergleich mit den Regeln seiner aktuellen Regelbasis vornimmt. Wie bereits ausführlich in Abschnitt 3.6.6 des vorherigen Kapitels erläutert, berechnet GENEFER die Ähnlichkeit der Konditionalteile jeder Regel aus der Regel-Basis mit dem der neuen und bestimmt an Hand der nächsten Regel(n) den Outputterm. Das Session Protocol weist die Regeln 4 und 7 mit dem jeweiligen Outputtermindex 2 und 3 als (gleich) ähnlichste Regeln aus. Der Outputterm wird dann aus dem arithmetischen Mittel dieser Regeln bestimmt, das im Fall, wo das Mittel genau zwischen zwei Werten liegt (hier 2,5), nach einem Zufallsverfahren auf- oder abgerundet wird. GENEFER hat somit schließlich die Regel 22221 erzeugt und in die Regel-Basis aufgenommen.[548] Der Forecast Manager aus Abbildung 4.33 zeigt in der unteren Tabelle, dass der Agent mit dieser Regel schließlich einen Erwartungswert von ca. 0,788 gebildet hat und darauf aufbauend am Devisenmarkt tätig wurde. Tatsächlich hat sich jedoch ein Wechselkurs am Ende der Periode von 0,8374 herausgestellt.[549] Da nicht anzunehmen ist, dass ein Wirtschaftssubjekt eine gerade neu erzeugte Regel beibehalten würde, wenn sie sich zum Zeitpunkt, wo sie erstellt wurde bereits als unzutreffend erwiesen hat, wird im Nachhinein der Outputterm so angepasst, dass die Fuzzy-Menge mit dem höchsten Zugehörigkeitsgrad bei 0,8374 den Term 2 im Konsekutivteil ersetzt.[550] Im Forecast Manager ist an Hand der Senkrechten mit der Kennzeichnung *true value* zu sehen, dass dies hier der dritte Output-Fuzzy-Term ist, der den Term 2 ersetzt (siehe auch den letzten Eintrag der Periode 274 im Session Protocol). Wenn nun der Inferenzprozess *nach* der Simulation rekonstruiert wird, steht die korrigierte Regel 32221 in der Periode 274 zur Verfügung, da sie während der Simulation

---

547 Da in dieser Studie Online-Lernen für die Fuzzifizierungs-Basis und die Regelgewichte deaktiviert ist, stehen in jeder Periode dieselben Parameter in der Tabelle rechts.

548 Wenn der *User* im Rule-Base View über den Periodennavigator von Periode 274 auf 275 wechselt, wird eine neue Regel-Basis inklusive der neu erzeugten angezeigt.

549 Auf die Vorgänge in FX-Agent, die dazu geführt haben, wird nicht mehr eingegangen, da sie in den bisherigen Studien ausführlich erläutert wurden.

550 Falls der tatsächliche Wechselkurs aus dem support der Output-Fuzzifzierung fällt, wird der jeweilige nächste Randterm verwendet. Siehe auch Abschnitt 3.6.6 auf Seite 238.

am Ende von 274 die neu erzeugte Regel 22221 überschrieben hat. Aus diesem Grund weist die Tabelle rechts im Forecast Manager sowie das Hinweisfeld Inference Result den Wert 0,8429 aus, der sich aus der korrigierten Regel ergeben würde. Der *User* kann dadurch leicht erkennen, was tatsächlich erwartet wurde und was erwartet worden wäre, wenn dieselbe Inputkombination nochmals auftreten würde und der Agent aus seiner letzten Erfahrung gelernt hat.

Um zum Abschluss dieser Studie einen Eindruck über die Auswirkungen unterschiedlicher Lerngegenstände im Vergleich zu bekommen, wird die Abbildung 4.36 aufgeführt.

Abbildung 4.36: Erwartungswert und Wechselkurs bei unterschiedlichen Lerngegenständen

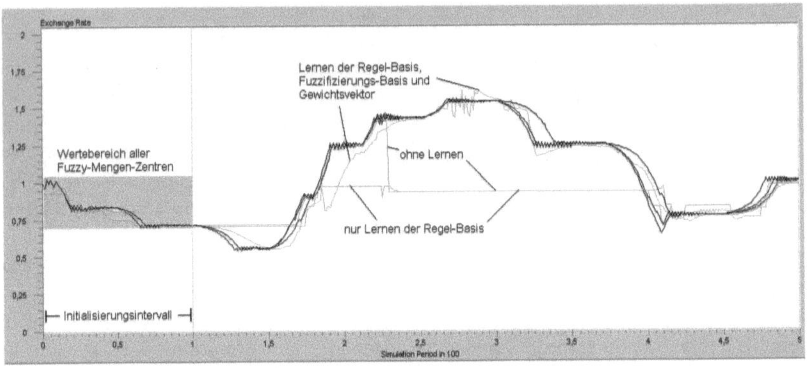

Quelle: FX-Agent. eigene Darstellung.

Die Abbildung zeigt den Wechselkursverlauf sowie drei Erwartungswertlinien, die sich bei Deaktivierung des Online-Lernens, bei Aktivierung des Regel-Basis Online-Lernens und bei Regel-Basis wie auch Fuzzifizierungs-Basis Online-Lernen ergeben. Erwartungsgemäß führt die letzte Variante zu den besten Ergebnissen. Auffällig ist, dass bei Deaktivierung jeglichen Lernens bspw. im Zeitraum zwischen Periode 180 und 225 der Erwartungswert näher am tatsächlichen Kursverlauf liegt als mit Regel-Basis-Lernen. Der Grund dafür liegt darin, dass wenn Lernen ausgeschaltet ist, GENEFER im Falle eines Inferenzfehlers den letzten tatsächlichen Wechselkurs als Erwartungswert nimmt und somit statische Erwartungen modelliert. Falls Regel-Basis Lernen eingestellt ist, werden jedoch neue Regeln erzeugt, die aber durch die Fuzzifizierung auf den Wertebereich des supports für die Outputgröße in ihrem Konsekutivteil beschränkt sind. Der grau schraffierte Bereich im Initialisierunginterval zeigt den Wertebereich, in dem alle Zentren der gesamten Fuzzifizierungs-Basis liegen. Wenn der Wechselkurs nun aus diesem Bereich ausbricht und gleichzeitig für die Inputkonstellation keine gültige Fuzzyregel vorhanden, wird in den Konsekutivteil der neu erzeugten Regel der jeweils nächste Randterm aufgenommen. Im betrachteten Intervall bewegt sich der Kurs oberhalb des größten Zentrums, so dass der fünfte Output-Term die Konsekutivmenge bildet. Damit ist das defuzzifizierte Inferenzergebnis nach oben beschränkt.

4.8. Studie 6: GENEFER plays FX-Agent

Ziel der Studie:

- Modellierung einer Vielzahl an heterogenen Agenten.
- Untersuchung der Performance eines Agenten mit adaptiven fuzzyregel-basierten Erwartungen im direkten Vergleich mit anderen Agenten und zum Durchschnitt aller Agenten.

In dieser Studie wird eine Population von 20 heterogenen Agenten in FX-Agent modelliert, von denen einer adaptive fuzzyregel-basierte Erwartungen bildet. Die anderen 19 werden mit den verbleibenden fünf Erwartungshypothesen abgebildet, wobei alle unterschiedliche Parameterwerte aufweisen. Die sechs modellierten extrapolativen Agenten werden folglich alle mit verschiedenen Ausprägungen für die drei Parameterwerte in dieser Erwartungsbildungshypothese ausgestattet, die sowohl im positiven wie auch im negativen Wertebereich liegen. Sieben Agenten bilden adaptive Erwartungen (ebenfalls mit unterschiedlichen aber ausschließlich positiven Adaptionsfaktoren), einer kaufkraftparitätenorientierte, und jeweils zwei zufällige und technische Erwartungen. Unter technischen Erwartungen wird hierbei die Anwendung von Filter-Regeln sowie *Moving-Average*-Regeln verstanden. Der Arbitrageur wird mit einem Gewicht von 1% angenommen, so dass er in jeder Periode mit einer Finanzkraft von 0,2 Währungseinheiten am Markt tätig wird. Die *Constant Trader* erhalten 3% (0,6 Währungseinheiten) auf jeder Marktseite in jeder Periode. Den Agenten wird die *gradual*-Variante mit 20% Währungseinsatz bei einer erwarteten Wechselkursänderung von 1% unterstellt. Der verwendete Datensatz für die exogenen Preisniveaus umfasst 2500 Perioden, der unterschiedliche Phasen des Verlaufs der internationalen Preisrelation beinhaltet. So sind sowohl ruhige Abschnitte enthalten, in denen die Preisrelation in einem engen Wertebereich schwankt, wie auch turbulente Phasen mit starken Ausschlägen. Die Zeitreihe des Auslandspreisniveaus ist zudem stochastisch verzerrt.

Der Agent 7 bildet adaptive fuzzyregel-basierte Erwartungen. Er wird mit den ersten 500 Perioden initialisiert, die sich durch relativ hohe Stabilität der internationalen Preisrelation auszeichnen. Er wird zunächst so modelliert, dass er das Auslandspreisniveau, den Wechselkurs der Vorperiode und einen kurzfristigen gleitenden Durchschnitt von 5 Perioden als Inputgrößen betrachtet. Da das Inlandspreisniveau wiederum konstant mit Eins angenommen wurde, beobachtet er mit dem Auslandspreisniveau gleichzeitig die Preisrelation. Wie bislang grundsätzlich unterstellt, fuzzifiziert er seine Inputs mit drei Fuzzy-Mengen und die Output-Größe mit fünf, wobei er den Cluster-Algorithmus mit den bekannten Parameterwerten verwendet. Über das evolutionäre Verfahren werden anschließend 16 Regeln erzeugt, die sich folgendermaßen darstellen:

Abbildung 4.37: Regel-Basis des Agenten 7

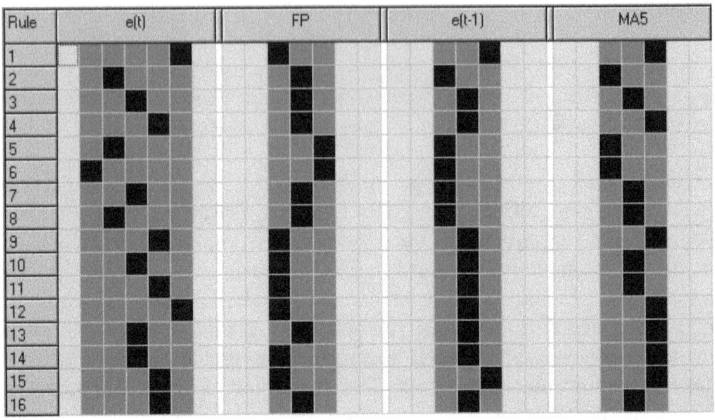

Quelle: GENEFER.

Die Regel-Basis ist auf Grundlage des Initialisierungszeitraums von 500 Perioden mit 20 Agenten erzeugt worden, wobei der Agent 7 in dieser Phase wieder mit adaptiven Erwartungen bei einem Adaptionsfaktor von 0,8 modelliert wurde. Die aufgeführten Regeln entsprechen einer ökonomischen Plausibilität wie am Beispiel der ersten beiden deutlich wird:

Regel 1: *Wenn das Auslandspreisniveau niedrig ist und sowohl der letzte Wechselkurs als auch der gleitende Durchschnitt über 5 Perioden hoch sind, dann erwarte ich einen sehr hohen Wechselkurs.*

Regel 2: *Wenn das Auslandspreisniveau im mittleren Bereich liegt ist und sowohl der letzte Wechselkurs als auch der gleitende Durchschnitt über 5 Perioden niedrig sind, dann erwarte ich einen niedrigen Wechselkurs.*

Der Agent ist in seiner Erwartungsbildung lernfähig und in der Lage, seine Ansichten über die Einordnung der scharfen Input-Ausprägungen in für ihn bedeutungsvolle Klassen (die Fuzzifizierungs-Basis) wie auch die Gewichtung einzelner erkannter Zusammenhänge zwischen Inputs und Output (die Gewichte einzelner Fuzzyregeln) zu lernen. Technisch realisiert wird diese Lernfähigkeit wieder über das neuronale Lernverfahren, mit einer Lernrate von 0,2, einem Abschmelzungsfaktor für die randgesättigten Terme von 0,5 sowie einem LZR von 20 mit 10 Trainingsbeispielen und Epochen pro Lernaufruf. Mit diesen Einstellungen wird die Simulation in FX-Agent gestartet und liefert nach der vollständigen Berechnung aller 2500 Perioden die Graphik in Abbildung 4.38. Aus Darstellungsgründen sind nur die ersten 2000 Perioden gezeigt, ohne dass dadurch Erkenntnisse verloren gehen.

Abbildung 4.38: Wechselkursverlauf bei einer Population von 20 heterogenen Agenten

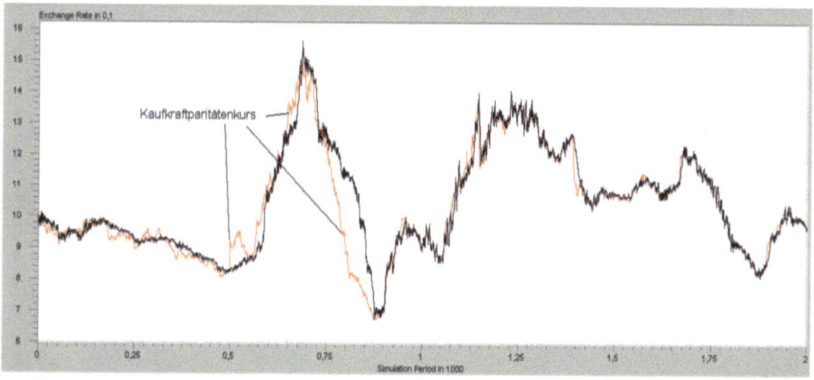

Quelle: FX-Agent.

Die Abbildung zeigt den Wechselkursverlauf im Vergleich zum Kaufkraftparitätenniveau. Es wird deutlich, dass über teilweise lange Phasen beiden Kurse voneinander abweichen können, insb. wenn es zu größeren Ausschlägen bei der Fundamentalgröße kommt. Insgesamt folgt der Kursverlauf jedoch seinem Fundamentalniveau, was aufgrund der ausführlich dargelegten Begründungen in Bezug auf spekulative Blasen in Studie 3 auch nicht verwundert.

Die Abbildung 4.39 zeigt in der oberen Graphik, dass das Finanzvermögen aller Agenten über die 2000 Perioden relativ stabil bei etwas 40 Einheiten Inlandswährung bleibt. Die Finanzstruktur zeigt wiederum einen kontraintuitiven Verlauf, da der Bestand der jeweils abwertenden Währung steigt und umgekehrt. Bei den großen Ausschlägen im Kursverlauf sind also die Agenten im Durchschnitt nicht der Lage, rechtzeitig der Kursentwicklung zu folgen und schätzen die zukünftige Entwicklung falsch ein.

Abbildung 4.39: Finanzvermögen und Finanzstruktur aller Agenten

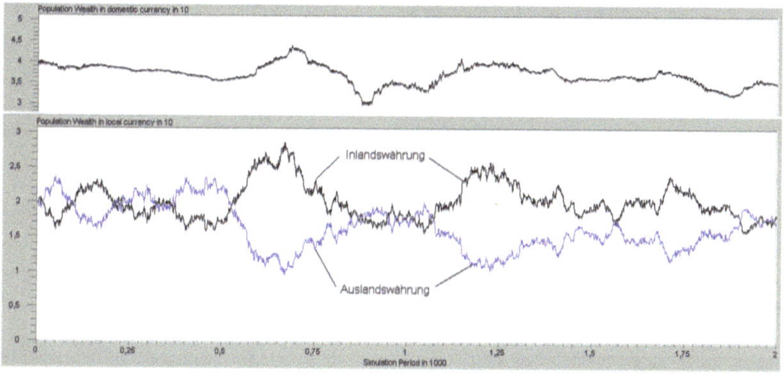

Quelle: FX-Agent.

Diese Überlegung gilt jedoch selbstverständlich nicht auf der individuellen Ebene. Wenn man die Wertentwicklung des Finanzvermögens einzelner Agenten über die ersten 2000 Perioden betrachtet, so wird deutlich, dass die Performance sehr unterschiedlich ausfällt. Die Abbildung 4.40 zeigt diese Entwicklung an Hand ausgewählter Agenten.

Abbildung 4.40: Entwicklung des Finanzvermögens ausgewählter Agenten

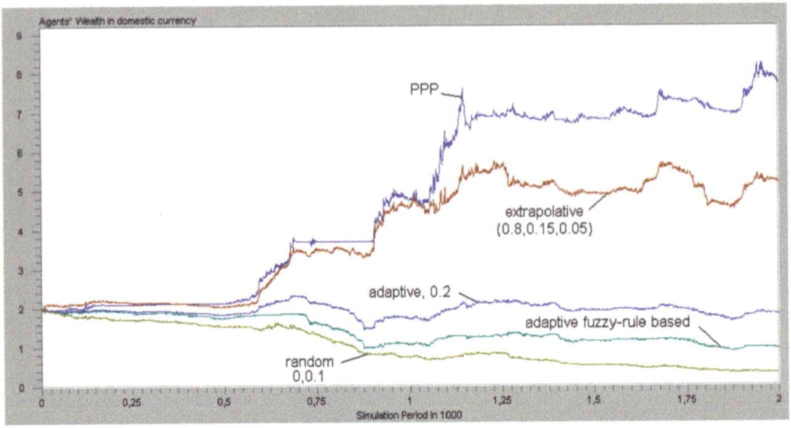

Quelle: FX-Agent.

In der Graphik wird deutlich, dass der Agent mit adaptiven fuzzyregel-basierten Erwartungen relativ weit unten liegt, während die Wertentwicklung des Agenten mit kaufkraftparitätenorientierter Erwartungsbildung die beste Wertentwicklung zeigt. Auffällig ist, dass selbst eine einfache, trendfolgende Extrapolation[551] zu einer deutlich besseren Performance führt, als die intelligentere Verhaltensweise des GENEFER-Agenten. Dieser Eindruck trügt jedoch, wenn man ausschließlich die Abbildung 4.40 zugrunde legt. Das ist auf mehrere Ursachen zurückzuführen. Zum einen belohnt die simulierte Marktumgebung in FX-Agent nicht die *Genauigkeit* der Erwartungen, sondern die korrekt erwartete Wechselkurs*änderung*. Tatsächlich ist es sogar so, dass je weiter der Erwartungswert von dem aktuellen Wechselkurs entfernt ist, desto mehr Währungseinheiten ist der Agent bereit einzusetzen (*gradual*-Variante) und umso besser erscheint seine Wertentwicklung wenn er die Richtung korrekt vorhergesagt hat. Ein anderer Agent, der ebenso die Änderungsrichtung korrekt erwartet hat aber dessen Erwartungswert nicht so weit vom aktuellen Kursniveau entfernt ist, wird dagegen eine schlechtere Wertentwicklung aufweisen, da er geringere Währungsbeträge richtig umgeschichtet hat. Dieses Marktumfeld kann nun dazu führen, dass die Erwartungen eines Agenten wesentlich näher am tatsächlichen Kursverlauf liegen und er trotz dieser

[551] Die Werte in der Klammer der Abbildung 4.40 entsprechen den Parameterwerten bei der extrapolativen Erwartungsbildung des betrachteten Agenten.

vermeintlich besseren Prognosen aber dennoch eine schlechtere Performance in der Wertentwicklung zeigt. Genau dies trifft auch auf den Agenten 7 mit adaptiver fuzzy-regel-basierter Erwartungsbildung zu.

Wenn man links das Analysefenster betrachtet und den Agenten 7 mit dem fundamentalorientierten Agenten 4 vergleicht, erkennt man, der Agent 7 eine wesentlich geringeren MSE und MAE aufweist als der Agent 4. Zudem liegen beiden Gütewerte über dem Durchschnitt der gesamten Population, deren Werte um oberen Teil des Analysefensters zu sehen sind. Die höhere Genauigkeit der Erwartungen wird jedoch nicht honoriert, was sich in der Wertentwicklung des Portfolios von Agent 7 widerspiegelt. Dieses Ergebnis ist keineswegs unrealistisch oder ökonomisch nicht begründbar. Der Erfolg eines Währungsportfoliomanagers in der Realität richtet sich schließlich nicht danach, wie genau seine Erwartungen den Tatsachen entsprechen, sondern, wie sich der Wert seines Portfolios im Vergleich zu einer *benchmark* darstellt. Dazu muss er zunächst einmal die Richtung der zukünftigen Wechselkursänderungen vorhersagen und nicht unbedingt deren Ausmaß. Falls das erwartete Ausmaß die Höhe der einzugehenden Währungspositionen beeinflusst, erhält sie eine eigenständige Bedeutung für den Erfolg. Aber auf der anderen Seite ist es ebenso vorstellbar, dass ein risikofreudigerer Agent bei gleicher erwarteter Kursänderung mehr einsetzt und dadurch möglicherweise höhere Gewinne realisiert als ein risikoaverser. Diese Überlegungen sollen klarmachen, dass nicht der genaueste Prognosewert gleichzeitig am höchsten durch den Markt honoriert werden muss. Um diese Argument noch deutlicher zu machen, sei auf die folgende Abbildung erwiesen.

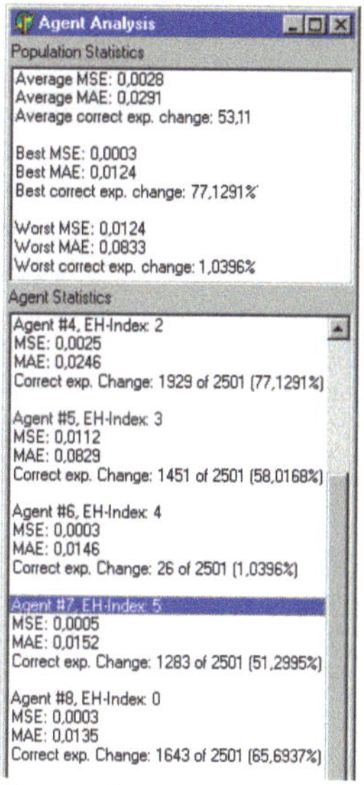

Abbildung 4.41: Wechselkurs und Kurserwartungen in trending market Phasen

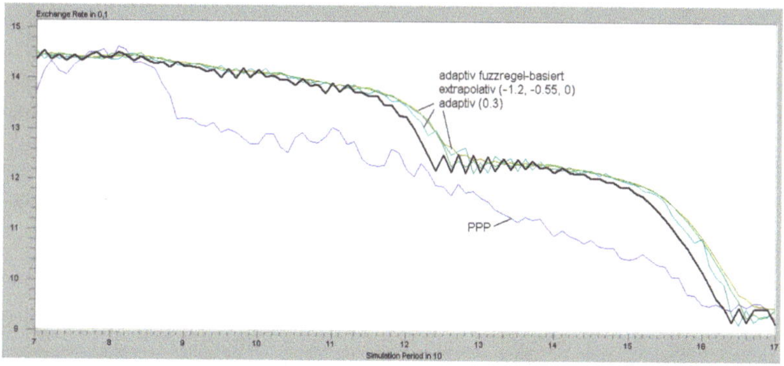

Quelle: FX-Agent.

Die Abbildung 4.41 zeigt den Wechselkursverlauf fettgedruckt und eine Reihe verschiedener Erwartungswerte oberhalb dieses Kursverlaufs wie auch die Erwartungen des fundamentalorientierten Agenten, die mit PPP gekennzeichnet sind. Obwohl alle drei Verläufe oberhalb des tatsächlichen Kurses in dem dargestellten Intervall einen geringeren MSE und MAE aufweisen als die Erwartungen des fundamentalorientierten Agenten, so ist Letzterer dennoch deutlich erfolgreicher als alle anderen drei. Er prognostiziert bis auf wenige einzelne Perioden durchgehend die Änderungsrichtung korrekt und baut daher sukzessive seine inländischen Währungsbestände auf. Die anderen Agenten reagieren dagegen zu träge und verpassen daher regelmäßigen den Zeitpunkt einer Richtungsänderung. Im ganz rechten Bereich der Abbildung, wo eine Beschleunigung der Aufwertung der Inlandswährung zu beobachten ist, erwarten sie bspw. alle eine Abwertung und fragen daher Auslandswährung nach. Diese bekommen sie zwar durch die Aufwertung günstiger, verlieren aber durch die anhaltende Entwicklung immer mehr an Finanzvermögen, denn ihre ausländischen Währungsbestände werden immer weniger wert. Ein Agent, der die Änderungsrichtung korrekt vorhersagt, weist dagegen den erwartungsgemäßen Verlauf auf, wie die Abbildung 4.42 auf der nächsten Seite an Hand eines extrapolierenden Agenten mit den Parameterwerten a = 0,6, b = 0,3 und c = 0,1 zeigt.

Obwohl in einzelnen Perioden, in denen starke Kursänderungen entgegen der Kursänderung der Vorperiode erfolgen, der Agent falsch liegt, zeigt doch die untere Graphik, dass die Entwicklung der Währungsbestände in der Tendenz der ökonomischen Erwartung folgt, wenn jemand die Kursänderungen mehrheitlich richtig antizipiert. Die starke Abwertung am Ende des dargestellten Intervalls (Periode 1670 bis 1680) geht bspw. mit einem deutlichen Abbau der inländischen Währungsbestände und einem gleichzeitigen Aufbau ausländischer einher.

Aus diesen Ausführungen kann der Schluss gezogen werden, dass die Zielgröße bzw. das Fitnesskriterium der Lernalgorithmen in GENEFER geändert werden könnte. Während GENEFER so programmiert ist, dass es versucht, einen Funktionsverlauf möglichst genau zu approximieren, wäre es bspw. möglich den ökonomischen Erfolg als Gütekriterium heranzuziehen. Die Prognosegenauigkeit mag darunter leiden aber der Erfolg gemessen an der Wertentwicklung des Portfolios mag eventuell höher liegen. Die Möglichkeit der direkten Einflussnahme auf das Fitnesskriterium, die Zielgröße oder das Gütemaß bietet GENEFER jedoch derzeit nicht.

Ein weiterer Grund, warum der Agent 7 trotz seiner hohen Lernfähigkeit keine überlegene Verhaltensweise zeigt, ist darin zu sehen, dass er gar nicht die Größen beobachten kann, die er beobachten müsste, um seine Stärke „auszuspielen“. Die wahren kurstreibenden Größen sind die Währungseinsätze aller Agenten, die sich aus deren Erwartungsbildung und Währungsbeständen ergeben. Ein GENEFER-Agent wäre theoretisch in der Lage, diesen Zusammenhang zu lernen und zu nutzen – die Fähigkeit dazu haben die Abschnitte in Studie 5 gezeigt. Es wird jedoch erst gar nicht versucht, dies nachzuweisen, da solche Größen auch für ein reales Wirtschaftssubjekt nicht zu beobachten sind. Diese Informationen stellen private Größen dar und entziehen sich daher jeder Berücksichtigung bei der Formulierung eigener Strategien.

Abbildung 4.42: Finanzstruktur bei mehrheitlich korrekt erwarteter Kursänderungsrichtung

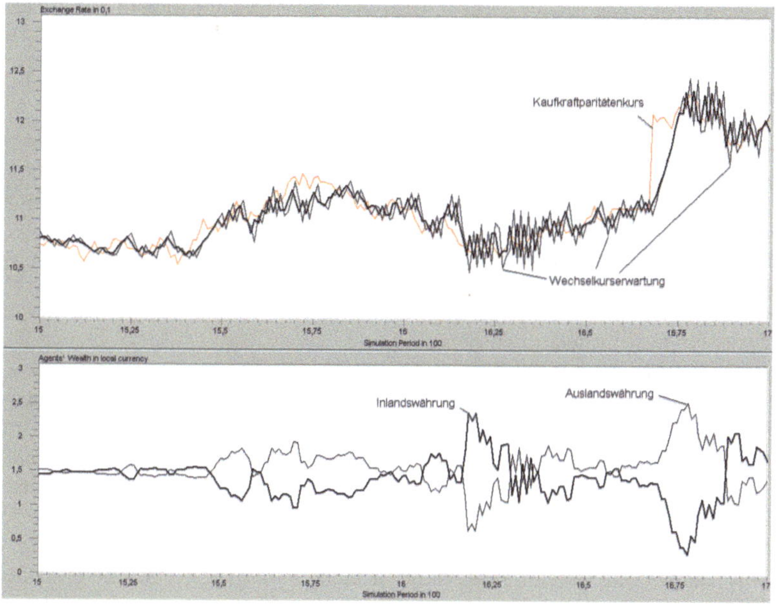

Quelle: FX-Agent.

Zum Abschluss dieser letzten Studie wird noch kurz auf die Lernfähigkeit des Agenten 7 eingegangen. Die Abbildung 4.43 zeigt den Verlauf der Fuzzy Zentren der Outputgröße Wechselkurs in den Konsekutivteilen der Fuzzyregel-Basis.[552]

Abbildung 4.43: Entwicklung der Termzentren im Simulations- und Initialisierungsintervall

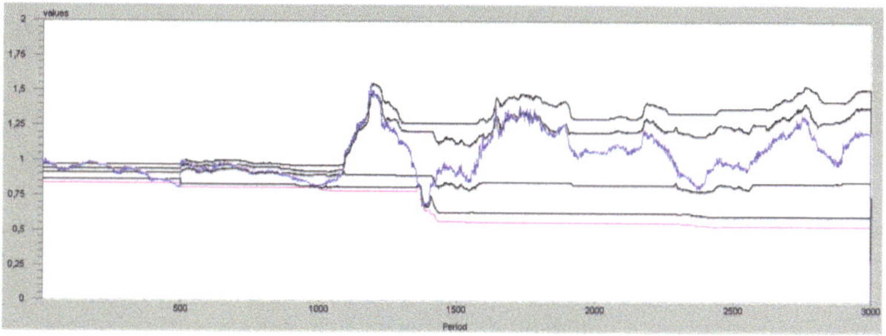

Quelle: GENEFER.

[552] Da die Abbildungen für die Inputgrößen qualitativ ähnliche Verläufe zeigen werden sie nicht weiter angeführt.

Es wird deutlich, dass, obwohl der Agent auf einem Intervall initialisiert wurde, das nur einen kleinen Ausschnitt des weiteren Wertebereichs der Outputgröße repräsentiert, die Entwicklung nachgezeichnet wird. Der Agent ist somit in der Lage, seine Ansichten über die Einordnung der scharfen Ausprägungen des Wechselkurses den tatsächlichen Gegebenheiten anzupassen. Was für ihn noch in den ersten 500 Perioden ein hoher Wechselkurs war, ist bspw. in der Periode 1200 nicht mehr gültig.

4.9. Erkenntnisse und Schlussfolgerungen

Die sechs vorangegangenen Simulationsstudien haben einen Ausschnitt aus dem vielfältigen Spektrum an Untersuchungsgegenständen in FX-Agent und deren Zusammenschaltung mit GENEFER als Erwartungsgenerator gezeigt. In den einzelnen Studien wurden die Simulationsergebnisse bereits aus ökonomischer Sicht betrachtet und interpretiert. Wenn man sich die Ergebnisse aller Studien anschaut, dann können folgende Erkenntnisse festgehalten werden:

- Der Wechselkurs wird nicht nur von den Erwartungen, sondern auch von den gehandelten Volumina am Devisenmarkt getrieben. Während die Volumina in der traditionellen Wechselkurstheorie gar nicht modelliert werden und in neueren ACE-Modellen häufig exogen und zudem in jeder Periode konstant vorgegeben sind, endogenisiert FX-Agent diese Größe über die Finanzrestriktion der Agenten und die Abhängigkeit von der erwarteten Wechselkursänderungsrate bei der *gradual*-Variante.
- In schnelllebigen Märkten sind bei der Bildung kurzfristiger Erwartungen aktuelle Ausprägungen der Inputgrößen weiter zurückliegenden bzw. Durchschnittswerten vorzuziehen. Durchschnittswerte, wie bspw. die in FX-Agent bereitgestellten gleitenden Durchschnitte über verschiedene vergangenen Zeitintervalle, zeigen Trendwenden und kurzfristige Kurswechsel verspätet an, so dass sie bei Prognosen mit einem Prognosehorizont von einer Periode kaum Indikationswert besitzen.[553]
- Die genaueste Prognose ist nicht gleich die erfolgreichste Prognose. Der Erfolg richtet sich in FX-Agent zunächst einmal danach, ob die Wechselkursrichtung korrekt vorhergesagt wird. Je weiter der Erwartungswert vom aktuellen Kursniveau entfernt liegt, desto höhere Währungsbestände ist der Agent bereit für Spekulationszwecke einzusetzen (in der *gradual*-Variante). Wenn er zu Beginn eines Trends frühzeitig viel von der aufwertenden Währung erwirbt, steigt der Wert seines Portfolios sukzessive an,[554] da er Kursgewinne mit seinen bereits erworbenen Währungsbeständen erfährt. Ein anderer Agent, der weniger einsetzt, gewinnt daher weniger an Wert.
- Die Prognosen eines erfolgreichen Agenten, und damit eines, der am Markt überleben wird, können ex-post irrational erscheinen, wie bspw. an Hand der Abbildung 4.41 auf Seite 10 deutlich wird. Die Erwartungen des fundamentalorientierten Agenten liegen systematisch unterhalb des tatsächlichen Wechselkurses, dennoch ist er der erfolgreichste Agent der gesamten Population.

[553] Siehe hierzu auch LE BARON (2000), S. 697.

[554] Bewertet in der aufwertenden Währung.

- Die Heterogenität der Erwartungen ist eine Quelle für eine inhärente Dynamik im Wechselkursverlauf, die in keinem Zusammenhang zu den Fundamentaldaten (hier die internationale Preisrelation) zu stehen scheint.
- Bei der Entstehung und beim Platzen einer spekulativen Blase kommt es nicht darauf an, dass einheitliche Erwartungen in eine Richtung existieren. Dies ist nicht einmal notwendig, sondern es kommt auf die Währungseinsätze, die aus den vorhandenen Erwartungen resultieren, an. Die Volumina sind entscheidend. In der Studie 3 gehen die Erwartungen des fundamentalorientierten Spekulanten und der Chartisten auseinander, der Fundamentalist hat aber in manchen Phasen nicht genügend Währungsbestände, um den Chartisten entsprechende Devisenorders gegenüberzustellen, die eine Entfernung vom Fundamentalniveau verhindern.
- Die Betrachtung der Studien, insbesondere derjenigen mit heterogenen Agenten aus den Abschnitten 4.5 und 4.8, zeigen, dass der Kursverlauf und der Erfolg einzelner Strategien unterschiedlich ausfallen kann. Wenn man das Wechselkursmodell in FX-Agent erweitern würde, so dass es Vermögensumverteilungen von weniger erfolgreichen zu erfolgreicheren Agenten sowie das Eintreten neuer Agenten mit neuem Finanzvermögen abbilden würde, wäre zu beobachten, dass der Kursverlauf phasenweise seinem Fundamentalwert folgen würde, aber zeitweise von diesem mit einer eigenständigen Dynamik abweichen kann. die Dominanz eines bestimmten Marktteilnehmertyps zu unterschiedlichen Zeiten bestimmt den Kursverlauf.

Aus diesen Erkenntnissen können die folgenden Schlussfolgerungen gezogen werden:

- In einem schnelllebigen Marktumfeld mit kurzfristiger Orientierung der Marktteilnehmer, in dem die entscheidenden kursbestimmenden Größen nicht beobachtbar sind, kann eine extrapolative Erwartungsbildung sinnvoll sein. Dies erklärt womöglich das empirisch beobachtete hohe Ausmaß dieser Verhaltensweise.
- Wenn sich das Gewicht von Marktteilnehmern an ihrem Erfolg orientiert, dann können ex-post deren Erwartungen irrational und somit der Devisenmarkt ineffizient erscheinen. Dennoch gäbe es keinen Grund, warum sich dies ändern sollte, solange die Genauigkeit der Erwartungen nicht vom Markt honoriert wird.[555]
- Die Finanzrestriktionen der Agenten verhindern, dass sich der Kurs auf unbegrenzte Zeit in eine Richtung bewegt. In der Realität sind ebenfalls ständig steigende offene Währungspositionen von Devisenhändlern nicht zu beobachten.[556] Es ist daher nicht unbedingt notwendig, dass die fundamentalgetriebenen internationalen Kapitalströme zunehmen und daher den Kurs auf sein Fundamentalniveau zurückführen, wie es bspw. im Chartisten-Fundamentalisten Ansatz von Frankel und Froot der Fall ist, sondern das steigende relative Gewicht fundamentalgetriebener Kapitalströme kann auch durch sinkende technisch bedingte Transaktionsvolumina erreicht werden.

---

[555] Selbstverständlich ist dennoch davon auszugehen, dass solche Marktteilnehmer durch Lernprozesse auch die Genauigkeit ihrer Prognosen verbessern würden aber es besteht kein unmittelbarer Anreiz dazu, wenn die Genauigkeit nicht honoriert wird.

[556] Siehe hierzu ausführlich die Ausführungen in Abschnitt 2.2.2 auf Seite 12.

Zum Abschluss dieses Gliederungspunktes sei noch einmal ein allgemeine Einordnung von dem in Gliederungspunkt 2.6 entwickelten Multiple-Agent Modell eines künstlichen Devisenmarktes gegeben. Diese Einordnung erfolgt deswegen an dieser Stelle und nicht in 2.6, weil die rein formale Darstellung und Erläuterung der Modellbausteine ohne entsprechende Modelllösung und Interpretation der Modellergebnisse möglicherweise die Einordnung zu abstrakt erscheinen lässt. Nachdem jedoch an Hand einiger Simulationsstudien ein Eindruck über die Funktionsweise des Modells vermittelt wurde, kann Folgendes festgehalten werden:

- das Multiple-Agent Modell ist als mikrofundiertes, partielles Makromodell zu verstehen. Die Mikrofundierung ist in der Modellierung einzelner Agenten und ihres Verhaltens zu sehen, wobei die Interaktion dieser Agenten das Makroergebnis Wechselkurs bestimmt. Es ist der gesamte Devisenmarkt sowie der Preis und die gehandelten Mengen auf diesem Markt, die im Vordergrund stehen. Die Interpretation der Ergebnisse ist jedoch im Vergleich zu einem traditionellen Makromodell entscheidend von der Analyse der Entscheidungen einzelner Agenten – also von Mikroeinheiten – abhängig und nicht von der eines repräsentativen Agenten. Partiell ist dieses Modell dadurch, dass lediglich der Devisenmarkt abgebildet wird, in den durch Vorgabe eines Fundamentalpfades (hier bestimmt durch die relativen Güterpreise) für den Wechselkurs zwar von außen auch der Einfluss aus anderen Märkten einfließt, diese aber nicht explizit abgebildet werden.
- das Modell kann nicht als Prognosemodell zur empirischen Wechselkursprognose verwendet werden. Die Komplexität des Modells lässt sich nicht auf eine reduzierte Form verdichten, die geschätzt werden könnte. Daher ist es nicht möglich, das Modell so zu kalibrieren, dass empirische Kursverläufe nachgezeichnet werden können.
- trotz des eben erwähnten Mangels empirische Kursverläufe nachzeichnen zu können ist anzumerken, dass das Modell dennoch in der Lage ist, die stilisierten Fakten von empirischen Wechselkurszeitreihen zu generieren. In zahlreichen vergleichbaren Modellen sind die statistischen Eigenschaften der simulierten Zeitreihen denen der empirischen gegenübergestellt und ähnliche Ergebnisse erzielt worden.[557] Somit bieten diese Art von Modellen alternative Erklärungen für die stilisierten Fakten von Wechselkurszeitreihen an.
- die praktische Bedeutung von agentenbasierten Devisenmarktmodellen ist vornehmlich darin zu sehen, dass sie als Analysemittel für wirtschaftspolitische Fragestellungen dienen können. So ist es bspw. möglich, den Einfluss von geld- (Zinsänderungen) oder währungspolitischen Entscheidungen (Devisenmarktinterventionen, Einführung einer Tobin-Tax[558]) auf die Marktergebnisse zu untersuchen und damit über ein zusätzliches Werkzeug zur Politikanalyse zu verfügen.

---

[557] Siehe bspw. LAWRENZ/WESTERHOFF (2001) oder LEBARON (2002). Da dieser Vergleich in dieser Arbeit nicht im Vordergrund steht, wurde auf eine statistische Untersuchung verzichtet.

[558] Siehe hierzu WESTERHOFF (2002).

So far as any of them could tell, it was about twenty years too early to be tackling anything nearly as complex as economics – "It almost set the boundary condition for difficulty," says Cowan. "It involved human behavior."

aus M. Mitchell Waldrop (1992)

5. Zusammenfassung und Ausblick

Die Preisfindung auf Finanzmärkten ist seit jeher ein breites Interessengebiet, das von der wissenschaftlichen Seite wie auch aus der Praxis und der Politik enorme Beachtung erfährt. Die Größe der nationalen Finanzmärkte sowie das Ausmaß der internationalen Kapitalbewegungen machen sie zu einem unübersehbaren Bestandteil des täglichen Lebens. Das hohe Interesse von den verschiedenen Seite kommt jedoch überwiegend daher, dass die Funktionsweise dieser Märkte noch unzureichend verstanden ist und die Marktpreise der gehandelten Objekte in Form von Aktienkursen, Zinssätzen oder Wechselkursen kaum oder zumindest nur ansatzweise erklärt werden können. Die Devisenmärkte sind ein Beispiel von internationalen Finanzmärkten, denen eine solch hohe Aufmerksamkeit zukommt. Spätestens seit dem Zusammenbruch des Festkurssystems von Bretton Woods wird versucht, die Wechselkursbildung so zu modellieren, dass die Eigenschaften und Verläufe der Zeitreihen vergangener Wechselkurse erklärt und verlässliche Aussagen über die zukünftige Entwicklung abgegeben werden können. Das fortlebende Interesse von der ökonomisch orientierten, akademischen Seite zeigt jedoch deutlich, dass weder das eine noch das andere Ziel bislang erreicht werden konnte.

Aus der Betrachtung der Realität auf den Devisenmärkten ist in dieser Arbeit der Schluss gezogen worden, dass Erwartungen eine maßgebliche Rolle bei der Preisfindung spielen. Das gesamte Umfeld, dem sich ein Teilnehmer auf diesen Märkten bei seiner Entscheidungsfindung über den Kauf oder Verkauf einer Währung ausgesetzt sieht, ist geprägt von hoher Komplexität und Unsicherheit. Zahlreiche Faktoren beeinflussen die Anlageentscheidungen, unter denen neben fundamentalökonomischen auch nicht-fundamentale Faktoren wie insbesondere technische Analysen oder Chartformationen zu finden sind. Daneben muss beachtet werden, dass die psychologische Seite eine phasenweise nicht zu unterschätzende Rolle zu spielen scheint, indem „dem Markt" sogar eine eigene Psychologie zugesprochen wird, wie auch die Marktteilnehmer kontinuierlich psychologischen Einflüssen unterliegen. Solche Einflüsse verhindern eine wertfreie, neutrale Informationsaufnahme und -verarbeitung und nehmen daher unmittelbar Einfluss auf die Preisfindung. Aus Sicht der einzelnen Marktteilnehmer erscheinen die Devisenmärkte so komplex, dass sie vielfach kasuistisch denken und handeln. Sie formen ihre Erwartungen nicht im Rahmen einer konsistenten, umfassenden Theorie, sondern betrachten Währungen zu bestimmten Zeiten unter bestimmten Marktkonstellationen fallweise. Die Meinungen über die aktuell relevanten Einflussgrößen, ihre Einflussrichtung und -stärke gehen dabei teilweise weit auseinander. Die Marktakteure unterscheiden sich jedoch nicht nur in ihren Meinungen, sondern auch in ihren Anlagehorizonten, Finanzausstattung, Risikobereitschaft etc. Das Marktgeschehen ist also geprägt von dem Zusammenspiel zahlreicher heterogener Wirtschaftssubjekte mit unterschiedlichen Interessen und Transaktionsmotiven.

Die Theorie ist dieser Tatsache lange Zeit mit der Vorstellung des repräsentativen Agenten begegnet, der die Rolle als Median-Wirtschaftssubjekt einnimmt und somit Heterogenität modellseitig ausgeschlossen werden kann. Die enttäuschenden empirischen Testergebnisse dieser Modelle sind möglicherweise auf eine zu starke Abstraktion von der Realität durch die implizite Homogenitätsannahme des repräsentativen Agenten zurückzuführen. Aus diesem Grund sind Modelle entwickelt worden, die explizit Heterogenität unter den Modellagenten erfassen. Diese Denkrichtung erscheint sinnvoll und vielversprechend, ist aber vielleicht nur eine der notwendigen Weiterentwicklungen. Eine andere besteht in der Modellierung der Erwartungsbildung. Die vorherrschende Vorstellung in der ökonomischen Literatur – die Theorie der rationalen Erwartungen – kann aus zahlreichen Gründen auf den Devisenmärkten wie auch auf anderen Finanzmärkten empirisch nicht bestätigt werden. Personelle und außerpersonelle Restriktionen, wie auch die theoretische Überlegung gegenseitig voneinander abhängiger Erwartungen in *forward looking markets*, die insgesamt eine Realität schaffen, die unsicher und komplex erscheint, verhindern die Formulierung rationaler Erwartungen im Sinne Muth's. Sie verlangen zu viel vom Menschen. Die anderen, weitverbreiteten Verfahren der autoregressiven Erwartungsbildung stellen genau das Gegenteil dar. Sie betrachten ausschließlich vergangene Wechselkurse als erklärende Größen und vernachlässigen die Eigenschaft des Menschen aus Erfahrungen und Fehlern zu lernen. Aus diesem Grund ist mit der Theorie beschränkt rationaler Erwartungen ein Zwischenweg eröffnet worden, der aus der Vorstellung motiviert ist, dass Menschen zwar versuchen, sich im Rahmen ihrer beschränkten Möglichkeit rational zu verhalten, aber vollkommene Rationalität nicht erreichen können.

Diese Erkenntnisse sind die Fundamente der in dieser Arbeit entwickelten neuartigen Hypothese adaptiver Fuzzyregel-basierter Erwartungen sowie der ökonomischen Simulationsumgebung FX-Agent als Werkzeug zur Modellierung eines künstliches Devisenmarktes. Der Schwerpunkt lag auf einer Operationalisierung von beschränkt rationaler Erwartungsbildung mit Hilfe von KI-Methoden. Vor dem Hintergrund der tatsächlichen Verhaltensweise von Wirtschaftssubjekten wurden Fuzzyregel-Basen als geeignetes Abbild der menschlichen Wissensbasis ausgewählt, die über Künstliche Neuronale Netze oder alternativ Genetische Algorithmen zu einem Hybridansatz zusammengeführt wurden. Durch die Hybridisierung konnte einer Fuzzyregel-Basis Lern- und damit Adaptionsfähigkeit in einer evolvierenden Umwelt verliehen werden. Grundgedanke bei der Entwicklung dieses Ansatzes war der Anspruch, eine interpretierbare Abbildung der Erwartungsbildungsprozesse zu entwerfen, so dass zu jeder Zeit exakt nachvollzogen werden kann, wann und warum ein Agent welche Größen wie verwendet und geändert hat. Dieser Anspruch hebt sich beispielsweise von der Verwendung reiner Künstlicher Neuronaler Netze als Erwartungsgenerator ab, da ein Netzoutput nur eingeschränkt nachvollzogen werden kann *(black-box Charakter)*. Der gesamte Entwurf einer solchen lernfähigen Fuzzyregel-Basis sowie das Management innerhalb einer Simulation und der anschließenden Analyse der Vorgänge wurden in einer eigenständigen Software (GENEFER) gebündelt, die über eine COM-Schnittstelle verfügt und daher programmiersprachenunabhängig anderen Simulationsumgebungen zur Verfügung steht. Mit dieser Software ist die Hoffnung verbunden, die Vorgänge der menschlichen Erwartungsbildung realitätsgetreuer erfassen zu können.

Die Modellumgebung FX-Agent ist im letzten Kapitel dieser Arbeit Ausgangspunkt für Simulationsstudien gewesen, in denen die Analyse der Marktergebnisse in Bezug auf die Wechselkurse und Finanzvermögens- und -strukturentwicklung der Modellagenten im Vordergrund stand. In drei Studien wurde dabei FX-Agent mit GENEFER kombiniert, indem einer von mehreren Agenten adaptive Fuzzyregel-basierte Erwartungen bildete. Die Erkenntnisse aus diesen Studien sind in dem Abschnitt 4.9 zusammengefasst worden. Es hat sich dabei insbesondere gezeigt, dass die Heterogenität der Modellagenten zu einer Dynamik der Wechselkurse führen kann, die losgelöst von fundamentalökonomischen Entwicklungen verläuft, die in der traditionellen Wechselkurstheorie vernachlässigte Mengenseite einen enormen Einfluss auf die Preisfindung ausübt und unter bestimmten Marktkonstellationen spekulative Blasen entstehen können. Des Weiteren bedeutet die beste Prognose nicht gleichzeitig den größten wirtschaftlichen Erfolg und extrapolative Erwartungen haben sich in einer komplexen Umgebung als durchaus sinnvolle Verhaltensweise erwiesen. Dieses Ergebnis bestätigt den empirischen Befund über die weitverbreitete Anwendung dieses Verfahrens. Damit konnten insgesamt beobachtbare Phänomene auf den Devisenmärkten, die als stilisierte Fakten in Gliederungspunkt 2.2.3 dargestellt wurden, reproduziert werden und eine alternative Erklärung im Rahmen eines Multiple-Agent Modells mit heterogenen Agenten angeboten werden.

Ein zukünftiger Weg in der Theorie der Wechselkursbestimmung führt sicherlich zu einer realitätsnäheren Modellierung der Devisenmärkte, indem die Mikrostrukturen genauer abgebildet werden und die Modelle eine größere Zahl an wechselkurserklärenden Größen einbeziehen, die zudem selbst endogen bestimmt werden. Es kann selbstverständlich nicht Sinn sein, ein Eins-zu-Eins-Abbild der Realität zu schaffen – das erscheint auch gar nicht notwendig. Die einzelnen Zweige in der Kapital und Devisenmarktforschung zeigen wesentliche Bestimmungsgründe und Eigenschaften auf, die erfasst werden sollten. Der Mikrostrukturansatz der Devisenmärkte kann beispielsweise die dominanten Marktteilnehmer, die von ihnen betrachteten Einflussgrößen und die Handelsprozesse identifizieren, die ein Modell beinhalten sollte. Die Interpretation von Einflussgrößen und deren Verarbeitung zu einem Erwartungswert oder einer ökonomisch relevanten Handlung (Kauf oder Verkauf einer Währung) ist Gegenstand der *behavioral finance*, die damit wertvolle Unterstützung bei der Operationalisierung der menschlichen Verhaltensweise liefern kann. Die evolutionäre Spieltheorie und die *agent-based computational economics* können zu dieser Entwicklung ebenfalls beitragen, indem sie die Plattform über computerbasierte Modellumgebungen bereitstellen, in denen Analysen erfolgen und Erkenntnisse gewonnen werden.

Die Forschung im Bereich der Wechselkurstheorie ist und bleibt daher spannend und höchst interessant.

Literaturverzeichnis

Die in den Literaturangaben enthaltenen Links sind als ergänzende Bezugsquellen zu verstehen. Diese Quellen standen bis einschließlich April 2002 zur Verfügung. Falls einzelne aufgeführte Literaturangaben ausschließlich im Internet zu beziehen waren wie beispielsweise unveröffentlichte Arbeitspapiere und nicht mehr unter der angegebenen url zu finden sind, wird empfohlen, die Quelle auf Veröffentlichung zu prüfen.

Abuaf N / Jorion P. (1990): Purchasing Power Parity in the Long Run, in: *The Journal of Finance*, Vol. 45, S. 157 – 174.

Ahrens R. (1999): Improving Market-Based Forecasts of Short-Term Interest Rates: Time-Varying Stationarity and the Predictive Content of Switching Regime-Expectations, in: CFS Working Paper, Nr. 1999/14, url: http://www.ifk-cfs.de/papers/ 99_14.pdf.

Alander J. T. (2001): An Indexed Bibliography of Genetic Algorithms and Neural Networks, url: ftp://ftp.uwasa.fi/cs/report94-1/gaNNbib.ps.Z.

Alchian A. A. (1950): Uncertainty, Evolution, and Economic Theory, in: *Journal of Political Economy*, Vol. 58, S. 211 – 222.

Alexakis P. / Aspergis N. (1996): ARCH Effects and Cointegration: Is the Foreign Market Efficient?, in: *Journal of Banking and Finance*, Vol. 20, S. 687 – 697.

Allen F. / Morris S. (1998): Finance Applications of Game Theory, in: University of Pennsylvania, The Wharton School Working Paper, Nr. 98-23-B, url: http://fic.wharton.upenn.edu/fic/papers/98/9823.pdf.

Almeida A. / Goodhart C. / Payne R. (1996): The Effects of Macroeconomic 'News' on High Frequency Exchange Rate Behaviour, in: FMG Discussion Papers, Nr. dp0258.

Altrock C. v. (1995): Fuzzy Logic, Band 1: Technologie, 2. Aufl., München.

Arifovic J. (1995): Genetic Algorithms and Inflationary Economies, in: *Journal of Monetary Economics*, Vol. 36, S. 219 – 243.

——**(1996)**: The Behavior of Exchange Rate in the Genetic Algorithm and Experimental Economies, in: *Journal of Political Economy*, Vol. 104, S. 510 – 541.

——**(1999)**: Performance of Rational and Boundedly Rational Agents in a Model with Persistent Exchange Rate Volatility, in: Simon Fraser University Working Paper, url: http://www.sfu.ca/~arifovic/real2a.pdf.

——**(2001)**: Exchange Rate Volatility in the Artificial Foreign Exchange Market, in: *Evolutionary Computation in Economics and Finance*, Chen S.-H. (Hrsg.), New York, url: http://www.sfu.ca/~arifovic/arfex.pdf.

Arokiasamy F. / Mathur I. / Sharma S. C. (2000): Effects of US Money Announcements on the Daily Exchange Rates of Industrialized Countries, in: *Applied Economics*, Vol. 32, S. 593 – 599.

Arthur W. B. (1994): Bounded Rationality and Inductive Behavior (the El Farol Problem), in: *American Economic Review*, Vol. 84, S. 406 – 411, url: http://www.santafe.edu/arthur/Papers/Pdf_files/El_Farol.pdf.

——**(1995)**: Complexity in Economic and Financial Markets, in: *Complexity*, Vol. 1, Nr. 1, S. 20 – 25, url: http://www.santafe.edu/arthur/Papers/Pdf_files/Complexity_Jnl.pdf.

Arthur W. B. (1999): The End of Certainty in Economics, in: Einstein Meets Magritte, Aerts D. / Broekaert J. / Mathijs E. (Hrsg.), Dordrecht, Kapitel 14, url: http://www.santafe.edu/arthur/Papers/Pdf_files/End_of_Certainty_Web.pdf.

Arthur W. B. / Holland J. H. / LeBaron B. / Palmer R. / Taylor P. (1996): Asset Pricing under Endogenous Expectations in an Artificial Stock Market, SFI Paper 96–12–093, url: http://www.santafe.edu/sfi/publications/96wplist.html.

Arthur W. B. / Durlauf S. / Lane D. [Hrsg.] (1997): The Economy as an Evolving Complex System II, Addison-Wesley.

Axtell R. (2000): Why Agents? On the Varied Motivations for Agent Computing in the Social Sciences, in: Center on Social and Economic Dynamics, Working Paper, Nr. 17, url: http://www.brook.edu/es/dynamics/papers/agents/agents.pdf.

Bäck T. (1992): The Interaction of Mutation Rate, Selection, and Self-Adaptation within a Genetic Algorithm, in: Parallel Problem Solving from Nature 2, Männer R. / Manderick B. (Hrsg.), Amsterdam, S. 85 – 94.

Backus, D. (1984): Empirical models of the exchange rate: Separating the wheat from the chaff, in: *Canadian Journal of Economics*, Vol. 17, S. 824 – 846.

Bagliano Fabio C. / Beltratti Andrea / Bertola Guiseppe (1996): Heterogeneous Behavior in Exchange Rate Crises, in: The Microstructure of Foreign Exchange Markets, Frankel J. A. / Galli G. / Giovannini A. (Hrsg.), S. 229 – 253, The University of Chicago Press, Chicago und London.

Bailey A. (2001): Capital Flows and Exchange Rates, in: *Bank of England Quarterly Bulletin*, Autumn 2001, S. 310 – 318.

BAKred – Bundesaufsichtsamt für das Kreditwesen (2001): url: http://www.bakred.de/.

Baltensperger E. / Böhm P. (1982): Stand und Entwicklungstendenzen der Wechselkurstheorie – Ein Überblick, in: *Außenwirtschaft*, Jg. 37, Heft II/III, S. 109 – 157.

Banerjee A. V. (1992): A Simple Model of Herd Behavior, in: *Quarterly Journal of Economics*, Vol. 107, Heft 3, S. 797 – 817.

Bank of England (1989): The Market in Foreign Exchange in London, in: *Bank of England Quarterly Bulletin*, Vol. 29, S. 548 – 551.

——**(2000)**: The Foreign Exchange Market – Fact Sheet, url: http://www.bankofengland.co.uk/markets/forex/publications.htm.

——**(2001)**: The foreign exchange and over-the-counter derivatives markets in the United Kingdom, url: http://www.bankofengland.co.uk/qb/qb010401.pdf.

Bank of Japan (2001): Central Bank Survey of Foreign Exchange and Derivatives Market Activity in April 2001: Turnover Data, Japan, url: http://www.boj.or.jp/en/siryo/stat/fxdm0104.htm.

Beasley D. / Bull D. R. / Martin R. R. (1993A): An Overview of Genetic Algorithms: Part 1, Fundamentals, in: *University Computing*, Vol.15, Nr.2, S. 58 – 69.

——**(1993b)**: An Overview of Genetic Algorithms: Part 2, Research Topics, in: *University Computing*, Vol. 15, Nr. 4, S. 170 – 181.

Becketti S. / Hakkio C. S. / Jones D. H. (1995): Exchange Rate in the Long Run, in: Federal Reserve Bank of Kansas City, Working Paper 95-14.

Bellman R. E. / Zadeh L. A. (1970): Decision-Making in a Fuzzy Environment, in: *Management Science*, Vol. 17, Nr. 4, S. 141 – 164.

Bénassy-Quéré A. / Larribeau S. / MacDonald R. (1999): Models of Exchange Rate Expectations: Heterogeneous Evidence from Panel Data, in: CEPII document de travail Nr. 99-03.

Bernard H. J. / Galati G. E. B. (2000): Die Parallelität der Entwicklung von US-Aktienmärkten und Dollar, in: *BIZ-Quartalsbericht*, S. 33 – 37.

Betrametti L. / Fiorentini R. / Marengo L / Tamborini R. (1997): A Learning-to-Forecast Experiment on the Foreign Exchange Market with Classifier Systems, in: *Journal of Economic Dynamics & Control*, Vol. 21, S. 1543 – 1575.

Beltratti A. / Margarita S. / Terna P. (1996): Neural Networks for Economic and Financial Modeling, International Thomson Computer Press, London.

Bernard H. J. / Galati G. E. B. (2000): Die Parallelität der Entwicklung von US-Aktienmärkten und Dollar, in: *BIZ Quartalsbericht*, August, S. 33 – 37.

Bhandari J. S. (1980): A Simple Transnational Model of Large Open Economies, in: *Southern Economic Journal*, Vol. 47, Nr. 1, S. 990 – 1006.

Bilson J. F. O. (1978): The Monetary Approach to the Exchange Rate: Some Empirical Evidence, in: *IMF Staff Papers*, S. 48 – 75.

——**(1999)**: The Non-Linear Dynamics of Exchange Rates, url: http://www.stuart.iit.edu/workingpapers/NLDER/index.html.

BIZ – Bank für Internationalen Zahlungsausgleich (1999): Central Bank Survey of Foreign Exchange and Derivatives Market Activity, Basel. url: http://www.bis.org/publ/index.htm.

——**(2000)**: Jahresbericht, url: http://www.bis.org/publ/ar2000e.htm.

——**(2001)**: Central bank survey of foreign exchange and derivatives market activity in April 2001: preliminary global data, url: http://www.bis.org/press/p011009.pdf.

Bjønnes G. H. / Rime D. (2000a): Customer Trading and Information in Foreign Exchange Markets, url: http://www.sifr.org/dagfinn.html.

——**(2000b)**: FX Trading … LIVE! Dealer Behavior and Trading Systems in Foreign Exchange Markets, url: http://www.sifr.org/dagfinn.html.

Blake D. / Beenstock M. / Brasse V. (1986): The performance of UK exchange rate forecasters, in: *The Economic Journal*, Vol. 96, S. 986 – 999.

Blanchard O. J. (1979): Speculative Bubbles, Crashes and Rational Expectations, in: *Economics Letters*, No. 3, S. 387 – 389.

Bofinger P. (2001): Die „normale Wissenschaft" und ihr Kampf mit der Euroschwäche, in: *Wirtschaftsdienst*, Nr. 7, S. 377 – 379.

Bonarini A. / Bonacina C. / Matteucci M. (2000): Fuzzy and Crisp Representation of Real-Valued Input for Learning Classifier Systems, in: Learning Classifier System: New Directions and Concepts, Lanzi P. L. / Stolzmann W. / Wilson S. W. (Hrsg.), Berlin, S. 107 – 124.

Bothe H-H. (1995): Fuzzy Logic, 2. Aufl., u.a. Berlin.

Branson W. H. (1977): Asset Markets and Relative Prices in Exchange Rate Determination, in: *Sozialwissenschaftliche Annalen*, Nr.1, S. 69 – 83.

Branson W. H. / Halttunen H. / Masson P. (1977): Exchange Rates in the Short Run: The Dollar-Deutschemark Rate, in: *European Economic Review*, Vol. 10, S. 303 – 324.

Branson W. H. / Henderson D. W. (1985): The specification and influence of asset markets, in: Handbook of International Economics, Jones R. W. / Kenen P. B. (Hrsg.), Amsterdam: North Holland.

Braunhart D. (1989): Fundamentalanalytische Beurteilung der Wechselkursentwicklung verschiedener Währungen, u.a. Frankfurt.

Breedon F. / Fornasari F. (2001): The Impact of Euro Notes and Coins, in: *CESifo Forum 3*, S. 49 – 51.

Bressert W. / Schaff D. (2001): The Challenge of Analyzing the Euro – Forecasting the longer-term Cycles, url: http://www.cme.com/allaire/spectra/system/securemediastore/analyzeuro.pdf.

Brock W. A. / Fontnouvelle P. (2000): Expectational Diversity in Monetary Economies, in: *Journal of Economic Dynamics & Control,* Vol. 24, S. 725 – 759.

Calvo G. (1999): Contagion in Emerging Markets: When Wall Street is a Carrier, University of Maryland, Working Paper, url: http://www.bsos.umd.edu/econ/ciecrp8.pdf.

Campa J. M. / Chang P. H. K. / Reider R. L. (1997): Implied Exchange Rate Distributions: Evidence from OTC Options Markets, in: *NBER Working Paper*, Nr. w6179, url: http://www.nber.org/papers/w6179.pdf.

Campa J. M. / Wolf H. C. (1997): Is Real Exchange Rate Mean Reversion Caused by Arbitrage?, in: *NBER Working Paper*, Nr. w6162, url: http://papers.nber.org/papers/w6162.pdf.

Cassel G. (1918): Theoretische Sozialökonomie, Leipzig.

Chen Z. (1997): Speculative Market Structure and the Collapse of an Exchange Rate Mechanism, in: *FMG Discussion Papers*, Nr. dp0202.

Cheung Y.-W. / Chinn M. D. (1999): Macroeconomic Implications of the Beliefs and Behavior of Foreign Exchange Traders, in: *NBER Working Paper*, Nr. w7417, url: http://papers.nber.org/papers/w7417.pdf.

——**(2000)**: Currency Traders and Exchange Rate Dynamics: A Survey of the U.S. Market, in: *CESifo Working Paper Series*, Nr. 251, url: http://www.cesifo.de/orcl/dbssi/index.htm.

Cheung Y.-W. / Chinn M. D. / Marsh I. W. (2000): How do UK-Based Foreign Exchange Dealers Think their Market Operates?, in: *NBER Working Paper*, Nr. 7524, url: http://www.nber.org/papers/w7524.pdf.

Chin T. C. / Qi X. M. (1998): Genetic Algorithms for Learning the Rule Base of Fuzzy Logic Controller, in: *Fuzzy Sets and Systems*, Vol. 97, S. 1 – 7.

Chinn M. D. / Frankel J. A. (1999): More Survey Data on Exchange Rate Expectations: More Currencies, More Horizons, More Tests, url: http://econ.ucsc.edu/~chinn/newsrvp1.pdf.

Chinn M. / Meredith G. (2001): Testing Uncovered Interest Parity at Short and Long Horizons, url: http://people.ucsc.edu/~chinn/UIP_empr.pdf.

Christodoulakis N. / Kalyvitis S. (1997): Efficiency Testing Revisited: a Foreign Exchange Market with Bayesian Learning, in: Journal of International Money and Finance, Vol. 16, Nr. 3, S. 367 – 385.

Clausing T. (2001): Informationsverarbeitung und das Nicht-Spekulationstheorem, in: *WiSt*, Heft 10, S. 535 – 538.

Cochrane J. H. (1999): New Facts in Finance, in: *NBER Working Paper*, Nr. 7169, url: http://www.nber.org/papers/w7169.pdf.

Conlisk, J. (1996): Why Bounded Rationality?, in: *Journal of Economic Literature*, Vol. 34, Nr. 2, S. 669 – 700.

Cont R. (2000): Empirical Properties of Asset Returns: Stylized Facts and Statistical Issues, in: Quantitative Finance, Vol. 1, S. 223 – 236.

Corsetti G. (2000): A Perspective on the Euro, in: CESifo Forum, S. 32 – 36.

Corsetti G. / Dagupta A. / Morris S. / Shin H. (2001): Does one Soros make a Difference? A Theory of Currency Crisis with small and large Traders, url: http://www.econ.yale.edu/~corsetti/soros.pdf.

Curcio R. / Goodhart C. / Guillaume D. / Payne R. (1997): Do Technical Trading Rules Generate Profits? Conclusions from the Intra-Day Foreign Exchange Market, in: *FMG Working Papers*, Nr. wp0009, url: http://fmg.lse.ac.uk/download/fmgwps/wp0009.pdf.

Dacorogna M. M. (1993): The Main Ingredients of Simple Trading Models for Use in Genetic Algorithm Optimization, internal document MMD, Nr. 1993-03-22, url: http://www.olsen.ch/research/406_ingredients.pdf.

Dacorogna M. M. / Müller U. A. / Pictet O. V. / de Vries C. G. (1995): The Distribution of Extremal Foreign Exchange Rate Returns in Extremely Large Data Sets, url: http://www.olsen.ch/research/305_tail_statistics.pdf.

Darely V. M. / Kauffman S. (1997): Natural Rationality, in: The Economy as an Evolving, Complex System II, Arthur B. et al. (Hrsg.), SFI Studies in the Sciences of Complexity, Reading, MA, Addison-Wesley, url: http://www.santafe.edu/sfi/publications/Working-Papers/96-08-071.ps.

Davis L. D. (1991): Handbook of Genetic Algorithms, New York.

Davis G. K. / Miller N. C. (1996): Exchange Rate Mean Reversion from Real Shocks within an Intertemporal Equilibrium Model, in: *Journal of International Money and Finance*, Vol. 15, Nr. 6, S. 947 – 967.

De Grauwe P. (1996): International Money, 2. Aufl., Oxford.

De Grauwe P. / Dewachter H. (1992): Chaos in the Dornbusch Model of the Exchange Rate, in: *Kredit und Kapital*, Vol. 25, Heft 1, S. 26 – 54.

De Long J. B. / Shleifer A. / Summers L. A. / Waldmann R. J. (1989): The Size and Incidence of the Losses from Noise Trading, in: Journal of Finance, Vol. 44, S. 681 – 696.

——**(1990A)**: Noise Trader Risk in Financial Markets, in: *Journal of Political Economy*, Vol. 98, S. 703 – 738.

——**(1990B)**: Positive Feedback Investment Strategies and Destabilizing Rational Speculation, in: *The Journal of Finance*, Vol. 45, Nr. 2, S. 379 – 395.

Demery D. (1984): Exchange Rate Dynamics, in: *European Economic Review*, Vol. 24, S. 151 – 159.

Dieckheuer G. (2001): Internationale Wirtschaftsbeziehungen, 5. Aufl., München.

Dominguez K. M. (1986): Are Foreign Exchange Forecasts Rational? New Evidence from Survey Data, in: *Economic Letters*, Vol. 21, Nr. 3, S. 277 –281.

Dooley M. P. / Shafer J. (1983): Analysis of Short-Run Exchange Rate Behavior: March 1973 – November 1981, in: Exchange Rate and Trade Instability, Bigman D. / Taya T. (Hrsg.), Cambridge, Mass.

Dornbusch R. (1976): Expectations and Exchnage Rate Dynamics, in: *Journal of Political Economy*, Vol. 84, Nr. 6, S. 1161 – 1176.

Drakopolous J. (1994): Probabilities, Possibilities, and Fuzzy Sets, url: ftp://ftp.ksl.stanford.edu/pub/KSL_Reports/KSL-94-40.ps.

Dresdner Bank (1994): Handel und Kursbildung am Devisenmarkt, Stuttgart.

Driskill R. A. (1981): Exchange Rate Dynamics: An Empirical Investigation, in: *Journal of Political Economy*, Vol. 89, S. 357 – 371.

Dubois D. / Prade H. (1993): Fuzzy Sets and Probability: Misunderstandings, Bridges and Gaps, url: ftp://ftp.irit.fr/pub/IRIT/RPDMP/FSPMBG.ps.gz.

Edwards S. (1982): Exchange Rates and News: A Multi Currency Approach, in: Journal of International Money and Finance, Vol. 1, S. 73 – 81, url: http://www.econ.ucla.edu/workingpapers/wp238.pdf.

——**(1983)**: Floating Exchange Rates, Expectations and New Information, in: Journal of Monetary Economics, Vol. 13, S. 321 – 336, url: http://www.econ.ucla.edu/workingpapers/wp227.pdf.

Elliott G. / Ito T. (1995): Heterogeneous Expectations and Tests of Efficiency in the Yen/ Dollar Forward Foreign Exchange Rate Market, in: *NBER Working Paper*, Nr. w5376, url: http://papers.nber.org/papers/w5376.pdf.

Engel C. (1996): The Forward Discount Anomaly and the Risk Premium: A Survey of Recent Evidence, in: *Journal of Empirical Finance*, Vol. 3, S. 123 – 192.

Epstein J. M. / Axtell R. (1997): Growing Artificial Societies, MIT Press, Cambridge, MA.

Evans M. D. D. / Lothian J. R. (1993): The Response of Exchange Rates to Permanent and Transitory Shocks under Floating Exchange Rates, in: *Journal of International Money and Finance*, Vol. 12, S. 563 – 586.

Evans M. D. D. / Lyons R. K. (1999): Order Flow and Exchange Rate Dynamics, in: *NBER Working Paper*, Nr. w7317, url: http://www.nber.org/papers/w7317.

——**(2001)**: Why Order Flow Explains Exchange Rates, url: www.haas.berkeley.edu/~lyons/Announcements.pdf.

——**(2002)**: Order Flow and Exchange Rate Dynamics, in: *Journal of Political Economy*, Vol. 110, S. 170 – 180.

EZB – Europäische Zentralbank (2000): Monatsbericht, Mai.

Fahlman S. E. (1988): Faster-Learning Variations on Back-Propagation: An Empirical Study, in: Proceedings of the 1988 Connectionist Models Summer School, Morgan Kaufmann.

Fahlman S. E. / Lebiere C. (1990): The Cascade-Correlation Learning Architecture, in: School of Computer Science Carnegie Mellon University Working Paper: CMU-CS-1990-100, url: http://www.rafael-ni.hpg.com.br/arquivos/fahlman-cascor.pdf.

Fama E. F. (1970): Efficient Capital Markets: A Review of Theory and Empirical Work, in: *Journal of Finance*, Vol. 25, Nr. 2, S. 383 – 417.

——**(1991)**: Efficient Capital Markets: II, in: *Journal of Finance*, Vol. 46, Nr. 5, S. 1575 – 1617.

Farmer J. D. (2000): Market Force, Ecology, and Evolution, url: http://www.santafe.edu/sfi/publications/Working-Papers/98-12-117E.pdf.

Farmer J. D. / Lo A. W. (1999): Frontiers of Finance, Evolution and Efficient Markets, Santa Fe Working Paper, Nr. 99-06-039, url: http://www.santafe.edu/sfi/publications/Working-Papers/99-06-039.pdf.

Federal Reserve Bank (2001): The Foreign Exchange and Interest Rate Derivatives Markets Survey: Turnover in the United States, url: http://www.newyorkfed.org/pihome/triennial/fx_survey.pdf.

Fernández-Rodríguez F. / Sosvilla-Rivero S. (1998): Testing nonlinear forecastability in time series: Theory and evidence from the EMS, in: Economic Letters, Nr. 59, S. 49 – 63.

Filc W. (1987): Bestandsorientierte Wechselkurstheorien und Wirtschaftspolitik, in: *Kredit und Kapital*, Jg. 20, Heft 1, S. 48 – 72.

Flood M. D. (1991): Microstructure Theory and the Foreign Exchange Market, in: Federal Reserve Bank of St. Louis, Review, Vol. 73, S. 52 – 70.

Flood R. A. / Hodrick R. J. (1990): On Testing for Speculative Bubbles, in: *The Journal of Economic Perspectives*, Vol. 4, S. 85 – 101.

Flood R. A. / Rose A. (1995): Fixing exchange rates: A virtual quest for fundamentals, in: *Journal of Monetary Economics*, Vol. 36, S. 3 – 37. url. http://www.haas.berkeley.edu/~arose/Fix.pdf.

Flood R. P. / Taylor M. P. (1996): Exchange Rate Economics: What's Wrong with the Conventional Macro Approach?, in: The Microstructure of Foreign Exchange Markets, Frankel J. A. / Galli G. / Giovannini A. (Hrsg.), The University of Chicago Press, S. 261 – 294.

Floyd J. E. (2002): Real Exchange Rates, Efficient Markets and Uncovered Interest Parity, url: ftp://e090.economics.utoronto.ca/pub/rexrev.pdf.

Frankel J. A. (1979): On the Mark: A Theory of Floating Exchange Rates Based on Real Interest Rate Differentials, in: *American Economic Review*, Vol. 69, Nr. 4, S. 610 – 622.

——**(1982)**: In Search of the Exchange Rate Risk Premium: A Six Country Test Assuming Mean-Variance Optimization, in: *Journal f International Money and Finance*, Vol. 1, S. 255 – 274.

——**(1986)**: International Capital Mobility and Crowding –out in the U.S. Economy: Imperfect Integration of Financial Markets or Goods Markets?, in: How open is the U.S. Economy, Hafer R. W. (Hrsg.), Lexington, S. 33 – 67.

——**(1996)**: How Well do Foreign Exchange Markets Function: Might a Tobin Tax Help?, in: *NBER Working Paper*, Nr. wp5422.

Frankel J. A. / Chinn (1993): Exchange Rate Expectations and the Risk Premium: Tests for Cross Section of 17 Currencies, in: *Review of International Economics*, Vol. 1, Nr. 2, S. 136 – 144.

Frankel J. A. / Froot K. A.(1986): Understanding the US Dollar in the Eighties: The Expectations of Chartists and Fundamentalists, in: *The Economic Record*, Special Issue, S. 24 – 38.

——**(1987)**: Using Survey Data to Test Standard Propositions Regarding Exchange Rate Expectations, in: *American Economic Review*, Vol. 77, Nr. 1, S. 133 – 153.

Frankel J. A. / Galli G. / Giovanni A. (1996): The Microstructure of Foreign Exchange Markets, u. a. Chicago.

Frankel J. A. / Rose A. K. (1995): Empirical Research on Nominal Exchange Rates, in: Handbook of International Economics, Grossmann, G. / Rogoff, K. (Hrsg.), Vol. III, S. 1689 – 1729.

Frenkel J. A. (1976): A Monetary Approach to the Exchange Rate: Doctrinal Aspects and Empirical Evidence, in: *Scandinavian Journal of Economics*, Vol. 78, Nr. 2, S. 200 – 224.

Frenkel J. A. / Mussa M. (1985): Asset Markets, Exchange Rates and the Balance of Payments, in: Handbook of International Economics, Jones R. W. / Kenen P. B. (Hrsg.), Vol. 2, u.a. Amsterdam, S. 679 – 747.

Friedman, D. (2001): Towards Evolutionary Game Models of Financial Markets, url: http://cash.ucsc.edu/projects/localinteractions/helitour.pdf.

Friedman M. (1953): The case for flexible exchange rates, in: M. Friedman: Essays in Positive Economics, Chicago.

Frohn J. (1988): Rationale Erwartungen und empirische Erwartungsmodelle, in: Ifo-Studien 17, S. 241 – 254.

Froot K. A. / Frankel J. A. (1989): Forward Discount Bias: Is it an Exchange Risk Premium?, in: *Quarterly Journal of Economics*, Vol. 53, S. 139 – 161.

Froot K. A. / Scharfstein D. S. / Stein J. C. (1992): Herd on the Street: Informational Inefficiencies in a Market with Short-Term Speculators, in: *The Journal of Finance*, Vol. 47, Nr. 4, S. 1461 – 1484.

Froot K. A. / Thaler R. H. (1990): Anomalies: Foreign Exchange, in: *Journal of Economic Perspectives*, Vol. 4, Nr. 3, S. 179 – 192.

FXC – Foreign Exchange Committee (1997): Document of Organization, url: http://www.ny.frb.org/fxc/fxdocorg.pdf.

——**(2001)**: Guidelines for Foreign Exchange Trading Activities, url: http://www.ny.frb.org/fxc/fxguide0901.pdf.

Gaab W. (1990): Möglichkeiten und Grenzen des Erkennens spekulativer Bubbles an den Devisenmärkten, in: Kooperation, Autonomie und Devisenmarkt, Filc W. / Köhler C. (Hrsg.), Berlin, S. 67 – 97.

Galati G. / Melick W. (1999): Perceived central bank intervention and market expectations: an empirical study of the yen/dollar exchange rate, 1993 – 96, in: BIS Working Paper, Nr. 77, url: http://www.bis.org/publ/work77.pdf.

GAlib: Overview, url: http://lancet.mit.edu/galib-2.4/Overview.html.

GALIST: url: http://www.aic.nrl.navy.mil/galist/.

Geiger U. (1996): Heterogene Erwartungen am Devisenmarkt, in: Ott A. E. / Wagner A. (Hrsg.), Tübinger Volkswirtschaftliche Schriften, Bd. 13, u.a. Tübingen.

Gençay R. / Ballochi G. / Dacorogna M. / Olsen R. / Pictet O. (1999): Real-Time Trading Models and the Statistical Properties of Foreign Exchange Rates, Zürich, in: *International Economic Review*, 2000. url: http://www.olsen.ch/research/working_papers.html.

Gennotte G. / Leland H. (1990): Market Liquidity, Hedges, and Crashes, in: *American Economic Review*, Vol. 80, S. 999 – 1021.

Georges C. (2001): Learning Dynamics in an Artificial Currency Market, Manuscript, Hamilton College, url: http://academics.hamilton.edu/economics/cgeorges/currency1.pdf.

Giraud-Carrier C. G. / Martinez T. R. (1995): An Integrated Framework for Learning and Reasoning, in: *Journal of Artificial Intelligence Research*, Vol. 3, S. 147 – 185.

Golberg D. E. (1989): Genetic Algorithms in Search, Optimization, and Machine Learning, Reading, MA.

Goldberg J. / von Nitzsch R. (1999): Behavioral Finance, München.

Goldberg L. / Tenorio R. (1997): Strategic Trading in a Two-Sided Foreign Exchange Auction, in: *Journal of International Economics*, Vol. 42, S. 299 – 326.

Golub S. (1989): Foreign-currency government debt, asset markets, and the balance of payments, in: *Journal of International Money and Finance*, Vol. 8, S. 285 – 294.

Gonzalez A. / Perez R. (1996): Completeness and Consistency Conditions for Learning Fuzzy Rules, url: ftp://decsai.ugr.es/pub/arai/tech_rep/gonzalez/tr95103.ps.Z.

Goodhart C. A. E. (1988): The Foreign Exchange Market: A Random Walk with a Dragging Anchor, in: *Economica*, Vol. 55, S. 437 – 460.

——**(1990)**: 'News' and the Foreign Exchange Market, in: *FMG Discussion Paper*, Nr. 71, Kurzfassung unter url: http://fmg.lse.ac.uk/download/fmgdps/dp0071.pdf.

Gordón O. / Herrera F. (1997A): A three stage evolutionary process for learning descriptive and approximate Fuzzy-Logic-Controller Knowledge Bases from examples, in: *International Journal of Approximate Reasoning*, Vol. 17, S. 369 – 407.

——**(1997B)**: Identification of Linguistic Fuzzy Models by Means of Genetic Algorithms, in: Fuzzy Model Identification, Driankov D. / Hellendoorn H. (Hrsg.), Berlin, S. 215 – 250.

Gourinchas P.-O. / Tornell A. (1996): Exchange Rate Dynamics and Learning, in: NBER Working Paper, Nr. wp5530.

Granovetter M. (1978): Threshold Models of Collective Behaviour, in: *American Journal of Sociology*, Vol. 83, S. 1420 – 1443.

Grefenstette J. J. (1990): Genetic Algorithms and their applications, in: Encyclopaedia of Computer Science and Technology, Vol. 21, Kent A. / Williams J G. (Hrsg.), New York, S. 139 – 152.

Grimm G. (1997): Fundamentale Wechselkursprognose mit Neuronalen Netzen. Traditionelle versus neuere Ansätze zur Wechselkursbestimmung, Wiesbaden.

Grömling M. (2000): Hintergründe der Euro-Abwertung, in: iW-trends, Nr. 3, S. 5 – 18.

Grossman S. / Stiglitz J. E. (1980): On the Impossibility of Informationally Efficient Markets, in: American Economic Review, Vol. 70, S. 393 – 408.

Gruen D. K. / Gizycki M. C. (1993): Explaining Forward Discount Bias: Is it Anchoring? Princeton University Woodrow Wilson School Discussion Paper in Economics No. 164. url: http://www.rba.gov.au/rdp/RDP9307.pdf.

Hara N. / Kamada K. (1999): Yen/Dollar Exchange Rate Expectations in 1980-90's, in: Research and Statistics Department, Bank of Japan, Working Paper Series, Nr. 99-1.

Harris E. S. / Zabka N. M (1995): The Employment Report and the Dollar, in: Federal Reserve Bank of New York, *Current Issues in Economics and Finance*, Vol. 1, Nr. 8, S. 1 – 6, url: http://www.ny.frb.org/rmaghome/curr_iss/ci1-8.pdf.

Harvey J. T. (2001a): Psychological and Institutional Forces and the Determination of Exchange Rates, in: Texas Christian University, Department of Economics Working Paper, Nr. 1, url: http://www.econ.tcu.edu/harvey/workppr/wp1.pdf.

——**(2001b)**: The Determinants of Currency Market Forecasts: An Empirical Study, in: Texas Christian University, Department of Economics Working Paper, Nr. 2, url: http://www.econ.tcu.edu/harvey/workppr/wp2.pdf.

Hebb D. (1949): The Organization of Behaviour, New York.

Heiner R. (1983): The Origin of Predictable Behavior, in: *American Economic Review*, Vol. 73, Nr. 4, S. 560 – 595.

Herrera F. / Lozano M. / Moraga C. (1997): Hierarchical Distributed Genetic Algorithms, in: Technical Report DECSAI–97118, Dept. of Computer Science and Artificial Intelligence, Universität Granada.

Herrera F. / Lozano M. / Verdegay J. L. (1993): Genetic Algorithms Applications to Fuzzy Logic Based Systems, in: Technical Report # DECSAI–93116, Dept. of Computer Science and Artificial Intelligence, Universität Granada.

——**(1997)**: Fuzzy Connectives Based Crossover Operators to Model Genetic Algorithms Population Diversity, in: Fuzzy Sets and Systems, Vol. 92, S. 21 – 30.

——**(1998a)**: A learning process for fuzzy control rules using genetic algorithms, in: Fuzzy Sets and Systems, Vol. 100, S. 143 – 158.

——**(1998b)**: Tackling Real-Coded Genetic Algorithms: Operators and Tools for Behavioural Analysis, in: Artificial Intelligence Review, Vol. 12, Nr. 4, S. 265 – 319.

Hertz J. / Kogh A. / Palmer R. G. (1991): Introduction to the Theory of Neural Computing. Addison-Wesley.

Heubes J. / Knoppik C. (2000): Wechselkursvolatilität, in: WISU. S. 730 – 734

Hirshleifer J / Riley J. G. (1995): The analytics of Uncertainty and Information, Cambridge University Press, Cambridge.

Hirth H. / Walter A. (2001): Rationales Herdenverhalten, in: *WiSt*, Heft 1, S. 17 – 22.

Hoffmann F. / Pfister G. (1997): Evolutionary Design of a Fuzzy Knowledge Base for a Mobile Robot, in: *International Journal for Approximate Reasoning*, Vol. 17, S. 447 – 469.

Holland J. H. (1975): Adaptation in Natural and Artificial Systems, University of Michigan Press, Ann Arbor.

Hopper G. P. (1997): What determines the Exchange Rate: Economic Factors or Market Sentiment? in: *Federal Reserve Bank of Philadelphia Business Review*, S. 17 – 29.

Hornik K. / Stinchcombe M. / White H. (1989): Multilayer Feedforward Networks are Universal Approximators, in: *Neural Networks*, No. 2, S. 359 – 366.

Husted S. / Melvin M. (2001): International Economics, 5. Aufl., Addison-Wesley.

Isard P. (1997): Exchange Rate Economics, Cambridge.

Ito T. (1990): Foreign Exchange Rate Expectations, in: *American Economic Review*, Vol. 80, Nr. 3, S. 434 – 449.

IWF – International Monetary Fund (1994): Jahresbericht des Exekutivdirektoriums für das am 30.4.1994 abgelaufene Geschäftsjahr, Washington, DC.

Jarchow H.-J. / Rühmann P. (2000): Monetäre Außenwirtschaft, Band 1, 5. Aufl., Göttingen.

Janikow C. Z. / Michalewicz Z. (1991): An Experimental Comparison of Binary and Floating Point Representations in Genetic Algorithms, in: Proceedings of the 4th International Conference on Genetic Algorithms, Belew R. K. / Booker L. B. (Hrsg.), Morgan Kaufmann, S. 31 – 36.

Jeanne O. / Rose A. K. (1999): Noise Trading and Exchange Rate Regimes, in: *NBER Working Paper*, Nr. wp7104, url: http://papers.nber.org/papers/w7104.pdf.

Jeong J.-G. (2000): What drives Exchange Rates?: The case of the Yen/Dollar Rate, in: *Multinational Business Review*, S. 31 – 36.

Joereßen A. / Sebastian H.-J. (1998): Problemlösung mit Modellen und Algorithmen, u. a. Stuttgart.

Johnson-Laird P. N. (1993): Mental Models, Cambridge University Press, Cambridge, MA.

Kahneman D. / Tversky A. (1972): Subjective Probability: A Judgment of Representativeness, in: *Cognitive Psychology*, Vol. 3, S. 430-451.

——**(1979)**: Prospect Theory: An Analysis of Decision under Risk, in: *Journal of Finance*, Vol. 47, Nr. 2, S. 263 – 292.

Karlin S. / Taylor H. (1975): A first course in stochastic processes, 2. Aufl., Academic Press.

Karnik N. N. / Mendel J. M. (1999): Applications of Type-2 Fuzzy Logic Systems to Forecasting of Time-Series, in: *Information Sciences*, Vol. 120, S. 89 – 111.

Keynes J. M. (1923): A Tract on Monetary Reform, London.

Kho B. C. (1996): Time-varying Risk Premia, Volatility, and Technical Trading Rule Profits; Evidence from Foreign Currency Futures Markets, in: *Journal of Financial Economics*, Vol. 41, S. 249-290.

Kimble G. A. (1973): Learning, in: *Encyclopedia Americana*, Vol. 17, S. 116 – 122.

Klir G. J. (1989): Is there more to Uncertainty than some Probability Theorists might have us believe?, in: *International Journal of General Systems*, Vol. 15, S. 347 – 378.

Knoll D. (1981): Erwartungsbildung und die Bestimmung des Wechselkurses, Dissertation Universität Essen, Essen.

Koedijk K. G. / Schafgans M. M. A. / de Vries C. G. (1990): The Tail Index of Foreign Exchange Rate Returns, in: *Journal of International Economics*, Vol. 29, S.93 – 108.

Kohonen T. (1982): Self-organized formation of topologically correct feature maps, in: *Biological Cybernetics*, Vol. 43, S. 59 – 69.

——**(1988)**: Self-Organisation and Associative Memory, 3. Aufl., Berlin.

Kooths, S. (1998): Erfahrungsregeln und Konjunkturdynamik – Makromodelle mit Neuro-Fuzzy-generierten Erwartungen, u.a. Frankfurt a.M.

Kosko B. (1990): Fuzziness vs. Probability, in: *International Journal of General Systems*, Vol. 17, S. 211 – 240.

Kouri P. J. K. (1976): The Exchange Rate and the Balance of Payments in the Short Run and in the Long Run: A Monetary Approach, in: *Scandinavian Journal of Economics*, Vol. 78, Nr. 2, S. 280 – 304.

Kreps D. M. (1977): A Note on ‚Fulfilled expectations' Equilibria, in: *Journal of Economic Theory*, Vol. 14, Nr. 1, S. 32 – 43.

Krueger A. O. (1990): Exchange-Rate Determination, u. a. Cambridge.

Krugman P. (1989): Exchange Rate Instability, MIT, Cambridge, Mass.

——**(1991)**: Target Zones and Exchange Rate Dynamics, in: *Quarterly Journal of Economics*, Vol. 106, S. 669 – 682.

——**(1993)**: Recent Thinking About Exchange Rate Determination and Policy, in: The Exchange Rate, International Trade and the Balance of payments, Blundell-Wignall A. (Hrsg.), Sydney, S. 6 – 22, url: http://www.rba.gov.au/Publications-AndResearch/Conferences/1993/Krugman.pdf.

Kuhl J. / Nissen V. [Hrsg.] (1995): Tagungsband zum Workshop Evolutionäre Algorithmen in Management Anwendungen, Universität Göttingen, Institut für Wirtschaftsinformatik.

Lawrenz C. / Westerhoff F. (2001): Explaining Exchange Rate Volatility with a Genetic Algorithm, in: *Computational Economics*, forthcoming, url: http://fmwww.bc.edu/cef00/papers/paper325.pdf.

Leahy M. P. / Thomas C. P. (1996): The Sovereignty Option: The Quebec Referendum and Market Views on the Canadian Dollar, in: Board of Governors of the

Federal Reserve System, International Finance Discussion Papers, Nr. 555, url: http://www.federalreserve.gov/pubs/ifdp/1996/555/ifdp555.pdf.

LeBaron B. (1994): Technical Trading Rule Profitability and Foreign Exchange Intervention, url: http://econwpa.wustl.edu:8089/eps/if/papers/9411/9411002.pdf.

——**(2000)**: Agent-Based Computational Finance: Suggested Readings and early Research, in: *Journal of Economic Dynamics & Control*, Vol. 24, S. 679 – 702.

——**(2002)**: Calibrating an Agent-Based Financial Market to Macroeconomic Time Series, Vortrag auf der Bundesbank Konferenz in Eltville, 4.–5. Oktober, Computational Economics and Finance: Simulation methods and agent based models for the foreign exchange market, S. 30 – 62, url: http://www.bundesbank.de/vo/download/konferenzen/konf_021004_05.pdf

Leduc S. (2001): Who cares about Volatility? A Tale of two Exchange-Rate Systems, in: *Federal Reserve Bank of Philadelphia Business Review*, S. 16 – 25. url: http://www.phil.frb.org/files/br/brq101sl.pdf.

Lee M. A. / Takagi H. (1993): Dynamic Control of Genetic Algorithms using Fuzzy Logic Techniques, in: Proceedings of 5th International Conference on Genetic Algorithms, Urbana-Champaign, IL, S. 76 – 83.

Leithner S. / Spahn C. (1991): Konvexe Strategien im Devisenmarkt: Vorhersagekraft und ökonomischer Wert, in: *Kredit und Kapital*, Nr. 2, S. 212 – 234.

Lequarré J. Y. (1994): Foreign Currency Dealing: A Brief Introduction (Data Set C), in: Time Series Prediction, Forecasting the Future and Understanding the Past, Weigend A. S. / Gershenfeld N. A. (Hrsg.), S. 131 – 137.

Lerdo F.-J. (1983): Zur Finanzmarkttheorie des Wechselkurses: Monetäre Ansätze versus Portfolio(gleichgewichts)ansätze, Krefeld.

Levich R. M. (1985): Empirical Studies of Exchange Rates: Price Behavior, Rate Determination and Market Efficiency, in: Handbook of International Economics, Jones R. W. / Kenen P. B. (Hrsg.), S. 979 – 1040.

——**(1989)**: Is the Foreign Exchange Market Efficient ?, in: Oxford Review of Economic Policy, Vol. 5, Nr. 3, S. 40 – 60.

Levich R. M. / Thomas L. R. (1993): The Significance of Technical Trading Rule Profits in the Foreign Exchange Market: A Bootstrap Approach, in: *Journal of International Money and Finance*, Vol. 12, S. 451 – 474, url: http://papers.nber.org/papers/w3818.pdf.

Lewis K. (1988): Testing the Portfolio Balance Model: A Multi-lateral Approach, in: Journal of International Economics, Vol. 7, S. 273 – 288.

Lin C. T. (1994): Neural Fuzzy Control Systems with Structure and Parameter Learning, Singapur.

Lin C. T. / Lee C. S. G. (1991): Neural-Network-Based Fuzzy Logic Control and Decision System, in: IEEE Transactions on Computers, Vol. 40, Nr. 12, S. 1320 – 1336.

Lin S. C. / Chen Y. Y. (1997): Design of Self-Learning Fuzzy Sliding Mode Controllers based on Genetic Algorithms, in: Fuzzy Sets and Systems, Vol. 86, S. 139 – 153.

Lin Y. / Cunningham G. A. / Coggeshall S. V. (1996): Input variable identification – Fuzzy curves and fuzzy surfaces, in: *Fuzzy Sets and Systems*, Vol. 82, S. 65 – 71.

Lüdiger M. (1989): Wechselkursovershooting contra effiziente Devisenmärkte, in: *Kredit und Kapital*, Heft 2, S. 173 – 196.

Lui Y.-H. / Mole (1998): The Use of Fundamental and Technical Analyses by foreign Exchange Dealers: Hong Kong Evidence, in: *Journal of International Money and Finance*, Vol. 17, S. 535 – 545.

Lux T. (1995): Herd Behaviour, Bubbles and Crashes, in: *The Economic Journal*, Vol. 105, S. 881 – 896.

Lux T. / Marchesi M. (1998): Volatility Clustering in Financial Markets: A Micro-Simulation of Interacting Agents, in: Discussion Paper No. B-437, Sonderforschungsbereich 303, Universität Bonn.

Lyons R. K. (1995): Test of Microstructural Hypotheses in the Foreign Exchange Market, in: *Journal of Financial Economics*, Vol. 39, S. 321 – 351.

——**(2001A)**: The Microstructure Approach to Exchange Rates, MIT Press.

——**(2001B)**: New Perspectives on FX Markets: Order-Flow Analysis, in: *Journal of International Finance*, S. 303 – 320,
url: http://www.haas.berkeley.edu/~lyons/newfxperspective.pdf.

MacDonald, R. (1983): Tests of efficiency and the impact of "news" in three foreign exchange markets: the evidence of the 1970s, in: *Bulletin of Economic Research*, Vol. 35, S. 123 – 144.

——**(1992)**: Exchange Rate Survey Data: A Disaggregated G7 Perspective, in: *The Manchester School LX, Supplement*, Vol. 60, S. 47 – 62.

MacDonald R. / Taylor M. P. (1992): Exchange Rate Economics: A Survey, in: *IMF Staff Papers*, Vol. 39, S. 1 – 57.

MacDonald R. / Torrance T. S. (1989): Some Survey-Based Tests of Uncovered Interest Parity, in: Exchange Rates and Open Economy Macroeconomics, MacDonald R. / Taylor M. P. (Hrsg.), u.a. Oxford.

Madrigal V. (1996): Non-Fundamental Speculation, in: *The Journal of Finance*, Vol. 51, Nr. 2, S. 553 – 578.

Marengo L. / Tordjman H. (1996): Speculation, Heterogeneity and Learning: A Simulation Model of Exchange Rate Dynamics, in: *Kyklos*, Vol. 49, S. 407 – 438.

Mark N. C. (1995): Exchange Rates and Fundamentals: Evidence on Long-Horizon Predictability, in: *American Economic Review*, Vol. 85, Nr. 1, S. 201 – 218.

Mark N. C. / Wu Y. (1997): Risk, Policy Rules, and Noise: Rethinking Deviations from Uncovered Interest Parity, in: Tinbergen Institute Discussion Papers, Nr. 41, url: http://www.fee.uva.nl/bieb/edocs/TI/1997/TI97041.pdf.

Marsh I. W. (1999): An Analysis of the Performance of European Foreign Exchange Forecasters, in: FERC Working Papers, Nr. 99-9, url: http://www.city.ac.uk/cubs/ferc/wpapers/Europe1.pdf.

McCluskey P. C. (1993): Feedforward and Recurrent Neural Networks and Genetic Programs for Stock Market and Time Series Forecasting, Tech Report CS-93-36, Department of Computer Science, Brown University. url: http://wilma.cs.brown.edu/publications/techreports/reports/CS-93-36.html.

McFadden D. (1999): Rationality for Economists?, in: *Journal of Risk and Uncertainty,* Vol. 19, S. 107 – 108, url: http://elsa.berkeley.edu/eml/nsf97/mcfadden.pdf.

Meese R. (1990): Currency Fluctuations in the post-Bretton Woods Era, in: *Journal of Economic Perspectives*, Vol. 4, S. 117 – 134.

Meese R. / Rogoff K. (1983): Empirical Exchange Rate Models of the Seventies: Do they Fit Out of Sample?, in: *Journal of International Economics*, Vol. 14, S. 3 – 24.

Menkhoff L.(1995): Spekulative Verhaltensweisen auf Devisenmärkten, Tübingen.

——**(1998)**: The Noise Trading Approach – Questionnaire Evidence from Foreign Exchange, in: *Journal for International Money and Finance*, Vol. 17, S. 547 – 564.

Michalewicz Z. (1998): Genetic Algorithms + Data Structures = Evolution Programs, 3. Aufl., u.a. Berlin.

Mitra K. (2000): Is more data better?, in: University of York Discussion Papers in Economics, Nr. 2000/44, url: http://www.york.ac.uk/depts/econ/dp/0044.pdf.

Morris S. / Shin H. (1998): Unique Equilibrium in a Model of Self-Fulfilling Attacks, in: *American Economic Review*, Vol. 88, S. 587 – 597.

Monz I. (1999): Rationales und beschränkt rationales Verhalten in der ökonomischen Theorie, in: *WISU*, Nr. 12, S. 1605 – 1608.

Moss S. (1997): Rational and Boundedly Rational Expectations, url: http://www.cpm.mmu.ac.uk/~scott/proc-rat/proc-rat3_3.html#HEADING2.

Murphy J. (1991): Intermarket Technical Analysis – Trading Strategies for the Global Stock, Bond, Commodity, and Currency Markets, Wiley Finance Editions, u.a. New York.

Mussa (1993): Diskussion zu Recent Thinking About Exchange Rate Determination and Policy von Krugman P., in: Blundell-Wignall, A. (Hrsg.), The Exchange Rate, International Trade and the Balance of payments, Sydney, S. 23 – 29, url: http://www.rba.gov.au/PublicationsAndResearch/Conferences/1993/MussaDisc.pdf.

Muth J. F. (1961): Rational Expectations and the Theory of Price Movements, in: *Econometrica*, Vol. 29, S. 315 – 335.

Neely C. J. (1997): Technical Analysis in the Foreign Exchange Market: A Layman's Guide, in: *Federal Reserve Bank of St. Louis Review*, S. 23 – 38.

Neely C. J. / Weller P. / Dittmar R. (1997): Is Technical Analysis Profitable in the Foreign Exchange Market? A Genetic Programming Approach, in: *Journal of Financial and Quantitative Analysis*, Vol. 32, Nr. 4, S. 405 – 426, url: http://www.stls.frb.org/docs/research/wp/96-006c.pdf.

O'Hara M. (1995): Market Microstructure Theory, u.a. Cambridge, MA.

Oehler, A. (1992): „Anomalien", "Irrationalitäten" oder "Biases" der Erwartungsnutzentheorie und ihre Relevanz für Finanzmärkte, in: Zeitschrift für Bankrecht und Bankwirtschaft, S. 97 – 124.

Ohr R. / Starbatty J. / Bofinger P. (2001): Warum ist der Euro so schwach?, in: *Wirtschaftsdienst*, Heft 7, S. 371 – 379.

Olsen Data AG (2001): Our Research Approach, url: http://www.olsen.ch/research/approach.html.

Orosel G. O. (1985): Wechselkursschwankungen und Devisenspekulation: Deterministische und stochastische Ansätze, in: Hesse H. / Streissler E. / Tichy G. (Hrsg.), Außenwirtschaft bei Ungewissheit, Tübingen, S. 18 – 207.

Ortmann A. / Gigerenzer G. (2000): Reasoning in Economics and Psychology: Why Social Context Matters, in: Cognition, Rationality and Institutions, Streit M. E. / Mummert U. / Kiwit D. (Hrsg.), Berlin, Heidelberg, New York, S. 131 – 145.

Osler C. L. (1998): Short-Term Speculators and the Puzzling Behaviour of Exchange Rates, in: *Journal of International Economics*, Vol. 45, S. 37 – 57.

——**(2000)**: Support for Resistance: Technical Analysis and Intraday Exchange Rates, in: *Federal Reserve Bank of New York Economic Policy Review*, S. 53 – 68, url: http://www.ny.frb.org/rmaghome/econ_pol/600osle.pdf.

Osterberg W. P. (2000): New Results on the Rationality of Survey Measures of Exchange-Rate Expectations, in: *Federal Reserve Bank of Cleveland Economic Review*, Vol. 36, Nr. 1, S. 14 – 21, url: http://www.clev.frb.org/research/Review00/results5.pdf.

Papell D. H. (1988): Expectations and Exchange Rate Dynamics after a Decade of Floating, in: *Journal of International Economics*, Vol. 25, S. 303 – 317.

Payne R. (2000): Informed trade in spot foreign exchange markets: An empirical investigation, London School of Economics, url: http://fmg.lse.ac.uk/~payne/papers/d2_info.pdf.

Pedrycz W. / Gomide F. (1998): An Introduction to Fuzzy Sets – Analysis and Design, MIT Press, Cambridge, Massachusetts, London.

Pictet O. / Dacorogna M. / Rakhal D. / Chopard B. / Schirru R. / Tomassini M. (1996): Genetic Algorithms with collective sharing for Robust Optimization in Financial Applications, Internal Document, OVP.1995-02-06, Olsen & Associates, Zürich, Schweiz.

Pilbeam K. (2001): Economic Fundamentals and Exchange Rate Movements, in: *International Review of Applied Economics*, Vol. 15, Nr. 1, S. 55 – 64.

Poole W. (2001): Expectations, in: *Federal Reserve Bank of St. Louis Review*, Vol. 83, Nr. 2, S. 1 – 10, url: http://www.stls.frb.org/docs/publications/review/01/03/0103wp.pdf.

Rana S. / Whitley L. D. / Cogswell R. (1996): Searching in the presence of noise, in: Parallel Problem Solving from Nature IV.

Reszat B. (1993): Zur Systemdynamik chaotischer Devisenmärkte, in: *Kredit und Kapital*, Heft 4, S. 516 – 532.

Riechmann T. (2001): Learning in Economics – Analysis and Application of Genetic Algorithms, u.a. Heidelberg.

Rime D. (2000): Private or Public Information in Foreign Exchange Markets? An Empirical Analysis, url: http://www.sifr.org/dagfinn.html.

Roberts M. A. (1995): Imperfect Information: Some Implications for Modelling the Exchange Rate, in: *Journal of International Economics*, Vol. 38, S. 375 – 383.

Rogoff K. (1996): The Purchasing Power Parity Puzzle, in: *Journal of Economic Literature*, Vol. 34, S. 647 – 668.

Rojas R. (1996): Neural Networks – A Systematic Introduction, Springer-Verlag, Berlin.

Romer D. (1993): Rational Asset-Price Movements without News, in: *American Economic Review*, Vol. 83, S. 1112 – 1130.

Roßbach P. (2001): Behavioral Finance: Eine Alternative zur vorherrschenden Kapitalmarkttheorie?, in: *Arbeitsberichte der Hochschule für Bankwirtschaft*, Nr. 31, Frankfurt.

Rose K. / Sauernheimer K. (1999): Theorie der Außenwirtschaft, 13. Aufl., München.

Rubinstein M. (2000): Rational Markets: Yes or No? The Affirmative Case, in: UC Berkeley Finance Group Working Paper, url: http://www.haas.berkely.edu/finance/wp/rpf294.pdf.

Rudolph G. (1994): Convergence Analysis of Canonical Genetic Algorithms, in: IEEE Transactions on Neural Networks, Vol. 5, No. 1, S. 96 – 101, url: http://ls11-www.informatik.uni-dortmund.de/people/rudolph/publications/Rud94b.ps.gz.

Rumelhart D. E. / Hinton G. E. / Williams R. J. (1986): Learning representations by back-propagating errors, in: *Nature*, Vol. 79, S. 191 – 200.

Sargent T. J. (1993): Bounded Rationality in Economics, Oxford.

Sarno L. (2000): Real Exchange Rate Behaviour in High Inflation Countries: Empirical Evidence From Turkey, 1980 – 1997, in: Applied Economic Letters, Vol. 7, S. 285 – 291.

Schaffer J. D. / Carnana R. A. / Eshelman L. J. / Das R. (1989): A study of control parameters affecting online performance of genetic algorithms for function optimization, in: Proceedings of the 3rd International Conference on Genetic Algorithms, S. 51 – 60.

Scharfstein D. / Stein J C. (1990): Herd Behavior and Investment, in: *American Economic Review*, Vol. 80, Nr. 3, S. 465 – 479.

Schelbert H. / Granziol M. (1985): Wechselkurse und Zinssätze: einige theoretische und empirische Aspekte, in: Außenwirtschaft bei Ungewissheit, Hesse H. / Streissler E. / Tichy G. (Hrsg.), Tübingen, S. 18 – 207.

Schiff A. (1998): The Extent and Significance of Technical Analysis in the Foreign Exchange Market, url: http://www.crnec.auckland.ac.nz/aaron/techanaly.pdf.

Schiller B. / Tytko D. / Marek M. (2001): Börsenkursbildung und Börsenkursprognose, in: *WISU*, Nr. 4, S. 506 – 516.

Schröder M. / Dornau R. (2000): Do Forecasters use Monetary Models? An Empirical Analysis of Exchange Rate Expectations,
url: http://www.ub.uni-konstanz.de/kops/volltexte/2000/498.

Schulmeister S. (1987): An Essay on Exchange Rate Dynamics, Research Unit Labor Market and Discussion Paper, Nr. 87-8, Berlin.

——**(1988)**: Currency Speculation and Dollar Fluctuations, in: *Banca Nazionale del Lavoro, Quarterly Review*, Nr. 167, S. 343 – 365.

Selten R. (1990): Bounded Rationality, in: *Journal of Institutional and Theoretical Economics*, Vol. 146, Nr. 4, S. 649 – 658.

SENN (2000): Durch Data Mining Vertriebskosten und Streuverluste reduzieren, in Software @ Siemens,
url: http://www.data-mart.de/datamining/artikel/Weka-Artikel-Siemens.pdf.

Setnes M. (1995): Fuzzy Rule-Base Simplification using Similarity Measures, M.Sc. Thesis, Department of Electrical Engineering, Delft University of Technology.

Sharpe O. J. (2000): Towards a Rational Methodology for Using Evolutionary Search Algorithms, PhD Thesis, Universität Sussex,
url: http://www.cogs.susx.ac.uk/users/olivers/thesis.html.

Shatner M. / Muchnik L. / Leshno M. / Solomon S. (2000): A Continuous Time Asynchronous Model of the Stock Market; Beyond the LLS Model, in: *Physica*, forthcoming, url: http://xxx.lanl.gov/PS_cache/cond-mat/pdf/0005/0005430.pdf.

Sheffrin S. M. (1996): Rational Expectations, 2. Aufl., Cambridge.

Shefrin H. (2000): Beyond Greed and Fear, Boston.

Shiller R. J. (1989): Market Volatility, Cambridge.

——**(1990)**: Market Volatility and Investor Behavior, in: *American Economic Review*, Vol. 80, Nr. 2, S. 58 – 62.

——**(1999)**: Human Behavior and the Efficiency of the Financial System, in: Handbook of Macroeconomics, Taylor J. B. / Woodford M. (Hrsg.), Vol. 1C, Kapitel 20, Amsterdam, S. 1305 – 1340. url: http://cowles.econ.yale.edu/P/cd/d11b/d1172.pdf.

Shleifer A. / Summers L. (1990): The Noise Trader Approach to Finance, in: *Journal of Economic Perspectives*, Vol. 4, Nr. 2, S. 19 – 33.

Siebert H. (2000): Außenwirtschaft, 7. Aufl., Stuttgart.

Siebrasse N. V. (2000): Do Ideas Matter? Ideas and the Evolution of Efficient Behaviour, in: University of New Brunswick, Canada, Working Paper, url: http://www.unb.ca/law/Siebrasse/Download/Do%20Ideas%20Matter.pdf.

Sill K. (2000): Understanding Asset Values: Stock Prices, Exchange Rates and the "Peso Problem", in: *Federal Reserve Bank of Philadelphia Business Review*, S. 3 – 14, url: http://www.phil.frb.org/files/br/brso00ks.pdf.

Simon H. A. (1957): Models of Man, New York.

Söderlind P. / Svensson L. E. O. (1997): New Techniques to Extract Market Expectations from Financial Instruments, in: *Journal of Monetary Economics*, Vol. 40, Nr. 2, S. 373 – 429, url: http://www.princeton.edu/~svensson/papers/ss2new.pdf.

Solomon S. (1999): Towards behaviorly realistic simulations of the stock market, url: http://xxx.tau.ac.il/abs/adap-org/9901003.

Soros G. (1994): The Theory of Reflexivity, Soros Fund Management, New York.

Steurer E. (1997): Ökonometrische Methoden und maschinelle Lernverfahren zur Wechselkursprognose, Theoretische Analyse und empirischer Vergleich, Heidelberg.

Stoffels N. (1998): Fundamentalists, Chartists and Floating Exchange Rates, in: Paper for the ZEI Summer School, University Bonn.

Sweeny R. J. (1986): Beating the Foreign Exchange Market, in: *Journal of Finance*, Vol. 41, Nr. 1, S. 163 – 182.

Takagi S. (1991): Exchange Rate Expectations, in: *IMF Staff Papers*, Vol. 38, Nr. 1, S. 156 – 183.

Tan C. N. W. (1997): An Artificial Neural Networks Primer with Financial Applications Examples in Financial Distress Predictions and Foreign Exchange Hybrid Trading System, url: http://tide.it.bond.edu.au/inft361/993/bookv1.1.pdf.

Tay S. P. / Linn S. C. (2001): Fuzzy Inductive Reasoning, Expectation Formation and the Behavior of Security Prices, in: *Journal of Economic Dynamics & Control*, Vol. 25, S. 321 – 361.

Taylor M. P.(1987): Covered Interest Parity: A High-Frequency High-Quality Data Study, in: *Economica*, Vol. 54, S. 429 – 438.

——**(1989)**: Covered Interest Arbitrage and Market Turbulence, in: *Economic Journal*, Vol. 99, S. 376 – 391.

——**(1995)**: The Economics of Exchange Rates, in: *Journal of Economic Literature*, Vol. 33. S. 13 – 47.

Taylor M. P. / Fraser P. (1991): Some "News" on Covered Interest Arbitrage, in: Money and Financial Markets, Taylor M. P. (Hrsg.), Oxford, S. 207 – 223.

Taylor M. P. / Allen H. (1990): Charts, Noise and Fundamentals in the London Foreign Exchange Market, in: *Economic Journal*, Vol. 100, S. 49 – 59.

——**(1992)**: The Use of Technical Analysis in the Foreign Exchange Market, in: *Journal of International Money and Finance*, Vol. 11, S. 304 – 314.

Tenebaum J. B. / Griffiths T. L. (2001): The rational basis of representativeness, 23rd Annual Conference of the Cognitive Science Society, url: http://www-psych.stanford.edu/~jbt/cogsci01_final.pdf.

Tesfatsion L. (2001): Introduction, in: *Journal of Computational Economics*, Special Issue on Agent-Based Computational Economics, Vol. 18, S. 1 – 8, url: http://www.econ.iastate.edu/tesfatsi/ceintro.pdf.

Trippi R. R. / Turban E. (Hrsg.) (1996): Neural Networks in Finance and Investing – Using Artificial Intelligence to Improve Real-World Performance, 2. Aufl., Irwin Professional Publishing, Burr Ridge IL.

Tune G. S. (1964): Response preferences: A review of some relevant literature, in: *Psychological Bulletin*, Vol. 61, S. 286-302.

Verschoor W. F. C. / Wolff C. C. P. (2001): Exchange Risk Premia, Expectation Formation and „News" in the Mexican Peso/U.S. Dollar forward Exchange Rate Market, in: International Review of Financial Analysis, Vol. 10, S. 157 – 174.

von Carlowitz P. (2001): Ursachen des schwachen Euro, in: WiSt, Heft 8, S. 349 – 441.

Vriend N. J. (2000): An Illustration of the Essential Difference between Individual and Social Learning, and its Consequences for Computational Analyses, in: Journal of Economic Dynamics & Control, Vol. 24, S. 1 – 19.

Wakita S. (1989): Are Survey Forecasts Trusted? American Trade Account Deficit and Yen/Dollar Rate, in: *Economics Letters*, Vol. 29, Nr. 4, S. 339 – 344.

Wang L. / Yen J. (1999): Extracting fuzzy rules for system modeling using a hybrid of genetic algorithms and Kalman filter, in: Fuzzy Sets and Systems, Vol. 101, S. 353 – 362.

Wang P. (1993): The Interpretation of Fuzziness, in: IEEE Transactions on Systems, Man, and Cybernetics, Vol. 26, Nr. 2, S. 321 – 326, url: ftp://ftp.cogsci.indiana.edu/pub/wang.fuzziness.ps.

Weibull J. (1995): Evolutionary Game Theory, MIT Press, Cambridge, MA.

Westerhoff F. (2002): Heterogeneous Traders and the Tobin Tax, Vortrag auf der Bundesbank Konferenz in Eltville, 4.–5. Oktober, Computational Economics and Finance: Simulation methods and agent based models for the foreign exchange market, S. 63 – 81, url: http://www.bundesbank.de/vo/download/konferenzen/konf_021004_05.pdf

Whitley D. (1994): A Genetic Tutorial, url: http://www.cs.colostate.edu/~genitor/Pubs.html.

Widrow B. / Hoff M. (1960): Adaptive Switching Circuits, in: WESCON Convention Record, New York.

Williamson J. (1985): The Exchange Rate System, Institute for International Economics, Washington, D.C.

——**(1994)**: Estimating Equilibrium Exchange Rate, Institute for International Economics, Washington, D.C.

Willms M. (1995): Internationale Währungspolitik, 2. Aufl., München.

Wolff C. C. P. (1987): Time-Varying Parameters and the out-of-sample Forecasting Performance of Structural Exchange Rate Models, in: Journal of Business and Economic Statistics, Vol. 5, S. 87 – 97.

Wu Y. (1995): Are there rational Bubbles in the Foreign Exchange Markets? Evidence from an alternative Test, in: Journal of International Money and Finance, Vol. 14, Nr. 1, S. 27 – 46.

Yamamoto M. (2001): A Day in the Life of the Bank of Japan's Foreign Exchange Dealers, url: http://www.boj.or.jp/en/faq/faqkainy.htm.

Zadeh, L. A. (1965): Fuzzy Sets, in: *Information and Control*, Vol. 8, Nr. 3, S. 338 – 353.

——**(1973)**: Outline of a new Approach to the analysis of complex systems and decision processes, in: *IEEE Transactions on Systems, Man, and Cybernetics*, Vol. 3, S. 28 – 44.

——**(1997)**: What is soft computing, in: *Soft Computing*, Vol. 1, S. 1.

Zhang, B.-T. (1994): Accelerated Learning by Active Example Selection, in: *International Journal of Neural Systems*, Vol. 5, Nr. 1, S. 67 – 75, url: ftp://borneo.gmd.de/pub/as/ga/gmd_as_ga-94_01.ps.

Zhang G. Q. / Patuwo B. E. / Hu M. Y. (1998): Forecasting with Artificial Neural Networks: The State of the Art, in: *International Journal of Forecasting*, Vol. 14, Nr. 1, S. 35 – 62.

Dynamische Wirtschaftstheorie / Dynamic Economic Theory

Edited by / Herausgegeben von Carl Chiarella, Peter Flaschel, Reiner Franke, Michael Krüger, Ingrid Kubin, Thomas Lux, Willi Semmler, Peter Skott

Band 1 Reiner Franke: Production Prices and Dynamical Processes of the Gravitation of Market Prices. 1987.

Band 2 Peter Flaschel / Michael Krüger (eds.): Recent Approaches to Economic Dynamics. Conference Volume (Bielefeld: 7-9th October, 1987). 1988.

Band 3 Richard M. Goodwin: Essays in Nonlinear Economic Dynamics. Collected Papers 1980-1987. 1988.

Band 4 Peter Skott: Kaldor's Growth And Distribution Theory. 1989.

Band 5 Jobst H. Thalenhorst: Die Zeitstruktur der Produktion als Ursache ökonomischer Dynamik. 1989.

Band 6 Volker Bieta: Strategische Möglichkeiten für die Gestaltung von Zentralbankpolitiken. Eine spieltheoretische Analyse. 1990.

Band 7 Dimitrios Malliaropulos: Euromärkte und nationale Finanzmärkte. Geldmenge, Zins und Wechselkurs einer Eurowährung. Eine theoretische und empirische Analyse des Euro-DM-Marktes. 1990.

Band 8 Thomas Lux: Keynesianische Stabilisierungspolitik in Neokeynesianischen Modellen. 1990.

Band 9 Torsten Vogt: Technischer Fortschritt und Preisentwicklung. 1991.

Band 10 Marco Wilke: Corporatism and the Stability of Capitalist Democracies. 1991.

Band 11 Ingrid Kubin: Market Prices and Natural Prices. A Study in the Theory of the Classical Process of Gravitation. 1991.

Band 12 Nobuo Okishio (ed.): Business Cycles. Theories and Numerical Simulation. 1992.

Band 13 Peter Flaschel / Michael Krüger (Eds.): Nobuo Okishio. Essays on Political Economy. Collected papers. 1993.

Band 14 Martin Arnold: Wachstum und ökologisches Gleichgewicht. 1993.

Band 15 Peter Flaschel: Macrodynamics. Income Distribution, Effective Demand and Cyclical Growth. 1993.

Band 16 Boe Thio: Nonlinear Dynamics and Unemployment Theory. 1994.

Band 17 Peter Flaschel: Fixkapital und Profitabilität. Gesamt- und einzelwirtschaftliche Aspekte. 1995.

Band 18 Michael B. E. Ackermann: Die optimale Angleichung der neuen Bundesländer an die Lebensverhältnisse in Westdeutschland. 1998.

Band 19 Christoph Kind: Investitionsfinanzierung und konjunkturelle Dynamik. 1999.

Band 20 Eleonora Cavallaro: Real and Financial Dynamics in a Macroeconomic Growth Model with Endogenous Cycles. 1999.

Band 21 Maximilian Hiebl: Kapitalsubventionen in offenen Volkswirtschaften. Eine modelltheoretische Analyse. 2000.

Band 22 Carl Chiarella/Peter Flaschel/Alexander Khomin/Peiyuan Zhu: The SND Package. Applications to Keynesian Monetary Growth Dynamics. 2002.

Band 23 Barbara Hedderich: Ein evolutorsiches Modell der langfristigen Arbeitsangebotsentscheidung. 2002.

Band 24 Carsten Köper: Real-Financial Interaction in Contemporary Models of AS-AD Growth. 2003.

Band 25 Eric Ringhut: Erwartungsbildung und Preisfindung auf Finanzmärkten. Adaptive Fuzzyregel-basierte Erwartungen auf einem künstlichen Devisenmarkt. 2003.

Kolibri 360 GmbH
Ferdinand-Jühlke-Straße 7
99095 Erfurt, Deutschland
produktsicherheit@kolibri360.de

Druck:
CPI Druckdienstleistungen GmbH
im Auftrag der
Kolibri 360 GmbH
Ferdinand-Jühlke-Str. 7
99095 Erfurt